Rochas magmáticas

FUNDAÇÃO EDITORA DA UNESP

Presidente do Conselho Curador
Herman Jacobus Cornelis Voorwald

Diretor-Presidente
José Castilho Marques Neto

Editor-Executivo
Jézio Hernani Bomfim Gutierre

Conselho Editorial Acadêmico
Alberto Tsuyoshi Ikeda
Áureo Busetto
Célia Aparecida Ferreira Tolentino
Eda Maria Góes
Elisabete Maniglia
Elisabeth Criscuolo Urbinati
Ildeberto Muniz de Almeida
Maria de Lourdes Ortiz Gandini Baldan
Nilson Ghirardello
Vicente Pleitez

Editores-Assistentes
Anderson Nobara
Henrique Zanardi
Jorge Pereira Filho

Eberhard Wernick

Rochas magmáticas

Conceitos fundamentais e classificação modal, química, termodinâmica e tectônica

© 2003 Editora Unesp

Direitos de publicação reservados à:

Fundação Editora da Unesp (FEU)

Praça da Sé, 108
01001-900 – São Paulo – SP
Tel.: (0xx11) 3242-7171
Fax: (0xx11) 3242-7172
www.editoraunesp.com.br
www.livrariaunesp.com.br
feu@editora.unesp.br

CIP – Brasil. Catalogação na fonte
Sindicato Nacional dos Editores de Livros, RJ.

W526r

Wernick, Eberhard
   Rochas magmáticas: conceitos fundamentais e classificação modal, química, termodinâmica e tectônica / Eberhard Wernick. – São Paulo: Editora Unesp, 2004

   Contém exercícios
   Inclui bibliografia
   ISBN 85-7139-528-4

   1. Petrologia. 2. Rochas – Análise. 3. Geologia. I. Título.

04-2628   CDD 552
                                                                                    CDU 552.3

Este livro é publicado pelo projeto Edição de Livros Didáticos de Docentes e *Pós-Graduados da Unesp* – Pró-Reitoria de Pós-Graduação e Pesquisa da Unesp (PROPP) / Fundação Editora da Unesp (FEU).

Editora afiliada:

Asociación de Editoriales Universitarias de América Latina y el Caribe

Associação Brasileira de Editoras Universitárias

Menino Guerreiro

Menino guerreiro caminhando pelos céus
Sonhos perdidos nos rastros dos deuses
Louca jornada entre *estrelas* e sóis
À procura da luz, de imensos faróis.

Menino guerreiro brincando de vida
Colhendo sonhos nos desertos da ira
Semeando desejos em geleiras cantantes
À procura da paz e dos seus amantes.

Menino guerreiro de grande solidão
Cavalgando as nuvens de sua ilusão
Na busca selvagem da perdida flor
Promessa perene de infinito amor.

O menino guerreiro então perguntou
Aos olhos castanhos que encontrou
Sou eu que faço o meu destino
Ou sigo apenas o já definido?

Eberhard Wernick

Para *Anni*

Por que algumas mulheres são capazes
de tanta compreensão, dedicação
e amor aos seus maridos que lhes
roubam incontáveis horas
de convívio e lazer em sua procura
por algo que eles não conseguem definir?

Sumário

Prefácio 23

1 Conceitos fundamentais 25

   1.1 Introdução 25

   1.2 Acidez 27

       Acidez de rochas 28
       Diagrama sílica : álcalis (diagrama TAS) 33
       Acidez de minerais 36
       Acidez dos plagioclásios 37
       Acidez dos minerais máficos 38
       Minerais acessórios 42
       Minerais secundários 43
       Índice de coloração 45
       Diagrama índice de coloração normativo: plagioclásio normativo 48
       Exercícios 50

   1.3 Sílica-saturação 51

       Minerais saturados e insaturados 51
       Caracterização da sílica-saturação 54
       Quantificação da sílica-saturação 56

A importância da sílica-saturação na classificação
  das rochas magmáticas 60
  O diagrama de classificação QAPF 60
  O tetraedro basáltico e a classificação das rochas básicas 64
  O sistema de classificação baseado na atividade química da sílica 70
Ordem de sílica-saturação 74
Sílica-saturação em sistemas petrológicos simples 76
Exercícios 83

1.4 Alumina-saturação 84
  Índice de alumina-saturação 84
  Classificação das rochas magmáticas quanto à alumina-saturação 86
  Caracterização da alumina-saturação 90
  Quantificação da alumina-saturação 92
    Diagrama molar $IAS_T : IAS_P$ 92
    Diagrama molar $Al_2O_3 : CaO : (Na_2O + K_2O)$ 93
    Relação molar A* : F 93
    Diagrama ACF 94
    Diagrama A'KF 95
    Diagrama molar (Al-Na-K) : Ca : (Mg+Fe)
      (Diagrama ACF modificado) 95
    Diagrama normativo Di-An-Ac-C-X 97
    Diagrama catiônico A : B 97
    Sílica-saturação e alumina-saturação 99
    Rochas peralcalinas insaturadas 100
      Rochas sódicas 100
      Rochas potássicas 101
      Rochas ultrapotássicas ou perpotássicas 102
    Rochas granitoides plutônicas 103
    Classificações especiais 107
  Exercícios 109

1.5 Relação entre os feldspatos presentes 110
  Classificação química dos feldspatos 110
  Simetria cristalina 110

Miscibilidade dos feldspatos 112
Exsolução 113
Estado estrutural 119
Determinação da composição do plagioclásio 122
Cor e grau de oxidação 124
Classificação das rochas magmáticas quanto à relação entre os feldspatos presentes 124
O diagrama Or : Ab : An 125
Exercícios 127

1.6 Alcalinidade 127
Quantificação da alcalinidade 128
Índice de Peacock e o diagrama de Brown 128
Índice cálcio-alcalino 132
Diagrama TAS 132
Índice de Rittmann 133
Índice de Whright 135
Índice agpaítico 135
Diagrama SiO_2 : Na_2O 136
Diagrama SiO_2 : K_2O 137
Diagrama Na_2O : K_2O 138
Exercícios 140

1.7 Suítes, províncias, séries e associações magmáticas 141
Suíte magmática 141
Província magmática 143
Séries magmáticas 143
Diagrama TAS 144
Diagrama CaO : Na_2O : K_2O 152
Diagrama (FeO+Fe_2O_3+TiO_2) : Al_2O_3 : MgO 153
Diagrama Q : Ab : Or normativo 154
Diagrama QAP modal 155

Diagrama AFM 157
　　　Diagrama SiO_2 : FeO_T/MgO 161
　　　Diagrama Al_2O_3 : plagioclásio normativo 162
　Associação magmática 165
　Exercícios 165

1.8 Evolução magmática 166
　Sequência de cristalização 167
　Séries de reação 170
　As séries de reação como base para a classificação das rochas magmáticas 174
　Tendências da evolução magmática 177
　　Aumento da acidez das rochas 177
　　Aumento da acidez do plagioclásio 177
　　Diminuição do índice de coloração 178
　　Aumento da relação Fe : Mg 178
　　Aumento no teor de álcalis 178
　　Aumento da razão Al_2O_3 : $(CaO + Na_2O + K_2O)$ 179
　　Aumento da polimerização do magma 180
　　Aumento na hidratação do magma 180
　Quantificação da evolução magmática 181
　　Índice de diferenciação 182
　　Índice de diferenciação modificado 182
　　Índice de cristalização 183
　　Índice de solidificação 183
　　Número Mg ou razão Mg* ou Mg* 183
　　Índice de fracionamento 183
　　Índice de Larsen 183
　　Índice de Larsen modificado 184
　　Índice de Larsen normativo 184
　　Índice félsico 185
　　Índice máfico 185
　　Índices multicatiônicos 185

Vantagens e limitações dos índices de evolução magmática 186
Diagramas de Pearce 187
Exercícios 189

1.9 Mudanças composicionais em magmas   190
Variações composicionais em sistemas magmáticos fechados 190
Mudanças químicas em suspensões magmáticas 190
Processos de fracionamento em suspensões magmáticas 194
Separação gravimétrica 194
Concentração de minerais por lâminas de fluxo 197
Retenção de cristais em constrições 197
Filtragem por compressão 200
Concentração de cristais por correntes de convecção 202
Incrustação de cristais nas paredes de câmara magmática 205
Processos de fracionamento em magmas essencialmente líquidos 206
Efeito Soret 207
Camadas de múltipla difusão 209
Ação pneumatolítica 211
Imiscibilidade magmática 211
Variações composicionais em sistemas magmáticos abertos 215
Processos de fracionamento em sistemas magmáticos abertos 215
Recarregamento de câmaras magmáticas 215
Assimilação 219
Mistura magmática 222
Exercícios 229

2 Classificação das rochas magmáticas segundo sua moda 235
2.1 Ocorrência e feições de corpos rochosos magmáticos   235
Caracterização dos corpos rochosos 238
Forma geométrica 238
Dimensões 238

Relações estruturais 238
Nível crustal de ocorrência 239
Os principais corpos magmáticos 240
   Corpos vulcânicos 242
   Corpos intrusivos rasos 243
   Corpos intrusivos de médias a grandes profundidades 245
Ascensão magmática 246
   Ascensão diapírica 247
   Ascensão ao longo de fraturas 248
     Corpos extrusivos 248
     Corpos subvulcânicos-epizonais 248
     Corpos epimesozonais 249
Composição e frequência dos corpos rochosos 250
Exercícios 254

2.2 Aspectos texturais 255
Crescimento mineral 256
   Fatores que controlam o crescimento mineral 256
   O papel do sub-resfriamento 260
   Gênese de texturas porfiríticas 263
Análise textural 265
   Grau de cristalinidade 265
   Grau de visibilidade 266
   Tamanho dos cristais (granulação) 267
     Tamanho relativo 267
     Tamanho absoluto 268
   Forma dos cristais 269
     Forma absoluta 269
     Forma relativa ou comparativa 271
   Contato entre os cristais 271
   Trama textural 272
     Texturas intersticiais 274
     Texturas equigranulares 275

Texturas inequigranulares e porfiríticas 275
 Texturas de intercrescimento 276
 Texturas de reação 277
 Texturas cataclásticas 277
 Texturas cumuláticas 278
 Texturas de fluxo 280
Textura e composições de basaltos, diabásios e gabros 280
Estrutura mineral 281
Exercícios 283

2.3 Aspectos estruturais 284
Classificação das estruturas das rochas magmáticas 284
 Estruturas ligadas à movimentação de lavas e magmas 285
 Estruturas ligadas ao escape de voláteis 287
 Estruturas que retratam a velocidade de resfriamento 288
 Estruturas ligadas à evolução magmática 290
Exercícios 291

2.4 Aspectos mineralógicos 292
Mineralogia das rochas magmáticas 292
As causas do número restrito de minerais na natureza 295
 A frequência dos elementos naturais 295
 Processos de substituição 296
Caracterização dos silicatos 300
Descrição sucinta dos principais grupos de minerais
 formadores das rochas magmáticas 304
 Olivinas 306
 Piroxênios 306
  Piroxênios de Ca, Fe e Mg 307
  Piroxênios alcalinos 312
 Anfibólios 312
  Anfibólios magnesianos 314

Anfibólios alcalinos 314
  Anfibólios cálcicos 317
 Micas 323
 Feldspatos 324
 Feldspatoides 326
  Grupo do nefelina 326
  Grupo da leucita 326
  Grupo da sodalita 327
  Grupo da cancrinita 327
  Grupo da analcita 328
 Polimorfos de sílica 328
 Óxidos de Fe-Ti 328
Minerais como indicadores de condições físico-químicas 330
Exercícios 331

2.5 O sistema de classificação modal da IUGS 332
 A classificação das rochas magmáticas baseada no sistema QAPF 335
 Nomenclatura das rochas com índice de coloração menor que 90 342
  Rochas plutônicas 344
  Rochas vulcânicas 346
 Classificações adicionais 348
  Rochas ultramáficas 349
   Rochas plutônicas 349
   Rochas vulcânicas 350
  Rochas gabroicas 351
   Rochas lamprofíricas 355
   Lamproítos 356
   Kimberlitos 357
   Lamprófiros 359
    Lamprófiros cálcio-alcalinos 361
    Lamprófiros alcalinos 362
    Lamprófiros melilitíticos 362

Rochas ricas em melilitas 363
Carbonatitos 364
Rochas charnockíticas 366
A classificação modal simplificada 367
Limitações da classificação modal das rochas magmáticas 369
Exercícios 370

3 Classificação química 371

3.1 Análises químicas 371
Métodos analíticos 371
Métodos gravimétricos e volumétricos 372
Ábaco de correção 372
Fórmula de correção 373
Relações padrão FeO_T/FeO 374
Métodos eletroquímicos 374
Métodos espectroquímicos 374
Métodos baseados nos elétrons externos 375
Métodos baseados na absorção de energia eletromagnética 375
Métodos baseados na emissão de energia eletromagnética 376
Métodos baseados nos elétrons internos 377
Métodos baseados no núcleo 379
Classificação dos elementos quanto à sua concentração 381
Apresentação de análises químicas 381
Exercícios 383

3.2 Variabilidade química das rochas magmáticas 383
Exercícios 389

3.3 Cálculos químicos 389
Transformação de porcentagem em peso de óxidos em porcentagem em peso de elemento 389

Cálculo de relações químicas 390
Transformação de porcentagem em peso de óxidos em porcentagem molar de óxidos 392
Cálculo de razões molares 393
Balanceamento de reações por meio de moles 393
Peso molecular e equivalente molecular 394
Balanceamento de reações por meio de equivalentes moleculares 395
Cálculo da porcentagem atômica e catiônica 395
Cálculo da fórmula estrutural de minerais 397
Exercícios 398

3.4 Norma 398
Correspondência entre norma e moda 399
Norma molecular 401
Transformação de norma molecular em norma CIPW 402
Introdução de novos minerais normativos 403
Exercícios 404

3.5 Diagramas de classificação 405
Diagrama SiO_2 : $(Na_2O + K_2O)$: SiO_2 ou diagrama TAS 405
Diagrama SiO_2 : Zr/TiO_2 410
Diagrama Zr/TiO_2 : Nb/Y 412
Diagrama QAP normativo (CIPW ou molecular) 413
Diagrama Q' (F') : An normativo (molecular) 413
Diagrama índice de coloração : plagioclásio normativo (molecular) 415
O tetraedro granítico normativo (CIPW, molecular) 415
O tetraedro basáltico normativo (CIPW, molecular) 416
O tetraedro alcalino normativo (molecular) 417
Diagrama R_1 : R_2 418
Diagramas catiônicos para rochas granitoides 425
Diagrama Q : P 425
Diagrama A : B 428
Diagrama Q : B : F 429

    Relação entre álcalis 430
    Associações granitoides 431
  Limitações das classificações químicas 434
  Exercícios 435

4 A classificação termodinâmica 437

  4.1 Noções básicas 437
    Sistemas 437
    Fases e componentes de um sistema 439
    Parâmetros do estado 439
    Regra de fases 445
    Equilíbrio em sistemas 448
    Exercícios 450

  4.2 Cálculos termodinâmicos básicos 450
    Entalpia 452
    Entropia 453
    Energia livre de Gibbs 454
    Exercícios 457

  4.3 Gases e soluções ideais e reais 458
    Exercícios 463

  4.4 As bases da classificação termodinâmica das rochas magmáticas 463
    Atividade química da sílica 464
    Atividade química do sódio no plagioclásio 465
    Exercícios 468

  4.5 Basaltos e basaltoides 469
    Alcalinidade 469
      Rochas sem olivina na matriz 470

    Rochas com olivina na matriz 470
    Rochas com feldspatoides 471
    Rochas sem feldspato modal 472
    Rochas com melilitas 473
  Relação entre álcalis 474
      Basaltos subalcalinos 476
      Basaltos toleíticos 476
      Basaltos cálcio-alcalinos 476
      Basaltos shoshoníticos 477
      Basaltos transalcalinos ou basaltos alcalinos transicionais 477
      Basaltos alcalinos 482
  Teor de magnésio 483
    Rochas cumuláticas 484
    Rochas picríticas 485
      Picritos 486
      Boninitos 487
      Komatiítos 487
  Exercícios 488

5 Classificação tectônica 489

  5.1 Ambientes geotectônicos e séries magmáticas 490
      Espessura e estruturação das placas litosféricas 491
      Geração e destruição de oceanos 495
      Limites de placa e magmatismo 497
      Áreas orogênicas, cinturões metamórficos e arcos magmáticos 500
      Natureza e frequência do magmatismo nos distintos
        ambientes geotectônicos 510
      Exercícios 515

  5.2 O ciclo de Wilson e associações magmáticas 516
      Estágio de rompimento litosférico ou estágio de rift 517
        Principais feições magmáticas de rifts 522
          Caráter plutono-vulcânico 522

  Composição do magmatismo 522
  Zoneamento magmático temporal e espacial 526
  Intensidade do magmatismo 529
 Geração de magma 529
 Anortositos, charnockitos e granitos rapakivi 535
Estágio do Mar Vermelho 538
 Províncias basálticas continentais perioceânicas 538
 Feições mineralógicas da série toleítica 543
Estágio da cadeia mesoceânica 546
 Crescimento dos fundos dos oceanos 546
 Estrutura da crosta oceânica 552
Diferenciação de magmas toleíticos oceânicos 552
 Metamorfismo hidrotermal oceânico 556
 Basaltos oceânicos: tipos e gênese 558
Estágio da contração oceânica 563
 Cinturões orogênicos tipo pacífico e andino 563
 Magmagênese em zonas de subducção 565
 Séries magmáticas de áreas de subducção 567
Estágio de fechamento do oceano 576
 Cinturões orogênicos tipo himalaio 576
 Magmatismo em áreas de colisão 577
Ilhas oceânicas 580
Exercícios 586

5.3 Ambientes geotectônicos e variação composicional das rochas magmáticas 587

 Diagramas tectonomagmáticos baseados em elementos maiores 591
  Diagramas de caracterização de séries magmáticas e de tipos litológicos específicos 591
  O sistema discriminante de Maniar & Piccoli 592
   Granitos orogênicos 592
   Granitos anorogênicos 593
  O diagrama $R_1 : R_2$ 597

    Diagramas tectonomagmáticos baseados em elementos traços 601
        Diagramas binários 602
            Diagrama Ti : Cr 602
            Diagrama Ti : Zr 603
            Diagramas Nb : Y , Ta : Yb , Rb : (Y+Nb) e Rb : (Yb+Ta) 604
        Diagramas ternários 604
        Spiderdiagramas 608
            Espectros de elementos de terras raras (ETR) 608
            Espectros elementais 616
    Diagramas discriminantes em geotectônica 617
    Exercícios 620

Referências bibliográficas 623

Índice de definições 645

Prefácio

O presente texto sumariza e integra minhas anotações básicas utilizadas na disciplina Petrologia Magmática do Curso de Geologia da Unesp. Representa a ampliação, detalhamento, complementação e novo enfoque dos textos: "Sistemática das Rochas Magmáticas" (161p., 1970) e "Petrogênese das Rochas Magmáticas" (126p., 1972), de minha autoria, e publicados pelo Centro de Estudos Geológicos da Unesp, Rio Claro, SP. A obra foi elaborada visando preencher parcialmente a enorme lacuna bibliográfica nacional no setor das rochas magmáticas, sem preocupações de demonstrar o conhecimento e a erudição do autor, nem de esgotar os assuntos abordados. Ao contrário, toda vez que constatado um conflito entre rigor científico e clareza didática que propiciasse uma melhor compreensão e assimilação de certa temática abordada, optei por esta em detrimento daquela. Esta opção tem como corolário a obrigação da produção de um outro texto mais profundo e científico para leitores mais exigentes, missão em fase de conclusão.

Como a Geologia, infelizmente, não é mais disciplina do segundo grau como no meu tempo de aluno, quando aprendi com meu mestre de Geografia os principais minerais e rochas, processos geológicos e os traços geológicos gerais do Brasil, o presente texto diferencia-se dos estrangeiros por uma abordagem inicial elementar, visando à assimilação plena de conceitos fundamentais indispensáveis a posterior compreensão de tópicos mais complexos.

O texto foi redigido tendo por base uma constatação e uma convicção. A constatação é que aos aspectos petrográficos-genéticos básicos das rochas associam-se em escala crescente, vinculações termodinâmicas, econômicas e ambientais, o que implica que o geólogo tenha a capacidade de compreender e utilizar o conhecimento petrológico numa ampla abordagem interdisciplinar integrada. Com as viagens espaciais o basalto deixou de ser um simples basalto para tornar-se uma rocha de referência interplanetária; o granito deixou de ser um simples granito para tornar-se uma rocha típica, até agora apenas presente no planeta Terra, que de verde para os terráqueos passou a ser azul para os cosmonautas. A convicção, cada vez mais embasada, é que um profissional que domina firmemente os conceitos básicos da mineralogia, petrologia, estratigrafia e tectônica é um geólogo polivalente capaz de atuar com desenvoltura e eficiência em qualquer ramo das geociências e efetuar sem problemas a transição de um para o outro. Portanto, quanto mais textos diferenciados e diversificados de petrografia e petrologia disponíveis, maiores as possibilidades de uma formação sólida neste campo básico do conhecimento geológico.

Finalmente agradeço aos meus alunos presentes e passados pelo incentivo para redigir este livro; ao Prof. Dr. Antonio Carlos Artur, do Departamento de Petrologia e Metalogenia da Unesp, pela revisão do texto; ao Sr. Leopoldo Calegaris Filho, pela execução dos originais das figuras em papel vegetal; ao estudante César Augusto Moreira, por sua assistência em assuntos computacionais, e à Profa. Dra. Anneliese Margarete Wernick, pela digitação e organização do texto. À Editora da Universidade Estadual Paulista meus agradecimentos pela edição final do texto conferindo-lhe facilidade de utilização e elevado padrão estético-visual.

Eberhard Wernick
Rio Claro, setembro de 2003

1. Conceitos fundamentais

1.1 Introdução

O presente texto visa apresentar de maneira simples e sucinta os principais ordenamentos sistemáticos das rochas magmáticas através da abordagem da classificação mineralógica, química, termodinâmica e tectônica. A primeira baseia-se no conteúdo mineral das rochas magmáticas e a segunda em sua composição química. A terceira está alicerçada na atividade química de alguns elementos no magma, particularmente o silício e o sódio, e a última vincula a ocorrência das diferentes rochas magmáticas aos diversos ambientes tectônicos definidos no bojo da teoria da tectônica de placas. Desta maneira, para um melhor entendimento deste texto são requeridos alguns conhecimentos básicos de mineralogia, química e geologia.

Rochas magmáticas resultam da consolidação de magmas (do grego: pasta). Magma é um material fundido, mais ou menos viscoso, quase sempre silicático, de alta temperatura e contendo teores variáveis de voláteis. Parte dessas características do magma pode ser facilmente constatada em erupções de lava, nome dado ao magma que atinge a superfície da Terra. Em função da composição, conteúdo em voláteis, mobilidade e alta temperatura do magma resulta que as rochas magmáticas são compostas essencialmente por silicatos, parte dos quais hidratados; que os corpos rochosos têm dimensões e configurações variáveis e que as rochas magmáticas resultam da consolidação de magmas (ou lavas) por queda de temperatura. Todo magma (ou lava) origina-se no interior da Terra pela fusão parcial de material rochoso da crosta ou do manto. Nesse sentido o magmatismo representa um processo de transferência de massa e de energia de locais mais profundos para níveis mais rasos da Terra o que implica, a longo prazo, em sua diferenciação química irreversível.

O magma é uma suspensão formada por proporções variáveis de cristais e um líquido magmático com estruturação muito semelhante à dos minerais silicáticos que se formam a partir do mesmo por cristalização. A semelhança entre a estrutura de silicatos cristalinos e fundidos pode ser comprovada ou inferida por várias metodologias e parâmetros, como, por exemplo, pela baixa entropia de fusão dos silicatos (Tabela 1.1.1). Como a entropia é uma medida da desordem estrutural de um sistema, uma baixa entropia de fusão indica que não existem grandes diferenças na estrutura de um silicato em estado cristalino e em estado fundido (Figura 1.1.1).

Tabela 1.1.1 – ΔS_f (Entropia de fusão, em unidades de entropia) e T_f (Temperatura de fusão, em °C) de alguns minerais formadores das rochas magmáticas. Segundo Carmichael et al., 1974

MINERAL	ΔS_f	T_f	MINERAL	ΔS_f	T_f
Cristobalita	0.32	1.713	Enstatita	2.03	1.557
Albita	0.75	1.118	Faialita	2.11	-
Sanidina	0.77	-	Flogopita	2.21	1.397
Anortita	1.22	1.553	Titanita	2.22	1.397
Diopsídio	1.88	1.392	Magnetita	2.52	-
Forsterita	1.94	1.890	Ilmenita	2.64	-

Para uma melhor compreensão das diferentes classificações serão inicialmente abordados alguns conceitos básicos que tratam de aspectos mineralógicos e químicos gerais e fundamentais das rochas magmáticas, bem como elucidam as relações mútuas entre seu quimismo e conteúdo mineralógico. Esses conceitos, em sua maior parte desenvolvidos no início do século (Shand, 1927; Bowen, 1928), são fundamentais para a compreensão da essência das rochas magmáticas pois são a base de quase todas as noções petrológicas atuais e sua quantificação. Compreendem os seguintes aspectos:

- O conceito de acidez.
- O conceito da sílica-saturação.
- O conceito da alumina-saturação.
- A relação entre os feldspatos presentes nas rochas.

- O conceito de alcalinidade.
- O conceito de suíte, província e série magmática.
- O conceito da evolução magmática.
- Mudanças composicionais em magmas.

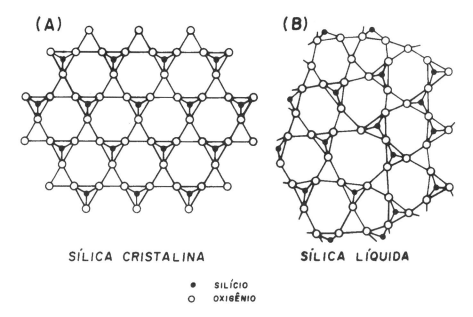

FIGURA 1.1.1 – Comparação entre as estruturas da sílica (SiO$_2$) em estado cristalino (A) e líquido (B).

1.2 Acidez

As rochas magmáticas são constituídas em sua quase totalidade essencialmente por silicatos. Daí decorre a importância do teor de sílica numa rocha como fator básico para sua caracterização e classificação. Neste subcapítulo são abordados os seguintes tópicos:

- Acidez das rochas.
- Diagrama sílica : álcalis (diagrama TAS).
- Acidez dos minerais.
- Acidez dos plagioclásios.
- Acidez dos minerais máficos.
- Minerais acessórios.

- Minerais secundários.
- Índice de coloração.
- Diagrama índice de coloração normativo : plagioclásio normativo.

Acidez de rochas

A acidez de uma rocha corresponde ao seu teor em sílica (SiO_2) em porcentagem de peso, obtido por meio de análises químicas. Análises químicas das principais rochas magmáticas constam na Tabela 1.2.1.

Tabela 1.2.1 – Análises químicas e composições normativas das principais rochas magmáticas. Segundo Le Maitre, 1976, modificado. Ver siglas dos minerais normativos na Tabela 1.2.6

	Nefelina Sienito	Fonolito	Sienito	Traquito	Granito	Riolito
SiO_2	54.99	56.19	58.58	61.21	71.30	72.82
TiO_2	0.60	0.62	0.84	0.70	0.31	0.28
Al_2O_3	20.96	19.04	16.64	16.96	14.32	13.27
Fe_2O_3	2.25	2.79	3.04	2.99	1.21	1.48
FeO	2.05	2.03	3.13	2.29	1.64	1.11
MnO	0.15	0.17	0.13	0.15	0.05	0.06
MgO	0.77	1.07	1.87	0.93	0.71	0.39
CaO	2.31	2.72	3.53	2.34	1.84	1.14
Na_2O	8.23	7.79	5.24	5.47	3.68	3.55
K_2O	5.58	5.24	4.95	4.89	4.07	4.30
H_2O^+	1.30	1.57	0.99	1.15	0.64	1.10
H_2O^-	0.17	0.37	0.23	0.47	0.13	0.31
P_2O_5	0.13	0.18	0.29	0.21	0.12	0.07
CO_2	0.20	0.08	0.28	0.09	0.05	0.08
Total	99.69	99.86	99.74	99.94	100.07	99.96
Q	---	---	0.83	5.00	29.06	32.87
C	---	---	---	---	0.92	1.02
Or	32.98	30.96	29.29	29.41	24.50	25.44
Ab	29.45	35.48	44.34	46.26	31.13	30.07
An	3.78	1.50	7.24	7.05	8.04	4.76
Ne	21.77	16.50	---	---	---	---
Di	4.53	6.89	5.35	2.14	---	---
Hy	---	---	4.16	2.06	3.37	1.34
Ol	0.28	---	---	---	---	---

Continuação

	Nefelina Sienito	Fonolito	Sienito	Traquito	Granito	Riolito
Mt	3.27	4.05	4.41	4.33	1.75	2.14
Il	1.13	1.18	1.60	1.34	0.58	0.54
Ap	0.30	0.41	0.70	0.49	0.28	0.17
Cc	0.45	0.17	0.64	0.20	0.12	0.17

	Adamelito	Granodiorito	Riodacito	Dacito	Tonalito	Diorito
SiO_2	68.65	66.09	65.55	65.01	61.52	57.48
TiO_2	0.54	0.54	0.60	0.58	0.73	0.95
Al_2O_3	14.55	15.73	15.04	15.91	16.48	16.67
Fe_2O_3	1.23	1.38	2.13	2.43	1.83	2.50
FeO	2.70	2.73	2.03	2.30	3.82	4.92
MnO	0.08	0.08	0.09	0.09	0.08	0.12
MgO	1.14	1.74	2.09	1.78	2.80	3.71
CaO	2.68	3.83	3.62	4.32	5.42	6.58
Na_2O	3.47	3.75	3.67	3.79	3.63	3.54
K_2O	4.00	3.73	3.00	2.17	2.07	1.76
H_2O^+	0.59	0.85	1.09	0.91	1.04	1.15
H_2O^-	0.14	0.19	0.42	0.28	0.20	0.21
P_2O_5	0.19	0.18	0.25	0.15	0.25	0.29
CO_2	0.09	0.08	0.21	0.06	0.14	0.10
Total	100.05	99.90	99.79	99.78	100.01	99.98
Q	25.17	22.36	22.67	22.73	16.62	10.28
C	0.28	0.26	0.25	---	---	---
Or	22.66	16.11	17.72	12.82	12.24	10.42
Ab	29.36	31.73	31.05	32.07	30.67	29.96
An	11.55	17.34	15.04	20.01	22.58	24.40
Ne	---	---	---	---	---	---
Di	---	---	---	0.11	1.49	4.67
Hy	5.66	7.40	6.19	5.73	9.68	12.56
Ol	---	---	---	---	---	---
Mt	1.79	2.00	3.08	3.53	2.66	3.63
Il	1.03	1.03	1.14	1.09	1.40	1.80
Ap	0.44	0.42	0.59	0.34	0.58	0.68
Cc	0.20	0.19	0.47	0.14	0.33	0.23

	Andesito	Monzonito	Latito	Traqui-andesito	Traquibasalto	Gabro
SiO_2	57.94	62.00	61.25	58.75	49.21	50.14
TiO_2	0.87	0.78	0.81	1.08	2.40	1.12
Al_2O_3	17.02	15.65	16.01	16.70	16.63	15.48
Fe_2O_3	3.27	1.92	3.28	3.26	3.69	3.01
FeO	4.04	3.08	2.07	3.21	6.18	7.62
MnO	0.14	0.10	0.09	0.16	0.16	0.12
MgO	3.33	2.02	2.22	2.57	5.17	7.59
CaO	6.79	4.17	4.34	4.96	7.90	9.58
Na_2O	3.48	3.73	3.71	4.35	3.96	2.39
K_2O	1.62	4.06	3.87	3.21	2.55	0.93
H_2O^+	0.83	0.90	1.09	1.25	0.98	0.75
H_2O^-	0.34	0.19	0.57	0.58	0.49	0.11
P_2O_5	0.21	0.25	0.33	0.41	0.59	0.24
CO_2	0.05	0.08	0.19	0.08	0.10	0.07
Total	99.93	99.53	99.83	99.97	100.01	99.15
Q	12.37	14.02	14.26	7.80	---	0.71
C	---	---	---	---	---	---
Or	9.60	24.00	22.85	19.00	15.06	5.49
Ab	29.44	31.56	36.38	36.80	29.39	20.26
An	26.02	13.97	15.64	16.58	20.10	28.60
Ne	---	---	---	---	2.23	---
Di	4.84	3.78	2.05	3.95	11.85	13.70
Hy	9.49	6.01	4.57	6.06	---	22.13
Ol	---	---	---	---	8.28	---
Mt	4.74	2.78	3.91	4.73	5.36	4.36
Il	1.65	1.48	1.54	2.07	4.55	2.13
Ap	0.50	0.60	0.79	0.97	1.38	0.56
Cc	0.11	0.17	0.43	0.17	0.23	0.17

	Norito	Basalto	Basanito	Nefelinito	Havaíto	Anortosito
SiO_2	50.44	49.20	44.30	40.60	47.48	50.28
TiO_2	1.00	1.84	2.51	2.66	3.23	0.64
Al_2O_3	16.28	15.74	14.70	14.33	15.74	25.86
Fe_2O_3	2.21	3.79	3.94	5.48	4.94	0.96
FeO	7.39	7.13	7.50	6.17	7.36	2.07
MnO	0.14	0.20	0.16	0.26	0.19	0.05
MgO	8.73	6.73	8.54	6.39	5.58	2.12
CaO	9.41	9.47	10.19	11.89	7.91	12.48
Na_2O	2.26	2.91	3.55	4.79	3.97	3.15
K_2O	0.70	1.10	1.96	3.46	1.53	0.65
H_2O^+	0.84	0.95	1.20	1.65	0.79	1.17
H_2O^-	0.13	0.43	0.42	0.54	0.55	0.14
P_2O_5	0.15	0.35	0.74	1.07	0.74	0.09
CO_2	0.18	0.11	0.18	0.60	0.40	0.14
Total	99.86	99.95	99.89	99.89	100.05	99.80
Q	---	---	---	---	---	---
C	---	---	---	---	---	---
Or	4.15	6.52	11.61	3.16	9.03	3.86
Ab	19.14	24.66	12.42	---	33.61	23.16
An	31.49	26.62	18.38	7.39	20.62	49.71
Ne	---	---	9.55	21.95	---	1.89
Di	10.58	14.02	21.03	32.36	10.94	8.91
Hy	26.38	15.20	---	---	0.10	---
Ol	0.34	1.50	12.38	2.32	9.32	2.01
Mt	3.21	5.49	5.72	7.95	7.16	1.40
Il	1.90	3.49	4.77	5.05	6.13	1.22
Ap	0.36	0.82	1.74	2.51	1.75	0.21
Cc	0.41	0.26	0.40	1.37	0.08	0.31

	Piroxenito	Peridotito	Harzburgito	Dunito	Komatiíto peridotítico	Komatiíto basáltico
SiO_2	46.27	42.26	39.93	38.29	46.29	52.35
TiO_2	1.47	0.63	0.26	0.09	0.35	0.64
Al_2O_3	7.16	4.23	2.35	1.82	4.79	7.53
Fe_2O_3	4.27	3.61	5.48	3.59	5.00	1.17
FeO	7.18	6.58	6.47	9.38	5.94	9.16
MnO	0.16	0.41	0.15	0.71	0.21	0.22
MgO	16.04	31.24	33.18	37.94	30.38	15.80
CaO	14.48	5.05	2.90	1.01	6.08	10.68
Na_2O	0.92	0.49	0.31	0.20	0.30	1.45
K_2O	0.64	0.34	0.14	0.08	0.07	0.21
H_2O^+	0.99	3.91	4.00	4.59	---	---
H_2O^-	0.14	0.31	0.24	0.25	---	---
P_2O_5	0.38	0.10	0.13	0.20	0.02	0.03
CO_2	0.13	0.30	0.09	0.43	---	---
Total	99.83	99.46	95.63	99.58	99.43	99.24
Q	---	---	---	---	---	---
C	---	---	---	0.80	---	---
Or	3.75	2.02	0.83	0.47	0.41	1.24
Ab	7.76	4.15	2.60	1.69	2.54	12.27
An	13.54	8.32	4.17	1.17	11.52	13.42
Ne	---	---	---	---	---	---
Di	42.09	11.22	6.93	---	13.52	23.68
Hy	6.26	15.79	21.13	14.48	32.24	41.36
Ol	15.12	46.39	46.22	67.38	31.25	4.29
Mt	6.20	5.23	7.94	5.20	0.24	1.70
Il	2.79	1.19	0.50	0.18	0.66	1.22
Ap	0.90	0.23	0.30	0.47	0.05	0.07
Cc	0.28	0.67	0.21	1.00	---	---

Segundo a acidez as rochas são classificadas de acordo com o Quadro 1.2.1.

Quadro 1.2.1 – Classificação das rochas magmáticas segundo sua acidez (porcentagem de sílica em peso)

ACIDEZ (% SiO_2)	ROCHA
< 45	Ultrabásica
45 - 52	Básica
52 - 65	Intermediária
< 65	Ácida

Diagrama sílica : álcalis (diagrama TAS)

A designação "ácida" e "básica" não corresponde ao seu significado na química moderna, sendo derivada de conceitos mais antigos. Vários óxidos não metálicos (CO_2, SO_3 etc.) são solúveis em água, liberando H^+. Por essa característica são denominados "óxidos ácidos". Com o tempo esse termo foi aplicado à todos os óxidos de não metais, independentemente de apresentarem solubilidade em água. Assim também a sílica (SiO_2) tornou-se um óxido ácido e as rochas ricas em sílica foram designadas simplesmente de "ácidas". Da mesma maneira passou-se a designar de "óxidos básicos" todos os óxidos de metais independentemente de apresentarem solubilidade em água com liberação de OH^-. Consequentemente, rochas ricas em óxidos metálicos (especialmente FeO, MgO e CaO) são chamadas de "básicas". Entre os óxidos básicos cabe especial enfoque aos óxidos de K e Na, metais alcalinos. Rochas muito ricas em K_2O e Na_2O são simplesmente designadas de "alcalinas".

Como se pode perceber pela Tabela 1.2.1., as rochas ácidas, ricas em sílica, são pobres em óxidos básicos, excluídos os óxidos alcalinos. O contrário ocorre nas rochas básicas, pobres em sílica, e casos de transição são representados pelas rochas intermediárias. Verifica-se, também, que, independentemente de sua acidez, as rochas magmáticas podem estar mais ou menos enriquecidas em Na_2O+K_2O caracterizando, no primeiro caso, rochas alcalinas.

A importância da sílica e dos óxidos alcalinos (ou simplesmente álcalis) é tão grande para a caracterização das rochas que o diagrama SiO_2 : (Na_2O+K_2O), em porcentagem de peso, é utilizado como base para sua classificação química. Este diagrama (Figura 1.2.1) é também chamado de TAS (do inglês Total Alkalis : Silica).

Na constituição das rochas magmáticas, via de regra, associam-se um a três minerais silicáticos distintos e essenciais, dados pelo quartzo, feldspatos, feldspatoides, olivinas, piroxênios, anfibólios e micas. Um mineral é dito essencial quando perfaz mais de 10% do volume de uma rocha. Cada rocha é caracterizada por uma associação de minerais específica, em equilíbrio (paragênese) conforme alguns exemplos do Quadro 1.2.2.

O Quadro 1.2.2 pode ser transformado no gráfico da Figura 1.2.2 que fornece a nomenclatura das principais rochas magmáticas plutônicas e vulcânicas decorrente de diferentes paragêneses de minerais essenciais silicáticos.

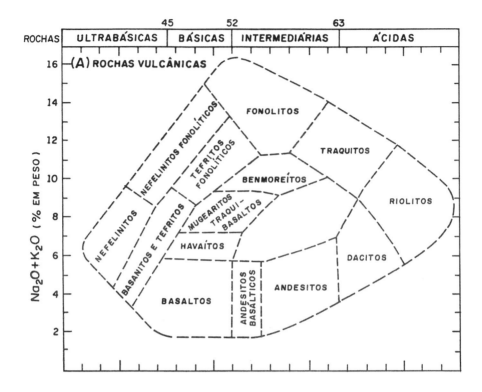

FIGURA 1.2.1 (A) – Classificação química das rochas magmáticas no diagrama SiO_2 : (Na_2O + K_2O) em % de peso. Rochas vulcânicas. Segundo Cox. et al., 1978, modificado por Wilson, 1989.

Conceitos fundamentais

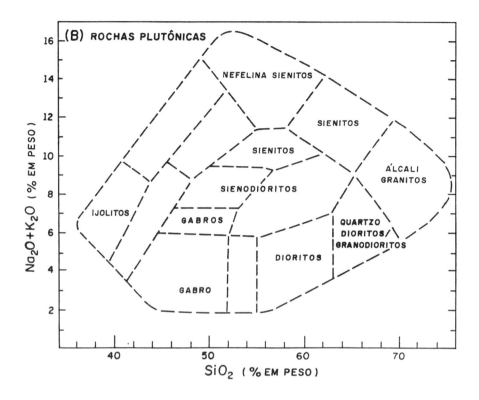

FIGURA 1.2.1 (B) – Classificação química das rochas magmáticas no diagrama SiO_2 : (Na_2O + K_2O) em % de peso. Rochas plutônicas. Segundo Cox. et al., 1978, modificado por Wilson, 1989.

Quadro 1.2.2 – Composição mineralógica essencial e nomenclatura de algumas rochas plutônicas

MINERAIS ESSENCIAIS	ROCHA PLUTÔNICA
Quartzo + K-Feldspato	Granito
Quartzo + Plagioclásio	Granodiorito
Quartzo + Plagioclásio + K-Feldspato	Monzogranito
K-Feldspato	Sienito
Plagioclásio	Anortosito
Plagioclásio + Anfibólio	Diorito
Plagioclásio + Piroxênio	Gabro
Plagioclásio + Olivina	Troctolito
Olivina	Dunito
Olivina + Piroxênio	Peridotito
Piroxênio	Piroxenito

Continuação

MINERAIS ESSENCIAIS	ROCHA PLUTÔNICA
Piroxênio + Feldspatoide	Ijolito
Feldspatoide + Plagioclásio	Theralito
Feldspatoide + Plagioclásio + K-Feldspato	Essexito
Carbonatos	Carbonatito

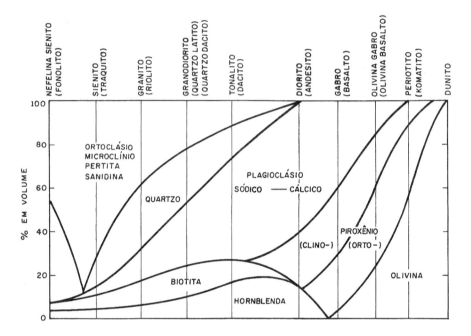

FIGURA 1.2.2 – Nomenclatura das principais rochas magmáticas plutônicas e vulcânicas, estas entre parênteses, em função das paragêneses dos principais minerais silicáticos formadores das rochas ígneas quando presentes como minerais essenciais.

Acidez de minerais

Também aos silicatos constituintes das rochas magmáticas aplica-se, de maneira modificada, o conceito de acidez. Assim são distinguidos minerais siálicos (ricos em SiO_2 e Al_2O_3), via de regra claros, representados pelo quartzo, feldspatos e feldspatoides e minerais fêmicos (ricos em FeO e MgO), via de regra escuros, representados pelas olivinas, piroxênios, anfibólios e micas. Os minerais fêmicos são também chamados de minerais máficos e os siálicos de félsicos. Os minerais siálicos, por sua riqueza em SiO_2, são minerais "ácidos" e os fêmicos, por sua riqueza em FeO, MgO e CaO, são minerais "básicos". Assim as rochas ácidas (ricas em sílica e pobres em óxidos básicos) são compostas essencialmente por silicatos "ácidos" (ou félsicos) enquanto as rochas básicas (pobres em sílica e ricas em óxidos básicos) contêm grande volume de minerais "básicos" (ou fêmicos, ou máficos).

Acidez dos plagioclásios

Entre os minerais siálicos formadores das rochas magmáticas cabe particular destaque aos feldspatos, os minerais mais frequentes da crosta terrestre e, entre eles, aos plagioclásios, uma solução sólida entre albita ($NaAlSi_3O_8$) e anortita ($CaAl_2Si_2O_8$). De acordo com o teor de albita (ou anortita) contido nos plagioclásios estes são classificados de acordo com o Quadro 1.2.3.

Quadro 1.2.3 – Nomenclatura dos plagioclásios de acordo com seu conteúdo (em porcentagem de peso) em albita (ou anortita)

Plagioclásio	% Albita	% Anortita
Albita	90 - 100	0 - 10
Oligoclásio	70 - 90	10 - 30
Andesina	50 - 70	30 - 50
Labradorita	30 - 50	50 - 70
Bytownita	10 - 30	70 - 90
Anortita	0 - 10	90 - 100

Como a albita (Ab) é mais rica em sílica que a anortita (An), os plagioclásios ricos em Ab (albita, oligoclásio) são denominados de plagioclásios ácidos em oposição aos ricos em An (labradorita, bytonita, anortita), designados de plagioclásios básicos. A andesina é um plagioclásio intermediário. Rochas ácidas (granitos, monzogranitos, granodioritos) são ricas em sílica e minerais siálicos e o plagioclásio presente é do tipo ácido. Rochas básicas (gabros) são rochas básicas pobres em sílica, ricos em minerais fêmicos e o plagioclásio presente é do tipo básico. Várias rochas intermediárias (dioritos, monzonitos) possuem teores aproximadamente iguais de minerais claros e escuros (textura "sal e pimenta") e o plagioclásio presente é do tipo intermediário. Rochas ultrabásicas (dunitos, peridotitos, piroxenitos) via de regra não contém feldspatos. Nas rochas alcalinas, dada riqueza em Na_2O, o plagioclásio presente é frequentemente a albita, caso de muitos sienitos.

Acidez dos minerais máficos

Durante a cristalização magmática os minerais fêmicos (ou máficos) sucessivamente formados caracterizam-se por esqueletos silicáticos cada vez mais complexos, frutos de uma progressiva polimerização dos tetraedros de $(SiO_4)^{-4}$, elemento estrutural fundamental dos silicatos (Figura 1.2.3).

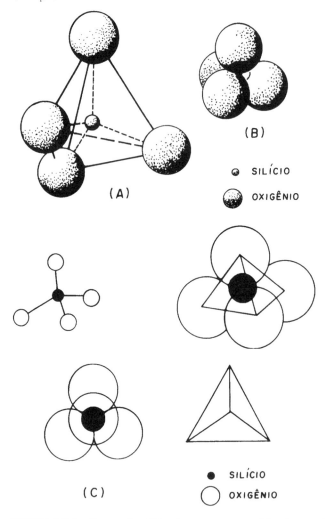

FIGURA 1.2.3 – O tetraedro SiO_4, elemento estrutural fundamental dos silicatos, e suas várias formas de representação. Em (A) é mostrada a configuração ideal do tetraedro com o cátion de silício rodeado por quatro ânions de oxigênio. Em (B) o tetraedro é visualizado em suas proporções reais com os quatro grandes íons de oxigênio escondendo o pequeno íon central de silício. Em (C) constam várias representações simplificadas e esquemáticas do tetraedro.

Pela polimerização progressiva dos tetraedros de SiO_4, que ocorrem isolados nos nesossilicatos (representados pelas olivinas), são construídos esqueletos sucessivamente mais complexos. Pares de dois tetraedros unidos caracterizam os sorossilicatos que têm na lawsonita um representante típico. Outras vezes os tetraedros se polimerizam em estruturas anelares mais ou menos complexas que caracterizam os ciclossilicatos, caso do berilo. Esqueletos filamentares isolados ocorrem nos inossilicatos simples (representados pelos piroxênios) e duplos nos inossilicatos duplos que compreendem os anfibólios. Esqueletos foliáceos caracterizam os filossilicatos (representados pelas micas) e estruturas tridimensionais complexas ocorrem nos tectossilicatos que incluem o quartzo, os feldspatos e os feldspatoides que não são minerais máficos. Com a progressiva polimerização dos tetraedros de SiO_4 a relação entre os cátions que neutralizam as valências negativas dos esqueletos e o número de átomos de Si e Al (que em alguns casos substitui o Si) contidos por unidade estrutural de esqueleto diminui gradativamente conforme a Figura 1.2.4.

	ARRANJO DOS TETRAEDROS DE SÍLICA	FÓRMULA DO ÍON COMPLEXO	MINERAL TÍPICO	
			NOME	COMPOSIÇÃO
TETRAEDROS ISOLADOS		$(SiO_4)^{-4}$	OLIVINA	$(Mg,Fe)_2 SiO_4$
ESTRUTURAS ISOLADAS DE 2 TETRAEDROS POLIMERIZADOS	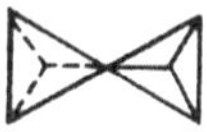	$(Si_2O_7)^{-6}$	LAWSONITA	$CaAl_2(Si_2O_7)(OH)_2 H_2O$
ESTRUTURAS ANELARES DE TETRAEDROS		$(Si_3O_9)^{-6}$	BENITOITA	$BaTiSi_3O_9$
		$(Si_4O_{12})^{-8}$	AXINITA	$Ca_3Al_2(BO_3)(Si_4O_{12})OH$
	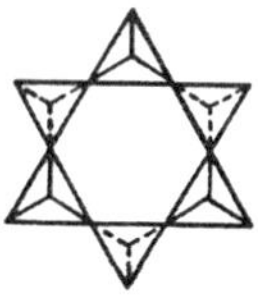	$(Si_6O_{18})^{-12}$	BERILO	$Be_3Al_2(Si_6O_{18})$
ESTRUTURAS FILAMENTARES	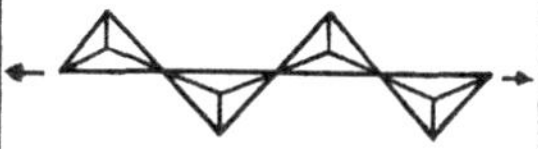 CADEIAS SIMPLES	$(SiO_3)_n^{-2}$	ENSTATITA (PIROXÊNIO)	$(Mg,Fe)(SiO_3)$
	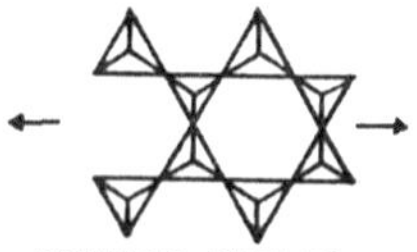 CADEIAS DUPLAS	$(Si_4O_{11})_n^{-6}$	TREMOLITA (ANFIBÓLIO)	$Ca_2Mg_6(Si_4O_{11})_2(OH)_2$
ESTRUTURAS FOLIÁCEAS	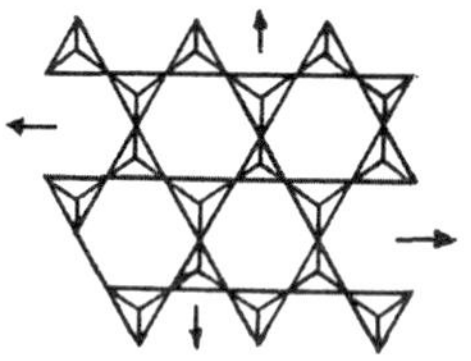	$(Si_4O_{10})^{-4}$	MUSCOVITA (MICA)	$KAl_2(Si_3AlO_{10})(OH)_2$
ESTRUTURAS TRIDIMENSIONAIS COMPLEXAS		$(SiO_2)^0$	QUARTZO	SiO_2

FIGURA 1.2.4 – Tipo estrutural (arranjo dos tetraedros de sílica), visualização gráfica, unidade estrutural (fórmula do íon complexo), e um exemplo mineral e sua composição, representativo dos principais grupos de silicatos.

Este fato indica que os minerais máficos apresentam variável acidez e que esta aumenta com a polimerização das estruturas dos silicatos (omitida a substituição de Si por Al) que, por sua vez, retrata uma evolução magmática expressa por crescente acidez (Tabela 1.2.2).

Tabela 1.2.2 – Teores de sílica dos principais minerais siálicos, máficos e opacos das rochas magmáticas

Mineral	Membros finais puros das séries de soluções sólidas	Fórmulas	Conteúdo em SiO_2 (% em peso)
Olivina	forsterita	$2MgO.SiO_2$	43
	faialita	$2FeO.SiO_2$	29
Augita	diopsídio	$CaO.MgO.2SiO_2$	56
	hedenbergita	$CaO.FeO.2SiO_2$	48
Fe-Mg Piroxênios	enstatita	$MgO.SiO_2$	60
	ferrossilita	$FeO.SiO_2$	45
Anfibólios (hornblenda)	---	complexa	42 - 45
Micas (biotita)	---	complexa	35 - 40
Plagioclásios	anortita	$CaO.Al_2O_3.2SiO_2$	43
	albita	$Na_2O.Al_2O_3.6SiO_2$	69
Feldspatoides	nefelina	$Na_2O.Al_2O_3.2SiO_2$	42
	leucita	$K_2O.Al_2O_3.4SiO_2$	55
Minerais opacos	cromita	$FeO.Cr_2O_3$	---
	magnetita	$FeO.FeO_3$	---
	ilmenita	$FeO.TiO_2$	---

Resulta, assim, que nas rochas básicas (pobres em sílica) ocorrem minerais fêmicos "básicos" (olivinas e piroxênios) associados com abundantes minerais não silicáticos e que nas rochas ácidas (ricas em sílica) estão presentes minerais máficos "ácidos" (anfibólios e micas) associados com raros minerais não silicáticos. Tal correlação, ainda que grosseira, permite resumir no Quadro 1.2.4 alguns aspectos mineralógicos principais ligados à acidez através da comparação de gabros com dioritos e granodioritos.

Quadro 1.2.4 – Correlação entre acidez, tipo de plagioclásio e mineral fêmico (máfico) em gabros, dioritos e granodioritos

ROCHA	ACIDEZ	PLAGIOCLÁSIO	MINERAL FÊMICO
Gabro	Básica	Bytownita	Piroxênio
Diorito	Intermediária	Andesina	Anfibólio
Granodiorito	Ácida	Oligoclásio	Mica (Biotita)

A boa correlação entre SiO_2, CaO e (Na_2O+K_2O), conforme a Figura 1.2.1 e o Quadro 1.2.4, permite calcular a acidez de uma rocha baseada apenas nos dois últimos parâmetros através do índice An de Rittmann (1973):

$$An = CaO/(CaO+1.2\ K_2O+1.5\ Na_2O)$$

todos óxidos em porcentagem de peso. Segundo essa relação as rochas são classificadas em ácidas (An = 0.0-0.2), intermediárias (An = 0.2-0.6) e básicas--ultrabásicas (An = 0.6-0.9).

Minerais acessórios

Ao lado dos minerais essenciais ocorrem nas rochas magmáticas numerosos minerais acessórios representados por silicatos, carbonatos, óxidos, fosfatos, sulfetos etc. Mineral acessório é aquele cujo teor perfaz menos de 10% do volume da rocha. Na Tabela 1.2.3 constam os principais minerais acessórios não silicáticos das rochas magmáticas.

Um mineral pode ser acessório numa rocha e essencial em outra. A calcita é mineral acessório em muitas rochas magmáticas e constituinte essencial dos carbonatitos. Muitos minerais acessórios, silicáticos ou não, tem composição "básica", isto é, são ricos em óxidos básicos. É o caso da magnetita (Fe_3O_4), ilmenita ($FeTiO_3$), apatita [$Ca_3(PO_4)_2$], titanita ($FeTiO_4$), perovskita ($CaTiO_3$), calcita ($CaCO_3$), rutilo (TiO_2), espinélio ($MgAl_2O_4$) etc. Os minerais acessórios podem ser incolores (zircão, apatita) ou coloridos (epidoto, titanita) e transparentes, translúcidos ou opacos em lâminas petrográficas delgadas (espessura de 30 μ) utilizadas em exames petrográficos. Minerais opacos são em sua maioria óxidos e sulfetos.

Tabela 1.2.3 – Os principais minerais acessórios não silicáticos das rochas magmáticas e sua composição química

MINERAL	FÓRMULA QUÍMICA
Ilmenita	$FeTiO_3$
Rutilo	TiO_2
Espinélio	$MgAl_2O_4$
Hercinita	$Fe^2Al_2O_4$
Magnetita	$Fe^2Fe^3_2O_4$
Ulvospinélio	Fe^2TiO_4
Cromita	$(Fe,Mg)(Cr,Al)_2O_4$
Gahnita	$ZnAl_2O_4$
Cassiterita	SnO_2
Rutilo	TiO_2
Perovskita	$CaTiO_3$
Corindon	Al_2O_3
Pirocloro	Nb_2O_5 (+ outros elementos)
Columbo-tantalita	$(Fe,Mn)(Nb,Ta)_2O_6$
Apatita	$3Ca_3(PO_4)_2.Ca(F,Cl,OH)_2$
Monazita	$(Ce,La,Th)PO_4$
Fluorita	CaF_2
Calcita	$CaCO_3$
Magnesita	$MgCO_3$
Pirita	FeS_2
Pirrotita	$Fe(n-1)Sn$

Minerais secundários

Ao lado dos minerais essenciais e acessórios também ocorrem minerais secundários resultantes da transformação dos minerais primários que resultam da cristalização magmática. A alteração dos minerais primários ocorre tanto através de soluções intempéricas (por exemplo, a água da chuva contendo CO_2 atmosférico dissolvido e as chuvas "ácidas" de grandes áreas industriais poluídas) quanto pela ação de soluções hidrotermais (alteração hidrotermal ou deutérica). Comum é a alteração de olivina em serpentina, de feldspato potássico em sericita e caulim, da biotita e hornblenda em clorita e do plagioclásio em epidoto. Na Tabela 1.2.4 estão listados os principais minerais deutéricos das rochas magmáticas.

Tabela 1.2.4 – Os principais minerais secundários das rochas magmáticas e sua composição química

MINERAL	COMPOSIÇÃO
Albita	$NaAlSi_3O_8$
Calcita	$CaCO_3$
Epidoto	$Ca_2(Al,Fe^3)Si_3O_{12}(OH)$
Caulinita	$Al_4Si_4O_{10}(OH)_8$
Sericita (mica branca fina)	$(K,Na)Al_3Si_3O_{10}(OH)_2$
Clorita	$(Mg,Fe^2)_6Al(Si,Al)_4O_{10}(OH)_8$
Ortoanfibólio	$(Mg,Fe^2)_7Si_8O_{22}(OH)_2$
Clinoanfibólio	$Ca_2(Mg,Fe^2)_5Si_8O_{22}(OH)_2$
Serpentina	$(Mg,Fe^2)_3Si_2O_5(OH)_4$
Talco	$Mg_3Si_4O_{10}(OH)_2$
Leucoxênio	é uma fina mistura de óxidos de Ti e Fe
Iddingsita	é uma fina mistura de argilas, clorita, hidróxidos de Fe e quartzo, formada a partir da olivina.

Alguns dos processos de formação dos minerais secundários recebem nomes específicos tais como carbonatização, cloritização, caulinização, serpentinização etc. Uralitização é a transformação de augita em hornblenda e saussuritização é a alteração de plagioclásio numa massa de quartzo, calcita, albita, epidoto e sericita. Na Tabela 1.2.5 constam algumas reações de alteração de minerais primários.

Tabela 1.2.5 – Algumas reações secundárias de alteração de minerais magmáticos primários

Ortopiroxênio		Ortoanfibólio
$7(Mg,Fe)SiO_3 + SiO_2 + H_2O$	=	$(Mg,Fe)_7Si_8O_{22}(OH)_2$
Ortopiroxênio		Serpentina + Talco
$6MgSiO_3 + 3H_2O$	=	$Mg_3Si_2O_5(OH)_4 + Mg_3Si_4O_{10}(OH)_2$
Olivina		Serpentina
$3Mg_2SiO_4 + SiO_2 + H_2O$	=	$2Mg_3Si_2O_5(OH)_4$
Anortita		Epidoto
$3CaAl_2Si_2O_8 + H_2O + CaCO_3$	=	$2Ca_2Al_3Si_3O_{12}(OH) + CO_2$
Anortita		Caulinita + Calcita
$3CaAl_2Si_2O_8 + 4H_2O + 2CO_2$	=	$Al_4Si_4O_{10}(OH)_8 + 2CaCO_3$
Anortita		Albita
$CaAl_2Si_2O_8 + 4SiO_2 + 2Na^+$	=	$2NaAlSi_3O_8 + Ca^{+2}$
Feldspato alcalino		Sericita + Quartzo
$3(Na,K)AlSi_3O_8 + 2H^+$	=	$(K,Na)Al_3Si_3O_{10}(OH)_2 + 6SiO_2 + 2(K,Na)^{+1}$

Alterações hidrotermais ou deutéricas ocorrem em grau variável na maioria das rochas intrusivas, em algumas rochas vulcânicas e em espessos depósitos de cinzas vulcânicas (a devitrificação de vidros vulcânicos pode ser considerada também como um tipo de alteração hidrotermal). Em muitos casos essa alteração confere à rocha um aspecto lixiviado, desbotado, e pode, frequentemente, levar ao obscurecimento quase total da mineralogia e textura primária.

A muitos processos de intensiva alteração hidrotermal associa-se a gênese de importantes jazidas minerais.

Índice de coloração

Denomina-se de índice de coloração (IC) a porcentagem conjunta, em volume, dos minerais fêmicos, acessórios e secundários presentes numa rocha magmática. O Quadro 1.2.5 mostra a classificação das rochas quanto ao índice de coloração, segundo os limites recomendados pela IUGS (International Union of Geological Sciences).

Quadro 1.2.5 – Classificação das rochas magmáticas segundo seu índice de coloração

ÍNDICE DE COLORAÇÃO (% em volume)	ROCHA
0 - 5	Hololeucocrática
10 - 35	Leucocrática
35 - 65	Mesocrática
65 - 90	Melanocrática
90 - 100	Ultramelanocrática

Como o índice de coloração é uma expressão aproximada do volume dos diferentes tipos de minerais básicos presentes nas rochas magmáticas, conclui-se que rochas ácidas são, via de regra, hololeucocráticas ou leucocráticas e que rochas ultrabásicas são frequentemente ultramelanocráticas. Entretanto, nem sempre há correspondência entre acidez e índice de coloração. Hornblenditos (compostos quase totalmente por hornblenda) são rochas ao mesmo tempo ultramelanocráticas e básicas. Carbonatitos (compostos quase totalmente por carbonatos) são simultaneamente leucocráticas e ultrabásicas. Para evitar a vinculação direta entre acidez e índice de coloração muitos autores designam as rochas ultramelanocráticas (dunitos, peridotitos, piroxenitos, hornblenditos) de rochas ultramáficas.

A determinação do índice de coloração é feito basicamente de três maneiras:
- Através da estimativa visual em amostras de mão e em lâminas delgadas utilizando-se padrões de referência como os da Figura 1.2.5.

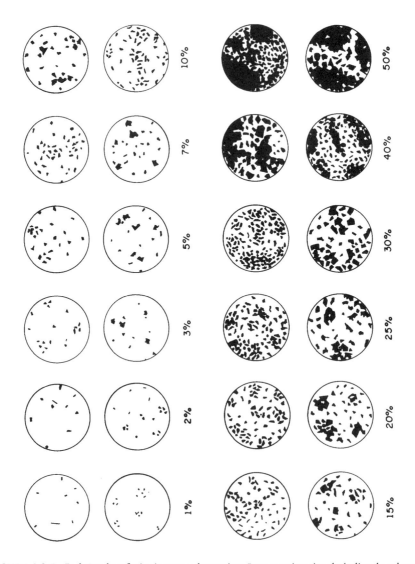

FIGURA 1.2.5 – Padrões de referência para a determinação por estimativa do índice de coloração de rochas magmáticas em amostras de mão e lâminas delgadas. Valores expressos em porcentagem de volume de minerais máficos e opacos. Extraído de Best, 1982.

- Contagens quantitativas em lâminas petrográficas que resultam na determinação da moda, a composição mineralógica real de uma rocha em porcentagem de volume.
- Pela norma, uma composição mineralógica teórica, em porcentagem de peso, calculada a partir da análise química utilizando-se minerais padrão (Tabela 1.2.6). A partir da norma determina-se o índice de coloração normativo (IC_N) pela soma dos minerais fêmicos e acessórios (a norma não contém minerais secundários). Isso equivale a expressão IC_N = 100 - (Or + Ab + An + Ne + Lc + Kp).

Tabela 1.2.6 – Os minerais normativos: nomenclatura, símbolos, composição química (fórmula química) e fórmula peso (peso molecular da fórmula química). Extraído de Best, 1982

Mineral	Simbologia	Composição (fórmula química)	Peso molecular da fórmula química
Quartzo	Q	SiO_2	60.1
Corindon	C	Al_2O_3	102
Zircão	Z	$ZrO_2\ SiO_2$	183
Ortoclásio	Or	$K_2O\ Al_2O_3\ 6SiO_2$	556
Albita	Ab	$Na_2O\ Al_2O_3\ 6SiO_2$	524
Anortita	An	$CaO\ Al_2O_3\ 2SiO_2$	278
Leucita	Lc	$K_2O\ Al_2O_3\ 4SiO_2$	436
Nefelina	Ne	$Na_2\ Al_2O_3\ 2SiO_2$	284
Caliofilita	Kp	$K_2O\ Al_2O_3\ 2SiO_2$	316
Halita	H	NaCl	58.4
Thenardita	Th	$Na_2O\ SO_3$	124
Carbonato de sódio	Nc	$Na_2O\ CO_2$	106
Acmita	Ac	$Na_2O\ Fe_2O_3\ 4SiO_2$	462
Metasilicato de sódio	Ns	$Na_2O\ SiO_2$	122
Metasilicato de potássio	Ks	$K_2o\ SiO_2$	154
Diopsídio	Di	$CaO\ (Mg,Fe)O\ 2SiO_2$	217-248*
Wollastonita	Wo	$CaO\ SiO_2$	116
Hiperstênio	Hy	$(Mg,Fe)O\ SiO_2$	100-132*
Olivina	Ol	$2(Mg,Fe)O\ SiO_2$	141-204*
Silicato dicálcico	Cs	$2CaO.SiO_2$	172
Magnetita	Mt	$FeO.Fe_2O_3$	232
Cromita	Cm	$FeO.Cr_2O_3$	224
Ilmenita	Il	$FeO.TiO_2$	152
Hematita	Hm	Fe_2O_3	160

Continuação

Mineral	Simbologia	Composição (fórmula química)	Peso molecular da fórmula química
Titanita	Tn	$CaO.TiO_2.SiO_2$	196
Perovskita	Pf	$CaO.TiO_2$	136
Rutilo	Ru	TiO_2	79,9
Apatita	Ap	$3.3CaO.P_2O_5$	310
Fluorita	Fl	CaF_2	78,1
Pirita	Pr	FeS_2	120
Calcita	Cc	$CaO.CO_2$	100

*Fórmula peso para os membros, respectivamente, puros de Mg e Fe.

Diagrama índice de coloração normativo: plagioclásio normativo

Como tanto o índice de coloração normativo (IC_N) quanto a composição do plagioclásio normativo ($Plag_N$) dependem da composição química que retrata as principais feições mineralógicas da rocha, o diagrama IC_N : $Plag_N$ é empregado na classificação das rochas magmáticas (Figura 1.2.6). Para rochas contendo apenas Ab e An na norma a composição do plagioclásio normativo é dada pela expressão 100 [An/(An+Ab)]. Para rochas com Ab, An e Ne na norma a composição no plagioclásio normativo é dada pela expressão 100 [An/(An+Ab+5/3 Ne)] onde An, Ab e Ne correspondem aos teores normativos (em porcentagem de peso) de anortita, albita e nefelina da rocha.

Conceitos fundamentais

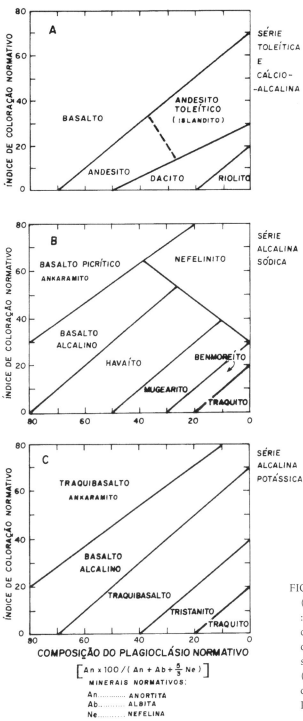

FIGURA 1.2.6 – Diagrama IC_N (índice de coloração normativo) : $Plag_N$ (composição do plagioclásio normativo) para a classificação das rochas vulcânicas das séries toleítica e cálcio-alcalina (A), alcalina sódica (B) e alcalina potássica (C). Segundo Irvine & Baragar, 1971.

Exercícios

1. Utilizando os limites do Quadro 1.2.1 classifique as rochas da Tabela 1.2.1 quanto à sua acidez. Faça uma tabela das rochas ácidas, intermediárias, básicas e ultrabásicas.

2. Amplie os diagramas TAS da Figura 1.2.1 numa folha de papel milimetrado de tal modo que 1 cm corresponda a 1% de (Na_2O+K_2O) e a 2% de SiO_2. Cubra a figura com papel vegetal. Lance sobre este papel os dados químicos da Tabela 1.2.1. Discuta a coincidência ou não entre os nomes de rochas que constam da Tabela 1.2.1 e os do diagrama TAS.

3. Granitos, sienitos e anortositos são rochas leucocráticas. Assim quase todo o Na_2O e CaO da análise química está fixado no plagioclásio. Baseado nas análises normativas da Tabela 1.2.1 discuta o tipo de plagioclásio presente nestas rochas.

4. Utilizando os limites do Quadro 1.2.5 classifique as rochas da Tabela 1.2.1 em termos do seu índice de coloração normativo. Relacione os resultados com a acidez da rocha sob forma de uma tabela comparativa.

5. Ainda utilizando as normas da Tabela 1.2.1 defina quais são os minerais normativos essenciais das rochas listadas. Para determinar o teor de plagioclásio some An e Ab.

6. Calcule o índice de coloração e a composição do plagioclásio normativos para as rochas vulcânicas da Tabela 1.2.1. Lance os dados obtidos no diagrama $IC_N : Plag_N$ da Figura 1.2.6 após sua ampliação. Discuta os resultados.

7. O microscópio petrográfico é ferramenta básica no estudo de rochas magmáticas. Leia o livro de Fujimore & Ferreira (1979) *Introdução ao uso do microscópio petrográfico* para inteirar-se desse equipamento, seu funcionamento e das metodologias empregadas na caracterização dos minerais constituintes das rochas magmáticas.

1.3 Sílica-saturação

Durante a cristalização magmática os cátions metálicos se ligam aos tetraedros mais ou menos polimerizados de SiO_4 (um ânion complexo) constituindo silicatos com variável acidez. Um mesmo cátion ou conjunto de cátions metálicos pode integrar silicatos com variável acidez. Da disponibilidade de suficiente sílica para que os cátions metálicos possam formar silicatos com acidez máxima emerge o conceito de sílica-saturação. Neste subcapítulo são abordados os seguintes tópicos:

- Minerais saturados e insaturados.
- Caracterização da sílica-saturação.
- Quantificação da sílica-saturação.
- A importância da sílica-saturação na classificação das rochas magmáticas.
- Ordem de sílica saturação.
- Sílica-saturação em sistemas petrológicos simples.

Minerais saturados e insaturados

Em relação a sua estabilidade química na presença de excesso de sílica, caracterizado nas rochas pela presença de polimorfos de SiO_2 (Figura 1.3.1.), os minerais são agrupados em duas categorias:

- Minerais saturados. São estáveis na presença de excesso de sílica. Englobam os feldspatos, as micas, os anfibólios, os piroxênios em geral e olivinas ricas em ferro (faialitas).
- Minerais insaturados. São instáveis na presença de excesso de sílica reagindo com esta para a formação de minerais saturados. Incluem principalmente os feldspatoides (nefelina, sodalita, haüyna, noseana, leucita, kalsilita ou caliofilita), olivinas ricas em magnésio (forsteritas), raros piroxênios (augitas ricas em Al e Ti), melilitas, além de perovskita e corindon. Algumas reações entre minerais insaturados e sílica constam da Tabela 1.3.1.

Segundo a associação mineralógica (paragênese) entre quartzo, minerais saturados e minerais insaturados as rochas magmáticas se classificam de acordo com o Quadro 1.3.1.

Não existem rochas insaturadas compostas exclusivamente por minerais insaturados, se bem que ocorram rochas nas quais quase todos os minerais siálicos são insaturados, caso de alguns nefelinitos.

A sílica-saturação não depende apenas do teor absoluto de sílica (isto é, da acidez) de uma rocha mas sim da relação entre sílica, alumina, óxidos básicos e óxidos alcalinos. Rochas ácidas são geralmente supersaturadas enquanto rochas intermediárias e básicas podem ser tanto supersaturadas, saturadas ou insaturadas (exemplos: quartzo sienito, sienito, nefelina sienito; quartzo basalto, basalto, olivina basalto, nefelina-olivina basalto).

	POLIMORFO	ASPECTO	OCORRÊNCIA
TEMPERATURA CRESCENTE ↓	QUARTZO α	CRISTAIS COM FACES PRISMÁTICAS CONTENDO ESTRIAS HORIZONTAIS.	– ROCHAS VULCÂNICAS – ROCHAS SUBVULCÂNICAS – ROCHAS PLUTÔNICAS – PEGMATITOS – VEIOS DE QUARTZO
	QUARTZO β	CRISTAIS SEM FACES PRISMÁTICAS	– ROCHAS VULCÂNICAS – ROCHAS SUBVULCÂNICAS
	TRIDINITA	PEQUENOS CRISTAIS HEXAGONAIS ACHATADOS (≤ 1mm)	ROCHAS VULCÂNICAS (ESPECIALMENTE EM CAVIDADES E SOBRE PLANOS E FRATURAS)
	CRISTOBALITA	PEQUENOS CRISTAIS OCTAÉDRICOS OU AGREGADOS GLOBULARES (≤ 1mm)	

(A)

FIGURA 1.3.1 – (A) As principais características dos polimorfos de SiO_2.

Conceitos fundamentais

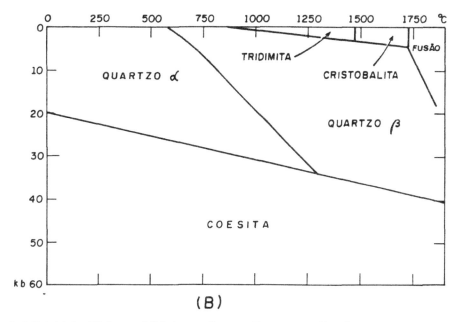

FIGURA 1.3.1 – (B) Sua estabilidade num diagrama Temperatura : Pressão.

Tabela 1.3.1 – Reações entre alguns minerais insaturados e sílica do líquido magmático coexistente para a formação de minerais saturados

(A) Relações de sílica-saturação simples

Forsterita	+ SiO_2	= Enstatita
Mg_2SiO_4	+ SiO_2	= 2 $MgSiO_3$
Nefelina	+ SiO_2	= Albita
$NaAlSiO_4$	+ SiO_2	= Na $AlSiO_3O_8$
Leucita	+ SiO_2	= Ortoclásio
$KAlSi_2O_6$	+ SiO_2	= $KAlSi_3O_8$
Kalsilita/ Caliofilita	+ SiO_2	= Ortoclásio
$KAlSiO_4$	+ $2SiO_2$	= $KAlSi_3O_8$
Perovskita	+ SiO_2	= Titanita
$CaTiO_3$	+ SiO_2	= $CaTiSiO_5$
Corindon	+ SiO_2	= Sillimanita
Al_2O_3	+ SiO_2	= Al_2SiO_5

(B) Relações de sílica-saturação complexas envolvendo melilitas

Gehlenita	+ Forsterita	+ SiO$_2$	= Diopsídio	+ Tschermakita
2/3Ca$_2$Al$_2$SiO$_7$	+ 1/3Mg$_2$SiO$_4$	+ SiO$_2$	= 2/3CaMgSi$_2$O$_6$	+ 2/3CaAl$_2$Si$_2$O$_6$
Akermanita	+ Forsterita	+ SiO$_2$	= Diopsídio	
2/3Ca$_2$MgSi$_2$O$_8$	+ 1/3Mg$_2$SiO$_4$	+ SiO$_2$	= 4/3CaMgSi$_2$O$_6$	

Quadro 1.3.1 – Classificação das rochas magmáticas em termos de sílica--saturação de acordo com a paragênese entre quartzo, minerais saturados e minerais insaturados

Rocha	Paragênese
Supersaturada	Qz + Ms
Saturada	só Ms
Insaturada	Mi + Ms

Qz = Quartzo ou outro polimorfo de SiO$_2$
Ms = Minerais saturados
Mi = Minerais insaturados

Caracterização da sílica-saturação

Basicamente a caracterização da sílica-saturação é feita de duas maneiras:

- Sob aspecto mineralógico a caracterização das rochas supersaturadas e insaturadas se faz através da determinação da presença de quartzo (ou outro polimorfo de SiO$_2$) ou de minerais insaturados, muitos dos quais são de fácil reconhecimento macroscópico. Outras vezes, principalmente em rochas vulcânicas, a sua determinação só é possível em lâminas delgadas via microscópio petrográfico.
- Partindo-se de análises químicas, a sílica-saturação é detectada através de minerais específicos da norma, uma composição mineralógica teórica calculada a partir da análise utilizando-se minerais padrão ditos normativos. Existem vários tipos de normas sendo a mais empregada a norma CIPW (segundo as iniciais dos petrógrafos Cross, Iddings, Pirsson e Washington, 1903) que se baseia nos minerais normativos da Tabela 1.2.6. Rochas supersaturadas são caracterizadas pela presença de quartzo normativo (Q) e rochas insaturadas pela presença de minerais normativos insaturados (Lc, Ne, Kp, Ol, Ks, Cs, Ns, Pf) de acordo com a Tabela 1.3.2. Em rochas saturadas faltam quartzo e minerais normativos insaturados.

Tabela 1.3.2 – Análise química e norma CIPW médias de diferentes basaltos. 1- basaltos alcalinos (basaltos insaturados) 2- olivina toleitos (basaltos insaturados) 3- basaltos toleíticos (basaltos supersaturados). Segundo Yoder & Tilley, 1962; Muir et al., 1957 e Macdonald & Katsura, 1964

	1	2	3
SiO_2	46.59	49.16	51.02
TiO_2	2.26	2.29	2.03
Al_2O_3	15.19	13.33	13.49
Fe_2O_3	2.96	1.31	3.22
FeO	9.89	9.71	8.12
MnO	0.18	0.16	0.17
MgO	8.74	10.41	8.42
CaO	10.02	10.93	10.30
Na_2O	3.01	2.15	2.10
K_2O	0.96	0.51	0.40
H_2O^+	0.05	0.04	0.21
H_2O^-	0.00	0.05	0.28
P_2O_5	0.29	0.16	0.26
Q	---	---	4.26
Or	5.56	2.78	2.22
Ab	20.96	17.82	17.82
An	25.30	25.30	26.13
Ne	2.27	---	---
Di	18.51	22.93	18.60
Hy	---	15.35	21.27
Ol	18.21	9.14	---
Mt	4.41	2.09	4.64
Il	4.26	4.41	3.80
Ap	0.67	0.34	0.67

Sob aspecto normativo, os diferentes tipos de sílica-saturação em basaltos são definidos pelas seguintes características:

- Rochas supersaturadas — Q na norma (ausência de Ol e Ne)
- Rochas saturadas — apenas Hy na norma (ausência de Q, Ne e Ol)
- Rochas insaturadas — Ol ± Ne na norma (ausência de Q)

A impossibilidade da coexistência entre Q, Ol e Ne numa norma configura uma incompatibilidade normativa. Na Tabela 1.3.3 constam outros casos de incompatibilidades entre os diferentes minerais normativos. A leitura desta tabela deve ser feita assim: nunca Ab ocorre junto com Kp e Lc numa norma; nunca Ac com An e C; nunca An com Ac e Ns etc.

Tabela 1.3.3 – Casos de incompatibilidade entre minerais normativos. A ocorrência de qualquer destas incompatibilidades numa norma indica erro no seu cálculo ou erro na análise química a partir da qual a norma foi calculada. Pode indicar, ainda, que a rocha analisada não era fresca ou que foi modificada por processos hidrotermais

Minerais normativos	Minerais incompatíveis	Minerais normativos	Minerais incompatíveis
Ab	Kp, Lc	Lc	Ab, Hy, Q
Ac	An, C	Mt	Sp, Ns, Ru
An	C, Ns	Ne	Hy, Kp, Q
C	Ac, Di, Wo, Ns, Sp	Ns	An, C, Mt, Hm
Di	C, Ru	Ol	Q, Wo
Fs	Hm, Ru, Sp	Or	Kp
Hm	Il, Ns, Fs	Q	Kp, Lc, Ne, Ol
Hy	Kp, Ic, Ne, Wo	Ru	Mt, Fs, Wo, Di
Kp	Ab, Hy, Or, Q	Sp	Mt, Fs, C
		Wo	C, Hy, Ru, Ol

Quantificação da sílica-saturação

O excesso (supersaturação) ou a deficiência (insaturação) em sílica pode ser mais ou menos intenso o que leva ao conceito de grau de sílica-saturação e a necessidade de sua quantificação. Esta pode ser feita de várias maneiras:

- Macro e microscopicamente o grau de sílica-saturação pode ser avaliado pela porcentagem de quartzo ou minerais insaturados presentes na moda. (Exemplos: quartzo sienito e granito; nefelina basalto e nefelinito).
- O mesmo critério é válido utilizando-se a norma, através da porcentagem de quartzo e dos minerais insaturados.
- Partindo-se diretamente da análise química. A porcentagem, em peso, de quartzo ou nefelina é determinada através do gráfico SiO_2 : (Na_2O+K_2O) com os óxidos expressos em porcentagem de peso (Figura 1.3.2).

Conceitos fundamentais

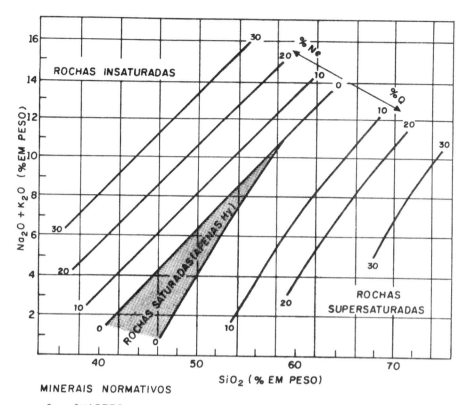

MINERAIS NORMATIVOS
Q = QUARTZO
Ne = NEFELINA
Hy = HIPERSTÊNIO

FIGURA 1.3.2 – Diagrama SiO_2 : (Na_2O+K_2O) para a determinação dos teores de quartzo ou de nefelina (em porcentagem de peso) em rochas magmáticas. Segundo Cox et al., 1979.

- Considerando-se apenas os minerais siálicos, a comparação entre o grau de sílica-saturação de diferentes rochas pode ser feita no diagrama triangular SiO_2 : $NaAlSiO_4$: $KAlSiO_4$ (sistema Q-Ne-Kp). Entre quartzo e nefelina ocorre a albita ($NaAlSi_3O_8$) e entre quartzo e caliofilita ocorre o feldspato potássico ($KAlSi_3O_8$) e a leucita ($KAlSi_2O_6$), de acordo com as reações da Tabela 1.3.1. Através desses minerais intermediários o sistema é dividido em vários subsistemas triangulares paragenéticos indicando cada um diferentes graus de sílica-saturação. O subsistema Q-Ab-Or corresponde às rochas supersaturadas, a linha Ab-Or, às rochas saturadas e o subsistema Ab-Or-Ne-Kp, às rochas insaturadas. Dessa maneira configura-se a incompatibilidade paragenética entre os polimorfos de sílica e os feldspatoides (Tabela 1.2.3). Na Figura 1.3.3 estão lançados no gráfico Q : Ne : Kp três rochas com diferentes graus de sílica-saturação.

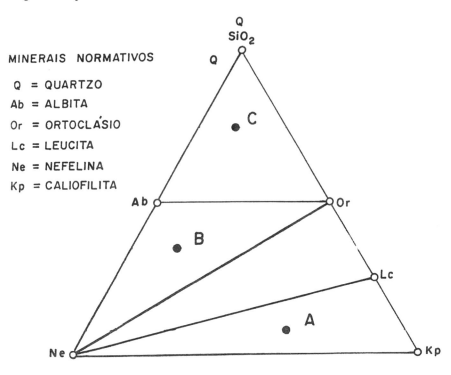

FIGURA 1.3.3 – Diagrama ternário SiO$_2$: NaAlSiO$_4$: KAlSiO$_4$ (sistema Q-Ne-Kp) mostrando a posição de três rochas com diferentes graus de sílica-saturação. Segundo Thornton & Tuttle, 1960, modificado.

- O mesmo tipo de quantificação pode ser aplicado aos minerais fêmicos magnesianos através do diagrama SiO$_2$: Mg$_2$SiO$_4$: Fe$_2$SiO$_4$ (sistema Q-Fo-Fa) da Figura 1.3.4 constituído em termos normativos pelos subsistemas Q-En-Fs (supersaturado), En-Fs (saturado) e En-Fs-Fo-Fa (insaturado). Dessa maneira, sob aspecto normativo, a olivina é sempre incompatível com quartzo (Tabela 1.3.3). Entretanto, na natureza olivinas faialíticas podem coexistir com quartzo em olivina granitos (geralmente granitos rapakivi) devido a maior estabilidade termodinâmica da associação Fa+Q em relação à paragênese Fs+Q.

Conceitos fundamentais

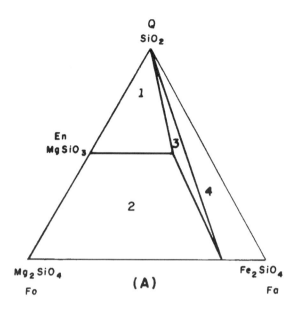

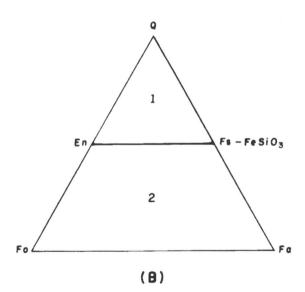

FIGURA 1.3.4 – Diagrama ternário $SiO_2 : Mg_2SiO_4 : Fe_2SiO_4$ (sistema Q-Fo-Fa) mostrando paragêneses de minerais fêmicos magnesianos com diferentes graus de sílica-saturação. A - Moda. B - Norma. Segundo Smith, 1971.

Combinando-se as Figuras 1.3.3 e 1.3.4 resultam basicamente três grandes associações mineralógicas modais em termos de SiO_2, Na_2O, K_2O, Al_2O_3, FeO e MgO:

- Rochas supersaturada: Quartzo+feldspatos alcalinos+Mg-Fe-piroxênios +(excepcionalmente) Fe-olivinas.
- Rochas saturadas: Feldspatos alcalinos+Mg-Fe-piroxênio (excepcionalmente) Fe-olivinas.
- Rochas insaturadas: Feldspatos alcalinos+Na-K-feldspatoides+ Mg-Fepiroxênios+Mg-Fe-olivinas.

Quanto mais uma rocha insaturada situar-se nas proximidades da base maior dos subsistemas Ab-Or-Ne-Kp e En-Fs-Fo-Fa das Figuras 1.3.3 e 1.3.4, tanto mais rica em feldspatoides e olivina será. Este caso extremo é representado pelos nefelinitos e leucititos.

A importância da sílica-saturação na classificação das rochas magmáticas

O conceito de sílica-saturação é fundamental em numerosas classificações das rochas magmáticas com destaque para:

- O diagrama de classificação QAPF.
- O tetraedro basáltico.
- O sistema de classificação baseado na atividade química da sílica.

O diagrama de classificação QAPF

Destina-se à classificação modal das rochas magmáticas com índice de coloração menor que 90. As letras QAPF significam, respectivamente, os polimorfos de sílica (quartzo, tridimita, cristobalita), Feldspatos Alcalinos (albita+K-feldspato+pertitas), Plagioclásio e Feldspatoides (nefelina ± sodalita ± noseana ± haüyna ± leucita ± kalsilita etc.). Neste diagrama, um duplo triângulo, a linha AP corresponde às rochas saturadas, as situadas no triângulo QAP são supersaturadas e as posicionadas no triângulo FAP, insaturadas (Figura 1.3.5). Desta maneira o diagrama QAPF expressa a incompatibilidade entre quartzo e minerais insaturados.

Conceitos fundamentais

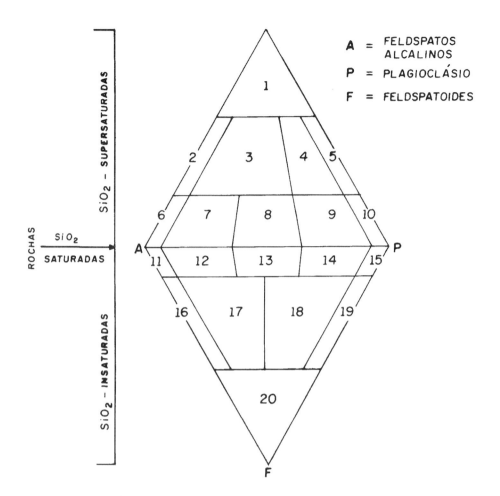

FIGURA 1.3.5 – O diagrama QAPF, base para a classificação mineralógica modal das rochas plutônicas e vulcânicas com índice de coloração menor que 90. Um a 20 designam as diferentes famílias de rochas. Rochas plutônicas recebem as seguintes designações: 1 - quartzolitos; 2 - álcali feldspato granitos; 3 - granitos; 4 - granodioritos; 5 - quartzo dioritos; 6 - álcali feldspato sienitos; 7 - sienitos; 8 - monzonitos; 9 - monzodioritos/monzogabros; 10 - dioritos/gabros; 11 - álcali feldspato sienitos com feldspatoides; 12 - sienitos com feldspatoides; 13 - monzonitos com feldspatoides; 14 - monzodioritos/monzogabros com feldspatoides; 15 - dioritos/gabros com feldspatoides; 16 - foiaítos; 17 - plagiofoiaítos; 18 - essexitos; 19 - theralitos; 20 - foiditos. Segundo Streckeisen, 1976, simplificado.

Partindo-se da moda, os valores Q, A e P, A e P ou F, A e P são recalculados para 100% e lançados nos triângulos QAP ou FAP conforme a Figura 1.3.6.

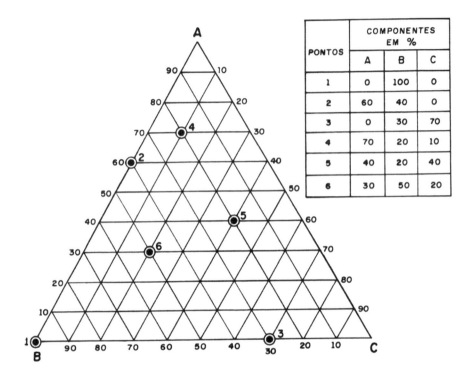

FIGURA 1.3.6 – Procedimento para lançar três dados recalculados para 100 num diagrama triangular. Cada vértice corresponde a 100% do componente considerado e a base oposta a 0%.

Ao lado da incompatibilidade entre quartzo e minerais insaturados o diagrama QAPF expressa ainda outros conceitos básicos através de suas divisões internas:

- O conceito de mineral essencial e de mineral acessório, perfazendo aquele mais e este menos de 10% do volume da rocha. Esta definição está expressa na primeira linha horizontal paralela à base AP tanto no triângulo QAP quanto no triângulo FAP.
- A importância da relação entre os feldspatos presentes para a caracterização das rochas magmáticas por serem estes minerais, via de regra, seus constituintes mais importantes. Este conceito está representado pelas linhas que partem da base AP em direção aos vértices Q e F e ao longo das quais

a relação entre os feldspatos permanece constante.
- O conceito de variabilidade composicional das diferentes famílias de rochas magmáticas conhecidas sob nomes específicos (granitos, basaltos, monzonitos etc.). Neste sentido as divisões internas do diagrama QAPF não são fortuitas e sim adaptadas à variação composicional de cada família de rochas ao nível mundial. Este consenso resulta das atividades de comissões internacionais especificamente dedicadas à elaboração de propostas de classificação, sendo a mais conhecida a da IUGS (International Union of Geological Sciences). A Figura 1.3.7 mostra a aplicação deste conceito. No diagrama QAP está assinalado o campo de variação composicional de monzogranitos do mundo inteiro nos quais quartzo+plagioclásio+feldspato alcalino perfazem mais de 80% do volume das rochas. Esta disposição permite separar naturalmente os sienogranitos (Família 3a) dos monzogranitos (Família 3b) através da linha tracejada.

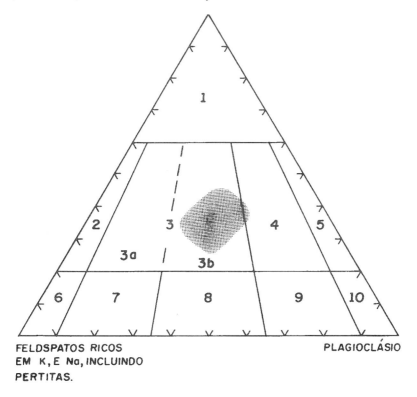

FIGURA 1.3.7 – Variação da composição modal de monzogranitos ao nível mundial como base para o traçado do limite entre sienogranitos (campo 3a) e monzogranitos (campo 3b) no diagrama QAP. 1-10 segundo a Figura 1.3.5.

A classificação das rochas segundo o diagrama QAPF será objeto de exame mais detalhado no capítulo 2.

O tetraedro basáltico e a classificação das rochas básicas

A sílica-saturação e o grau de sílica-saturação são as bases de uma classificação mais detalhada de gabros e basaltos representados no diagrama QAPF da Figura 1.3.5 pelas famílias 10 e 15. Estas rochas são compostas essencialmente por orto- e clinopiroxênios e plagioclásio básico aos quais se podem associar pequenas quantidades de olivina, quartzo ou nefelina, além dos minerais acessórios magnetita, ilmenita, apatita, zircão, etc. A composição simplificada dos basaltos e gabros pode ser representada pelo "tetraedro basáltico" normativo Diopsídio-Nefelina-Forsterita-Quartzo (sistema DiNe-Fo-Q) de Yoder & Tilley (1962), representado na Figura 1.3.8. O tetraedro basáltico também é denominado de tetraedro Clinopiroxênio-Nefelina-Olivina-Quartzo.

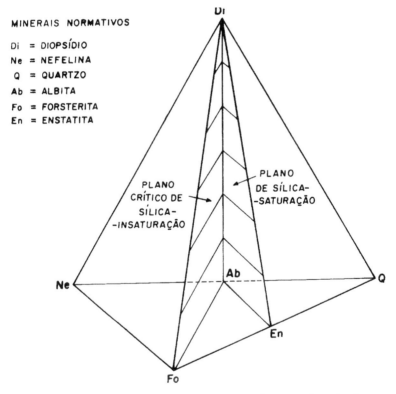

FIGURA 1.3.8 – O tetraedro basáltico (sistema Di-Ne-Fo-Q) com o plano de sílica-saturação (Di-Ab-En) e o plano crítico de sílica-insaturação (Di-Ab-Fo). Segundo Yoder & Tilley, 1962.

Entre Q e Ne ocorre o mineral saturado albita (Ab), representando os plagioclásios dos basaltos e gabros e entre Q e Fo, o ortopiroxênio enstatita (En), representando os piroxênios magnesianos. O plano Di-Ab-En corresponde ao "plano de sílica-saturação" no tetraedro basáltico (paragênese dada apenas por minerais saturados). O plano Di-Ab-Fo é denominado de "plano crítico de sílica-insaturação". Através desses dois planos o tetraedro é subdividido em vários compartimentos que definem, segundo Yoder & Tilley (1962), os seguintes tipos de basaltos:

1. Basaltos toleíticos (= basaltos toleiíticos) ou toleítos supersaturados. Situam-se no volume Di-Q-Ab-En do tetraedro basáltico. São caracterizados pela presença de Q e Hy na norma.

2. Hiperstênio basaltos ou toleítos saturados. Situam-se exatamente sobre o plano de sílica-saturação Di-Ab-En e, como tais, são rochas raras. São caracterizados pela presença de Hy na norma e pela ausência de Q, Ne e Ol.

3. Olivina toleítos ou toleítos insaturados. Situam-se no compartimento Di-Ab-En-Fo do tetraedro. Suas normas apresentam Ol+Hy na ausência de Ne.

4. Olivina basaltos. Situam-se exatamente sobre o plano crítico de sílica-insaturação Di-Ab-Fo e, como tais, são rochas raras. Suas normas se caracterizam pela presença de Ol na ausência de Hy e Ne. Também são basaltos insaturados.

5. Basaltos alcalinos. Situam-se no compartimento Di-Ab-Ol-Ne. Caracterizam-se pela presença de Ol+Ne na norma. São basaltos fortemente insaturados.

Para facilitar a visualização do tetraedro basáltico e permitir nele o lançamento de dados (segundo a metodologia da Figura 1.3.6) o mesmo é desdobrado e redesenhado de acordo com a Figura 1.3.9.

Rochas magmáticas

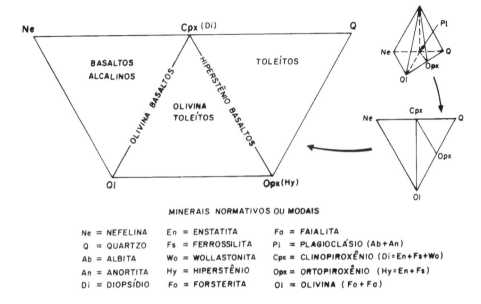

FIGURA 1.3.9 – O tetraedro basáltico desdobrado mostrando a composição mineralógica normativa dos diferentes tipos de basaltos.

O tetraedro basáltico enseja ainda a caracterização dos seguintes tipos de rochas em função de seus diversos vértices, retas e planos:

- Vértice Di. Corresponde aos clinopiroxenitos.
- Vértice Fo. Corresponde aos dunitos.
- Vértice Ne. Corresponde aos leuco-nefelinitos e leuco-ijolitos.
- Vértice En. Corresponde aos ortopiroxenitos.
- Reta En-Di. Define os websteritos.
- Reta Ab-Di. Define os gabros (e basaltos) normais.
- Reta Ab-En. Define os noritos.
- Reta Ab-Fo. Define os troctolitos.
- Reta Ab-Q. Define os quartzo anortositos.
- Reta Fo-Di. Define os picritos.
- Reta Ne-Di. Define os nefelinitos, urtitos, ijolitos e melteigitos.
- Reta Ne-Fo. Define os olivina nefelinitos e olivina urtitos, ijolitos e melteigitos.
- Plano Q-Di-Ab. Compreende os quartzo gabros e quartzo anortositos.
- Plano Di-Ab-Ne. Compreende os tefritos.

- Plano Di-En-Fo. Compreende lherzolitos e olivina websteritos.
- Plano Di-Ne-Fo. Compreende os nefelinitos de modo geral, além de ijolitos, urtitos e melteigitos. No volume Di-Ne-Fo-Ab, próximo ao plano considerado, situam-se os basanitos.

Macdonald & Katsura (1964) dividiram os basaltos do Havaí em dois grupos, um compreendendo os basaltos alcalinos (equivalentes aos basaltos alcalinos do grupo 5 de Yoder & Tilley, 1962) e outro, de basaltos toleíticos (ou simplesmente toleítos), que engloba os grupos 1, 2, 3 e 4 da classificação de Yoder & Tilley.

Chayes (1966), baseado no que considerava um mau emprego do termo toleíto, dividiu os basaltos em dois grupos: basaltos alcalinos, caracterizados pela presença de nefelina normativa (Ne) e basaltos subalcalinos, contendo quartzo normativo (Q). Todos os basaltos desprovidos de Ne ou Q situam-se no triângulo normativo olivina-ortopiroxênio-clinopiroxênio do tetraedro basáltico desmembrado (o campo dos olivina toleítos da Figura 1.3.9). A classificação destes em alcalinos ou subalcalinos é feita segundo o diagrama Ol : Hy : Di da Figura 1.3.10.

Kuno (1960) ampliou a classificação dos basaltos com a introdução dos basaltos aluminosos caracterizados por elevados teores de Al_2O_3 e grande taxa de plagioclásio modal. Tratava-se, em realidade, de certos leucobasaltos. Com o tempo a definição original dos basaltos aluminosos foi parcialmente modificada, tornando-se equivalente à dos basaltos cálcio-alcalinos, rochas típicas de áreas orogênicas, em oposição aos basaltos toleíticos, típicos dos domínios intraplacas continentais e oceânicos, e dos basaltos alcalinos que ocorrem em rifts e grábens continentais e em algumas ilhas oceânicas.

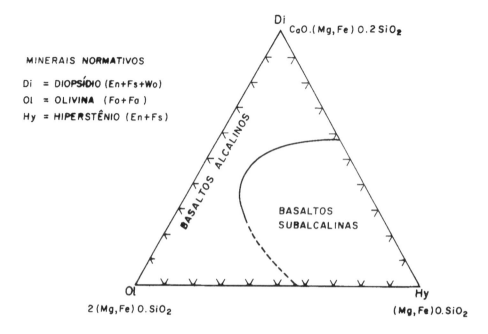

FIGURA 1.3.10 – Limite entre basaltos alcalinos e subalcalinos no diagrama normativo Hiperstênio : Diopsídio : Olivina (sistema Hy-Di-Ol). Segundo Chayes, 1966, simplificado.

Atualmente existe uma tendência generalizada em dividir-se os basaltos em alcalinos e subalcalinos. Estes compreendem o subgrupo dos basaltos toleíticos e o dos basaltos cálcio-alcalinos. Os basaltos alcalinos são subdivididos em subgrupos tendo por base tanto a presença ou ausência de nefelina modal quanto à relação entre os óxidos alcalinos. Sob o primeiro aspecto são reconhecidos os basaltos alcalinos *sensu stricto* que têm nefelina tanto na moda quanto na norma e os basaltos alcalinos transicionais (ou transicionais ou transalcalinos) que contêm nefelina apenas na norma. Quanto à relação entre Na_2O e K_2O são reconhecidos os basaltos alcalinos sódicos (ou basaltos alcalinos normais) e os basaltos alcalinos potássicos denominados de basaltos shoshoníticos ou absarokitos (= absaroquitos). As principais diferenças mineralógicas e texturais entre basaltos toleíticos e alcalinos constam do Quadro 1.3.2.

Basaltos cálcio-alcalinos têm características transicionais entre basaltos alcalinos e toleíticos. Enquanto nestes a augita sempre se associa ao hiperstênio (ou pigeonita), nos basaltos cálcio-alcalinos os piroxênios magnesianos são raros. Os basaltos shoshoníticos, que ocorrem em arcos de ilhas maduros ou em rifts e grábens continentais, têm características típicas dadas pela presença de fenocristais de plagioclásio manteados por sanidina numa matriz com olivina, augita, um piroxênio pobre em cálcio, plagioclásio e sanidina.

Quadro 1.3.2 – As principais diferenças mineralógicas e texturais entre basaltos toleíticos e alcalinos do Havaí. Segundo White, 1966, simplificado

Basaltos toleíticos	Basaltos alcalinos
Xenólitos ultramáficos são muito raros.	Xenólitos ultramáficos (principalmente dunitos e wehrlitos são bastante comuns).
Grandes fenocristais de olivina são pouco frequentes.	Fenocristais de olivina com dimensões médias são comuns.
Zoneamento composicional em fenocristais de olivina é raro.	Zoneamento composicional marcante em fenocristais de olivina que apresentam anéis externos ricos em ferro frequentemente alterados para iddingsita.
A olivina pode mostrar reação com líquido magmático coexistente que resulta na formação de um externo de ortopiroxênio (olivina manteada).	Falta a reação Bowen-Anderson, isto é, as olivinas são desprovidas de uma carapaça externa de ortopiroxênio.
Podem ocorrer fenocristais de ortopiroxênio.	Quase sempre faltam fenocristais de ortopiroxênio.
Os fenocristais de minerais máficos são acompanhados por fenocristais de plagioclásio. A sequência normal de cristalização dos megacristais é olivina→plagioclásio→augita.	Fenocristais de plagioclásio são menos frequentes. A sequência normal de cristalização dos megacristais é olivina→augita→plagioclásio.
As principais rochas cumuláticas associadas são rochas ricas em fenocristais de olivina (oceanitos).	As principais rochas cumuláticas associadas são ricas em fenocristais de olivina e augita (ankaramitos).
Se ocorrem fenocristais de augita trata-se de augita comum com cor castanha-clara em secções delgadas.	Os fenocristais são geralmente de augita cálcica titanífera. O piroxênio todo ou suas bordas mostra cor "lilás" característica ao microscópio.
A matriz é geralmente de granulação fina. Comum é a textura intergranular.	A matriz tende para uma granulação mais grossa e a textura é intergranular, subofítica ou ofítica.
Falta olivina na matriz.	Olivina ocorre na matriz.
Os piroxênios da matriz são variáveis e dados por duas associações: 1 - pigeonita, ou raramente hiperstênio, com uma augita subcálcica ou augita normal. 2 - apenas um tipo de piroxênio, uma augita subcálcica.	Apenas ocorre um tipo de piroxênio na matriz, a titanosalita.

Continuação

Basaltos toleíticos	Basaltos alcalinos
Falta feldspato alcalino (a não ser como componente em mesóstasis vítreas super--saturadas) ou analcita.	Pode ocorrer algum feldspato alcalino intersticial na matriz e, mais raramente, analcita.
Textura intersertal frequente com mesóstasis vítrea, muitas vezes alterada para clorofeíta.	Vidro intersticial raro ou ausente.
Biotita é mineral quase sempre ausente.	Biotita ocorre como esporádico mineral acessório.

O sistema de classificação baseado na atividade química da sílica

O comportamento da energia na natureza é formalizado pela termodinâmica através de leis que tratam da conservação da energia, do desenvolvimento de processos naturais e do zero absoluto da temperatura. Essas leis são apresentadas sob forma de expressões matemáticas. Através destas é possível relacionar importantes funções termodinâmicas com propriedades da matéria passíveis de serem medidas com certa facilidade. Consideremos a entropia (S), uma função termodinâmica que expressa o grau de desordem de um sistema. A entropia de uma substância cristalina perfeita e pura à temperatura absoluta (0°K) é nula e sem valor a qualquer temperatura (sob condições isobáricas) é dada pela expressão:

$$S_T = \int_0^T \frac{C_p}{T} dT \quad \text{onde}$$

S_T = Entropia do sistema à temperatura T.
T = Temperatura do sistema, expresso em °K.
C_p = Capacidade calorífica da substância sob condições isobáricas. Representa a capacidade de armazenamento de calor de 1 mol de uma substância.

Verifica-se pela fórmula acima que a entropia de um sistema está relacionada com sua capacidade calorífica, uma propriedade física da matéria de fácil quantificação através de medidas de calorimetria.

Gases, soluções líquidas e soluções sólidas (caso, por exemplo dos plagioclásios) podem ser ideais (perfeitos) ou reais (imperfeitos). Consideremos a pressão dos gases. Esta pode ser ideal (P_i), no caso de gases perfeitos, real (P_r), no caso de gases imperfeitos, ou efetiva (termodinâmica), denominada de fugacidade (**f**). A relação entre fugacidade e pressão é dada pela expressão:

$$f = \gamma_f \cdot P$$ onde γ_f é o coeficiente de fugacidade.

Nos gases ideais $\quad f = P, \quad$ isto é, $\gamma_f = 1$

O mesmo raciocínio aplica-se à concentração de um determinado componente numa solução líquida ou sólida, onde se reconhece a concentração ideal (x_i) em soluções perfeitas, a concentração real (**x**), em soluções imperfeitas, e a concentração efetiva (ou termodinâmica), denominada de atividade química (a_i). A relação entre concentração e atividade química é dada pela expressão:

$$a_i = \gamma_a \cdot x_i$$ onde γ_a é o coeficiente de atividade química.

Nas soluções ideais $\mathbf{a_i} = \mathbf{x_i}$, $\quad$ isto é, $\gamma_a = 1$

Um gás, simultaneamente dissolvido num líquido e fazendo parte de uma fase gasosa em contato e em equilíbrio químico com o líquido, apresenta coeficientes de fugacidade e de atividade química iguais. É o caso de água dissolvida tanto no magma quanto constituindo bolhas de H_2O em contato e em equilíbrio químico com o magma.

Consideremos a reação de sílica-saturação

$$Mg_2SiO_4 + SiO_2 = 2\,MgSiO_3$$

Forsterita + sílica = clinoenstatita

A constante de equilíbrio (**K**) desta reação é dada pela expressão:

$$K = \frac{a_{MgSiO_3}^{piroxênio}}{a_{Mg_2SiO_4}^{olivina} \cdot a_{SiO_2}^{líquido}}$$

onde **a** é a atividade química dos diferentes componentes ($MgSiO_3$, Mg_2SiO_4, SiO_2) nas diferentes fases do sistema (piroxênio, olivina, líquido). Considerando-se olivina e piroxênio como sólidos puros, resulta que

$$a_{Mg_2SiO_4}^{olivina} = a_{MgSiO_3}^{piroxênio} = 1$$

e, consequentemente, a expressão **K** se reduz para

$$K = \frac{1}{a_{SiO_2}^{líquido}}$$

Este valor pode ser introduzido na equação termodinâmica básica de reações

$$\Delta G = \Delta G_T^° + RT \ln K \quad \text{onde}$$

G = energia livre de ração
R = constante dos gases ideais
T = temperatura em °K
K = constante de equilíbrio

Considerando-se condições de equilíbrio ($\Delta G = 0$) e lembrando que a constante de transformação de logaritmos naturais em logaritmos comuns é 2.30258, resulta.

$$\log a_{SiO_2}^{líquido} = \frac{\Delta G_r^°}{2.302 RT} \quad \text{onde}$$

R = 8,3144 J/mol °K (= 1.9872 cal/mol °K),
$\Delta G_r^°$ = variação da energia livre padrão da reação considerada.
T = temperatura, expressa em °K.

O valor $\Delta G_r^°$ é obtido em experimentos calorimétricos e consta de tabelas termodinâmicas para uso petrológico. Pode-se, assim, calcular o valor a_{SiO_2} da reação considerada assim como para outras reações da Tabela 1.3.1. Na Figura 1.3.11 estão lançados, na dependência da temperatura, alguns destes valores para as reações:

Forsterita	+	Sílica	=	Enstatita
Nefelina	+	Sílica	=	Albita
Perovskita	+	Sílica	=	Titanita
Leucita	+	Sílica	=	Ortoclásio
Gehlenita	+	Forsterita + Sílica	=	Diopsídio + Tschermakita
Akermanita	+	Forsterita + Sílica	=	Diopsídio
Caliofilita	+	Sílica	=	Leucita

Conceitos fundamentais

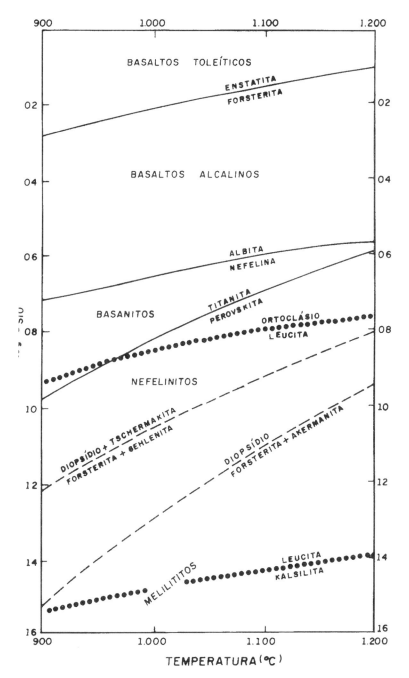

FIGURA 1.3.11 – Atividade química da sílica em diferentes reações de saturação na dependência da temperatura. As reações definem os limites dos diferentes campos de rochas basaltoides com variáveis graus de sílica-insaturação. Segundo Carmichael et al., 1974.

A utilização das reações de sílica-saturação como limites para definição e classificação das rochas magmáticas se baseia na ocorrência natural dos minerais insaturados. Sob o aspecto mineralógico são reconhecidos dois tipos principais de basaltos:

- Basaltos contendo um piroxênio pobre em Ca (pigeonita e/ou enstatita) na matriz. São os basaltos toleíticos nos quais o piroxênio resulta da reação entre olivina e um líquido magmático coexistente mais silicoso.
- Basaltos contendo um piroxênio cálcico na matriz, geralmente uma augita rica em Ti e Al, associado com olivina. Correspondem aos basaltos alcalinos. Este piroxênio, por sua composição, não pode resultar da reação entre olivinas com um líquido magmático mais silicoso.

Dessa maneira a reação olivina+sílica = enstatita separa, sob aspecto termodinâmico, os basaltos toleíticos dos basaltos alcalinos. Estes podem conter variáveis teores de nefelina, de tal modo que a reação nefelina + sílica = albita é um limite termodinâmico da subdivisão dos basaltos alcalinos em basaltos desprovidos ou portadores de nefelina. Basaltos alcalinos sem nefelina são denominados de basaltos transicionais (ver Figura 1.7.4). A separação dos basaltos alcalinos ricos em nefelina mas ainda portadoras de feldspato (basanitos) dos nefelinitos, rochas ricas em nefelina e desprovidas de feldspatos, se faz através da reação perovskita+sílica = titanita tendo em vista que a perovskita é um mineral que não coexiste com feldspatos em rochas vulcânicas. O limite inferior (em termos de SiO_2) dos nefelinitos é dado pela reação caliofilita (ou kalsilita)+sílica = leucita. Kalsilita e leucita (ou nefelina), ao lado de augita, olivina, flogopita, melilitas (akermanita, gehlenita) e granada melanita, são parageneses típicas de rochas fortemente alcalinas básicas/ultrabásicas, caso de uganditos, katungitos, mafuritos, wyomingitos e mapuditos. As composições químicas e normativas de algumas dessas rochas constam da Tabela 1.3.4. A classificação termodinâmica será abordada com mais detalhes no Capítulo 4.

Ordem de sílica-saturação

Da noção do grau de sílica-saturação e da atividade química da sílica nas reações de sílica-saturação emerge o conceito da ordem de sílica-saturação, ou seja, a sequência dos metais que sucessivamente são afetados pela deficiência em sílica em magmas progressivamente mais pobres em

SiO$_2$. Em magmas básicos a deficiência em sílica é relativamente frequente. Inicialmente, neste caso, é afetado o Mg (forsterita) e em magmas alcalinos o Na (nefelina), seguidos pelo Ti (perovskita) e Ca (melilitas, os correspondentes insaturados do diopsídio). Presença conjunta de melilitas, augita rica em Al e Ti e perovskita geralmente só ocorre em rochas ultrabásicas alcalinas. Nas rochas intermediárias a deficiência em sílica ocorre apenas naquelas muito ricas em álcalis e alumina. Neste caso é afetado inicialmente o Na (nefelina e outros feldspatoides de sódio) seguidos dos K (leucita), Ti (perovskita) e Al (corindon).

Tabela 1.3.4 – Composição química e normativa de wyomingitos, mapuditos e katungitos. Segundo Carmichael et al., 1974, simplificado

	Wyomingito	Mapudito	Katungito
SiO$_2$	55.43	43.56	35.37
TiO$_2$	2.64	2.31	3.87
Al$_2$O$_3$	9.73	7.85	6.50
Fe$_2$O$_3$	2.12	5.57	7.23
FeO	1.48	0.85	5.00
MnO	0.08	0.15	0.24
MgO	6.11	11.03	14.08
CaO	2.69	11.89	16.79
Na$_2$O	0.94	0.74	1.32
K$_2$O	12.66	7.19	4.09
P$_2$O$_5$	1.52	1.50	0.74
H$_2$O$^+$	2.07	2.89	2.78
H$_2$O$^-$	0.61	2.09	1.15
Total	99.75	99.51	99.65
Q	6.03	-----	-----
Z	0.42	0.40	-----
Or	53.12	1.57	-----
Lc	-----	32.09	18.75
Ne	------	0.19	5.96
Th	0.82	0.92	------
Ac	4.35	2.21	------
Ks	6.01	-----	------
Wo	0.88	19.72	------
Hy	15.21	17.04	------
Ol	-----	7.31	40.89

Continuação

	Wyomingito	Mapudito	Katungito
Cm	0.03	0.06	-----
Il	3.28	2.08	7.30
Hm	0.62	4.81	2.72
In	2.24	-----	-----
Pf	-----	2.07	------
Ap	3.60	3.55	1.55
Mt	------	-----	6.50

Sílica-saturação em sistemas petrológicos simples

As relações entre quartzo, minerais insaturados e saturados estão bem ressaltadas no sistema binário SiO_2-$NaAlSiO_4$ que tem como componente intermediário a albita ($NaAlSi_3O_8$) que resulta da reação, em termos molares, 1 nefelina + 2 sílica = 1 albita. Este sistema, com dois pontos eutéticos (E_1 e E_2), representa de maneira extremamente simplificada as rochas graníticas e sieníticas supersaturadas (subsistema SiO_4-$NaAlSi_3O_8$), as rochas sieníticas saturadas ($NaAlSi_3O_8$) e as rochas sieníticas insaturadas (foiaítos) e parte dos foiditos (subsistema $NaAlSi_3O_8$-$NaAlSiO_4$), conforme a Figura 1.3.12.

De acordo com a composição dos líquidos neste sistema é possível a obtenção de nove variações mineralógicas/texturais:

1. Líquidos com composição 100% $NaAlSiO_4$, em peso. A cristalização ocorre a 1.526°C com a formação de apenas uma massa fina de nefelina gerada pela inversão da carnegieíta (100% de nefelina, em peso).

2. Líquidos com composição 100% SiO_2, em peso. A cristalização ocorre a 1.713°C com a formação de apenas uma massa fina de tridimita gerada pela inversão da cristobalita (100% de tridimita, em peso).

3. Líquidos com composição 54% $NaAlSiO_4$ e 46% SiO_2, em peso. A cristalização ocorre a 1.118°C com formação de apenas uma massa fina de albita (100% de albita, em peso).

4. Líquidos com composição 67% $NaAlSiO_4$ e 33% SiO_2 em peso. A cristalização ocorre a 1.068°C (E_1) com a formação de uma massa fina de nefelina e albita na proporção 38 : 72, em peso.

5. Líquidos com composição 35% $NaAlSiO_4$ e 65% SiO_2, em peso. A cristalização ocorre a 1.100°C (E_2) com a formação de uma massa fina de albita e tridimita na proporção 68 : 32, em peso.

Conceitos fundamentais

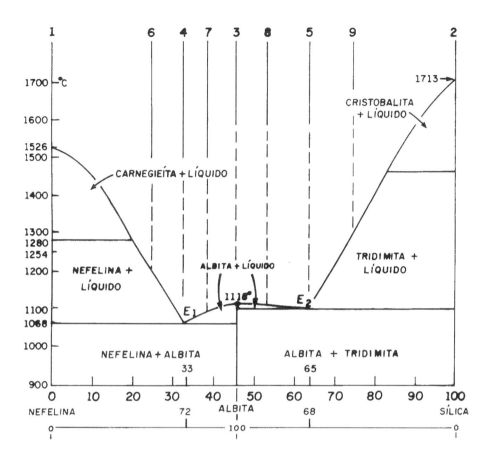

FIGURA 1.3.12 – O sistema binário SiO$_2$-NaAlSiO$_4$ com um componente intermediário (NaAlSi$_2$O$_8$) e dois pontos eutéticos (E$_1$, E$_2$). Notar as temperaturas de inversão cristobalitatridimita e carnegieíta-nefelina. Segundo Grieg & Barth, 1938, simplificado.

6. Líquidos com composição SiO$_2$: NaAlSiO$_4$ que os situe entre NaAlSiO$_4$ e E$_1$. A cristalização inicia abaixo de 1.526°C com a formação de fenocristais de nefelina inseridos numa matriz fina mais tardia de nefelina e albita com proporção de 38 : 72, em peso, que irá cristalizar a 1.068°C em E$_1$.

7. Líquidos com composição SiO$_2$: NaAlSiO$_4$ que os situe entre E$_1$ e NaAlSi$_3$O$_8$. A cristalização inicia abaixo de 1.118°C com a formação de fenocristais de albita inseridos numa matriz fina mais tardia de nefelina e albita, com proporção de 38 : 72, em peso, que irá cristalizar a 1.068°C em E$_1$.

8. Líquidos com composição SiO$_2$: NaAlSiO$_4$que os situe entre NaAlSi$_3$O$_8$ e E$_2$. A cristalização inicia abaixo de 1.118°C com a formação de fenocristais

de albita inseridos numa matriz fina mais tardia de albita e tridimita, com proporção 68 : 32, em peso, que irá cristalizar a 1.100°C em E_2.

9. Líquidos com composição SiO_2 : $NaAlSiO_4$ que os situe entre E_2 e SiO_2. A cristalização inicia-se abaixo de 1.713°C com a formação de fenocristais de tridimita inseridos numa matriz fina mais tardia de albita e tridimita, com proporção 68 : 32, em peso, que irá cristalizar a 1.100°C em E_2.

Por essas descrições nota-se que para líquidos com composição entre E_1 e E_2 a albita faz o papel de uma barreira térmica que determina se a evolução do magma será em direção ao "vale térmico" E_1 ou E_2. A eficiência desse processo pode ser visualizada na Figura 1.3.13 que mostra a evolução do magmatismo alcalino do gráben de Oslo (Noruega). A partir de um tronco comum que na fase inicial da evolução magmática produz kjelsasitos e larviquitos, originam-se magmas residuais com dois ramos evolutivos distintos: um, insaturado, e do qual provém a cristalização de lardalitos e nefelina pegmatitos e outro, supersaturado, do qual provém a cristalização de nordmaquitos e equeritos.

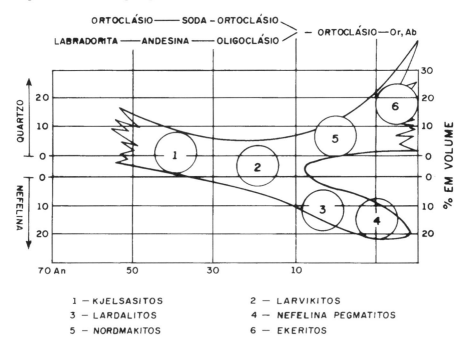

FIGURA 1.3.13 – Esquema da evolução do magmatismo alcalino do gráben de Oslo, Noruega. 1- kjelsasitos; 2- larvikitos ou larviquitos; 3- lardalitos; 4- nefelina pegmatitos; 5- nordmakitos ou nordmaquitos; 6- ekeritos ou equeritos. Segundo Barth, 1962.

Uma aproximação mais real com as rochas graníticas e sieníticas é o sistema SiO_2-$NaAlSiO_4$-$KAlSiO_4$ (Q-Ne-Kp) da Figura 1.3.14, na qual este sistema é mostrado uma vez sob condições anidras e pressão de 1 atmosfera (10^5 Pa), simulando a cristalização de rochas vulcânicas, e outra sob condições de excesso de água e pressão de 5.10^8 Pa., reproduzindo a cristalização de rochas plutônicas. A linha albita ($NaAlSi_3O_8$) -K-feldspato ($KAlSi_3O_8$) divide o sistema em dois subsistemas, um granítico (SiO_2-$KAlSi_3O_8$-$NaAlSi_3O_8$), e outro sienítico ($KAlSi_3O_8$-$NaAlSi_3O_8$-$KAlSiO_4$-$NaAlSiO_4$). A existência, sob baixas pressões, de um divisor (ou barreira) térmico que separa os dois subsistemas encontra reflexo na existência, nos subsistemas, de "poços térmicos" dados, respectivamente, pelo ponto mínimo à 760°C sobre a linha cotética no subsistema granítico e pelo ponto eutético triplo à 1.020°C no subsistema sienítico. Sob altas pressões o fato se repete com a presença de um ponto eutético triplo em cada subsistema (a 645°C e 655°C, respectivamente, no subsistema granítico e sienítico). Estes são alcançados a partir de dois vales térmicos que partem de um alto térmico situado sobre a linha dos feldspatos.

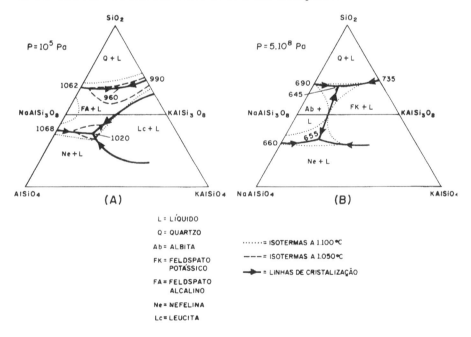

FIGURA 1.3.14 – O sistema SiO_2-$NaAlSiO_4$-$KAlSiO_4$ sob condições anidras e pressão de 10^5 Pa (A) e sob condições de excesso de água e pressão de 5.10^8 Pa (B). Linhas fortes representam vales térmicos ao longo dos quais se desenvolve a cristalização no sentido das flechas. Segundo Schairer, 1950, e Morse, 1969, simplificado.

Na Figura 1.3.15 foram lançados no sistema considerado centenas de rochas leucocráticas vulcânicas e plutônicas contendo mais de 80% de Ab+Or±Q±Ne, em peso. A coincidência entre os dados naturais e os "vales" e "poços" térmicos no sistema experimental da Figura 1.3.14 é patente.

Também na evolução dos basaltos ocorrem ramos supersaturados, saturados e insaturados, representados por produtos residuais que correspondem, respectivamente, aos riolitos, traquitos e fonolitos, como visualizado no diagrama Minerais Ferromagnesianos - Nefelina - Sílica da Figura 1.3.16.

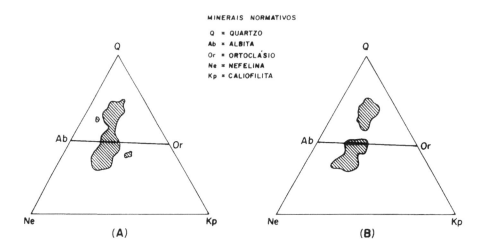

FIGURA 1.3.15 – Posição de rochas leucocráticas (**IC** < 20%) com composição normativa Ab+Or±Q±Ne no diagrama SiO_2 : $NaAlSiO_4$: $KAlSiO_4$. (A-) Rochas vulcânicas. (B-) Rochas plutônicas. Comparar com a Figura 1.3.14. Segundo Tuttle & Bowen, 1958, e Hamilton e MacKenzie, 1965, simplificado.

Conceitos fundamentais

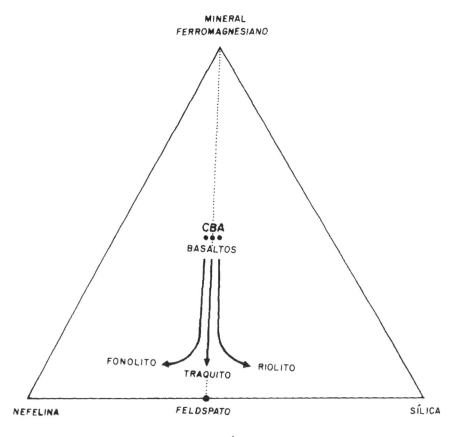

FIGURA 1.3.16 – Evolução dos basaltos toleíticos, olivina basaltos e basaltos alcalinos no diagrama Mineral Ferromagnesiano : Nefelina : Sílica originando como produtos residuais, respectivamente, rochas supersaturadas (riolitos), saturadas (traquitos) e insaturadas (fonolitos). Extraído de Hall, 1987.

Essa evolução também pode ser retratada no diagrama TAS. Na Figura 1.3.17, A é um basalto toleítico, B um olivina basalto e C um basalto alcalino. A' e B' e C' correspondem aos estágios evolutivos dos magmas quando se inicia a cristalização do feldspato alcalino e R, T e F indicam a composição de riolitos, traquitos e fonolitos. A linha tracejada representa o plano crítico de sílica-insaturação Di-Fo-Ab (Cpx-Ol-Pl) do tetraedro basáltico da Figura 1.3.8 e o plano Or-Ab do sistema Q-Ne-Kp da Figura 1.3.14 para as rochas mais ácidas. O plano Or-Ab corresponde no diagrama TAS da Figura 1.3.2

às rochas apenas portadoras de Hy normativo. Na figura também estão representadas análises químicas da província plutônica alcalina Gadar (SE da Groelândia) que confirmam a evolução teórica.

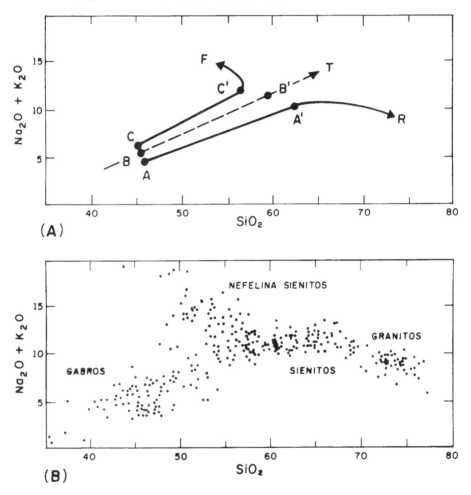

FIGURA 1.3.17 – (A) Evolução de magmas de basaltos toleíticos, olivina basaltos e de basaltos alcalinos no diagrama TAS. A', B' e C' correspondem ao estágio evolutivo quando se inicia a cristalização de feldspato alcalino e R, T e F representam os estágios finais da evolução magmática dada por riolitos, traquitos e fonolitos. (B) Dados referentes à província alcalina plutônica de Gadar (SE Groelândia), mostrando a concordância entre o esquema teórico e dados naturais. Segundo Upton, 1974, modificado.

Exercícios

1. Baseado na norma, classifique as rochas da Tabela 1.2.1. quanto à sua sílica-saturação. Faça uma tabela com os resultados obtidos. Nas rochas supersaturadas e insaturadas liste-as segundo teores crescentes de quartzo e minerais insaturados.

2. Classifique as rochas basálticas e gábricas da Tabela 1.2.1 em termos das paragêneses do tetraedro basáltico.

3. Utilizando as indicações da Tabela 1.3.3, verifique se as normas das rochas vulcânicas da Tabela 1.2.1 estão corretas.

4. Verifique se o nefelinito e o basanito da Tabela 1.2.1 se enquadram sob aspecto normativo na classificação das rochas magmáticas baseada na atividade química da sílica da Figura 1.3.11.

5. Determine na Tabela 1.2.1 rochas com Ab+Or±Q±Ne > 80% e lance os dados normativos no diagrama SiO_2 : $NaAlSiO_4$: $KAlSiO_4$ da Figura 1.3.15.

6. Escolha da Tabela 1.2.1 rochas com teores semelhantes de SiO_2 mas alternativamente supersaturadas, saturadas ou insaturadas. Discuta os variados graus de sílica-saturação à luz de um estudo comparativo dos demais óxidos das análises consideradas.

7. Considere as paragêneses dos subsistemas do diagrama SiO_2: $NaAlSiO_4$: $KAlSiO_4$ (Figura 1.3.3). Ordene rochas da Tabela 1.2.1 que apresentam essas paragêneses normativas em ordem crescente de sílica-saturação. Faça o mesmo em relação ao sistema SiO_2-Mg_2SiO_4-Fe_2SiO_4 da Figura 1.3.4.

8. Transfira a linha % Q = % Ne = 0 do diagrama TAS da Figura 1.3.2 para o diagrama TAS de classificação das rochas magmáticas da Figura 1.2.1. Relacione as famílias de rochas supersaturadas e insaturadas. Compare com as normas das rochas da Tabela 1.2.1.

9. Para rochas da Tabela 1.2.1 portadoras de quartzo ou nefelina na norma determine o teor dos mesmos, via análise química, no diagrama TAS da Figura 1.3.2. Compare e discuta os resultados.

1.4 Alumina-saturação

Al_2O_3 (alumina) é o segundo óxido mais frequente nas análises químicas de rochas magmáticas (ver Tabela 1.2.1). A alumina entra na constituição tanto de minerais siálicos quanto fêmicos. Da repartição do Al_2O_3 entre esses dois grupos de minerais emerge o conceito de alumina-saturação. Neste subcapítulo são abordados os seguintes tópicos:

- Índice de alumina-saturação.
- Caracterização da alumina-saturação.
- Quantificação da alumina-saturação.
- Sílica-saturação e alumina-saturação.
- Rochas insaturadas peralcalinas.
- Rochas granitoides plutônicas.
- Classificações especiais.

Índice de alumina-saturação

Define-se como índice de alumina-saturação (**IAS**) ou índice de alumina saturação total (**IAS$_T$**) a relação entre a proporção molar (p.m.) de Al_2O_3 e a soma das proporções molares de Na_2O+K_2O+CaO de uma rocha. A proporção molar de um óxido é a sua porcentagem em peso numa análise dividido por seu peso molecular (ver Tabela 1.4.1).

$$p.m.\,\text{óxido} = \frac{\%(\text{em peso})\,\text{do óxido}}{\text{peso molecular do óxido}}$$

$$IAS = \frac{p.m.\,Al_2O_3}{p.m.\,Na_2O + p.m.\,K_2O + p.m.\,CaO}$$

Como Na_2O, K_2O e CaO são óxidos de natureza distinta, os dois primeiros de metais alcalinos e o último de metal alcalino-terroso, ao lado do índice de alumina-saturação total (**IAS$_T$**), envolvendo os três mencionados óxidos, também se usa o índice de alumina-saturação parcial (**IAS$_P$**) ou índice agpaítico, referente apenas à relação entre alumina e os óxidos de metais alcalinos [p.m. Al_2O_3/(p.m. Na_2O + p.m. K_2O)].

Na_2O, K_2O e CaO entram principalmente na constituição dos feldspatos e feldspatoides, todos minerais com **IAS$_T$** e **IAS$_P$** = 1, conforme a Tabela 1.4.2.

Tabela 1.4.1 – Cálculo da proporção molar dos óxidos (coluna c), porcentagem molar dos óxidos (d), proporção molar catiônica (f) e porcentagem catiônica (g) a partir de uma análise química dada em porcentagem de peso de óxidos (a). Segundo Ragland, 1989, modificado

Óxidos	a	b	c	d	e	f	g	Cátions
SiO_2	48,70	60.1	0.8103	51,50	60.1	0.8303	46,13	Si
TiO_2	1,29	79.9	0.0161	1,02	79.9	0.0161	0,92	Ti
Al_2O_3	16,60	102.0	0.1627	10,40	51.0	0.3255	18,53	Al
Fe_2O_3	2,05	159.6	0.0128	0,81	79.8	0.0257	1,46	Fe^{+3}
FeO	8,29	71.8	0.1155	7,34	71.8	0.1155	6,57	Fe^{+2}
MnO	0,16	70.9	0.0023	0,15	70.9	0.0023	0,13	Mn
MgO	6,63	40.3	0.1645	10,40	40.3	0.1645	9,36	Mg
CaO	10,70	56.1	0.1907	12,10	56.1	0.1907	10,86	Ca
Na_2O	2,83	62.0	0.0456	2,90	31.0	0.0913	5,20	Na
K_2O	0,47	94.2	0.0050	0,32	47.1	0.0100	0,57	K
H_2O^+	0,81	18.0	0.0450	2,86	9.0	---	---	---
P_2O5	0,20	142.0	0.0014	0,09	71.0	0.0028	0,16	P
CO_2	0,09	44.0	0.0020	0,13	44.0	0.0020	0,11	C
Σ	99,49		1.5739	100,02		1.7567	100,00	

a - % em peso dos óxidos
b - peso molecular dos óxidos
c - a/c = proporção molar dos óxidos
d - 100c/ Σ c = % molar dos óxidos

e - equivalente molecular dos óxidos
f - a/e = proporção molar catiônica
g - 100f/ Σ f = % molar catiônica ou % catiônica

Tabela 1.4.2 – Índice de alumina-saturação total (**IAS**$_T$) e parcial (**IAS**$_P$) dos principais feldspatos e feldspatoides

Mineral e fórmula		Fórmula desmembrada	IAS$_T$ *	IAS$_P$ **
Feldspato	2 $KAlSi_3O_8$	$K_2O . Al_2O_3 . 6SiO_2$	1	1
Albita	2 $NaAlSi_3O_8$	$Na_2O . Al_2O_3 . 6SiO_2$	1	1
Anortita	$CaAl_2Si_2O_8$	$CaO . Al_2O_3 . 2SiO_2$	1	1
Nefelina	2 $NaAlSiO_4$	$Na_2O . Al_2O_3 . 2SiO_2$	1	1
Leucita	2 $KAlSi_2O_6$	$K_2O . Al_2O_3 . 4SiO_4$	1	1
Kalsilita	2 $KAlSiO_4$	$K_2O . Al_2O_3 . 2SiO_2$	1	1

* IAS$_T$ = p.m. Al_2O_3 / (p.m. CaO + p.m. Na_2O + p.m. K_2O)
** IAS$_P$ = p.m. Al_2O_3 / (p.m. Na_2O + p.m. K_2O)

Classificação das rochas magmáticas quanto à alumina-saturação

De acordo com o índice de alumina-saturação **IAS** as rochas magmáticas são classificadas conforme o Quadro 1.4.1.

Quadro 1.4.1 – Classificação das rochas magmáticas segundo o seu índice de alumina-saturação total (**IAS$_T$**) e parcial (**IAS$_P$**)

Rocha	IAS$_T$ *	IAS$_P$ **
Peraluminosa	> 1	
Subaluminosa	= 1	
Metaluminosa	< 1	> 1
Peralcalina	< 1	< 1

* IAS$_T$ = p.m. Al$_2$O$_3$ / (p.m. CaO + p.m. Na$_2$O + p.m. K$_2$O)
** IAS$_P$ = p.m. Al$_2$O$_3$ / (p.m. Na$_2$O + p.m.K$_2$O)

Nas rochas peraluminosas (**IAS$_T$** > 1) o excesso de alumina, após a saturação dos feldspatos (ou feldspatoides), é incorporado em minerais fêmicos e acessórios portadores de Al tais como granada, cordierita, sillimanita, muscovita, biotita, espinélio, topázio, turmalina etc. Muitos granitos crustais são rochas peraluminosas.

Nas rochas subaluminosas (**IAS$_T$** = 1) a alumina ocorre em quantidades exatas para a saturação dos feldspatos (ou feldspatoides), não havendo sobras para a formação de minerais máficos e acessórios aluminosos. Desta maneira os minerais fêmicos são representados apenas por olivinas e ortopiroxênios, minerais não aluminosos. Entretanto, esta condição de saturação exata ocorre muito raramente na natureza. Por isso são incluídos entre as rochas subaluminosas também aquelas com **IAS$_T$** muito próximo a 1, caso da maioria dos basaltos e gabros portadores de olivina e orto/clinopiroxênios.

Nas rochas metaluminosas (**IAS$_T$** < 1 e **IAS$_P$** > 1) o principal metal afetado pela alumina-insaturação é o Ca. A fração de Ca, que por falta de alumina não irá formar plagioclásio, entra na formação da hornblenda, um mineral de Ca pobre em Al$_2$O$_3$ e característico para rochas metaluminosas. Outros minerais cálcicos e moderadamente aluminosos são o epidoto e as melilitas, estas só presentes em rochas calciomagnesianas fortemente insaturadas em sílica. Granitos cálcio-alcalinos, os mais frequentes entre os granitos, são rochas metaluminosas assim como os dioritos, que têm plagioclásio intermediário e hornblenda como minerais essenciais.

Nas rochas peralcalinas (**IAS**$_T$ < 1 e **IAS**$_P$ < 1) a grande deficiência em alumina afeta, além do cálcio, também os álcalis, principalmente o sódio. A fração de Na, que por falta de alumina não irá formar albita, entra na constituição de minerais máficos sódicos (desprovidos de ou pobres em alumina) caso de piroxênios (egirina ou aegirina) e anfibólios (arfvedsonita, cataforita, riebeckita, enigmatita ou aenigmatita). Outra solução para minorar a alumina-insaturação é a substituição, em minerais portadores de Al, de parte deste elemento por Fe, Ti e Zr. Esse fato ocorre, por exemplo, na melanita (ou andradita), uma granada de Ca e Fe, e na shorlomita (uma melanita rica em Ti), presentes em rochas básicas/ultrabásicas peralcalinas insaturadas em sílica. Em rochas sieníticas peralcalinas as biotitas, uma solução sólida entre siderofilita [$K_2Fe_5Al(Si_5Al_3O_{20})(OH)_4$] e annita [$K_2Fe_6(Si_6Al_2O_{20})(OH)_4$] mostram-se enriquecidas neste componente, mais rico em Fe e pobre em Al que aquele.

Um caso particular das rochas peralcalinas é aquele no qual p.m. Al_2O_3 < p.m. K_2O, feição de muitas rochas ultrapotássicas, caracterizadas por abundante leucita e rara kalsilita modal e pela presença de kalsilita normativa. Nessas rochas que incluem os ugranditos, mafuritos, katungitos, orenditos etc., olivina, diopsídio, melanita e melilita associam-se com minerais ricos em potássio, caso da flogopita, richterita, K-magnoforita etc.

Devido à raridade da condição **IAS**$_T$ = 1 na natureza há, atualmente, uma forte tendência de eliminar as rochas subaluminosas da classificação das rochas magmáticas quanto à alumina-saturação, mantendo-se apenas as rochas peraluminosas, metaluminosas e peralcalinas.

Da descrição das rochas metaluminosas e peralcalinas pode-se deduzir, à semelhança da sílica-insaturação, uma ordem de alumina-insaturação. Ocorrendo pequena deficiência em alumina, o primeiro metal afetado é o Ca que irá participar da formação de minerais fêmicos cálcicos mais pobres em alumina que a anortita. Com o aumento da deficiência em alumina também o Na é afetado e, consequentemente, entrará na constituição de minerais fêmicos sódicos pobres ou isentos de alumina. Em condições extremas de alumina-insaturação o próprio alumínio de alguns minerais é substituído por Fe, Ti e Zr.

Ressalte-se, mais uma vez, que a alumina-saturação não é função direta do teor de Al_2O_3 de uma rocha. Isso fica demonstrado na Tabela 1.4.3 que contém as análises químicas de um cordierita granito (peraluminoso) e um hornblenda granito (metaluminoso). Ambos têm teores de SiO_2 praticamente iguais, mas o granito peraluminoso tem um teor de Al_2O_3 menor que o do granito metaluminoso. Isso ressalta que a alumina-saturação independe do valor absoluto de alumina e sim da relação entre Al_2O_3, K_2O, Na_2O e CaO. No caso considerado, a menor alumina-saturação do hornblenda granito resulta de seus teores mais elevados em CaO e Na_2O em relação ao cordierita granito, apenas algo mais rico em K_2O, mas que dos três óxidos é o de maior peso molecular, originando, assim, uma proporção molar menor (Tabela 1.4.1).

Tabela 1.4.3 – Análises químicas de um cordierita granito e de um hornblenda granito com teores próximos de SiO_2. O cordierita granito, apesar de ser uma rocha peraluminosa, tem teor de alumina menor que o hornblenda granito, uma rocha metaluminosa. Segundo White, 1992

Óxidos	Cordierita Granito	Horblenda Granito
SiO_2	67.68	67.15
TiO_2	0.39	0.39
Al_2O_3	14.70	15.58
Fe_2O_3	0.68	1.26
FeO	4.03	2.52
MnO	0.07	0.07
MgO	2.22	1.71
CaO	2.26	4.35
Na_2O	1.92	2.84
K_2O	3.60	2.39
P_2O_5	0.15	0.12
ELEMENTOS		
Ba	475	395
Rb	183	106
Sr	139	206
Ni	20	7
Cr	61	25

A formação de micas, minerais potássicos aluminosos, cuja cristalização desvia parte do potássio destinado à formação do feldspato potássico, não tem implicações no tocante ao consumo de sílica. Consideremos para fins de ilustração o feldspato potássico e a muscovita, esta como representante das micas, conforme a Tabela 1.4.4. Por esta conclui-se que a proporção molar entre K_2O e SiO_2 é igual na muscovita e no feldspato potássico (1:6). Dessa maneira o potássio ao entrar na muscovita não "consome" nem mais nem menos sílica do que no caso de sua entrada na constituição do feldspato. A cristalização da muscovita destina-se, portanto, apenas para absorver um excesso de alumina por ser mineral bem mais aluminoso ($K_2O : Al_2O_3$ = 1:3) do que o feldspato potássico ($K_2O : Al_2O_3$ = 1:1).

Tabela 1.4.4 – Formulas químicas e relações molares $K_2O : SiO_2$ e $K_2O : Al_2O_3$ no feldspato potássico e na muscovita

Mineral e fórmula	Fórmula desmembrada	Relações molares $K_2O : SiO_2$ e $K_2O : Al_2O_3$
K-Feldspato 2 $KALSi_3O_8$	$K_2O. Al_2O_3.6SiO_2$	1:6 1:1
Muscovita 2 $KAl_2(Si_3Al)O_{10}(OH)_2$	$K_2O.3Al_2O_3.6SiO_2.2H_2O$	1:6 1:3

Alguns autores não aceitam o valor IAS_T = 1 como limite entre rochas metaluminosas e peraluminosas devido ao forte poder diagnóstico da hornblenda para as rochas metaluminosas. Este mineral é estável em rochas com IAS_T até próximo de 1.1 (Figura 1.4.1) e como tal este valor tem sido aceito em muitos casos como limite entre rochas meta- e peraluminosas e, principalmente, para separar os granitos **I** e **S** (Chappell & White, 1974). Com o desenvolvimento progressivo da cristalização de um magma a partir do qual está ocorrendo a formação de hornblenda, o líquido residual tende a tornar-se cada vez mais aluminoso. Atingido um IAS_T crítico da ordem de 1.1, a hornblenda reage com o líquido residual peraluminoso originando biotita (Zen, 1986). Essa reação é retratada pela frequente ocorrência, em granitos, de hornblenda circundada por (ou intercrescida com) biotita. Devido ao aumento constante da aluminosidade do líquido magmático com o decorrer da cristalização, em muitas rochas com longa história evolutiva as paragêneses precoces são subaluminosas ou metaluminosas e as paragêneses tardias metaluminosas ou peraluminosas. Isso leva a paragêneses fêmicas tipo olivina+piroxênio+hornblenda, piroxênio+hornblenda+biotita, biotita+muscovita etc. ou mesmo, excepcionalmente, a coexistência entre olivina e biotita, caso de alguns basaltos alcalinos (Quadro 1.3.2) e de faialita granitos.

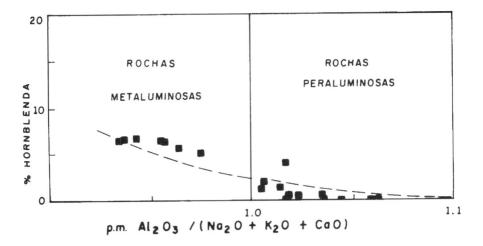

FIGURA 1.4.1 – Estabilidade da hornblenda numa suíte de granitos metaluminosos diferenciados. Com a diferenciação o teor de hornblenda nas rochas diminui gradativamente ao mesmo tempo que aumenta o índice de alumina-saturação. A hornblenda é estável até um IAST próximo a 1.1. Para valores maiores, a hornblenda inicialmente formada reage com o líquido magmático residual peraluminoso para a formação de biotita. Segundo White, 1992, simplificado.

Caracterização da alumina-saturação

A caracterização da alumina-saturação se faz basicamente por dois métodos:

- Pela identificação macroscópica ou microscópica dos minerais fêmicos característicos para os diferentes graus de alumina-saturação. Ressalte-se que a alumina-saturação se manifesta não só nos minerais fêmicos mas também através de minerais acessórios. Tal fato está retratado na Tabela 1.4.5 que relaciona minerais acessórios normais (cuja ocorrência independe do **IAS** da rocha) e minerais acessórios típicos (dependentes deste índice) em granitos peraluminosos, metaluminosos e peralcalinos.
- Pela identificação, na norma, de minerais típicos dos diferentes graus de alumina-saturação. Na Tabela 1.4.6 constam as análises químicas e normas para a média dos granitos peraluminosos, metaluminosos e peralcalinos. Os primeiros são caracterizados pela presença de anortita (An) + corindon (C), os segundos por anortita (An) + diopsídio (Di) e os últimos pela ocorrência de acmita (Ac) + diopsídio (Di) na norma.

Tabela 1.4.5 – Minerais acessórios normais (que não comportam a aplicação do conceito de alumina-saturação) e específicos (que permitem a aplicação do conceito) de granitos peraluminosos, metaluminosos e peralcalinos. Segundo White, 1992

Granitos	Peraluminosos	Metaluminosos	Peralcalinos
Minerais Acessórios Normais	Magnetita Ilmenita Apatita Zircão Monazita Xenotima	Magnetita Ilmenita Apatita Zircão	Magnetita Ilmenita Apatita Zircão
Minerais Acessórios Específicos	Gahnita	Titanita Allanita	Enigmatita Astrofilita

Tabela 1.4.6 – Análises químicas e normas médias de granitos peraluminoso (A), metaluminoso (B) e peralcalino (C) representados, respectivamente, por muscovita, biotita-hornblenda e riebeckita granitos. Minerais normativos típicos para os granitos com diferentes graus de alumina-saturação são An+C (rochas peraluminosas), An+Di (rochas metaluminosas) e Ac+Di (rochas peralcalinas). Dados químicos segundo Nockolds, 1954

	A	B	C
SiO_2	73.84	70.56	73.05
TiO_2	0.16	0.40	0.24
Al_2O_3	14.29	14.00	10.62
Fe_2O_3	0.34	0.91	3.04
FeO	0.75	2.41	2.98
MnO	0.05	0.06	0.21
MgO	0.21	0.48	0.10
CaO	0.69	1.63	0.60
Na_2O	3.61	3.56	4.23
K_2O	5.21	5.39	4.48
H_2O^+	0.60	0.50	0.37
P_2O_5	0.25	0.10	0.08
Q	31.7	24.5	29.9
Or	30.6	31.7	26.7

Continuação

	A	B	C
Ab	30.4	29.9	29.3
An	1.7	6.4	----
C	2.1	---	----
Di (CaSiO$_3$)	---	0.3	1.0
Di (MgSiO$_3$)	0.5	1.2	0.3
Di (FeSiO$_3$)	0.9	3.0	4.6
Ac	---	---	5.5
Mt	0.5	1.4	1.6
Il	0.3	0.8	0.5
Ap	0.6	0.3	0.2

Quantificação da alumina-saturação

A quantificação da alumina-saturação é feita principalmente por gráficos ou índices baseados em óxidos, cátions ou minerais normativos, com destaque para:

- Diagrama molar IAS_T : IAS_P.
- Diagrama molar Al_2O_3 : CaO : (Na_2O+K_2O).
- Relação molar A* : F.
- Diagrama ACF.
- Diagrama A'KF.
- Diagrama molar (Al-Na-K) : Ca : (Mg+Fe) (diagrama ACF modificado).
- Diagrama normativo Di-An-Ac-C-X.
- Diagrama catiônico A : B.

Diagrama molar IAS_T : IAS_P

É também denominado de diagrama de Shand em homenagem ao famoso petrólogo que contribuiu fundamentalmente para o desenvolvimento do conceito de alumina-saturação. Corresponde ao gráfico $Al_2O_3/(Na_2O+ K_2O+CaO)$: $Al_2O_3/(Na_2O+K_2O)$, todos óxidos expressos em proporções molares. No gráfico são lançados dois limites: **IAS_T** = 1, que separa as rochas metaluminosas das peraluminosas e **IAS_P** = 1, que corresponde ao limite inferior das rochas peralcalinas (Figura 1.4.2).

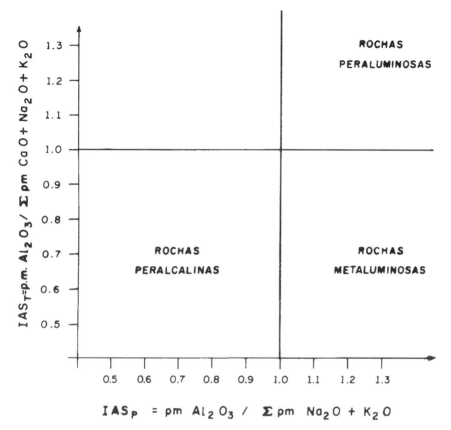

FIGURA 1.4.2 – Diagrama de Shand dado pela relação $Al_2O_3/(Na_2O+K_2O+CaO) : Al_2O_3/(Na_2O+K_2O)$. Todos óxidos em proporções molares. **IAS** = Índice de Alumina-Saturação; T = Total; P = Parcial.

Diagrama molar $Al_2O_3 : CaO : (Na_2O+K_2O)$

É uma variante gráfica do diagrama de Shand (Figura 1.4.3). Uma vez calculados os três índices a partir das proporções molares dos óxidos, eles são recalculados para 100 e lançados de acordo com a metodologia da Figura 1.3.6.

Relação molar A* : F

Esta relação foi introduzida por Barrière (1972) onde

$A^* = Al_2O_3+Fe_2O_3-Na_2O-K_2O-CaO$ e $F = FeO+MnO+MgO$

Segundo o valor da relação A* : F as rochas são classificadas em hipoaluminosas (valores negativos), normais (valores entre 0 e 0.33) e hiperaluminosas (valores maiores que 0.33). A relação A* : F foi a base para o desenvolvimento do diagrama ACF.

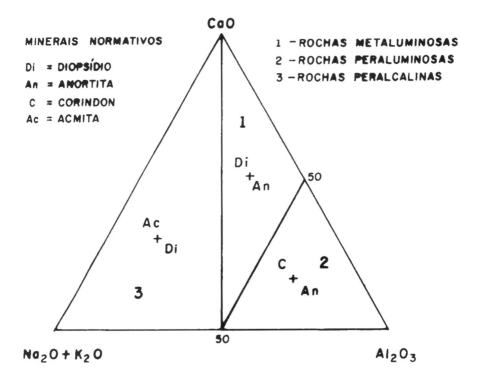

FIGURA 1.4.3 – Diagrama Al_2O_3 : CaO : (Na_2O+K_2O), todos os óxidos em proporções molares e os índices recalculados para 100. Nos campos peraluminosos, metaluminosos e peralcalinos constam seus minerais normativos característicos. Segundo Bonin, 1982.

Diagrama ACF

Desenvolvido por Eskola (1915) para rochas metamórficas, este diagrama pode ser utilizado também para rochas magmáticas supersaturadas (Barth, 1962) no qual

A = $Al_2O_3+Fe_2O_3$ - (Na_2O+K_2O)
C = CaO
F = FeO+MgO+MnO

todos óxidos em proporções moleculares (% em peso do óxido / peso molecular do óxido) e A+C+F recalculado para 100.

No diagrama ACF são definidas as posições dos minerais sillimanita e muscovita (índice A), cordierita e granada (sobre o lado AF), anortita (sobre o lado AC), hiperstênio (vértice F), diopsídio (sobre o lado FC) além dos campos composicionais das biotitas, anfibólios e piroxênios (augitas, pigeonitas), situadas no interior do diagrama. Ligando-se os minerais entre si, são determinados diversos triângulos e linhas paragenéticas com diferentes graus de alumina-saturação (Figura 1.4.4). Calculados os índices A, C e F a partir da análise química de uma dada amostra, estes, recalculados para 100 e lançados no diagrama, determinam a alumina-saturação da rocha pela paragênese mineral obtida. Conhecendo-se previamente a composição modal da rocha, pode ser avaliada a qualidade da análise química pela comparação da paragênese modal com a obtida no diagrama ACF.

Diagrama A'KF

Desenvolvido por Eskola (1915), foi aplicado por Barth (1962) para rochas magmáticas peraluminosas. Neste diagrama todos os óxidos em proporções moleculares e A'+K+F são recalculados para 100.

$A' = Al_2O_3 + Fe_2O_3 - (CaO + K_2O + Na_2O)$
$K = K_2O$
$F = FeO + MgO + Mn$

Dada a natureza dos parâmetros, no diagrama A'KF não são representados minerais de cálcio, cabendo realce aos portadores de potássio (Kfeldspato, muscovita e biotita) e alumínio (granada, cordierita, muscovita, biotita e K-feldspato). À semelhança do diagrama ACF são definidos diferentes graus de alumina-saturação no âmbito das rochas peraluminosas.

Diagrama molar (Al-Na-K) : Ca : (Mg+Fe)
(Diagrama ACF modificado)

Neste gráfico triangular (Figura 1.4.4) estão lançadas as composições dos principais minerais das rochas magmáticas que definem diferentes graus de alumina-saturação em termos de Ca, (Fe+Mg) e (Al-Na-K), representando os parâmetros as proporções molares dos correspondentes óxidos. O índice Fe indica a proporção molar do ferro total sob forma de FeO. Pela união do plagioclásio com os minerais fêmicos são definidas linhas e triângulos paragenéticos com diferentes graus de alumina-saturação. Uma vez calculados os três parâmetros a partir de uma dada análise química, estes são recalculados para 100 e lançados no gráfico 1.4.5. Qualquer ponto lançado terá a paragênese do triângulo no (ou da linha sobre a) qual se situar. Biotita e hornblenda não têm representação puntual ante sua variação composicional, respeitada no diagrama. O limite entre as rochas peraluminosas e metaluminosas é dado pela linha plagioclásio-biotita. O gráfico (Al-Na-K) : Ca : (Fe+Mg) é muito sensível para testar a qualidade de análises químicas. Parâmetros calculados a partir de análises químicas de biotita granitos forçosamente têm que se situar no "triângulo" plagioclásio-biotita.

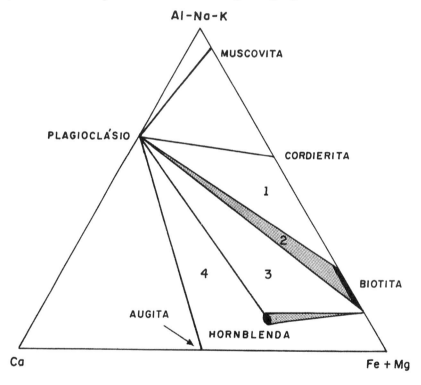

1 — GRANITOS COM CORDIERITA, MUSCOVITA, ANDALUSITA ETC.
2 — GRANITOS SOMENTE COM BIOTITA
3 — GRANITOS COM HORNBLENDA E BIOTITA
4 — GRANITOS COM HORNBLENDA E PIROXÊNIO

FIGURA 1.4.4 – O diagrama (Al-Na-K) : Ca : (Fe+Mg) ou ACF. Os índices são calculados a partir das proporções molares dos correspondentes óxidos e recalculados para 100. As diversas subdivisões representam paragêneses com crescente alumina-saturação no sentido do vértice (Al-Na-K). A linha plagioclásio-biotita separa as rochas peraluminosas das metaluminosas. Segundo Chappell & White, 1992.

Diagrama normativo Di-An-Ac-C-X

É uma variante do diagrama molar $Al_2O_3 : CaO : (Na_2O+K_2O)$ no qual, em vez do emprego das proporções molares recalculadas de Al_2O_3, CaO e (K_2O+Na_2O), utiliza-se diretamente os minerais normativos críticos Di, An, Ac e C característicos dos diferentes graus de alumina-saturação. Os minerais críticos mais o mineral X são extraídos da norma, recalculados para 100, e lançados no gráfico da Figura 1.4.7. O mineral normativo X é compatível com as associações Di+Ac, Di+An ou An+C e recai normalmente sobre a albita (Ab) ou o ortoclásio (Or).

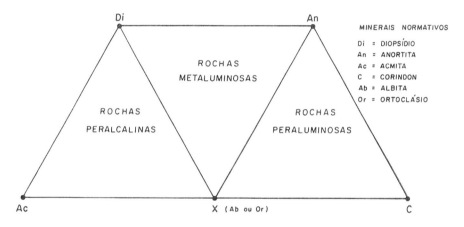

FIGURA 1.4.5 – O diagrama normativo Ac : Di : An : C : X para a caracterização de diferentes graus de alumina-saturação. X é normalmente albita (Ab) ou ortoclásio (Or). Segundo Ragland, 1989.

Diagrama catiônico A : B

Este gráfico (Figura 1.4.6), desenvolvido por Debon & Le Fort (1983, 1984), baseia-se nos parâmetros A = Al- (K+Na+2 Ca) e B = Fe+Mg+Ti, o primeiro exprimindo o excesso (valores positivos) ou deficiência (valores negativos) de alumina e o segundo o índice de coloração da rocha (quanto maior o valor de B, maior é o índice de coloração da rocha). Os parâmetros A e B são expressos em proporções catiônicas vezes 1000. A proporção catiônica de um elemento é obtida dividindo-se a porcentagem em peso do seu óxido da análise por seu equivalente molecular (equivalente molecular do óxido = peso molecular do óxido / número de cátions do óxido) conforme a

Tabela 1.4.1. O diagrama A : B discrimina rochas peraluminosas e metaluminosas e define para elas diversos graus de alumina-saturação (setores 1 a 6) através de minerais ou paragêneses de minerais fêmicos com distintos teores de alumina. Como a muscovita é mais aluminosa que a biotita, para as rochas peraluminosas são definidas as seguintes paragêneses em decrescente grau de alumina-saturação:

1. apenas muscovita ou muscovita + biotita com muscovita > biotita;
2. muscovita + biotita onde biotita > muscovita;
3. apenas biotita.

Para as rochas metaluminosas o diagrama A : B separa as seguintes paragêneses:

4. Rochas com biotita + anfibólio ± piroxênio;
5. Rochas com anfibólio + piroxênio ± biotita;
6. Paragêneses excepcionais caso, por exemplo, de carbonatitos.

O emprego do diagrama A : B, por sua sensibilidade, requer análises químicas de alto padrão e como tal também serve para testar a qualidade destas. Considere-se, por exemplo, um biotita granito no qual a exclusividade da presença de biotita como mineral fêmico foi estabelecida por estudos microscópicos. Executada a análise química e lançados os parâmetros A e B no gráfico, se a amostra não se situar no setor 3 (biotita) do campo peraluminoso pode concluir-se que ou a análise química apresenta defeitos ou a rocha foi alterada por processos intempéricos ou hidrotermais.

Conceitos fundamentais

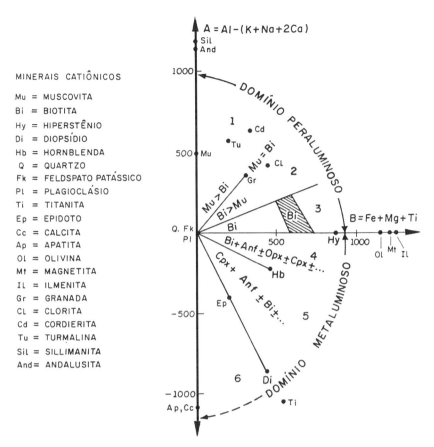

FIGURA 1.4.6 – Diagrama A : B dado pelos parâmetros A = Al-(K+Na+2 Ca) e B = Fe+Mg+Ti. Todos índices em proporção catiônica vezes 1000. Setores 1-6, ver texto. Segundo Debon et al., 1988.

Sílica-saturação e alumina-saturação

A sílica-saturação (expressa pela presença de minerais insaturados, saturados e quartzo ou outro polimorfo de SiO_2) e a alumina-saturação (expressa pela presença de minerais fêmicos com variados teores de alumina e álcalis) correspondem a conceitos independentes e como tal podem ocorrer sob todas as combinações possíveis nas rochas magmáticas. Uma rocha pode ser simultaneamente supersaturada e peralcalina, o que implica uma paragênese com quartzo e um mineral fêmico alcalino (exemplo: arfvedsonita granito). Outras vezes uma rocha pode ser simultaneamente saturada e metaluminosa caracterizada pela paragênese feldspato mais um mineral fêmico cálcico moderadamente aluminoso (exemplo: hornblenda diorito). As diferentes combinações entre sílica-saturação e alumina-saturação bem como seus aspectos mineralógicos críticos estão reunidas no Quadro 1.4.2.

Rochas peralcalinas supersaturadas, saturadas e insaturadas são denominadas, respectivamente, de equeríticas, miasquíticas e agpaíticas, nomes derivados de rochas com essas características do magmatismo alcalino do gráben de Oslo, Noruega. A Figura 1.3.13 faz referência aos equeritos.

Quadro 1.4.2 – Paragêneses diagnósticas para rochas com diferentes combinações de graus de sílica-saturação e alumina-saturação

Alumina--saturação	Sílica-saturação		
	R. supersaturada	R. saturadas	R. insaturadas
Rochas peraluminosas	Q + F + MFalu	F + MFalu	F + Mi + MFalu
Rochas metaluminosas	Q + F + MFcal	F + MFcal	F + Mi + MFcal
Rochas peralcalinas	Q + F + MFalc	F + MFalc	F + Mi + MFalc
	(R. Equeríticas)	(R. Miasquíticas)	(R. Agpaíticas)

Q = Quartzo ou outro polimorfo de SiO_2
F = Feldspatos alcalinos e/ou plagioclásios
Mi = Minerais insaturados
MFalu = Minerais fêmicos aluminosos
MFcal = Minerais fêmicos cálcicos fracamente aluminosos
MFalc = Minerais fêmicos alcalinos pobres ou sem alumina

Rochas peralcalinas insaturadas

As rochas insaturadas peralcalinas reúnem, basicamente, três grupos:
• Rochas sódicas.
• Rochas potássicas.
• Rochas ultrapotássicas ou perpotássicas.

Rochas sódicas

Entre as rochas intermediárias deste grupo cabe destaque aos nefelina sienitos e seus correspondentes extrusivos, os fonólitos, ambos com cerca de 20% de Al_2O_3. Entre as rochas básicas (e mesmo ultrabásicas) vulcânicas ricas em plagioclásio destacam-se, em função de crescentes teores de nefelina: nefelina basaltos (ou basaltos alcalinos sensu stricto), tefritos e basanitos, rochas que contêm plagioclásio, augita, olivina e nefelina em proporções variáveis, ao lado de piroxênio e anfibólios sódicos, óxidos de Fe-Ti, apatita, zircão e teores variáveis de minerais do grupo da sodalita, cancrinita e analcita. Os correspondentes intrusivos de tefritos e basanitos são os theralitos. Rochas vulcânicas e plutônicas algo mais ricas em feldspato alcalino são dadas, respectivamente, por fonolitos tefríticos e essexitos. Rochas vulcânicas praticamente desprovidas de feldspato modal incluem principalmente nefelinitos e ankaratritos (= olivina nefelinitos). Seus correspondentes plutônicos são os urtitos, ijolitos e melteigitos (em ordem de crescente índice de coloração). Rochas basaltoides ainda mais insaturadas e, portanto, portadoras de melilita são representadas pelos melilita nefelinitos e melilititos que normalmente contêm menos de 10% de Al_2O_3.

Rochas potássicas

Têm como característica a presença de leucita modal que, no entanto, falta na maioria das vezes na norma. A leucita é mineral estável apenas sob baixas pressões, faltando, pois, em rochas plutônicas. Sob condições de resfriamento relativamente lentas (derrames espessos e rochas subvulcânicas) a leucita transforma-se numa mistura de sanidina (ou ortoclásio) e nefelina denominada de pseudoleucita. Famosos são os pseudoleucitas tinguaitos (os correspondentes hipoabissais dos fonolitos) da intrusão alcalina de Poços de Caldas, MG.

Os elevados valores de potássio (ainda que geralmente inferiores aos de sódio) resultam numa série evolutiva, a traquitita, caracterizada pela coexistência de plagioclásio cálcico e feldspato alcalino. A suíte rochosa desta série inclui basaltos alcalinos potássicos, traquibasaltos, traquitos e traquifonolitos (= leucita fonolitos). Também a série shoshonítica é caracterizada por elevada relação potássio/sódio. A suíte rochosa desta série reúne, em ordem de crescente acidez, os absarokitos, shoshonitos, banakitos e latitos, que podem ser supersaturados, saturados ou insaturados.

Rochas potássicas ainda mais insaturadas são representadas pelos leucita (olivina) tefritos e leucita (olivina) basanitos e as desprovidas de feldspato modal são caracteristicamente os leucititos, olivina leucititos e nefelina leucititos, cujos principais equivalentes plutônicos (em ordem crescente do índice de coloração) são os italitos (=leucita urtitos), fergusito (= leucita ijolitos) e missouritos (= leucita melteigitos). Rochas com sílica-insaturação extrema são dadas por melilita ± olivina leucititos e leucita ± nefelina ± olivina melilititos.

Rochas ultrapotássicas ou perpotássicas

São rochas extremamente ricas em potássio e pobres em alumina, de tal modo que $K_2O > Na_2O$ e $K_2O > Al_2O_3$. Os teores de Al_2O_3 são geralmente inferiores a 10%. São caracterizadas pela presença de kalsilita (Ks) na norma. Entre este grupo cabe destaque aos lamproítos, rochas vulcânicas e subvulcânicas, outrora designadas por nomes específicos baseados na paragênese de seus fenocristais. É o caso dos fitzroyitos (flogopita+leucita), cedricitos (diopsídio+leucita), mamilitos (magnoforita, uma variedade potássica e magnesiana do anfibólio cataforita+leucita), wyomingito (flogopita+diopsídio+leucita), uganditos (olivina+augita+leucita), mafuritos (olivina+augita+kalsilita), katungitos (olivina+melilita) etc. A riqueza em potássio se reflete nessas rochas através de uma mineralogia essencial e acessória rica em K_2O que inclui flogopita, leucita, kalsilita, sanidina, magnoforita, K-richterita, priderita ($K_2 Ti_{18} O_{16}$), wadeíta ($K_4, Zr_2 Si_6 O_{18}$), etc., ao lado de diopsídio, olivina (algumas vezes com coroas de reação de flogopita), apatita, Ti-magnetita, Cr-espinélio (também, algumas vezes, com coroa de reação de flogopita), perovskita etc. Parte dessa mineralogia é controlada pela reação de dissociação da flogopita.

$$2\,K\,Mg_3\,Al\,Si_3\,O_{10}\,(OH)_2 = K\,Al\,SiO_4 + K\,Al\,Si_2O_6 + 3Mg_2\,SiO_4 + H_2O$$

flogopita = kalsilita + leucita + forsterita + vapor,

estudada experimentalmente no sistema $KAlSiO_4$-Mg_2SiO_4-SiO_2-H_2O (Luth, 1967). A reação indica que a temperatura de dissociação da flogopita é controlada pela pressão parcial de vapor de água, de tal modo que a curva de estabilidade da flogopita tem inclinação positiva num gráfico $T : P_{H2O}$ (ou seja, existe uma correlação positiva entre a temperatura de dissociação e a pressão da fase fluída). Dessa maneira, rochas portadoras de flogopita indicam uma gênese sob elevadas pressões de vapor de água, enquanto rochas contendo kalsilita, leucita e olivina resultam da cristalização sob baixas pressões da fase fluída aquosa.

Rochas granitoides plutônicas

O termo "granitoide" num sentido muito amplo indica uma rocha plutônica com textura granítica (equigranular, hipidiomórfica), baixo índice de coloração, contendo teores variáveis de feldspato alcalino, plagioclásio, quartzo ou nefelina. Granito *sensu lato* é toda rocha granitoide com mais de 10%, em volume, de quartzo. Granito *sensu stricto* segundo a classificação IUGS (Figura 1.3.5) é uma rocha na qual os feldspatos alcalinos perfazem, no mínimo, duas vezes o volume do plagioclásio presente e que contém mais de 20% de quartzo.

É relativamente simples classificar as rochas granitoides plutônicas dada a fácil identificação macroscópica de seu dominante conteúdo mineralógico em amostras de mão, tanto com a vista desarmada quanto com o auxílio de uma lente de mão (aumento de 5 a 20 vezes conforme o modelo). Entre os feldspatos, o plagioclásio é frequentemente branco ou apresenta cor creme ou esverdeada, neste caso devido a uma incipiente alteração por saussuritização em sericita e epidoto/zoisita. Contrastando, o feldspato alcalino tem frequentemente cor rosa, vermelho-claro ou vermelho-carne devido à deposição de hematita, liberada na rocha por alteração hidrotermal dos minerais máficos, em seus planos de clivagens. Entretanto, o critério da cor na identificação dos feldspatos não é infalível, pois existem numerosos granitoides nos quais o feldspato alcalino é branco-acinzentado e o plagioclásio, avermelhado. Em caso de dúvidas, a presença da geminação polisintética, exclusiva dos plagioclásios, e a geminação Carlsbad, mais conspícua nos feldspatos alcalinos, são importantes critérios diagnósticos adicionais. O quartzo é mineral de identificação relativamente fácil e a horblenda prismática ou granular pode ser seguramente distinguida da biotita, se bem que num instante inicial certos "livros" de biotita possam causar algumas dúvidas. Cor, brilho, ângulo de clivagem, dureza e facilidade de exfoliação são, entretanto, critérios seguros de distinção entre anfibólios e biotita. Nefelina é o mineral mais comum em granitoides plutônicos félsicos insaturados, gelatinizando quando atacado com ácido clorídrico (que todo petrógrafo deve ter à disposição). Leucita não ocorre em rochas plutônicas embora algumas rochas hipoabissais possam conter pseudoleucita, uma mistura de ortoclásio (ou sanidina) e nefelina pseudomórfica seguindo a leucita. Entre as rochas granitoides portadoras de pequenas quantidades de nefelina dominam os nefelina sienitos, pois nefelina monzonitos e nefelina dioritos são rochas relativamente raras.

De acordo com a Figura 1.3.5 as rochas granitoides englobam os álcalifeldspatos granitos, os granitos, monzogranitos, granodioritos, quartzo sienitos, quartzo monzonitos e quartzo dioritos; sienitos, monzonitos e dioritos assim como os nefelina sienitos, nefelina monzonitos e nefelina dioritos. Os termos monzogranito/quartzo monzonito e quartzo diorito são aproximadamente sinônimos, respectivamente, das antigas e consagradas designações adamellito e tonalito. A supressão desses nomes na classificação IUGS foi criticada por vários autores (por exemplo, Lyons, 1976, 1977).

O índice de coloração dos granitoides tende a decrescer consistentemente de cerca de 25 a 30 nos dioritos para aproximadamente 10 nos granitos. De modo geral, as rochas plutônicas têm índices de coloração algo maiores que seus equivalentes vulcânicos e hipoabissais (=subvulcânicos). Os prefixos "leuco" e "mela" ou os adjetivos leucocrático e melanocrático expressam desvios para menos e para mais em relação ao índice de coloração médio do tipo litológico considerado. É preferível, entretanto, o emprego direto do valor do índice de coloração. Por exemplo, a expressão biotita-hornblenda granito com índice de coloração 20 (ou biotita-hornblenda granito, **IC**-20 ou, simplesmente, biotita-hornblenda granito 20) oferece uma caracterização mineralógica precisa, indicando a quantidade de quartzo (mais que 20%), a relação entre os feldspatos (o feldspato alcalino perfaz mais que 2/3 do total dos feldspatos presentes na rocha), a natureza dos minerais máficos (hornblenda+biotita), seu teor (cerca de 20%) e sua proporção relativa (a hornblenda é mais frequente que a biotita).

Os minerais máficos principais presentes na rocha devem ser incorporados na sua caracterização precedendo-a em ordem de crescente frequência, de tal modo que o mais frequente antecede imediatamente o nome da rocha. Os diferentes minerais listados são separados por hífens, entretanto, entre o mineral mais frequente e o nome da rocha não (exemplo: cordieritamuscovita-biotita granito). Exceção é a grafia das rochas nas quais um mineral específico define uma família de rochas (por exemplo: quartzo-diorito, campo 5 da Figura 1.3.5).

Os minerais máficos dos granitoides são reunidos em quatro grupos:

- Biotita e hornblenda. É a paragênese característica das rochas cálcio-alcalinas.
- Muscovita e/ou granada almandina e, mais raramente, cordierita e sillimanita, geralmente associados com biotita. São típicos para as rochas peraluminosas.

- Riebeckita, arfvedsonita e outros anfibólios sódicos e/ou egirina / egirinaaugita que fazem parte da paragênese de granitos, sienitos e nefelina sienitos peralcalinos. O anfibólio do tipo hastingsita ocorre em rochas algo mais pobres em álcalis. Os máficos desse grupo nunca se associam com os do grupo precedente.
- Faialita e/ou hedenbergita. Caracterizam alguns granitos e sienitos epizonais ricos em ferro. (caso, por exemplo, dos granitos rapakivi) e que, adicionalmente, também podem ser peralcalinos.

Como a sílica-saturação e a alumina-saturação são aspectos independentes nas rochas magmáticas, resulta que as rochas granitoides plutônicas são fundamentalmente de quatro tipos:

- Supersaturadas e não peralcalinas. São ditas "normais" e caracterizadas pela paragênese quartzo+biotita.
- Supersaturadas e peralcalinas. São rochas equeríticas que contêm quartzo e inossilicatos de Fe e Na.
- Insaturadas e não peralcalinas. São as rochas miasquíticas (ou miascíticas), portadoras de feldspatoides e biotita.
- Insaturadas e peralcalinas. São denominadas de agpaíticas e caracterizadas pela paragênese feldspatoides+inosilicatos de Na e Fe.

A alcalinidade dos granitoides é definida pelo índice agpaítico (**IA**) ou índice de alumina saturação parcial (**IAS**$_p$), dado pela relação molar $Al_2O_3/(Na_2O+K_2O)$, sendo rochas peralcalinas aquelas nas quais essa relação é menor que 1. Apesar da designação rocha agpaítica, *sensu stricto* se restringir às rochas simultaneamente sílica-insaturadas e peralcalinas, o nome agpaítico tem sido aplicado informalmente também às rochas supersaturadas e saturadas peralcalinas tornando, assim, ambos os termos equivalentes.

Importante, ainda, para as rochas granitoides, é a reação de decomposição da biotita

$$3K(Mg,Fe)_3 AlSi_3O_{10}(OH)_2 + 3SiO_2 + 2O_2 = 3MgSiO_4 + Fe_3O_4 + 3KAlSi_3O_8 + 3H_2O$$

biotita + sílica + oxigênio = olivina + magnetita + K – feldspato + vapor

Esta reação revela que:

- A mica é um mineral pobre em sílica (à semelhança dos anfibólios pargasíticos), sendo equivalente à paragênese anidra olivina+K-feldspatoide (ou olivina+K-feldspato-SiO$_2$). Dessa maneira, o fracionamento de biotita enriquece o líquido residual em sílica.

- A estabilidade da mica depende da pressão de água, aumentando a temperatura de sua dissociação com o aumento da P$_{H2O}$. Tal fato reflete-se na inclinação positiva da curva de estabilidade da mica num diagrama T:P$_{H2O}$, aspecto que contrasta com a inclinação negativa dos minerais anidros (plagioclásio, olivina, piroxênio) neste gráfico. Decorre que em rochas vulcânicas, onde P$_{H2O}$ é baixa e T é elevada, a biotita é um mineral mais raro que em seus equivalentes plutônicos.
- A estabilidade da mica é controlada pela pressão parcial (ou fugacidade) de oxigênio, de tal modo que sua curva de dissociação tem inclinação negativa num diagrama T : P$_{O2}$ (o oxigênio situa-se entre os reagentes da reação acima). Consequentemente, a temperaturas elevadas, a biotita é mineral mais frequente em rochas cristalizadas sob pressões parciais de oxigênio menores.
- A estabilidade da biotita é controlada pela atividade química da sílica de tal modo que sua curva de dissociação tem inclinação negativa num diagrama T:a$_{SiO2}$. Isso implica que a temperaturas maiores, a biotita é mais estável em magmas pobres em sílica. Tal fato explica, por exemplo, que a mica é mais frequente em gabros alcalinos (caso dos theralitos) que em rochas ricas em sílica.

Entre os granitoides plutônicos ocorrem muitas variedades com aspectos mineralógicos, texturais ou estruturais particulares. Alaskito (ou alasquito) é um álcali-feldspato granito com índice de coloração muito baixo e textura característica (panxenomórfica equigranular). Trondhjemito é, originalmente, um tonalito leucocrático no qual a andesina, o plagioclásio normal nos tonalitos, dá lugar ao oligoclásio. Atualmente designa uma série magmática que compreende rochas intermediárias e ácidas intrusivas (plagiogranitos) e extrusivas (keratófiros ou queratófiros). São também chamados de granitos toleíticos mas não devem ser confundidos com outras rochas ricas em plagioclásio e eventualmente portadoras de quantidades menores de quartzo, os anortositos. Charnockitos são hiperstênio granitos com cor cinza esverdeada característica. Frequentemente contêm quartzo rutilado, azulado ou não. Em lâminas delgadas o hiperstênio é caracteristicamente pleocroico. Todas as rochas granitoides do triângulo QAP têm seus correspondentes charnockíticos. Assim, os equivalentes dos granodioritos são os enderbitos, os dos sienitos os mangeritos etc. Nos granitos orbiculoides ocorrem curiosas concreções de origem muito discutida e granitos rapakivi contêm megacristais de K-feldspato manteados por albita ou oligoclásio e elevadas razões Fe/(Fe+Mg). Esse fato propicia em alguns casos a presença de olivina (faialítica) e hedenbergita, associados ou não com biotita e hornblenda. Nas variedades algo mais ricas em álcalis, ocorre ocasional Fehastingsita. Também ainda se mantêm com certa persistência na literatura especializada nomes históricos consagrados tais como ekerito (= quartzo sienito peralcalino), nordmakito (= sienito peralcalino), pulaskito (= sienito peralcalino fracamente insaturado com menos de 5% de nefelina) etc.

Classificações especiais

O avanço atual na caracterização cada vez mais detalhada dos diferentes tipos de rochas faz que a aplicação direta, embora combinada, dos conceitos e aspectos até agora tratados (acidez, índice de coloração, sílicasaturação, alumina-saturação etc.) nem sempre é suficiente para a distinção entre rochas muito semelhantes. Este fato exige o desenvolvimento de classificações especiais que envolvem a utilização de parâmetros diagnósticos mineralógicos, texturais, químicos e normativos secundários. Consideremos o caso de dois tipos de riolitos alcalinos, os pantelleritos e comenditos. Ambos são rochas ácidas (Quadro 1.2.1), supersaturadas (Quadro 1.3.1), ricas em quartzo (ou tridimita) e o feldspato alcalino (sanidina, albita) domina amplamente entre os feldspatos presentes. Pertencem à família 2 da Figura 1.3.5, são peralcalinas no diagrama de Shand (Figura 1.4.2) e em termos da combinação entre sílica-saturação e alumina-saturação são rochas equeríticas (Quadro 1.4.2). Dessa maneira a distinção entre comenditos e pantelleritos exige a utilização de critérios adicionais, caso do gráfico quartzo normativo : minerais máficos normativos e do gráfico Al_2O_3 : FeO_T (= ferro total = soma do $FeO+Fe_2O_3$ da análise química sob forma de FeO, ou seja, a soma de $FeO+0.9\ Fe_2O_3$) conforme a Figura 1.4.7.

Uma das características dos comenditos e pantelleritos é a ausência quase total de óxidos de Fe-Ti (minerais acessórios opacos), mesmo apresentando ferro e titânio nas suas análises químicas. Consideremos inicialmente o caso dos riolitos normais, metaluminosos e não alcalinos. Estas rochas contém, em média, cerca de 1,0% de Fe_2O_3, 0,7% de FeO e 0,15% de TiO_2 e apresentam quase sempre escassos cristais de titanomagnetita e ilmenita. Comenditos e pantelleritos contêm, em média, cerca de 2,3% de Fe_2O_3, 5,8% de FeO e 0,4% de TiO_2 mas, apesar de sua maior riqueza em ferro e titânio, quase nunca são portadores de óxidos de Fe-Ti.

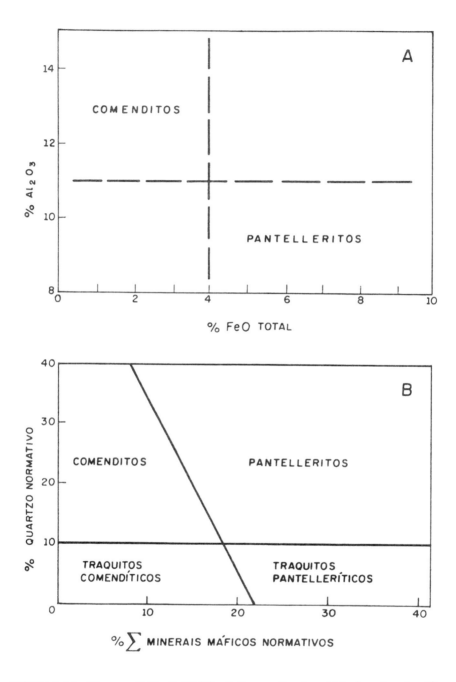

FIGURA 1.4.7 – Diagrama NaO_2 : FeOT (A) e % Q normativa: Somatório dos minerais máficos normativos (B), como parâmetros diagnósticos secundários para a distribuição entre comenditos e pantelleritos, ambos riolitos alcalinos. Segundo Baley, 1974 e McDonald, 1974

Exercícios

1. Baseado na norma, determine a alumina-saturação das rochas da Tabela 1.2.1.

2. Utilizando as análises químicas médias dos granitos peraluminosos e metaluminosos da Tabela 1.4.6 determine a sua mineralogia fêmica tendo por base os diagramas A : B (Figura 1.4.6) e (Al-Na-K) : Ca : (Fe+Mg) (Figura 1.4.4).

3. Baseado na norma, defina quais das rochas da Tabela 1.2.1 são equiríticas, miasquíticas e agpaíticas.

4. Ainda utilizando a norma, determine as rochas metaluminosas da Tabela 1.2.1.

5. Rochas peraluminosas e metaluminosas têm em comum a presença de anortita, na norma, e rochas metaluminosas e peralcalinas, o diopsídio. Discuta este aspecto.

6. Lance no diagrama de Shand (Figura 1.4.2) e nos diagramas Al_2O_3 : CaO : (Na_2O+K_2O) (Figura 1.4.3) e Di : Ac : An : C : X (Figura 1.4.5) os granitos da Tabela 1.4.6.

7. Escolha na Tabela 1.2.1 três rochas com anortita e diopsídio na norma. Lance estas rochas, no diagrama A : B (Figura 1.4.6). Discuta a relação entre norma e mineralogia real de uma rocha.

8. Calculando o índice de coloração normativo e o parâmetro catiônico B das rochas da Tabela 1.2.1, determine os limites entre rochas leucocráticas, mesocráticas e melanocráticas no diagrama A : B (Figura 1.4.6), ao longo do eixo B. Use os limites do Quadro 1.2.5.

9. Baseado na literatura citada na Figura 1.4.7, apresente um estudo comparativo entre comenditos e pantelleritos.

10. Arfvedsonita e kersutita são ambos anfibólios sódicos. A arfvedsonita é pobre em Al_2O_3 e rica em Na_2O e a kersutita é rica em Al_2O_3 e mais pobre em Na_2O. Em que rochas você procuraria estes minerais? Qual deles se associa com a egirina, um piroxênio sódico pobre em Al_2O_3 e rico em Na_2O? Por quê?

11. Aprofunde seus conhecimentos sobre as rochas granitoides consultando os livros de Clarke (1992) Granitoid Rocks e Pitcher (1993) *The Nature and Origin of Granite*.

1.5 Relação entre os feldspatos presentes

Os feldspatos são os principais minerais formadores das rochas hololeucocráticas, leucocráticas e mesocráticas e também são constituintes importantes das rochas melanocráticas. Decorre que a relação entre os diferentes tipos de feldspatos presentes numa rocha é importante critério para a caracterização e classificação das rochas magmáticas, caso do diagrama QAPF da Figura 1.3.5. Neste subcapítulo são abordados os seguintes tópicos:

- Classificação química dos feldspatos.
- Miscibilidade dos feldspatos.
- Estado estrutural.
- Cor e grau de oxidação.
- Classificação das rochas magmáticas quanto à relação entre os feldspatos presentes.
- O diagrama Or : Ab : An.

Classificação química dos feldspatos

Sob aspecto químico os feldspatos são divididos em 3 grandes grupos:

- Feldspatos sódicos, representados pelo anortoclásio e pela albita.
- Feldspatos potássicos, representados pela sanidina, ortoclásio, microclínio e adulária. Feldspatos sódicos e potássicos são denominados conjuntamente de feldspatos alcalinos.
- Feldspatos cálcicos, representados pela anortita.

Adicionalmente, ocorre ainda o celsiana, um feldspato de Ba ($BaAl_2Si_2O_8$), raro na natureza.

A classificação química dos três principais grupos de feldspatos pode ser representada num diagrama Or : Ab : An de acordo com a Figura 1.5.1.

Simetria cristalina

Em termos de simetria cristalina os feldspatos comportam duas grandes divisões:

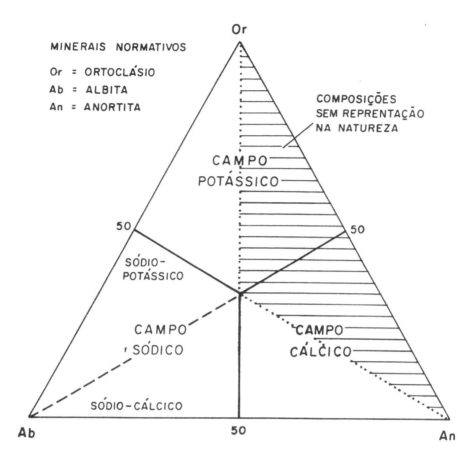

FIGURA 1.5.1 – A classificação química dos feldspatos no diagrama Or : Ab : An. Segundo Shand, 1950.

- Feldspatos monoclínicos, que correspondem aos feldspatos de K e Ba. Sanidina e ortoclásio são monoclínicos. O microclínio é triclínico, mas sua estrutura está muito próxima de uma simetria monoclínica. Adulária é uma variedade de feldspato K metaestável, com hábito característico e simetria tanto monoclínica quanto triclínica, presente em alguns pegmatitos e veios hidrotermais de baixa temperatura.
- Feldspatos triclínicos que reúnem os feldspatos de sódio e cálcio (plagioclásios) e o anortoclásio.

Miscibilidade dos feldspatos

Feldspatos potássicos (Or), sódicos (Ab), cálcicos (An) e de bário apresentam miscibilidade variada entre si:

- Ab e An são miscíveis em todas as proporções formando a solução sólida dos plagioclásios (Quadro 1.2.3), estável a elevadas e baixas temperaturas.

- Ab e Or são miscíveis em todas as proporções a elevadas temperaturas. Anortoclásio é um feldspato sódico rico em potássio e sanidina (ou soda-ortoclásio) um feldspato potássico rico em sódio. A baixas temperaturas, entretanto, a miscibilidade entre Or e Ab é bastante restrita (Figura 1.5.3).

- Or e An apresentam miscibilidade muito restrita mesmo a elevadas temperaturas.

- A miscibilidade entre feldspato K e de Ba é total de tal modo que aquele sempre apresenta pelo menos traços de Ba. Entretanto, em certas rochas o Ba pode alcançar até 1% em peso no feldspato potássico.

Na Figura 1.5.2 consta a composição de numerosos feldspatos naturais de diferentes rochas plutônicas e vulcânicas em termos de Or, Ab e An normativos.

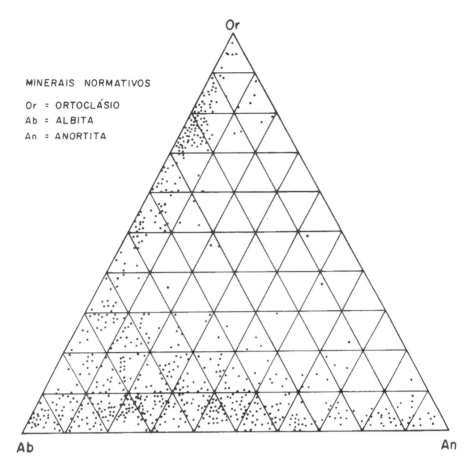

FIGURA 1.5.2 – Composição de feldspatos de rochas plutônicas e vulcânicas no diagrama normativo Or : Ab : An. Segundo Shand, 1950.

Exsolução

Consideremos uma sanidina formada a elevadas temperaturas com proporção Or : Ab = 1:1 (Ponto X na Figura 1.5.3 A). Com a queda da temperatura durante a cristalização magmática chegará um momento no qual esta solução sólida não será mais estável (compare as Figuras 1.5.3 A e B).

Rochas magmáticas

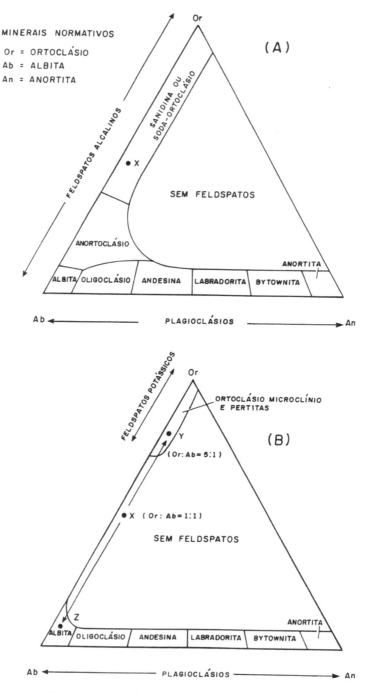

FIGURA 1.5.3 – Miscibilidade e nomenclatura dos feldspatos a elevadas (A) e baixas temperaturas (B). X, Y e Z, ver texto. Segundo Deer et al., 1963, modificado.

Ocorrerá, então, uma exsolução da diferença entre o teor de albita incorporado à altas temperaturas (Or : Ab = 1:1) e o teor de albita passível de acomodação na estrutura do ortoclásio ou da microclina à temperaturas mais baixas (por exemplo Or : Ab = 5:1, ponto Y, Figura 1.5.3 B). A composição do feldspato exsolvido é Z, rica em albita (Figura 1.5.3 B). Feldspatos potássicos contendo albita (ou oligoclásio) exsolvida são denominados de pertitas e K-feldspatos muito ricos em pertitas são chamados de mesopertitas. Exsoluções de feldspato potássico em plagioclásio são denominadas de antipertitas. Dessa maneira toda pertita e antipertita primária indica que o feldspato em questão cristalizou originalmente a elevadas temperaturas onde hospedeiro e hóspede (feldspato envolvente e material exsolvido) formavam um feldspato homogêneo. De acordo com a forma das frações de feldspato rico em Na exsolvidas, as pertitas são classificadas em:

- Pertitas de agulhas. O termo é autoexplicativo. É feição característica de muitos hiperstênio granitos (charnockitos).
- Pertitas de filmes. As frações exsolvidas são mais largas e um pouco mais irregulares que as pertitas de agulha e têm, à semelhança dessas pertitas, uma disposição dominantemente paralela a subparalela no feldspato K hospedeiro. São frequentes em certos hornblenda granitos.
- Pertitas de veio. As frações exsolvidas são ainda mais espessas e irregulares e formam no hospedeiro um reticulado mais ou menos irregular lembrando vagamente a configuração do sistema circulatório sanguíneo.
- Pertitas de mancha. O nome também é autoexplicativo. As frações exsolvidas formam manchas retangulares, arredondadas, ovaladas ou irregulares com dimensões variáveis no feldspato hospedeiro e são, via de regra, conectadas por pertitas de veio. São comuns em certas biotita granitos.

A sequência de pertitas em agulhas, filmes, veios e manchas indicam crescentes sub-resfriamentos abaixo da temperatura do início da exsolução. Nas antipertitas o feldspato potássico exsolvido apresenta, via de regra, formas quadráticas ou retangulares. Antipertitas sempre indicam a cristalização de um feldspato inicialmente homogêneo a temperaturas muito elevadas. São feições comuns em certos hiperstênio granodioritos (opdalitos) e hiperstênio monzogranitos (fersunditos).

Consideremos no sistema Ab-Or (Figura 1.5.4) um feldspato homogêneo A composto por 60% de $KAlSi_3O_8$ e 40% de $NaAlSi_3O_8$. Ao cair a temperatura o fenômeno da exsolução iniciar-se-á ao redor de 634°C (ponto A'). A 600°C a composição do hóspede é X e a das lamelas exsolvidas X', a 550°C Y e Y' e a 500°C Z e Z'. Isso indica que com a queda da temperatura o hospedeiro se torna cada vez mais rico em $KAlSi_3O_8$ e as lamelas exsolvidas em $NaAlSi_3O_8$. Esse processo implica uma exsolução crescente de $NaAlSi_3O_8$ a partir do hospedeiro com a queda da temperatura, o que justifica a correlação entre esta e o aumento da espessura das lamelas exsolvidas na sequência pertita de agulhas, filmes, de veios e manchas.

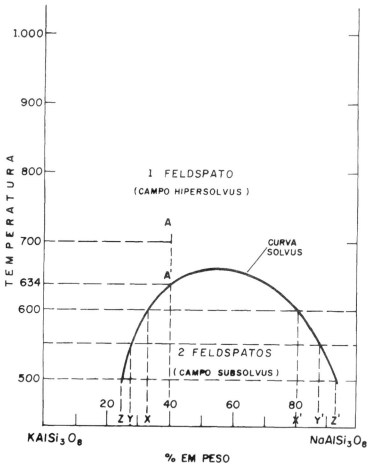

FIGURA 1.5.4 – Curva das temperaturas de exsolução de feldspatos alcalinos homogêneos no sistema Or-Ab. A temperatura de exsolução depende da composição inicial do feldspato, sendo máxima (660±10°C) para soluções sólidas entre $NaAlSiO_4$ e $KAlSiO_4$ com cerca de 55% de albita em peso. A presença de pertitas (campo dos dois feldspatos) indica que a temperatura de cristalização original do feldspato foi superior à temperatura de exsolução. X, Y, Z, X', Y' e Z' são as composições dos feldspatos hospedeiros e exsolvidos com a queda da temperatura a partir de um feldspato inicialmente homogêneo com 60% de $KAlSi_3O_8$ (ponto A) a 600, 550 e 500°C. Os feldspatos hospedeiros e exsolvidos tornam-se, respectivamente, cada vez mais potássicos e sódicos com a queda da temperatura. O início da exsolução ocorre no ponto A' a 634°C. Segundo Bowen & Tuttle, 1950, simplificado.

Verifica-se também pela figura que feldspatos muito ricos em potássio ou sódio não sofrem exsolução, assim como, no intervalo composicional do campo dos dois feldspatos, aqueles que sofrem resfriamento muito rápido. Este é o caso dos feldspatos de rochas vulcânicas que são congelados sob temperaturas situadas acima da curva solvus (curva limite da exsolução). Tal fato explica, por exemplo, a presença de sanidina em riolitos, traquitos e fonolitos e sua ausência em granitos e sienitos, rochas portadoras de ortoclásio ou, mais frequentemente, de microclínio pertítico. Baseado na Figura 1.5.4 granitos pobres em cálcio são classificados em hipersolvus, transolvus e subsolvus (Tuttle & Bowen, 1958; Martin & Bonin, 1976). Granitos hipersolvus são caracterizados pela presença de um só feldspato, um microclínio pertítico subedral. Geralmente são de granulação grossa a média. Em granitos subsolvus, de granulação média a fina, microclínio não pertítico em grãos anedrais coexiste com raros grãos de albita, também anedrais. Em granitos transolvus cristais maiores subedrais de microclínio pertítico ocorrem numa matriz subsolvus de minerais anedrais.

A Figura 1.5.5 refina as Figuras 1.5.2 e 1.5.3 ao delimitar os campos de miscibilidade entre os feldspatos no sistema Or-Ab-An a 500, 700 e 900°C. Mostra também a composição de feldspatos coexistentes das séries Ab-An e Ab-Or em três rochas distintas cristalizadas a 890, 700 e 520°C. A figura ressalta a contração progressiva do campo de miscibilidade dos feldspatos com a queda da temperatura devido a uma rápida diminuição tanto do teor de Or incorporado pela série Ab-An quanto do teor de An contido nos membros mais pobres em feldspato potássico da série Ab-Or. Evidencia, igualmente, que a composição do feldspato alcalino e do plagioclásio coexistente numa rocha não depende apenas da temperatura de cristalização mas também da composição do magma a partir do qual se formam.

De acordo com as dimensões das frações exsolvidas são reconhecidos três tipos básicos de pertitas:

- Macropertitas nas quais o feldspato potássico exsolvido é reconhecido à vista desarmada ou com o auxílio de uma lupa de mão.
- Micropertitas reconhecíveis em lâminas petrográficas via microscópio.
- Criptopertitas detectáveis através de técnicas de raio X.

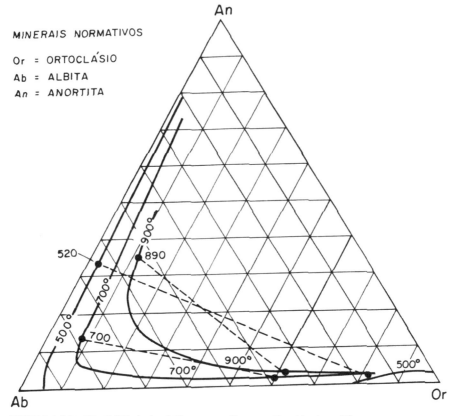

FIGURA 1.5.5 – Miscibilidade dos feldspatos no diagrama Or : Ab : An a diferentes temperaturas. As linhas tracejadas conectam a composição do plagioclásio com a do feldspato alcalino coexistente em diferentes rochas cristalizadas a 520, 700 e 890°C. Segundo Barth, 1962.

O exame, via raio X, de feldspatos alcalinos pertíticos revela que as lamelas de exsolução têm disposição aproximadamente paralela ao plano cristalino (100). Sob altas temperaturas K e Na têm distribuição aleatória nos esqueletos de (Si, Al)O$_4$ produzindo cristais homogêneos. Sob temperaturas mais baixas ocorre um ordenamento dos álcalis que resulta na formação alternada de lamelas ricas em K, monoclínicas ou pseudomonoclínicas, e lamelas ricas em Na, triclínicas. As células elementares do microclínio e da albita têm distâncias interatômicas quase iguais ao longo dos eixos **b** (12.90 e 12.86 Å) e **c** (7.14 e 7.17 Å), mas bem distintas ao longo do eixo **a** (8.45 e 8.l4 Å). Como os eixos **b** e **c** definem o plano (100), isso explica o paralelismo entre as lamelas de albita e o plano (100) do feldspato potássico. A variação da espessura das lamelas (pertitas de agulhas, filmes e veios) se faz ao longo do eixo **a** e depende da composição do feldspato original e da temperatura de exsolução.

Estado estrutural

A solução sólida entre os diferentes feldspatos envolve tanto uma substituição entre Ca, Na e K quanto entre Si e Al. Esta última pode ocorrer de modo ordenado, no qual apenas tetraedros SiO_4 específicos da estrutura do feldspato incorporaram Al, ou de maneira aleatória. Sob este aspecto microclínio e sanidina são polimorfos que se distinguem quanto à distribuição na estrutura cristalina dos tetraedros de SiO_4^{-4} e $AlSiO_4^{-3}$, aleatória na sanidina e ordenada no microclínio. Como os átomos de Si e Al são distintos, uma substituição ordenada irá originar no feldspato uma simetria diferente da resultante de uma substituição aleatória. A distribuição aleatória é a forma mais estável acima de 700°C e microclínio pode ser transformado em sanidina em experimentos hidrotermais de laboratório nesta temperatura. Ortoclásio e adulária são termos estruturalmente intermediários entre sanidina e microclínio. Muito ortoclásio provavelmente cristalizou originalmente como sanidina. Adulária é uma forma metaestável, de cristalização rápida, no campo de estabilidade do microclínio, fato que impede uma distribuição ordenada entre Si e Al. Feldspato alcalino cristalizado a elevadas temperaturas e submetido a um resfriamento rápido, caso das rochas vulcânicas e subvulcânicas, é do tipo desordenado e apresenta simetria monoclínica (sanidina, ortoclásio). Em oposição, o feldspato alcalino de rochas plutônicas, de crescimento mais lento e a temperaturas mais baixas, apresenta uma substituição mais ordenada e simetria triclínica (microclínio). Dessa maneira o grau de triclinicidade de um feldspato alcalino é a medida de seu ordenamento interno e pode ser utilizado para a avaliação de sua temperatura de cristalização. A triclinicidade de um feldspato é medida por difratômetro de raios X ou determinada oticamente na platina universal. No Quadro 1.5.1 constam as principais características dos diferentes feldspatos potássicos de alta, média e baixa temperatura.

Quadro 1.5.1 – Principais características dos feldspatos potássicos de alta, média e baixa temperatura

Mineral	Sanidina	Ortoclásio	Microclínio	Adulária
Simetria	Monoclínica	Monoclínica	Triclínica	Triclínica e pseudo-monoclínica
Ângulo axial	30° || (010) → 40° ⊥ (010)		80° ⊥ (010)	variável
Temperatura de estabilidade	alta	média	baixa	instável

Segundo o estado estrutural são definidas três séries de solução sólida entre feldspatos potássicos e sódicos (Figura 1.5.6):
- Série microclínio (com ordem máxima) – albita (de baixa temperatura).
- Série do ortoclásio.
- Série albita (de alta temperatura) – sanidina (de alta temperatura).

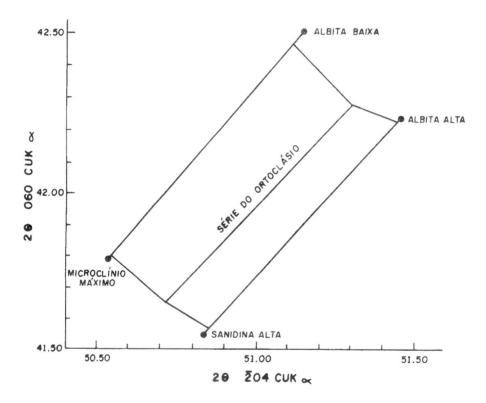

FIGURA 1.5.6 – Caracterização do estado estrutural (grau de ordem/desordem da distribuição dos tetraedros de AlO_4^{-4} e SiO_4^{-3} na estrutura cristalina dos feldspatos) pelo angulo 2 θ dos planos (060) e (204) utilizando-se uma radiação de raio X tipo CuKα. Dados para a série microclínio (com ordem máxima) – albita (de baixa temperatura), a série do ortoclásio e a série albita (de alta temperatura) – sanidina (de alta temperatura). Segundo Whright, 1968.

Para cada série estrutural dos feldspatos alcalinos o incremento regular no teor de Or se manifesta numa variação sistemática dos parâmetros da célula elementar. Isso permite a determinação do teor de Or nas três séries estruturais segundo a fórmula:

$$Y = mX + b \text{ onde}$$

Y = conteúdo de Or na solução sólida em porcentagem de peso
X = 2 θ (201) para radiação CuKα
m, b = constantes que variam para cada série estrutural:

Série Estrutural	m	b
Sanidina alta/Albita alta	-92.18	+2.030.05
Ortoclásio	-87.69	+1.930.77
Microclínio máximo/Albita baixa	-92.19	+2.031.77

O mesmo fenômeno também ocorre na solução sólida dos plagioclásios. Nesta, seu estado estrutural é definido em função dos parâmetros:

$$\Gamma = [\, 2\theta\,(131) - 2\theta\,(220) - 4\theta\,(1\bar{3}1)\,]$$

e

$$\beta = [\, 2\theta\,(1\bar{1}1) - 2\theta\,(20\bar{1})\,]$$

e o teor em peso é dado pela expressão (Smith & Gay, 1958; Desborough & Cameron, 1968):

$$\% An = [\,(\Gamma + 0.73) / 0.0242\,]$$

As características da solução sólida dos plagioclásios a baixas temperaturas são bastante complexas e decorrem tanto da inversão da albita para um polimorfo de baixa temperatura, em torno de 700°C, através de uma mudança na relação ordem/desordem (como no caso da inversão da sanidina para microclínio) quanto da variabilidade na estrutura da célula elementar da anortita que pode ser triclínica simples (primitiva) ou de corpo centrado. Desses dois parâmetros resulta que a solução sólida dos plagioclásios a baixas temperaturas envolve fundamentalmente seis divisões estruturais conforme o Quadro 1.5.2.

A albita com estrutura de baixa temperatura (estrutura ordenada), só permite a substituição de pequenas quantidades de Na por Ca. Por isso o intervalo composicional An_{1-5} - An_{21-25} é caracterizado pelo intercrescimento submicroscópico de porções alternadamente ricas em Na ou Ca, denominado de peristerita. Plagioclásios mais cálcicos que An_{21-25} cristalizam com estruturas intermediárias (An_{21-25} a An_{70-75}); triclínicas com célula unitária de corpo centrado (An_{70-75} a An_{80-85}), transicionais (An_{80-85} - An_{90-95}) ou triclínicas primitiva (An_{90-95} a An_{100}).

Quadro 1.5.2 – As seis divisões estruturais da série dos plagioclásios a baixas temperaturas. Segundo Mason, 1966

Composição do plagioclásio	Estado estrutural do plagioclásio
An_0 - An_{1-5}	Estrutura "albita baixa"
An_{1-5} - An_{21-25}	Estrutura "peristerítica" (exsolução entre anortita e albita)
An_{21-25} - An_{70-75}	Estrutura "intermediária"
An_{70-75} - An_{80-85}	Estrutura "triclínica de corpo centrado"
An_{80-85} - An_{90-95}	Estrutura "transicional"
An_{90} - An_{100}	Estrutura "triclínica primitiva"

Determinação da composição do plagioclásio

A determinação da composição dos plagioclásios em termos do conteúdo em anortita e albita pode ser feita por vários métodos com destaque para:

- Determinação ótica. É realizada em lâminas petrográficas no microscópio petrográfico comum ou na platina universal através da medida dos ângulos de extinção em relação a diferentes planos de referência (planos morfológicos, de clivagem e de geminação), do ângulo 2V e do sinal ótico. Os valores obtidos são comparados com os de plagioclásios de composição conhecida contidos em tabelas de referência. É metodologia rápida de largo emprego.
- Índice de refração. É feita em diminutos cristais isolados ou em fragmentos de rochas moídos montados em lâminas de pó. Os grãos de plagioclásio devem repousar sobre um plano de referência específico (geralmente um plano de clivagem). Os índices de refração dos grãos, segundo determinados planos morfológicos ou direções óticas (quando é empregada a platina universal), são comparados sucessivamente com os de líquidos de

referência (com os quais os grãos são colocados em contato) através da linha de Beke até obter-se a equivalência entre o mineral e o líquido. O índice deste é então determinado num refratômetro e os diferentes valores obtidos (segundo as diferentes direções consideradas) são comparados com os de plagioclásio de composição conhecida, reunidos em tabelas de referência. É método trabalhoso atualmente pouco utilizado.
- Câmara de raio X. Emprega tanto cristais isolados quanto preparados de pó. A determinação se faz pela determinação da intensidade de reflexão e a distância entre as reflexões de planos cristalinos típicos. É método atualmente pouco utilizado e as fórmulas empregadas foram mencionadas no item precedente.
- Difratômetro de raio X. Utiliza plagioclásios pulverizados montados em lâminas especiais. O difratograma obtido é comparado com os de plagioclásios padrão de referência, naturais ou sintéticos, de composição conhecida.
- Análise química via úmida. É executada em cristais isolados, cuidadosamente separados a partir de rochas moídas. É método trabalhoso atualmente pouco utilizado.
- Microssonda eletrônica. É método de largo emprego que permite a análise puntual do plagioclásio e, consequentemente, também a determinação do seu zoneamento composicional. Utiliza lâminas de rochas submetidas a um tratamento especial.
- Catodoluminescência. É metodologia moderna de emprego crescente que utiliza lâminas de rochas. A variação na cor da luminescência é devida à incorporação de diferentes teores de Fe na estrutura dos diferentes plagioclásios de uma dada rocha (Marshall, 1988). Cada plagioclásio com cor de luminescência característica deve ter sua composição determinada por outro método (geralmente por microssonda eletrônica). A luminescência de um dado plagioclásio varia de rocha para rocha e, ao nível de rochas idênticas, de um corpo intrusivo para outro. Dempster et al. (1994) aplicando esta metodologia a granitos rapakivi do complexo Wiborg (SE da Finlândia) obtiveram para os plagioclásios cores de luminescência variando entre azul-claro (An_{50}), rosa-castanho-claro (An_{30}), vermelho-claro (An_{25}) e vermelho-escuro (An_3). O método é muito prático. É como se o pesquisador dispusesse de uma fotografia colorida da lâmina estudada, na qual cada composição de plagioclásio tem cor específica. Como tal, este método permite o estudo do zoneamento composicional dos plagioclásios, a caracterização de diferentes gerações deste mineral, fenômenos de exsolução, processos de substituição etc.

Cor e grau de oxidação

Durante a cristalização dos feldspatos pode também ocorrer a substituição de uma pequena taxa (ao nível de elemento traço, ou seja, em ppm – partes por milhão – em peso) de Al^{+3} por Fe^{+3}. Essa substituição é mais comum no feldspato potássico do que no plagioclásio e resulta em cores rosadas ou avermelhadas. Estas cores, desde que primárias, indicam uma cristalização do magma sob condições oxidantes, pois sob condições redutoras não ocorre suficiente disponibilidade de Fe^{+3}. Entretanto, a cor original cinzenta ou esbranquiçada do feldspato potássico cristalizado sob condições redutoras pode tornar-se rosada ou vermelha pela ação de soluções residuais hidrotermais oxidantes liberadas durante a cristalização magmática e que percolam as rochas após a sua formação. Neste processo anfibólios são biotitizados e anfibólios e biotitas são cloritizados com liberação de Fe^{+3}. Este é transportado e depositado preferencialmente nos planos de clivagem do feldspato potássico que são mais abertos que os do plagioclásio. Planos de clivagem de feldspatos potássicos vermelhos/cor de carne recobertos por Fe_2O_3 podem ser facilmente observados em microscópio eletrônico. Sob condições oxidantes primárias, a magnetita (Fe_3O_4) é um mineral acessório característico das rochas magmáticas em oposição à ilmenita ($FeTiO_3$) mais típica para rochas cristalizadas sob condições redutoras. Deriva deste fato uma das classificações das rochas granitoides, subdivididas em ilmenita granitos e magnetita granitos (Ishihara, 1981).

Classificação das rochas magmáticas quanto à relação entre os feldspatos presentes

A distinção entre feldspatos potássicos e plagioclásios é relativamente simples ao microscópio dada a exclusividade da cerrada geminação polissintética nestes últimos que em vários casos também pode ser reconhecida macroscopicamente, com ou sem o auxílio de uma lupa de mão. Comum a ambos os feldspatos é a geminação de Carlsbad que, entretanto, macroscopicamente ressalta mais no K-feldspato. Coexistindo plagioclásio e feldspato potássico numa rocha, estes frequentementes têm cor rosada ou avermelhada, mais ou menos castanha (cor de carne) e, aquele, cor cinzenta ou esbranquiçada, se bem que ocorram numerosas exceções. Mesmo assim, na maioria das vezes não é difícil a caracterização macroscópica dos feldspatos presentes numa rocha. Como o plagioclásio reflete a acidez da rocha e tem relação com o índice de coloração, conclui-se que nas rochas claras o plagioclásio é mais sódico (por exemplo, nos granodioritos) e, nas escuras, mais cálcico (por exemplo, nos gabros). Quando associado com feldspato potássico na ausência de quartzo, o plagioclásio é frequentemente intermediário (por exemplo, nos monzonitos) e na presença deste, ácido (por exemplo nos monzogranitos). Assim, o índice de coloração e a paragênese da rocha permitem estimar a composição do plagioclásio presente. De acordo com o tipo de feldspato presente ou baseado na frequência relativa dos diferentes feldspatos coexistentes nas rochas magmáticas, estas são classificadas segundo o Quadro 1.5.3.

Quadro 1.5.3 – Classificação das rochas magmáticas de acordo com os teores relativos dos feldspatos presentes. Segundo Shand, 1950, modificado

Rochas	Tipo(s) de feldspato(s) e sua frequência no total de felspato(s) presente(s) na rocha (em volume)	
Potássicas	Feldspato potássico	> 2/3
Sódicas	Albita	> 2/3
Cálcicas	Plagioclásio básico	> 2/3
Sódio-cálcicas	Plagioclásio ácido	> 2/3
Cálcio-sódicas	Plagioclásio intermediário	> 2/3
Potássio-sódicas ou Sódio-potássicas	Feldspato potássico / Albita ou Feldspato potássico / Plagioclásio ácido	~ 1
Cálcio-potássicas ou Potássio-cálcicas	Feldspato potássico / Plagioclásio intermediário ou Feldspato potássico / Plagioclásio básico	~ 1

O diagrama Or : Ab : An

O diagrama Or : Ab : An é a base do tetraedro granítico Q-Or-Ab-An. Como por definição todas as rochas graníticas contêm quartzo (ou outro polimorfo de SiO_2) como mineral essencial (ver Figura 1.3.5), a base do tetraedro pode ser utilizada diretamente para a classificação das rochas granitoides através dos valores normativos de Ab, An e Or (em porcentagem de peso ou molecular), uma vez recalculados para 100 e lançados no diagrama segundo a metodologia da Figura 1.3.6.

A classificação das rochas granitoides plutônicas no diagrama Or : Ab : An é mostrada na Figura 1.5.7, baseada na divisão proposta por O'Connor (1969). Outras divisões são devidas a Barker (1979) e Hietanen (1963 a,b). Esta classificação é mais detalhada que a do diagrama QAPF da Figura 1.3.5 por este incorporar os polimorfos de sílica no parâmetro Q o que obriga a reunir no parâmetro A o feldspato potássico com o sódico.

Variante do diagrama Or : Ab : An é o diagrama K_2O : Na_2O : CaO (porcentagens em peso dos óxidos da análise química recalculadas para 100) e o diagrama K : Na : Ca (porcentagens catiônicas obtidas a partir dos óxidos da análise química e recalculadas para 100).

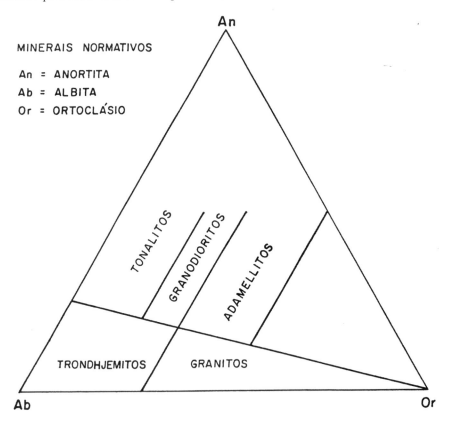

FIGURA 1.5.7 – Classificação das rochas granitoides plutônicas no diagrama Or : Ab : An normativo (em porcentagem de peso ou molecular), base do tetraedro granítico Q-Or-Ab-An. Segundo O' Connor, 1965.

Exercícios

1. Lance as rochas graníticas (com mais de 10% de quartzo normativo) da Tabela 1.2.1 bem como as da Tabela 1.4.6 no diagrama de classificação das rochas graníticas Or : Ab : An (Figura 1.5.9). Discuta os resultados.

2. Selecione na Tabela 1.2.1 as rochas potássicas baseado na relação dos feldspatos presentes, isto é, aquelas com Or > 66% no total de Or+Ab+An.

3. Selecione na Tabela 1.2.1 as rochas nas quais Ab+An perfazem mais de 66% no total de Or+Ab+An. Calcule para elas a composição do plagioclásio normativo e classifique-as quanto a relação entre os feldspatos presentes (Quadro 1.5.3).

4. Selecione na Tabela 1.2.1 as rochas que têm quantidades aproximadamente iguais de feldspato potássico (Or) e plagioclásio (Ab+An).

5. Correlacione, baseado na Tabela 1.2.1, acidez de rocha, relação entre feldspato potássico e plagioclásio normativo, composição do plagioclásio normativo e índice de coloração normativo.

1.6 Alcalinidade

O fato

- da utilização do diagrama TAS para a classificação química das rochas magmáticas;
- do emprego do termo alcalino para indicar minerais siálicos e máficos ricos em álcalis;
- da inclusão na classificação das rochas magmáticas quanto a relação entre os feldspatos presentes das designações rochas potássicas e rochas sódicas;
- do emprego do termo peralcalino para rochas com p.m. Al_2O_3/(p.m. Na_2O+p.m. K_2O) < 1;

ressalta não só a importância dos óxidos alcalinos na caracterização das rochas magmáticas e de seus minerais constituintes, mas também o emprego diversificado do conceito de alcalinidade. Este é, aqui, considerado simplesmente como expressão do valor relativo dos óxidos alcalinos quando cotejados individualmente ou em conjunto com outros óxidos de análises químicas de minerais e rochas.

Quantificação da alcalinidade

A quantificação da alcalinidade pode ser feita de várias maneiras, com destaque para:

- Índice de Peacock e o diagrama de Brown
- Índice cálcio-alcalino
- Diagrama TAS
- Índice de Rittmann
- Índice de Whright
- Índice agpaítico
- Diagrama $SiO_2 : Na_2O$
- Diagrama $SiO_2 : K_2O$
- Diagrama $Na_2O : K_2O$

Índice de Peacock e o diagrama de Brown

Num conjunto de rochas geneticamente vinculadas observam-se variações químicas sistemáticas com o aumento do teor de SiO_2. A Figura 1.6.1 retrata estas variações para uma suíte magmática do complexo granítico Socorro, SP/MG. Verifica-se nesta figura, entre outros aspectos, que o teor de CaO decresce e o de K_2O e de Na_2O aumenta com o incremento da porcentagem de SiO_2. Assim emerge a constatação que a porcentagem de CaO diminui gradativamente e a porcentagem de álcalis (K_2O+Na_2O) aumenta progressivamente com o aumento do teor de SiO_2. Diagramas de variação química binários nos quais uma das variáveis é a porcentagem de sílica são denominados de diagramas de Harker.

Num diagrama $SiO_2 : CaO : (Na_2O+K_2O)$ (Figura 1.6.2) que reúne um conjunto de rochas geneticamente relacionadas, num determinado estágio da evolução magmática (expresso pelo teor de SiO_2), os valores de CaO (linha A) e de (Na_2O+K_2O) (linha B) se equivalem, isto é, % CaO = % Na_2O + % K_2O. O valor da porcentagem SiO_2 (ponto X), no qual ocorre esta igualdade, é denominado de índice de alcalinidade de Peacock ou simplesmente de Índice de Alcalinidade (**IA**) ou Índice de Peacock (**IP**). Num outro conjunto de rochas vinculado à evolução de um magma inicialmente mais rico em CaO (linhas C e B) a equivalência entre cálcio e álcalis ocorrerá numa porcentagem de sílica mais elevada (ponto Y). No caso de rochas vinculadas à evolução de um magma inicialmente mais rico em álcalis (linhas A e D) o índice de alcalinidade desta suíte será menor (ponto Z), isto é, a igualdade entre os teores de CaO e (Na_2O+K_2O) ocorrerá a uma porcentagem de sílica mais baixa. Dessa maneira o índice de alcalinidade expressa o valor relativo entre CaO e (Na$_2$O+K$_2$O) e não os valores absolutos destes óxidos em análises químicas. Isso fica claro no conjunto rochoso CD que tem o mesmo índice de alcalinidade da suíte AB, apesar de ser mais rico em cálcio e álcalis.

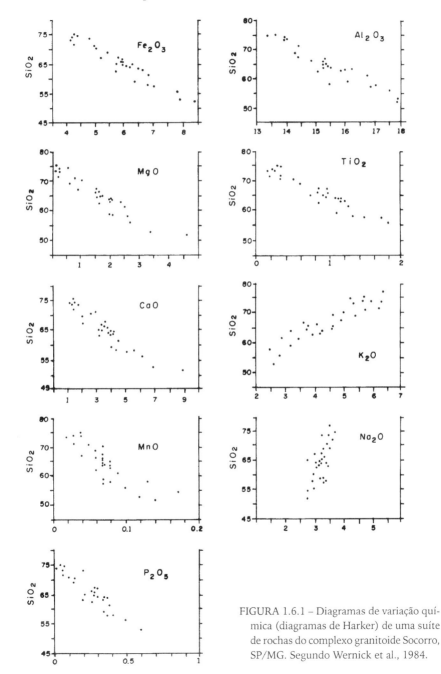

FIGURA 1.6.1 – Diagramas de variação química (diagramas de Harker) de uma suíte de rochas do complexo granitoide Socorro, SP/MG. Segundo Wernick et al., 1984.

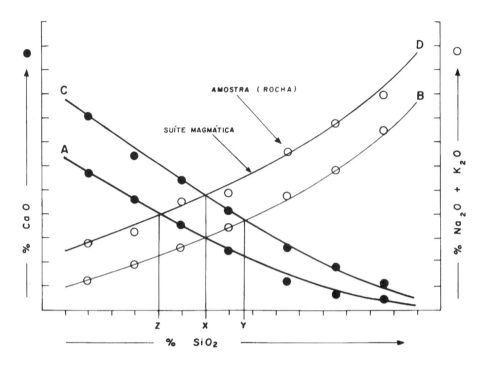

FIGURA 1.6.2 – Determinação do índice de alcalinidade num diagrama SiO_2 : CaO : (Na_2O+K_2O), para os conjuntos de rochas AB, CB, AD e CD. O índice de alcalinidade corresponde à porcentagem de SiO_2 quando % CaO = % Na_2O + % K_2O, em peso. Segundo Peacock, 1931, modificado.

Pelos parâmetros utilizados para a determinação do índice de alcalinidade conclui-se que ele corresponde aproximadamente, sob aspecto químico, ao conceito da relação entre os feldspatos presentes numa rocha. Tal semelhança é ressaltada pelos nomes dados às diferentes séries magmáticas, tendo-se por base o índice de alcalinidade de Peacock (Quadro 1.6.1).

Quadro 1.6.1 – Classificação das séries magmáticas baseada no índice de alcalinidade de Peacock

Série magmática	Índice de alcalinidade (IA) *
Alcalina	< 51
Alcalino-cálcica	52-56
Cálcio-alcalina	56-61
Cálcica	> 61

* % SiO_2 quando % CaO = % Na_2O + % K_2O (em peso).

O índice de alcalinidade de Peacock apresenta três problemas operacionais básicos:

• Problemas de representação gráfica. Lançando-se no gráfico várias suítes de rochas, este fica confuso e de difícil visualização. Este problema é superado através do gráfico log [CaO/(Na$_2$O+K$_2$O)] : SiO$_2$, todos óxidos em porcentagem de peso, também conhecido como gráfico de Brown. Neste gráfico (Figura 1.6.3) as duas curvas do diagrama de alcalinidade de Peacock são reduzidas à uma reta. O índice de alcalinidade corresponde à porcentagem de SiO$_2$ quando a reta dada pelo alinhamento das amostras integrantes de certa suíte magmática cruzar a linha log CaO/(Na$_2$O+K$_2$O) = 0, o que equivale a % CaO/(% Na$_2$O+ % K$_2$O) = 1 ou % CaO = % Na$_2$O + % K$_2$O, em peso.

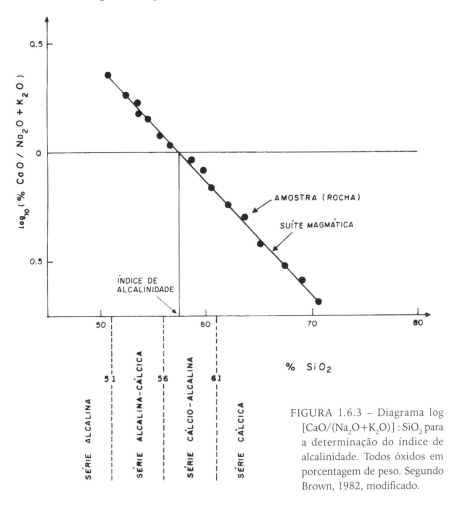

FIGURA 1.6.3 – Diagrama log [CaO/(Na$_2$O+K$_2$O)] : SiO$_2$ para a determinação do índice de alcalinidade. Todos óxidos em porcentagem de peso. Segundo Brown, 1982, modificado.

- O índice de alcalinidade exige o emprego de suítes magmáticas quimicamente expandidas, isto é, suítes com ampla variação no teor de sílica. Em suítes quimicamente restritas não ocorre o cruzamento entre as linhas CaO e (Na_2O+K_2O).
- Não existem diferenças mineralógicas substanciais entre séries alcalinas e alcalinas-cálcicas e entre séries cálcio-alcalinas e alcalinas, o que reduz a distinção entre elas praticamente a dois grandes conjuntos de séries magmáticas: as alcalinas, englobando as duas primeiras, e as subalcalinas, reunindo as duas últimas. (Quadro 1.6.2).

Quadro 1.6.2 – Associações rochosas típicas de séries magmáticas com diferentes índices de alcalinidade. Segundo Peacock, 1931

Séries magmáticas	% SiO_2 (IA)	Associações de rochas típicas
Cálcica	> 61	Basalto, andesito, riólito
Cálcio-alcalina	61-56	Basalto, andesito, riólito
Alcalina-cálcica	56-51	Basalto, traquito, fonólito
Alcalina	< 51	Basalto, traquito, fonólito

Índice cálcio-alcalino

É uma variante do índice de Peacock desenvolvida por Yellur & Nair (1978) dado pela expressão

$$ICA = CaO / (CaO+Na_2O+K_2O)$$

todos parâmetros expressos em proporções moleculares (% em peso do óxido / peso molecular do óxido).

O índice cálcio-alcalino é utilizado principalmente no âmbito de um diagrama ICA : SiO_2.

Diagrama TAS

Pela comparação química de nefelinitos e basaltos alcalinos com basaltos toleíticos do Havaí, que se distinguem nitidamente sob aspecto mineralógico (Quadro 1.3.2), Macdonald & Katsura (1964) estabeleceram no diagrama TAS o limite entre rochas alcalinas e subalcalinas. Este limite está representado na Figura 1.6.4 e sua posição foi ligeiramente modificada por Irvine & Baragar (1971), tendo por base bancos de dados de análises químicas ao nível mundial.

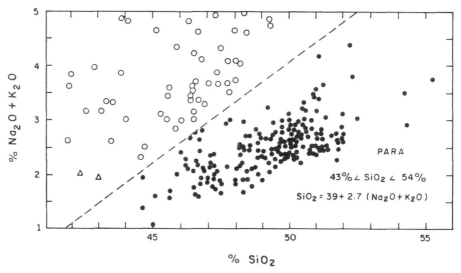

FIGURA 1.6.4 – O limite entre rochas alcalinas e subalcalinas no diagrama TAS. Segundo Macdonald & Katsura, 1964.

Índice de Rittmann

Outro modo de quantificação da alcalinidade de rochas ou conjunto de rochas é através do índice de alcalinidade de Rittmann (1962), S, dado pela expressão:

$$S = (Na_2O+K_2O)^2/(SiO_2 - 43),$$

todos óxidos em porcentagem de peso.

Esse índice, empírico, foi desenvolvido para que rochas com diferentes graus de evolução no âmbito de uma dada série magmática tivessem um índice de alcalinidade aproximadamente igual, o que permite a caracterização da alcalinidade de amostras individuais, já que a elaboração dos diagramas de Peacock e de Brown requerem um conjunto de rochas com ampla variação química. Também fica patente pela fórmula do índice de alcalinidade **S** que quanto maior este for tanto mais alcalina a rocha. No Quadro 1.6.3 consta a classificação das rochas magmáticas pela combinação da relação entre Na_2O e K_2O e o índice de alcalinidade de Rittmann.

A complexidade dessa classificação reduz muito o seu emprego, atualmente bastante restrito. Rittmann também tentou caracterizar os processos genéticos responsáveis pelo parentesco de rochas integrantes de suítes magmáticas pela correlação entre a variação da porcentagem, em peso, de SiO$_2$ e a do índice **S** conforme o Quadro 1.6.4.

Quadro 1.6.3 – Classificação das rochas magmáticas em termos de alcalinidade tendo por base a relação entre Na$_2$O e K$_2$O e o índice de alcalinidade S. Segundo Rittmann, 1962

Proporção entre álcalis	Série magmática	Valor de "S"	Caráter serial
		1	Extremo
Na$_2$O ~ K$_2$O	Pacífica ou	2	Forte
	Cálcica	3	Médio
		4 - 5	Fraco
		4	Transicional
Na$_2$O > K$_2$O	Atlântica ou	8	Médio
	Sódica	17 - ∞	Forte
		6 - 0	Extremo
		4	Fraco
Na$_2$O < K$_2$O	Mediterrânea	8	Médio
	ou Potássica	14 - ∞	Forte
		negativo	Extremo

S = (Na$_2$O+K$_2$O)^2 / (SiO$_2$ - 43), óxidos em % de peso

Quadro 1.6.4 – Caracterização de processos genéticos que definem o parentesco entre rochas de suítes magmáticas tendo por base a variação do índice S e da porcentagem de SiO$_2$, em peso. Segundo Rittmann, 1962

Processo	S	% SiO$_2$
Segregação de Cristais	constante	crescendo
Transferência de gases para o topo (incremento em álcalis)	crescendo	oscilando
Transferência de gases para a base (decréscimo em álcalis)	decrescendo	crescendo
Assimilação de folhetos	crescendo até 2.3	crescendo
Assimilação de calcários	crescendo	decrescendo

S = (Na$_2$O+K$_2$O)^2 / (SiO$_2$ - 43), óxidos em % de peso

Além do índice **S** = (K$_2$O+Na$_2$O)^2 / (SiO$_2$ - 43), Rittmann também desenvolveu o índice **T** = (Al$_2$O$_3$-Na$_2$O) / TiO$_2$ e, baseado nestes dois parâmetros, um diagrama (em escala bi-log) de caracterização de famílias de rochas com diferentes alcalinidades que refina a classificação do Quadro 1.6.3.

Índice de Whright

O índice de alcalinidade de Rittmann não apresenta bons resultados para rochas muito ricas em SiO$_2$. Isto levou Wright (1969) a criar para essas rochas um novo índice de alcalinidade por ele denominado de "razão alcalina simples" (**RAS**), embora mais conhecido como índice de Whright (**IW**), dado pela expressão (óxidos em porcentagem de peso):

$$RAS = [(Al_2O_3+CaO) + (Na_2O+K_2O)] / [(Al_2O_3+CaO) - (Na_2O+K_2O)]$$

Para rochas com mais de 50% de sílica e relação $1.0 < K_2O / Na_2O < 2.5$ utiliza-se o valor 2 Na$_2$O em lugar da soma dos álcalis. Num diagrama SiO$_2$: RAS as rochas são classificadas em cálcio-alcalinas, alcalinas e peralcalinas, conforme a Figura 1.6.5.

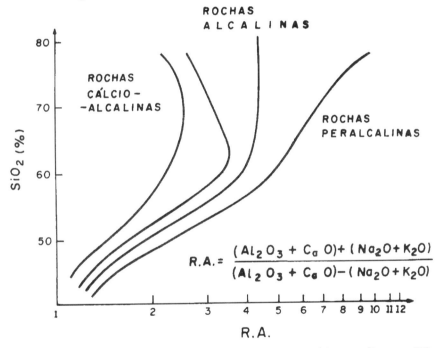

FIGURA 1.6.5 – Caracterização da alcalinidade de rochas graníticas no diagrama SiO$_2$: [(Al$_2$O$_3$+CaO) + (Na$_2$O+K$_2$O)] / [(Al$_2$O$_3$+CaO) - (Na$_2$O+K$_2$O)]. Todos óxidos em porcentagem de peso. Segundo Whright, 1969.

Índice agpaítico

É dado pela expressão

$$IAG = (Na_2O+K_2O) / Al_2O_3$$

todos parâmetros expressos em proporções moleculares (% em peso do óxido / peso molecular do óxido). O índice agpaítico é o inverso do índice de alumina--saturação parcial. Currie (1976) usou o diagrama IAG : SiO_2 para classificar as rochas alcalinas.

Além da caracterização da alcalinidade de rochas ou suítes magmáticas, considerando-se os álcalis conjuntamente, são ainda de emprego generalizado os gráficos SiO_2 : Na_2O, SiO_2 : K_2O e Na_2O : K_2O, todos óxidos em porcentagem de peso. Esses diagramas visam destacar tanto o papel individual do Na_2O e do K_2O quanto ressaltar a importância da razão entre ambos.

Diagrama SiO_2 : Na_2O

Segundo este critério as rochas são classificadas em alcalinas e subalcalinas de acordo com a Figura 1.6.6. O emprego do gráfico Na_2O : SiO_2, via de regra, restringe-se à caracterização dos basaltos em conexão com a Figura 1.6.4. Basaltos alcalinos sódicos por diferenciação evoluem até fonolitos enquanto os subalcalinos se diferenciam até riólitos (Figura 1.3.16 e 1.3.17).

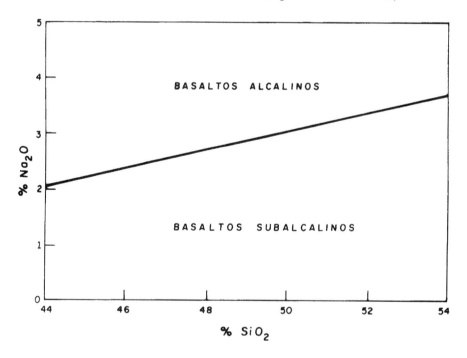

FIGURA 1.6.6 – Classificação das rochas basálticas num diagrama SiO_2 : Na_2O (óxidos em porcentagem de peso). Segundo Middlemost, 1975.

Diagrama SiO$_2$: K$_2$O

Segundo este critério as rochas são classificadas em fracamente potássicas, potássicas, fortemente potássicas e shoshoníticas, de acordo com a Figura 1.6.7. As séries com teores baixo, médio e elevado de K$_2$O correspondem a subdivisões da série cálcio-alcalina, enquanto a série shoshonítica é uma série alcalina potássica. As divisões verticais, dadas por diferentes teores de SiO$_2$, definem os limites dos tipos litológicos integrantes das diferentes séries. A subdivisão de Taylor et al. (1981) foi ligeiramente modificada por recomendação da IUGS.

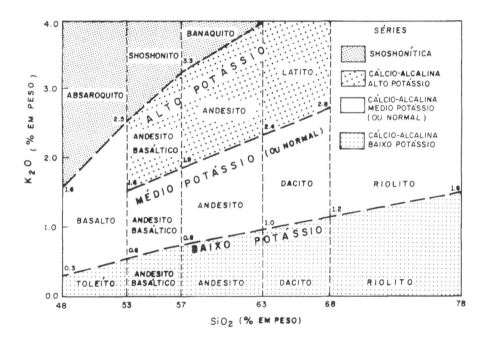

FIGURA 1.6.7 – Classificação das rochas magmáticas num diagrama SiO$_2$: K$_2$O (óxidos em porcentagem de peso). Segundo Taylor et al., 1981.

A Figura 1.6.7 pode sofrer modificações no caso da classificação de associações litológicas específicas. É o caso da Figura 1.6.8 que mostra a subdivisão do diagrama SiO$_2$: K$_2$O para rochas tipicamente associadas com andesitos orogênicos.

Diagrama Na$_2$O : K$_2$O

Segundo este critério as rochas magmáticas são classificadas em sódicas, fracamente sódicas (ou sódio-potássicas), fracamente potássicas (ou potássio-sódicas) e potássicas (Figura 1.6.9).

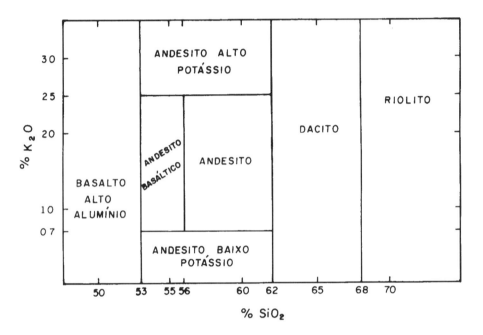

FIGURA 1.6.8 – Classificação das rochas tipicamente associadas com andesitos de áreas orogênicas no diagrama SiO$_2$: K$_2$O (óxidos em porcentagem de peso). Segundo Taylor, 1969, e Peccerillo & Taylor, 1976.

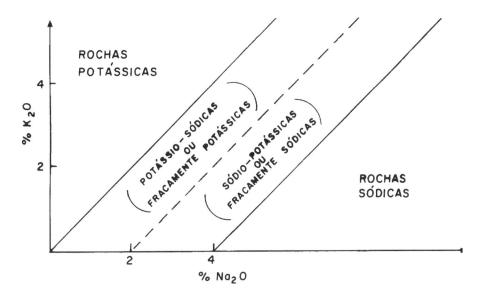

FIGURA 1.6.9 – Classificação das rochas magmáticas num diagrama $Na_2O : K_2O$ (óxidos em porcentagem de peso). Extraído de Le Maitre, 1989.

Exercícios

1. Lance os dados químicos de Wernick et al. (1984) para rochas do complexo granitoide Socorro, SP/MG, nos gráficos SiO_2 : CaO e SiO_2 : (Na_2O+K_2O) (Figura 1.6.2); SiO_2 : log $[CaO/(Na_2O+K_2O)]$ (Figura 1.6.3); SiO_2 : (Na_2O+K_2O) (Figura 1.6.4); SiO_2 : $[(Al_2O_3+CaO) + (K_2O+Na_2O)] / [(Al_2O_3+CaO) - (Na_2O+K_2O)]$ (Figura 1.6.5); SiO_2 : K_2O (Figura 1.6.7) e Na_2O : K_2O (Figura 1.6.9). Discuta conjuntamente os resultados e relacione-os com aspectos mineralógicos através dos gráficos Ca : (Fe+Mg) : (Al-Na-K) (Figura 1.4.4) e A : B (Figura 1.4.6).

2. Lance os dados químicos dos basaltos da Tabela 1.3.2, nos diagramas SiO_2 : (Na_2O+K_2O) (Figura 1.6.4), SiO_2 : Na_2O (Figura 1.6.6), SiO_2 : K_2O (Figura 1.6.7), Na_2O : K_2O (Figura 1.6.9) e $Al_2O_3/(CaO+Na_2O+K_2O)$: $Al_2O_3/(Na_2O+K_2O)$ (Figura 1.4.2). Discuta os resultados.

3. Da Tabela 1.2.1 escolha rochas nas quais Or >> An+Ab, Or > An+Ab, Or ~ An+Ab, Or < An+Ab e Or << An+Ab. Neste último grupo selecione rochas com razão An/Ab bem variável. Lance as análises químicas das rochas nos diagramas SiO_2 : (Na_2O+K_2O) (Figura 1.6.4), SiO_2 : Na_2O (Figura 1.6.6), SiO_2 : K_2O (Figura 1.6.7) e Na_2O : K_2O (Figura 1.6.9). Discuta a relação entre quimismo da rocha e os feldspatos presentes. Considere o índice de coloração normativo das rochas escolhidas.

4. Determine a alcalinidade das rochas da Tabela 1.2.1 no diagrama TAS (Figura 1.6.4). Elabore uma tabela com as rochas alcalinas e subalcalinas em ordem crescentes de teores de SiO_2. Discuta os resultados pela comparação das análises de rochas com teores aproximadamente iguais de SiO_2.

5. Lance num diagrama de Whright (Figura 1.6.5) as análises das rochas da Tabela 1.4.6. Discuta os resultados.

6. Calcule o índice de alcalinidade de Rittmann para as rochas da Tabela 1.2.2. Lance as mesmas rochas nos diagramas TAS, Na_2O : SiO_2, K_2O : SiO_2 e Na_2O : K_2O (Figuras 1.6.4, 1.6.6, 1.6.7 e 1.6.9). Discuta comparativamente os resultados.

7. Vários autores propuseram diferentes limites para separar rochas com baixos, médios e altos teores de potássio no diagrama SiO_2 : K_2O (Figura 1.6.7). Consulte Rickwood (1989) para uma revisão.

1.7 Suítes, províncias, séries e associações magmáticas

Em itens anteriores foram mencionados seguidamente as expressões suítes, províncias, séries e associações magmáticas, motivo pelo qual cabe aqui uma sucinta conceituação desses termos, muito difusa, elástica e descompromissada na literatura especializada.

Suíte magmática

Denomina-se aqui de suíte magmática a um conjunto de rochas de composição variável proveniente de uma mesma unidade geológica magmática (um dique, um derrame, um maciço intrusivo etc.) ou de distintas unidades geológicas correlatas, no qual as rochas estão vinculadas entre si através de um certo processo evolutivo. Consideremos uma intrusão granitoide na qual coexistem e foram coletadas amostras de tonalitos, granodioritos, monzogranitos e granitos. Esta suíte de rochas mostra variações mineralógicas e químicas sistemáticas dadas por um aumento progressivo do teor de quartzo e microclínio, da acidez do plagioclásio, das razões microclínio/ plagioclásio e biotita/hornblenda etc. (Figura 1.7.1). Estas variações sistemáticas podem ser explicadas pelo processo de cristalização fracionada que passa a ser o vínculo que une todas as rochas integrantes da suíte e na qual cada tipo litológico representa um determinado estágio evolutivo do processo de fracionamento magmático. Outro exemplo é o da Tabela 1.7.1 que mostra a variação química e suas causas numa suíte de basaltos do vulcão Kilauea, Havaí. O parentesco (ou vínculo) entre as rochas integrantes da suíte também é dado pelo processo da cristalização fracionada que envolve a cristalização e o isolamento sucessivo de olivina, olivina+piroxênio e olivina+piroxênio+plagioclásio de um magma original primitivo denominado de magma parental. Os magmas com diferentes composições formados a partir do magma primário (ou parental) pelo isolamento progressivo dos minerais (ou associações de minerais) cristalizados são denominados de magmas derivados, filhos ou secundários.

Rochas magmáticas

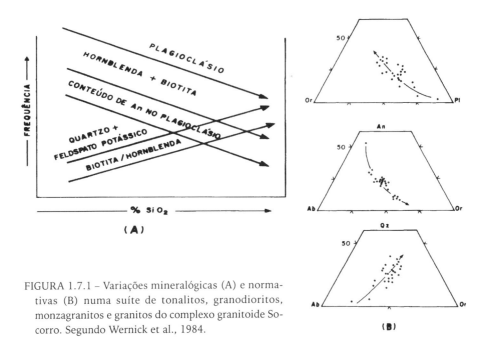

FIGURA 1.7.1 – Variações mineralógicas (A) e normativas (B) numa suíte de tonalitos, granodioritos, monzagranitos e granitos do complexo granitoide Socorro. Segundo Wernick et al., 1984.

Tabela 1.7.1 – Variação na composição química de uma suíte de basaltos do vulcão Kilauea, Havaí, pelo isolamento sucessivo de olivina, olivina+piroxênio e olivina+piroxênio+plagioclásio de um magma parental. Segundo Murata & Richter, 1966, modificado

Estágio de diferenciação	Porcentagem (em peso) de MgO e SiO_2	Porcentagem (em peso) de cristais removidos	Principais minerais previamente cristalizados
Magma parental	10.00 49.20	0.0	Nenhum
Fim da fase principal de cristalização de olivina	7.34 50.10	6.4	Olivina
Fim da fase principal de cristalização de piroxênio	6.75 50.45	14.1	Piroxênio + Olivina
Lava mais diferenciada	5.12 51.24	36.5	Plagioclásio + Piroxênio + Olivina

Província magmática

É um conjunto de unidades geológicas magmáticas de ocorrência restrita no espaço (isto é, com distribuição espacial definida) e no tempo (isto é, com idade geológica definida) caracterizadas por feições geológicas, mineralógicas, químicas, estruturais, isotópicas e metalogênicas específicas. É o caso da província estanífera da Rondônia composta por um conjunto de intrusões graníticas com características químicas, mineralógicas, texturais e tectônicas específicas e que apresentam mineralizações mais ou menos importantes de estanho. A província granitoide São Roque, dada por intrusões que cortam os metamorfitos de baixo grau no Estado de São Paulo, caracteriza-se, apesar de sua ampla variação composicional, pela presença sistemática de maiores ou menores quantidades de turmalina que atingem seus valores máximos no granito Perus dos arredores da cidade de São Paulo. A província pegmatítica do vale do Jequitinonha (MG) caracteriza-se por teores elevados de lítio e a província Piracaia (SP/MG), que reúne corpos de (quartzo) monzodioritos, (quartzo) monzonitos e quartzo sienitos, por feldspatos potássicos muito ricos em bário. A província Itu (SP) é constituída por um conjunto de intrusões de granitos rapakivi que bordejam a Bacia do Paraná. A província basáltica Paraná, que com um volume de 800.000 km^3 recobre cerca de 1.000.000 km^2, é composta por duas subprovíncias distintas: Norte, enriquecida em titânio e Sul, com teores normais de titânio.

Séries magmáticas

São manifestações vulcano-plutônicas que recorrem no espaço (isto é, têm distribuição mundial) e no tempo (isto é, existem séries idênticas com diferentes idades geológicas) com características mineralógicas, químicas e tendências evolutivas bem definidas. Entre as várias séries magmáticas destacam-se a toleítica, a cálcio-alcalina, a alcalina sódica, a alcalina potássica (ou shoshonítica), a trondhjemítica e a komatiítica (ou komatítica). As tendências evolutivas de algumas destas séries em termos dos seus tipos litológicos mais importantes constam das Figuras 1.2.6, 1.6.7 e 1.7.2.

Devido as suas características mineralógicas, químicas e evolutivas bem definidas as diferentes séries ocupam posições distintas em numerosos diagramas, dos quais aqui serão considerados apenas os seguintes:

- Diagramas TAS
- Diagrama CaO : Na_2O : K_2O
- Diagrama (FeO+Fe_2O_3+TiO_2) : Al_2O_3 : MgO
- Diagrama Q : Ab : Or normativo
- Diagrama QAP modal
- Diagrama AFM
- Diagrama SiO_2 : (FeO_T / MgO)
- Diagrama Al_2O_3 : Plagioclásio normativo.

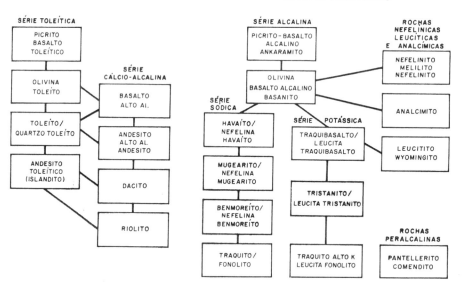

FIGURA 1.7.2 – Principais tipos litológicos vulcânicos integrantes da série magmática toleítica, cálcio-alcalina, alcalina sódica e alcalina potássica. Traços ligam rochas que ocorrem frequentemente associadas. Segundo Irvine & Baragar, 1971.

Diagrama TAS

Neste diagrama (Figura 1.7.3) as rochas magmáticas são divididas em dois grandes conjuntos de séries: o conjunto subalcalino e o conjunto alcalino. O limite entre os dois conjuntos é dado pela linha A, de Irvine & Baragar (1971). O conjunto alcalino compreende as séries fracamente alcalina (basaltos alcalinos), medianamente alcalina (basanitos) e fortemente alcalina (nefelinitos & melilititos). Seus limites são dados pelas linhas D (Strong,

1972) e C (Schwarzer e Rogers, 1974). O conjunto subalcalino reúne as séries cálcio-alcalina e toleítica e seu limite é a linha B (Kuno, 1968). A série fracamente alcalina corresponde aproximadamente à série transicional de Saggerson & Williams (1964). Esta caracteriza-se simultaneamente por teores de álcalis que a definem como alcalina em função do limite subalcalino/alcalino de Macdonald & Katsura (1964) da Figura 1.6.4 e pela ausência de nefelina na moda (Figura 1.7.4).

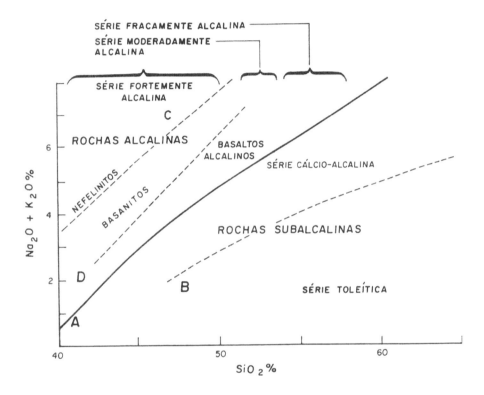

FIGURA 1.7.3 – Limites das séries subalcalinas e alcalinas no diagrama TAS. Linhas A, B, C e D segundo Irvine & Baragar (1971), Kuno (1968), Strong (1972) e Schwarzer & Rogers (1974). Segundo Girod, 1978a, modificado.

As Tabelas 1.7.2, 1.7.3 e 1.7.4 contêm dados químicos referentes à evolução da série toleítica que termina com riolitos, da série alcalina transicional que tem como produto final os traquitos e da série alcalina sódica cujos produtos finais são os fonolitos (Figura 1.7.5). Na Tabela 1.4.5 constam dados para a série cálcio-alcalina.

Rochas magmáticas

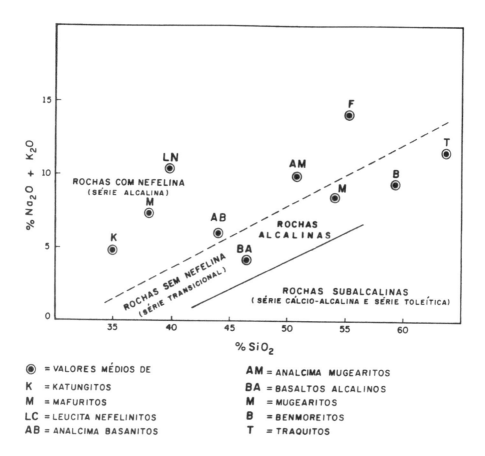

FIGURA 1.7.4 – Diagrama TAS mostrando os limites entre a série alcalina transicional, sem nefelina na moda, as rochas alcalinas com nefelina modal e as rochas subalcalina além da composição média de vários tipos litológicos. Segundo Saggerson & Williams, 1964.

Conceitos fundamentais

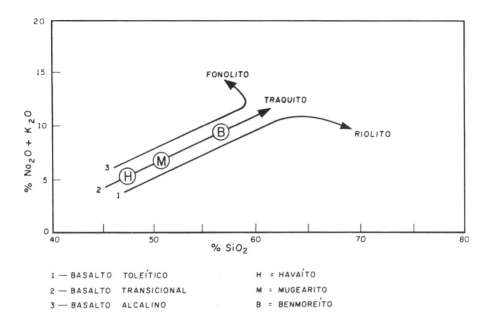

1 — BASALTO TOLEÍTICO
2 — BASALTO TRANSICIONAL
3 — BASALTO ALCALINO

H = HAVAÍTO
M = MUGEARITO
B = BENMOREÍTO

FIGURA 1.7.5 – A evolução das séries basálticas toleíticas, alcalina transicional e alcalina sódica no diagrama TAS. Segundo Hall, 1987.

Tabela 1.7.2 – Dados químicos e normativos dos principais tipos litológicos da série basáltica toleítica (série 1 da Figura 1.7.5) das Ilhas Sanduíche do Sul. Análises recalculadas para valores anidros. Segundo Baker, 1968, & Luff, 1982

	1	2	3	4	5
SiO_2	51.20	57.10	60.00	65.40	73.70
TiO_2	0.80	0.90	0.90	0.80	0.30
Al_2O_3	18.10	16.20	16.20	13.80	13.70
Fe_2O_3	2.70	2.50	2.30	1.30	0.70
FeO	7.40	7.70	5.50	7.10	2.20
MnO	0.20	0.20	0.20	0.20	0.10
MgO	6.20	3.40	2.60	1.40	0.50
CaO	11.00	8.50	6.90	4.70	3.30
Na_2O	2.00	3.00	3.30	4.00	4.70
K_2O	0.30	0.30	0.80	1.10	0.70
P_2O_5	0.10	0.20	0.20	0.20	0.10
Total	100.00	100.00	98.90	100.00	100.00

Continuação

	1	2	3	4	5
Q	4.25	13.17	17.69	22.51	35.04
C	---	---	---	---	---
Or	1.77	1.77	4.73	6.50	4.14
Ab	16.92	25.38	27.92	33.84	39.77
Na	39.53	29.86	27.03	16.46	14.22
Ne	---	---	---	---	---
Dy	11.76	9.19	4.86	4.77	1.28
Hy	20.10	14.83	11,13	12.05	3.75
Ol	---	---	---	---	---
Mt	3.91	3.62	3.33	1.88	1.01
Il	1.52	1.71	1.71	1.52	0.57
Ap	0.24	0.47	0.47	0.47	0.24

1 - média de 10 basaltos
2 - média de 2 basaltos andesíticos
3 - média de 6 andesitos
4 - média de 2 dacitos
5 - média de 2 riolitos

Tabela 1.7.3 – Dados químicos e normativos dos principais tipos litológicos da série basáltica alcalina transicional (série 2 da Figura 1.7.5) da Ilha Havaí. Análises recalculadas para valores anidros. Segundo Macdonald, 1968

	1	2	3	4	5	6
SiO_2	44.1	45.4	47.9	51.6	57.1	61.7
Al_2O_3	12.1	14.7	15.9	16.9	17.6	18.0
Fe_2O_3	3.2	4.1	4.9	4.2	4.8	3.3
FeO	9.6	9.2	7.6	6.1	3.0	1.5
MnO	0.2	0.2	0.2	0.2	0.2	0.2
MgO	13.0	7.8	4.8	3.3	1.6	0.4
CaO	11.5	10.5	8.0	6.1	3.5	1.2
Na_2O	1.9	3.0	4.2	5.4	5.9	7.4
K_2O	0.7	1.0	1.5	2.1	2.8	4.2
TiO_2	2.7	3.0	3.4	2.4	1.2	0.5
P_2O_5	0.3	0.4	0.7	1.1	0.7	0.2
Total	99.3	99.3	99.1	99.4	98.4	98.6
Q	---	---	---	---	3.4	---
C	---	---	---	---	0.2	---

Continuação

	1	2	3	4	5	6
Or	4.2	6.0	9.0	12.5	16.8	25.2
Ab	10.8	18.7	31.9	42.4	50.8	63.6
An	22.6	23.9	20.3	15.8	13.1	3.6
Ne	2.9	3.8	2.2	2.0	---	---
Di	26.5	21.2	12.6	6.3	---	1.0
Hy	---	---	---	---	5.8	0.1
Ol	23.4	16.0	12.3	10.9	---	1.5
Mt	3.7*1	3.9*1	3.6*1	3.0*2	6.0*2	3.7*2
Il	5.2	5.8	6.5	4.6	2.3	1.0
Ap	0.7	0.9	1.7	2.6	1.7	0.5

*1 = $Fe_2O_3 / (Fe_2O_3+FeO)$ recalculado para 0.2
**2 = Fe_2O_3 e FeO recalculados para conterem iguais pesos de Fe
1 - média de 9 ankaramitos
2 - média de 35 olivina basaltos alcalinos
3 - média de 62 havaítos
4 - média de 23 mugearitos
5 - média de 5 benmoreítos
6 - média de 5 traquitos

Tabela 1.7.4 – Dados químicos e normativos dos principais tipos litológicos da série basáltica alcalina sódica (série 3 da Figura 1.7.5) da Ilha Santa Helena. Segundo Baker, 1969

	1	2	3	4	5	6
SiO_2	45.68	47.63	55.52	59.00	60.81	60.28
Al_2O_3	16.04	16.37	17.46	17.76	18.24	19.08
TiO_2	3.39	2.86	0.80	0.31	0.15	0.05
Fe_2O_3	2.50	4.46	2.83	3.11	2.05	2.22
FeO	9.61	8.08	5.93	3.93	2.78	1.44
MnO	0.22	0.26	0.24	0.26	0.21	0.20
MgO	5.72	4.06	1.52	0.33	0.22	0.07
CaO	9.06	7.12	3.50	2.20	1.82	0.95
Na_2O	3.72	4.98	6.24	7.50	7.24	8.94
K_2O	1.41	1.85	3.01	3.97	4.68	5.02
H_2O^+	1.82	1.24	1.98	1.16	1.45	1.54
H_2O^-	0.28	0.24	0.40	0.31	0.24	0.18
P_2O_5	0.59	0.87	0.44	0.11	0.05	0.04
Total	100.04	100.02	99.87	99.95	99.94	100.01
Or	8.5	11.1	18.2	23.8	28.2	30.2

Continuação

	1	2	3	4	5	6
Ab	23.6	30.5	51.8	53.9	54.8	45.3
An	23.4	17.1	11.0	3.1	3.5	---
Ne	4.6	6.7	1.3	5.7	4.1	14.1
Ac	---	---	---	---	---	4.9
Di	15.3	10.9	3.3	6.3	4.7	4.0
Hy	---	---	---	---	---	---
Ol	13.1	12.5	7.6	1.7	1.3	0.5
Mt	3.6*	3.6*	4.2	4.6	3.0	0.8
Il	6.6	5.5	1.6	0.6	0.3	0.1
Ap	1.4	2.1	1.1	0.3	0.1	0.1

* $Fe_2O_3 / (Fe_2O_3+FeO)$ recalculado para 0.2
1 - média de 4 basaltos alcalinos
2 - média de 3 traquibasaltos
3 - média de 3 traquiandesitos
4 - média de 3 traquitos
5 - média de 3 traquitos fonolíticos
6 - média de 2 fonolitos

Tabela 1.7.5 – Dados químicos e normativos dos principais tipos litológicos da série cálcio-alcalina das Ilhas Sanduíche do Sul. Análises recalculadas para valores anidros. Segundo Luff, 1982

	1	2	3
SiO_2	49.2	60.2	66.3
TiO_2	0.6	1.1	0.7
Al_2O_3	20.2	14.1	13.7
Fe_2O_3	2.6	2.4	1.2
FeO	6.8	9.3	7.5
MnO	0.2	0.2	0.2
MgO	4.8	2.1	1.0
CaO	11.6	6.1	4.2
Na_2O	2.7	3.8	4.3
K_2O	0.3	1.2	1.7
P_2O_5	0.3	0.3	0.2
Total	99.3	100.8	101.00
Q	---	14.18	20.79
C	---	---	---
Or	1.77	7.09	10.05

Continuação

	1	2	3
Ab	22.84	32.15	36.38
An	42.12	17.88	13.06
Ne	---	---	---
Dy	11.07	8.50	5.61
Hy	14.96	14.33	11.58
Ol	0.93	---	---
Mt	3.77	3.48	1.74
Il	1.14	2.09	1.33
Ap	0.71	0.71	0.47

1 - média de 7 basaltos   2 - média de 5 andesitos   3 - média de 3 dacitos

A tendência evolutiva regular das diferentes séries magmáticas facilita a definição, sob aspecto químico, das diversas litologias integrantes de uma série baseada em apenas um parâmetro. Utilizando a porcentagem de SiO_2, Duncan (1978) definiu os principais produtos da diferenciação da série alcalina transicional: havaítos (47-52% SiO_2), mugearitos (52-58) e benmoreítos (58-62). O mesmo critério foi utilizado por Baker (1968), na série toleítica, para a definição de basaltos e andesitos basálticos (< 54% SiO_2), andesitos (54-63), dacitos (63-70) e riolitos (> 70). Também Taylor et al. (1981) usaram este critério na determinação das subdivisões, em porcentagem de SiO_2, da Figura 1.6.7.

As Figuras 1.7.3, 1.7.4 e 1.7.5 podem ser refinadas com a definição de cinco suítes (ou séries) cada uma subdividida em seus componentes litológicos integrantes. Dessa maneira são caracterizadas na Figura 1.7.6 as suítes (ou séries) foidítica, alcalina, transalcalina (ou transicional), subalcalina e silícica.

Rochas magmáticas

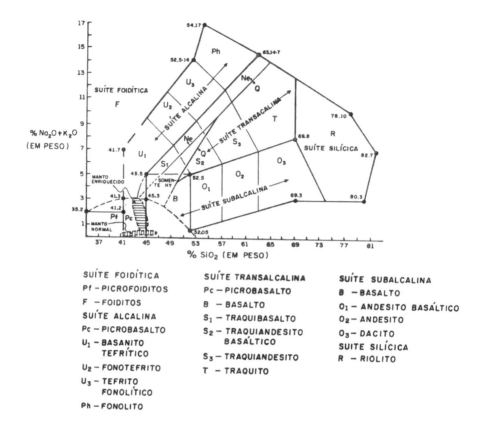

FIGURA 1.7.6 – Diagrama TAS mostrando os limites das suítes (séries) foidítica, alcalina, transalcalina (ou transicional) subalcalina e silícica, bem como os de suas litologias integrantes. Segundo Middlemost, 1991.

Diagrama CaO : Na$_2$O : K$_2$O

O diagrama CaO : Na$_2$O : K$_2$O (Figura 1.7.7) exprime aproximadamente a relação entre os feldspatos presentes numa rocha. Serve para distinguir a série cálcio-alcalina da série trondhjemítica. A primeira é caracterizada por um enriquecimento progressivo em K$_2$O e a segunda em Na$_2$O a baixos valores de CaO.

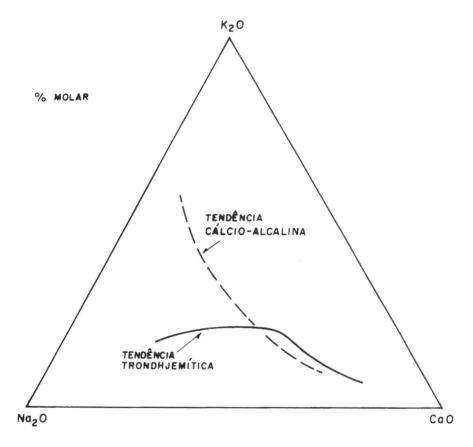

FIGURA 1.7.7 – Posição das séries cálcio-alcalina e trondhjemítica no diagrama CaO : K_2O : Na_2O (óxidos em porcentagem de peso). Segundo Barker & Arth, 1976.

Diagrama $(FeO+Fe_2O_3+TiO_2)$: Al_2O_3 : MgO

Os índices deste diagrama (Figura 1.7.8) são obtidos a partir da porcentagem catiônica dos elementos dos óxidos (Tabela 1.4.1) e recalculados para 100. É também conhecido como diagrama catiônico de Jensen. Separa as rochas komatiíticas (rochas vulcânicas muito ricas em magnésio, tanto basaltoides quanto ultramáficas ou peridotíticas) dos basaltos toleíticos alto Mg e das rochas das séries toleítica e cálcio-alcalina.

Diagrama Q : Ab : Or normativo

As séries cálcio-alcalinas e trondhjemítica também podem ser distinguidas num diagrama Q : Ab : Or normativo conforme a Figura 1.7.9. Os parâmetros são extraídos da norma e recalculados para 100.

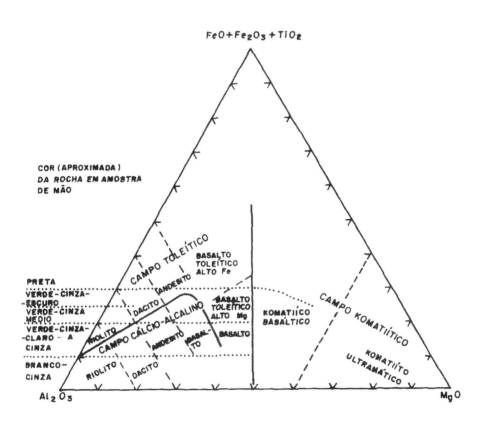

FIGURA 1.7.8 – Diagrama catiônico (FeO+Fe$_2$O$_3$+TiO$_2$) : Al$_2$O$_3$: MgO para a distinção de rochas komatiíticas (basaltoides e ultramáficas ou peridotíticas) dos basaltos toleíticos alto Mg e das rochas das séries toleítica normal (alto Fe) e cálcio-alcalina. Segundo Jensen, 1976 a e b.

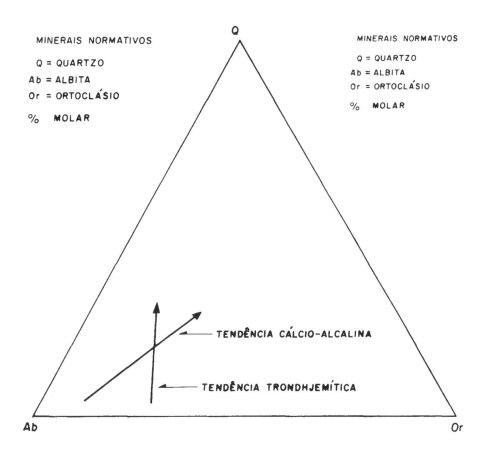

FIGURA 1.7.9 – A tendência evolutiva da série cálcio-alcalina e trondhjemítica no diagrama normativo Q : Ab : Or.

Diagrama QAP modal

Ao lado de dados químicos ou normativos também podem ser utilizados dados modais na definição de diferentes séries magmáticas. Este é o caso do diagrama QAP no qual são definidas sete séries de granitos (Figura 1.7.10): uma toleítica; três séries cálcio-alcalinas com baixos (série trondhjemítica), médios (série granodiorítica) e elevados (série monzogranítica) de K_2O; uma série subalcalina potássica; uma série alcalina e uma série de granitos aluminosos, cuja composição coincide com os termos mais evoluídos das demais séries.

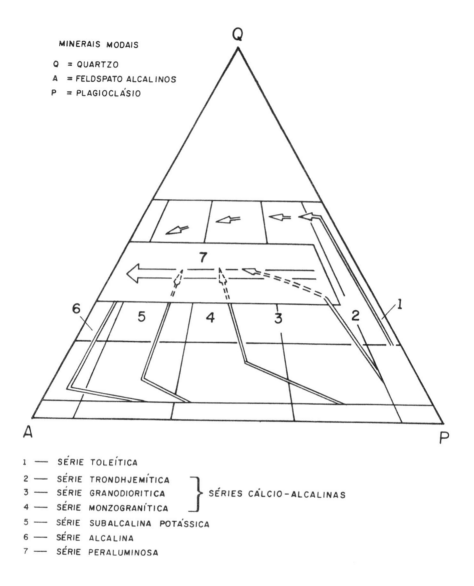

FIGURA 1.7.10 – Posição das diferentes séries de rochas granitoides no diagrama QAP modal. Segundo Lameyre & Bowden, 1982, modificado.

Diagrama AFM

O comportamento da relação FeO_T / MgO numa suíte de rochas é rastreado no diagrama AFM, onde M = MgO; F= $(FeO+0.9\ Fe_2O_3 = FeO_T)$ e A = (Na_2O+K_2O), todos óxidos em porcentagem de peso ou em porcentagem catiônica recalculadas para 100. O índice A serve para definir o grau de evolução de cada uma das rochas da suíte considerada, fazendo o mesmo papel da sílica num diagrama de Harker (Figura 1.6.1). Ligando-se uma amostra através de uma reta com o vértice A, esta define sobre o lado F-M do triângulo a proporção entre MgO e FeO_T na rocha (Figura 1.7.11).

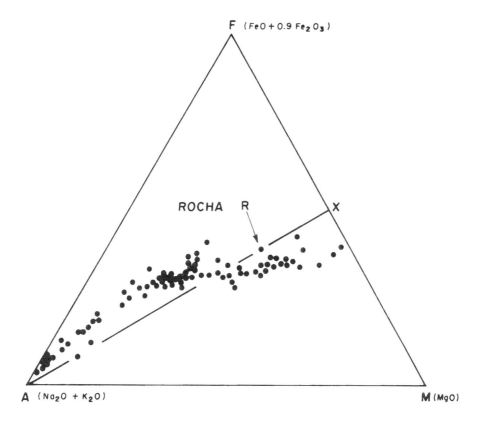

FIGURA 1.7.11 – Diagrama AFM visualizando a determinação da relação FeO_T : MgO (X) de uma rocha (R) cujo grau evolutivo é dada pelo teor relativo em álcalis Y.

Em termos da variação Fe/Mg são reconhecidas duas séries magmáticas principais (Figura 1.7.12):

- Série toleítica. Caracteriza-se pela cristalização inicial de máficos ricos em MgO. Com a cristalização a razão FeO_T/MgO cresce rapidamente até atingir um ponto de inflexão a partir do qual esta razão torna-se quase constante. Este ponto de inflexão corresponde ao momento da cristalização de óxidos de ferro (principalmente magnetita). Sob este aspecto a série toleítica é caracterizada por uma cristalização na qual os minerais silicáticos de Mg precedem a cristalização dos óxidos de ferro. Tal fato indica cristalização num sistema fechado e sob condições crescentes de pressão parcial de oxigênio (P_{O2}).
- Série cálcio-alcalina. É caracterizada por uma razão FeO_T/MgO praticamente constante durante toda cristalização magmática. Ocorre, portanto, desde os estágios evolutivos iniciais, a cristalização conjunta entre máficos silicáticos magnesianos e óxidos de ferro. Esta feição indica que a cristalização ocorreu em condições tamponadas de P_{O2}. Estas condições podem ser explicadas considerando-se o sistema aberto em relação à água.

Em termos de associações litológicas a série toleítica é dominantemente basáltica sendo raros os termos intermediários e ácidos. Em oposição, na série cálcio-alcalina os termos intermediários e ácidos da associação basaltoandesito-dacito-riolito (ou gabro-diorito-granodiorito-granito) são mais frequentes (Figura 1.7.13).

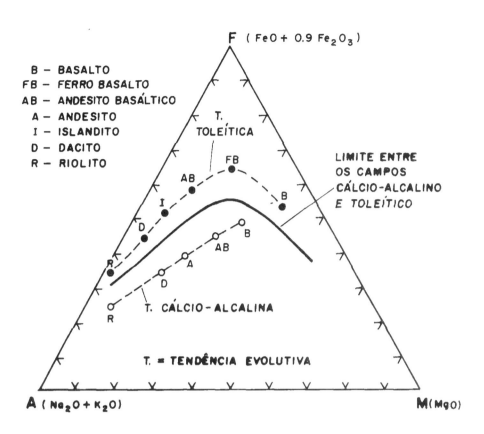

FIGURA 1.7.12 – Tendências evolutivas de suítes toleíticas (círculos cheios) e cálcio-alcalinas (círculos vazios) num diagrama AFM. A linha contínua separa o campo das rochas toleíticas do das rochas cálcio-alcalinas.

Obviamente também as demais séries magmáticas podem ser representadas no diagrama AFM, conforme a Figura 1.7.14. Esta mostra também a tendência evolutiva das rochas toleíticas da intrusão diferenciada de Skaergaard (Groelândia), caracterizada por um enriquecimento muito grande em ferro e que aparece em quase todos os diagramas AFM como um padrão de referência para outras suítes toleíticas.

A pressão parcial de oxigênio que atua durante a cristalização magmática que resulta numa dada rocha é quantificada pelo índice de pressão de oxigênio de Rittmann (1973) dado pela expressão $Ox° = Fe^{+3} / Fe^{+3} + Fe^{+2} + Mn$, com todos parâmetros em proporções atômicas.

Rochas magmáticas

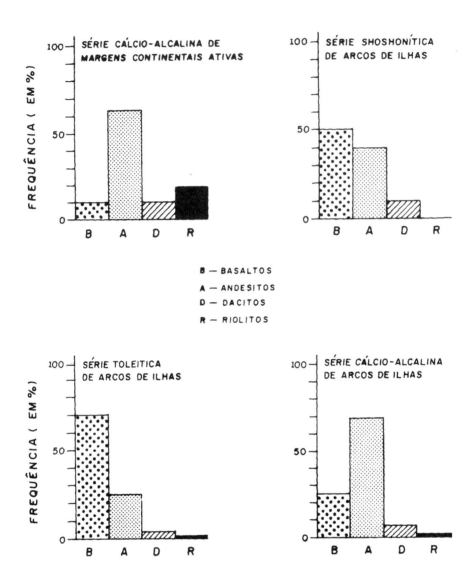

FIGURA 1.7.13 – Frequência das diferentes litologias das séries toleítica, cálcio-alcalina e shoshonítica em zonas de subducção (arcos de ilhas e margens continentais ativas). Segundo Baker, 1973, e Jakes & White, 1971.

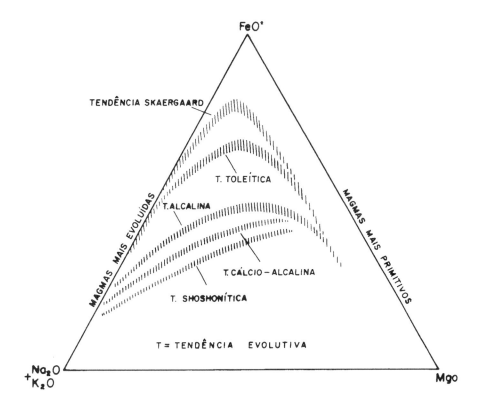

FIGURA 1.7.14 – Posições e tendências evolutivas das séries toleítica, alcalina, cálcio-alcalina e shoshonítica no diagrama AFM ao lado de um caso de enriquecimento extremo em ferro dado pela intrusão toleítica diferenciada de Skaergaard, Groelândia.

Como já mencionado, o grau de oxidação é a base da divisão dos granitos em ilmenita granitos (de ambiente mais reduzido) e magnetita granitos (de ambiente mais oxidado). A separação entre estes dois tipos de granitos é feita no âmbito do diagrama $FeO / Fe_2O_3 : (Q+Ab+Or)$ de Ishihara et al. (1979), se bem que Ishihara (1981) considera a existência de uma passagem gradual entre os dois tipos de granitoides.

Diagrama $SiO_2 : FeO_T / MgO$

Outra maneira de representar a variação da relação Fe/Mg durante a evolução magmática é através do gráfico $SiO_2 : FeO_T/MgO$ (Myiashiro, 1975), todos óxidos em porcentagem de peso, no qual o SiO_2 faz o papel de indicador da evolução magmática à semelhança do índice A no diagrama AFM. O diagrama de Myiashiro foi desenvolvido por ocasião do estudo de suítes ofiolíticas (associações de rochas básicas/ultrabásicas oceânicas mais ou menos metamorfoseadas), o que fez o autor optar por elementos geoquimicamente pouco móveis e mais típicos para rochas máficas/ultramáficas. Por estar trabalhando com rochas modificadas, ele dividiu o campo cálcio-alcalino em um setor tipicamente cálcio-alcalino e um fracamente cálcio-alcalino, reunindo este em rochas com caráter transicional, de classificação mais ou menos incerta (Figura 1.7.15). O setor transicional é suprimido quando as rochas consideradas são verdadeiramente magmáticas.

Diagrama Al_2O_3 : plagioclásio normativo

Além das diferenças na mineralogia e na frequência relativa dos diferentes tipos litológicos cabe destacar uma das várias diferenças químicas entre as séries toleítica e cálcio-alcalina. Em condições de isoteores de SiO_2 as rochas cálcio-alcalinas são mais ricas em Al_2O_3 que suas equivalentes toleíticas. Isto enseja a separação das duas séries num diagrama Al_2O_3 : Plagioclásio Normativo, os dois parâmetros em porcentagem de peso (Figura 1.7.16). Resulta, também, que os basaltos cálcio-alcalinos são denominados por alguns autores de basaltos aluminosos ou basaltos alto alumínio e grafados como Al-basaltos.

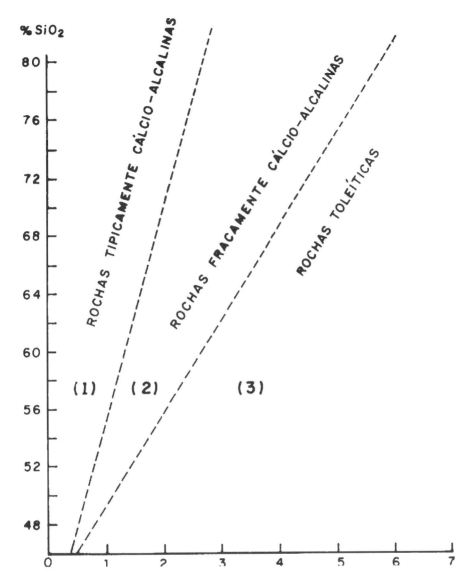

FIGURA 1.7.15 – Diagrama SiO_2 : FeO_T/ MgO. A linha cheia separa o campo toleítico do cálcio--alcalino. Segundo Myiashiro, 1975.

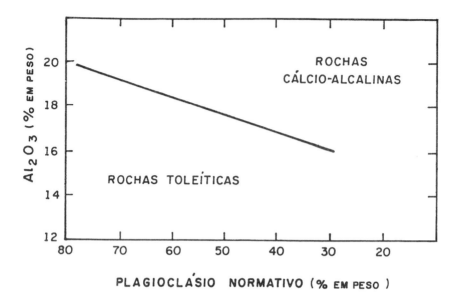

FIGURA 1.7.16 – Limite entre as séries toleíticas e cálcio-alcalinas no diagrama Al_2O_3 : Plagioclásio Normativo onde $Plag_N = 100\ An/(An+Ab+5/3Ne)$. Segundo Irvine & Baragar, 1971.

Associação magmática

É a coexistência espacial de diferentes tipos litológicos de uma ou mais séries magmáticas (Quadro 1.7.1). Esta coexistência pode ocorrer ao nível de um só corpo magmático, caso de espessos diques, soleiras ou maciços diferenciados; por sucessões de derrames de lavas com diferentes composições ou pela presença, numa determinada área, de vários corpos isolados constituídos por um ou mais tipos litológicos distintos da(s) série(s) magmática(s) considerada(s). A soma de todos os tipos litológicos encontrados nos diferentes corpos podem cobrir total ou parcialmente todos os estágios de desenvolvimento da(s) série(s) magmática(s) presente(s) na área considerada. A associação sistemática entre determinadas séries ou grupos litológicos (por exemplo: kimberlitos, carbonatitos e lamproítos; granitos rapakivi, anortositos, charnockitos, basaltos etc.) são de importância fundamental para a compreensão detalhada dos processos petrogenéticos. A noção restrita de associação magmática pode, entretanto, ser ampliada conferindo-lhe simultaneamente conotação petrográfica, geológica e tectônica. Esta conceituação ampliada é frequentemente denominada de província geológica. Províncias (geológicas) arqueanas do tipo "greenstone belt" são caracterizadas, entre outros aspectos, pela associação entre lavas komatiíticas, granitoides trondhjemíticos e menores faixas de rochas metamórficas de baixo grau. Províncias de arcos de ilhas maduros são caracterizadas pela associação entre rochas toleíticas, cálcio-alcalinas e shoshoníticas. O estudo detalhado de associações magmáticas e de províncias geológicas é o primeiro passo fundamental para a caracterização de processos petrogenéticos e de processos de evolução crustal.

Exercícios

1. Utilizando os dados químicos e normativos das Tabelas 1.7.2, 1.7.3, 1.7.4 e 1.7.5, lance-os em todos os diagramas até agora apresentados nos itens 1.2 até 1.7, desde que pertinentes. Resuma os resultados e apresente um texto no qual as quatro séries de rochas vulcânicas consideradas são caracterizadas o mais detalhadamente possível. Analise criticamente a coerência dos resultados obtidos na utilização dos diferentes diagramas.

2. Implemente a questão anterior com uma caracterização petrográfica das associações rochosas das diferentes séries magmáticas consultando o livro de Middlemost (1985) *Magmas and Magmatic Rocks*. Este contém descrições petrográficas compactas de basaltos, andesitos, dacitos, riolitos, traquitos e fonolitos. Insira no trabalho os dados contidos em Almeida, 1955.

3. Segundo Chappell & White os granitos são classificados nos tipos I e S que mostram certa correspondência, respectivamente, com os magnetita e ilmenita granitos de Ishihara (1981). Baseado em Chappell & White (1974) e White & Chappell (1983) cite três diagramas para separar os granitos I e S.

4. Consultando o livro de Fujimori (1990) *Composição química de rochas e suas aplicações* faça uma relação de todos os diagramas que separam as rochas toleíticas das cálcio-alcalinas. Baseado nesses diagramas elabore uma relação de todas as feições químicas que distinguem essas duas séries magmáticas. Por exemplo, considerando apenas os diagramas TAS e $SiO_2 : Al_2O_3$ escreva: para mesmos valores de sílica as rochas cálcio-alcalinas são mais ricas em álcalis; para mesmos valores de sílica as rochas cálcio-alcalinas são mais ricas em alumina

1.8 Evolução magmática

O conceito da evolução magmática traz no seu bojo a noção de que a fração ainda líquida do magma coexistente com os cristais já formados vai se modificando gradualmente em termos composicionais durante a progressiva consolidação magmática, pois os minerais que se formam neste processo nunca têm uma composição idêntica à do líquido magmático a partir do qual cristalizam. Neste subcapítulo são abordados os seguintes tópicos:

- Sequência de cristalização.
- Séries de reação.
- As séries de reação como base para a classificação das rochas magmáticas.
- Tendências da evolução magmática.
- Quantificação da evolução magmática.
- Vantagens e limitações dos índices de evolução magmática.
- Diagramas de Pearce.

Sequência de cristalização

Todo magma (terrestre) resulta da fusão parcial de material rochoso preexistente no interior da Terra por um (ou pela combinação) dos seguintes processos (Figura 1.8.1):

- aumento da temperatura;
- diminuição da pressão;
- influxo de fluidos, principalmente água, que abaixa drasticamente o ponto de fusão de um sistema rochoso.

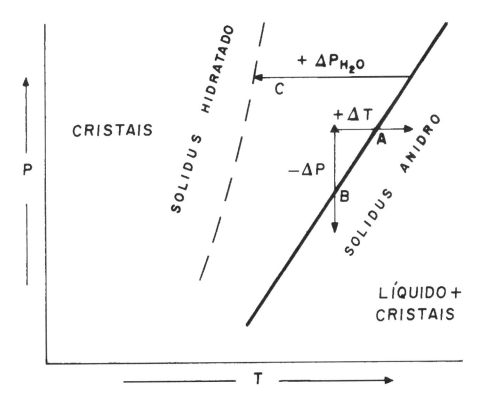

FIGURA 1.8.1 – Fusão de um sistema rochoso para a formação de magma por aumento de temperatura (A), por diminuição da pressão (B) ou por influxo de fluidos (C). A linha sólida é a curva de fusão de um sistema rochoso anidro e a tracejada de um sistema rochoso hidratado.

O magma, uma vez gerado, quase sempre se movimenta do seu local de formação para níveis mais rasos da crosta terrestre num processo denominado de ascensão magmática. Em muitos casos o magma, então denominado de lava, atinge a superfície da crosta terrestre, caso da província basáltica do Paraná cujos derrames e intrusões rasas cobrem cerca de 1.000.000 km². Rochas resultantes da cristalização de magmas e lavas são denominadas, respectivamente, de intrusivas e vulcânicas ou efusivas. A consolidação do magma e das lavas ocorre por queda de temperatura que é, via de regra, rápida nas rochas vulcânicas, rápida a lenta nas rochas intrusivas rasas (rochas hipoabissais ou subvulcânicas) e lenta nas rochas intrusivas profundas (rochas plutônicas). Como o crescimento dos cristais é um processo demorado, resfriamentos rápidos a moderadamente rápidos originam massas vítreas (vidros vulcânicos), misturas com variáveis proporções de vidro e cristais ou, ainda, massas cristalinas finas compostas por minerais muito pequenos. Do resfriamento lento resultam massas cristalinas mais grossas, compostas por minerais maiores. O processo de formação de cristais a partir de um magma denomina-se cristalização. Os minerais das rochas magmáticas não se formam simultaneamente e sim numa sucessão bem definida, denominada de sequência ou ordem de cristalização (Figura 1.8.2).

Conceitos fundamentais

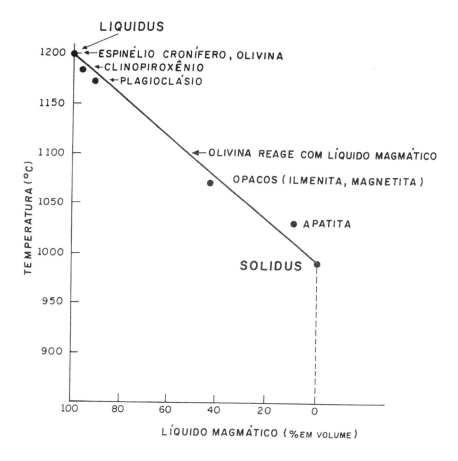

FIGURA 1.8.2 – Sequência de cristalização de minerais em lavas basálticas. A cristalização sucessiva dos minerais com a queda de temperatura leva a uma progressiva diminuição da fração líquida do magma. Segundo Peck et al., 1966, e Whright et al., 1968.

Entre os vários fatores que determinam a sequência de cristalização destaca-se, por sua fácil compreensão, o coeficiente de distribuição dos cátions metálicos que irão neutralizar as valências negativas dos esqueletos dos minerais silicáticos formados por tetraedros de SiO_4 e $(Al, Si)O_4$ mais ou menos polimerizados (Figura 1.2.4). Define-se como coeficiente de distribuição (K_D) de um elemento **X** num sistema no qual um sólido coexiste em equilíbrio com um líquido à relação.

$$K_{Dx} = \frac{Cxc}{Cxl} \qquad \text{onde}$$

K_{Dx} é o coeficiente de distribuição do elemento x
Cxc é a concentração do elemento x numa dada fase cristalina
Cxl é a concentração do mesmo elemento no líquido em equilíbrio com a fase cristalina considerada.

O coeficiente de distribuição de um dado elemento depende principalmente da temperatura e da composição química do sistema considerado.

Elementos com $K_D > 1$ são denominados de compatíveis e, como tais, preferem o estado sólido em relação ao líquido coexistente. Entre os elementos compatíveis destacam-se o Mg, Fe, Ca, Ti, Cu, Co, Cr, Ni, Sr, Zr etc. Elementos com $K_D < 1$ são denominados de incompatíveis e, como tais, preferem o estado líquido em relação à uma fase cristalina coexistente em equilíbrio químico. Entre os elementos incompatíveis destacam-se o Na, K, Rb, Ba e U etc.

Decorre que os primeiros silicatos que se formam na sequência de cristalização terão esqueletos com baixo grau de polimerização dos tetraedros de SiO_4 neutralizados por cátions metálicos compatíveis (olivinas, piroxênios). A cristalização terminará com a formação de silicatos com esqueletos com alto grau de polimerização dos tetraedros de SiO_4 e $(Al, Si)O_4$ neutralizados por cátions metálicos incompatíveis (micas, feldspatos).

Com a evolução da cristalização a quantidade de magma líquido diminui gradualmente (Figura 1.8.2). A determinação da fração ainda líquida é medida através da concentração de elementos altamente incompatíveis pela relação

$$f = Co / C \text{ onde}$$

f = fração magmática residual
Co = concentração inicial do elemento incompatível no magma (isto é, na rocha mais primitiva de uma dada suíte magmática quimicamente expandida)
C = concentração do mesmo elemento num magma mais evoluído derivado do mais primitivo (isto é, numa rocha mais evoluída da suíte magmática considerada).

O valor de f é muito utilizado na elaboração de diagramas do tipo f: óxidos que servem principalmente para rastrear a cristalização sucessiva dos diversos minerais durante a consolidação do magma.

Séries de reação

Uma vez iniciada a cristalização de um certo mineral a sua formação só cessará sob três condições:

- Por congelamento rápido do magma, caso frequente nas rochas vulcânicas.
- Por exaustão do líquido magmático, quando sua cristalização é total. É o caso das rochas plutônicas.
- Pelo alcance de um estágio crítico de desequilíbrio entre o mineral e o líquido magmático coexistente que leva à uma reação entre ambos com a formação de um novo mineral, que continuará a cristalizar até que se repitam as condições em foco. Essa noção de sucessivos desequilíbrios entre minerais formados e o líquido coexistente com o andamento da cristalização, e que leva à reação entre ambos para a formação de novos minerais, constitui a base do conceito de série de reação, dada pelo surgimento e desaparecimento de sucessivos minerais numa definida ordem ou sequência.

De acordo com as características dos minerais envolvidos distinguem-se duas séries de reações distintas:

- Série de reação contínua, representada pelos plagioclásios, formados por uma solução sólida entre albita ($NaAlSi_3O_8$) e anortita ($CaAl_2Si_2O_8$), ambos minerais triclínicos e com estruturas semelhantes. Os sucessivos desequilíbrios entre dado plagioclásio e o líquido coexistente são eliminados pela substituição contínua de Ca^{+2} e Al^{+3} por Na^{+1} e Si^{+4}. Dessa maneira, durante a série de reação contínua, os plagioclásios vão se tornando sucessivamente mais sódicos e ácidos (silicosos) e menos aluminosos.
- Série de reação descontínua, dada pelos minerais fêmicos. Nessa série cada novo mineral formado pela reação entre um mineral preexistente com o líquido coexistente não só tem composição mas também estrutura distinta da do mineral anterior. Cada nova composição, como no caso da série de reação contínua, será progressivamente mais rica em elementos incompatíveis e cada novo mineral terá um esqueleto silicático cada vez mais polimerizado. A série de reação descontínua é dada pela cristalização sucessiva de olivinas, piroxênios, anfibólios e micas.

Durante toda a cristalização magmática distintos minerais das séries de reação contínua e descontínua coexistem lado a lado, variando as paragêneses com a queda da temperatura (Figura 1.8.3).

Além das séries de reação contínua e descontínua é reconhecida, ainda, uma série residual integrada pelo K-feldspato, pela muscovita e pelo quartzo. Não apresentam entre si relações de reação e são os últimos minerais a serem formados durante a cristalização magmática. O quartzo só se forma em rochas supersaturadas e, como tal, representa a cristalização do excesso de sílica quando todos os cátions metálicos do magma já foram integrados em minerais saturados previamente formados.

Após a cristalização da série residual ainda existem na câmara magmática soluções hidrotermais finais que originam zeólitas e minerais hidrotermais tardios. Estes cristalizam quer em pegmatitos e veios hidrotermais, quer sobre os planos de contração térmica (juntas) ou em cavidades nas massas magmáticas previamente formadas.

As relações temporais entre as séries contínua, descontínua e residual constam da Figura 1.8.3.

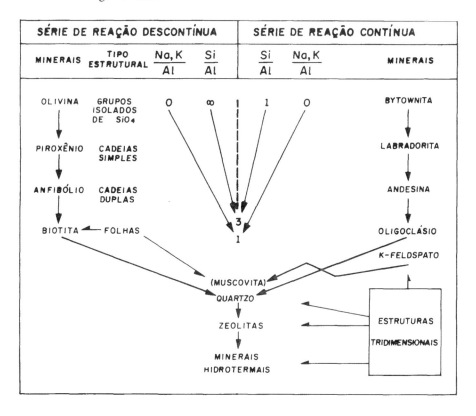

FIGURA 1.8.3 – Relações temporais entre os minerais das séries de reação contínua, descontínua, residual, zeólitas e minerais hidrotermais durante a cristalização magmática. Simultaneamente constam algumas das variações estruturais e químicas que caracterizam as séries de reações. Extraído de Mason, 1966.

A caracterização das séries de reação se faz basicamente de três maneiras:

- Estudos petrográficos de lâminas de rochas vulcânicas e plutônicas. Como as reações entre minerais e líquidos são lentas, muitas delas acham-se preservadas em rochas que sofrem resfriamento rápido. Um caso típico de desequilíbrio é a presença de plagioclásios zonados nas rochas vulcânicas, nas quais o mineral desenvolve sucessivos anéis cada vez mais ricos em albita em torno de um núcleo mais cálcico. Outras vezes a reação entre um mineral e o líquido origina uma carapaça do mineral neoformado em torno do mineral reagente impedindo, assim, sua consumação total. Esses minerais são denominados de manteados. Caso típico é a presença de núcleos de olivina em piroxênios, núcleos de piroxênios em anfibólios ou núcleos de anfibólios em biotitas (Figura 1.8.4).
- Trabalhos experimentais em sistemas silicáticos que representam magmas simplificados. Muitos desses trabalhos pioneiros estão reunidos na obra clássica de Bowen (1928), criticamente revista por Yoder Jr. (1979).
- Cálculos termodinâmicos em sistemas silicáticos teóricos.

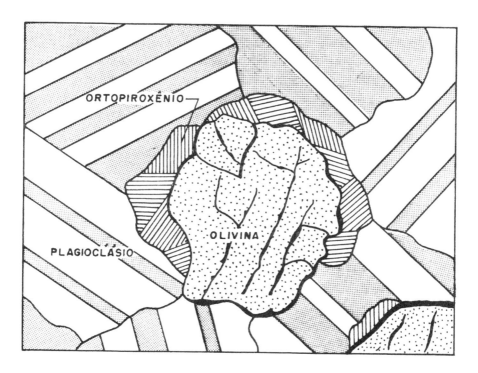

FIGURA 1.8.4 – Coroa de ortopiroxênio envolvendo núcleo residual de olivina resultante da reação olivina+líquido magmático silicoso = ortopiroxênio. A coroa de reação isolou a olivina em relação ao líquido magmático impedindo sua consumação total.

As séries de reação como base para a classificação das rochas magmáticas

A tendência das duas séries de reação no sentido da formação sucessiva de minerais cada vez mais silicosos e enriquecidos em elementos incompatíveis e sua coexistência temporal durante a cristalização magmática definem, em combinação com a série residual, a classificação das rochas magmáticas baseada na paragênese entre determinados minerais siálicos e fêmicos que caracterizam distintos estágios evolutivos das séries de reação, conforme a Figura 1.8.5.

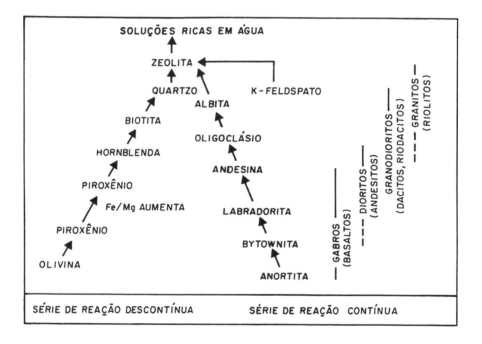

FIGURA 1.8.5 – Classificação das rochas magmáticas plutônicas e vulcânicas baseada na coexistência temporal de minerais siálicos e fêmicos das séries de reação contínua, descontínua e residual.

Esse esquema é refinado na Figura 1.8.6, que mostra a evolução ideal de um magma básico no qual os minerais sucessivamente cristalizados são separados do líquido coexistente ora por decantação (minerais mais pesados que o líquido), ora por flutuação (minerais mais leves que o líquido) originando distintas rochas plutônicas.

Como já discutido no âmbito do diagrama AFM, a cristalização de magmas pode ocorrer sob várias condições de pressão parcial de oxigênio (P_{O2}). A Figura 1.8.7 mostra as diferenças nas características das séries de reação em magmas cristalizando sob condições crescentes e constantes de P_{O2}.

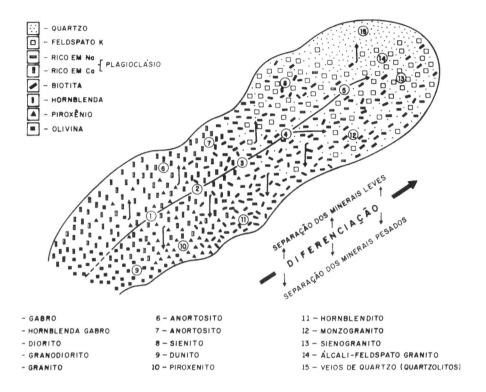

FIGURA 1.8.6 – Evolução esquemática ideal de um magma básico. Os minerais sucessivamente formados são separados do líquido magmático coexistente ora por decantação (minerais mais pesados que o líquido) ora por flutuação (minerais mais leves que o líquido). Formam-se, assim, rochas plutônicas distintas definidas por diferentes paragêneses entre minerais da série contínua, descontínua e residual.

A combinação entre a variabilidade composicional do magma e das diferentes condições de P_{O2} reinantes durante a cristalização reflete-se nitidamente nos aspectos mineralógicos e texturais das diferentes rochas basálticas, como exemplificado no Quadro 1.8.1 que compara sucintamente basaltos toleíticos, cálcio-alcalinos e alcalinos.

Rochas magmáticas

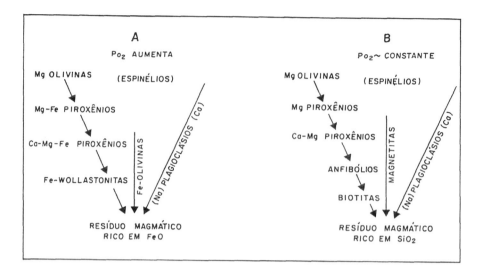

FIGURA 1.8.7 – As séries de reação em magmas basálticos cristalizando sob condições de P_{O_2} crescentes (A) e constantes (B). Segundo Osborn, 1979.

Quadro 1.8.1 – Principais feições mineralógicas e texturais de basaltos alcalinos, cálcio-alcalinos e toleíticos

Tipos de basaltos	Piroxênios	Outros minerais *
Toleítos	Augita e hiperstênio (ou pigeonita)	Pode ocorrer vidro silicoso ou quartzo intersticial
Olivina toleítos	Augita e hiperstênio (ou pigeonita)	Podem ocorrer quantidades substanciais de olivina que frequentemente apresentam bordas de reação de piroxênio
Basaltos alto Al (ou cálcio-alcalinos)**	Augita, rara pigeonita (ou hiperstênio)	Olivina é mineral comum com ou sem bordas de reação de piroxênio. As rochas são tipicamente não porfiríticas
Basaltos alcalinos	Augita ou Ti-augita (com pleocroísmo lilás característico)	Podem ocorrer raros feldspatoides, feldspatos alcalinos, flogopita, biotita ou kaersutita. Faltam bordas de reação de piroxênio na olivina

* Plagioclásio sempre ocorre como mineral essencial.
** Apresentam caráter transicional entre basaltos toleíticos e alcalinos.

Tendências da evolução magmática

A evolução magmática é caracterizada fundamentalmente pelas seguintes tendências de variações mineralógicas e químicas:

- Aumento da acidez das rocha.
- Aumento da acidez do plagioclásio.
- Aumento da relação Fe : Mg.
- Aumento do teor de álcalis.
- Aumento da razão $Al_2O_3 : (CaO+Na_2O+K_2O)$.
- Aumento da polimerização do magma.
- Aumento na hidratação do magma.

Aumento da acidez das rochas

É expresso por um aumento do teor de SiO_2. Resulta do fato de que cada mineral que cristaliza de um magma é mais pobre em sílica que o teor médio em sílica do líquido magmático a partir do qual se forma. Consideremos um magma basáltico com 48% de SiO_2. No início da cristalização ocorrerá a formação dos minerais acessórios: cromita ($FeO·Cr_2O_3$), magnetita ($FeO·Fe_2O_3$) e ilmenita ($FeO·TiO_2$), todos minerais não silicáticos, ao lado de uma olivina rica em forsterita (Mg_2SiO_4, 43% de SiO_2) e um plagioclásio rico em anortita ($CaAl_2Si_2O_8$, 43% de SiO_2). Consequentemente, o líquido coexistente com esses minerais após a sua formação terá mais de 48% de SiO_2 (todos dados em porcentagem de peso). Dessa maneira, a porcentagem de SiO_2 pode ser utilizada como índice de evolução magmática e conclui-se que numa suíte de rochas cogenéticas, as rochas ácidas são mais evoluídas que as básicas (Figura 1.6.1).

Aumento da acidez do plagioclásio

Decorre do fato do Na ser mais incompatível que o Ca. Assim, inicialmente irá cristalizar um plagioclásio rico em anortita ($CaAl_2SiO_8$) e nos estágios finais ocorrerá a cristalização de um plagioclásio enriquecido em albita ($NaAlSi_3O_8$). Dessa maneira a razão normativa 100 Ab/(Ab+An) pode ser utilizada como índice de evolução magmática (Figura 1.2.6). Essa relação é denominada de índice félsico normativo que também pode ser dado pela expressão 100 (Ab+Or) / (Ab+An+Or). Como Sr e Ba são incorporados pelo plagioclásio e Rb e Ba pelos feldspatos alcalinos, este fato permite definir a evolução magmática num diagrama Rb : Ba : Sr (El Bouseily & El Sokkary, 1975) ou nos diagramas $K_2O : Na_2O : CaO$, K : Na : Ca e Or : Ab : An.

Diminuição do índice de coloração

Os minerais fêmicos, por incorporarem preferencialmente elementos compatíveis (Mg, Fe, Ca), irão cristalizar em maiores quantidades nos estágios iniciais da consolidação magmática enriquecendo o líquido coexistente em Na e K, principais constituintes dos plagioclásios ácidos e do feldspato potássico, minerais de cristalização tardia. Dessa maneira, a combinação entre o índice de coloração e a composição do plagioclásio constitui um bom critério para a caracterização da evolução magmática (Figura 1.2.6).

Aumento da relação Fe : Mg

O comportamento dessa relação já foi examinado ao nível da rocha total no âmbito do diagrama AFM (Figuras 1.7.11, 1.7.12 e 1.7.14). Individualmente observam-se nos sucessivos minerais fêmicos cristalizados um sistemático incremento do seu teor de ferro com o decorrer da evolução magmática, fato que se reflete na ocorrência de minerais zonados com núcleos mais ricos em magnésio e bordas enriquecidas em ferro (Figura 2.4.8). O aumento da relação Fe-Mg com a diferenciação pode ser expresso, ao nível de cada amostra estudada, pelo índice máfico catiônico dado pela relação

$$IMC = 100\ (Fe^{+2}+Mn) / (Fe^{+2}+Mg+Mn)\ \text{ou}\ 100\ (Fe^{+2}+Fe^{+3}+Mn) / (Fe^{+2}+Fe^{+3}+Mg+Mn)$$

todos parâmetros em proporções catiônicas (% em peso do óxido / equivalente molecular do óxido) ou pela relação Mg / Fe com os parâmetros expressos em porcentagem (ou proporção) molecular ou porcentagem (ou proporção) catiônica.

Aumento no teor de álcalis

Os minerais fêmicos e os plagioclásios, inicialmente cristalizados, são minerais isentos de potássio e pobres em sódio, o que leva, consequentemente, a um enriquecimento do líquido coexistente nesses elementos incompatíveis. A representação dessa tendência evolutiva se faz através do diagrama $CaO : K_2O : Na_2O$ (Figura 1.7.7).

Aumento da razão Al$_2$O$_3$: (CaO+Na$_2$O+K$_2$O)

Esta relação, expressa em proporções molares, corresponde ao índice de alumina-saturação total (**IAS$_T$**). O aumento da relação Al$_2$O$_3$: (CaO+Na$_2$O+K$_2$O) com a evolução magmática indica que as rochas sucessivamente formadas neste processo tendem gradualmente para composições cada vez mais aluminosas. Isto implica que magmas metaluminosos podem gerar nos seus estágios evolutivos finais rochas peraluminosas e que magmas em princípio fracamente peraluminosas podem gerar rochas evoluídas fortemente peraluminosas. Essas tendências evolutivas dependem, entretanto, do incremento diferencial entre alumina e álcalis com a evolução magmática, expresso pelo índice (molar) agpaítico Al$_2$O$_3$/(K$_2$O+Na$_2$O). O aumento do **IAS$_T$**, combinado com o incremento progressivo no teor de álcalis, se reflete na composição dos minerais máficos sucessivamente cristalizados a partir do líquido magmático em progressiva mudança química:

- Olivinas 2 (Mg, Fe)O·SiO$_2$.
- Piroxênio (augita) (Mg, Fe)O·CaO·2SiO$_2$.
- Anfibólio (hornblenda) 10 [(Mg, Fe)O·(Fe^{+3}, Al)$_2$O$_3$]·4CaO·(Na,)$_2$O· 2^{Al}$_2$O$_3$· 12SiO$_2$·2H$_2$O.
- Micas (biotita) 6 (Mg, Fe)O·K$_2$O·Al$_2$O$_3$·6SiO$_2$·2H$_2$O.

Olivina e biotita são minerais sem Ca, olivinas e augita não contêm Al, hornblenda e biotita são minerais fêmicos com álcalis e alumina. Todos os minerais considerados contêm teores variáveis de Mg e Fe, dominando ao nível de cada grupo estrutural o Mg nas espécies minerais de formação precoce e o Fe nas de formação tardia. Isso permite o emprego da relação FeO : (FeO+MgO) em minerais para definir sucessivos estágios de evolução magmática (por exemplo numa suíte de granitoides compreendendo granodioritos, monzogranitos e sienogranitos, todos portadores de biotita). Em minerais máficos zonados, resultantes de um resfriamento magmático rápido, os sucessivos anéis composicionais caracterizam-se, de dentro para fora, por relação FeO : (FeO+MgO) crescente, à semelhança da relação Ab : (Ab+An) em plagioclásios zonados. A intensidade do zoneamento composicional dos minerais resfriados sob condições idênticas depende, além de outros fatores, de sua estrutura cristalina. O zoneamento é mais acentuado nos minerais complexos e menos patente nos minerais com estruturas mais simples. Assim, nos plagioclásios, que são tectossilicatos, o zoneamento composicional é mais intenso que nas olivinas, que são nesossilicatos. Nas olivinas ocorre uma simples substituição progressiva de Mg por Fe enquanto nos plagioclásios a substituição acoplada de Ca+Al por Na+Si é um processo químico mais complexo e moroso.

Aumento da polimerização do magma

Da cristalização da série de reação contínua resultam tectossilicatos representados pelos plagioclásios. Já a cristalização da série de reação contínua implica a produção de minerais com estruturas cada vez mais complexas, polimerizadas, dada pela sequência olivinas (nesossilicatos), piroxênios (inossilicatos de cadeia simples), anfibólios (inossilicatos de cadeia dupla) e micas (filossilicatos). Esse processo é acompanhado por um aumento progressivo da acidez e da queda da temperatura do magma. Esses parâmetros, interdependentes, se refletem num aumento exponencial da viscosidade de magmas cada vez mais evoluídos.

Aumento na hidratação do magma

Como os minerais inicialmente formados nas duas séries de reação são anidros, os pequenos teores de água primariamente existentes no magma (desde frações de porcentos nos magmas básicos até alguns porcentos nos magmas ácidos) tendem a aumentar com a progressão da cristalização. Nos magmas plutônicos, onde a alta pressão litostática evita o escape da maior parte da água dissolvida no magma, o aumento de seu teor resulta na cristalização de minerais fêmicos hidratados, tais como anfibólios e micas. Outra parte da água é incorporada nos minerais sob forma de inclusões fluidas. Com o aumento da taxa de fluidos diminui acentuadamente a viscosidade do magma, de tal modo que magmas residuais, que dão origem a pegmatitos, são caracterizados por elevada fluidez. Isso permite a eles se alojarem ao longo de planos de descontinuidade física, tais como falhas, fraturas, contatos geológicos, planos de foliação e gnaissificação etc. A fina e persistente estrutura rítmica acamadada do turmalina granito Perus (arredores da cidade de São Paulo, SP) atesta a extrema fluidez deste magma granítico residual. Já nas lavas, onde a água (sob forma de vapor) não sofre retenção, seu escape resulta na cristalização de minerais fêmicos anidros. Dessa maneira, magmas quimicamente similares e com mesmo grau de hidratação dão origem a rochas plutônicas e vulcânicas com minerais fêmicos distintos. Outras diferenças mineralógicas decorrem de diferenças nas temperaturas de cristalização e da velocidade de resfriamento de rochas vulcânicas e plutônicas (Figuras 1.3.1 e 1.5.3).

Quantificação da evolução magmática

A quantificação da evolução magmática é feita através de diagramas binários ou ternários, que utilizam os parâmetros previamente mencionados e índices específicos. Entre os diagramas mais correntes destacam-se os SiO_2 : (Na_2O+K_2O), SiO_2 : FeO_T/MgO, o diagrama molar Al_2O_3 : $(CaO+ Na_2O+K_2O)$, os diagramas AFM, CaO : Na_2O : K_2O etc. ou mesmo representações esquemáticas, caso da Figura 1.8.8. Esta reúne simultâneamente vários parâmetros evolutivos num magma basáltico simplificado, caso do aumento da relação Na : Ca no plagioclásio, da relação Fe : Mg nos minerais fêmicos além da diminuição do índice de coloração.

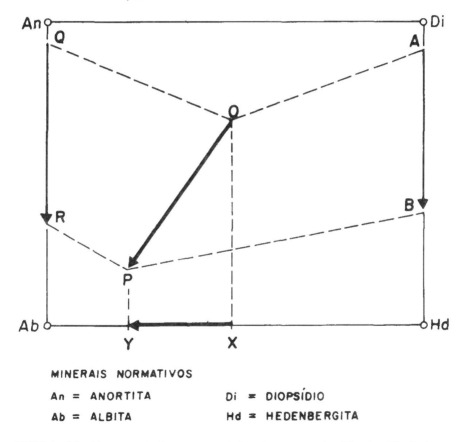

FIGURA 1.8.8 – Algumas variações nas características de um magma basáltico simplificado durante sua evolução, dada pela reta OP. Neste processo o plagioclásio varia de Q para R (indicando aumento da relação Na/Ca), o piroxênio de A para B (indicando aumento da relação Fe/Mg) e a relação entre piroxênio e plagioclásio de X para Y (indicando diminuição do índice de coloração). Segundo Barth, 1962, modificado.

Entre os diversos índices de quantificação da evolução magmática cabe destacar:
- Índice de diferenciação
- Índice de diferenciação modificado
- Índice de cristalização
- Índice de solidificação
- Número Mg ou razão Mg* ou Mg*
- Índice de fracionamento
- Índice de Larsen
- Índice de Larsen modificado
- Índice de Larsen normativo
- Índice félsico
- Índice máfico
- Índices multicatiônicos

Índice de diferenciação

Desenvolvido por Thornton & Tuttle (1960), é dado pela expressão:

$$ID = Q+Ab+Or+Ne+Lc+Kp$$

(norma CIPW, valores em porcentagem de peso). Corresponde a soma dos minerais em cada um dos quatro subsistemas do sistema SiO_2-$NaAlSiO_4$-$KAlSiO_4$ (Figura 1.3.3). O índice de diferenciação, por incluir apenas minerais siálicos (feldspatoides, feldspatos, quartzo), é aplicado ao estudo da evolução de associações félsicas com nítida tendência evolutiva Bowen (enriquecimento em sílica), caso das rochas granitoides em geral.

Índice de diferenciação modificado

É dado pela expressão:

$$IDM = Q+Ab+Or+Ne+Lc+Kp+Di^*+Fs^*+Fa$$

(norma CIPW, valores em porcentagem de peso). Di* = 1.88052 Fs do clinopiroxênio (isto é, corresponde ao clinopiroxênio normativo após a eliminação da componente cálcica Wo), Fs* é o teor de ferrossilita no ortopiroxênio, e Fa representa a fração ferrífera da olivina. O índice de diferenciação modificado combina, assim, a tendência evolutiva Bowen com o aumento da relação Fe : Mg (tendência evolutiva Fenner) durante o fracionamento magmático.

Índice de cristalização

Introduzido por Poldervaart & Parkers (1964), é dado pela expressão:

$$IC = An + Di^* + Fo^* + Sp$$

(norma CIPW, valores em porcentagem de peso), onde $Di^* = 2.2167$ En contida no Di e $Fo^* = 0.701$ En contida no Hy. O índice de cristalização ressalta as variações de MgO em magmas básicos diferenciados.

Índice de solidificação

Criado por Kuno (1960), é dado pela expressão:

$$IS = 100 \, MgO : (MgO + FeO + Fe_2O_3 + Na_2O + K_2O)$$

(óxidos em porcentagem de peso). Corresponde à relação M : (M+F+A) do diagrama AFM (Figura 1.7.11). O índice de solidificação é aplicado ao estudo de associações rochosas resultantes do fracionamento de magmas básicos.

Número Mg* ou razão Mg* ou Mg*

É dado pela expressão:

$$Mg^* = MgO : (MgO + FeO)$$

(óxidos expressos em proporções molares). A razão Mg^* se aplica principalmente à complexos máficos / ultramáficos diferenciados.

Índice de fracionamento

Introduzido por Macdonald (1969), é dado pela expressão:

$$IF = Q + Or + Ab + Ac + Ns$$

(norma CIPW, valores em porcentagem de peso). É aplicado principalmente no estudo da evolução de associações rochosas peralcalinas.

Índice de Larsen

Desenvolvido por Larsen (1938), é dado pela expressão:

$$IL = (\tfrac{1}{3} SiO_2 + K_2O) - (CaO + MgO + FeO)$$

(óxidos em porcentagem de peso). É um índice que já foi muito popular mas ainda encontra certa aplicação no estudo da evolução de associações rochosas em geral.

Índice de Larsen modificado

Criado por Nockolds & Allen (1954), é dado pela expressão:
$$ILM = (ou\ INA) = (\tfrac{1}{3} Si+K) - (Ca+Mg)$$
(parâmetros expressos em porcentagem atômica). O índice de Nockolds & Allen reconhece o fato de que enquanto o K aumenta e o Mg e Ca decrescem nos estágios iniciais de fracionamento de magmas básicos, o Fe nem sempre mostra similar queda. Ao contrário, nos termos básicos a intermediários de associações rochosas toleíticas, o ferro aumenta com a evolução magmática, fato que pode deformar o significado do índice de Larsen.

Índice de Larsen normativo

Este índice, outrora bastante popular, representa o desmembramento do índice de Larsen em óxidos em dois grupos de minerais normativos:
Grupo I : Ab+An+Or, recalculados para 100.
Grupo II : Minerais fêmicos (En+Fs+Wo)+feldspatos (Ab+An+Or)+ Q, recalculados para 100.
Os dois grupos de minerais são representados através de dois pontos nos diagramas triangulares superpostos Or (Q) : Ab (feldspatos) : An (minerais fêmicos). Ligando-se os dois pontos obtém-se uma reta que caracteriza a rocha considerada e várias retas de amostras de uma suíte cogenética determinam a sua tendência evolutiva. No caso de rochas portadoras de feldspatoides (Ne±Lc) e ou olivina (Fa+Fo) na norma, estes valores são assim recalculados:

1.854 Ne é somado com Ab
1.275 Lc é somado com Or
1.430 Fo é somado com En
1.290 Fa é somado com Fs.

A soma das diferenças entre os valores recalculados de Ne, Lc, Fo e Fa e seus valores originais na norma determina quantitativamente a deficiência em sílica da rocha insaturada. Esta é lançada numa linha paralela à base Or (Q)-Ab (feldspatos) partindo do vértice An (minerais fêmicos), que representa a origem desta reta para a direita e cuja escala é a mesma dos triângulos considerados.

Índice félsico

Desenvolvido por Simpson (1954), é dado pela expressão:

$$F = 100\ (Na_2O+K_2O) : (Na_2O+K_2O+CaO)$$

(óxidos em porcentagem de peso). O índice félsico é aplicado ao estudo da evolução magmática de associações siálicas e foi a base para o desenvolvimento dos diagramas $K_2O : Na_2O : CaO$ e $K : Na : Ca$.

Índice máfico

Criado por Wager & Deer (1939), é dado pela expressão:

$$M = 100\ (FeO+Fe_2O_3) : (MgO+FeO+Fe_2O_3)$$

(óxidos em porcentagem de peso). O índice máfico é aplicado ao estudo da evolução de associações magmáticas básicas e foi usado para o desenvolvimento do número Mg*. Caracterizações precisas de associações magmáticas são obtidos no gráfico F : M que permite distinções mais nítidas que as obtidas no diagrama AFM.

Índices multicatiônicos

Parâmetros multicatiônicos têm recebido atenção crescente na elaboração de diagramas de correlação, com destaque para os índices R_1, R_2, D_1 e D_2 onde:

$R_1 = 4Si - 11\ (Na+K) - 2\ (Fe+Ti)$
$R_2 = 6Ca+2Mg+Al$
$D_1 = (Al+Mg) - (K+Fe+Na)$
$D_2 = (Al+Fe) - (K+Mg+4Ca)$

todos os parâmetros expressos em gramas-átomos x 10^3 em 100 gramas de rochas e obtidos pela expressão 1000 (% de peso do óxido/equivalente molecular do óxido). O diagrama $R_1 : R_2$ também serve para a classificação das rochas magmáticas (Figura 3.5.15) e o diagrama $D_1 : D_2$ representa um complexo sistema de variação onde ao longo de retas situadas a 45° entre si são assinaladas simultaneamente as variações dos teores de Fe, Mg, K, Al, Na e Ca.

Vantagens e limitações dos índices de evolução magmática

O emprego dos índices como indicadores da evolução magmática é melhor que a simples utilização da sílica ou dos óxidos alcalinos. Na série toleítica a evolução magmática nem sempre é acompanhada de um aumento de sílica, pois este depende da quantidade de olivina poupada durante a reação deste mineral com o líquido magmático coexistente para a geração de piroxênio (Figura 1.8.4). Quanto maior a quantidade de olivina consumida, menor a diferença no teor de sílica do líquido magmático pré- e pós-reação. Também o teor de (Na_2O+K_2O), crescente com a evolução na maioria das séries magmáticas (Figura 1.6.7), não mostra correlação positiva com a sílica em alguns granitos tardi- a anorogênico (Rogers & Greenberg, 1990).

Os índices de quantificação da evolução magmática são geralmente utilizados em diagramas de variação binários onde são correlacionados com diversos óxidos e elementos traços. Nesse sentido servem para caracterizar o comportamento dos elementos compatíveis e incompatíveis durante a evolução magmática, assinalar a cristalização de fases minerais específicas e comparar distintas associações rochosas. Entretanto, em vários casos, esses diagramas não oferecem resultados muito distintos dos obtidos pela correlação direta entre diferentes óxidos. É o caso, por exemplo, dos diagramas IL : (Na_2O+K_2O) e SiO_2 : (Na_2O+K_2O). Outras vezes, geram correlações lineares muito claras mas sem maiores significados. É o caso, por exemplo, do gráfico IS : MgO, já que o MgO entra também na constituição do índice de solidificação. Nesse caso é preferível a elaboração do diagrama SiO_2 : MgO ou, alternativamente, dos diagramas CaO : MgO, FeO : MgO ou TiO_2 : MgO, principalmente no estudo de associações básicas/ultrabásicas.

Os parâmetros evolutivos são basicamente de dois tipos:

- os que resultam da soma, diferença ou divisão entre agrupamentos de óxidos, minerais normativos, porcentagens catiônicas etc. Esses parâmetros crescem (ou decrescem) regularmente com o fracionamento magmático, mas não têm valores mínimos e máximos fixos. É o caso dos índices de diferenciação, de fracionamento etc;
- os que representam relações do tipo X : (X+Y). Neste caso seus limites extremos são fixos, variando teoricamente entre 0 (quando X = 0) e 1 (quando Y = 0). Exemplos são as relações MgO : (MgO+FeO), K : (K+Na), Ab : (Ab+An), Zr : (Zr+Rb) etc. Já em relações simples tipo X : Y os valores teoricamente flutuam entre 0 (quando X = O) e ∞ (quando Y = 0) e, como tais, devem ser evitadas.

Um aspecto importante na análise de diagramas de variação é o chamado "efeito 100", que resulta do fato da soma dos óxidos de uma análise (ou dos minerais de uma norma) perfazer 100%. Como o teor de SiO_2 nas rochas magmáticas varia, *grosso modo*, entre 50 e 70%, a soma dos demais óxidos tem que forçosamente cair de 50% para apenas 30% com o incremento da sílica do valor mínimo para o máximo. Dessa maneira, correlações negativas entre sílica e outros óxidos (diagramas de Harker) podem simplesmente resultar do "efeito 100" e não representar aspectos petrológicos importantes. A mesma consideração é válida para diagramas triangulares, nos quais a soma dos parâmetros empregados é recalculada para 100. Sob este aspecto basta relembrar o diagrama QAP onde rochas com índice de coloração **M'** = 89 são classificadas em função dos apenas 11% de minerais siálicos presentes, cujos componentes (QAP, AP ou APF) são recalculados para 100. Esse fato distorce e suprime artificialmente a elevada taxa de minerais máficos presentes.

Um parâmetro que deve ser evitado nos diagramas de correlação binários é o Al_2O_3. Este óxido, apesar de ser o segundo mais frequente nas análises químicas das rochas magmáticas (Tabela 1.2.1), tem uma variação muito restrita, flutuando entre cerca de 10% (nas raríssimas rochas ultrapotássicas) e 20% (nos também raros fonolitos e sienitos), mas a grande maioria dos teores concentra-se na estreita faixa entre 14 e 17%.

Diagramas de Pearce

Outros gráficos de variação de largo emprego no estudo da evolução de associações rochosas são os diagramas de Pearce (1968, 1970), também denominados de "diagramas de razões entre proporções molares" e "diagramas de razões entre elementos de Pearce". São gráficos do tipo A/Z : B/Z onde A e B representam elementos ou agrupamentos de elementos incorporados pelos minerais formados e Z elementos pouco frequentes e que não entram em quantidades consideráveis na constituição desses minerais. Decorre que os elementos Z mantêm a sua abundância absoluta aproximadamente constante nas diferentes rochas de uma suíte considerada. É o caso, por exemplo, do K em associações rochosas basálticas. Dessa maneira, em diagramas de Pearce, a inclinação da reta de correlação interelementos retrata a relação A : B do mineral ou da paragênese mineral cristalizada. O diagrama de Pearce mais utilizado no estudo de associações rochosas básicas é o gráfico Si/K : (Mg+Fe)/K. Ferro entra na constituição dos óxidos de Fe-Ti; magnésio, ferro e silício na formação das olivinas, clino- e ortopiroxênios e silício na composição do plagioclásio, os minerais essenciais dos basaltos, mas que incorporam quantidades insignificantes de potássio. Nos óxidos de Fe-Ti a relação (Mg+Fe) : Si é de 1:0 e na olivina, hiperstênio, augita e plagioclásio, respectivamente, de 2:1, 1:1, 1:2 e 0:1, de tal modo que cada um desses minerais ao cristalizar origina um vetor de variação química do magma com inclinações distintas no diagrama considerado (Figura 1.8.9).

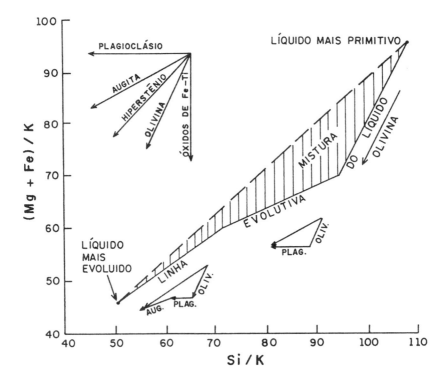

FIGURA 1.8.9 – Diagrama de Pearce Si/K : (Mg+Fe)/K para o rastreamento dos minerais cristalizados durante a evolução de magmas basálticos. Cada mineral formado origina no magma uma variação química característica representada por um vetor com inclinação específica. Extraído de McBirney, 1993.

Diagramas semelhantes podem ser elaborados baseados em elementos traços que são incorporados simultaneamente, mas em quantidades variáveis, nos diferentes minerais cristalizados. O caso mais utilizado é o diagrama Sr : Rb aplicado ao estudo da evolução de suítes granitoides, na qual a cristalização de anfibólios, micas, plagioclásios e feldspatos alcalinos implica mudanças específicas na relação Sr : Rb do magma que se retratam através de vetores evolutivos com inclinações particulares para cada mineral fracionado (Figura 1.8.10).

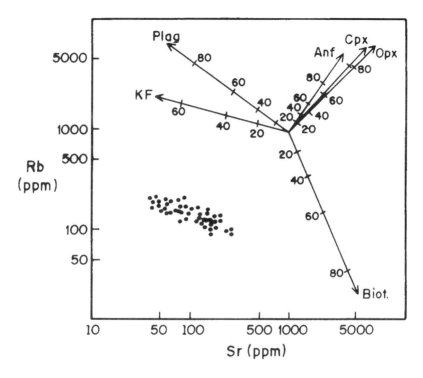

FIGURA 1.8.10 – Vetores de evolução magmática no diagrama Sr : Rb pelo fracionamento de ortopiroxênio (Opx), clinopiroxênio (Cpx), anfibólio (Anf), biotita (Biot), plagioclásio (Plag) e feldspato potássico (KF). O comprimento de cada vetor é função da porcentagem de cada mineral removido nele assinalada. O diagrama revela que a suíte granitoide examinada (pontos) evoluiu essencialmente pelo fracionamento de feldspatos. Segundo Walsh et al., 1979, e Beckinsale, 1979.

Exercícios

1. Calcule para as rochas das Tabelas 1.7.2,. 1.7.3, 1.7.4 e 1.7.5 os diferentes índices de quantificação da evolução magmática discutidos no texto. Elabore diagramas que correlacionem esses índices com vários óxidos. Discuta os resultados.

2. Para as rochas dessas mesmas tabelas elabore o diagrama de Pearce Si/K : (Mg+Fe)/K, conforme a Figura 1.8.9. Discuta os resultados.

1.9 Mudanças composicionais em magmas

O magma contido numa câmara magmática sofre com maior ou menor intensidade variações na sua composição química com o decorrer do tempo. Essas modificações são aqui abordadas levando-se em conta se a câmara é um sistema fechado ou aberto e se as modificações ocorrem com o magma essencialmente em estado líquido ou durante sua cristalização. Um sistema fechado é aquele que tem com seu meio ambiente apenas relações de troca de calor, enquanto um sistema aberto tem relações de troca de calor e de matéria. A troca de matéria numa câmara magmática que atua como sistema aberto pode se dar através da incorporação, pelo magma, de fragmento de rochas encaixantes, pela difusão de gases e fluidos do magma para as rochas encaixantes ou de fluidos das rochas encaixantes para o magma; pelo recarregamento de uma câmara magmática parcialmente drenada por novos impulsos magmáticos etc.

Variações composicionais em sistemas magmáticos fechados

Sistemas magmáticos fechados, sob aspecto de suas fases constituintes, são essencialmente de dois tipos: suspensões magmáticas, nas quais coexiste uma fração magmática líquida com quantidades variáveis de minerais já cristalizados, e magmas essencialmente líquidos.

Mudanças químicas em suspensões magmáticas

Consideremos um magma cristalizando numa câmara magmática atuando como sistema fechado. Durante a cristalização a fração líquida magmática vai mudando sucessivamente de composição, pois a cada instante os minerais formados têm composição distinta da do magma a partir do qual cristalizam. Se os líquidos forem sucessivamente isolados dos minerais já formados ocorrerá um fracionamento magmático do qual resultará a formação de dois grupos de rochas distintos. O primeiro corresponde à paragênese dos cristais já formados mais os resultantes da cristalização do líquido magmático intersticial aprisionado entre eles, e o segundo é o produto da cristalização do líquido magmático isolado dos cristais já formados. O fenômeno do isolamento de um líquido magmático, quimicamente mais evoluído, dos cristais já formados é denominado de cristalização fracionada.

A evolução química genérica de um magma durante sua cristalização é perfeitamente previsível, pois os minerais que se formam sucessivamente integram tanto a série de reação contínua quanto a descontínua, ambas caracterizadas por mudanças químicas bem definidas (Figura 1.8.3). Consideremos a consolidação de um magma basáltico (Figura 1.8.2 e 1.8.4). A cristalização sucessiva (e em parte simultânea) de espinélio cromífero (que retira Cr e Al do magma), da olivina (que no seu estágio inicial de cristalização retira essencialmente Mg do magma), do clinopiroxênio, sob forma de augita subcálcica/pigeonita magnesiana (retirando Mg), e do plagioclásio básico (extraindo Ca e Al) vai modificar a composição do magma no sentido de um enriquecimento em Si, Fe e Na que se reflete no estágio final da cristalização pela formação de minerais máficos mais ricos em Fe, de um plagioclásio mais rico em Na e Si e, eventualmente, de quartzo (Tabela 1.7.1). Ressalte-se, mais uma vez, que a olivina inicialmente formada é mais rica em Mg que o magma original, o mesmo ocorrendo em relação ao Ca no plagioclásio (Figura 1.9.1).

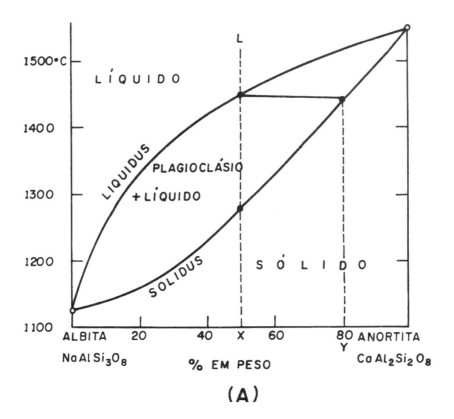

(A)

Rochas magmáticas

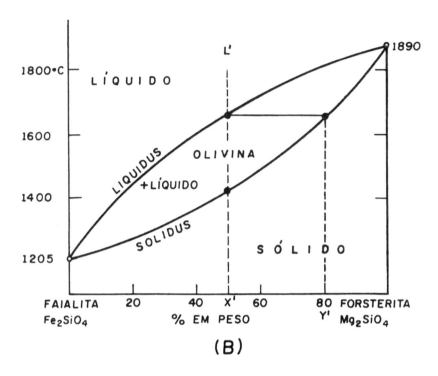

FIGURA 1.9.1 – (A) Cristalização de um plagioclásio no sistema $NaAlSi_3O_8$-$CaAl_2Si_2O_8$. A composição do plagioclásio inicialmente formado (Y) é mais rico em Ca que o líquido (L) a partir do qual se forma (X). (B) Cristalização de uma olivina no sistema Mg_2SiO_4-Fe_2SiO_4. A composição da olivina inicialmente formada (Y') é mais rica em Mg que o líquido L' a partir do qual se forma (X'). Segundo Bowen, 1912, e Bowen & Schrairer, 1935, simplificado.

O isolamento do líquido magmático coexistente com os minerais já formados pode ocorrer a qualquer instante ao longo da linha de cristalização do magma basáltico da Figura 1.8.2. Quanto mais precoce ocorrer o isolamento, tanto mais básico o líquido e, quanto mais tardio, tanto mais ácido (Tabela 1.7.1). Também existe uma relação entre a evolução química e o volume do magma. Quanto mais evoluído o líquido, menor o seu volume, pois a intensidade da mudança química em relação ao magma original depende da quantidade de minerais cristalizados. Tal fato é retratado na Figura 1.7.13 através da frequência relativa de basaltos, andesitos, dacitos e riolitos, os três últimos produtos do fracionamento dos primeiros. A exceção são os andesitos da série cálcio-alcalina, aspecto que sugere para essas rochas processos genéticos peculiares. As Figuras 1.9.2 e 1.8.6 fornecem uma visão integrada das variações químicas que caracteriza a evolução magmática, bem como seu fracionamento.

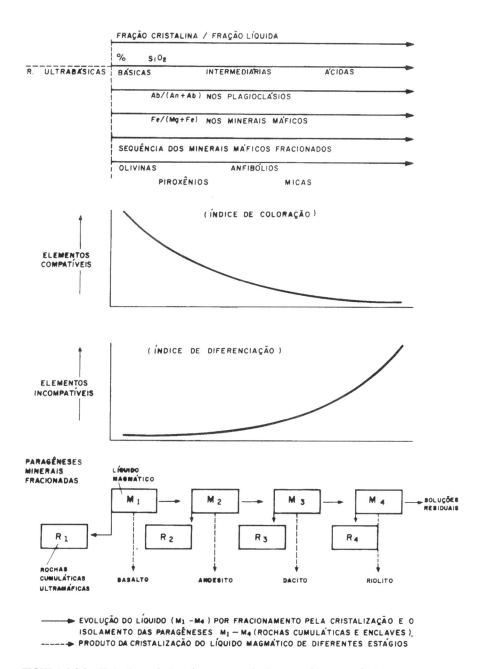

FIGURA 1.9.2 – Variações químicas durante a evolução magmática e seu fracionamento.

Processos de fracionamento em suspensões magmáticas

Entre os principais processos que levam a uma separação do líquido (ou cristais) dos cristais (ou líquido) num magma parcialmente cristalizado cabe destacar:

- Separação gravimétrica.
- Concentração de minerais por lâminas de fluxo.
- Retenção de cristais em constrições.
- Filtragem por compressão.
- Concentração de cristais por correntes de convecção.
- Incrustação de cristais nas paredes de câmaras magmáticas.

Separação gravimétrica

Este processo requer baixa viscosidade do magma e diferenças substanciais entre a densidade das fases inicialmente formadas e a do magma a partir do qual cristalizam. O processo é eficiente para separar minerais opacos, olivinas, piroxênios e plagioclásios em magmas básicos originando cromititos, dunitos, peridotitos, piroxenitos e anortositos. A separação gravimétrica é governada pela lei de Stocke, assim expressa:

$$V = \frac{2g}{9\eta} r^2 (d_s - d_l) \quad \text{onde}$$

V é a velocidade final de uma esfera sólida com raio r caindo (ou ascendendo) através de um líquido com viscosidade η sob uma aceleração da gravidade g sendo d_s a densidade do sólido e d_l a do líquido.

As densidades dos principais minerais formadores das rochas magmáticas são as seguintes:

< 2,5 g/cm³ - analcima, sodalita, leucita;
2,5-3,0 g/cm³ - quartzo, feldspatos, nefelina, muscovita;
> 3,0 g/cm³ - minerais fêmicos, óxidos de ferro, apatita, zircão.

A viscosidade do magma depende de vários fatores tais como sua composição, teor em voláteis, pressão e temperatura (Figura 1.9.3).

Na natureza a densidade de um magma não aumenta de modo regular com a queda da temperatura, como sugere a Figura 1.9.3, pois a viscosidade depende também do seu estágio de cristalização (taxa de cristais contidos) e de seu estágio evolutivo (dado pela composição que varia continuamente com o fracionamento). A Figura 1.9.4 mostra a variação da densidade de magmas basálticos toleíticos em função de sua evolução, dada pelo indicador Fe/(Fe+Mg) molar, e dos cristais cuja cristalização está iniciando ou terminando. Composicionalmente o magma parental, inicialmente por um picrito, evolui via basalto (MORB = Mid Ocean Ridge Basalt ou BCMO = Basalto de Cadeia Mesoceânica) para vidros residuais mais ácidos.

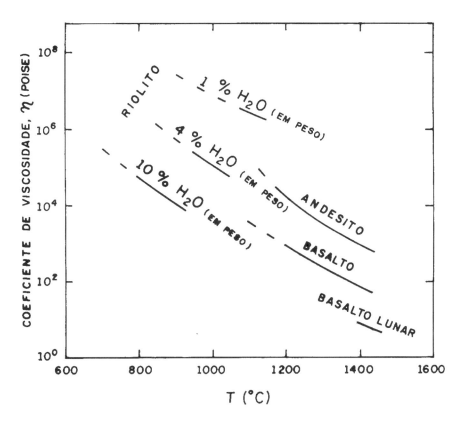

FIGURA 1.9.3 – Coeficiente de viscosidade η (expresso em poises) para magmas sem cristais em função de sua composição, teor em voláteis e temperatura. Segundo Shaw, 1965, e Murase & McBirney, 1973.

A eficiência da segregação de minerais por decantação é influenciada principalmente por três fatores:

- Correntes de convecção magmáticas. Sua ação é capaz de impedir a decantação mineral ou reverter a trajetória natural dos minerais leves e densos, arrastando-os, respectivamente, para a base e o topo da câmara magmática.

- Pressão. Um mesmo mineral pode ser menos denso que o magma a baixas pressões e mais denso que o magma a elevadas pressões. Isso implica que a segregação só poderá ocorrer se um magma permanecer estacionário num certo nível crustal por longo tempo.
- Propriedades físicas do magma. Magmas se comportam como corpos de Bingham, isto é, há a necessidade da aplicação de um esforço crítico antes que um aumento dos esforços aplicados provoque deformações proporcionais no magma. É esta característica que mantém, por exemplo, a camada de tinta líquida presa a parede por ocasião de uma pintura. Para que um mineral possa ser decantado o seu peso terá que superar essa resistência do magma à deformação.

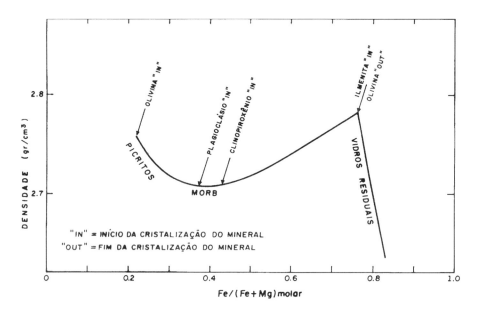

FIGURA 1.9.4 – Variação da densidade de um magma picrítico em função de seu grau de fracionamento, expresso em proporção molar Fe/(Fe+Mg). Estão assinalados os instantes do início ("in") e do término ("out") da cristalização da olivina, plagioclásio, clinopiroxênio e ilmenita. Segundo Stolper & Walker, 1980, simplificado.

Mesmo com todos esses problemas, Wager & Brown (1968) estabeleceram velocidades de decantação de diferentes minerais com variadas dimensões num magma basáltico com densidade de 2.58 g/cm³ e viscosidade de 3.000 poises (Tabela 1.9.1).

Rochas geradas essencialmente pela decantação gravitacional de minerais são denominadas de rochas cumuláticas e se caracterizam por texturas típicas, denominadas de texturas cumuláticas, dadas pela justaposição irregular dos cristais decantados e cujos interstícios são ocupados por minerais resultantes da cristalização de pequenas frações de líquido magmático intersticial aprisionado entre os cristais (Figura 1.9.5).

Tabela 1.9.1 – Velocidades de decantação de diversos minerais com diferentes dimensões num magma basáltico com densidade 2,58 g/cm^3 e viscosidade de 3.000 poises. Segundo Wager & Brown, 1968

Mineral (densidade)	Raio (mm)	Velocidade de decantação (cm/h)	(m/ano)
Plagioclásio (2.68 g/cm^3)	0.5	6	0.06
	1.0	23	0.3
	2.0	92	1.0
	4.0	368	4.2
Augita (3.28 g/cm^3)	0.5	40	0.5
	1.0	160	1.8
	2.0	640	7.3
Olivina (3.70 g/cm^3)	0.5	64	0.7
	1.0	256	2.9
	2.0	1024	11.7
Magnetita (4.92 g/cm^3)	0.25	3	0.03
	0.5	134	1.5
	1.0	535	6.1

Concentração de minerais por lâminas de fluxo

É um processo efetivo em alguns diques, principalmente de rochas básicas. Se uma suspensão magmática invadir uma fratura para a formação de um dique, o fluxo magmático tende a concentrar os minerais no centro do dique, o que promove a migração do líquido coexistente para as porções marginais. (Figura 1.9.6).

Retenção de cristais em constrições

Condutos magmáticos ao longo de fraturas ou falhas frequentemente são irregulares, propiciando a retenção de cristais de uma suspensão magmática em constrições do conduto magmático durante sua passagem. A efetividade do processo pode ser observada em locais onde magmas contendo grandes cristais (fenocristais, megacristais, macrocristais) invadem fraturas em forma de cunha. Com o estreitamento progressivo da fratura ocorre uma retenção dos cristais, de tal modo que a parte terminal da fratura é ocupada por rochas que cristalizaram a partir do líquido magmático separado dos fenocristais. Já no local crítico de retenção a rocha estará muito enriquecida em fenocristais (Figura 1.9.7).

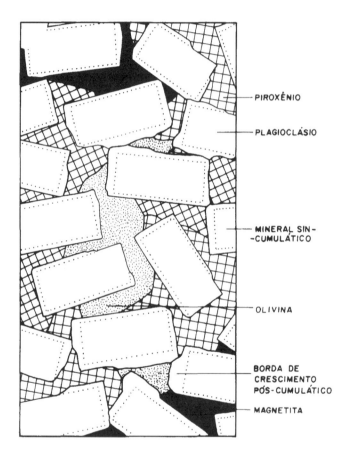

FIGURA 1.9.5 – Aspectos principais de uma textura cumulática de plagioclásio. A maior parte da trama mineral é dada por cristais euedrais e subedrais de plagioclásios decantados (minerais cúmulos) que se tocam formando uma malha fechada. Os interstícios da malha são ocupados por minerais intercúmulos que resultam da cristalização do líquido magmático aprisionado entre os minerais. Os cristais de plagioclásio são formados por duas partes geneticamente distintas: uma que corresponde à parte mineral por ocasião de sua decantação e, outra, dada por um delgado anel externo, que resulta de um crescimento tardio do mineral à custa do líquido magmático intersticial. Segundo Wager, 1963.

Conceitos fundamentais

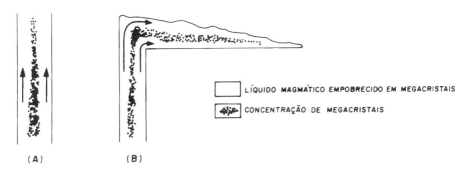

FIGURA 1.9.6 – Esquema mostrando a concentração de cristais no centro de lâminas de fluxo de suspensões magmáticas em diques (A) e em dique evoluindo para soleira (B). Segundo Simkin, 1967.

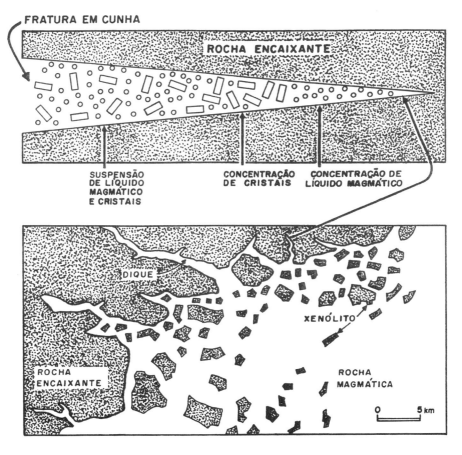

FIGURA 1.9.7 – Retenção de megacristais de um magma durante sua penetração ao longo de uma fratura em forma de cunha.

Filtragem por compressão

Ocorre quando a câmara ou reservatório magmático (porção na crosta terrestre ocupado por magma e circundada por rochas sólidas denominadas de rochas encaixantes ou rochas hospedeiras) é submetido, durante a cristalização, a esforços compressivos. O processo no qual o líquido é espremido e separado dos cristais coexistentes é bastante efetivo para câmaras magmáticas situadas em anticlinais de grandes dobras em processo de formação ou em diápiros ascendentes de magma. Diápiros têm a forma de uma gota invertida e sobem pelo manto ou através das camadas inferiores da crosta, dúcteis, por diferença de densidade (Figura 1.9.8). Também a compactação progressiva de grandes massas de minerais cumuláticos leva à expulsão de parte do líquido magmático intersticial.

Conceitos fundamentais

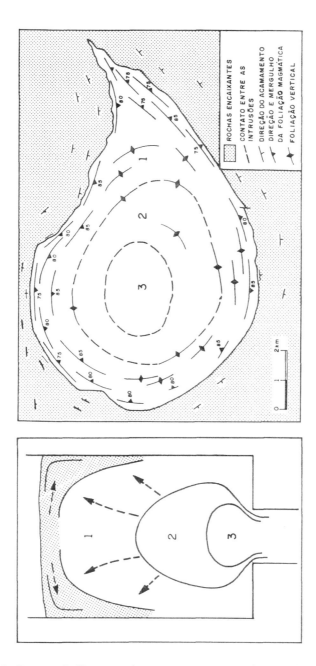

FIGURA 1.9.8 - Processo de filtragem sob compressão num complexo granítico polidiapírico, no qual intrusões sucessivas de diápiros mais novos (2,3) forçam o aumento do tamanho do complexo magmático. Este processo leva à expulsão do líquido intersticial do diápiro precedente, semiconsolidado (1), devido à resistência da rocha encaixante ao aumento do volume da intrusão. Complexo polidiapírico em planta (A) e em corte (B).

Concentração de cristais por correntes de convecção

Em todos os reservatórios magmáticos maiores ocorrem gradientes térmicos entre sua base e seu topo o que propicia o desenvolvimento de correntes de convecção. Estas podem arrastar as frações cristalinas já formadas, concentrando e isolando-as do líquido magmático coexistente.

A Figura 1.9.9 exemplifica o desenvolvimento de correntes de convecção junto aos contatos mais frios de uma câmara magmática em fase de cristalização. A velocidade com que o magma desce nestes locais por unidade de tempo é dada pela fórmula:

$$\frac{dv}{dt} = \left(\frac{g\Delta\rho kL}{\eta}\right)^{\frac{1}{2}} \quad \text{onde}$$

v = velocidade descendente da corrente de convecção
t = tempo
g = constante de aceleração da gravidade
ρ = contraste de densidade ao longo da distância e resultante da diferença de temperatura ao longo desta distância
k = coeficiente da difusão térmica do magma
η = viscosidade do magma
L = distância que determina o contraste de densidade Δη em função da diferença de temperatura ao longo dessa distância

Conceitos fundamentais

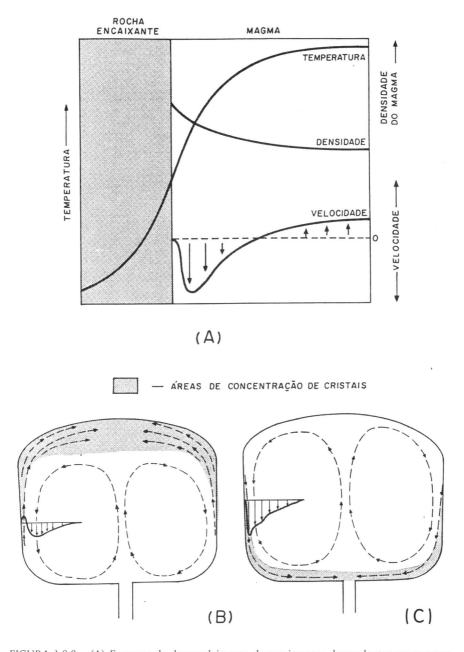

FIGURA 1.9.9 – (A) Esquema do desenvolvimento de movimentos descendentes em magmas junto a seus contatos mais frios. A velocidade dos movimentos é várias ordens de grandeza maior que a velocidade de decantação de minerais segundo a lei de Stocke. Pela ação dos fluxos descendentes e ascendentes pode ocorrer a concentração preferencial de minerais já cristalizados tanto no topo (B) quanto na base (C) da câmara magmática. Segundo Philpotts, 1990.

O magma descendente ao longo dos contatos mais frios da intrusão provoca a ascensão de magma em suas porções mais centrais devido à existência de uma instabilidade gravitacional, dada por temperaturas mais elevadas na base que no topo da intrusão. Formam-se, assim, correntes de convecção que em câmaras magmáticas tabulares são denominadas de células de convecção de Bérnard (Figura 1.9.10).

O formato tridimensional das células de convecção depende do número de Rayleigh (R_a), dada pela expressão:

$$R_a = \frac{\rho g d^3 \alpha (T_1 - T_2)}{\eta k} \quad \text{onde}$$

ρ = densidade do magma
g = constante de aceleração gravitacional
d = espessura da câmara magmática tabular
α = coeficiente de expansão térmica do magma
$T_1 - T_2$ = diferença entre a temperatura da base e do topo da câmara magmática (isto é, ao longo de d)
η = viscosidade do magma
k = coeficiente de difusão térmica do magma

Células de convecção se desenvolvem quando R_a (um número sem dimensões) exceder o valor de 1.708. O formato tridimensional das células de convecção será cilíndrico, poligonal ou caoticamente turbulento para valores de R_a, respectivamente, baixos, médios e elevados.

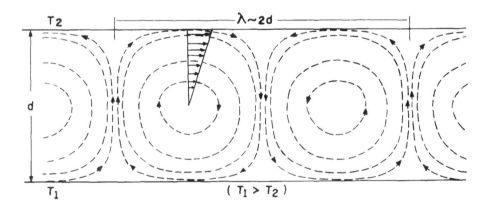

FIGURA 1.9.10 – Desenvolvimento de células de convecção de Bénard cilíndricas em câmaras magmáticas tabulares. O comprimento de onda de duas células sucessivas é aproximadamente o dobro da espessura da câmara magmática. Segundo Philpotts, 1990.

Correntes de convecção são importantes agentes de separação e concentração local de cristais de suspensões magmáticas. Tal fato pode ser facilmente constatado através de um experimento caseiro. Aquecendo-se sobre uma chama uma panela com água contendo pequenas bolinhas de papel de alumínio verifica-se que com o aquecimento gradual da água as bolinhas passam a movimentar-se chegando a ser arrastadas pelas correntes de convecção até a superfície da água.

Na natureza a eficiência desse processo pode ser mais facilmente observado em muitos complexos de granitos porfiroides caracterizados por grandes megacristais de microclínio. Nestes corpos é comum a existência de concentrações desses megacristais ora com disposição subparalela, ora imbricados lembrando uma sucessão de espinhas de peixes de disposição paralela. Em outros casos os megacristais mostram-se aglutinados em massa com dimensões até métricas ou exibem disposição que retrata movimentos turbilhonares (Figura 1.9.11).

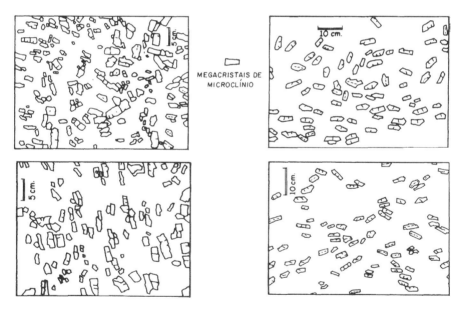

FIGURA 1.9.11 – Diferentes orientações e concentrações de megacristais de microclínio em granito porfiroide provocadas por fluxo magmático laminar e turbilhonar.

Incrustação de cristais nas paredes da câmara magmática

Como as zonas marginais de uma câmara magmática são mais frias que a sua porção central, a cristalização procede da borda para o seu interior. A formação de cristais junto às paredes do reservatório expele o líquido coexistente para o interior da câmara promovendo o fracionamento magmático. Resultam desse processo a cristalização de intrusões zonadas caracterizadas, da borda para o centro, por um aumento da acidez (Figura 1.9.12). Um exemplo expressivo desse processo é o complexo alcalino de Itatiaia (RJ) formado, da borda para o centro, por uma sucessão de nefelina sienitos, sienitos, quartzo sienitos e granitos alcalinos.

Processos de fracionamento em magmas essencialmente líquidos

Entre os principais processos que provocam heterogeneidades químicas em magmas essencialmente líquidos e inicialmente homogêneos cabe destacar:

- Efeito Soret.
- Camadas de múltipla difusão.
- Ação pneumatolítica.
- Imiscibilidade magmática.

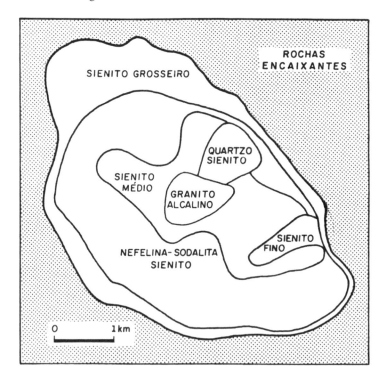

FIGURA 1.9.12 – Exemplo de uma intrusão zonada com rochas cada vez mais ácidas no interior do complexo magmático. Complexo Red Hill, New Hampshire. Segundo Size, 1972, simplificado.

Efeito Soret

É o processo segundo o qual numa câmara magmática, pela existência de gradientes térmicos, ocorrem gradientes composicionais químicos resultantes de uma difusão química seletiva ao longo deste gradiente. O efeito Soret foi principalmente estudado em experimentos de laboratório. Para que ocorra uma diferenciação pelo efeito Soret na natureza há a necessidade da manutenção de um elevado gradiente térmico por longo tempo na câmara magmática. Os valores de difusão térmica em magmas são da ordem de 10^{-6} m^2/s, enquanto os coeficientes de difusão química em magmas basálticos são da ordem de 10^{-11} m^2/s e ainda menores em magmas graníticos. Assim, como o calor difunde mais rapidamente que espécies químicas, teoricamente o gradiente térmico terá sido dissipado antes de ocorrer significativa diferenciação magmática a não ser que processos adicionais, tais como correntes de convecção, mantenham o gradiente térmico por um longo período.

Nessas condições a demora para o estabelecimento de um gradiente composicional Soret é dado pela expressão:

$$t = \frac{d^2}{4D} \quad \text{onde}$$

t = o tempo necessário para o estabelecimento do gradiente composicional;

d = a distância ao longo da qual as espécies químicas precisam difundir e

D = o coeficiente de difusão para espécies químicas móveis, de difusão mais rápida.

Trabalhos experimentais mostram que a diferenciação pelo efeito Soret muda a composição magmática segundo uma tendência evolutiva oposta da resultante por cristalização fracionada. As duas tendências estão caracterizadas na Figura 1.9.13. Na Tabela 1.9.2 constam as análises de um corpo basáltico diferenciado cujas diferenças composicionais foram atribuídas ao efeito Soret.

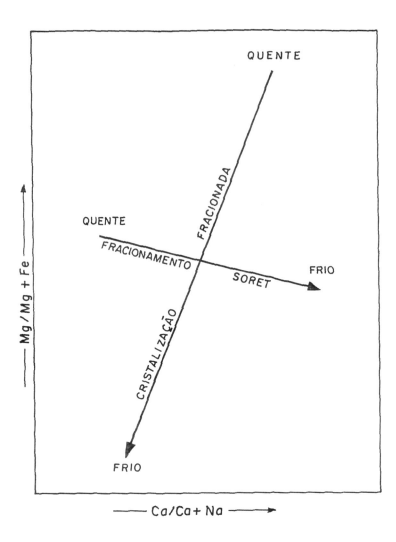

FIGURA 1.9.13 – Tendências das evoluções químicas de um magma basáltico por efeito Soret e cristalização fracionada num diagrama Ca/(Ca+Na) : Mg/(Mg+ Fe). Segundo Walker & De Long, 1982.

Tabela 1.9.2 – Variação na composição química entre a base e o topo de uma intrusão básica diferenciada sob o efeito Soret. Consta ainda a composição química média do corpo. Segundo Walker & De Long, 1982

	Base (fria) (1.210°C)	Topo (quente) (1.480°C)	Composição média
SiO_2	44.9	56.7	53.1
TiO_2	2.81	1.78	2.08
Al_2O_3	13.6	16.2	15.2
Cr_2O_3	0.10	0.03	0.04
FeO	16.4	6.38	9.70
MnO	0.26	0.16	0.18
MgO	7.39	4.27	5.24
CaO	12.3	9.96	10.8
Na_2O	2.22	3.91	3.44
K_2O	0.18	0.57	0.45

Camadas de múltipla difusão

Para a compreensão deste processo de fracionamento magmático consideremos como exemplo simplificado duas soluções salinas a diferentes temperaturas. A solução mais quente, por sua maior capacidade de dissolução de sal, será mais salina que a solução mais fria. Num dado momento a densidade da solução mais quente, somatória de uma água mais leve e de uma maior quantidade de sal dissolvido, será igual à densidade da solução mais fria resultante de uma água mais pesada e de uma menor quantidade de sal dissolvido. Como resultado, num sistema estratificado por densidade, as duas soluções coexistirão em contato e entre elas ocorrerá troca de calor (ao longo do gradiente térmico entre a solução mais quente e a mais fria) e de compostos químicos (ao longo do gradiente de concentração de sal). Dada a existência de gradientes térmicos numa câmara magmática, o magma originalmente homogêneo também pode sofrer uma estratificação em termos de densidade e na qual cada estrato magmático se distingue dos seus vizinhos sobre- e subjacentes em termos térmicos e composicionais. Essa estratificação composicional, cuja variação química não pode ser explicada por cristalização fracionada, é reconhecida em muitas sequências de tufos vulcânicos. A estratigrafia desses depósitos é uma sequência de camadas de múltipla difusão sucessivamente drenadas por numerosos fenômenos explosivos sequenciais (Hildreth, 1981; Hildreth et al., 1984).

Na Figura 1.9.14 está representada uma câmara magmática com estratificação por densidade em bases termocomposicionais. Em cada estrato atuam correntes de convecção do tipo Bénard (Figura 1.9.10) que garantem a homogeneidade composicional de cada estrato. A figura mostra também uma câmara magmática composicionalmente estratificada drenada por fraturas à diferentes profundidades, resultando na coexistência espacial de diques com composições distintas.

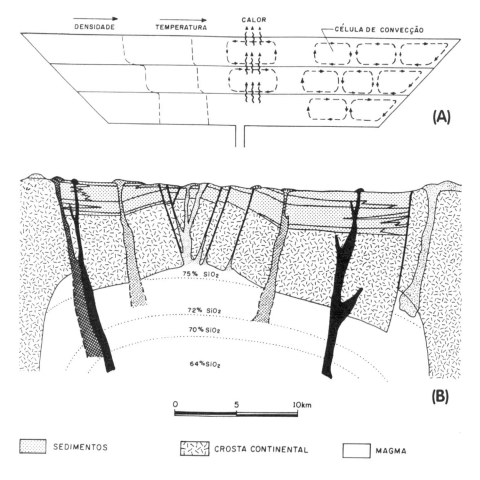

FIGURA 1.9.14 – (A) Câmara magmática estratificada em termos de densidade, tendo cada estrato características térmicas e composicionais distintas. (B) Câmara magmática estratificada drenada a diferentes níveis por meio de fraturas mais ou menos profundas levando à coexistência espacial de diques com distintas composições. Segundo Philpotts, 1990, e Bailey et al., 1976, modificado.

Ação pneumatolítica

Quando magmas ricos em voláteis ascendem através da Terra rumo a níveis mais rasos, a queda da pressão pode permitir a separação de uma fase fluida. A fase fluida, por ser menos densa, ascende mais rapidamente que o magma. Resulta assim a percolação do magma pela fase fluida e sua concentração na porção apical da câmara magmática. No caso de rochas encaixantes impermeáveis, a fase fluida se concentrará no topo da câmara magmática originando uma cúpula magmática. No caso de rochas encaixantes permeáveis a fase fluida escapa da câmara magmática ao longo de falhas, fraturas e contatos geológicos formando diques e pegmatitos pneumatolíticos ou hidrotermais. Em sua percolação pelo magma rumo à porção apical do reservatório a fase fluida enriquece-se em elementos ou compostos que têm maior afinidade química com a fase fluida do que com o líquido magmático coexistente. Assim, a fase fluida, basicamente composta por H_2O, C (CO_2, CO), Cl (HCl, Cl_2), F (HF), N (N_2, NH_3) e S (S_2, H_2S, SO_2) enriquece-se em B, P, Li, Be, Sc, Ga, Ge, As, Rb, Y, Zr, Nb, Mo, Ag, In, Sn, Sb, Cs, Ba, ETR, Hf, Ta, W, Re, Au, Pb, Bi, Th, U etc., promovendo o fracionamento magmático pela extração desses elementos dos níveis basais e médios da câmara magmática e sua concentração na sua parte apical. A fase fluida assim enriquecida, denominada de fértil, ao deixar o reservatório magmático irá constituir pegmatitos que ao lado de quartzo, feldspato e micas contêm também lepidolita e espodumênio (Li), berilo (Be), zircão (Zr), apatita (P), scheelita (W), uranita (U, Th) etc. Outros elementos permanecem na fase fluida e cristalizarão a temperaturas mais baixas a partir de soluções hidrotermais. São principalmente os elementos calcófilos (Cu, Zn, As, Mo, Ag, Au e Bi), de grande importância econômica.

Em torno de muitas intrusões de rochas alcalinas e carbonatitos ocorrem alterações hidrotermais das rochas encaixantes por um processo metassomático denominado de fenetização e que envolve a geração, entre outros, de ortoclásio e egirina, minerais contendo álcalis. Tal fato revela de maneira clara que a fase fluida é capaz de extrair grandes quantidades de álcalis de certos magmas e esta faculdade tem sido apontada por alguns autores como a causa dos baixos teores em álcalis na maioria dos carbonatitos.

Imiscibilidade magmática

Até o evento dos trabalhos experimentais básicos de Bowen (1928) que estabeleceram solidamente os princípios das séries de reação e da cristalização fracionada, a imiscibilidade magmática era uma das hipóteses preferidas para explicar o fracionamento magmático. Numa fase posterior a imiscibilidade magmática ficou restrita a sistemas com composições contrastantes, caso da imiscibilidade entre líquidos silicáticos e líquidos ricos em sulfetos, óxidos, fosfatos e carbonatos. A imiscibilidade entre magmas silicáticos e sulfetados explica bem a ocorrência e o formato de jazidas de sulfetos de metais básicos em rochas básicas/ultrabásicas. Também a imiscibilidade entre magmas silicáticos e magmas carbonáticos, retratada no sistema $(Na_2O+K_2O)\text{-}CaO\text{-}(SiO_2+Al_2O_3)$ da Figura 1.9.15, explica a associação espacial entre carbonatitos, rochas alcalinas insaturadas (nefelinitos, melteigitos, urtitos, nefelina sienitos) e rochas ultramáficas (dunitos, peridotitos, piroxenitos).

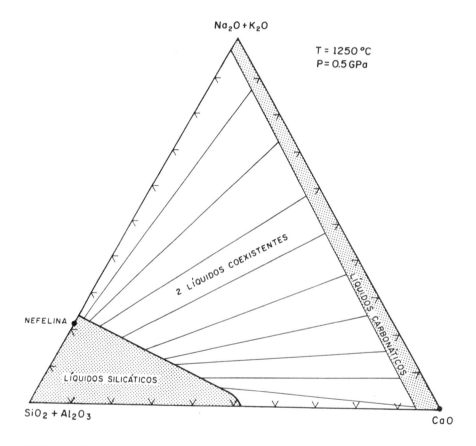

FIGURA 1.9.15 – O sistema $(Na_2O+K_2O)\text{-}CaO\text{-}(SiO_2+Al_2O_3)$ mostrando a região de coexistência entre dois líquidos imiscíveis, um silicático e outro carbonático. Segundo Kjarsgaard & Hamilton, 1988, simplificado.

A imiscibilidade magmática teve novo alento com a sua constatação no sistema exclusivamente silicatado Faialita-Leucita-Cristobalita (Figura 1.9.16) e com a descoberta de sinais de imiscibilidade em basaltos lunares e em basaltos toleíticos e alcalinos terrestres.

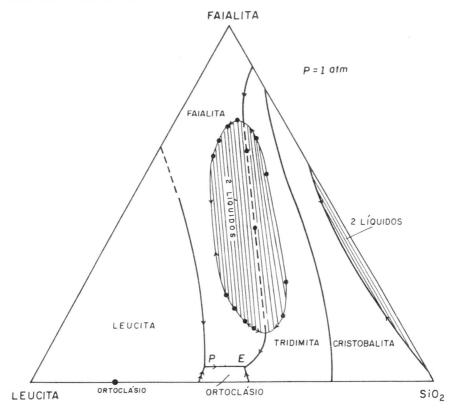

FIGURA 1.9.16 – O sistema Faialita-Leucita-Cristobalita (Fa-Lc-Q) mostrando as regiões de coexistência entre dois líquidos silicáticos imiscíveis. Segundo Roedder, 1979.

Os estudos no sistema leucita-faialita-sílica revelaram dois aspectos importantes:

- O intervalo de imiscibilidade depende de vários fatores, tais como a pressão, a fugacidade de oxigênio e a presença de certos elementos traços. Pequenas quantidades de P e Ti aumentam substancialmente o intervalo de imiscibilidade.
- O intervalo de imiscibilidade aumenta tanto mais quanto mais a temperatura do magma se aproximar de sua temperatura líquidus, a temperatura

do início da cristalização. Decorre que em magmas sub-resfriados (magmas ainda totalmente líquidos a temperaturas abaixo da temperatura líquidus) a imiscibilidade magmática poderia ser um processo de fracionamento efetivo, se bem que nessas condições o rápido aumento da viscosidade pode impedir a separação dos líquidos coexistentes.

Nos basaltos terrestres a imiscibilidade se manifesta pela ocorrência, na matriz intersticial, de dois tipos de glóbulos vítreos: um castanho, escuro, com composição próxima a de um piroxênio e, outro, claro, mais frequente, de composição riolítica a riodacítica (Tabela 1.9.3). A constatação deste fato encontra, porém, limitações práticas. A formação da matriz ocorre quando 70-90% do magma já cristalizou e não existem, nestas condições, mecanismos geológicos capazes de extrair e separar as pequenas quantidades de líquidos imiscíveis da massa magmática envolvente.

Tabela 1.9.3 – Composição química de glóbulos de vidros imiscíveis coexistentes nas matrizes vítreas de basaltos alcalinos e toleíticos. Segundo Philpotts, 1982

Óxidos	Basaltos toleíticos		Basaltos alcalinos	
	Vidros Alto Fe	Vidros Alto Si	Vidros Alto Fe	Vidros Alto Si
SiO_2	41.5	73.3	37.1	65.4
TiO_2	5.8	0.8	8.2	1.0
Al_2O_3	3.7	12.1	5.1	13.9
FeO^t	31.0	3.2	28.9	4.0
MnO	0.5	0.0	0.5	0.0
MgO	0.9	0.0	1.9	0.5
CaO	9.4	1.8	8.7	2.3
Na_2O	0.8	3.1	1.1	4.0
K_2O	0.7	3.3	1.6	4.9
P_2O_5	3.5	0.07	3.4	0.5
Total	97.8	97.67	97.0	96.5

Vários autores têm invocado a imiscibilidade para explicar a coexistência de rochas com composições contrastantes. Entretanto, ainda não existem indicações seguras de que esse processo de fracionamento magmático opera em escala de real importância em magmas de composições mais frequentes.

Variações composicionais em sistemas magmáticos abertos

Processos de fracionamento em sistemas magmáticos abertos

Em sistemas magmáticos abertos o magma residente interage com suas rochas encaixantes e/ou com outros magmas. Entre os diversos processos que nestas condições levam a variações composicionais cabe destacar:

- Recarregamento de câmaras magmáticas.
- Assimilação.
- Mistura magmática.

Recarregamento de câmaras magmáticas

Muitas câmaras magmáticas são reservatórios drenados e recarregados por novos aportes de magmas. Geralmente, há acentuadas diferenças composicionais entre o magma recém-introduzido no reservatório, mais primitivo, e o magma restante na câmara parcialmente esvaziada, pois este sofreu maiores ou menores mudanças composicionais durante a sua permanência por um período mais ou menos longo no reservatório.

Consideremos dois magmas com densidades distintas, um residente no reservatório parcialmente drenado, já evoluído por fracionamento, e, outro, recarregando o mesmo. Levando-se em consideração apenas a densidade, se o magma novo foi mais denso que o residente e penetrar pela base do reservatório, ele se acomodará neste local por expansão lateral (Figura 1.3.17 A). Se o magma novo for mais leve que o residente aquele atravessará este sob forma de uma coluna magmática e se alojará no topo da câmara também por expansão lateral (Figura 1.3.17 C).

A interação entre o magma novo e o magma residente, entretanto, depende também da velocidade de influxo do magma novo e da viscosidade do magma residente. Esses dois aspectos foram reunidos por Campbell & Turner (1986) num número de Reynolds, R_e, dado por expressão:

$$R_e = \frac{2rv\rho}{\eta} \quad \text{onde}$$

r = raio do conduto através do qual o magma novo penetra no reservatório magmático

v = velocidade média de influxo do magma novo no reservatório magmático

ρ = densidade do magma residente
η = viscosidade do magma residente

Sendo R_e do magma residente maior que 70, o influxo do magma novo no reservatório será extremamente vigoroso e turbulento (Figura 1.9.17 B e D) formando um "chafariz magmático" em cujas porções marginais ocorrem fenômenos de mistura magmática entre o magma novo e o residente. Para um R_e menor que 7 o influxo do magma será calmo e a estratificação por densidade no reservatório ocorrerá sem maiores interações entre o magma novo e magma residente (Figura 1.9.17 A e B). Com o decorrer do tempo, entretanto, essa estratificação poderá sofrer inversão por instabilidade gravitacional. Consideremos um magma picrítico quente e denso recarregando um reservatório contendo um magma basáltico mais frio e menos denso e com R_e menor que 7. Nessas condições o magma picrítico irá acomodar-se sem maior turbulências na base da câmara magmática. As correntes de convecção que operam no magma picrítico provocam uma dissipação de parte do seu calor para o magma basáltico sobrejacente. Ante esse resfriamento o magma picrítico inicia a sua cristalização com a formação de quantidades maiores de olivina e o líquido magmático coexistente se torna progressivamente menos denso (Figura 1.9.4). Uma vez atingida uma densidade menor que a do magma sobrejacente ocorrerá uma inversão na estratificação do reservatório com o magma novo evoluído percolando o magma residente e ocupando a parte superior da câmara. Ao mesmo tempo o magma residente, agora mais denso, irá ocupar a parte inferior do reservatório. Esse duplo deslocamento dos magmas é acompanhado por processos de mistura magmática entre ambos. Resulta um sistema magmático muito complexo compreendendo uma fração de olivina cumulática, uma de magma basáltico residente, uma de magma evoluído resultante do fracionamento do magma picrítico e uma fração de magmas híbridos, frutos da mistura magmática. As três frações líquidas podem estar "contaminadas" por quantidades variáveis de olivina cumulática reintroduzidas nos magmas pelas correntes de fluxo associadas à inversão gravitacional do reservatório.

A vesiculação é outro processo pelo qual um magma novo, mais denso, básico e quente introduzido na base da câmara magmática pode ocupar uma posição acima do magma residente, mais leve e ácido. Os dois magmas em contato estão em desequilíbrio térmico e químico, incluindo água. A velocidade com que mudam a temperatura e a concentração de água no magma invasor (para a obtenção dos valores de equilíbrio) depende das velocidades de difusão térmica e química. Como esta é várias ordens de grandeza menor que aquela, o magma alcança rapidamente o equilíbrio térmico mas mantém o desequilíbrio químico. Dessa maneira o magma novo é um sistema aberto em relação ao calor, mas inicialmente fechado em termos de extração ou adição de água. O resultado da extração de calor do magma invasor é o início de sua cristalização e com o desenvolvimento desta aumenta a concentração de água (fase fluida) nele dissolvida. Uma vez superado o limite de retenção dos fluidos pelo magma invasor já mais evoluído e com menor taxa de líquido magmático, estes escapam sob a forma de numerosas bolhas gasosas num

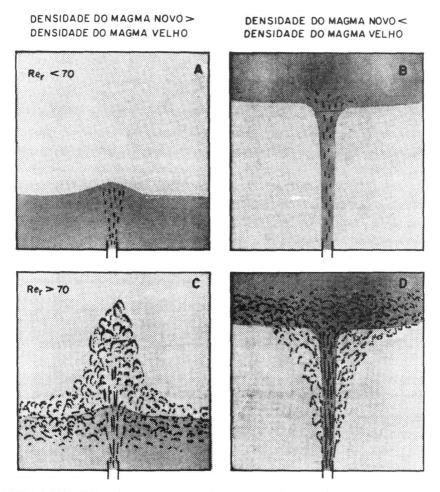

FIGURA 1.9.17 – Efeitos do recarregamento de um reservatório parcialmente ocupado por um magma residente por um magma novo. (A) O magma novo é mais denso que o magma residente e penetra no reservatório com baixa velocidade. (B) O magma novo é mais denso e sua velocidade de influxo é alta. (C) O magma novo é menos denso que o magma residente e penetra no reservatório com baixa velocidade. (D) O magma novo é menos denso e sua velocidade de influxo é alta. Nos casos (B) e (D) ocorre mistura magmática local entre o magma residente e o magma novo. Segundo Campbell & Turner, 1986.

processo chamado de vesiculação e através do qual o magma se transforma numa espuma magmática. Rochas escoriáceas e pedras púmices são espumas magmáticas "congeladas" por rápido resfriamento. O grande aumento do volume do magma invasor durante a vesiculação diminui a sua densidade relativa tornando o magma básico menos denso que o residente, mais ácido sobrejacente. Resulta disso uma instabilidade gravitacional no reservatório magmático e, consequentemente, o magma residente e o magma novo irão trocar de posição relativa na câmara. Essa inversão é acompanhada de uma mistura magmática mais ou menos intensa. A comprovação desse processo é dada pela presença em lavas mais ácidas de enclaves de rochas básicas com textura fina e estrutura vesicular a escoriácea. Se a mistura magmática durante a inversão magmática for intensa, do reservatório são drenados lavas ácidas e básicas e toda uma gama de lavas com composição transicional entre estes extremos. Em casos de misturas incipientes são drenadas dominantemente lavas ácidas e básicas configurando um vulcanismo bimodal.

Cabe aqui mencionar apenas três exemplos sugestivos de sucessivos esvaziamentos e recarregamentos de reservatórios magmáticos.

O primeiro refere-se ao vulcão Hekla, Islândia, que em sete erupções sucessivas sempre iniciou suas atividades extrusivas com lavas básicas e as terminou com lavas intermediárias (Figura 1.9.18). Tal fato indica sucessivos recarregamentos do reservatório e a diferenciação do magma aportado entre uma erupção e outra.

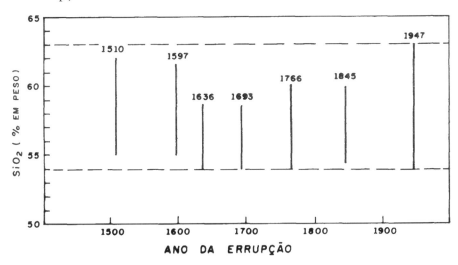

FIGURA 1.9.18 – Variação composicional em porcentagem de SiO_2 das sete erupções do vulcão Hekla, Islândia, no período de 1510 a 1947. A semelhança composicional dos diferentes ciclos vulcânicos é sugestivo para sucessivos recarregamentos magmáticos do reservatório subvulcânico em conexão com a operação de processos de diferenciação. Segundo Thorarinsson & Sigvaldason, 1973, simplificado.

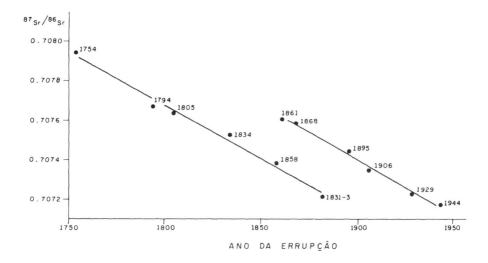

FIGURA 1.9.19 – Relação entre idade e razão isotópica Sr^{87}/Sr^{86} em erupções vulcânicas do Vesúvio, Itália, entre 1754 e 1944. A correlação dos dados sugere a existência de dois grandes eventos de recarregamento do reservatório subvulcânico acompanhados de processos progressivos de fracionamento isotópico. Segundo Cortini & Hermes, 1981, modificado.

O segundo exemplo nos remete ao vulcão Vesúvio, Itália, no qual seis erupções entre 1754 e 1833 e seis erupções entre 1861 e 1944 situam-se sobre duas linhas paralelas caracterizadas por um decréscimo regular da razão Sr^{87}/Sr^{86}, sugerindo a existência de dois grandes eventos de recarregamento magmático do reservatório subvulcânico acompanhado de processos de fracionamento (Figura 1.9.19).

O terceiro exemplo refere-se ao seis ciclos magmáticos que constituem o gigantesco batólito costeiro peruano, um complexo granitoide múltiplo e composto. A Figura 1.9.20 mostra que cada ciclo magmático caracteriza-se por uma razão K/Rb inicial diferente e que essa relação não tem vinculação com a sequenciação temporal dos ciclos (de 1 para 6). Tais dados sugerem, mais uma vez, o recarregamento sucessivo de reservatórios magmáticos acompanhados de complexos processos de fracionamento e mistura magmática, possivelmente aliados a mudanças nas condições de geração do magma na sua área fonte.

Assimilação

É o processo de mudança na composição de um magma pela incorporação de material estranho a ele. Este pode ser tanto sólido, representado quase sempre por rochas encaixantes, ou líquido, configurando mistura magmática. Exemplos de contaminação de magmas pela assimilação de rochas encaixantes são muito numerosos, mas o fenômeno quase sempre é de expressão areal limitada. Comum é a presença de quartzo nas bordas de intrusões de rochas portadoras de nefelina cortando metassedimentos silicosos e nefelina ocorre nas fácies marginais de intrusões básicas e ácidas intrusivas em rochas carbonáticas. Andaluzita pode ocorrer na zonas de contato de intrusões que cortam folhelhos ou metassedimentos aluminosos.

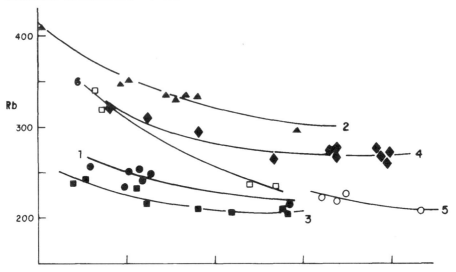

FIGURA 1.9.20 – Variações na relação K/Rb nos seis ciclos magmáticos principais integrantes do segmento Lima do batólito granitoide costeiro do Peru. A variação dos valores independe da sequenciação temporal dos ciclos magmáticos (de 1 para 6) e sugere sucessivos recarregamentos de reservatórios magmáticos conectados com complexas variações nos processos genéticos e evolutivos dos magmas. Segundo McCourt, 1981.

A limitação do processo de assimilação é devida principalmente à grande quantidade de calor que um magma precisa ceder neste processo que envolve o aquecimento da rocha encaixante até seu ponto de fusão, o calor latente de fusão dos xenólitos incorporados e o calor de difusão do contaminante fundido no magma envolvente para que este efetivamente mude a sua composição. Esse calor pode ter duas origens: ou provém de um superaquecimento do magma, cujos indícios são raros na natureza, ou resulta da cristalização do magma, um processo exotérmico. Neste caso o magma durante o processo de assimilação está se solidificando progressivamente o que, pelo consequente aumento da viscosidade, dificulta ou impede a difusão dos elementos assimilados pelo magma. Por isso, são muito comuns xenólitos apresentando apenas bordas de reação nos contatos com a rocha hospedeira ou feições de digestão parcial que revelam a extração de apenas alguns componentes de baixo ponto de fusão dos xenólitos.

Basicamente podem ser reconhecidos dois processos distintos de assimilação (Figura 1.9.21): a digestão de xenólitos incorporados na câmara magmática e a fusão parcial de rochas encaixantes sobrejacentes a grandes massas magmáticas diapíricas em ascensão.

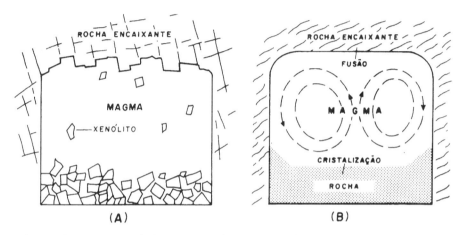

FIGURA 1.9.21 – Esquema de dois processos de assimilação. (A) Digestão de xenólitos de rochas encaixantes incorporados pela câmara magmática; (B) Fusão parcial de rochas encaixantes no topo de um diápiro magmático em ascensão. O material fundido externo pode ser incorporado pelo magma do diápiro. Segundo Philpotts, 1990.

A ascensão de um diápiro é fruto da diferença de densidade entre o magma e as rochas encaixantes, definindo esta diferença o poder de flutuação do magma. Quanto maior o contraste de densidade, maior a velocidade de ascensão do diápiro. A ascensão por flutuação está restrita aos níveis mais dúcteis da crosta terrestre caracterizados por rochas bastante quentes que sofrem deformações plásticas irreversíveis. Pela cessão de calor dos diápiros para as rochas encaixantes já quentes, estas podem sofrer fusão parcial com a geração de pequenas quantidades de magma granítico crustal. Este pode ser tanto incorporado pelo magma dos diápiros quanto constituir pequenas massas magmáticas independentes. Por isso é comum a ocorrência, associados a grandes massas batolíticas cálcio-alcalinas, de pequenos corpos de granitos crustais (Chappell & White, 1974). O processo de fusão parcial de rochas encaixantes sobrejacentes a um diápiro em ascensão é denominado de "zone melting" e resulta na extração preferencial de certos componentes. Durante esse processo o calor necessário para a fusão parcial das encaixantes é provido pelas correntes de convecção que operam no interior da câmara magmática. Simultaneamente, com a fusão das encaixantes junto ao topo do reservatório ocorre a cristalização do magma na sua base devido a maior pressão ali reinante. Em condições isotérmicas a temperatura de cristalização de um mineral depende da pressão, aumentando em cerca de 2 a 3 °C com o incremento de pressão equivalente ao 1 km de profundidade. O calor liberado pela cristalização do magma na base do reservatório mantém ativas as correntes de convecção propiciando o transporte de novo calor para seu teto onde ocorre a fusão parcial das rochas encaixantes.

Processos de assimilação podem ser detectados pela comparação da evolução de magmas equivalentes em áreas oceânicas e continentais. Espessos corpos gabroicos de áreas oceânicas cristalizam tendo como piroxênio inicial uma augita cálcica [Ca (Mg, Fe) Si_2O_6], associada ou não à pequenas quantidades de ortopiroxênio, [(Mg, Fe) SiO_3]. Já em espessos corpos análogos de áreas continentais, caso dos complexos de Stillwater (Canadá) e Bushveld (África do Sul), o primeiro piroxênio a cristalizar é o ortopiroxênio. Tal diferença pode ser explicada pela assimilação de Al_2O_3 e SiO_2 das rochas encaixantes pelo magma segundo a reação:

Ca (Mg, Fe) Si_2O_6 + (Al_2O_3+SiO_2)   = $CaAlSi_2O_8$ + (Mg, Fe) SiO_3
augita   + contaminantes = anortita   + ortopiroxênio

Raciocínio semelhante pode ser aplicado aos basaltos toleíticos oceânicos e continentais, tendo em vista que estes são mais ricos em K_2O e SiO_2 que aqueles.

Mistura magmática

O processo da mistura magmática já foi mencionado de passagem por ocasião da discussão do processo da modificação composicional magmática por recarregamento de reservatórios e do processo de assimilação por "zone melting". O conceito da mistura magmática, atualmente muito popular, assenta basicamente em cinco tipos de observações:

- A presença constante de maiores ou menores quantidades de enclaves microgranulares máficos de composição intermediária a básica em intrusões granitoides. Estes enclaves de granulação fina e forma ovalada, arredondada ou botrioidal, apresentam texturas e formas típicas resultantes da entrada de um magma mais quente e anidro num magma mais frio e hidratado.

- A constatação em muitos granitos de feições de desequilíbrio, tais como grãos de quartzo manteados por anéis de biotita, plagioclásios com zoneamento normal na sua parte interna e com zoneamento inverso na sua parte externa etc., que indicam abruptas mudanças composicionais no magma e que poderiam ser debitadas à entrada de magmas básicos em reservatórios de magmas mais ácidos. Também outros minerais apresentam esse zoneamento complexo.
- A variação composicional de granitos cálcio-alcalinos perpendicularmente a zonas de subducção, apresentando os mais próximos à sutura características mais crustais e os de posição mais distal, características mais mantélicas. Esse caráter mais crustal ou mantélico é definido por um conjunto de parâmetros, tais como elementos químicos maiores e menores, elementos traços, elementos de terras raras (ETR), relações isotópicas diversas, composição de inclusões fluidas etc.
- Muitos dados isotópicos indicam que várias suítes magmáticas são o produto da cristalização de magmas que resultam da mistura em proporções variáveis de dois magmas com características químicas distintas e bem definidas. A Figura 1.9.22 mostra num diagrama $(La/Sm)_N$: Zr/Nb a existência de uma série contínua entre basaltos oceânicos tipo P (basaltos de plumas mantélicas) e tipo N (basaltos normais), fato que pode ser explicado por uma mistura em proporções variáveis entre estes membros finais. Também para muitos granitos os dados isotópicos indicam a existência de mistura entre material crustal e mantélico.
- Os dados químicos de muitas suítes quando lançados em diagramas SiO_2 : óxido (diagramas de Harker) determinam retas. Isso contrasta com os diagramas de Harker para suítes resultantes da cristalização fracionada nos quais os dados determinam curvas. Ressalte-se, porém, que nessa distinção a escala relativa do diagrama tem grande influência, assim como a técnica utilizada para o cálculo da linha de melhor ajuste aos dados, para não mencionar os casos de utilização de dados selecionados.

Enquanto a mistura magmática entre basaltos N e P não apresenta maiores problemas, já que se trata de magmas semelhantes em termos de composição, viscosidade, densidade e temperatura a mistura entre magmas graníticos crustais e magmas basálticos para a formação de granitos cálcio-alcalinos (também denominados por muitos autores de granitos híbridos) apresenta dificuldades físicas enormes dado as grandes discrepâncias em termos de composição, viscosidade, temperatura, conteúdo em voláteis, níveis de geração etc., ao ponto de muitos autores se oporem radicalmente a esse processo.

A mistura magmática só ocorre com números R_a e R_e muito elevados, isto é, sob condições de extrema turbulência por ocasião do encontro dos dois tipos de magmas. Este fato requer condições geodinâmicas bastante particulares. Trabalhos experimentais, em que condições de elevada turbulência foram simuladas em laboratório, realmente conseguiram provocar uma mistura entre magmas ácidos e básicos (Kouchi & Sunagawa, 1985).

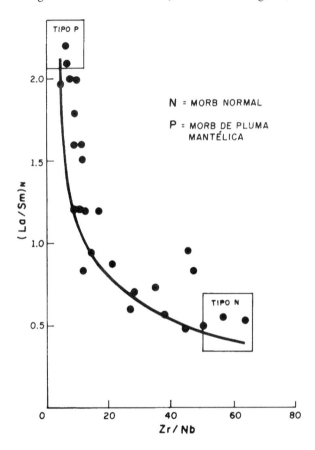

FIGURA 1.9.22 – Gráfico $(La/Sm)_N$: Zr/Nb mostrando a existência de termos de transição entre basaltos oceânicos tipo N (basaltos normais) e P (basaltos de plumas mantélicas). A transição gradual entre basaltos N e P é indicativa de processos de mistura magmática. Segundo Le Roex et al., 1983 e Sun et al., 1979.

Zorpi et al. (1989) executaram minucioso estudo dos enclaves microgranulares em dois complexos granitoides zonados da Sardenha, Itália: Buddoso e Bono.

O complexo Buddoso é constituído por uma sucessão de tonalitos, granodioritos, biotita-hornblenda monzogranito, biotita monzogranitos e leucomonzogranitos. O complexo Bono é composto, da periferia para o centro, pelas intrusões Burgos, Bottida e Emauru (Figura 1.9.23).

Conceitos fundamentais

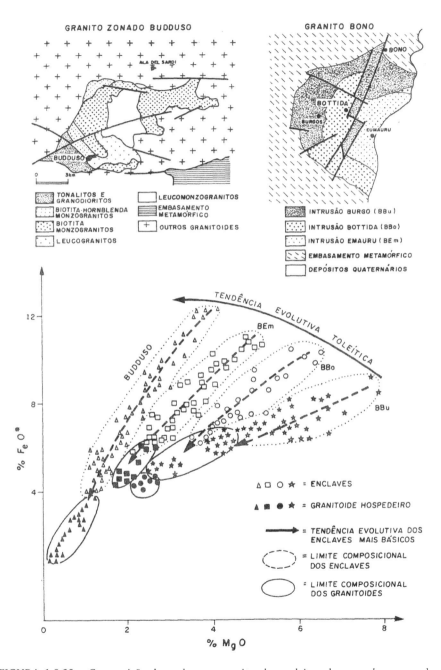

FIGURA 1.9.23 – Composição de enclaves e granitos hospedeiros dos complexos zonados Buddoso e Bono (constituído pelas intrusões Burgos, Bottida e Emauru) no diagrama FeO_T : MgO. Notar os seguintes aspectos: 1 os enclaves mais básicos situam-se sobre a linha evolutiva de magmas basálticos toleíticos; 2 em cada unidade magmática os enclaves formam uma

série composicional contínua entre o enclave mais básico e o granito hospedeiro; 3 a relação FeO_T/MgO varia nos enclaves das quatro unidades magmáticas consideradas. 5 as rochas graníticas apresentam tendências evolutivas compatíveis com a relação FeO_T/MgO dos enclaves de cada unidade. Segundo Zorpi et al., 1989, modificado.

Entre os principais resultados obtidos destacam-se as seguintes variações sistemáticas:

- a frequência dos enclaves diminui com o aumento da acidez, isto é, da periferia para o centro dos dois complexos;
- os enclaves da intrusão Buddoso e das intrusões Burgos, Bottida e Emauru formam uma série composicional contínua quimicamente equivalente a uma mistura, em proporções variáveis, entre a composição do enclave mais básico e a do granito mais evoluído das quatro unidades magmáticas mencionadas;
- a relação FeO_T/MgO dos enclaves básicos define tendências evolutivas distintas no complexo Buddoso e nas intrusões Burgos, Bottida e Emauru do Complexo Bono;
- a composição das rochas mais ácidas das quatro unidades consideradas definem tendências evolutivas coerentes com a relação FeO_T/MgO dos enclaves. Além disso, as rochas ácidas das quatro unidades apresentam quimismo global bastante similar;
- os enclaves mais básicos do complexo Buddoso e das três intrusões do complexo Bono situam-se sobre a curva evolutiva de magmas básicos toleíticos.

Alguns desses aspectos estão visualizados na Figura 1.9.23.

Diante dos resultados obtidos, os mencionados autores apresentam o seguinte esquema evolutivo para os complexos Buddoso e Bono (Figura 1.9.24):

- Desenvolvimento de uma estratificação composicional em uma câmara magmática ácida.
- Mistura e hibridização mais intensa dos níveis menos félsicos do reservatório estratificado pela injeção de magma básico. Os níveis mais félsicos serão os menos hibridizados devido a maior densidade do magma básico invasor, que só conseguirá afetar os níveis superiores do reservatório estratificado se o número R_e for muito elevado (Figura 1.9.17).
- Sucessivas ascensões magmáticas pela mobilização de estratos cada vez mais félsicos do reservatório estratificado, originando os complexos diapíricos zonados que crescem por "balooning" progressivo em função da sucessiva entrada de novos impulsos magmáticos (Figura 1.9.8).

Conceitos fundamentais

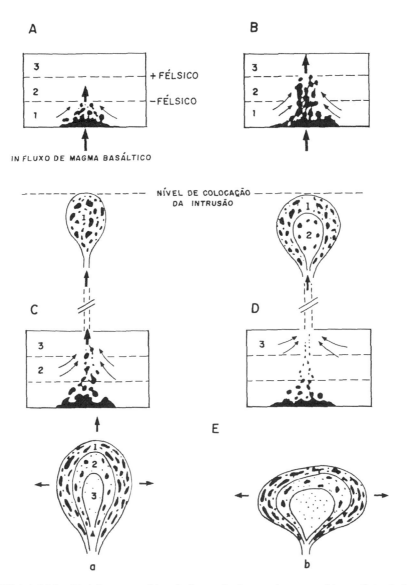

FIGURA 1.9.24 – Modelo esquemático da formação de complexos graníticos cálcio-alcalinos zonados. (A) Formação de uma estratificação composicional num reservatório de magma granítico com os estratos mais félsicos posicionados no topo. (B) Influxo de magma básico no reservatório formando enclaves e provocando a hibridização dos estratos com intensidade decrescente da base para o topo do reservatório. (C) Ascensão do magma do estrato inferior do reservatório sob forma de diápiro. (D) Ascensão do magma do estrato médio do reservatório sob forma de diápiro que penetra o diápiro precedente provocando o crescimento da intrusão por "balooning". (E) Intrusão do diápiro resultante da ascensão do magma do estrato superior do reservatório nos diápiros precedentes (a) provocando o "balooning" lateral de todo complexo granitoide zonado (b). Segundo Zorpi et al., 1989, modificado.

O modelo de Zorpi et al. (1989) já fora apresentado com variantes por numerosos autores desde meados da década de 1970. Os maiores problemas ligados à mistura de magmas de composições muito contrastantes reside no reconhecimento do processo ante as profundas modificações que podem ocorrer num magma inicialmente homogêneo durante sua fase de maturação num reservatório. Além do mais, a cristalização de cada estrato de uma câmara magmática diferenciada e extraída do reservatório pode dar-se por cristalização fracionada, um processo que irá obliterar aspectos genéticos primários do magma, bem como seu fracionamento durante a sua maturação na fase de residência.

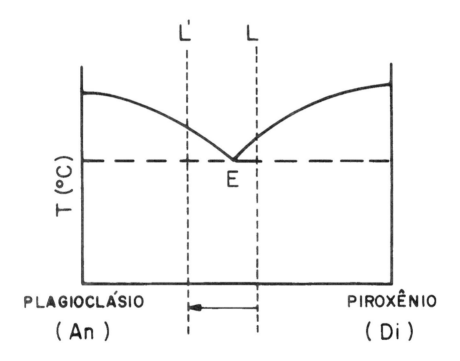

FIGURA 1.9.25 – Diagrama Piroxênio : Plagioclásio mostrando o efeito da mistura entre um magma básico L com um magma mais ácido, feldspático, resultando num magma híbrido L'. A consolidação do magma básico estava ocorrendo pela cristalização de piroxênios que se tornam instáveis em relação ao magma híbrido, cuja consolidação ocorre pela cristalização inicial de plagioclásio. Resulta, assim, uma associação mineralógica de desequilíbrio no qual piroxênios mais ou menos reabsorvidos coexistem com o plagioclásio mais novo que tanto forma cristais isolados quanto capas em torno dos piroxênios.

O efeito da mistura magmática na sequência da cristalização está visualizada esquematicamente na Figura 1.9.25. Consideremos a cristalização de um magma básico no sistema eutético Anortita-Diopsídio (uma simplificação do sistema Plagioclásio-Piroxênio, os dois constituintes principais dos basaltos). O líquido L inicia a sua consolidação através da cristalização de piroxênio, por estar situado à direita do ponto eutético E. Ocorrendo uma mistura sob condições isotérmicas entre o magma básico e um magma mais ácido, feldspático, resulta um magma híbrido de composição L', situada à esquerda do ponto eutético E. Consequentemente ocorre a cristalização de plagioclásio acompanhada simultaneamente pela reabsorção dos piroxênios já cristalizados que agora estão em desequilíbrio com o magma L'. Resulta uma textura complexa formada por cristais de piroxênios parcialmente reabsorvidos, que coexistem com o plagioclásio mais novo que tanto forma cristais isolados quanto capas em torno dos piroxênios.

Exercícios

1. São dadas as composições, simplificadas em porcentagem de peso, de um magma basáltico, de uma olivina e de um piroxênio:

	SiO_2	MgO	FeO
Magma basáltico	50.0	5.5	9.9
Olivina	39.8	44.3	15.9
Piroxênio	58.0	29.6	10.2

A- Calcule a composição, em porcentagem de peso, do magma após a cristalização de 5% de olivina.

B- Calcule a composição, em porcentagem de peso, do magma se 1% da olivina cristalizada reagir com o líquido para a formação de 2% de piroxênio.

C- Calcule a composição, em porcentagem de peso, do magma se todos os 5% de olivina cristalizada reagirem com o líquido para a formação de 8% de piroxênio.

D- Discuta a influência do manteamento da olivina na sua reação de formação de piroxênio na evolução magmática.

Observação: a reação 1 g olivina + 1 g de magma = 2 g piroxênios e 5 g olivina + 3 g magma = 8 g de piroxênio são dados aproximados para facilitar os cálculos.

2. São dadas as composições, em porcentagem de peso, de um magma basáltico e de diferentes plagioclásios:

	SiO_2	Al_2O_3	CaO	Na_2O
Magma basáltico	50.0	13.0	10.0	2.8
An_{86}	46.6	34.4	17.4	1.6
An_{80}	48.0	33.4	16.3	2.3
An_{76}	49.3	32.6	15.3	2.8
An_{67}	51.4	31.2	13.7	3.8
An_{60}	53.0	30.1	12.3	4.6

A- Calcule a composição, em porcentagem de peso, do magma após a cristalização de 20% de um plagioclásio homogêneo An_{60}.

B- Calcule a composição, em porcentagem de peso, do magma após a cristalização de 20% de um plagioclásio zonado contendo 4% de An_{86}, An_{80}, Rn_{76}, An_{67} e An_{60}.

C- Discuta a influência da formação de cristais zonados na evolução magmática.

3. São dadas a composições, em porcentagem de peso de SiO_2, de um magma basáltico, de olivina, plagioclásio, piroxênio, hornblenda e biotita.

	SiO_2
Magma basáltico	50.0
Olivina (Fo/Fa = 3)	38.0
Plagioclásio (An_{80})	48.0
Piroxênio	50.0
Hornblenda	40.0
Biotita	40.0

A- Calcule a composição do magma, em porcentagem de peso de SiO_2, após a remoção de:

I - 10% de olivina e 10% de plagioclásio.
II - 10% de olivina + 20% de plagioclásio + 10% de piroxênio.
III - 10% de olivina + 20% de plagioclásio + 10% de piroxênio + 10% de hornblenda.
IV - 10% de olivina + 20% de plagioclásio + 10% de piroxênio + 10% de hornblenda+ 5% de biotita.
B- Classifique cada magma residual em termos de sua acidez.

4. São dadas as composições, em porcentagem de peso, de um granito (1), de um calcário (2), de um sienito (3) e de uma rocha cálcio-silicática (4).

	1	2	3	4
SiO_2	71.4	5.3	61.6	86.5
Al_2O_3	14.7	0.8	16.7	13.5
Fe_2O_3	1.6	0.5	2.8	0.9
FeO	1.8	0.0	3.3	0.3
MgO	0.9	8.1	2.5	7.4
CaO	2.0	43.5	4.5	43.0
Na_2O	3.5	0.1	4.0	3.1
K_2O	4.1	0.3	4.6	3.9
CO_2	–	41.9	–	2.5

A assimilação de 15% (em peso) do calcário (2) por um granito (1) abaixa o conteúdo de quartzo normativo deste apenas de 28.5 para 18.6% (em peso). O sienito (3) contém 6.72% de quartzo normativo (em peso). Diante destes dados explique a ocorrência e a origem de rochas cálcio-silicáticas (escarnitos) junto aos contatos, nas rochas encaixantes, de granitos que invadem rochas calcárias e desenvolvem bordas marginais de sienitos e quartzo sienitos. O que acontece com a composição do plagioclásio cristalizado a partir de um magma granítico que vai assimilando quantidades crescentes de calcário?

5. As rochas são agrupadas em quatro séries principais: toleítica, cálcio-alcalina, alcalina e komatiítica. Descreva a sucessão dos diagramas que devem ser utilizados para caracterizar as diferentes séries e todas suas variantes sódicas e potássicas.

6. Aplique aos granitoides do complexo Socorro (SP/MG) os diferentes parâmetros para a quantificação da evolução magmática utilizando os dados químicos de Wernick et al., 1984.

7. O maciço de Itatiaia é uma intrusão com zoneamento magmático concêntrico com sienitos insaturados nas bordas, seguido de sienitos saturados e com quartzo sienitos/granitos alcalinos na porção central. Faça uma descrição destas rochas baseado em Ribeiro Filho (1967).

8. Faça um resumo do trabalho de Wernick (1984) dando ênfase aos argumentos geológicos, mineralógicos e petrográficos que sustentam seu modelo de mistura magmática. Compare com o trabalho de Zorpi et al. (1989) e Castro et al. (1991). Discuta a importância dos plagioclásios na caracterização da mistura magmática baseado no trabalho de Hibbard (1981), Sakuyama (1981), Loomis & Welber (1982) e Blundy & Shimuzu (1991).

9. A evolução química de um magma pode ser fruto da cristalização sucessiva de diferentes paragêneses minerais que são seguidamente isolados do líquido magmático coexistente. Os minerais isolados podem formar rochas cumuláticas, schlieren ou enclaves ou corresponder aos leitos máficos de intrusões com bandeamento magmático. Discuta os diferentes enclaves existentes nas rochas magmáticas baseado em Wernick (1983a). Para um maior aprofundamento consulte Didier (1973). Para realçar o significado dos enclaves microgranulares, leia os trabalhos de Eichelberger, 1980, e Vernon et al., 1988.

10. Aprofunde o conceito do efeito Soret com a leitura do trabalho de Rice (1985).

11. Ferreira et al. (1992) explicam a coexistência de sienitos e piroxenitos por imiscibilidade magmática. Consultando seu trabalho, faça um resumo das características petrográficas das rochas envolvidas neste processo e liste os argumentos geológicos, petrográficos, químicos e isotópicos nos quais se baseia o modelo proposto.

12. Faça um resumo do modelo de Castro (1987) para explicar a coexistência entre intrusões granitoides e diques sinintrusivos de rochas máficas. Compare com o modelo de Eichelberger (1980).

13. Para compreender a influência do número de Reynolds e do número de Rayleigh em diferentes processos geológicos, leia os trabalhos de Turner (1973), Elder (1976), Spera et al. (1982), Turcotte & Schubert (1982), Sparks et al. (1984), Marsh & Maxey (1985), Campbell & Turner (1986), Shirley (1987), Brandeis & Jaupart (1987).

14. Leia os trabalhos de Irvine et al. (1983), Sparks et al. (1984) e Wilson & Larsen (1985) que aplicaram o conceito de células convectivas de múltipla difusão para explicar o bandeamento magmático em grandes corpos básicos.

2. Classificação das rochas magmáticas segundo sua moda

Para uma melhor compreensão da classificação das rochas magmáticas em bases mineralógicas modais segundo o diagrama QAPF (Figura 1.3.5) serão tratados previamente, ainda que sucintamente, os seguintes aspectos das rochas ígneas:

- Ocorrência e feições dos corpos rochosos.
- Aspectos texturais.
- Aspectos estruturais.
- Aspectos mineralógicos.

2.1 Ocorrência e feições dos corpos rochosos magmáticos

Magmas são gerados pela fusão parcial (anatexia) de sistemas rochosos fonte do manto ou da crosta. O processo pode ser observado em distintos estágios progressivos em migmatitos crustais. Estes são rochas híbridas compostas por uma fração magmática resultante da fusão parcial do sistema rochoso metamórfico crustal fonte e por uma fração residual metamórfica que não sofreu fusão (restito) conforme a Figura 2.1.1.

Na fusão parcial (anatexia) sempre será liquefeita apenas uma parte do sistema rochoso fonte. Assim, este é fracionado em duas partes: uma que corresponde ao magma gerado e outra constituída pelos minerais poupados neste processo (restito). Dessa maneira, a geração de magmas leva à uma diferenciação geoquímica progressiva e irreversível do planeta Terra. Uma vez gerado um volume crítico de magma, este se desloca do seu local de geração (área fonte) para níveis mais rasos onde, por perda de calor, irá consolidar. A ascensão do magma pode ser lenta ou rápida e pode atingir níveis crustais profundos a rasos ou mesmo alcançar a superfície terrestre. Originam-se assim, respectivamente, corpos rochosos plutônicos, hipoabissais (ou subvulcânicos) e vulcânicos. Em alguns casos o local de cristalização do magma não corresponde ao nível final de ocorrência do corpo rochoso. Massas magmáticas quase totalmente cristalizadas, mas ainda quentes e contendo uma pequena fração de líquido magmático residual intersticial, são capazes de continuar sua ascensão em estado plástico para níveis ainda mais rasos. Exemplo soberbo desse processo é dado pelo granito turmalinífero bandado Perus (arredores da cidade de São Paulo) onde o acamamento composicional bandado exibe expressivas dobras de arrasto junto às rochas encaixantes dadas por filitos do Grupo São Roque. Obviamente as estruturas bandadas já estavam cristalizadas para que pudessem sofrer os dobramentos plásticos (Hasui, 1963; Wernick, 1983b).

Classificação das rochas magmáticas segundo sua moda

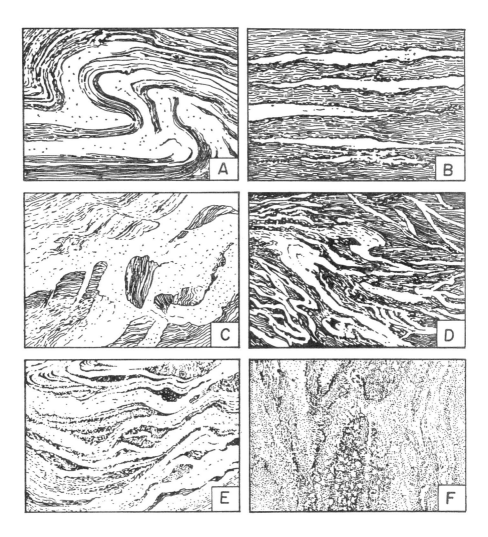

FIGURA 2.1.1 – Migmatitos mostrando diferentes estágios de fusão parcial (anatexia). A fusão inicia-se nos leitos da rocha ricos em quartzo e feldspato (B- migmatito estromático) e particularmente nos ápices de dobras enriquecidas em água (A- migmatito dobrado). Com o avanço do processo a rocha metamórfica perde a sua estrutura acamada, paralela, original e adquire elevada plasticidade (D- migmatito flebítico; E- migmatito "schlieren"). Em estágios de fusão avançada a fração magmática e o restito se misturam numa massa híbrida, difusa (F- migmatito nebulítico). Frações magmáticas assim geradas podem invadir rochas metamórficas adjacentes, menos fundidas, desmembrando-as (C- migmatito "schollen"). Extraído de Mehnert, 1968.

O volume de magma e sua viscosidade (que determina a sua maior ou menor mobilidade), as características físicas das rochas encaixantes e sua estruturação são os fatores principais que controlam o formato e as dimensões dos corpos rochosos. Parte deles são de reconhecimento mais ou menos imediato, caso de derrames, soleiras, diques e edifícios vulcânicos, mas outros só são caracterizáveis após mapeamentos geológicos cuidadosos de detalhe.

Caracterização dos corpos rochosos

A caracterização dos corpos rochosos considera basicamente quatro aspectos:

- Forma geométrica.
- Dimensões dos corpos rochosos.
- Relações estruturais.
- Nível crustal de ocorrência.

Forma geométrica

Corpos magmáticos podem ser tabulares, cônicos (normais ou invertidos), colunares, circulares, elípticos, irregulares, em forma de cogumelos etc.

Dimensões

As dimensões dos corpos rochosos podem variar de alguns centímetros de espessura em diques e veios até áreas de exposição com milhares de quilômetros quadrados, caso dos batólitos. Algumas rochas, como os kimberlitos e carbonatitos, sistematicamente ocorrem em corpos rochosos com pequenas dimensões, enquanto outras, caso dos granitos, constituem corpos com dimensões extremamente variáveis.

Relações estruturais

Este aspecto se refere às relações entre os contatos do corpo rochoso e as estruturas tectônicas de suas rochas encaixantes. Sob este aspecto reconhecem-se corpos intrusivos concordantes ou discordantes, os primeiros adaptados às estruturas das rochas encaixantes e os últimos cortando-as. O controle estrutural é dado por múltiplos elementos, tais como contatos geológicos entre unidades rochosas distintas, fraturas e falhas, a foliação de rochas metamórficas, anticlinais de dobras etc. Alguns corpos rochosos podem ser parcialmente concordantes e em parte discordantes. Outras vezes são discordantes em relação a uma certa estrutura (por exemplo, a foliação metamórfica das encaixantes), mas concordantes em relação a outras (por exemplo, os eixos das dobras regionais desses mesmos metamorfitos encaixantes).

Nível crustal de ocorrência

Sob este aspecto, corpos rochosos podem ser superficiais ou de pequena a grande profundidade correspondendo, respectivamente, a corpos vulcânicos, subvulcânicos (ou hipoabissais ou rasos) e plutônicos (ou profundos). O nível crustal de colocação de um corpo rochoso depende das características físicas dos diversos horizontes que constituem a crosta terrestre e que variam com a profundidade. A parte superior da crosta é formada por rochas quebradiças, uma característica intrínseca dos materiais. Quando submetidos a esforços, materiais quebradiços sofrem deformações elásticas e, uma vez superado seu limite de elasticidade, se rompem ao longo de falhas e fraturas. Já a parte inferior da crosta é formada por materiais dúcteis. Estes, quando submetidos a esforços, sofrem deformações plásticas, irreversíveis, caso de dobras e de estruturas de fluxo plástico (Figura 2.1.1 B). Entre o horizonte superior e o inferior ocorre uma porção transicional, semiquebradiça a semidúctil que comporta tanto deformações elásticas quanto plásticas, o que resulta na coexistência entre dobras, fraturas e falhas. Um material pode passar do estado quebradiço, via semiquebradiço, para o estado dúctil (ou vice-versa) pelo aumento (ou diminuição) da pressão e da temperatura. Um caso clássico dessa mudança nas características físicas das rochas é dado pelo metamorfismo regional progressivo atuando sobre sequências sedimentares aluminosas (meta-argilosas).

Consideremos o caso de diques que são corpos rochosos que se alojam ao longo de falhas e fraturas. Consequentemente, sua ocorrência está restrita a níveis crustais com características quebradiças ou semiquebradiças e como tais são corpos de pequenas até médias profundidades. Consideremos, em oposição, a ascensão de diápiros, massas magmáticas com forma de megagotas invertidas. O seu deslocamento vertical através da crosta ocorre pela diferença de densidade entre o magma e as rochas envolventes, diferença esta que define a capacidade de flutuação do magma que, por sua vez, determina sua velocidade de ascensão por unidade de volume. Esse processo só é possível nos níveis dúcteis da crosta terrestre onde pode ocorrer um fluxo plástico lateral das rochas sobrepostas ao diápiro em ascensão. Uma vez atingidos níveis semiquebradiços/quebradiços cessará a movimentação vertical do diápiro que então, por cristalização, irá originar um corpo rochoso de média a grande profundidade.

Os três níveis da crosta terrestre com comportamento deformacional distinto são denominados de epi-, meso- e catazona. Por isso corpos ígneos rasos são também denominados de corpos epizonais, os de profundidade média de mesozonais, e os alojados a grandes profundidades, de corpos catazonais.

Os principais corpos magmáticos

Pela combinação dos quatro aspectos previamente discutidos é caracterizado um certo número típico e restrito de corpos rochosos que recorrem no espaço (ao nível mundial) e no tempo (durante toda a história geológica da Terra). Parte deles estão representados nas Figuras 2.1.2 e 2.1.3 e serão aqui sucintamente descritos, considerando-se os corpos magmáticos em termos do seu nível de colocação:

- Corpos vulcânicos
- Corpos intrusivos rasos
- Corpos intrusivos de médias a grandes profundidades.

Classificação das rochas magmáticas segundo sua moda

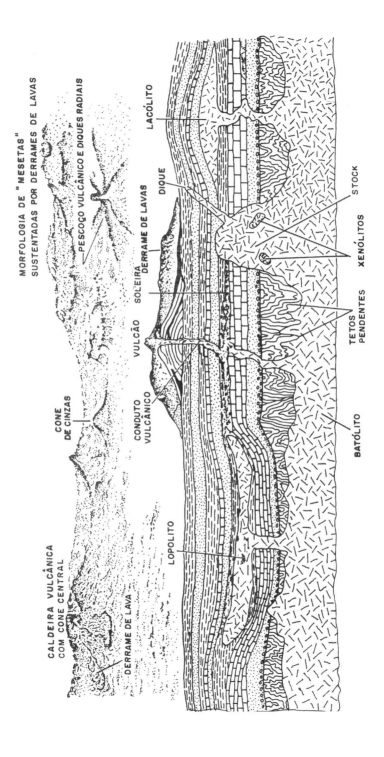

FIGURA 2.1.2 – Alguns dos principais corpos rochosos de rochas magmáticas. Segundo Dietrich & Skinner, 1979.

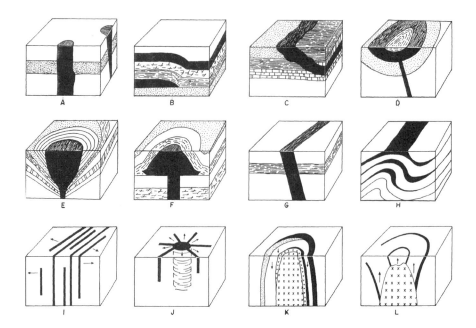

FIGURA 2.1.3 – Detalhamento esquemático de alguns corpos magmáticos da Figura 2.1.2. (A) pescoço vulcânico e diatrema; (B) soleira (sill); (C) "sheet"; (D) lacólito; (E) funil rochoso maciço; (F) lacólito maciço (sino rochoso); (G) dique simples; (H) facólito; (I) enxame de diques (sistema de diques); (J) diques radiais; (K) diques anelares; (L) diques em cone. Segundo Barker, 1983, modificado.

Corpos vulcânicos

Entre este grupo cabe destacar como representantes principais:

Edifícios vulcânicos (vulcões)

São corpos rochosos superficiais com forma cônica mais ou menos achatada e construídos por sequências sucessivas de derrames, de tufos de cinzas vulcânicas ou de lapillis ou pela combinação de lavas e material piroclástico. Os maiores edifícios vulcânicos atingem milhares de metros de altura e dezenas de quilômetros de diâmetro (Figura 2.1.2).

Caldeiras

São estruturas geológicas circulares a subcirculares, morfologicamente deprimidas, discordantes, resultantes do abatimento ao longo de fraturas circulares das rochas sobrepostas a câmaras magmáticas rasas que se exauriram pela construção de edifícios vulcânicos ou que sofreram explosões. Podem atingir dezenas de quilômetros de diâmetro. Em caldeiras associam-se frequentemente rochas vulcânicas, subvulcânicas e plutônicas. Famosa é a caldeira associada ao complexo alcalino de Poços de Caldas, MG (Ellert, 1959).

Derrames

São corpos superficiais, grosseiramente tabulares, concordantes com o substrato rochoso que pode ser horizontal, inclinado, plano ou irregular. Apresentam espessuras de até centenas de metros e recobrem áreas de até centenas de quilômetros quadrados. A área de um derrame depende da configuração do terreno e da viscosidade da lava. Derrames de lavas básicas, por sua maior fluidez, geralmente recobrem áreas maiores que as ocupadas por lavas ácidas. A Província Basáltica do Paraná é formada por um conjunto de soleiras e derrames que perfazem um volume da ordem de 800.000 km^3 e afloram numa área de mais de 1.000.000 km^2. Expressivos derrames de rochas ácidas e intermediárias ocupam milhares de quilômetros quadrados na região amazônica (Figura 2.1.2).

Corpos intrusivos rasos

Seus representantes principais são os seguintes:

Pescoços vulcânicos ("Necks", "Pipes")

São condutos vulcânicos circulares ou elípticos preenchidos. Em vulcões podem apresentar-se expostos após a erosão do edifício vulcânico outrora circundante. São corpos superficiais, discordantes, com diâmetros de dezenas a centenas de metros. Pescoços vulcânicos expostos são reconhecidos à distância pelo viajante que se aproxima das ilhas Fernando de Noronha e Trindade (Almeida, 1955). Diatremas são condutos vulcânicos de kimberlitos nos quais as rochas se mostram fragmentadas pela violenta descompressão dos gases magmáticos por ocasião de sua rápida ascensão. Apresentam frequentemente a forma de um estreito e alongado funil (Figuras 2.1.2 e 2.1.3 A). A descrição desse processo é apresentada por Biondi (1979).

Soleiras ("Sills")

São corpos rasos, intrusivos, tabulares, concordantes ou discordantes, com disposição sub-horizontal. Quando inclinados são denominados de "sheets". Apresentam dimensões comparáveis às de derrames. Alojam-se ao longo de falhas, fraturas, contatos entre estratos sedimentares ou ao longo dos contatos entre unidades geológicas distintas. Na porção leste do Estado de São Paulo ocorre uma concentração de soleiras ao longo do contato entre o embasamento cristalino e as camadas sedimentares basais da Bacia do Paraná. Sequências sedimentares alternadas com derrames ou cortadas por soleiras desenvolvem, por erosão, formas morfológicas típicas, tais como "mesetas" e "cuestas", ambas frequentes no Estado de São Paulo (Figuras 2.1.2 e 2.1.3 B e C).

Lopólitos

São corpos intrusivos rasos, concordantes, subtabulares com forma de taça e que podem atingir até dezenas de quilômetros de diâmetro. Em alguns casos podem evoluir para corpos rochosos com forma de funil maciço (Figuras 2.1.2 e 2.1.3 D e E).

Lacólitos

São corpos intrusivos rasos, concordantes, subtabulares com forma de guarda-chuva. Apresentam dimensões menores que as dos lopólitos. Podem evoluir para corpos rochosos com forma de sino maciço (Figuras 2.1.2 e 2.1.3 F).

Facólitos

São corpos intrusivos, de pequena a média profundidade, concordantes, subtabulares com forma de lua crescente ou minguante, de pequenas dimensões. Alojam-se nas porções apicais de estruturas dobradas. Comum é a ocorrência de facólitos de material granítico em migmatitos dobrados. Resultam da migração do material ígneo gerado pela fusão parcial para os ápices das dobras que representam sítios de geração de espaços em oposição aos flancos de dobras onde ocorre forte compressão do material rochoso (Figura 2.1.3 H).

Diques

São corpos intrusivos de pequena a média profundidade, discordantes, tabulares, subverticais a verticais. Sua espessura varia de centímetros a milhares de metros e seu comprimento pode atingir até milhares de quilômetros. Ocupam falhas, fraturas e outros planos de fraqueza. Diques podem ser simples ou múltiplos, neste caso formados por dois ou mais diques justapostos. Podem ser ainda simples ou compostos. Diques compostos são diques múltiplos nos quais os diferentes corpos justapostos têm composições distintas. Existem ainda diques homogêneos e zonados. Estes mostram das bordas para o centro variação na granulação e/ou variações na composição, frutos da diferenciação magmática. Um conjunto de diques paralelos constitui um enxame ou sistema de diques. Exemplo expressivo é o enxame de diques de diabásio do denominado Arco de Ponta Grossa, uma estrutura regional arqueada no Estado do Paraná. Veios são diques mais irregulares, com numerosas expansões e constrições. Frequentemente são de quartzo, pegmatitos ou filões de minérios de Pb, Zn, Cu etc. (Figuras 2.1.2 e 2.1.3 G e I). Variantes dos diques ou enxames de diques, caracterizados por disposição espacial e atitudes peculiares, são os diques radiais, anelares e em cone. Diques radiais são um conjunto de diques verticais que se irradiam a partir de um pescoço vulcânico ou de intrusões circulares rasas. Em planta assemelham-se aos raios que se irradiam do eixo de uma roda de bicicleta. Diques anelares também têm contatos verticais ou subverticais e resultam do preenchimento de fraturas encurvadas. Formam, em planta, um ou mais círculos concêntricos, mais ou menos contínuos, que podem atingir dezenas de quilômetros de diâmetro. Frequentemente se associam a caldeiras. Expressivo é o dique anelar de tinguaítos que delimita parte do maciço alcalino de Poços de Caldas, MG. Diques em cone apresentam em planta a mesma disposição dos diques anelares. Apresentam, entretanto, mergulhos inclinados e convergentes para o centro do anel, definindo espacialmente um cone mais ou menos perfeito (Figuras 2.1.2 e 2.1.3 J, K e L).

Corpos intrusivos de médias a grandes profundidades

Este grupo reúne principalmente:

Bossas, "stocks", "plugs", "plutons" e intrusões circulares

São corpos intrusivos de pequena a média profundidade e geralmente com área inferior a 100 km². Genericamente são denominados de plútons ou maciços. São corpos discordantes que em planta apresentam formas arredondadas, elípticas, irregulares ou poligonais, neste caso caracterizados por contatos dados essencialmente por falhas ou fraturas. Intrusões circulares podem ocorrer tanto isoladamente quanto agregadas constituindo complexos intrusivos maiores. Este é o caso do complexo granítico rapakivi Itu (SP), com área de 360 km^2, formado pela coalescência das intrusões circulares ou irregulares Cabreúva, Salto, Indaiatuba e Itupeva (Galembeck et al., 1991). Muitas intrusões circulares associam-se com diques anelares.

Batólitos

São gigantescas massas rochosas magmáticas formadas pela coalescência de numerosas intrusões que ascendem ao longo de extensas e profundas zonas de fraqueza crustal. Resultam, assim, corpos com centenas de quilômetros de comprimento e dezenas de quilômetros de largura. Em detalhe os batólitos têm forma irregular, ora concordante ora discordante, mas em mapas regionais apresentam dominantemente formas alongadas concordantes com as estruturas regionais mais expressivas, tais como feixes de falhas, eixos de anticlinórios etc. Os batólitos têm longa história evolutiva, da ordem de dezenas ou mesmo centenas de milhões de anos, e apresentam caracteristicamente uma associação entre rochas mais antigas alojadas em rochas dúcteis e rochas mais jovens intrusivas em encaixantes quebradiças. Alguns batólitos são inclusive parcialmente capeados por rochas vulcânicas. Tal fato atesta que o segmento crustal que contém o batólito sofreu ascensão contínua durante a constituição do corpo magmático e que colocações finais em estado plástico são feições frequentes. Outros aspectos típicos de batólitos são a ocorrência de pegmatitos associados às fases magmáticas mais profundas, a presença de xenólitos (fragmentos das rochas encaixantes) com até centenas de metros de extensão no interior do corpo magmático e a existência de tetos pendentes que são grandes projeções de rochas hospedeiras do topo da intrusão para o interior do batólito. Igualmente comuns são diques sinintrusivos contínuos ou disruptos, assim como enclaves de rochas escuras e granulação fina (enclaves microgranulares) ao lado de estruturas de fluxo laminar e turbilhonar desenhadas por megacristais com disposição subparalela ou em espirais irregulares. Em torno de muitos batólitos ocorrem expressivas auréolas de contato que atingem até milhares de metros de largura.

Ascensão magmática

A ascensão de magmas ocorre essencialmente por dois mecanismos:
- Por diapirismo.
- Ao longo de fraturas.

Ascensão diapírica

É processo típico dos níveis dúcteis da crosta terrestre. Devido a ductilidade das rochas encaixantes (e que aumenta com o calor cedido pelo magma) estas conseguem fluir (fluxo plástico) lateralmente permitindo a ascensão, por diferença de densidade, de diápiros magmáticos com forma de megagota invertida. Desenvolve-se, assim, um sinclinal marginal nas rochas encaixantes em torno do corpo rochoso. Atingidos níveis menos dúcteis cessa a ascensão vertical do magma que passa a migrar lateralmente, conferindo ao corpo magmático uma configuração final próxima à de um cogumelo (Figura 2.1.4).

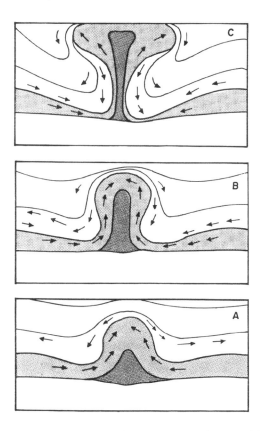

FIGURA 2.1.4 – Desenvolvimento e ascensão de um diápiro granítico por diferença de densidade em rochas encaixantes dúcteis. Flechas indicam a movimentação do magma e das rochas encaixantes. (A) arqueamento da camada magmática fonte; (B) desenvolvimento do diápiro; (C) formação do cogumelo magmático pelo fluxo lateral do magma uma vez atingidas rochas menos dúcteis. Notar o sinclinal marginal em torno da intrusão. Segundo Dixon, 1975.

Ascensão ao longo de fraturas

A presença de fluidos intersticiais sob elevadas pressões em rochas faz que estas se mantenham quebradiças mesmo a grandes profundidades. Isso permite o desenvolvimento de fraturas tensionais com mais de 40 km de profundidade, ao longo das quais o magma ascende e pode atingir níveis crustais bastante rasos ou mesmo a superfície terrestre. Muitas vezes as fraturas tensionais ocorrem associadas a expressivas zonas de cisalhamento de tal modo que grandes massas batolíticas, em planta, se vinculam a esses notáveis elementos tectônicos, caso dos granitos do Pré-Cambriano Superior do Estado de São Paulo. Através da ascensão por fraturas resultam basicamente os seguintes tipos de corpos rochosos:

Corpos extrusivos

Incluem derrames e edifícios vulcânicos, depósitos de cinzas vulcânicas etc.

Corpos subvulcânicos-epizonais

Incluem soleiras, "sheets", diques, lopólitos, lacólitos, além de bossas, "stocks", "plugs" e intrusões circulares. A colocação do magma pode ocorrer tanto passivamente, ocupando espaços gerados por movimentos tectônicos (caso, por exemplo, das estruturas "pull apart" em zonas de cisalhamento), quanto por um poderoso bombeamento hidráulico (caso, por exemplo, de soleiras que se propagam ao longo de contatos geológicos). Outras vezes as rochas sobrejacentes a câmaras magmáticas são fraturadas e abatidas, caindo progressivamente na câmara magmática. Surgem, assim, diques anelares ou cônicos, corpos rochosos com formas poligonais ou semelhantes a sinos com ápices mais ou menos achatados e mais ou menos maciços. Esse fenômeno é denominado de "stoping". Da coalescência de intrusões magmáticas passivas e dinâmicas sucessivas ao longo de grandes zonas de fraqueza crustal resultam batólitos rasos com estruturação muito complexa, capeados ou não por rochas vulcânicas (Figura 2.1.5).

Classificação das rochas magmáticas segundo sua moda

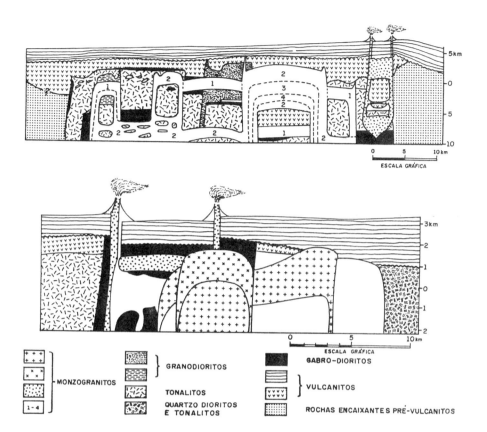

FIGURA 2.1.5 – Estruturação de um batólito granítico raso. As diferentes simbologias representam sucessivos impulsos magmáticos com diferentes composições. Segundo Myers, 1975, simplificado.

Corpos epimesozonais

Em rochas semidúcteis a injeção sucessiva de impulsos magmáticos leva a uma compressão progressiva das rochas encaixantes num processo denominado de "balooning" (de inflar um balão). O achatamento das rochas marginais em torno de corpos magmáticos gerados por "balooning" (Figura 1.9.8) distingue claramente estes corpos intrusivos arredondados ou ovalados de corpos com formas semelhantes resultantes da intrusão de diápiros magmáticos por diferença de densidade e caracterizados por sinclinais marginais de fluxo plástico (Figura 2.1.4).

Composição e frequência dos corpos rochosos

Entre os corpos extrusivos e rasos dominam os de composição básica (basaltos e diabásios) e entre os meso- e catazonais abundam os de composição ácida (granitos). Tal fato pode ser resumido na expressão "muito basalto, pouco gabro, muito granito, pouco riolito". A maior frequência dos basaltos em relação aos riolitos e dos granitos em relação aos gabros resulta de um conjunto de diferenças entre magmas básicos e ácidos.

Magmas basálticos são muito quentes, quase anidros, relativamente fluidos e apresentam um grande intervalo de cristalização, que é a diferença entre as temperaturas do início e do fim da cristalização (Figura 2.1.6). Magmas basálticos são gerados no manto e ascendem ao longo de profundas fraturas transcrustais. Do caráter quase anidro do magma resulta que as temperaturas "liquidus" (temperatura do início da cristalização) e "solidus" (temperatura do fim da cristalização) vão diminuindo gradualmente durante a ascensão magmática, o que torna o magma cada vez mais líquido (Figura 2.1.7). Devido a elevada fluidez do magma e da natureza dos canais de transporte magmático, a ascensão do magma ocorre rapidamente e sem substanciais perdas de calor para as rochas encaixantes. Da violenta descompressão das pequenas quantidades de água do magma durante a rápida ascensão resulta um enorme volume de bolhas gasosas que diminui substancialmente a densidade do magma que pode chegar a transformar-se numa "espuma" magmática. Todos esses aspectos convergem para uma rápida ascensão de um magma essencialmente líquido em condições, no mínimo, isotérmicas para níveis crustais rasos ou até a superfície terrestre onde as lavas fluidas recobrem grandes áreas.

Magmas graníticos são mais frios, hidratados e viscosos e apresentam um pequeno intervalo de cristalização. Além disso a ascensão de diápiros de magma granítico é lenta, o que propicia a perda de calor para as encaixantes num processo no qual a água exerce papel fundamental como vetor de transferência de calor. A Figura 2.1.6 mostra que, ao contrário dos magmas basálticos anidros, a temperatura "liquidus" de magmas saturados em água aumenta com a diminuição de pressão de tal modo que um magma insaturado em água e em ascensão sob condições isotérmicas forçosamente irá cristalizar se durante esse processo ocorrer a sua saturação em água.

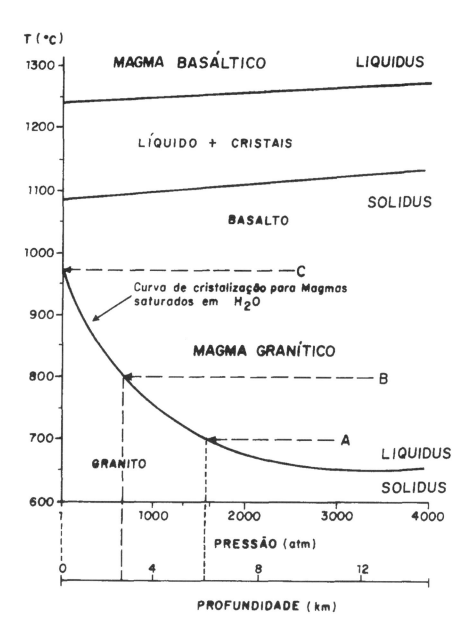

FIGURA 2.1.6 – Curvas de cristalização de magmas basálticos anidros e graníticos saturados em água.

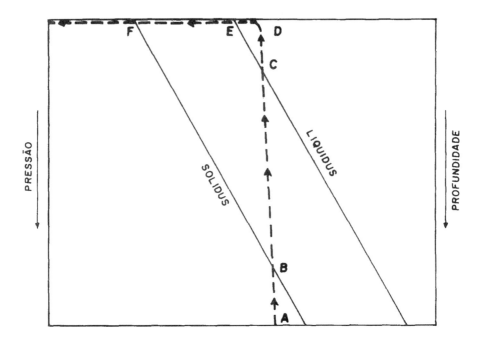

FIGURA 2.1.7 – Ascensão de um magma basáltico contendo uma certa taxa de cristais (A). Devido a queda da pressão neste processo, a partir de (B) os cristais já formados são gradualmente reabsorvidos. Em (C) o magma está totalmente líquido e em (D) ele atinge a superfície com uma temperatura superior à do "liquidus". por resfriamento a cristalização inicia em (E) e se completa em (F).

Por outro lado, a quantidade de água passível de dissolução no magma é diretamente proporcional à pressão (sob condições isotérmicas) e inversamente proporcional à temperatura (sob condições isobáricas), o que faz que magmas algo insaturados em água se tornem saturados durante a sua ascensão. Consideremos na Figura 2.1.8 um magma com 900°C a 8 km de profundidade (o que equivale a uma pressão litostática de 2.1 kb), contendo 6,7% de água dissolvida e em início de ascensão. O magma é insaturado em água pois é capaz, nas condições dadas, de dissolver até 8% em água (Ponto X da Figura 2.1.8). Se no decorrer da ascensão, sob condições isotérmicas, o magma atingir um nível crustal a 5 km de profundidade (= 1.4 kb) os 6,7% de água dissolvidos tornam o magma saturado, fato que provocará a sua cristalização (Ponto Y da Figura 2.1.8) pois a 5 km de profundidade a temperatura "liquidus" é mais elevada que a 8 km de profundidade (Figura 2.1.6).

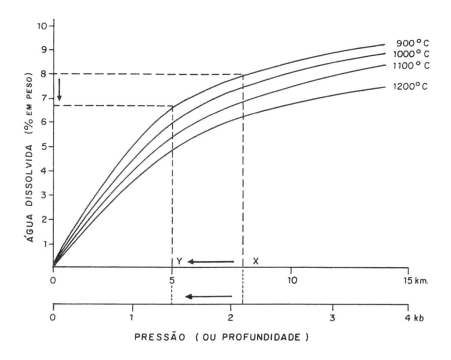

FIGURA 2.1.8 – Solubilidade da água (em porcentagem de peso) em magmas graníticos na dependência da pressão e da temperatura. Pontos X e Y, ver texto.

Na Figura 2.1.6 os magmas A e B representam esta situação e indicam que quanto mais quente o magma tanto mais raso será o nível crustal onde ocorrerá a cristalização.

Para que haja a ocorrência de corpos graníticos rasos ou vulcânicos são necessárias uma ou mais das seguintes condições:

- Uma grande insaturação do magma original em água.
- Uma temperatura original excepcionalmente elevada (Ponto C da Figura 2.1.6).
- Uma difusão da água do magma para as rochas encaixantes durante sua lenta ascensão.

A insaturação de água em rochas granitoides rasas pode ser comprovada por sua pobreza em pegmatitos associados (que resultam de magmas residuais muito ricos em água) quando comparada com granitos mais profundos. Elevadas temperaturas em rochas efusivas graníticas são atestadas pela presença, em riolitos, de quartzo de alta temperatura (ou mesmo tridimita) ao lado de sanidina.

Na maioria das vezes, entretanto, a temperatura de magmas graníticos situa-se entre 750 e 850°C o que, aliado a conteúdos razoáveis em água, provoca a sua cristalização em níveis crustais dominantemente mesozonais. Dessa maneira os riolitos são rochas escassas em relação aos basaltos e os granitos são abundantes em relação aos gabros.

Exercícios

1. O livro de Hall (1987) *"Igneous Petrology"* contém nos capítulos 2 e 3 uma boa descrição dos diversos corpos rochosos. Consulte-o para completar as sucintas descrições do presente texto.

2. Consultando o Quadro 4.4 do livro de Hyndman (1972) *"Petrology of Igneous and Metamorphic Rocks"* a Figura 4-31 do livro de Best (1982) *"Igneous and Metamorphic Petrology"*, o subitem *"Batholith"* do já mencionado livro de Hall e o subitem 4-12 do livro de Philpotts (1990) *"Principles of Igneous and Metamorphic Petrology"* faça um texto sobre as características de corpos graníticos epi- meso- e catazonais.

3. No livro de Ramberg (1981) *"Gravity, Deformation and the Earth Crust"* são apresentados resultados experimentais de simulação de intrusões de corpos magmáticos. Compare os resultados com as figuras apresentadas pelos autores mencionados na questão anterior.

4. Consultando o trabalho de Pitcher (1978) faça uma caracterização das principais feições de um batólito raso.

5. Considerar a ascensão magmática sob o aspecto de um modelo hidrostático. A que altura sobre a superfície se elevará o pico de um vulcão formado por lavas com densidade 2,74 g/cm^3 que partem de uma câmara magmática situada a 70 km de profundidade sobreposta por rochas com densidade média de 2,97 g/cm^3?

6. O trabalho de Castro (1987) trata dos diferentes mecanismos de ascensão de magmas graníticos. Faça um resumo do seu modelo que explica a associação de corpos graníticos com rochas básicas.

7. Baseado no trabalho de Gomes (1974) faça a caracterização da variação nos feldspatos num dique de diabásio diferenciado.

8. Considere uma câmara magmática horizontal quimicamente estratificada a partir da qual se destaca um diápiro que ascende por diferença de gravidade. Segundo Jackson & Talbot (1989) quais seriam as principais características do corpo magmático resultante?

9. Resuma o modelo de Guineberteau et al. (1987) para explicar a colocação de corpos granitoides em zonas de falhas transcorrentes.

10. Lagarde et al. (1990) desenvolveram critérios para caracterizar corpos granitoides colocados durante a fase de deformação regional de áreas metamórficas. Eles estão reunidos na Figura 19 do trabalho. Cite-os e faça um pequeno comentário sobre cada critério mencionado.

2.2 Aspectos texturais

A análise da textura envolve o exame de todos os aspectos de uma rocha ao nível de seus componentes fundamentais, dados por cristais, material vítreo ou uma combinação de ambos. A cristalização de um magma ocorre por resfriamento através da transferência de sua energia térmica para as rochas encaixantes, mais frias, que neste processo aumentam gradativamente de temperatura, o que se reflete no desenvolvimento mais ou menos patente de auréolas de contato. A velocidade do resfriamento depende de vários fatores, tais como a temperatura do magma, do seu volume, da diferença de temperatura entre o magma e seu meio circundante e da capacidade de dissipação de calor deste. No caso de lavas o meio circundante é frio, a diferença entre a temperatura da lava e o meio envolvente é grande e o ar e a água são bons condutores de calor quando comparados com rochas. Resulta que o resfriamento de lavas é rápido. No caso de magmas, as rochas encaixantes são más condutoras de calor (o emprego de lã de rocha como isolante térmico é muito difundido) e suas temperaturas aumentam rapidamente com a profundidade (o grau geotérmico médio da crosta terrestre é de 35°C/km). Magmas são também mais frios que lavas de tal modo que a diferença térmica entre a câmara magmática e as rochas encaixantes é menos acentuada. Resulta que o resfriamento de magmas profundos é muito lento consumindo, no caso de massas magmáticas maiores, até milhões de anos.

Crescimento mineral

Para que ocorra a formação de cristais a temperatura do magma terá que cair substancialmente abaixo de sua temperatura "liquidus". A diferença entre a temperatura "liquidus" e a temperatura efetiva de início da cristalização é denominada de sub-resfriamento ou super-resfriamento. Água em condições especiais de resfriamento pode permanecer líquida a mais de 20°C negativos.

A cristalização de um mineral inicia-se pela formação de um germe ou núcleo de cristalização que resulta da coalescência de partículas extremamente diminutas por colisão aleatória no magma. A quantidade de germes formados é expressa pela taxa de nucleação dada pelo número de germes formados por unidade de volume de magma e de tempo ($N/cm^3.s$). A taxa de nucleação varia com o grau de sub-resfriamento (Figura 2.2.1), e é proporcional ao quadrado da entropia de fusão de um considerado mineral. Baseado na Tabela (1.1.1) verifica-se que para um mesmo sub-resfriamento a taxa de nucleação dos óxidos de Fe/Ti é mais elevada que a dos feldspatos (albita, sanidina, anortita).

Fatores que controlam o crescimento mineral

Uma vez gerado um germe de cristalização, o seu crescimento é controlado por vários fatores com destaque para:

- Concentração química.
- Velocidade de difusão química.
- Competição química.
- Dissipação de calor.

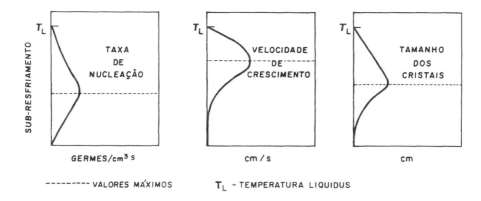

FIGURA 2.2.1 – Taxas de nucleação, de crescimento e dimensões de uma certa espécie mineral em função do sub-resfriamento magmático. Extraído de Barker, 1983.

Concentração química

Este fator retrata a disponibilidade, no líquido, dos elementos que entram na constituição do mineral. Há necessidade de supersaturação local nesses elementos e a supersaturação aumenta com a queda da temperatura. Como exemplo basta lembrar que a quantidade de açúcar que pode ser dissolvida em água quente é maior que a dissolvível em água fria. Resfriando-se uma água quente levemente insaturada em açúcar ela se tornará saturada.

Velocidade de difusão

Significa a velocidade de difusão química dos elementos requeridos para o local de crescimento do mineral. Ocorrendo crescimento, o líquido torna-se localmente insaturado nos elementos incorporados no cristal. Para que a supersaturação seja restabelecida há a necessidade de aporte de novos elementos, por difusão, de locais mais distantes para as imediações do mineral em crescimento. A velocidade de difusão depende da temperatura, da estrutura do líquido magmático e da taxa de voláteis presentes. A difusão diminui rapidamente com a queda da temperatura (que implica num aumento exponencial da viscosidade do magma) e aumenta com a taxa de voláteis (em pegmatitos formados a partir de magmas residuais muito hidratados os cristais podem alcançar dimensões de dezenas de metros).

Competição química

Indica a competição por um mesmo elemento entre diferentes minerais cristalizando simultaneamente. É, por exemplo, o caso do Ca^{+2}, requerido simultaneamente tanto pelo plagioclásio quanto pelo piroxênio durante a cristalização de gabros, diabásios e basaltos.

Dissipação de calor

Expressa a taxa de dissipação de calor da superfície do cristal em crescimento. Durante a formação de um cristal ocorre a liberação de calor que corresponde à entalpia de cristalização (denominada vulgarmente de calor de cristalização) e que corresponde à diferença de energia entre o cristal no estado líquido (com energia maior) e o cristal sólido (com energia menor). Se essa energia liberada durante a cristalização não fluir do cristal para o líquido circundante o mineral não poderá crescer mais e, em casos extremos, sofrerá dissolução. Calor difunde mais rapidamente que matéria em magmas, mas o transporte de ambos é lento em meios viscosos.

A conjugação de todos esses fatores determina a taxa de crescimento de um mineral (expressa em cm/s) e que varia para uma dada composição magmática com o grau de sub-resfriamento (Figura 2.2.1) e difere para cada espécie mineral. O máximo da velocidade de crescimento de um mineral não coincide com o máximo de sua taxa de nucleação que ocorre a sub-resfriamentos maiores. Da combinação entre a taxa de nucleação e a taxa de crescimento resulta o tamanho final dos cristais de uma dada espécie mineral numa rocha. O tamanho máximo (expresso em cm) é obtido a um sub-resfriamento situado entre os correspondentes às taxas máximas de nucleação e de crescimento mineral (Figura 2.2.1). Uma alta taxa de nucleação combinada com uma pequena taxa de crescimento resultará em muitos cristais pequenos e uma pequena taxa de nucleação combinada com uma elevada taxa de crescimento produzirá poucos cristais com grandes dimensões. Resulta que em rochas contendo o mesmo volume de uma dada espécie mineral, as dimensões dos cristais serão inversamente proporcionais ao número de cristais presentes (Figura 2.2.2).

Ainda pela Figura 2.2.1 conclui-se que na maioria das rochas o tamanho dos cristais presentes resulta de numerosas combinações entre taxas de nucleação e de crescimento durante o resfriamento magmático. Isso indica que estritamente não existem rochas com granulação homogênea e que (para uma dada espécie mineral) há uma tendência para a formação de cristais cada vez menores com o aumento do sub-resfriamento.

Classificação das rochas magmáticas segundo sua moda

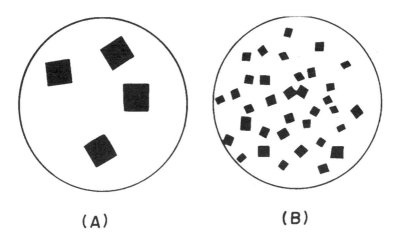

FIGURA 2.2.2 – Rochas com mesma porcentagem volumétrica de uma dada espécie mineral. (A) Poucos cristais com grandes dimensões. (B) Numerosos cristais com pequenas dimensões. Segundo Barker, 1983.

Como a velocidade de crescimento varia nas diferentes espécies minerais, as dimensões dos diversos minerais presentes numa rocha não indicam necessariamente a sua sequência de nucleação. Espécies minerais formadas mais tardiamente, mas com velocidade de crescimento maiores, podem desenvolver cristais mais volumosos que outras nucleadas previamente mas com velocidades de crescimento menores (Figura 2.2.3).

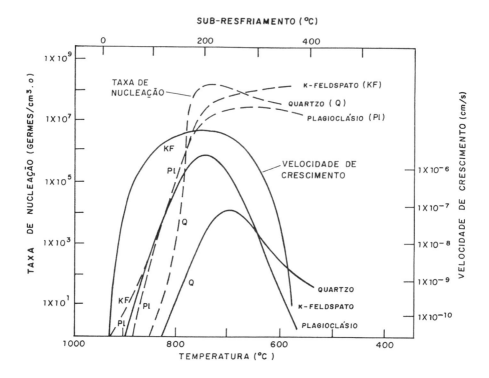

FIGURA 2.2.3 – Taxas de nucleação (escala na ordenada à esquerda) e velocidade de crescimento (escala na ordenada à direita) para feldspato alcalino (KF), plagioclásio (Pl) e quartzo (Q) num magma granítico em função de sua temperatura (escala na abcissa inferior) e de seu sub--resfriamento (escala na abcissa superior). Segundo Swanson, 1977.

O papel do sub-resfriamento

O grau de sub-resfriamento não tem apenas influência na taxa de nucleação e de crescimento mineral, mas também na morfologia dos cristais, como constatado em trabalhos experimentais executados em olivinas, feldspatos potássicos e plagioclásios. Assim, o plagioclásio gerado sob crescente sub--resfriamento cristaliza com a formação sucessiva de cristais com hábitos tabulares, esqueléticos, dendríticos e esferulíticos (Figura 2.2.4).

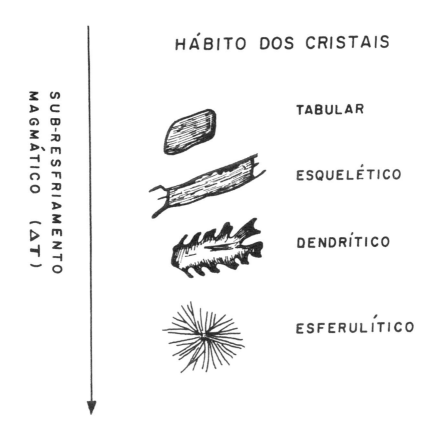

FIGURA 2.2.4 – Relação entre sub-resfriamento e hábito de cristais de plagioclásio. Segundo Lofgren, 1974, simplificado.

A Figura 2.2.5 representa as curvas das taxas de nucleação e de crescimento mineral de cristais de uma dada espécie mineral formados a partir de um líquido de composição simples. Esta figura permite discutir de forma integrada os aspectos previamente expostos em conexão com as características texturais dos diferentes corpos rochosos ígneos. Na figura em questão, T_L representa a temperatura "liquidus" do magma, acima da qual não existem cristais. T_A, T_B, T_C, T_D representam temperaturas do magma que indicam crescentes sub-resfriamentos ($\Delta T = T_L\text{-}T_A$, $T_L\text{-}T_B$, $T_L\text{-}T_C$ e $T_L\text{-}T_D$).

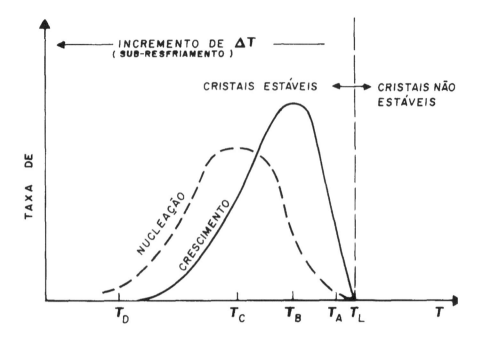

FIGURA 2.2.5 – Curva da taxa de nucleação e de crescimento de um dado mineral a partir de um líquido de composição simples em função do sub-resfriamento. T_L = temperatura "liquidus" que marca o início da cristalização. T_L-T_A, T_B, T_C e T_D correspondem a crescentes sub-resfriamentos.

Para um sub-resfriamento muito pequeno ($\Delta T = T_L$-T_A) o número de núcleos de cristalização estáveis gerados é também muito pequeno. Entretanto, uma vez mantido constante o pequeno sub-resfriamento, os poucos núcleos formados irão desenvolver grandes cristais devido a elevada velocidade de crescimento. Resultará assim uma textura de granulação grossa, típica para rochas plutônicas nas quais o resfriamento é muito lento. Em condições de sub-resfriamentos moderados ($\Delta T = T_L$-T_B), a taxa de nucleação aumenta cerca de 10 vezes enquanto a velocidade de crescimento aumenta apenas cerca de três vezes. Nessas condições muitos núcleos competem por seus elementos constituintes presentes no líquido e a textura final terá uma granulação menor. É o caso da textura de muitos corpos meso- a epizonais de dimensões moderadas ou de espessos corpos efusivos. Com um sub-resfriamento ainda maior ($\Delta T = T_L$-T_C), a taxa de nucleação aumenta ainda mais, mas a velocidade de crescimento diminui. Resultará uma textura composta por muitos cristais pequenos. Sub-resfriamentos grandes, que indicam rápida queda na temperatura do magma, são típicos para corpos rochosos rasos com pequenas dimensões ou para as bordas de corpos rochosos maiores. Em condições de sub-resfriamento drástico ($\Delta T = T_L\text{-}T_D$) a taxa de nucleação é extremamente baixa e a taxa de crescimento é quase nula. Não ocorrerá o crescimento de cristais e consequentemente todo ou quase todo magma irá solidificar-se como vidro contendo ou não alguns cristais esferulíticos ou esqueléticos (Figura 2.2.4). Sub-resfriamentos drásticos caracterizam o resfriamento quase instantâneo ou muito rápido de rochas efusivas, caso de delgados derrames e cinzas vulcânicas.

Gênese de texturas porfiríticas

Até agora só foi abordada a gênese de texturas compostas por cristais com dimensões aproximadamente iguais, isto é, cristais gerados sob um dado e, constante sub-resfriamento. Essas texturas são denominadas de texturas equigranulares. Muitas rochas, entretanto, têm texturas porfiríticas caracterizadas pela presença de cristais maiores (fenocristais, megacristais) inseridos numa matriz de granulação mais fina. Essas texturas são normalmente interpretadas em termos de uma história de resfriamento em dois estágios. Numa fase inicial de pequeno sub-resfriamento ($\Delta T = T_L\text{-}T_A$) são produzidos poucos e grandes cristais e numa fase final de médio a grande sub-resfriamento ($\Delta T = T_L\text{-}T_B$, $T_L\text{-}T_C$ ou $T_L\text{-}T_D$), Figura 2.2.5, é formada a matriz de granulação média, fina ou de natureza vítrea. Uma textura porfirítica, entretanto, pode resultar de quatro processos distintos:

- A cristalização do magma se inicia por resfriamento lento a grandes profundidades ($\Delta T = T_L\text{-}T_A$). Em seguida o magma se move para níveis mais rasos ou mesmo até a superfície terrestre e consolida em condições de resfriamento rápido, isto é, em condições de grande sub-resfriamento com a formação da matriz.
- A cristalização inicia-se por resfriamento lento a grande profundidade ($\Delta T = T_L\text{-}T_A$). Simultaneamente, o magma perde parte de sua água dissolvida, o que implica num aumento da temperatura "liquidus" (Figura 2.2.6). Mesmo se a temperatura do magma permanecer a mesma (T_A) tal processo corresponde a um aumento do sub-resfriamento e que resulta na formação de uma matriz mais fina.

Consideremos a Figura 2.2.6 que representa a cristalização de um magma granítico simplificado na dependência do seu grau de saturação em água. A curva da esquerda representa a temperatura "liquidus" de um magma saturado em água (pressão total = pressão de água) e a curva da direita a de um magma anidro (pressão de água = 0). Compare as duas curvas com a Figura 2.1.6. As curvas intermediárias representam casos nos quais a pressão de água é inferior a pressão total, caso de magmas insaturados. Um magma saturado em água à pressão total de 2.10^8 Pa tem uma temperatura "liquidus" de 820°C (Ponto A). Ocorrendo escape parcial da água e a consequente queda da sua pressão para, por exemplo, 1.10^8 Pa (Ponto B) a temperatura "liquidus" aumentará para 960°C. No caso de escape total da água ($P_{H_2O} = 0$, Ponto C) a temperatura "liquidus" aumenta ainda mais para aproximadamente 1.170°C. Mantendo-se o magma sob condições isotérmicas (T_A na Figura 2.2.5), isso implica num deslocamento de T_L desta figura progressivamente para a direita o que resulta em crescentes sub-resfriamentos.

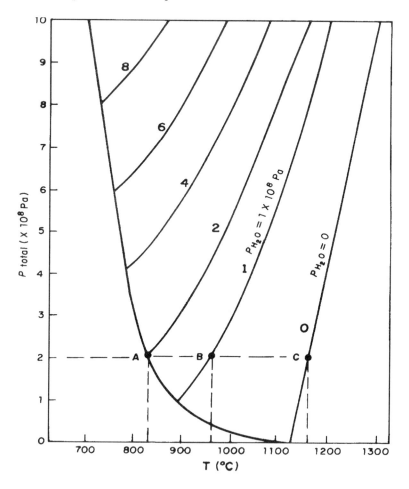

FIGURA 2.2.6 – Cristalização de um magma granítico simplificado na dependência de seu grau de saturação em água. Pontos A, B e C, ver texto. Segundo Burnham & Davis, 1974.

- A um dado sub-resfriamento diferentes minerais apresentam distintas taxas de nucleação e velocidades de crescimento (Figura 2.2.3). Mantendo-se a temperatura do magma constante uma espécie mineral pode desenvolver um menor número de cristais com maiores dimensões, enquanto as outras irão constituir cristais mais numerosos, mas menores, e que formarão a matriz da rocha.
- Cristalização de uma mesma espécie mineral sob condições de aumento progressivo do sub-resfriamento. Inicialmente com a temperatura caindo lentamente abaixo de T_L, os poucos núcleos gerados formarão grandes cristais. A temperaturas mais baixas (T_B, T_C) aumentará o número de núcleos formados, mas estes darão origem a cristais menores. Caindo a temperatura de T_C para T_D, a taxa de nucleação decresce rapidamente e, mais ainda, a velocidade de crescimento. Resulta a formação de diminutos cristais. Esta textura na qual coexistem cristais cujas dimensões variam uniformemente desde grandes até pequenas é denominada de serial e não apresenta o bimodalismo dimensional característico das texturas porfiríticas previamente discutidas.

Análise textural

Entende-se por análise textural o exame de uma rocha ao nível de seus constituintes básicos, dados por cristais, material vítreo ou uma combinação de ambos. A análise textural de uma rocha envolve fundamentalmente os seguintes aspectos:

- Grau de cristalinidade.
- Grau de visibilidade.
- Tamanho dos cristais (granulação da rocha).
- Forma (hábito) dos cristais.
- Contatos entre os cristais.
- Trama dos cristais.

Grau de cristalinidade

O grau de cristalinidade expressa a proporção relativa de matéria cristalina e vítrea presente numa rocha. Sob este aspecto as texturas das rochas magmáticas se dividem em:

- holovítrea. A rocha é totalmente composta por material vítreo. É a textura típica dos vidros vulcânicos;
- hipovítrea. A matéria vítrea domina sobre a fração cristalina, frequentemente dada por fenocristais. É a textura típica dos vitrófiros;
- hipocristalina. A fração cristalina domina sobre a vítrea. É textura comum em rochas de corpos magmáticos vulcânicos e subvulcânicos delgados. Em muitos basaltos toleíticos ocorrem pequenas porções de vidro ocupando os interstícios de uma rede formada por cristais de plagioclásio e piroxênio. Outro caso é o de certos pórfiros nos quais os numerosos fenocristais (que perfazem mais de 50% da rocha em volume) contêm material vítreo intersticial. Correspondem, pois, a vitrófiros com uma maior taxa de cristais;
- holocristalina. As rochas são formadas totalmente por cristais. É a textura típica das rochas resultantes de um resfriamento magmático lento, caso das rochas plutônicas. Também as porções centrais de corpos hipoabissais e efusivos espessos têm textura holocristalina.

Grau de visibilidade

O grau de visibilidade expressa a quantidade de cristais presentes numa rocha que podem ser reconhecidos individualmente com a vista desarmada ou com o auxílio de uma lupa de bolso (com aumento de 5 a 20 vezes). Sob este aspecto as texturas das rochas magmáticas se classificam em:

- faneríticas. Todos os cristais são reconhecidos individualmente. São forçosamente rochas holocristalinas com granulação média a grossa e caracterizam rochas intrusivas de resfriamento lento;
- subfaneríticas. Apenas parte da rocha é formada por cristais que podem ser caracterizados individualmente. A outra parte contém material vítreo, cristais extremamente diminutos ou uma mistura de ambos. Rochas porfiríticas nos quais os fenocristais estão inseridos numa matriz densa são subfaneríticas. Outras vezes correspondem a rochas muito finas nas quais a presença de cristais é sugerida apenas por numerosos e pequenos reflexos que resultam da incidência da luz sobre os planos de clivagem dos diminutos cristais presentes, mas cujos contornos não podem ser estabelecidos com precisão;

- afaníticas. Nesta textura, com a vista desarmada, não é possível constatar a presença de cristais na rocha. Incluem-se aqui naturalmente os vidros vulcânicos e as rochas de granulação densa que diferem dos vidros vulcânicos pela ausência do brilho vítreo característico. Rochas afaníticas correspondem tipicamente às bordas de corpos vulcânicos e hipoabissais delgados.

Pelo exposto conclui-se que o grau de visibilidade é uma combinação dos conceitos de grau de cristalinidade e tamanho dos cristais.

Tamanho dos cristais (granulação)

Este aspecto textural comporta duas abordagens: o tamanho relativo e o tamanho absoluto dos cristais presentes na rocha.

Tamanho relativo

Sob o aspecto do tamanho relativo dos cristais constituintes de uma rocha a sua textura pode ser:

- *equigranulares*. Todos os cristais constituintes da rocha apresentam dimensões aproximadamente iguais, independentemente de suas dimensões absolutas;
- *porfiríticas*. A rocha contém duas classes de cristais com dimensões bem distintas. Uma é dada por cristais com grandes dimensões denominados de fenocristais, megacristais ou macrocristais e a outra é dada por cristais com dimensões no mínimo 10 vezes menores que as dos megacristais. Os cristais menores formam a matriz que também pode conter material vítreo ou ser exclusivamente vítrea. Os fenocristais podem pertencer a duas ou mais classes granulométricas bem delimitadas configurando então uma textura porfirítica hiatal. Em outros casos as dimensões dos megacristais variam continuamente e transicionam gradualmente para os minerais da matriz. Caracteriza a textura porfirítica serial. Nas texturas porfiríticas os fenocristais podem ocorrer tanto dispersos aleatoriamente pela matriz quanto reunidos em pequenas manchas formadas pela aglutinação de alguns megacristais. Este aspecto caracteriza a textura

glomero-porfirítica. Os megacristais podem ainda ter disposição caótica ou orientada por fluxo magmático laminar ou turbilhonar. Rochas com mais de 50% de megacristais em volume são denominadas de pórfiros (exemplo: granito pórfiro). As com teores menores de fenocristais recebem o adjetivo porfirítico (exemplo: granito porfirítico);
- *inequigranulares*. Os cristais integrantes das rochas têm dimensões distintas, mas os maiores não ultrapassam em 10 vezes as dimensões dos menores. Falta também o típico bimodalismo granulométrico que caracteriza a maioria das texturas porfiríticas. Rochas porfitíricas seriais podem passar localmente para rochas inequigranulares. Também os pegmatitos apresentam, por definição, textura inequigranular caracterizada por um íntimo e mútuo intercrescimento entre minerais com dimensões variando entre centímetros e metros.

Tamanho absoluto

Quanto ao tamanho absoluto dos cristais, a granulação da rocha é definida segundo uma escala granulométrica conforme o Quadro 2.2.1.

Quadro 2.2.1 – Escala granulométrica das rochas magmáticas equigranulares baseado no tamanho absoluto dos seus cristais

Granulação	Diâmetro do grão em mm	Número de grãos por cm²
Gigante	> 33	<< 1
Muito grossa	33 - 10	<1
Grossa	10 - 3.3	1 -10^1
Média	3.3 - 1.0	10^1 - 10^2
Pequena	1.0 - 0.3	10^2 - 10^3
Fina	0.3 - 0.1	10^3 - 10^4
Muito fina	0.1 - 0.01	10^4 - 10^6
Densa	< 0.01	> 10^6

A escala granulométrica só pode ser aplicada diretamente às rochas equigranulares (por exemplo: rocha com granulação média). Nas rochas porfiríticas deve-se fazer tanto a caracterização das dimensões dos fenocristais, geralmente expressa em mm ou cm, quanto da matriz à qual é aplicada a escala granulométrica (por exemplo: rocha porfirítica com fenocristais de 1-3 cm em matriz densa). Nas rochas inequigranulares devem ser indicadas as dimensões dos cristais maiores e menores (por exemplo: rocha inequigranular com cristais entre 1 e 5 mm).

Forma dos cristais

O exame da forma dos cristais constituintes de uma rocha magmática comporta duas abordagens distintas, uma absoluta e outra relativa ou comparativa.

Forma absoluta

Quanto à forma absoluta os cristais são classificados de acordo com a diferença entre a forma cristalográfica perfeita e a forma efetivamente apresentada na rocha. Sob este aspecto os cristais constituintes de uma rocha são classificados em três categorias:

- *Minerais euedrais*. São minerais que apresentam todas ou quase todas as faces externas de um cristal perfeito. Representam, via de regra, aos primeiros cristais a cristalizarem por disporem de espaço e de suprimento químico para seu pleno desenvolvimento. Muitos fenocristais são euedrais.
- *Minerais subedrais*. Apresentam apenas algumas faces externas do correspondente cristal perfeito, sendo as demais dadas por planos irregulares.
- *Minerais anedrais*. Não apresentam faces cristalográficas externas. Toda a morfologia dos minerais é dada por superfícies irregulares. São, via de regra, os últimos cristais a cristalizarem e como tais ocupam os interstícios da rede formada pelos cristais previamente cristalizados (Figura 2.2.7).

Rochas magmáticas

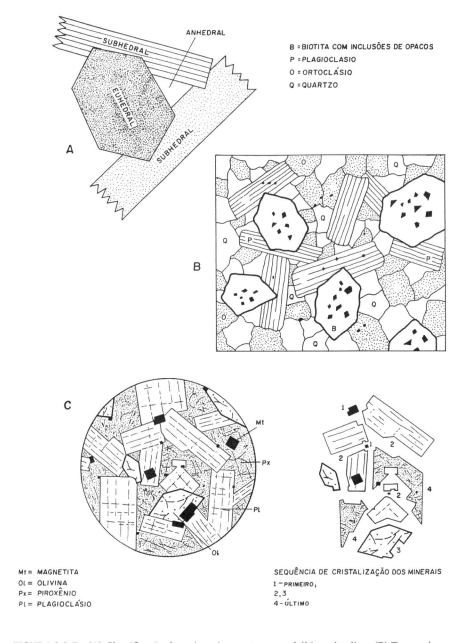

FIGURA 2.2.7 – (A) Classificação dos minerais quanto ao seu hábito cristalino. (B) Textura ígnea holocristalina contendo minerais euedrais (mica, M), subedrais (plagioclásio, P) e anedrais (ortoclásio, O; quartzo, Q). (C) Textura holocristalina decomposta mostrando a sequência de cristalização dos minerais. 1- magnetita euedral/subedral; 2- plagioclásio subedral; 3- olivina suedral; 4- piroxênio anedral. Extraído de Dietrich & Skinner, 1979, e Best, 1982.

Rochas compostas essencialmente por cristais euedrais têm textura idiomórfica, extremamente rara. Rochas compostas dominantemente por minerais subedrais têm textura subidiomórfica. É o caso da maioria das texturas das rochas ígneas. Rochas compostas essencialmente por cristais anedrais têm textura xenomórfica ou alotriomórfica. São texturas relativamente raras presentes em alguns aplitos e rochas monominerálicas com textura de calçamento dado pela justaposição de cristais anhedrais com formas poligonais.

Forma relativa ou comparativa

Forma relativa ou comparativa. Neste caso a forma dos cristais constituintes da rocha é expressa de maneira comparativa com formas de conceituação corrente. Assim os minerais são classificados como aciculares, colunares, granulares, chapeados, ripiformes, tabulares, losangulares, quadráticos, esqueléticos, arredondados, ovalados, sigmoides, esgarçados (forma de fiapos) etc.

Contatos entre os cristais

As rochas magmáticas são rochas extremamente coerentes exigindo para a sua desagregação grandes esforços mecânicos. Exemplos são as potentes britadeiras empregadas nas pedreiras produtoras de material de construção. Essa elevada coerência das rochas magmáticas resulta dos íntimos contatos entre seus minerais constituintes. Estes podem ser de natureza variada, tal como retilíneos, sinuosos, lobulados, serrilhados, engrenados ou esgarçados, todos termos autoexplicativos. Em rochas monominerálicas dominam contatos retilíneos e nas texturas subidiomórficas uma combinação entre contatos retilíneos, sinuosos, lobulares, engrenados, serrilhados e esgarçados. Alguns dos contatos mais frequentes entre minerais de rochas magmáticas estão representados na Figura 2.2.8.

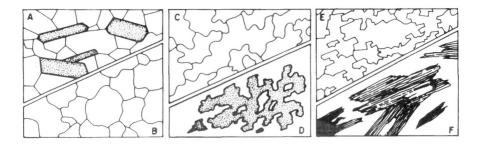

FIGURA 2.2.8 – Diferentes tipos de contatos entre os minerais constituintes de rochas magmáticas. (A) retilíneos; (B) sinuosos; (C) lobulados; (D) serrilhados; (E) engrenados; (F) esgarçados (nos contatos transversais a biotita). Extraído de Wimmenauer, 1985.

O domínio de um determinado tipo de contato entre os minerais define algumas texturas características. A textura de calçamento é dada pela justaposição de cristais poligonais com contatos retilíneos e caracteriza muitas rochas monominerálicas. A textura torrão de açúcar (ou aplítica) é uma espécie de textura de calçamento caracterizada por contatos retilíneos a lobulados, típica de alguns aplitos.

Trama textural

A trama textural refere-se à disposição espacial dos minerais constituintes da rocha magmática. Recebe a horrível designação de "fábrica", derivada do "fabric". A trama pode ser genérica quando se refere a uma arquitetura geral, recorrente em diferentes tipos de rochas (por exemplo: intersticial, granular) ou particular quando envolvem relações espaciais características entre determinados minerais específicos (por exemplo, a textura subofítica formada por plagioclásio e piroxênio em basaltos, diabásios e gabros). As tramas das rochas magmáticas são extremamente variadas, motivo pelo qual aqui serão mencionadas apenas algumas das mais comuns, em parte retratadas na Figura 2.2.9.

Classificação das rochas magmáticas segundo sua moda

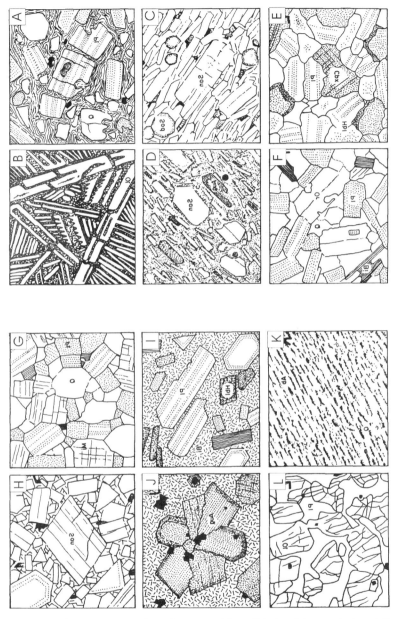

FIGURA 2.2.9 – Algumas texturas de rochas magmáticas. (A) vitrofírica em dacito pórfiro; (B) spinifex em komatiíto; (C) pilotáxica em fonolito; (D) hialopilítica em traquito alcalino; (E) sal e pimenta em hornblenda gabro; (F) subidiomórfica granítica em monzogranito; (G) xenomórfica granular em aplito; (H) idiomórfica inequigranular em traquito; (I) porfirítica em andesito; (J) glomeroporfirítica em camptonito; (K) gráfica em granito; (L) poiquilítica (plagioclásio) em cumulato com olivina. As siglas nos minerais são autoexplicativas. A largura dos desenhos representa 1,5 a 3,5 cm. Segundo Wimmenauer, 1985, modificado.

Texturas intersticiais

É a mais comum das tramas das rochas magmáticas por serem os feldspatos os principais constituintes das rochas ígneas. A textura caracteriza-se por uma rede mais ou menos fechada formada por cristais de feldspato retangulares ou ripiformes cujos interstícios são ocupados por cristais de formação mais tardia. Entre as texturas intersticiais específicas destacam-se:

Textura granítica

Os interstícios da malha de feldspato potássico (no caso de granitos) ou de plagioclásio (no caso de granodioritos) são ocupados por grãos anhedrais de quartzo.

Textura sienítica

Os interstícios da malha formada por cristais retangulares de feldspato potássico (ou albita) são ocupados por nefelina. É típica de muitos nefelina sienitos.

Textura intersertal

Os interstícios da malha, formada por cristais ripiformes de plagioclásio são ocupados por um material microgranular ou vítreo. Caracteriza muitos basaltos.

Textura intergranular

Cada interstício da rede formada por cristais ripiformes de plagioclásio é ocupado por um ou mais grãos de piroxênio. Ocorre em numerosos basaltos e diabásios.

Textura subofítica

Os interstícios da rede de cristais de plagioclásio são ocupados por um só cristal de piroxênio. É típica de numerosos basaltos, diabásios e gabros.

Textura em feltro

Caracteriza rochas vulcânicas a subvulcânicas muito ricas em feldspatos, caso dos traquitos. As diminutas e numerosas ripas de sanidina formam uma fina e cerrada malha que se assemelha à trama de um tecido grosseiro, irregular, e cujos interstícios são ocupados por uma matriz densa.

Texturas equigranulares

Como indica o nome, a trama é formada por grãos aproximadamente equidimensionais, euedrais a anedrais. Entre as texturas equigranulares específicas destacam-se:

Textura sal e pimenta

Compreende quantidades aproximadamente iguais de minerais siálicos e fêmicos subedrais a anedrais equidimensionais. É textura comum em muitos dioritos e gabros e em alguns basaltos e diabásios (Figura 2.2.9 E).

Textura aplítica

A trama é formada por cristais anedrais de feldspato potássico e quartzo com contatos retilíneos ou lobulados. É típica de alguns aplitos e granitos (Figura 2.2.9 G).

Textura de calçamento

A trama é dada pela justaposição de cristais aproximadamente equidimensionais e com formas poligonais. Caracteriza certos dunitos, peridotitos, piroxenitos, hornblenditos e anortositos.

Texturas inequigranulares e porfiríticas

Neste caso a trama é formada por cristais com dimensões muito distintas e nas quais os maiores apresentam formas ou disposições espaciais peculiares. Entre as texturas inequigranulares porfiríticas destacam-se:

Textura ofítica

Grandes cristais de piroxênio englobam ripas menores de plagioclásio que formam uma rede aberta onde a maioria das ripas não se tocam. É textura típica de muitos basaltos e gabros.

Textura poiquilítica

Os cristais maiores englobam numerosos cristais menores de uma ou mais espécies minerais. É comum em certas rochas ultramáficas, caso de alguns peridotitos nos quais grandes cristais de piroxênio englobam numerosos cristais de olivina (Figura 2.2.9 L).

Textura spinifex

A trama se caracteriza por grandes cristais lamelares de olivina ou piroxênio, frequentemente com disposição radial. O nome é derivado de uma grama característica da África do Sul, semelhante a barba-de-bode. Caracteriza muitos komatiítos, os correspondentes extrusivos dos peridotitos (Figura 2.2.9 B).

Textura maculada

Caracteriza muitas rochas porfiríticas. Os grandes megacristais euedrais destacam-se chamativamente da matriz. O caso mais frequente de textura maculada é a dos granitos porfiroides onde grandes cristais euedrais a subedrais de microclina rosada ou avermelhada destacam-se numa matriz de granulação média a fina, cinzenta, mesocrática, de composição granodiorítica.

Textura rapakivi

É uma textura maculada típica de certos granitos (granitos rapakivi) cujos megacristais de feldspato potássico apresentam anel externo de albita ou oligoclásio.

Texturas de intercrescimento

Como indica o nome, é caracterizada pelo intercrescimento entre alguns minerais constituintes da rocha. Entre as texturas de intercrescimento específico destacam-se:

Textura mirmequítica

É dada pelo intercrescimento entre cristais de plagioclásio ou feldspato potássico e vênulas de quartzo em forma de bastões irregulares ou com forma de U, V ou Y. É frequente em rochas graníticas nos contatos entre feldspato potássico, plagioclásio e quartzo.

Textura granofírica

É comum em rochas graníticas hipoabissais e se caracteriza por um intercrescimento entre feldspato potássico e quartzo, este com formas vermiculares, globulares, dendríticas ou irregulares.

Textura pegmatítica

É dada por um complexo intercrescimento entre os minerais constituintes da rocha. Os diferentes minerais se invadem mutuamente originando numerosas inclusões de um mineral em outro.

Textura gráfica

É dada por um intercrescimento orientado entre feldspato alcalino e quartzo. Ocorre em granitos gráficos e em alguns pegmatitos graníticos. Os grãos de quartzo com formas triangulares, quadráticas, retangulares ou vermiformes ocorrem dispostos em planos paralelos no feldspato hospedeiro, lembram vagamente a escrita cuneiforme dos antigos povos babilônicos (Figura 2.2.9 K).

Texturas de reação

Resulta de reações incompletas entre um dado mineral com o líquido magmático coexistente para a formação de um novo mineral. Durante a reação ocorre a geração de um anel externo do novo mineral envolvendo o seu precursor e impedindo que o núcleo deste seja consumido completamente pela reação. São genericamente conhecidas como texturas coronadas. É o caso de olivinas com carapaças de piroxênio e de anfibólios como núcleos de piroxênios (Figura 1.8.4)

Texturas cataclásticas

Resulta da moagem parcial da rocha por processos tectônicos (cataclase) ao longo de planos de falhas. Entre este grupo de textura cabe destacar:

Textura de argamassa ou "mortar"

Os núcleos dos minerais maiores poupados durante a cataclase são envolvidos por uma massa de grãos menores cuja granulação diminui progressivamente com o aumento da distância em relação ao núcleo mineral preservado. A textura lembra vagamente paredes de arrimo rústicas nas quais blocos maiores, dominantemente ovalados e com dimensões variáveis, são cimentados por uma argamassa contendo seixos, areia grossa e areia fina.

Textura porfiroclástica
Resulta da cataclase de rochas profiríticas. Os núcleos poupados dos fenocristais (porfiroclastos) se destacam de uma matriz de granulação bastante fina que absorveu a maior parte dos esforços tectônicos por redução granulométrica. É comum em granitos maculados cataclasados.

Textura "flaser", ocelar ou "augen"
É uma textura porfiroclástica na qual os porfiroclastos apresentam formas ovaladas ou ocelares e disposição subparalela; a matriz fina mostra uma foliação tectônica mais ou menos nítida. É comum em granitos maculados cataclasados.

Texturas cumuláticas

Resulta da acumulação de minerais segregados por decantação. É composta por uma fração "cumulus", cumulática, dada pelos cristais decantados, dominantemente euedrais, e por uma fração "intercumulus" dada por cristais anedrais que resultam da cristalização do líquido magmático intersticial aprisionado entre os cristais segregados. São, portanto, de idade "pós-cumulus". Texturas semelhantes podem resultar da concentração de minerais por correntes de convecção, fluxo magmático e por filtragem sob compressão. Após a aglutinação dos minerais cumuláticos estes continuam a crescer a expensas do líquido intersticial com o desenvolvimento de uma capa externa "pós-cumulus" (Figura 2.2.10). Entre as diversas texturas cumuláticas destacam-se:

Classificação das rochas magmáticas segundo sua moda

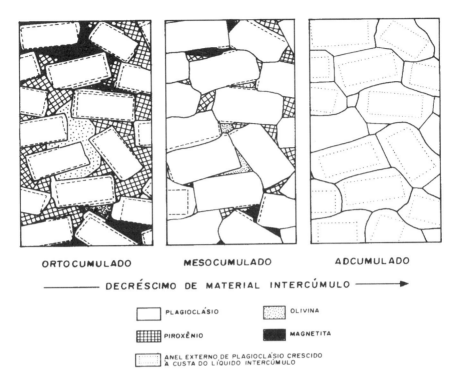

FIGURA 2.2.10 – Algumas texturas cumuláticas de plagioclásio definidas em função da quantidade de material "intercumulus" e da espessura do anel externo "pós-cumulus" nos plagioclásios. Segundo Wager et al., 1960; Wager, 1963, e Wager & Brown, 1967.

Textura ortocumulática

A fração intercumulus é relativamente grande e seus minerais chegam a englobar parte dos minerais cúmulus que apresentam apenas delgada capa pós-cumulus. Os minerais cúmulus via de regra não se tocam.

Textura mesocumulática

A fração intercumulus é reduzida, intersticial. Os cristais da fração cúmulus se tocam e têm anel externo pós-cumulus bastante desenvolvido.

Textura adcumulática

O crescimento pós-cumulus da fração decantada a expensas do líquido intersticial é muito grande, consumindo a sua quase totalidade. As rochas são monominerálicas e apresentam contatos sinuosos ou retilíneos, configurando textura de calçamento.

Texturas de fluxo

Resultam da disposição paralela de minerais tabulares (principalmente feldspatos), colunares (principalmente anfibólios) e placoides (principalmente micas) por fluxo de lavas e magmas. São comuns em muitos granitos porfiroides onde os megacristais têm disposição subparalela desenhando formas planares persistentes ou turbilhonares. Entre as diversas texturas de fluxo cabe ressaltar:

Textura pilotáxica ou traquítica
Caracteriza rochas efusivas muito ricas em feldspato, caso de traquitos e fonolitos. Os cristais tabulares e diminutos têm disposição paralela e se tocam mutuamente. O nome da textura é derivado do latim *"pilum"* (= pelo, cabelo) (Figura 2.2.9 C).

Textura hialopilítica
Os diminutos cristais de feldspato com disposição paralela estão inseridos numa matriz densa ou vítrea e na maioria das vezes não se tocam (Figura 2.2.9 D).

Texturas e composições de basaltos, diabásios e gabros

Como exposto previamente, basaltos, diabásios e gabros têm tramas muito variadas incluindo a ofítica, subofítica, granular, intergranular e intersertal (Figura 2.2.11). Essa variabilidade textural depende da composição do magma em termos do tetraedro Ab-An-Di-Hy (Figura 2.2.12). Este tetraedro contém um plano composicional crítico (plano 1234) dado pela equação P = Ab'+2 Di'+2.3 Hy' = 123. O cálculo de P é feito a partir dos teores de Ab, An, Di e Hy da norma que são recalculados para 100, obtendo-se os valores Ab', An', Di' e Hy', dos quais o valor An' é descartado. Os demais são somados após sua multiplicação pelos correspondentes coeficientes da fórmula. Magmas com P > 123 situam-se acima do plano composicional crítico e cristalizam inicialmente plagioclásio com a formação de texturas intersertais, intergranulares e subofíticas. Magmas com P < 123 cristalizam inicialmente piroxênios, o que leva à formação de texturas ofíticas, e magmas com P = 123 cristalizam simultaneamente plagioclásio e piroxênio, originando texturas granulares que são as mais raras.

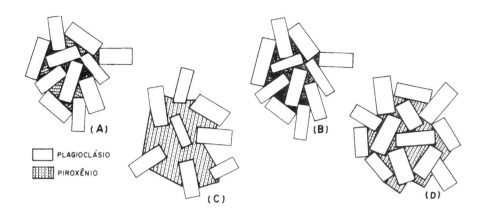

FIGURA 2.2.11 – As principais texturas de rochas básicas. (A) Intergranular (dolerítica). Cada interstício da malha fechada de ripas de plagioclásio que se tocam é ocupado dominantemente por apenas um grão de mineral ferromagnesiano (olivina, piroxênio, hornblenda). (B) Intersertal. Os interstícios da rede fechada são ocupados por numerosos e pequenos grãos de minerais ferro-magnesianos e/ou vidro e/ou minerais secundários (epidoto, clorita, clorofeíta). (C) Ofítica. As ripas de plagioclásio não se tocam (rede aberta) e são engolfados por grandes cristais de piroxênio. (D) Subofítica. Vários interstícios da malha fechada são ocupados por um mesmo piroxênio. Segundo Bard, 1986.

Estrutura mineral

A trama da textura não deve ser confundida com a estrutura individual dos minerais. Esta pode ser zonada, caso comum em plagioclásios, piroxênios e anfibólios. Outras estruturas são dadas por crescimentos setoriais distintos num mineral (caso da estrutura em ampulheta de alguns piroxênios); e por geminações, lamelas de exsolução em piroxênios e feldspatos, inclusões de minerais e material vítreo etc. Muitos megacristais de microclina de granitos mostram inclusões de quartzo, plagioclásio e minerais fêmicos formando um ou mais anéis concêntricos com disposição paralela às faces externas do cristal. Dessa maneira a descrição completa de uma textura envolve não só os diversos aspectos previamente discutidos, mas também a descrição das características internas dos minerais integrantes da trama cristalina.

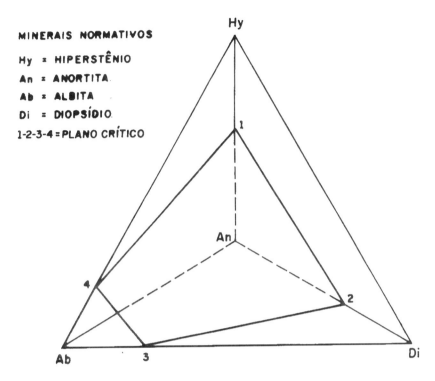

FIGURA 2.2.12 – O tetraedro normativo basáltico Ab-An-Di-Hy mostrando a localização do plano composicional crítico 1234. Basaltos situados acima, sobre e abaixo deste plano cristalizarão inicialmente plagioclásio, simultaneamente plagioclásio e piroxênio ou piroxênio. Extraído de Barth, 1962.

A descrição da forma dos cristais, das suas relações espaciais, contatos, e das inclusões de um mineral em outro são a base para a caracterização da sequência de cristalização de uma rocha, sendo representada através de gráficos específicos (Figura 2.2.13).

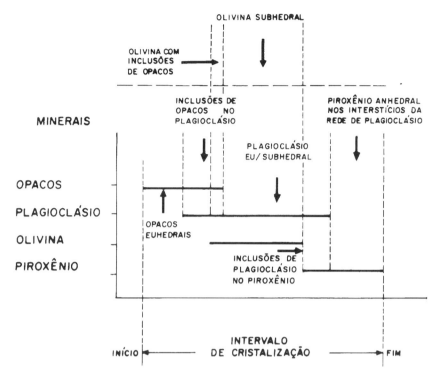

FIGURA 2.2.13 – Diagrama mostrando a história de cristalização de um basalto baseada em suas características texturais. Ver também Figura 2.2.7 C.

Exercícios

1. Faça uma lista dos livros de petrografia e petrologia citados até agora no texto e em exercícios anteriores. Amplie a lista com a inclusão dos livros de Johannsen (Volume I, 1958), Grout (1932), Harker (1956), Tyrell (1956), Hatch, Wells & Wells (1975), Williams, Turner & Gilbert (1970), além do atlas de Mackenzie, Donaldson & Guilford (1982). Elabore uma coletânea, a mais completa possível, de texturas de rochas magmáticas, desenhando e descrevendo-as detalhadamente. Dedique também atenção às feições internas dos minerais. Ressalte sempre os significados genéticos.

2. Whitney (1988) estudou a influência do papel da água na evolução de magmas graníticos, abordando também aspectos texturais. Detalhe esta parte do trabalho explicando o significado das diferentes texturas de rochas graníticas em termos das condições físicas reinantes durante a cristalização.

3. Bard (1986) no seu livro *Microtextures of Igneous and Metamorphic Rocks* correlaciona as texturas das rochas magmáticas com sistemas físico-químicos petrológicos. Quais são os sistemas utilizados e quais são as texturas a eles acopladas?

4. O livro de Shelley (1993) *Igneous and Metamorphic Rocks under the Microscope* aborda o processo de crescimento mineral e explica as características e o significado de várias texturas de rochas magmáticas. Baseado nessa obra detalhe as descrições texturais apresentadas no presente subcapítulo.

2.3 Aspectos estruturais

Denomina-se de estrutura de uma rocha seus aspectos peculiares independentemente de sua classificação, composição ou aspectos texturais. As estruturas das rochas retratam condições específicas que caracterizam a consolidação de lavas e magmas, tais como a sua mobilidade, o escape de voláteis, a velocidade de resfriamento, processos de diferenciação magmática etc. Estruturas são pois preciosos indicadores das condições físicas e dinâmicas da consolidação magmática. Como estas são extremamente variáveis, as estruturas das rochas magmáticas são muito numerosas, cabendo aqui apenas a menção das mais comuns. Serão agrupadas de acordo com as condições genéticas mais importantes responsáveis por seu surgimento. Este agrupamento é subjetivo pois em muitos casos uma estrutura indica simultaneamente várias condições físicas de formação:

Classificação das estruturas das rochas magmáticas

Em termos gerais as estruturas das rochas magmáticas podem ser agrupadas em quatro categorias:
- Estruturas ligadas à movimentação de lavas e magmas.
- Estruturas ligadas ao escape de gases.
- Estruturas que retratam a velocidade de resfriamento.
- Estruturas ligadas à evolução magmática.

Estruturas ligadas à movimentação de lavas e magmas

Magmas durante a sua ascensão e lavas durante seu extravasamento estão em movimentação, da qual resultam as seguintes estruturas características:

Estrutura fluidal. São muito comuns em lavas. São caracterizadas pela orientação de minerais aciculares, tabulares, colunares ou ripiformes. Outras vezes, são dadas pela deformação ovalada de bolhas gasosas, pela orientação de materiais do assoalho sobre o qual se desloca o derrame e engolfados pelo mesmo. Em certos casos as diferentes lâminas de fluxo de um derrame causam no corpo rochoso uma estratificação dada por variações granulométricas que em lavas alteradas lembram as estruturas estratificadas de rochas sedimentares. Em rochas plutônicas porfiríticas o fluxo laminar orienta os megacristais da rocha segundo linhas subparalelas e o fluxo turbilhonar provoca a sua disposição em forma de espirais mais ou menos regulares. Lâminas de fluxo paralelas podem originar estruturas em "espinha de peixe", nas quais parte dos megacristais tem disposição retilínea subparalela na parte central da camada de fluxo, enquanto nas duas partes marginais os megacristais têm disposição subparalela, oblíqua e divergente em relação aos cristais da parte central da camada de fluxo.

Estrutura xenolítica. Magmas durante sua movimentação são capazes de arrancar fragmentos das rochas encaixantes, incorporando-os. Os fragmentos têm dimensões extremamente variadas, de milimétricas a centenas de metros, e apresentam formas irregulares, poligonais, ovaladas ou fusiformes. Seus contatos são ora nítidos, ora difusos quando parcialmente digeridos pelo magma. Quando o magma por pressão hidrostática fragmenta porções marginais das rochas encaixantes e as invade ao longo das fraturas geradas, originam-se brechas de contato ou brechas magmáticas. Em outros casos os xenólitos resultam da fragmentação de diques sinintrusivos ou sinplutônicos. São diques básicos que penetram ao longo das juntas de contração que se desenvolvem durante o resfriamento magmático. Se o corpo rochoso ainda estiver quente e se movimentar em estado plástico, os diques serão despedaçados e incorporados pela rocha hospedeira originando xenólitos com formas e dimensões das mais variadas (Wernick, 1983a; Wernick & Ferreira, 1987).

Brechas de derrames. O extravasamento de uma lava leva à consolidação quase instantânea de sua parte externa em contato com o ar. Essa camada externa age como escudo térmico em relação à porção interna do derrame. Essa, ao continuar seu deslocamento ao longo do declive do terreno, fragmenta a carapaça externa, integrando-a à porção ainda fluida. A repetição sucessiva desse processo leva à formação das brechas de derrames nas quais fragmentos com formas e dimensões variadas, muito finos ou densos, estão inseridos em rochas vulcânicas de granulação algo mais grossa. Lavas recobertas por uma espessa camada de fragmentos de carapaças são denominadas de "blocky lavas" ou lavas "a-a" (designação dada pelos nativos das ilhas do Havaí). Em alguns casos o escoamento da parte central do derrame pode ocorrer sem a fragmentação da carapaça externa. Surgem, então, os túneis de lavas.

Estrutura "Roppy". Dado ao atrito entre o substrato rochoso (assoalho) e a base de um derrame, o topo deste desloca-se com maior rapidez que sua parte inferior. Resulta desse fato um enrugamento irregular e subparalelo da parte superior externa dos derrames com feições que lembram vagamente a parte corrugada de um tanque de lavar roupa. As corrugações apresentam amplitudes muito variáveis e algumas vezes grande persistência lateral.

Estrutura cordada. Ocorrendo o rompimento irregular na carapaça de um derrame, deste podem ser liberados diminutos riachos de lavas, já bastante viscosos, que consolidam com aspecto de cordas irregulares mais ou menos grossas. Em alguns casos, despencando por pequenos degraus morfológicos, os riachos formam verdadeiros "novelos" magmáticos denominados de "pahoe-hoe" (designação dada pelos nativos das Ilhas do Havaí).

Estrutura "Schlieren". O fluxo magmático pode levar à concentração local de minerais máficos ou de voláteis. Desse processo resulta a formação de lentes difusas, irregulares, ora caracterizados por uma maior concentração de minerais máficos ou siálicos em relação à rocha circundante, ora por uma granulação mais grossa, ora por uma combinação de ambas as feições. Essas lentes, que recebem o nome de "Schlieren", são comuns em rochas graníticas e têm o seu alongamento maior disposto paralelamente à direção do fluxo magmático.

Estruturas convolutas, de escorregamento e de corte e preenchimento. São estruturas comuns em complexos máficos/ultramáficos com alternância centimétrica a métrica de leitos ou camadas compostas por minerais de minério e diferentes rochas máficas/ultramáficas. A estrutura acamada pode sofrer colapso por escorregamento ou pode ser escavada por correntes magmáticas ligadas a processos de convecção. Os nomes das estruturas resultantes desses processos, derivados de suas congêneres sedimentares, demonstram uma grande dinâmica nas câmaras por meio de correntes magmáticas e denotam a instabilidade de massas cristalinas maiores formadas por segregação magmática num ambiente rico em correntes de convecção.

Estruturas ligadas ao escape de voláteis

Magmas contêm maiores ou menores quantidades de voláteis dissolvidos, principalmente H_2O e CO_2. Com a ascensão do magma, que implica numa diminuição da pressão que age sobre ele, os voláteis separam-se do magma constituindo uma fase fluida (gasosa) independente que coexiste em equilíbrio com o magma. No caso de descompressões rápidas o processo de separação da fase volátil leva a uma vesicação do magma devido à enorme expansão do volume da fase fluida. Muitas lavas chegam à superfície terrestre sob forma de espumas magmáticas. A intensidade da separação dos voláteis do magma depende de sua viscosidade, sendo maior em magmas fluidos (básicos) e menor em magmas muito viscosos (ácidos). Entre as principais estruturas ligadas ao escape da fase volátil destacam-se:

Estrutura vesicular
A rocha caracteriza-se pela presença de moldes das bolhas de gases que escaparam durante a consolidação de lavas. Suas dimensões são variáveis, de milimétricas a decimétricas, e suas formas podem ser esféricas ou alongadas quando deformadas por ação do fluxo das lavas. Estruturas vesiculares nas quais a maior parte dos moldes das bolhas está parcial ou totalmente preenchida por material secundário são denominadas de estruturas amigdaloides. Em alguns derrames a zona de transição das juntas externas horizontais para as juntas verticais centrais é o sítio preferencial de concentração de grandes bolhas gasosas. Seus moldes, quando preenchidos parcialmente por minerais secundários, correspondem a geodos ou drusas. Em condições especiais todo o trajeto de escape de uma bolha gasosa pode ser preservado sob forma de um tubo. Rochas ricas nestes tubos com disposição subparalela têm estrutura celular, comum em certos púmices ou pedra-pomes com estrutura escoriácea.

Estrutura escoriácea

Resulta da cristalização de uma espuma magmática, fruto de uma extrema vesicação da lava por descompressão muito rápida. As rochas são leves e ásperas, muitas vezes de aspecto muito delicado, caso de certas púmices. Estas, dado o número muito grande de vesículas, frequentemente flutuam na água. Em algumas pedras-pomes com estrutura celular são observadas brilhantes fibras de vidro vulcânico dispostas paralelamente aos tubos de escape dos voláteis.

Estrutura miarolítica

É feição comum em muitos corpos graníticos de colocação rasa. Os gases se aglutinam formando grandes bolhas com dimensões centimétricas a decimétricas. Os seus moldes são forrados por cristais euhedrais idênticos aos constituintes da rocha circundante. Sua estruturação é, portanto, semelhante à dos geodos, mas a origem do contendo mineral é distinto nos dois casos.

Estruturas que retratam a velocidade de resfriamento

Estas estruturas não só revelam a velocidade de resfriamento de magmas e lavas como também, em alguns casos, o ambiente no qual ocorreu a consolidação. Entre elas cabe destacar:

Juntas

São planos de ruptura que resultam da consolidação de magmas e lavas. De modo geral, o seu espaçamento é proporcional à velocidade de resfriamento (e, portanto, à granulação) da rocha, sendo cerrado em rochas vulcânicas e mais espaçado nas plutônicas. Em condições muito homogêneas de resfriamento pode ocorrer o desenvolvimento de disjunção colunar dada pela coexistência lado a lado de numerosas colunas pétreas hexagonais. Estas ocorrem principalmente em derrames de basaltos e soleiras de diabásios. Em vários casos, soleiras e derrames espessos apresentam variação na disposição das juntas. Estas são sub-horizontais e cerradas na porção superior e inferior do corpo rochoso e verticais e mais espaçadas na sua porção central. Em corpos intrusivos com formato circular apresenta, em planta, dois sistemas de juntas: um radial partindo do centro do corpo ígneo e outro dado por juntas curvas concêntricas, paralelas ao seu contato. De modo geral os três sistemas principais de juntas presentes num corpo rochoso tendem a decompô-lo em grandes blocos geométricos mais ou menos regulares e representam as principais vias de penetração das soluções intempéricas. Resultam, assim, os matacões arredondados típicos para regiões de afloramento de corpos magmáticos plutônicos, pois nos cantos dos blocos de disjunção o ataque nas superfícies por unidade de volume de rocha é muito maior que na porção central dos planos que delimitam os blocos. Em certos casos, um ou mais dos vários sistemas de juntas de um corpo rochoso mostram-se recobertos por minerais magmáticos residuais ou por minerais secundários, caso de quartzo, adulária, zeólitas, cloritas, calcita, sulfetos etc.

As juntas de resfriamento não devem ser confundidas com planos de ruptura mais irregulares que ocorrem nos corpos magmáticos e que acompanham grosseiramente as formas de relevo. Estas fraturas resultam da descompressão das rochas quando são alçadas por isostasia ou processos tectônicos de grandes profundidades para níveis crustais rasos. Fraturas similares ocorrem em rochas que após terem sido submetidas ao peso de espessas camadas de gelo sofrem alívio de pressão após o degelo.

Fraturas conchoidais

Caracterizam os planos de ruptura de vidros vulcânicos e rochas de granulação densa ou muito fina. São planos côncavos com dimensões variáveis, mais ou menos brilhantes na dependência do teor de vidro da rocha.

Bordas de resfriamento

Correspondem às porções marginais de contato de corpos efusivos ou intrusivos rasos. As bordas de contato apresentam granulação densa a fina e destacam-se da porção central do corpo rochoso, de granulação maior. A espessura da zona de contato é muito variável e depende de numerosos fatores, tais como a espessura do corpo ígneo, a temperatura do magma que lhe deu origem, a diferença térmica entre o magma e as rochas encaixantes etc.

Estrutura almofadada

É típica para derrames que sofreram consolidação subaquática. A rocha parece ser constituída por um conjunto irregular de sacos ovalados semi--inflados, com dimensões centimétricas a métricas. As almofadas apresentam expansões inferiores pedunculares que penetram e ocupam os espaços entre duas almofadas contíguas subjacentes. É feição importante na determinação do topo e da base de derrames que sofreram subsequentemente metamorfismo brando e dobramentos, caso dos típicos derrames almofadados de komatiítos (rochas máficas/ultramáficas fortemente magnesianas) arqueanos. As almofadas apresentam estrutura interna típica com uma camada vítrea ou muito densa externa e uma porção central de granulação algo mais grossa. Comum são pequenas fraturas radiais e concêntricas, estas acompanhando a morfologia externa da almofada.

Estruturas ligadas à evolução magmática

Durante a cristalização de magmas podem ocorrer fenômenos de fracionamento pela segregação gravimétrica de cristais densos, cristalização rítmica pela retomada sucessiva de mesmas condições físico-químicas críticas etc. Entre as principais estruturas que retratam alguns desses processos destacam-se:

Estrutura acamada ou bandada

É dada por uma recorrência, ao nível milimétrico a métrico, de diferentes litologias num corpo magmático diferenciado. Os leitos e camadas podem apresentar persistência lateral de milhares de metros. É estrutura comum em complexos máficos diferenciados onde se alternam horizontes de cromititos, dunitos, peridotitos, piroxenitos, noritos e gabros. Exemplos famosos são os complexos de Bushveld, na África do Sul, e de Sudbury, no Canadá, ambos gigantescos lopólitos. Outras vezes não ocorre recorrência de litologias e sim uma sucessão de estratos cada vez mais diferenciados. É o caso da intrusão de Skaergaard, Groelândia, também um complexo lopólito. No caso do turmalina granito Perus, SP, o acamamento é dado por uma sucessão de leitos centimétricos a decimétricos caracterizados, cada um, por uma diminuição do teor de turmalina da base para o topo.

Estrutura orbiculoide

É uma curiosa estrutura de rochas granitoides, dada por concreções arredondadas, ovaladas ou irregulares, com dimensões centimétricas a decimétricas, e típica estrutura anelar concêntrica dada por leitos alternadamente muito ricos em minerais claros e escuros ou por leitos com variável relação entre minerais siálicos e fêmicos. Os minerais dos orbículos são os mesmos presentes na rocha magmática encaixante. A origem da estrutura orbiculoide é objeto de acirradas controvérsias. A mais famosa coleção de estruturas orbiculoides encontra-se no Serviço Geológico da Finlândia, Helsinki.

Estrutura maciça ou homogênea

Como indica seu nome é a estrutura que caracteriza rochas sem feições particulares que chamam de imediato a atenção do observador. É a estrutura dominante nos corpos magmáticos intrusivos.

As estruturas primárias das rochas magmáticas não devem ser confundidas com estruturas secundárias, tais como deformações tectônicas que resultam em cataclase, brechação e foliação tectônica, nem com estruturas devidas a fenômenos de intemperismo das quais resultam, entre numerosas outras, a formação de matacões, o acebolamento de rochas (estrutura de esfoliação) ou a estrutura perlítica, típica de vidros vulcânicos devitrificados.

Exercícios

1. Utilizando a mesma bibliografia reunida para a elaboração da primeira questão dos exercícios precedentes faça uma coletânea das principais estruturas das rochas magmáticas. Elabore desenhos, faça descrições detalhadas e ressalte aspectos genéticos.

2. Caminhe por sua cidade. Faça o inventário (rua, número, bairro) de casas ou edifícios que utilizem rochas magmáticas como pedras ornamentais. Classifique-as e descreva seus principais aspectos texturais e estruturais. Faça uma lista dos tipos de rochas mais utilizados em revestimentos externos e em paredes e pisos internos de construções de livre acesso (bancos, lojas, edifícios públicos, igrejas etc.).

2.4 Aspectos mineralógicos

Das cerca de 3.000 espécies minerais até agora conhecidas menos de 40 são responsáveis pela composição da quase totalidade da crosta terrestre. Não surpreende, segundo a Tabela 2.4.1, que fornece a composição química da crosta terrestre, que esses minerais sejam essencialmente silicatos.

Tabela 2.4.1 – A composição química da crosta terrestre, em porcentagem de peso. Segundo Turekian & Wedepohl, 1961

Elementos	Porcentagem em peso
Oxigênio (O)	45.20
Silício (Si)	27.20
Alumínio (Al)	8.00
Ferro (Fe)	5.80
Cálcio (Ca)	5.06
Magnésio (Mg)	2.77
Sódio (Na)	2.32
Potássio (K)	1.68
Titânio (Ti)	0.86
Hidrogênio (H)	0.14
Manganês (Mn)	0.10
Fósforo (P)	0.10
Total	99.23

Mineralogia das rochas magmáticas

As rochas magmáticas são compostas por um número bastante restrito de minerais, boa parte deles listados na Tabela 2.4.2. Tal fato é reforçado pelo Quadro 1.2.2, que mostra que o nome das principais rochas magmáticas resulta da combinação de um a três minerais essenciais, em boa parte recorrentes em diferentes rochas. Ao lado dos minerais essenciais ocorrem também nas rochas cerca de 30 minerais minoritários que perfazem, em conjunto, quase sempre menos de 5% do seu volume. São denominados de minerais acessórios e compreendem, ao lado de alguns silicatos menos frequentes, também sulfetos, óxidos, carbonatos, fosfatos etc. (Tabela 1.2.3). Alguns desses acessórios podem ocorrer excepcionalmente em grandes concentrações locais. É o caso de sulfetos de Cu, Ni, Pb e Zn, óxidos de Cr, Fe e Ti, fosfatos de Ca etc. Por sua importância econômica são algumas vezes denominados de minerais de minério. De modo geral as rochas magmáticas apresentam em média quatro a cinco minerais acessórios com destaque para os óxidos de Ti-Fe, zircão, titanita, apatita e calcita.

Tabela 2.4.2 – Os principais minerais presentes nas rochas magmáticas

A – Minerais silicatados	
1 - Nesossilicatos e ciclossilicatos	
Olivina	X_2SiO_4, onde X = Mg, Fe^{+2}, Ca, Mn, Ni
Forsterita	Mg_2SiO_4 ou $2MgO \cdot SiO_2$
Faialita	Fe_2SiO_4 ou $2FeO \cdot SiO_2$
Monticellita	$CaMgSiO_4$ ou $CaO \cdot MgO \cdot SiO_2$
Zircão	$ZrSiO_4$ ou $ZrO_2 \cdot SiO_2$
Titanita	$CaTiSiO_5$ ou $CaO \cdot TiO_2 \cdot SiO_2$
Granada	$X_3Y_2Si_3O_{12}$, onde X = Mg, Fe^{+2}, Ca, Mn; Y = Al, Fe^{+3}, Cr
Almandina	$Fe_3Al_2Si_3O_{12}$ ou $3FeO \cdot Al_2O_3 \cdot 3SiO_2$
Piropo	$Mg_3Al_2Si_3O_{12}$ ou $3MgO \cdot Al_2O_3 \cdot 3SiO_2$
Grossulária	$Ca_3Al_2Si_3O_{12}$ ou $3CaO \cdot Al_2O_3 \cdot 3SiO_2$
Zoisita	$Ca_2Al_3Si_3O_{12}(OH)$ ou $4CaO \cdot 3Al_2O_3 \cdot 6SiO_2 \cdot H_2O$
Epidoto	$Ca_2Fe^{+3}Al_2Si_2O_{12}(OH)$ ou $4CaO \cdot Fe_2O_3 \cdot Al_2O_3 \cdot 6SiO_2 \cdot H_2O$
Melilita	$X_2ZY_2O_7$, onde X = Ca, Na; Y = Mg, Al; Z = Si, Al
Akermanita	$Ca_2MgSi_2O_7$ ou $CaO \cdot MgO \cdot 2SiO_2$
Gehlenita	$Ca_2Al_2SiO_7$ ou $2CaO \cdot Al_2O_3 \cdot SiO_2$
Melilita sódica	$NaCaAlS_2O_7$ ou $Na_2O \cdot 2CaO \cdot Al_2O_3 \cdot 4SiO_2$
2 - Inossilicatos simples	
Ortopiroxênio	$XSiO_3$, onde X = Mg, Fe^{+2}
Enstatita	$MgSiO_3$ ou $MgO \cdot SiO_2$
Ferrossilita	$FeSiO_3$ ou $FeO \cdot SiO_2$
Clinopiroxênio	XYZ_2O_6, onde X = Ca, Na; Y = Mg, Fe^{+2}, Fe^{+3}, Al, Cr; Z = Si, Al
Diopsídio	$CaMgSi_2O_6$ ou $CaO \cdot MgO \cdot 2SiO_2$
Hedenbergita	$CaFeSi_2O_6$ ou $CaO \cdot FeO \cdot 2SiO_2$
Jadeíta	$NaAlSi_2O_6$ ou $Na_2O \cdot Al_2O_3 \cdot 4SiO_2$
Acmita	$NaFeSi_2O_6$ ou $Na_2O \cdot Fe_2O_3 \cdot 4SiO_2$
Tschermakita	$CaAl_2SiO_6$ ou $CaO \cdot Al_2O_3 \cdot SiO_2$
Wollastonita	$CaSiO_3$ ou $CaO \cdot SiO_2$

Continuação

A – Minerais silicatados	
3 - Inossilicatos duplos	
Anfibólios	$W_{0-1}X_2Y_5Z_8O_{22}(OH)_2$, onde W = Na
	X = Ca, Na Mg, Fe^{+2}
	Y = Mg, Fe^{+2}, Fe^{+3}, Al, Ti
	Z = Si, Al
4 - Filossilicatos	
Micas	$X_2Y_{4-6}Z_8O_{20}(OH)_4$, onde X = K, Na
	Y = Al, Mg, Fe^{+2}, Fe^{+3}, Al, Ti
	Z = Si, Al
Talco	$Mg_3Si_4O_{10}(OH)_2$ ou $3MgO \cdot 4SiO_2 \cdot H_2O$
Serpentina	$Mg_3Si_2O_5(OH)_4$ ou $3MgO \cdot 2SiO_2 \cdot 2H_2O$
Clorita	$X_{12}Y_8O_{20}(OH)_{16}$, onde X = Mg, Fe^{+2}, Fe^{+3}, Al;
	Y = Si, Al
5 - Tectossilicatos	
Feldspatos	$XYSi_3O_8$ e $WY_2SiO_2O_8$, onde X = Na, K, Rb
	W = Ca, Ba, Sr
	Y = Al, Fe^{+3}
K-feldspato	$KASi_3O_8$ ou $K_2O \cdot Al_2O_3 \cdot 6SiO_2$
Albita	$NaAlSi_3O_8$ ou $Na_2O \cdot Al_2O_3 \cdot 6SiO_2$
Anortita	$CaAl_2Si_2O_8$ ou $CaO \cdot Al_2O_3 \cdot 2SiO_2$
Quartzo	SiO_2
Tridimita	SiO_2
Cristobalita	SiO_2
Feldspatoides	
Nefelína	$NaAlSiO_4$ ou $Na_2O \cdot Al_2O_3 \cdot 2SiO_2$
Kalsilita	$KAlSiO_4$ ou $K_2O \cdot Al_2O_3 \cdot 2SiO_2$
Leucita	$KALSi_2O_6$ ou $K_2O \cdot Al_2O_3 \cdot 4SiO_2$
Analcima	$NaAlSi_2O_6 \cdot H_2O$ ou $Na_2O \cdot Al_2O_3 \cdot 4SiO_2 \cdot 2H_2O$
B – Minerais não silicatados	
1 - Óxidos	
Corindon	Al_2O_3
Rutilo	TiO_2
Ilmenita	$FeTiO_2$ ou $FeO \cdot TiO_2$
Hematita	Fe_2O_3
Perovskita	$CaTiO_3$ ou $CaO \cdot TiO_2$
Espinélio	ZY_2O_4 onde Y = Mg, Fe^{+2}, Zn, Mn; Ni;
	Z = Al, Fe^{+3}, Cr
Magnetita	Fe_3O_4 ou $FeO \cdot Fe_2O_3$
Ulvöspenélio	Fe_2TiO_4 ou $2FeO \cdot TiO_2$
Hercinita	$FeAl_2O_4$ ou $FeO \cdot Al_2O_3$
Espinélio	$MgAl_2O_4$ ou $MgO \cdot Al_2O_3$
Cromita	$FeCr_2O_4$ ou $FeO \cdot Cr_2O_3$

Continuação

B – Minerais não silicatados	
2 - Carbonatos	
Calcita	$CaCO_3$ ou $CaO \cdot CO_2$
Dolomita	$CaMg(CO_3)_2$ ou $CaO \cdot MgO \cdot 2CO_2$
Siderita	$FeCO_3$ ou $FeO \cdot CO_2$
3 - Haletos	
Fluorita	CaF_2
4 - Fosfatos	
Apatita	$Ca_5(PO_4)_3(OH, F, Cl)$ ou $10CaO \cdot 3P_2O_5 \cdot (F_2, (OH)_2, Cl_2)$
Monazita	$(Ce, La, Th)PO_4$
5 - Sulfetos	
Pirita	FeS_2
Pirrotita	$Fe_{1-x}S$
Esfalerita	ZnS
Calcopirita	$CuFeS_2$

As causas do número restrito de minerais na natureza

Considerando-se os 88 elementos de ocorrência natural no planeta Terra, estes, teoricamente, podem ser combinados para a constituição de milhões de compostos naturais. Entretanto, até agora só foram descritos pouco menos de 3.000 minerais e, mesmo com todo o avanço tecnológico atualmente disponível, apenas cerca de 50 novos minerais, todos raros, têm sido descritos anualmente, boa parte deles resultantes de experimentos de síntese mineral sob condições extremas. Essa discrepância entre teoria e realidade quanto ao número de minerais naturais é devida, principalmente, a dois fatores:

- a frequência dos elementos naturais.
- processos de substituição.

A frequência dos elementos naturais

Somente 12 elementos químicos ocorrem com teores superiores a 0,1%, em peso, na crosta terrestre e perfazem em conjunto mais de 99,23% desta (Tabela 2.4.1). Destes 12 elementos apenas 4 atuam comumente como ânions ou entram na formação de ânions complexos. Desse modo apenas ânions de silicatos $(SiO_4)^{-4}$, óxidos $(O)^{-2}$, hidróxidos $(OH)^{-1}$ e fosfatos $(PO_4)^{-3}$ formam minerais comuns. Vários outros elementos também formam ânions ou entram na constituição de ânions complexos, mas apenas alguns deles são suficientemente frequentes para formarem minerais encontrados nas rochas magmáticas mais comuns. Estes elementos incluem C, S, Cl e F. Dessa maneira, é a frequência dos elementos que determina a abundância mineral. De fato, alguns dos 88 elementos químicos são tão raros que não são conhecidos minerais por eles formados nas condições de pressão e temperatura existentes na superfície e no interior da Terra. Na Tabela 2.4.3 constam alguns minerais formados por elementos de baixa frequência. Muitos desses minerais ocorrem em rochas formadas a partir de magmas residuais, caso dos pegmatitos. Magmas residuais têm a capacidade de concentrar íons com dimensões e cargas anormais. Devido a sua raridade, estes minerais são denominados, algumas vezes, de exóticos e fazem a alegria do colecionador de minerais.

Tabela 2.4.3 – Nome e composição de alguns minerais exóticos presentes em pegmatitos

Mineral	Fórmula
Autunita	$Ca(UO_2)(PO_4)_2 \cdot 10\text{-}12H_2O$
Berilo	$Be_3Al_2Si_6O_{18}$
Cassiterita	SnO_2
Cookeíta	$LiAl_4(AlSi_3)O_{10}(OH)_8$
Lepidolita	$K(Li, Al)_3(Si, Al)_4O_{10}(F, OH)_2$
Pollucita	$(Cs, Na)_2(Al_2Si_4)O_{12} \cdot H_2O$
Samarskita	$(Y, Ce, U, Ca, Pb)(Nb, Ta, Ti, Sn)_2O_6$
Espodumênio	$LiAlSi_2O_6$
Tantalita	$(Fe^{+2}, Mn)(Ta, Nb)_2O_6$
Thorianita	ThO_2
Topázio	$Al_2SiO_4(F, OH)_2$
Turmalina	$(Na, Ca)(Li, Mg, Fe^{+2}, Fe^{+3})_3(Al, Fe^{+3})_6(BO_3)_3Si_6O_{18}(OH)_4$
Uranita	UO_2

Processos de substituição

Vários elementos, apesar de uma certa abundância na natureza, não formam minerais próprios devido aos fenômenos de substituição, admissão e captura iônica. Dados dois cátions com raios iônicos e cargas similares, um pode substituir o outro numa estrutura mineral sem que ocorram mudanças em suas propriedades essenciais. Por exemplo, no mineral forsterita (Mg_2SiO_4), o Mg^{+2} pode ser substituído pelo Fe^{+2} e pelo Ni^{+2}. Como o Fe é um elemento muito frequente, tal fato não impede a existência da olivina ferrífera faialita (Fe_2SiO_4), mas no caso do Ni, um elemento mais raro, impede a formação de uma olivina de níquel do tipo (Ni_2SiO_4). A troca de Ca^{+2} pelo Sr^{+2} na estrutura da anortita ($CaAl_2Si_2O_8$) é outro caso de substituição simples. O caso do Ba é mais complexo. Apesar de poder constituir um feldspato próprio muito raro, a celsiana ($BaAl_2Si_2O_8$), o Ba prefere se acomodar na estrutura do feldspato potássico ($KAlSi_3O_8$) através de uma substituição acoplada ($Ba^{+2}+Al^{+3}$ por $K^{+1}+Si^{+4}$). Substituição acoplada entre ($Na^{+1}+Si^{+4}$ por $Ca^{+2}+Al^{+3}$) também ocorre nos plagioclásios. Outros casos de substituições complexas podem envolver simultaneamente seis ou mais cátions. Resulta, assim, que grande parte dos elementos menos frequentes entra na estrutura dos minerais formados pelos elementos mais abundantes em vez de constituir minerais próprios nos quais seriam o cátion dominante.

Na Tabela 2.4.4 constam alguns minerais formadores das rochas magmáticas, seus elementos constituintes maiores e os elementos menores que os substituem.

A Tabela 2.4.4. mostra que alguns elementos raros (elementos traços) que substituem os elementos maiores em certos minerais servem para rastrear a sequência de cristalização dos diferentes minerais formadores de uma dada rocha. Consideremos a consolidação de um magma basáltico no qual ocorre sucessivamente a cristalização de olivina, piroxênio e plagioclásio. A determinação dessa sequência de cristalização através dos elementos maiores não é possível, pois tanto a olivina quanto o piroxênio contêm Mg e Fe e o clinopiroxênio e a plagioclásio contêm Ca. O principal elemento traço, entretanto, incorporado pela olivina, clinopiroxênio e plagioclásio é, respectivamente, o Ni, Cr e Sr. Com o início da cristalização da olivina irá cair o teor de Ni no magma enquanto a concentração de Cr e Sr aumenta gradativamente devido à progressiva diminuição do volume de líquido magmático. Com o início da cristalização do clinopiroxênio irá cair o teor de Cr mas a concentração de Sr aumentará ainda mais com a diminuição da fração líquida do magma e só irá diminuir com o início da cristalização do plagioclásio (Figura 2.4.1).

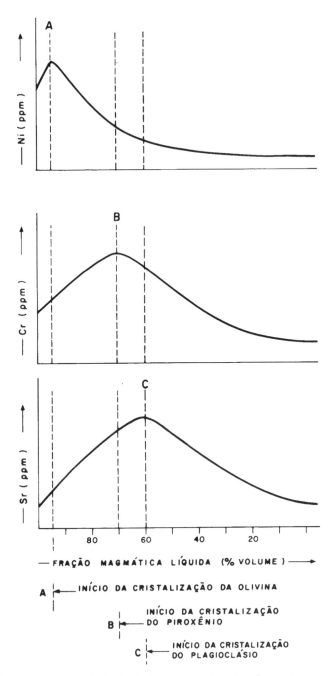

FIGURA 2.4.1 – Diagrama de variação de Ni, Cr e Sr durante a cristalização progressiva de um magma basáltico pela cristalização sucessiva de olivina, clinopiroxênio e plagioclásio. O estágio evolutivo do magma é expresso através de sua fração ainda líquida.

Tabela 2.4.4 – Alguns minerais das rochas magmáticas, seus elementos constituintes maiores (elementos frequentes) com seu número de coordenação, bem como os elementos menores (elementos raros ou traços) que os substituem

	Elementos maiores	Números de coordenação	Elementos traços
Feldspatos	Ca, Na, K	6 - 9	Ba, Eu, Pb, Rb, Sr
	Al, Si	4	Ge
Olivina	Mg, Fe	6	Co, Cr, Mn, Ni
	Si	4	Ge
Clinopiroxênio	Ca, Na	8	Ce, La, Mn
	Mg, Fe	6	Co, Cr, Ni, Sc, V
	Si	4	Ge
Micas	K	12	Ba, Cs, Rb
	Al, Mg, Fe	6	Co, Cr, In, Li, Mn, Sc, V, Zn
	Si, Al	4	Ge
Apatita	Ca	7 – 9	Ce, La, Mn, Sr, Th, U, Y
	P	4	As, S, V
Zircão	Zr	8	Ce, Hf, La, Lu, Th, Y, Yb
	Si	4	P

Quanto mais complexa a estrutura de um silicato tanto maior a possibilidade de substituições iônicas, quer simples, quer acopladas, devido a maior "elasticidade" da estrutura para acomodar os diferentes elementos que entram na sua constituição. Devido às numerosas substituições que ocorrem nos minerais formadores de rochas estes são, em realidade, soluções sólidas entre dois ou mais componentes de composição simples, denominados de membros finais.

O processo da substituição é controlado tanto por aspectos físicos (dimensões dos íons), elétricos (valência dos íons), reunidos em regras já abordadas, quanto por aspectos termodinâmicos do equilíbrio químico que, assim, dependem da variação da temperatura da pressão (total e parcial) e da composição química do sistema magmático durante sua cristalização. Elevadas temperaturas, por exemplo, favorecem a incorporação de magnésio na estrutura de um silicato enquanto temperaturas mais baixas favorecem a entrada do ferro para uma dada composição química e pressão parcial de oxigênio. Dessa maneira, a variação na composição das soluções sólidas de minerais coexistentes pode ser utilizada como termômetro e barômetro geológico.

Caracterização dos silicatos

A classificação química mais simples de silicatos e óxidos é o sistema WXYZ. Silicatos são formados por estruturas contendo cátions e ânions, estes representados quase exclusivamente por O^{-2} e OH^{-1} e traços de F^{-1}, Cl^{-1}, B^{-1} etc. Os cátions são divididos em dois grandes grupos: formadores de estruturas e modificadores de estruturas. Aqueles ocorrem no centro de tetraedros, unidade estrutural básica dos silicatos, rodeados por quatro ânions de oxigênio (Figura 1.1.3). Esses cátions têm, portanto, um número de coordenação 4 ou coordenação tetraédrica e no sistema WXYZ ocupam a posição Z. O número de coordenação indica simplesmente o número de ânions que circundam um cátion numa estrutura cristalina. Quanto maior o diâmetro de um cátion maior o número de ânions que podem ser agrupados ao seu redor (Figura 2.4.2).

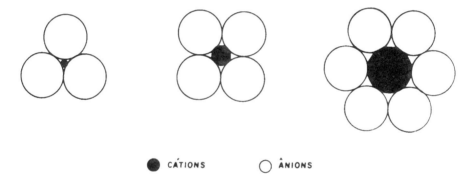

FIGURA 2.4.2 – Esquema mostrando como o número de coordenação é função do diâmetro de um cátion.

Os cátions formadores de estruturas são comumente Si^{+4} e Al^{+3} ao lado de, em alguns casos, pequenas quantidades de Fe^{+3}. Por isso as unidades estruturais dos silicatos são os tetraedros de sílica $(SiO_4)^{+4}$ e de alumina $(AlO_4)^{+5}$, sendo estes menos abundantes que aqueles e só adquirindo expressão maior nos aluminossilicatos (caso, por exemplo, dos feldspatos). Nos silicatos hidratados parte do oxigênio dos tetraedros pode ser substituída por $(OH)^{-1}$ ou, mais raramente, por F^{-1}, Cl^{-1}, B^{-1} etc.

Os cátions modificadores de estruturas são os demais cátions sem coordenação tetraédrica. São subdivididos nos subgrupos W, X e Y (Tabela 2.4.5).

Tabela 2.4.5 – Cátions formadores (Z) e modificadores da estrutura de silicatos divididos segundo os subgrupos W, X e Y, bem como seu número de coordenação

Número de coordenação			
W	X	Y	Z
8	6	6	4
12 (micas)	8 (granada)	4 (espinélio)	
	4 (mellilita)		
Ca^{+2}	Mg^{+2}	Fe^{+3}	Si^{+4}
Na^{+1}	Fe^{+2}	Ti^{+4}	Al^{+3}
K^{+1}	Ca^{+2}	Al^{+3}	
	Mn^{+2}		

W, X, Y = Cátions modificadores de estruturas
Z = Cátions formadores de estruturas

Da posição W até a posição Z os cátions são caracterizados por uma diminuição do diâmetro iônico (refletido numa diminuição no seu número de coordenação) e por um aumento na valência. Nos subgrupos W, X e Y o número de coordenação é, respectivamente, 8 (cúbica), 6 e 6 (octaédrica), se bem que ocasionalmente possa ser 12 no subgrupo W (no caso das micas), 8 e 6 no subgrupo X (no caso, respectivamente, das granadas e melilitas) e 4 no subgrupo Y (no caso dos espinélios).

A polimerização dos tetraedros ocorre por sua aglutinação quando passam a compartilhar um ou mais ânions de oxigênio. Deste fato resulta a classificação estrutural dos silicatos e a derivação de sua fórmula estrutural básica:

- Nos nesossilicatos (ou ortossilicatos) os tetraedros são "ilhas" no meio dos cátions modificadores da estrutura (Figura 2.4.3-A). Cada cátion formador de estrutura (Z) é cercado por 4 oxigênios (O/Z = 4), o que implica numa fórmula estrutural básica (ZO_4), e o número de íons de oxigênio compartilhados é zero (N = O).
- Nos sorossilicatos dois tetraedros compartilham um ânion de oxigênio (N = 1), formando pares isolados (Figura 2.4.3-B). Dessa maneira sobre cada íon Z recaem 3.5 íons de oxigênio (1+1+1+1/2) expressa pela relação O/Z = 3.5, o que resulta na fórmula estrutural básica (Z_2O_7).
- Nos ciclossilicatos e nos inossilicatos de cadeia simples (Figura 2.4.3-C e D) os tetraedros aglutinados compartilham dois oxigênios (N = 2) e

consequentemente sobre cada cátion Z recaem 3 íons de oxigênio (1+1+ 1/2+1/2), resultando numa relação O/Z = 3 e numa fórmula estrutural básica (ZO$_3$).
- A determinação da fórmula estrutural dos inossilicatos de cadeia dupla é um pouco mais complicada. A estrutura (Figura 2.4.3-E) é formada por dois ramos: um externo no qual os tetraedros compartilham dois oxigênios [N = 2, O/Z = 3 (1+1+1/2+1/2)] e um interno no qual os tetraedros compartilham três oxigênios [N = 3, O/Z = 1.5 (1+1/2+1/2+ 1/2)]. Da média de ambos os ramos resulta O/Z = 2.75, relação da qual se deriva a fórmula estrutural básica (Z$_4$O$_{11}$).
- Nos filossilicatos (Figura 2.4.3-F) as folhas estruturais são formadas por tetraedros que compartilham três íons de oxigênio (N = 3) e a relação O/Z é 2.5 (1+1/2+1/2+1/2), resultando na fórmula estrutural básica (Z$_2$O$_5$).
- Nos tectossilicatos, caracterizados por complexas estruturas tridimensionais, os tetraedros polimerizados compartilham quatro oxigênios (N = 4) e O/Z = 2 (1/2+1/2+1/2+1/2), relação da qual deriva a fórmula estrutural (ZO$_2$).

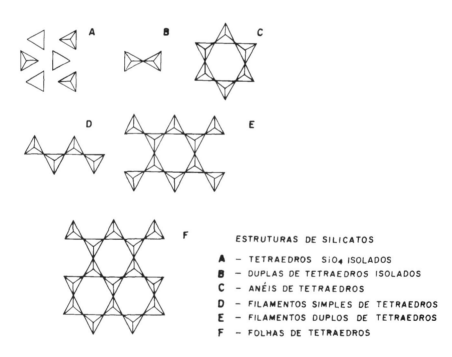

ESTRUTURAS DE SILICATOS

A – TETRAEDROS SiO$_4$ ISOLADOS
B – DUPLAS DE TETRAEDROS ISOLADOS
C – ANÉIS DE TETRAEDROS
D – FILAMENTOS SIMPLES DE TETRAEDROS
E – FILAMENTOS DUPLOS DE TETRAEDROS
F – FOLHAS DE TETRAEDROS

FIGURA 2.4.3 – Representação de seis estruturas básicas de silicatos. (A) ilhas; (B) pares; (C) anéis; (D) cadeia simples; (E) cadeia dupla; (F) folha.

Pelo exposto resulta que com a crescente polimerização dos tetraedros aumenta o valor de N e diminui a relação O/Z (Tabela 2.4.6).

Tabela 2.4.6 – Nome formal e informal N (número de oxigênios compartilhados), relação O/Z e fórmula química genérica estrutural dos sete grupos de silicatos

Nome estrutural formal	Nome estrutural informal	Número de oxigênios compartilhados (N)	O/Z	Fórmula química genérica do ânion complexo da estrutura
ortossilicatos	ilhas	0	4	(ZO_4)
sorossilicatos	pares	1	3.5	(Z_2O_7)
ciclossilicatos	anéis	2	3	(ZO_3)
inossilicatos	cadeia simples	2	3	(ZO_3)
	cadeia dupla	2.3	2.75	(Z_4O_{11})
filossilicatos	folha	3	2.5	(Z_2O_5)
tectossilicatos	complexos ou tridimensionais	4	2	(ZO_2)

Unindo-se a classificação dos cátions modificadores das estruturas com a fórmula estrutural básica pode ser derivada a composição dos principais minerais silicáticos, conforme a Tabela 2.4.7. Nesta, ressalta de imediato a relação O/Z anômala do epidoto. A estrutura desse grupo mineral é uma transição entre nesossilicato e sorossilicato contendo o dobro de unidades estruturais tipo sorossilicato (O/Z = 3.5) em relação às unidades estruturais tipo nesossilicato (O/Z = 4). Dessa combinação resulta uma relação O/Z média de 3.666 e uma fórmula estrutural básica (Z_3O_{11}).

A valência negativa de cada fórmula estrutural depende da quantidade de Si^{+4}, Al^{+3} e, excepcionalmente, Fe^{+3} presentes como cátions formadores de estruturas. No caso da estrutura (ZO_2) se Z for representado exclusivamente por Si^{+4} a estrutura terá valência 0, não admitindo cátions modificadores da estrutura. É o caso do quartzo (SiO_2). Se entre cada quatro cátions Z três forem de Si^{+4} e um de Al^{+3} a estrutura $(AlSi_3O_8)$ terá valência (-1) e será neutralizada por cátions tipo W, tanto K^{+1} ($KAlSi_3O_8$, feldspato potássico) quanto Na^{+1} ($NaAlSi_3O_8$, albita). Se a metade dos cátions Z for Si^{+4} e a outra metade Al^{+3}, a estrutura $(Al_2Si_2O_8)$ terá valência (-2) e será saturada por um cátion tipo X, por exemplo o Ca^{+2} ($CaAl_2Si_2O_8$, anortita) ou Ba^{+2} ($BaAl_2Si_2O_8$, celsiana). Sob este aspecto a Tabela 2.4.8 fornece a composição básica de várias espécies minerais dos diferentes grupos estruturais de silicatos.

Tabela 2.4.7 – O/Z, N, tipo estrutural e fórmula química genérica para os principais grupos minerais dos diferentes grupos de silicatos

Grupo de minerais	O/Z	N	E	Fórmula
espinélios	---	---	---	XY_2O_4
granadas	4	0	I	$X_3Y_2Z_3O_{12}$
olivinas	4	0	I	X_2ZO_4
epidotos	3.67	0, 1	I, P	$W_2(X,Y)_3(Z_3O_{11})(OH)$
melilitas	3.5	1	P	$W_2XZ_2O_7$
ortopiroxênios	3	2	CS	$(X,Y)ZO_3$
clinopiroxênios	3	2	CS	$W(X,Y)(ZO_3)_2$
ortoanfibólios	2.75	2, 3	CD	$(X,Y)_7(Z_4O_{11})_2(OH)_2$
clinoanfibólios	2.75	2, 3	CD	$W_2(X,Y)_5(Z_4O_{11})_2(OH)_2$
micas	2.5	3	F	$W(X,Y)_{2-3}Z_4O_{10}(OH)_2$
cloritas	2.5	3	F	$(X,Y)_6Z_4O_{10}(OH)_8$
serpentinas	2.5	3	F	$X_3Z_2O_5(OH)_4$
feldspatos	2	4	C	WZ_4O_8
feldspatoides	2	4	C	WZ_3O_6 ou WZ_2O_4
minerais de sílica	2	4	C	SiO_2

N = número de oxigênios compartilhados
E = estruturas : I = ilhas; P = pares; CS = cadeias simples; CD = cadeias duplas; F = folhas; C = complexas ou tridimensionais

Descrição sucinta dos principais grupos de minerais formadores das rochas magmáticas

Entre os principais grupos de minerais formadores das rochas magmáticas cabe destacar:

- Olivinas.
- Piroxênios.
- Anfibólios.

- Micas.
- Polimorfos de sílica.
- Feldspatos.
- Feldspatoides.
- Óxidos de ferro e titânio.

Tabela 2.4.8 – Composição dos principais minerais dos diversos grupos de silicatos em termos dos cátions W, X, Y e Z e de oxigênio

Minerais	Cátions W	Cátions X	Cátions Y	Cátions Z	Ânion
ESPINÉLIOS					
espinélio	---	Mg	Al_2	---	O_4
magnetita	---	Fe^{+2}	Fe^{+3}_2	---	O_4
cromita	---	Fe^{+2}	Cr_2	---	O_4
GRANADAS					
almandina	---	Fe^{+2}_3	Al_2	Si_3	O_{12}
piropo	---	Mg_3	Al_2	Si_3	O_{12}
grossulária	---	Ca_3	Al_2	Si_3	O_{12}
espessartita	---	Mn_3	Al_2	Si_3	O_{12}
OLIVINAS					
forsterita	---	Mg_2	---	Si	O_4
faialita	---	Fe^{+2}_2	---	Si	O_4
ORTOPIRÔXENIOS					
enstatita	---	Mg	---	Si	O_3
hiperstênio	---	MF	---	Si	O_3
CLINOPIROXÊNIOS					
diopsídio (di)	Ca	Mg	---	Si_2	O_6
hedenbergita (hd)	Ca	Fe^{+2}	---	Si_2	O_6
augita (di+hd+Al)					
egirina-acmita	Na	---	Fe^{+3}	Si_2	O_6
jadeíta	Na	---	Al	Si_2	O_6
CLINOANFIBÓLIOS					
tremolita (tr)	Ca_2	MF_5	---	Si_8	$O_{22}(OH)_2$
horblenda (tr+Al)					
riebeckita	Na_2	Fe^{+2}_3	Fe^{+2}_3	Si_8	$O_{22}(OH)_2$

Continuação

	Cátions				Ânion
Minerais	W	X	Y	Z	
MICAS					
flogopita	K	Mg_3	---	$AlSi_3$	$O_{10}(OH)_2$
biotita	K	MF_3	---	$AlSi_3$	$O_{10}(OH)_2$
muscovita	K	---	Al_2	$AlSi_3$	$O_{10}(OH)_2$
paragonita	Na	---	Al_2	$AlSi_3$	$O_{10}(OH)_2$
FELDSPATOIDES					
leucita	K	---	---	$AlSi_2$	O_6
nefelina	Na	---	---	$AlSi$	O_4
FELDSPATOS					
albita	Na	---	---	$AlSi_3$	O_8
anortita	Ca	---	---	Al_2Si_2	O_8
K-feldspato	K	---	---	$AlSi_3$	O_8
Sílica	---	---	---	Si	O_2

MF = (Mg, Fe^{+2})

Olivinas

As olivinas são uma solução sólida entre os membros finais forsterita (Mg_2SiO_4) e faialita (Fe_2SiO_4) e sua nomenclatura consta do Quadro 2.4.1. Olivinas ricas em magnésio são instáveis na presença de sílica com a qual reagem para a formação de piroxênios. A não consumação total dessa reação (Figura 1.8.4) é importante para a evolução magmática em termos do enriquecimento em SiO_2. Já as olivinas ricas em ferro podem coexistir com sílica (Figura 1.3.4), caso dos faialita granitos.

Piroxênios

Sob aspecto químico os piroxênios são divididos em dois grandes grupos: piroxênios não alcalinos (ou piroxênios de Ca, Fe e Mg) e piroxênios alcalinos.

Quadro 2.4.1 – Nomenclatura das olivinas em função de seus teores em forsterita ou faialita

Olivinas (Nomenclatura)	% de Forsterita (Mg_2SiO_4)	% de Faialita (Fe_2SiO_4)
Forsterita	100 - 90	0 - 10
Crisolita	90 - 70	10 - 30
Hialosiderita	70 - 50	30 - 50
Hortonolita	50 - 30	50 - 70
Ferro-hortonolita	30 - 10	70 - 90
Faialita	10 - 0	90 -100

Piroxênios de Ca, Fe e Mg

A composição e a nomenclatura dos piroxênios de Ca, Fe e Mg constam da Figura 2.4.4. Neste grupo de piroxênios ocorrem duas séries de solução sólidas:

- série diopsídio ($CaMgSi_2O_6$) – hedenbergita ($CaFeSi_2O_6$) ou série I, monoclínica (clinopiroxênios);
- série enstatita ($Mg_2Si_2O_6$) – ferrossilita ($Fe_2Si_2O_6$) ou série II. A série II reúne variedades estruturais monoclínicas (clinopiroxênios) e ortorrômbicas (ortopiroxênios).

Entre as séries I e II ocorre uma miscibilidade restrita que diminui com a temperatura (Figura 2.4.5) de tal modo que nos piroxênios se observam os mesmos fenômenos descritos para a solução sólida dos feldspatos alcalinos (item 1.5) com a queda da temperatura: exsolução e, para os piroxênios da série II, mudança estrutural.

Magmas básicos ricos em cálcio cristalizam com a formação de piroxênios da série I e magmas pobres em cálcio cristalizam com a produção de piroxênios da série II que a elevadas temperaturas são monoclínicos mas que com a queda da temperatura sofrem inversão estrutural para piroxênios ortorrômbicos. Magmas básicos com teores intermediários de cálcio (caso, por exemplo, de magmas basálticos toleíticos) cristalizam com a formação simultânea de piroxênios das duas séries. Nesse caso os piroxênios da série diopsídio-hedenbergita incorporam certa quantidade de Mg, o que resulta na cristalização de augita monoclínica, e os piroxênios da série enstatita-ferrossilita incorporam uma pequena quantidade de cálcio, o que resulta na cristalização de pigeonita ou augita subcálcica, ambas monoclínicas. Com a queda da temperatura a pigeonita apresenta, simultaneamente, exsolução e inversão estrutural para um ortopiroxênio rico em magnésio.

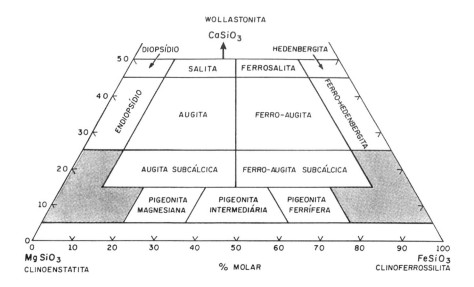

FIGURA 2.4.4 – Composição e nomenclatura dos piroxênios no sistema Diopsídio Hedenbergita--Enstatita-Ferrossilita. Áreas sombreadas representam composições ausentes na natureza. Extraído de Deer et al., 1967.

A Figura 2.4.6 mostra alguns exemplos de exsolução de piroxênios no sistema Di-Hd-En-Fs. Em A uma augita subcálcica monoclínica (a) sofre exsolução com a formação de lamelas de ortopiroxênio (a_1) dispostas paralelamente ao plano (100) do piroxênio hospedeiro, uma augita (a_2). Em B uma pigeonita monoclínica (b) sofre exsolução com a formação de lamelas de augita (b_1) num hospedeiro de ortopiroxênio (b_2). Em C um ortopiroxênio de alta temperatura, algo cálcico (c), sofre exsolução com a formação de lamelas de augita (c_1) num hospedeiro de ortopiroxênio mais rico em Mg que o piroxênio homogêneo inicial (c_2). Também aqui as lamelas se dispõem paralelamente ao plano (100) do piroxênio envolvente. A causa dessa disposição regular das lamelas são as mesmas abordadas na descrição da exsolução dos feldspatos ricos em sódio na solução sólida dos feldspatos alcalinos (item 1.5).

As isotermas do início da exsolução (isotermas "solvus") para piroxênios com diferentes composições a 5 kb estão representadas na Figura 2.4.7

na qual as linhas tracejadas se referem aos piroxênios ricos em ferro, instáveis na natureza em relação à associação faialita+quartzo. Verifica-se nesta figura que tanto a temperatura máxima do início da exsolução quanto a amplitude do campo de exsolução (campo dos dois piroxênios coexistentes) variam com a composição do piroxênio, aumentando e diminuindo, respectivamente, com o incremento e o decréscimo do teor em magnésio. Em cada um dos campos de dois piroxênios a composição tanto das lamelas exsolvidas quanto do piroxênio hospedeiro varia sistematicamente com a queda da temperatura à semelhança da Figura 1.5.4 para os feldspatos alcalinos. Dessa maneira o coeficiente de distribuição do Mg e do Fe em clino- e ortopiroxênios coexistentes pode ser utilizado como termômetro geológico e o mesmo se aplica ao coeficiente de distribuição do K e do Na em feldspatos potássicos e sódicos coexistentes.

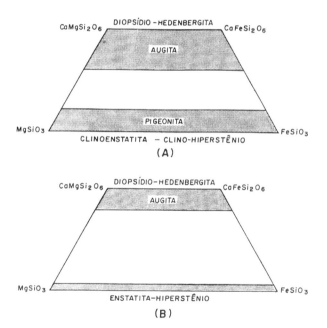

FIGURA 2.4.5 – Miscibilidade entre as soluções sólidas da série Diopsídio-Hedenbergita e Enstatita-Ferrossilita a elevadas (A) e baixas temperaturas (B). A diminuição da miscibilidade com a queda da temperatura indica a existência de fenômenos de exsolução em piroxênios formados a elevadas temperaturas durante seu resfriamento acompanhados, na série Enstatita-Ferrossilita, de uma inversão estrutural de piroxênios monoclínicos para piroxênios ortorrômbicos. Extraído de Mason, 1966.

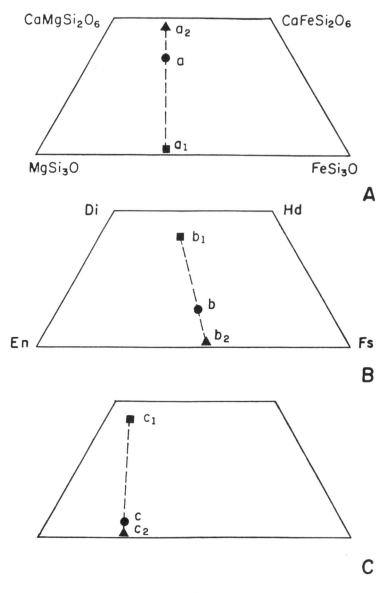

FIGURA 2.4.6 – Diferentes casos de exsolução de piroxênios no sistema Diopsídio-Hedenbergita--Enstatita-Ferrossilita. Para detalhes, ver texto. Extraído de Barker, 1983.

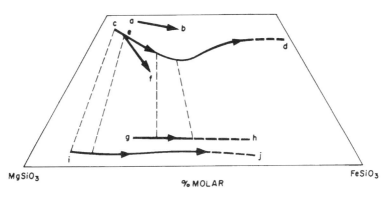

FIGURA 2.4.7

A Figura 2.4.8 mostra a evolução composicional de diferentes piroxênios durante a cristalização de diferentes magmas sob variadas condições, bem como as composições de diferentes piroxênios coexistentes numa mesma rocha. A complexidade da figura é devida tanto ao grande número de componentes que podem entrar na constituição dos clinopiroxênios (Al, Ti, Na), fato não contemplado no sistema simplificado Di-Hd-En-Fs, quanto à instabilidade dos ortopiroxênios ricos em Fe a baixas pressões em relação a paragênese faialita+quartzo (Figura 1.3.4), aos fenômenos de exsolução (Figura 2.4.6), ao papel da pressão parcial de oxigênio e a problemas de variação na velocidade de crescimento nos diferentes tipos de piroxênio.

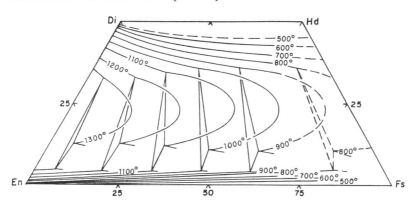

FIGURA 2.4.8 – Variação na composição dos piroxênios de Ca, Fe e Mg em função da evolução de diferentes magmas. A linha *a-b* representa a evolução da augita cálcica, comum em rochas básicas de resfriamento lento. A linha *c-d* indica a evolução do piroxênio mais comum em rochas extrusivas e intrusivas. A linha *e-f* mostra a variação composicional do piroxênio de lavas que sofreram resfriamento rápido. Pigeonitas seguem a linha evolutiva *g-h* e os ortopiroxênios a linha *i-j*. As linhas tracejadas são composições ricas em ferro que são menos estáveis que a associação faialita+quartzo. As linhas tracejadas finas unem as composições de ortopiroxênios (ou pigeonitas) com as de clinopiroxênios coexistentes. Segundo Brown, 1967.

Piroxênios alcalinos

Ao lado dos piroxênios de Ca, Fe e Mg cabe também destacar os piroxênios alcalinos representados pela solução sólida egirina (ou aegirina)/acmita (Na Fe^{+3}Si$_2$O$_6$) : egirina-augita [(Na, Ca) (Fe^{+3}, Fe^{+2}, Mg) Si$_2$O$_6$]. Egirina e acmita são minerais com composição similar mas com características físicas distintas. Egirina é um mineral verde-escuro a preto com reflexos esverdeados. Apresenta faces terminais [111] e forte pleocroísmo ao microscópio. A acmita é acastanhada, mais afilada devido à presença de faces terminais [221] e [661] e seu pleocroísmo é discreto. Egirina-augita é um piroxênio esverdeado, fortemente pleocroico, com composição intermediária entre egirina e augita. O limite composicional entre egirina e egirina-augita situa-se a 70% molar de Na Fe^{+3} Si$_2$O$_6$, que caracteriza minerais com ângulo de extinção α∧Z= 0°. Para composições mais ricas em Na α∧Z= varia de 0-10° (com β no ângulo obtuso) e para composições mais pobres em Fe^{+3} (egirina-augita) α∧Z= varia de 0-20° (com β no ângulo agudo). Egirina e egirina-augita são produtos de cristalização tardia de magmas alcalinos. Ocorrem associados ou intercrescidos com arfvedsonita em sienitos e monzonitos supersaturados, saturados ou insaturados e associados ou intercrescidos com riebeckita em granitos alcalinos. Igualmente são minerais característicos de muitas rochas ultra-alcalinas (rochas básicas insaturadas muito ricas em álcalis).

Anfibólios

A fórmula geral dos anfibólios é W (ou A)$_{0-1}$ X$_2$ Y$_5$ Z$_8$ O$_{22}$ (OH)$_2$ (Tabela 2.4.2) onde W = Na, K; X = Ca, Na, Mg, Fe^{+2}; Y = Mg, Fe^{+2}, Fe^{+3}, Al, Ti e Z = Si, Al. O número de coordenação dos elementos W, X, Y e Z é, respectivamente, 8, 6, 6 e 4. Assim, anfibólios contêm Na^{+1} tanto na posição estrutural com coordenação 8 (W) quanto 6 (X) e Al^{+3} com número de coordenação 6 (Y) e 4 (Z) etc. Dessa maneira os anfibólios apresentam composições muito complexas e variáveis.

Quimicamente os anfibólios são classificados em magnesianos (Ca+Na ~ 0), cálcicos (Ca » Na) e alcalinos (Na » Ca), conforme a Tabela 2.4.7. Nesta tabela constam as composições magnesianas dos principais membros finais dos três grupos de anfibólios considerados. Em cada membro final magnesiano pode ocorrer a substituição de Mg por Fe em proporções variáveis, fato que se reflete na sua nomenclatura através dos prefixos "magnésio" e "ferro". Também estão ignoradas as substituições de Al^{+4} por Fe^{+3} na posição Y, de Na$^+$ por K$^+$ na posição W etc. Dessa maneira as fórmulas da Tabela 2.4.9 representam composições ideais que não coincidem com as de anfibólios naturais, muito mais complexas. Entre os principais anfibólios de cada grupo químico, ante as soluções sólidas entre seus membros finais e as numerosas substituições iônicas simples ou acopladas, cabe destacar os seguintes:

- anfibólios magnesianos: antofilita, gedrita, ferrogedrita, holmquistita, cummingtonita, grunerita;
- anfibólios cálcicos: tremolita, ferroactinolita, hornblenda comum, edenita, ferroedenita, tschermakita, ferrotschermakita, pargasita, ferrohastingsita e hornblenda basáltica;
- anfibólios alcalinos: glaucofânio, magnesiorriebekita, richterita, cataforita, magnesiocataforita, eckermannita, arfvedsonita, kaersutita (ou kersutita) e barkevekita.

Tabela 2.4.9 – Membros finais dos anfibólios magnesianos, cálcicos e alcalinos em função da composição de A, X, Y e Z. Segundo Deer et al. 1967

Anfibólios		A	X	Y	Z
Cummingtonita			Mg$_2$	Mg$_5$	Si$_8$
(Antofilita)	magnesianos				
Gedrita			Mg$_2$	Mg$_3$Al$_2$	Si$_6$Al$_2$
Tremolita			Ca$_2$	Mg$_5$	Si$_8$
Horblenda Comum	cálcicos		Ca$_2$	Mg$_4$Al	Si$_7$Al
Tschermakita			Ca$_2$	Mg$_3$Al$_2$	Si$_6$Al$_2$
Edenita		Na	Ca$_2$	Mg$_5$	Si$_7$Al
Pargasita		Na	Ca$_2$	Mg$_4$Al	Si$_6$Al$_2$
Richterita		Na	NaCa	Mg$_5$	Si$_8$
Cataforita		Na	NaCa	Mg$_4$Al	Si$_7$Al
Mbozita	alcalinos	Na	NaCa	Mg$_3$Al$_2$	Si$_6$Al$_2$
Glaucofânio			Na$_2$	Mg$_3$Al$_2$	Si$_8$
Eckermannita		Na	Na$_2$	Mg$_4$Al	Si$_8$

Anfibólios magnesianos

São muito raros em rochas magmáticas. Reúnem a série antofilita (Mg, $Fe^{+2})_7$ (Si_8O_{22}) $(OH, F)_2$ - gedrita (Mg, $Fe^{+2})_5 Al_2$ $(Si_6Al_2O_{22})$ $(OH, F)_2$, ortorrômbica, e as séries cummingtonita (Mg, $Fe^{+2})_7$ (Si_8O_{22}) $(OH, F)_2$ - grunerita $(Fe^{+2}, Mg)_7$ (Si_8O_{22}) e tremolita - ferroactinolita, $[Ca_2$ $(Mg, Fe^{+2})_5$ (Si_8O_{22}) $(OH, F)_2]$. Os ortoanfibólios não ocorrem em rochas ígneas. Cummingtonita constitui o estágio intermediário da reação ortopiroxênio→cummingtonita→hornblenda de algumas rochas intermediárias plutônicas e ocorre como mineral primário em alguns dacitos. O anfibólio actinolítico uralita ocorre como produto de alteração de piroxênios em rochas básicas (uratilização).

Anfibólios alcalinos

Os principais anfibólios alcalinos são dados pelas séries glaucofânio $[Na_2 Mg_3 Al_2$ (Si_8O_{22}) $(OH)_2]$ - riebeckita $[Na, Fe^{+2}, Fe^{+3}$ (Si_8O_{22}) $(OH)_2]$ da Figura 2.4.9; richterita-ferrorichterita $[Na_2Ca$ $(Mg, Fe^{+2}, Fe^{+3}, Mn)_5$ $(Si_8O_{22})(OH, F)_2]$, magnesiocataforita-cataforita $[Na_2Ca$ $(Mg, Fe^{+2})_4 Fe^{+3}$ (Si_7AlO_{22}) $(OH, F)_2]$, eckermannita-arfvedsonita $[Na_3$ $(Mg, Fe^{+2})_4$ Al (Si_8O_{22}) $(OH, F)_2]$ além da astrofilita $[(K, Na)_3$ $(Fe^{+2}, Mn)_7$ Ti_2 $(Si_4O_{12})_2$ $(O, OH, F)_7]$, aenigmatita $[Na_2 Fe^{+2}_5 Ti Si_7O_{20}]$, kaersutita $[Ca_2$ (Na, K) $(Mg, Fe^{+2}, Fe^{+3})_4$ Ti $(Si_6Al_2O_{22})$ $(O, OH, F)_2]$ e da barkevikita $[Ca_2$ (Na, K) $(Fe^{+2}, Mg, Fe^{+3}, Mn)_5$ $(Si_{6.5}Al_{1.5}O_{22})(OH)_2]$. Riebeckita ocorre em rochas alcalinas insaturadas a supersaturadas, plutônicas e vulcânicas, mas é mais comum em rochas supersaturadas onde se associa muitas vezes com egirina ou egirina-augita. Richterita e magnesiocataforita-cataforita são anfibólios raros presentes, respectivamente, em rochas alcalinas residuais e básicas. Arfvedsonita é um mineral característico de muitas rochas alcalinas intermediárias plutônicas, insaturadas a supersaturadas, mas é mais comum em rochas insaturadas onde ocorre associada com egirina ou egirina-augita. Aenigmatita ocorre em rochas alcalinas vulcânicas (pantelleritos, fonolitos, traquitos) e plutônicas, insaturadas (nefelina sienitos, sodalita sienitos) a supersaturadas (granitos alcalinos). Astrofilita ocorre em nefelina sienitos, granitos alcalinos e pegmatitos associados. Kaersutita é um mineral típico de várias rochas vulcânicas, podendo ocorrer como fenocristais em traquibasaltos, traquiandesitos, traquitos e riolitos alcalinos. Nas rochas mais silicosas também faz parte da matriz.

Bordas de reação de kaersutita ao redor de fenocristais de olivina e a substituição parcial de titanoaugita por kaersutita são feições comuns em alguns traquibasaltos. Nessas rochas a kaersutita sempre se mostra envolvida por um delgado anel de magnetita. Kaersutita também ocorre em alguns lamprófiros e em certos monzonitos. Caracteriza, junto com astrofilita e aenigmatita, rochas ricas em titânio. Barkevikita ocorre em rochas alcalinas tais como theralitos, essexitos, nefelina sienitos, foiaitos, traquitos e fonolitos. Ocorre também em rochas básicas/ultrabásicas alcalinas, caso de tefritos, jacupirangitos etc.

 A caracterização dos principais grupos e tipos de anfibólios alcalinos baseia-se principalmente em dados óticos, via microscópio, e em dados químicos da fórmula estrutural. Na Figura 2.4.9 constam os limites dos diversos membros da série glaucofânio-riebeckita baseado na relação (em átomos) 100 $Fe^{+2}/(Fe^{+2}+Mg+Mn)$ total e da relação (em átomos) 100 $Fe^{+3}/(Fe^{+3}+[Al]^{VI}+Ti)$ da posição Y, de coordenação octaédrica, da fórmula estrutural. O cálculo da fórmula estrutural de um silicato a partir de sua análise é abordada no Capítulo 3. A Figura 2.4.10 mostra a posição dos principais anfibólios alcalinos no diagrama ternário átomos de $(Na+K) : [Al]^{VI} : Ca$. Atualmente a classificação química mais corrente dos anfibólios cálcicos baseia-se na razão atômica $Mg/(Mg+Fe^{+2})$ e no número de átomos de Si na posição Z (com número de coordenação 4) por unidade de fórmula estrutural com 23 átomos de oxigênio. Dados

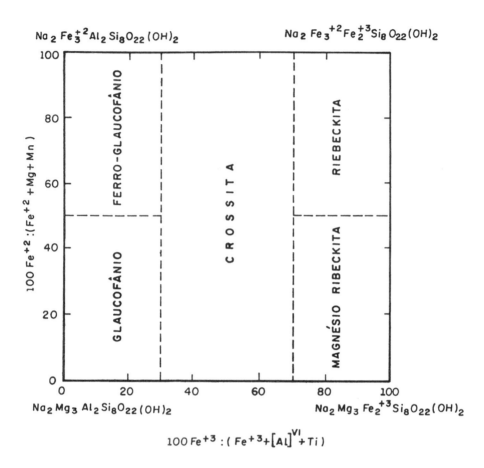

FIGURA 2.4.9 – Caracterização dos membros da série glaucofânio-riebeckita no diagrama 100 Fe+2/(Fe+2+Mg+Mn)t : 100 Fe+3/(Fe+3+[Al]VI+Ti), na posição Y de coordenação octaédrica. Valores em átomos contidos na fórmula estrutural. Segundo Deer et al., 1967.

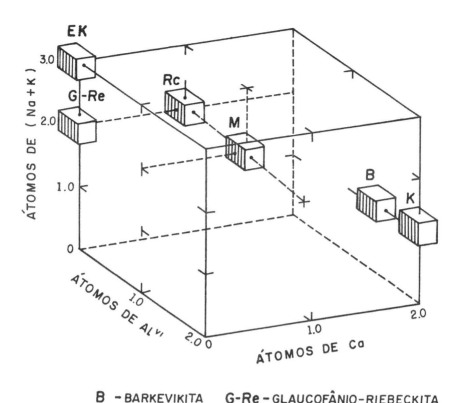

FIGURA 2.4.10 – Posição dos diferentes anfibólios num diagrama átomos de (Na+K) : Ca : [Al]^{VI}. O último parâmetro indica a quantidade de Al presente na posição Y, de coordenação octaédrica, da fórmula estrutural dos anfibólios. Extraído de Sial & McReath, 1984.

Anfibólios cálcicos

São os anfibólios mais comuns das rochas magmáticas, com destaque para a hornblenda [(Na, K)$_{0-1}$ Ca$_2$ (Mg, Fe^{+2}, Fe^{+3}, Al)$_5$ (Si$_{6-7}$ Al$_{2-1}$ O$_{22}$) (OH, F)$_2$]. A hornblenda comum é o resultado da miscibilidade de três soluções sólidas: edenita-ferro-edenita [Na Ca$_2$ (Mg, Fe^{+2})$_5$ (Si$_7$AlO$_{22}$) (OH)$_2$], tschermakita-ferrotschermakita [Ca$_2$ (Mg, Fe^{+2})$_3$ Al$_2$ (Si$_6$Al$_2$O$_{22}$) (OH)$_2$] e pargasita-ferro-hastingsita [Na$_2$ Ca$_2$ (Mg, Fe^{+2})$_4$ Al (Si$_6$Al$_2$O$_{22}$) (OH)$_2$], esta representada na Figura 2.4.11.

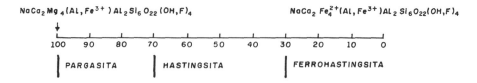

FIGURA 2.4.11– Composição e nomenclatura da série pargasita-ferromastingsita. Segundo Deer et al., 1967.

A caracterização das hornblendas baseia-se na fórmula estrutural utilizando-se diferentes diagramas binários (Figura 2.4.12 e 2.4.13), que podem ser combinados num diagrama ternário (Figura 2.4.14).

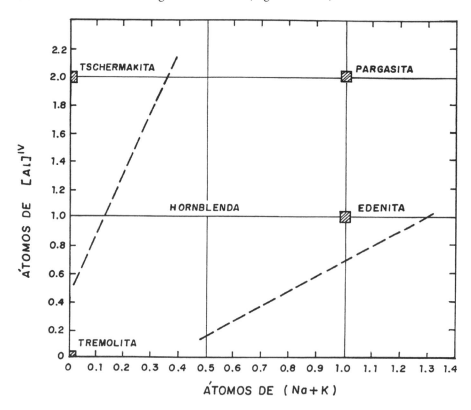

FIGURA 2.4.12 – Diagrama de caracterização dos anfibólios cálcicos tendo por base o número de átomos de (Na+K) e de Al na posição Z (com número de coordenação 4) por unidade de fórmula estrutural com 23 átomos de oxigênio. Segundo Deer et al., 1967.

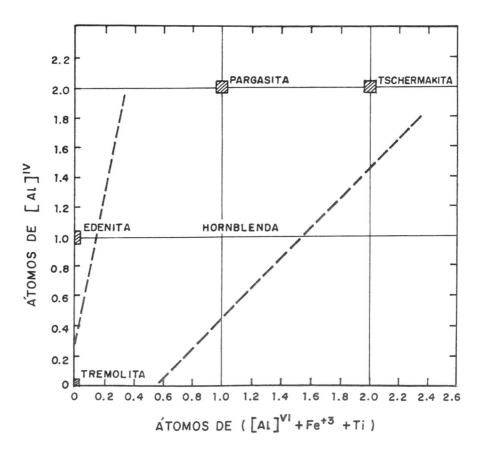

FIGURA 2.4.13 – Diagrama de caracterização dos anfibólios cálcicos tendo por base o número de átomos de (Al+Fe^{+3}+Ti) na posição Y (com número de coordenação 6) e de Al na posição Z (com número de coordenação 4) por unidade de fórmula estrutural com 23 átomos de oxigênio. Segundo Deer et al., 1967.

Rochas magmáticas

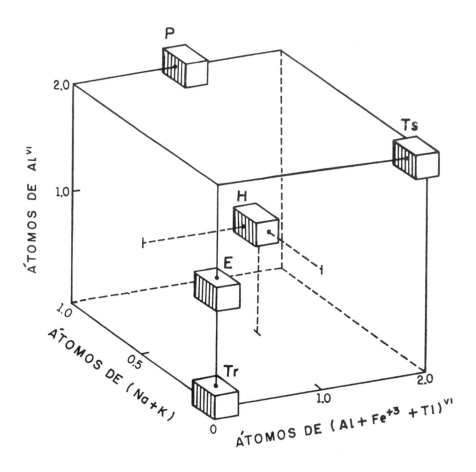

P — PARGASITA
Ts — TSCHERMAKITA   E — EDENITA
Tr — TREMOLITA   H — HORNBLENDA

FIGURA 2.4.14 – Posição dos principais anfibólios cálcicos no diagrama átomos de (Na+K) - $[Al]^{IV}$ - $[Al+Fe^{+3}+Ti]^{VI}$ por unidade de fórmula estrutural com 23 átomos de oxigênio. O diagrama representa a somatória das Figuras 2.4.12 e 2.4.13. Extraído de Sial & McReath, 1984.

Classificação das rochas magmáticas segundo sua moda

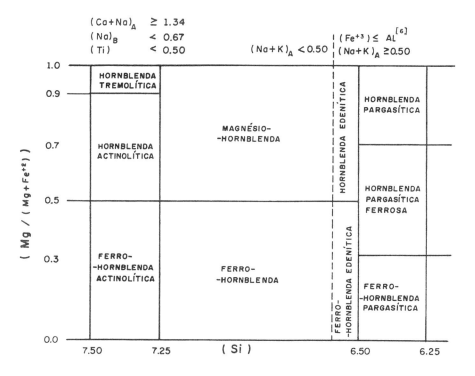

FIGURA 2.4.15 – Classificação das hornblendas baseado no número de átomos de Si na posição Z e na relação atômica Mg/(Mg+Fe+2) por unidade de fórmula estrutural. Dados complementares são o conteúdo de (K+Na) e a relação entre Fe+3 e Al na posição Y (com número de coordenação 6). Segundo Leake, 1978, modificado por Hawthorne, 1982.

O teor de determinados cátions em posições estruturais específicas não só serve para a classificação dos diferentes anfibólios mas também fornece informações genéticas importantes. Assim, o teor de Ti depende não só da temperatura de cristalização, aumentando com o incremento desta, mas também da pressão parcial de oxigênio do magma (Figura 2.4.16). Esta é caracterizada, mineralogicamente, por equilíbrios minerais fortemente afetados pela pressão parcial (fugacidade) de oxigênio. Crescentes fugacidades de oxigênio são caracterizadas, sucessivamente, pelos minerais ou paragêneses ferro nativo, wustita, magnetita, faialita, magnetita+quartzo e hematita. A Figura 2.4.16 mostra que sob condições isotérmicas o teor de Ti nos anfibólios de rochas toleíticas diminui com a pressão parcial de oxigênio. Tal fato é fruto do aumento da relação Fe_2O_3/FeO no magma com o aumento da fugacidade de oxigênio e, portanto, da relação Fe_2O_3/TiO_2. Como Ti^{+4},

Fe^{+3} e Fe^{+2} competem pela posição Y na estrutura dos anfibólios, resulta que o teor absoluto de Ti no anfibólio diminui com uma maior disponibilidade de Fe^{+3} no magma.

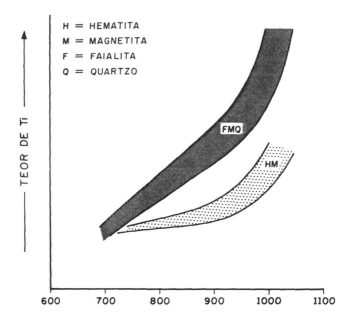

FIGURA 2.4.16 – Teor de titânio em anfibólios de toleítos na dependência de sua temperatura de cristalização e da pressão parcial de oxigênio do magma. Sob condições isotérmicas maiores fugacidades de oxigênio implicam na diminuição do conteúdo em Ti no anfibólio.

A hornblenda comum é mineral característico de rochas intermediárias plutônicas, se bem que também ocorra em rochas ultrabásicas, básicas e ácidas. Esta ampla variação na composição química das rochas hospedeiras reflete-se na composição do anfibólio em termos do seu conteúdo em Fe, Mg, Al etc. Em gabros a hornblenda é magnesiana (Mg : Fe^{+2} ~ 3 : 1), mas o teor de ferro aumenta nos dioritos cálcio-alcalinos (Mg : Fe^{+2} ~ 1:1) e nos nefelina sienitos a ferromastingita apresenta uma relação Mg : Fe^{+2} de aproximadamente 1:19. Em alguns troctolitos e olivina gabros a hornblenda ocorre integrando coroas de reação entre plagioclásio e olivina que se desenvolve segundo a reação plagioclásio+olivina = ortopiroxênio+hornblenda+espinélio. Hornblenda basáltica é um anfibólio anidro [(Ca, Na)$_{2-3}$ (Mg, Fe^{+2})$_{3-2}$ (Fe^{+3}, Al)$_{2-3}$ O$_2$ (Si$_6$Al$_2$O$_{22}$)] com elevada razão Fe^{+3} : Fe^{+2}.

Pode ser obtida experimentalmente aquecendo-se hornblenda comum na presença de ar a 800°C. Ocorre numa ampla gama de rochas vulcânicas variando de basaltos a traquitos, sendo particularmente característica em andesitos, latitos, basanitos e tefritos. Muitas hornblendas basálticas provavelmente cristalizam inicialmente como hornblenda comum que sofreu posterior oxidação durante um estágio mais tardio da consolidação das lavas.

Micas

A fórmula geral das micas é $X_2 Y_{4-6} Z_8 O_{20} (OH)_4$ onde X = K, Na, Ca; Y = Al, Mg, Fe^{+2}, Fe^{+3}, Ti e Z = Si, Al (Tabela 2.4.2). Micas com quatro cátions Y na estrutura são denominadas de dioctaédricas e as com seis cátions Y de trioctaédricas. Micas contendo K e Na na posição estrutural X são denominadas de micas comuns, enquanto as com Ca nesta posição são denominadas de micas quebradiças. Na Tabela 2.4.10 consta a nomenclatura das principais micas de acordo com os cátions contidos em X, Y e Z.

As diferentes micas da Tabela 2.4.10 apresentam soluções sólidas entre si. A solução sólida biotitas-flogopitas, as micas mais comuns das rochas magmáticas, é definida em função dos membros finais annita, siderofilita, flogopita e eastonita (Figura 2.4.17).

Nas biotitas existe uma relação entre sua composição e o tipo de voláteis incorporados na estrutura ao lado da água. Micas com alta razão Mg/Fe são ricas em flúor e micas com alta relação Fe/Mg são enriquecidas em cloro.

Diferentes micas ocorrem em distintas rochas. A muscovita caracteriza certos granitos, aplitos e pegmatitos graníticos; a flogopita é a mica característica de peridotitos; biotita ocorre em gabros, noritos, dioritos, granitos e pegmatitos e lepidolita e zinnwaldita são micas típicas de alguns pegmatitos e veios hidrotermais de alta temperatura. Em todos os casos as micas refletem a composição química das rochas nas quais ocorrem (Figura 2.4.18).

Tabela 2.4.10 – Nomenclatura das micas di- e trioctaédricas, comuns e quebradiças, em função dos cátions contidos nas posições estruturais X, Y e Z. Segundo Deer et al., 1967

Mica Dioctaédricas		X	Y	Z
Micas comuns	Muscovita	K_2	Al_4	Si_6Al_2
	Paragonita	Na_2	Al_4	Si_6Al_2
	Glauconita	$(K, Na)_{1.2-2.0}$	$(Fe, Mg, Al)_4$	$Si_{7.7-7.6}Al_{1.0-0.4}$
Micas quebradiças	Margarita	Ca_2	Al_4	Si_4Al_4
Micas Trioctaédricas		X	Y	Z
Micas comuns	Flogopita	K_2	$(Mg, Fe^{+2})_6$	Si_6Al_2
	Biotita	K_2	$(Mg, Fe, Al)_6$	$Si_{6-5}Al_{2-3}$
	Zinnwaldita	K_2	$(Fe, Li, Al)_6$	$Si_{6-7}Al_{2-1}$
	Lepidolita	K_2	$(Li, Al)_{5-6}$	$Si_{6-5}Al_{2-3}$
Micas quebradiças	Clintonita e Xantofilita	Ca_2	$(Mg, Al)_6$	$Si_{2-5}Al_{5-5}$

Feldspatos

Os feldspatos são os minerais mais frequentes das rochas magmáticas. São reunidos em duas soluções sólidas principais, a dos plagioclásios e a dos feldspatos alcalinos.

- Os plagioclásios são uma solução sólida entre os membros finais anortita ($CaAl_2Si_2O_8$) e albita ($NaAlSi_3O_8$), cuja nomenclatura consta do Quadro 1.2.3. Suas principais feições foram tratadas no item 1.5.
- Os feldspatos alcalinos são uma solução sólida entre feldspato potássico ($KAlSi_3O_8$) e feldspato sódico ($NaAlSi_3O_8$), conforme a Figura 1.5.2. Suas principais características também foram tratadas no item 1.5 (Figuras 1.5.3, 1.5.4, 1.5.5 e 1.5.6).

Classificação das rochas magmáticas segundo sua moda

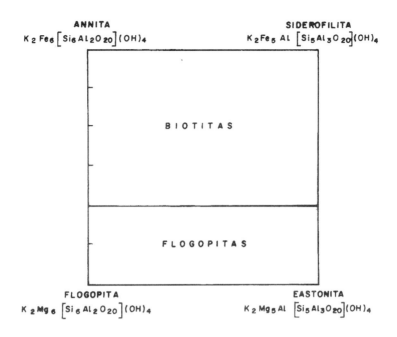

FIGURA 2.4.17 – A solução sólida biotitas-flogopitas em função dos membros finais annita, siderofilita, flogopita e eastonita. Segundo Deer et al., 1967.

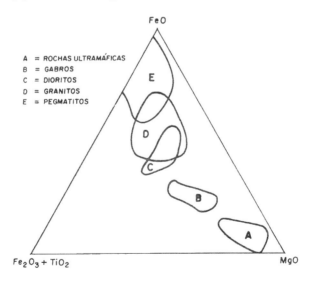

FIGURA 2.4.18 – Variação da composição das biotitas num diagrama FeO : MgO : (Fe$_2$O$_3$+TiO$_2$) em função da natureza de suas rochas hospedeiras. A relação MgO/FeO, que diminui progressivamente na sequência rochas ultramáficas (A), gabros (B), dioritos (C), granitos (D), pegmatitos (E), se reflete na composição de suas biotitas. Extraído de Mason, 1966.

Feldspatoides

Os feldspatoides são minerais típicos de rochas insaturadas e alcalinas. Vários de seus aspectos foram abordados no item 1.3. Os principais feldspatoides presentes nas rochas magmáticas são reunidos em cinco grupos:

- Nefelina [Na_2 (Na, K) $Al_4Si_4O_{16}$] - Kalsilita ($KAlSiO_4$).
- Leucita ($KAlSi_2O_6$).
- Sodalitas, incluindo sodalita, [Na_8 ($Al_6Si_6O_{24}$) Cl_2], noseana [Na_8 ($Al_6Si_6O_{24}$) SO_4] e haüyna [(Na, Ca)$_{4-8}$ ($Al_6Si_6O_{24}$) (SO_4, S)$_{1-2}$].
- Cancrinita-Vishnevita [(Na, K, Ca)$_{6-8}$ (Al_6SiO_{24}) (CO_3, SO_4, Cl)$_{1-2}$. H_2O_{1-5}].
- Analcita [Na ($AlSi_2O_6$) . H_2O].

Grupo do nefelina

Nefelina e kalsilita são minerais hexagonais. Nefelinas subpotássicas, mediopotássicas e perpotássicas são variedades com crescentes teores de K. Carnegieíta é o polimorfo cúbico de alta temperatura da nefelina (Figura 1.3.12) mas que não ocorre na natureza. Caliofilita é uma variedade metaestável, rara, de kalsilita. Nefelina é solúvel em HCl concentrado, sofrendo gelatinização, aspecto que facilita seu reconhecimento. Altera-se facilmente para analcita, cancrinita, sodalita, natrolita, thomsonita e, mais raramente, paragonita. A nefelina ocorre numa ampla gama de rochas plutônicas, hipoabissais e vulcânicas insaturadas e alcalinas. Também pode ter origem metassomática nos processos de fenetização que ocorrem nas rochas encaixantes em torno de nefelina sienitos. Kalsilita é um mineral importante em algumas rochas vulcânicas ricas em potássio e pode integrar complexos fenocristais de nefelina/kalsilita em rochas menos potássicas. Os fenocristais resultam da exsolução de cristais homogêneos formados no sistema nefelina-kalsilita a elevadas temperaturas. A exsolução ocorre no intervalo composicional Ne_0-Ne_{73} (~Na_3 K Al_4 Si_4 O_{16}) e a temperatura máxima de exsolução é 1070°C para a composição Ne_{30}. Dessa maneira o grupo da nefelina tem comportamento análogo ao dos feldspatos alcalinos (Figura 1.5.3).

Grupo da leucita

A leucita é um mineral tetragonal (pseudocúbico) com forma icositetraédrica ou, mais raramente, dodecaédrica. Em cortes apresenta contornos octagonais. Geminações complexas e inclusões com disposição radial ou concêntrica são feições frequentes. A substituição de K por Na é limitada, da ordem de 10% (~1.5 de Na_2O em peso). Leucita é mineral característico de rochas vulcânicas e hipoabissais potássicas, tais como leucita basanitos, leucita tefritos, leucita-melilita basaltos, leucititos, leucita ankaramitos, leucita fonolitos e tinguaitos, uganditos, katungitos etc. Em muitas rochas a leucita é totalmente substituída por um intercrescimento entre nefelina e um feldspato rico em K (pseudoleucita). Famosas são as pseudoleucitas dos tinguaitos de Poços de Caldas, MG. A formação da pseudoleucita pode ocorrer por três processos: exsolução das leucitas ricas em sódio, reação entre leucitas precoces com o líquido magmático coexistente e exsolução de analcitas ricas em potássico. O primeiro processo parece ser o mais frequente. O segundo caracteriza-se por leucitas manteadas por um anel de pseudoleucita e o terceiro é sugerido pela ocorrência de analcitas com até 4,5% de K_2O (~20% de leucita) como fenocristais em alguns basaltos.

Grupo da sodalita

O grupo da sodalita compreende minerais cúbicos, entre os quais a sodalita é o mineral mais rico em sódio e caracterizado pela presença de cloro. Na noseana pequena quantidade de Na e Al pode ser substituída por Ca e Fe. A haüyna é mais rica em Ca e sulfatos que a noseana. Lazurita é uma variedade de haüyna mais rica em enxofre. É o principal integrante de lápis-lazúli. Frequentemente os minerais do grupo da sodalita têm cor azul típica. Sodalita ocorre principalmente em sienitos associada com nefelina, cancrinita, melanita e fluorita. Noseana e haüyna estão presentes principalmente em fonolitos e rochas vulcânicas correlatas.

Grupo da cancrinita

O grupo da cancrinita se caracteriza pela substituição de CO_3 por SO_4 e de Na por K e Ca. Cancrinita é a variedade mais rica em CO_3 e Ca e vishnevita o membro mais rico em SO_4. Representantes do grupo são frequentes em nefelina sienitos tanto como minerais de cristalização tardia quanto como bordas de reação no contato entre nefelina e calcita. Outras vezes ocorre como mineral secundário substituindo a nefelina.

A presença de sulfatos em rochas magmáticas requer pressões parciais (fugacidade) de oxigênio (fo_2) mais elevadas que as requeridas para a cristalização de sulfetos. Noseana é o mineral sulfatado magmático mais frequente, ocorrendo em fonolitos e nefelina sienitos, se bem que seu equivalente mais cálcico, a haüyna, tenha distribuição mais ampla, ocorrendo em olivina basaltos alcalinos, leucita traquitos e etinditos (uma variedade de nefelinitos). A presença destes feldspatoides pode ser representada pela seguinte reação durante a cristalização magmática:

$Na_8Al_6Si_6O_{24}SO_4$ + Fe_3O_4 + $16SiO_2$ = FeS + $2NaFeSi_2O_6$ + $6NaAlSi_3O_8$ + $2O_2$
noseana + magnetita + sílica = tróilita + acmita + albita + gás

Isso indica que sob condições constantes de f_{O_2} (expressa na reação pelo O_2) uma redução na atividade química da sílica (expresso pelo SiO_2 da reação) irá favorecer a estabilidade da paragênese noseana+magnetita. Como nas rochas básicas a atividade química da sílica é menor que nas rochas ácidas, em basaltos alcalinos e fonolitos é comum a presença do par noseana+magnetita enquanto em riolitos alcalinos ocorre a paragênese pirrotita+acmita, correspondendo a pirrotita à troilita teórica da reação acima.

Grupo da analcita

Analcita é um mineral cúbico com estrutura similar a da leucita. Apresenta substituição limitada de Na por K e Ca. É solúvel em HCl concentrado, gelatinizando. A analcita é de cristalização magmática tardia ou hidrotermal, associando-se, neste caso, frequentemente com prehnita e zeólitas. Como mineral secundário substitui nefelina e leucita. Ocorre em rochas intermediárias e básicas, tais como teschenitos, essexitos, diabásios e basaltos.

Polimorfos de sílica

Os principais polimorfos de sílica, que caracterizam as rochas supersaturadas, são o quartzo, tridimita e cristobalita cujas características básicas estão resumidas na Figura 1.3.1.

Óxidos de Fe-Ti

Os principais minerais opacos das rochas magmáticas são os óxidos de Fe e Ti. No sistema TiO_2-FeO-Fe_2O_3 (Rutilo-Wustita-Hematita) da Figura 2.4.19 são reconhecidas três soluções sólidas: $FeO \cdot 2TiO_2$-$Fe_2O_3 \cdot TiO_2$ (série das pseudobrookitas), FeO·TiO$_2$-Fe$_2$O$_3$ (série ilmenita-hematita ou série romboédrica) e 2FeO·TiO$_2$-Fe$_2$O$_3$·FeO (série ulvoespinélio-magnetita ou série dos espinélios ou série cúbica). A área pontilhada da Figura 2.4.19 representa os opacos das séries romboédrica e cúbica coexistentes nas rochas magmáticas, representando a parte esquerda desta área condições mais redutoras e a parte direita condições mais oxidantes. Esse aspecto é a base de uma das classificações dos granitos que os divide em magnetita granitos e ilmenita granitos, estes gerados em condições crustais redutoras. A composição dos óxidos coexistentes é dada pelas linhas que unem as retas FeTiO$_3$-Fe$_2$O$_3$ e Fe$_2$TiO$_4$-Fe$_3$O$_4$.

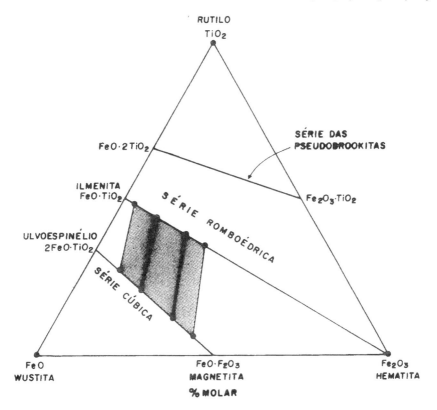

FIGURA 2.4.19 – O sistema TiO$_2$: FeO : Fe$_2$O$_3$ (Rutilo-Wustita-Hematita) com as soluções sólidas FeTi$_2$O$_5$-Fe$_2$TiO$_5$ (série das pseudobrookitas), FeTiO$_3$-Fe$_2$O$_3$ (série ilmenita-hematita) e Fe$_2$TiO$_4$-Fe$_3$O$_4$ (série ulvoespinélio-magnetita). A área sombreada mostra os limites das composições dos óxidos das séries romboédrica e dos espinélios que podem coexistir nas rochas magmáticas. A composição dos pares de óxidos coexistentes é dada pelas linhas que unem as retas FeTiO$_3$-Fe$_2$O$_3$ e Fe$_2$TiO$_4$-Fe$_3$O$_4$. Segundo Carmichael et al., 1974.

Minerais como indicadores de condições físico-químicas

Os minerais são sistemas físicos-químicos que refletem as condições físicas (pressão, temperatura) sob as quais cristalizaram, bem como as características químicas do magma a partir do qual se formaram. A presença de tridimita numa rocha indica simultaneamente a existência de excesso de sílica no magma e altas temperaturas de cristalização (Figura 1.3.1). Leucita indica uma cristalização sob baixas pressões (é mineral ausente em rochas plutônicas) e deficiência em sílica no magma a partir do qual se formou. Anfibólios sódicos refletem deficiência em alumina no magma, enquanto muscovita, sillimanita e cordierita indicam excesso deste óxido. A presença de pertitas num feldspato alcalino implica que o mesmo se formou originalmente a elevadas temperaturas sob forma de um feldspato homogêneo (Figura 1.5.3). Plagioclásios zonados indicam rápida queda na temperatura de cristalização. Hornblenda manteada ou intercrescida com biotita indica que o índice de alumina-saturação do magma aumentou durante sua consolidação. Olivinas manteadas por piroxênios revelam condições de desequilíbrio pelo aumento do teor de sílica no magma durante a progressiva cristalização. Desequilíbrios físico-químicos são retratados também por minerais corroídos, parcialmente reabsorvidos. A ilmenita indica cristalização sob baixas condições de pressão parcial de oxigênio. Consideremos o caso dos kimberlitos. Estas rochas podem ser portadoras de quartzo, coesita, grafita e diamante mas nunca de stishovita, um polimorfo de sílica de pressões muito elevadas. As curvas de inversão quartzo-coesita, grafita-diamante e coesita-stishovita na dependência da pressão e da temperatura são conhecidas através de trabalhos experimentais. Kimberlitos ocorrem tipicamente em escudos continentais cujos gradientes geotérmicos (geoterma) podem ser calculados a partir de fluxo de calor superficial medido, da concentração de elementos radioativos contidos na crosta e no manto (obtidos a partir da análise química de rochas e xenólitos), da condutibilidade térmica de rochas crustais e mantélicas (medidas em laboratório sob diferentes condições de pressão e temperatura) etc. Também a temperatura de cristalização dos kimberlitos pode ser determinada por vários termômetros geológicos (por exemplo pelo coeficiente de distribuição do Mg em orto- e clinopiroxênios coexistentes). Em função destes dados pode ser estabelecida a pressão (profundidade) na qual o magma kimberlítico é gerado (Figura 2.4.20) e a riqueza dos kimberlitos em H_2O e CO_2 e elementos incompatíveis indica que a fonte foi um manto fértil. Dessa maneira a cuidadosa identificação dos minerais constituintes das rochas magmáticas e a determinação de sua sequência de cristalização (Figura 2.2.13) são fundamentais para a caracterização das condições físico-químicas dos magmas originais e das graduais mudanças que ocorreram durante sua cristalização. As informações mineralógicas devem ser conectadas com as características estruturais (item 2.3) e texturais (item 2.2). Sob este aspecto basta relembrar a relação entre as diferentes texturas das rochas basálticas (Figura 2.2.11) e a posição do magma no tetraedro basáltico (Figura 2.2.12) e a conexão entre aspectos texturais e mineralógicos e a pressão parcial de oxigênio (Figura 1.8.7). Conclui-se, assim, que a caracterização das rochas magmáticas e a compreensão de sua origem e evolução passa, forçosamente, por uma fase inicial e fundamental que envolve sua descrição mineralógica/textural/ estrutural detalhada.

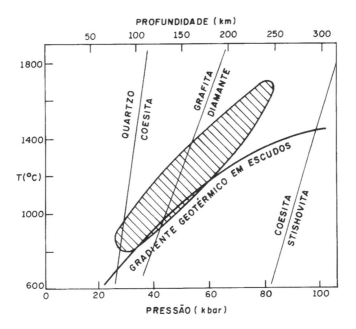

FIGURA 2.4.20 – Determinação da profundidade de geração do magma kimberlítico tendo por base a mineralogia crítica de kimberlitos e o gradiente térmico (geoterma) do ambiente geotectônico (escudos continentais) onde estas rochas ocorrem. Segundo Mitchell, 1986.

Exercícios

1. Baseado nos livros de Dana & Hurlbut Jr. (1976) *"Manual de mineralogia"*, volumes 1 e 2 e na obra de Leinz & Campos (1977) *"Guia para determinação de minerais"* faça uma tabela dos principais aspectos diagnósticos físicos dos minerais formadores das rochas magmáticas da Tabela 2.4.2.

2. Baseado no livro de Mackenzie & Guilford (1980) *Atlas of Rock-Forming Minerals in Thin Sections* faça uma lista das principais características dos minerais formadores das rochas magmáticas em lâminas delgadas.

3. Para aprofundar-se na classificação dos anfibólios e na representação de soluções sólidas de minerais, consulte os trabalhos (traduzidos) de Leake (1991) e Nickel (1991).

4. O livro de Thorpe & Brown (1985) *The Field Description of Igneous Rocks* é um pequeno livro de bolso para ser usado em trabalhos de campo. Contém aspectos geológicos, estruturais, texturais, mineralógicos e a classificação modal das rochas magmáticas. Consulte-o e faça uma relação dos principais aspectos abordados.

2.5 O sistema de classificação modal da IUGS

A classificação (nomenclatura) das rochas magmáticas baseia-se na natureza de seus minerais essenciais (Quadro 1.2.2 e Figuras 1.2.2 e 2.5.1).

O quadro e as figuras mencionadas correspondem a classificações modais simplificadas que utilizam basicamente o conceito de mineral essencial, o índice de coloração, o conceito de sílica-saturação e a relação entre os feldspatos presentes na rocha. Como tal são classificações úteis para uma caracterização inicial das rochas magmáticas baseado em estimativas macroscópicas. Classificações mais refinadas, caso da Figura 1.3.5, requerem dados modais mais precisos. Estes são obtidos a partir de lâminas delgadas, via microscópio, tanto através de contagens lineares, por meio da platina de integração, quanto através de contagens pontuais com o auxílio de uma ocular de integração ou de um contador de pontos (*point counter*). Ambos os processos estão visualizados na Figura 2.5.2. O espaçamento entre as linhas computadas ou os pontos contados dependem da granulação da rocha examinada e são fixados em diagramas específicos que relacionam a precisão do resultado a ser obtido com a granulação da rocha, o espaçamento entre os pontos e o número de pontos a serem contados. Atualmente, dispõem-se também de microscópios de contagem automática que tendem no futuro a ser a ferramenta principal para a determinação da composição modal de rochas.

Classificação das rochas magmáticas segundo sua moda

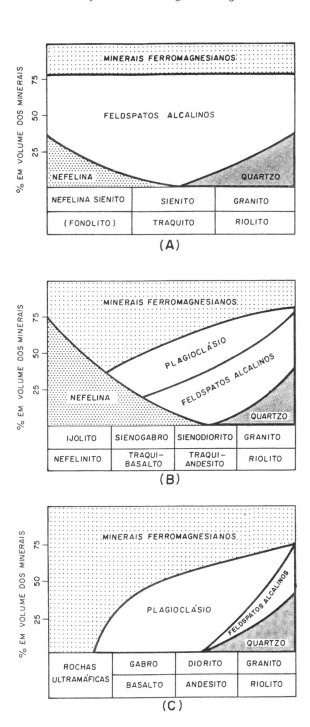

FIGURA 2.5.1 – Nomenclatura de rochas plutônicas e efusivas em função de seus principais minerais constituintes.

Rochas magmáticas

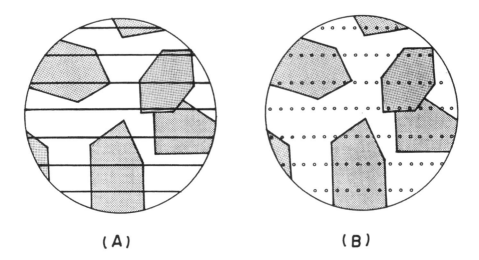

(A) (B)

FIGURA 2.5.2 – Técnicas de determinação da moda de rochas em lâminas delgadas via microscópio. (A) Ao longo de linhas contínuas por meio de platina de integração. (B) Por meio de pontos através de ocular de integração ou contador de pontos.

Até a metade da década de 1920 existiam na literatura mais de 1.500 nomes de rochas e vários sistemas de classificação baseados na composição modal, em análises químicas e considerações genéticas. Nenhuma delas tinha aceitação mundial, o mesmo ocorrendo em relação à maioria dos nomes das rochas. Caso particularmente gritante era a nomenclatura das rochas alcalinas onde mínimas variações mineralógicas e texturais resultavam numa enxurrada de novos nomes, evidentemente apenas para satisfazer o ego de muitos petrógrafos. Também nomes consagrados de rochas eram utilizados com diferentes significados por diversos autores resultando em disputas científicas acirradas sem nexo.

Para dirimir esses problemas a International Union of Geological Sciences (IUGS) criou no fim da década de 1960 uma subcomissão encarregada de formular recomendações para a classificação e nomenclatura das rochas plutônicas e, mais tarde, também para as rochas vulcânicas.

A sistemática e nomenclatura das rochas plutônicas foi aprovada pela IUGS em 1972 e a das rochas vulcânicas apenas recentemente. Um resumo detalhado dos resultados é apresentado por Le Maitre (1989). Os sistema de classificação da IUGS corresponde, basicamente, a uma variante aperfeiçoada do esquema desenvolvido e detalhado por Johannsen na sua obra monumental no período de 1931-1938. A comissão que executou essa difícil tarefa foi integrada por renomados especialistas do mundo inteiro sob a presidência do Prof. Dr. Streckeisen da Universidade de Berna, Suíça. Tal fato faz que a classificação IUGS frequentemente seja denominada, erroneamente, de sistema Streckeisen. Durante toda sua fase de trabalhos a comissão divulgou seus resultados parciais através de numerosas publicações difundindo, assim, gradualmente o sistema proposto por toda a comunidade geológica internacional. Tudo parece indicar que o sistema IUGS tende a impor-se como primeiro sistema de classificação e nomenclatura das rochas magmáticas com aceitação mundial, apesar de recentes críticas formuladas por especialistas de renome, mas que afetam apenas pequenas partes do sistema proposto (Middlemost, 1991).

A classificação das rochas magmáticas baseada no sistema QAPF

A classificação das rochas magmáticas pelo sistema IUGS é bastante complexa, envolvendo, de um lado, um sistema amplo e genérico para as rochas com índice de coloração **M'** menor que 90 e vários outros sistemas quer para rochas com **M'** > 90, quer para grupos de rochas específicas, caso das rochas gabroicas, dos lamprófiros, dos carbonatitos e para as rochas portadoras de maiores quantidades de melilita. A base da classificação é sempre a granulação e a análise modal da rocha da qual os minerais utilizados nas diferentes classificações são recalculados para 100 conforme a Figura 1.3.6.

No sistema IUGS o índice de coloração **M'** é definido pela soma dos minerais máficos (micas, anfibólios, piroxênios e olivinas), opacos e acessórios (zircão, apatita, titanita, epidoto, allanita, granadas, melilitas, montecelita, carbonatos primários etc.) presentes na moda. Não inclui, portanto, os minerais secundários. Atualmente, entretanto, existe a tendência no sentido de definir-se o índice de coloração pela expressão **M'** = 100 - (A+P+Q+F).

Para as rochas com **M'** < 90 a base da classificação é o diagrama QAPF (Figura 2.5.3) dividido em 15 campos ou setores, cada um compreendendo uma ou mais famílias de rochas.

Rochas magmáticas

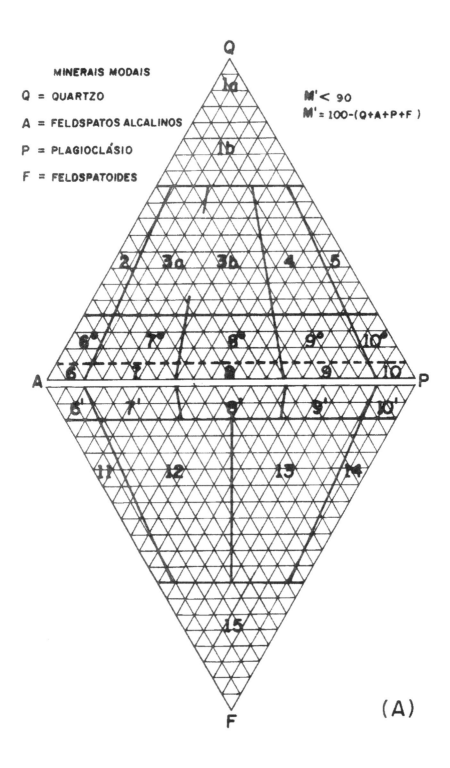

(A)

NOMENCLATURA DA FIGURA 2.5.3 (A)

1a: QUARTZOLITOS
1b: GRANITOIDES RICOS EM QUARTZO

2: ÁLCALI-FELDSPATOS GRANITOS

3a: SIENOGRANITO
3b: MONZOGRANITO

4: GRANODIORITOS

5: TONALITOS

6: ÁLCALI-FELDSPATO SIENITOS
    6°: ÁLCALI-FELDSPATO QUARTZO SIENITOS
    6 : ÁLCALI-FELDSPATO SIENITOS
    6': ÁLCALI-FELDSPATO SIENITOS COM FELDSPATOIDES

7: SIENITOS
    7°: QUARTZO SIENITOS
    7 : SIENITOS
    7': SIENITOS COM FELDSPATOIDES

8: MONZONITOS
    8°: QUARTZO MONZONITOS
    8 : MONZONITOS
    8': MONZONITOS COM FELDSPATOIDES

9: MONZODIORITOS / MONZOGABROS
    9°: QUARTZO MONZODIORITOS/QUARTZO MONZOGABROS
    9 : MONZODIORITOS/MONZOGABROS
    9': MONZODIORITOS/MONZOGABROS COM FELDSPATOIDES

10: DIORITOS/GABROS
    10°: QUARTZO DIORITOS / QUARTZO GABROS
    10 : DIORITOS/GABROS
    10': DIORITOS/GABROS COM FELDSPATOIDES

11: FOID-SIENITOS

12: FOID-MONZOSIENITOS

13: FOID-MONZODIORITOS / MONZOGABROS

14: FOID-GABROS / DIORITOS

15: FOIDITOS

Rochas magmáticas

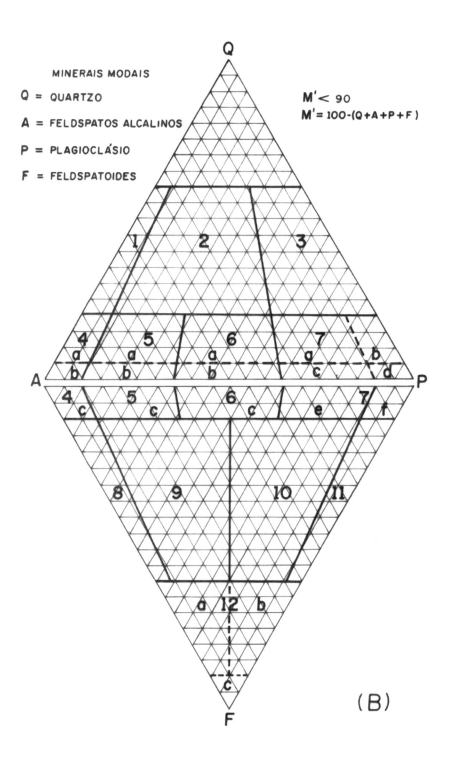

(B)

NOMENCLATURA DA FIGURA 2.5.3 (B)

1: ÁLCALI-FELDSPATO RIOLITOS
2: RIOLITOS
3: DACITOS
4: ÁLCALI-FELDSPATO TRAQUITOS

    a): ÁLCALI-FELDSPATO QUARTZO TRAQUITOS
    b): ÁLCALI-FELDSPATO TRAQUITOS
    c): ÁLCALI-FELDSPATO TRAQUITOS COM FELDSPATOIDES

5: TRAQUITOS

    a): QUARTZO TRAQUITOS
    b): TRAQUITOS
    c): TRAQUITOS COM FELDSPATOIDES

6: LATITOS

    a): QUARTZO LATITOS
    b): LATITOS
    c): LATITOS COM FELDSPATOIDES

7: ANDESITOS E BASALTOS (M > 35) GERALMENTE OS SEGUINTES TIPOS DE ANDESITOS E BASALTOS OCORREM NOS DIFERENTES CAMPOS:

    a): ANDESITOS CÁLCIO-ALCALINOS (PRINCIPALMENTE)
    d): BASALTOS CÁLCIO-ALCALINOS RICOS EM Al
    b) e d): BASALTOS TOLEÍTICOS
    f): BASALTO ALCALINOS E HAVAÍTOS
    c) e e): MUGEARITOS

8: FONOLITOS
9: FONOLITOS TEFRÍTICOS
10: TEFRITOS FONOLÍTICOS (BASANITO SE Ol >10%)
11: TEFRITOS (BASANITO SE Ol >10%)
12: FOIDITOS

    a): FOIDITOS FONOLÍTICOS
    b): FOIDITOS TEFRÍTICOS
    c): FOIDITOS

SE M > 90 : ULTRAMAFITOS VULCÂNICOS

FIGURA 2.5.3 – O diagrama QAPF, base da classificação das rochas magmáticas com índice de coloração M' < 90. (A) Rochas plutônicas. (B) Rochas vulcânicas. Segundo Streckeisen, 1967 e 1976.

Neste diagrama os vértices Q , A, P e F indicam respectivamente:

Q - a soma dos polimorfos de SiO_2 incluindo quartzo de baixa e alta temperatura, tridimita, cristobalita e coesita.

A - reúne os feldspatos alcalinos, tais como ortoclásio, microclina, pertita, anortoclásio, sanidina, adularia e albita.

P - reúne todos os plagioclásios com composição An_{5-100} e a escapolita.

F - corresponde à soma dos diferentes feldspatoides presentes na moda, tais como leucita, pseudoleucita, nefelina, sodalita, noseana, haüyna, cancrinita, analcita, kalsilita etc.

- A divisão interna principal do diagrama QAPF é a linha AP que separa as rochas supersaturadas (triângulo QAP) das insaturadas (triângulo FAP). A caracterização das rochas em termos dos teores relativos dos diferentes feldspatos presentes é feita através de uma série de retas que, partindo da linha AP, convergem em direção aos vértices Q e F. Ao longo dessas linhas uma dada relação entre A e P permanece constante. A divisão respeita também o conceito de mineral essencial e acessório através da primeira linha paralela à reta AP tanto no triângulo QAP quanto no FAP. Por isso as famílias dos campos 6, 7, 8, 9 e 10 admitem duas variantes (identificadas por apóstrofos, asteriscos, letras ou outro símbolo qualquer) que caracterizam a presença acessória de feldspatoides ou polimorfos de sílica. As demais divisões no diagrama QAPF levam em conta a variação composicional estatística das diferentes famílias de rochas, de tal modo que o máximo de frequência de cada uma se situe no centro do seu campo no diagrama (Figura 1.3.7).
- O diagrama também respeita velhas e clássicas disputas de classificação. Assim, o campo 3, o dos granitos, pode ser subdividido opcionalmente em dois setores menores: o setor 3a que corresponde aos sienogranitos e o setor 3b que reúne os monzogranitos, também conhecidos pela tradicional designação adamellitos.
- Como a reta AP apenas fornece a relação entre os feldspatos presentes mas não especifica o tipo de plagioclásio da rocha, alguns campos do diagrama QAPF (9, 10, 13 e 14) englobam simultaneamente distintas famílias de rochas que, além de outros aspectos mineralógicos, distinguem-se pela composição do plagioclásio presente na rocha. Assim, no campo 10 estão reunidos anortositos (com plagioclásio variando desde oligoclásio até bytownita), dioritos (portadores de oligoclásio ou andesina) e gabros (contendo labradorita ou bytownita).
- O duplo triângulo da classificação QAPF pode ser representado também sob forma de um diagrama retangular conforme a Figura 2.5.4. Esta configuração oferece vantagens na representação de numerosos dados modais de uma mesma suíte magmática e evitando a sua convergência artificial (o efeito "soma 100" numa representação triangular).

Classificação das rochas magmáticas segundo sua moda

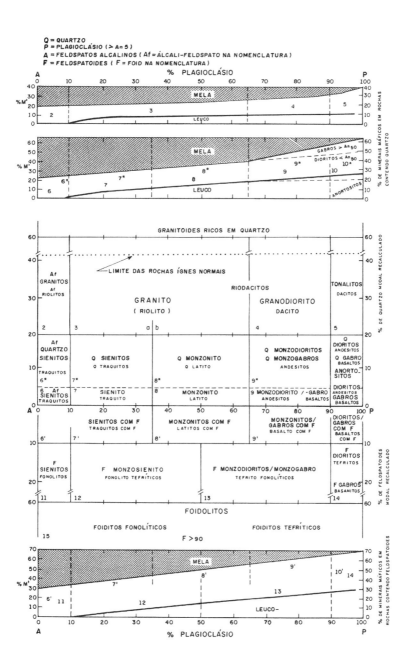

FIGURA 2.5.4 – A classificação QAPF sob forma de diagrama retangular. Segundo Philpotts, 1990.

Nomenclatura das rochas com índice de coloração menor que 90

Em relação à nomenclatura das rochas vulcânicas e plutônicas das Figuras 2.5.3 e 2.5.4 cabem as seguintes observações:

- Os nomes das famílias de rochas são nomes genéricos e sua maioria requer qualificações ou adjetivações mineralógicas adicionais. Assim, nas famílias 2 e 6 (e suas variantes) há a necessidade de mencionar o feldspato alcalino presente (microclina granito, albita-quartzo sienito, ortoclásio sienito, nefelina-pertita sienito), assim como nas rochas das famílias 6' a 10' e 11 a 14 deve ser mencionado o tipo de feldspatoide presente (sodalita sienito, nefelina monzosienito, noseana essexito, cancrinita theralito). No caso da família 15 o nome das rochas plutônicas depende não só do tipo de feldspatoide presente mas também do valor de **M'** e da natureza mais sódica ou potássica dos feldspatoides presentes (Figura 2.5.5).

M'	F (FOIDS) = 10 a 60 P COMO PORCENTAGEM NO TOTAL DE FELDSPATOS PRESENTES				F (FOIDS) = 60 a 100	
	0–10	10–50	50–90	90–100	Na > K	K > Na
30	FOID-SIENITOS M' = 0–30	LEUCO FOID-MONZOSIENITOS M' = 0–15	LEUCO FOID-MONZODIORITOS/MONZOGABROS M' = 0–20	LEUCO FOID-DIORITOS/GABROS M' = 0–30	URTITOS M' = 0–30	ITALITOS M' = 0–10
						LEUCO FERGUSITOS M' = 10–30
		FOID-MONZOSIENITOS M' = 15–45	FOID-MONZODIORITOS (An < 50) E FOID-MONZOGABROS (An > 50) M' = 20–60	FOID-DIORITOS (An < 50) E FOID GABROS (An > 50) M' = 30–70	IJOLITOS M' = 30–70	FERGUSITOS M' = 30–50
60	MALIGNITOS M' = 30–60					
		MELA FOID-MONZOSIENITOS M' = 45–90				MELA FERGUSITOS M' = 50–70
	SHONKINITOS M' = 60–90		MELA FOID-MONZODIORITOS/MONZOGABROS M' = 60–90	MELA FOID-DIORITOS/GABROS M' = 70–90	MELTEIGITOS M' = 70–90	MISSOURITOS M' = 70–90

M' = MINERAIS MÁFICOS E OPACOS
P = PLAGIOCLÁSIO (AN05–100)
FOID Na > K = ESSENCIALMENTE NEFELINA
FOID K > Na = ESSENCIALMENTE LEUCITA

FIGURA 2.5.5 – Nomenclatura das rochas portadoras de feldspatoides na dependência do teor deste grupo de minerais, do índice de coloração **M'**, do teor de plagioclásio no total dos feldspatos presentes e do caráter mais sódico ou potássico do feldspatoide.

- O índice de coloração, desde que anormalmente elevado ou baixo, deve ser incorporado ao nome da rocha através dos prefixos "leuco" e "mela" (um mela-ortoclásio granito é um álcali-feldspato granito com índice de coloração anormalmente elevado; um leucogabro apresenta um índice de coloração anormalmente baixo). Na Figura 2.5.6 constam os limites dos índices de coloração normais e anormais para as diferentes famílias de rochas recomendados pela IUGS.

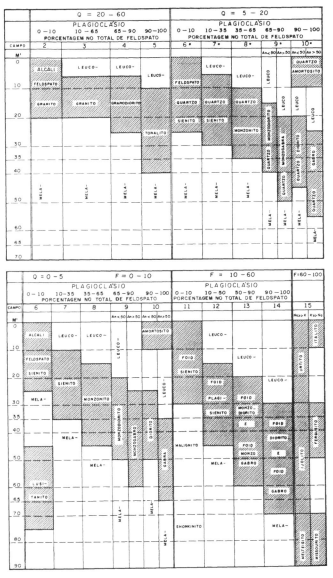

FIGURA 2.5.6 – Limites do índice de coloração **M'** nas rochas magmáticas da classificação IUGS para o emprego dos prefixos "leuco" e "mela" que caracterizam, respectivamente, rochas com **M'** anormalmente baixo ou alto. Áreas hachuradas correspodem a rochas com índice de coloração normal. Segundo IUGS, 1973.

- Ao mencionar estes os principais minerais presentes numa rocha devem ser dispostos de tal modo que o mais abundante se situe mais próximo ao nome da rocha. Assim, um hornblenda-biotita granodiorito contém mais biotita que hornblenda. Não deve haver hífen entre o último mineral que precede o nome da rocha e o mesmo.
- O nome de uma rocha deve ser o mais completo possível. Assim, o nome da rocha não só deve ser precedido dos principais minerais presentes mas também deve incluir aspectos texturais e/ou estruturais marcantes. É o caso, por exemplo, de um biotita-hornblenda monzogranito porfirítico fluidal, de um leuco-biotita monzogranito miarolítico etc.

Rochas plutônicas

Em relação aos 15 campos delimitados para a classificação das rochas magmáticas plutônicas no diagrama QAPF da Figura 2.5.3-A, cabem as seguintes observações gerais:

- As rochas compostas quase totalmente por quartzo (campo 1a) devem ser denominadas de quartzolitos. Nomes como silexito, "chert" ou "flinstone" não devem ser utilizados devido à conotação de precipitação química em ambiente sedimentar que encerram.
- Ao campo 2 que contém também os granitos hipersolvus portadores de um só feldspato, deve ser aplicada a designação álcali-feldspato granitos como nome genérico. Nomes específicos devem indicar a natureza do(s) feldspato(s) presente(s), caso de albita granitos, ortoclásio-albita granitos, microclina granitos etc. O termo granito alcalino deve ser restringido às rochas com piroxênios e/ou anfibólios sódicos. As mesmas considerações valem para os campos 6*, 6 e 6' que correspondem às diferentes variedades de álcali-feldspato sienitos. O termo alasquito (ou alaskito) pode ser aplicado à álcali-feldspato granitos com textura granular e com M'_{0-10}.
- O termo granito é utilizado para todas as rochas do amplo campo 3. Em caso de necessidade, poderá ser subdividido em granitos A e granitos B; granitos α e granitos β ou ainda em sienogranitos e monzogranitos, mas sempre com a manutenção do termo granito. Os monzogranitos correspondem à antiga designação adamellito (nome derivado da região de Adamello, norte da Itália), ainda muito popular, e que são os granitos mais frequentes na natureza.
- Ao campo 5 deve ser aplicado o termo tonalito, tanto para as rochas portadoras como para as isentas de hornblenda. Biotita e hornblenda ocorrem

na maioria dos tonalitos. Trondhjemito e plagiogranitos são rochas com andesina e **M'** entre 0 e 10.
- O campo 10 compreende três grandes famílias de rochas: anortositos, dioritos e gabros. A composição do plagioclásio dos anortositos é muito variável, desde oligoclásio até bytownita. Aqueles compostos essencialmente por oligoclásio e andesina podem ser chamados, respectivamente, de oligoclasitos e andesinitos. A separação entre dioritos e gabros assenta em vários aspectos incluindo a composição do plagioclásio, a natureza dos minerais máficos e aspectos texturais, mas exclui o índice de coloração. Como principal critério de separação deve ser utilizado a composição do plagioclásio. Dioritos típicos contêm oligoclásio ou andesina, hornblenda e/ou biotita como minerais máficos principais ao lado de ocasionais piroxênios e olivinas. Ocorrem geralmente associados com granodioritos ou formam intrusões isoladas de pequenas dimensões. Gabros típicos contêm labradorita ou bytownita ao lado de clinopiroxênios, ortopiroxênios e olivinas como máficos principais. Rochas gabroicas ocorrem frequentemente como termos transicionais entre anortositos e piroxenitos em complexos máficos estratiformes, em complexos ofiolíticos ou como massas intrusivas isoladas de expressão.
- As rochas dos campos 6' a 10' contêm feldspatoides como minerais acessórios. Este fato deve ser adicionado ao nome da rocha (exemplo: biotita-hornblenda monzodiorito portador de nefelina, ou com nefelina, ou nefelínico ou à nefelina ou, melhor nefelina - biotita - hornblenda monzodiorito). Expressões tipo "à nefelina" são galicismos, muito difundidos em partes do Brasil.
- Nos campos 11 a 14 os feldspatoides são minerais essenciais e o nome do feldspatoide deve preceder o nome da rocha (exemplos: nefelina sienito, leucita monzosienito).
- Ao campo 11 aplica-se a designação genérica foid sienitos. Nomes específicos são, entre outros, nefelina sienito, nefelina-cancrinita sienito, egirina-nefelina sienito, pseudoleucita sienito etc. Essas observações em termos da nomenclatura específica são válidas também para os campos 12, 13 e 14.
- Ao campo 12 aplica-se a designação genérica de foid-monzosienito, sinônimo de foid-plagiosienito.
- O campo 13 engloba rochas conhecidas sob a designação genérica de foid-monzodioritos e foid-monzogabros. Alternativamente o termo essexito pode ser utilizado. Essexitos são geralmente portadoras de andesina ou labradorita.

- Ao campo 14 aplicam-se os nomes genéricos foid-diorito e foid-gabro. Nefelina gabros são denominados de theralitos.
- O nome base das rochas do campo 15 é foidolito. Nomes especiais resultam da variada natureza dos feldspatoides e minerais máficos presentes bem como do índice de coloração. Baseado nesses critérios a família reúne melteigitos, ijolitos, urtitos, missouritos, fergusitos e italitos (Figura 2.5.5).

Rochas vulcânicas

Em relação aos 12 campos delimitados para a classificação das rochas vulcânicas no diagrama QAPF da Figura 2.5.3-B cabem as seguintes observações gerais:

- Rochas do campo 1 são raríssimas na natureza sendo compostas por fenocristais de alta temperatura numa matriz de quartzo com alguma sanidina.
- O nome base para o campo 2 é álcali-feldspato riolito. Sempre deve ser indicado o nome do feldspato presente, quase sempre sanidina ou anortoclásio, mas por praxe aos sanidina riolitos aplica-se apenas o nome riolito. Liparito é sinônimo de riolito e de emprego muito restrito. O termo riolito alcalino se aplica a rochas com piroxênios e/ou anfibólios sódicos (exemplo: egirina-sanidina riolito porfirítico). As mesmas considerações são válidas para os campos 6*, 6 e 6'.
- Os campos 3a e 3b correspondem aos riolitos (ou liparitos). Em casos de subdivisões mais específicas o campo 3b reune os riodacitos.
- Os dacitos são os vulcanitos dos campos 4 e 5. Os dacitos clássicos são os correspondentes extrusivos dos granodioritos e como tais ocupam o campo 4. Ao campo 5 são referidos algumas rochas pouco comuns, caso dos plagiodacitos e dos quartzo andesitos.
- Os nomes bases dos campos 6*, 6 e 6' são, respectivamente, quartzo álcali-feldspato traquitos, álcali-feldspatos traquitos e álcali-feldspatos traquitos portadores de feldspatoides. Estes nomes sofrem grande simplificação no caso de nomes específicos como, por exemplo, de um sanidina traquito à nefelina (ou com nefelina, ou portador de nefelina ou ainda nefelínico ou, melhor nefelina-sanidina traquito.
- A mesma nomenclatura se aplica aos campos 7*, 7 e 7' (quartzo traquito, traquito e traquito à feldspatoide) e aos campos 8*, 8 e 8' com as desig-

nações genéricas quartzo latito, latito e latito à feldspatoide. Sempre deve ser mencionado o tipo de feldspatoide presente (exemplo: nefelina latito).
- Os campos 9 e 10 contêm os andesitos e basaltos. Vários são os critérios usados para sua distinção, incluindo a composição do plagioclásio e o índice de coloração, este é o critério mais efetivo. O limite entre andesitos e basaltos é dado pelo valor M'_{35}. Muitos andesitos cálcio-alcalinos podem conter fenocristais de labradorita ou bytownita. Pertencem, principalmente, ao campo 9*. Basaltos cálcio-alcalinos e basaltos aluminosos (que frequentemente são leucobasaltos) quase sempre se situam no campo 10. Basaltos toleíticos ocupam os campos 10 e 10*, basaltos alcalinos geralmente o campo 10', o mesmo dos hawaitos. Mugearitos estão confinados aos campos 9 e 9'.
- O campo 11 corresponde aos fonolitos, rochas compostas essencialmente por feldspato potássico (sanidina) associado com feldspatoides e minerais máficos. Surgem, assim, os nomes específicos nefelina fonolito, egirina-leucita fonolito, richterita-augita-leucita-nefelina fonolito, egirina-augita-haüyna fonolito, analcita fonolito etc. É praxe fonolitos tendo nefelina ou haüyna como minerais essenciais serem denominados simplesmente de fonolito sem qualquer prefixo mineralógico adicional, a não ser em termos dos minerais máficos presentes e nos casos de índices de coloração anormais.
- O nome genérico das rochas do campo 12 é fonolito tefrítico ou tefrifonolito e as do campo 13 são designadas de tefritos fonolíticos ou fonotefritos. Essas rochas são chamadas de fonobasanitos quando seu teor de olivina for maior que 10%.
- O campo 14 corresponde genericamente aos tefritos e, no caso de rochas com mais de 10% de olivina, aos basanitos. Cada nome específico deve incluir o(s) feldspatoide(s) dominante(s) assim como os minerais máficos mais representativos da rocha.
- O campo 15 é subdividido em três setores: 15a, 15b e 15c. No setor 15a situam-se os fonofoiditos (exemplo: sanidina nefelinito) e o setor 15b compreende os tefrifoiditos (exemplos: labradorita nefelinito, andesina leucitito). As rochas do setor 15c, genericamente denominadas de foiditos, são classificadas de acordo com o feldspatoide dominante. Englobam nefelinitos e olivina nefelinitos, leucititos e olivina leucititos, além dos analcimitos e olivina analcimitos. Todas essas rochas são ricas em olivinas, piroxênios e melilitas.

Como as rochas vulcânicas são frequentemente subfaneríticas e hipocristalinas, a sua classificação macroscópica inicial assenta na natureza dos fenocristais e na característica da matriz conforme a Figura 2.5.7. Adicionalmente podem ser utilizados outros critérios, tais como a cor da rocha e, no caso dos fonolitos, a sua sonoridade quando golpeadas.

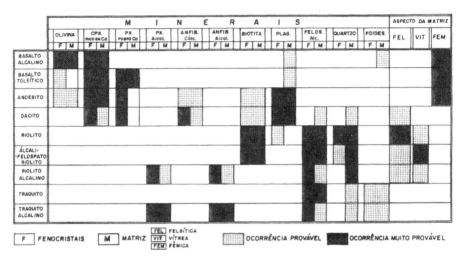

FIGURA 2.5.7 – Classificação expedita das rochas vulcânicas baseada na frequência dos minerais presentes sob forma de fenocristais ou na matriz e em outras características desta. Segundo Dorado, 1989 modificado.

Classificações adicionais

Ao lado do esquema de classificação para rochas com índice de coloração (**M'**) menor que 90, existem vários outros para rochas ditas "especiais" "anormais", "minoritárias" etc. Estas incluem principalmente três grupos: rochas ultramáficas, lamprofíricas e rochas portadoras de ortopiroxênio, na maioria das vezes hiperstênio (rochas charnockíticas). As rochas lamprofíricas reunem lamprófiros, carbonatitos, kimberlitos, lamproítos e rochas portadoras de maiores quantidades de melilita. Estas últimas representam, pois, uma subdivisão dos campos 15 e 12 das Figuras 2.5.3-A e B. Devido à passagem gradual entre rochas gabroicas e ultramáficas e a grande diversidade dos minerais máficos que elas comportam (olivina, ortopiroxênios, clinopiroxênios, hornblenda, granada), o campo 10 da Figura 2.5.3-A também comporta um esquema particular de classificação para as rochas gabroicas.

Rochas ultramáficas

Rochas plutônicas

A classificação das rochas ultramáficas (ou ultramafitos), com índice de coloração **M'** > 90, envolve a definição e nomenclatura em bases mineralógicas modais dos dunitos, peridotitos, piroxenitos e hornblenditos. Sua classificação baseia-se em dois diagramas triangulares:

- Diagrama Olivina : Ortopiroxênio : Clinopiroxênio para dunitos, peridotitos e piroxenitos (Figura 2.5.8).
- Diagrama Olivina : (Orto-+Clinopiroxênio) : Hornblenda para dunitos, peridotitos, piroxenitos e hornblenditos (Figura 2.5.9).

Rochas ultramáficas contêm ao lado de olivina, orto- e clinopiroxênios e hornblenda também quantidades variáveis de granada, espinélio, biotita e opacos. Com exceção destes, os demais, quando presentes em quantidades inferiores a 5% em volume, devem adjetivar a rocha (exemplo: peridotito à granada ou peridotito granadífero) ou, no caso de ocorrerem em volumes maiores, preceder o nome da rocha (exemplo: espinélio lherzolito).

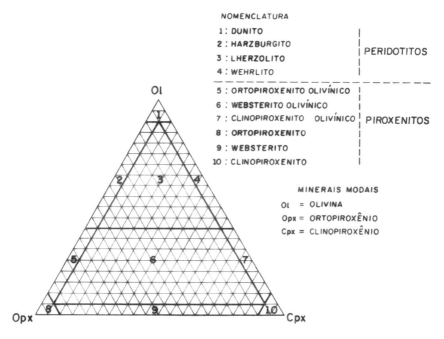

FIGURA 2.5.8 – Classificação das rochas ultramáficas baseada no diagrama triangular Olivina : Ortopiroxênio : Clinopiroxênio. A nomenclatura também pode ser feita transformando-se o adjetivo em prefixo (exemplos: websterito olivínico = olivina websterito; clinopiroxenito olivínico = olivina piroxenito etc.). Segundo Streckeisen, 1976.

Rochas magmáticas

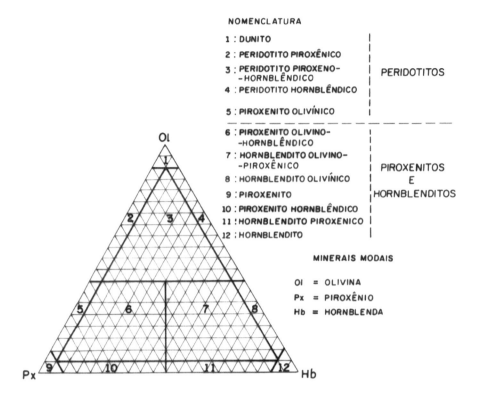

FIGURA 2.5.9 – Classificação das rochas ultramáficas baseada no diagrama triangular Olivina : (Orto-+Clinopiroxênio) : Hornblenda. A nomenclatura também pode ser feita transformando-se o adjetivo em prefixo (exemplos: peridotito piroxênico = piroxênio peridotito; hornblendito olivina-piroxênico = olivina-piroxênio hornblendito etc.). Segundo Streckeisen, 1976.

Rochas vulcânicas

Os correspondentes extrusivos das rochas ultramáficas intrusivas recebem a designação genérica de ultramafititos. Nomes específicos resultam do mineral máfico dominante da rocha (piroxênios, olivinas, melilitas). Rochas muito estudadas nos últimos anos são os komatiítos (ou komatitos), os correspondentes extrusivos dos peridotitos, e integrantes das sequências vulcânicas-sedimentares mais antigas do planeta Terra. Frequentemente apresentam textura spinifex dada por grandes minerais laminares de olivina e/ou piroxênio. Análises químicas de komatiítos peridotíticos com textura spinifex e de komatiítos basálticos constam da Tabela 1.2.1. A separação desses dois tipos de rochas baseia-se no diagrama de Jensen (Figura 1.7.8).

Rochas gabroicas

Transicionalmente entre anortositos e ultramáfitos situam-se as rochas gábricas contendo quantidades variáveis de olivina, clinopiroxênio, ortopiroxênio, hornblenda e plagioclásio. A classificação das rochas gábricas é feita através de três diagramas triangulares:

- Diagrama Plagioclásio : Total de Piroxênios : Olivina que inclui gabros, anortositos, piroxenitos, peridotitos e dunitos (Figura 2.5.10).
- Diagrama Plagioclásio : Ortopiroxênio : Clinopiroxênio que ao lado de gabros, gabronoritos e noritos também inclui os anortositos e piroxenitos (Figura 2.5.10).

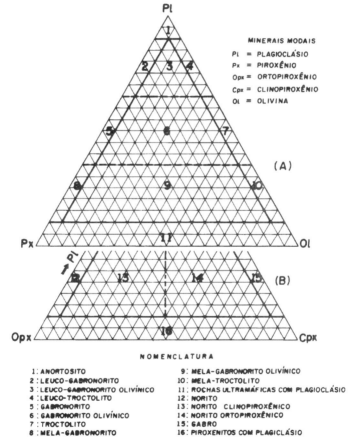

FIGURA 2.5.10 – Classificação das rochas gabroicas nos diagramas triangulares modais Plagioclásio : Total de Piroxênios : Olivina (A) e Plagioclásio : Ortopiroxênio : Clinopiroxênio (B). Em termos da nomenclatura valem as mesmas considerações das Figuras 2.5.8 e 2.5.9. Segundo IUGS, 1973.

Rochas magmáticas

- Diagrama Plagioclásio : Total de Piroxênio : Hornblenda que também inclui os anortositos, piroxenitos e hornblenditos (Figura 2.5.11).

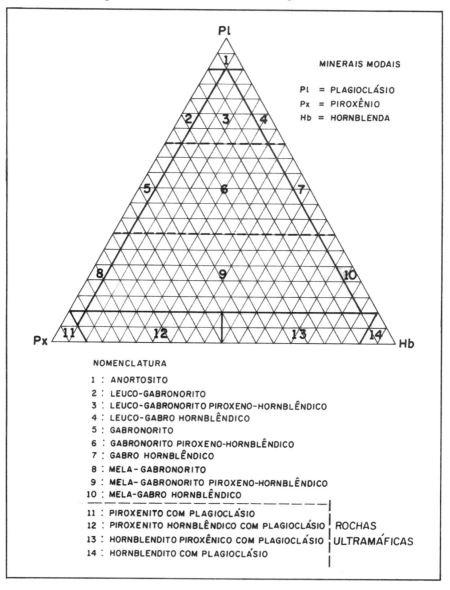

FIGURA 2.5.11 – Classificação das rochas gabroicas no diagrama triangular modal Plagioclásio : Total de Piroxênio : Hornblenda. Em termos da nomenclatura valem as mesmas considerações das Figuras 2.5.8 e 2.5.9. Segundo IUGS, 1973.

Classificação das rochas magmáticas segundo sua moda

As relações entre rochas ultramáficas, gabroicas e anortosíticas são expressas pelo tetraedro Plagioclásio : Olivina : Clinopiroxênio : Ortopiroxênio, cujo desdobramento define os seguintes diagramas e tipos litológicos (Figura 2.5.12):

- *Diagrama Olivina* : Ortopiroxênio : Clinopiroxênio. Corresponde à figura 2.5.8 e define as seguintes rochas:

1 - Dunitos (olivinitos)	2 - Wherlitos
3 - Lherzolitos	4 - Harzburgitos
5 - Olivina clinopiroxenitos	6 - Olivina websteritos
7 - Olivina ortopiroxenitos	8 - Clinopiroxenitos (diopsiditos, diallagitos)
9 - Websteritos	10- Ortopiroxenitos (enstatitos, bronzititos, hiperstenitos)

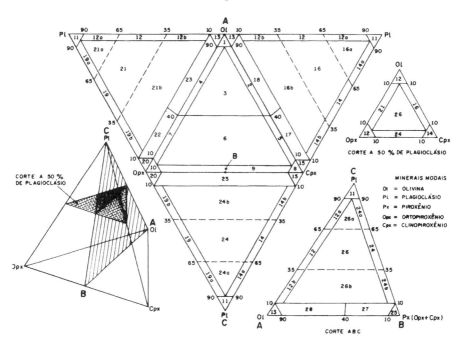

FIGURA 2.5.12 – O tetraedro Olivina-Clinopiroxênio-Ortopiroxênio-Plagioclásio (Ol-CpxOpx-Pl) com suas divisões internas, base para a classificação das rochas gabroicas ultramáficas e anortosíticas, em perspectiva (A) e desdobrado (B). Ver texto para a nomenclatura dos campos 1 a 28. Segundo IUGS, 1973.

- *Diagrama Plagioclásio* : Olivina : Clinopiroxênio. Define as seguintes rochas:

11 - Anortositos (plagioclasitos)	12 - Troctolitos 12a - Leucotroctolitos 12b - Melatroctolitos
13 - Plagioclásio dunitos	14 - Gabros 14a - Leucogabros 14b - Melagabros
15 - Clinopiroxenitos à plagioclásio	16 - Olivina gabros 16a - Leuco olivina gabros 16b - Mela olivina gabros
17 - Plagioclásio olivina clinopiroxenitos	18 - Plagioclásio wherlitos

- *Diagrama Plagioclásio* : Olivina : Ortopiroxênio. Define as seguintes rochas:

19 - Noritos 19a - Leuconoritos 19b - Melanoritos	20 - Plagioclásio ortopiroxenitos
21 - Olivina noritos 21a - Leuco olivina noritos 21b - Mela olivina noritos	22 - Plagioclásio olivina ortopiroxenitos
23 - Plagioclásio harzburgitos	

- *Diagrama Plagioclásio* : Ortopiroxênio : Clinopiroxênio. Corresponde à Figura 2.5.10-B e define as seguintes rochas:

24 - Gabronoritos 24a - Leucogabronoritos 24b – Melagabronoritos	25 - Plagioclásio websteritos

Adicionalmente são considerados dois outros diagramas, um definido por um corte que, passando pela aresta O1-P1, intercepta a aresta Opx-Cpx, e outro determinado por um corte paralelo à base Opx-Cpx-O1 a 50% de plagioclásio (Figura 5.2.12).

- *Diagrama Olivina : Clinopiroxênio : Ortopiroxênio : Plagioclásio.* Define as seguintes rochas:

26 - Olivina gabronoritos
26a - Olivina leucogabronoritos
26b - Olivina melagabronoritos

27 - Plagioclásio olivina websteritos
28 - Plagioclásio lherzolitos

- *Diagrama Olivina Ortopiroxênio Clinopiroxênio a 50% de Plagioclásio*

    Neste diagrama ocorrem apenas rochas já previamente relacionadas.

12 - Troctolitos
14 - Gabros
16 - Olivina gabros

21 - Olivina noritos
24 - Gabro noritos
26 - Olivina gabros noritos

O emprego dos termos "leuco" e "mela" utilizados seguidamente na presente classificação depende do teor de plagioclásio presente nas rochas gabroicas. Teores de 35-65% em volume são considerados normais nestas rochas, aplicando-se, consequentemente, os qualificativos "leuco" e "mela" às rochas, respectivamente, com mais de 65% e menos de 35% de plagioclásio.

Rochas lamprofíricas

As rochas lamprofíricas reúnem cinco famílias de rochas:

- Lamproítos.
- Kimberlitos.
- Lamprófiros.
- Rochas ricas em melilita.
- Carbonatitos.

Esta reunião baseia-se na bem documentada associação entre kimberlitos e carbonatitos, kimberlitos e rochas ricas em melilita e entre lamprófiros e lamproítos. Certos lamprófiros (exemplo: alnoítos) foram descritos no passado como kimberlitos. Ailliquitos e damjernitos são lamprófiros com até 50% de carbonato que demonstram a transição entre carbonatitos e kimberlitos.

Lamproítos

Lamproítos são rochas potássicas/ultrapotássicas constituídas por proporções variáveis de Ti-flogopita pobre em Al, Ti-Fe-flogopita, K-Tirichterita, Mg-olivina (Fo_{94-87}), diopsídio, sanidina e leucita, seus minerais principais. Entre os minerais acessórios destacam-se a enstatita, priderita [(K, Ba) (Fe, Ti) O_{16}], wadeíta ($Zr_2K_4Si_6O_{18}$), apatita, Mg-cromita, ilmenita, cherbakovita [NaK (Ba, K) $Ti_2Si_4O_{14}$], armalcolita [(Mg, Fe) TiO_5] e jeppeíta, uma solução sólida entre $K_2Ti_6O_{13}$ e $Ba_3Ti_5O_{13}$. Diamante é acessório importante em alguns casos. Feição típica é a presença de flogopita tanto entre os fenocristais quanto constituindo placas poiquilíticas na matriz. Analcita é comum como mineral secundário substituindo leucita e sanidina. Também a alteração de olivina numa mistura pseudomórfica de serpentina, iddingsita, carbonato e quartzo e da leucita para sanidina, analcita, quartzo, zeólitas e carbonatos são feições comuns. Outros minerais secundários são clorita e barita. Os lamproítos são classificados de acordo com os minerais dominantes presentes o que permite a caracterização de richterita, olivina, diopsídio, sanidina e leucita lamproítos. Rochas com fenocristais de flogopita são denominadas de flogopita lamproítos e os com flogopita poiquilítica na matriz de lamproítos mapudíticos. Lamproítos apresentam algumas similaridades mineralógicas com os kimberlitos tipo II, dos quais se distinguem pela ausência quase total de calcita. Em relação a outras rochas potássicas/ultrapotássicas (rochas da associação traquibasalto-traquito e da associação leucita tefrito-leucita fonolito além dos melilititos portadores de leucita e kalsilita e dos minettes) os lamproítos se caracterizam pela ausência de nefelina, melilita, kalsilita, plagioclásio e augita rica em Al assim como pela presença de flogopita pobre em Ba.

Os lamproítos reúnem uma grande variedade de rochas outrora conhecidas sob denominações particulares, caso dos wyomingitos, orenditos, mafuritos, mapuditos etc. (Tabela 2.5.1).

Tabela 2.5.1 – Os principais lamproítos: nomenclatura nova e antiga. Segundo Mitchell, 1985

Nomenclatura nova	Nomenclatura antiga
diopsídio-leucita-flogopita lamproíto	wyomingito
diopsídio-sanidina-flogopita lamproíto	orendito
olivina-flogopita lamproíto	verito
enstatita-flogopita lamproíto	fortunito
leucita-flogopita lamproíto	fitzroyito

Continuação

Nomenclatura nova	Nomenclatura antiga
leucita-diopsídio lamproíto	cedricito
leucita-richterita lamproíto	mamillito
diopsídio-leucita-richterita lamproíto mapudítico	wolgidito
olivina-richterita lamproíto mapudítico	jumillito
diopsídio lamproíto mapudítico	mapudito

As convergências e diferenças composicionais entre kimberlitos, lamproítos e lamprófiros estão representados nos gráficos $K_2O : MgO : Al_2O_3$ e $CaO : Al_2O_3$ da Figura 2.5.13 que demonstram de maneira clara o parentesco, a transição gradual e a superposição composicional parcial entre as três famílias de rochas consideradas. Por esta razão são reunidos sob a designação genérica de rochas ultrapotássicas compreendendo três grupos com afinidades composicionais:

- Grupo I (lamproítos).
- Grupo II (kimberlitos).
- Grupo III (lamprófiros).

Kimberlitos

São peridotitos potássicos contendo carbonatos que apresentam grande variabilidade mineralógica e textural. São caracteristicamente inequigranulares com a presença de megacristais (quase sempre xenocristais) inseridos numa matriz de Mg-olivina (Fo_{90-87}), flogopita, carbonatos (geralmente calcita), clinopiroxênios (geralmente diopsídio), montecellita, apatita, espinélio, perovskita e magnetita. Entre os megacristais domina amplamente a olivina magnesiana ao lado de flogopita, Mg-ilmenita (picroilmenita), Cr-espinélio, Mg-granada (piropo) clinopiroxênio (geralmente Cr-diopsídio), e ortopiroxênio (geralmente enstatita). Os minerais de magnésio, quer fenocristais quer da matriz, mostram alteração hidrotermal mais ou menos intensa com sua transformação em serpentina e carbonatos. De acordo com a frequência de flogopita na matriz, os kimberlitos são classificados em dois tipos (ou grupos):

- Grupo I. A matriz contém abundante flogopita e se mostra enriquecida em apatita, calcita e diopsídio.
- Grupo II. A matriz é pobre em flogopita (que pode mesmo faltar), diopsídio, calcita e apatita.

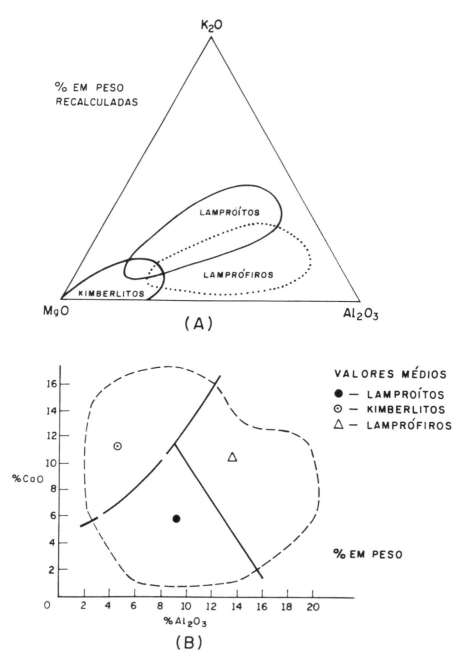

FIGURA 2.5.13 – Posição de kimberlitos, lamproítos e lamprófiros no diagrama $K_2O : MgO : Al_2O_3$ (A) e $CaO : Al_2O_3$ (B). Segundo Foley et al., 1987, e Bergman, 1987.

Kimberlitos constituem diatremas, diques e soleiras agrupados em "campos" (da expressão mineira "campo diamantífero") que podem reunir mais de 100 intrusões individuais. Os kimberlitos ocorrem em áreas continentais estáveis associados com zonas de cisalhamento (grupo I e II) ou em rifts continentais (grupo II).

Lamprófiros

Os lamprófiros são um grupo especial de rochas que ocorrem quase sempre sob forma de diques e apresentam feições mineralógicas, texturais e químicas particulares:

- São rochas mesocráticas a melanocráticas, raramente ultramáficas, com textura porfirítica.
- Sua composição mineralógica essencial compreende biotita (ou Feflogopita) e/ou anfibólios ao lado de piroxênios e olivinas. Nos alnoitos e polzenitos a melilita é mineral essencial.
- Feldspatos e/ou feldspatoides, desde que presentes, estão sempre restritos à matriz.
- Comum é a alteração hidrotermal de olivinas, piroxênios, biotita e plagioclásio.
- Calcita, zeólitas e outros minerais hidrotermais podem ocorrer como constituintes primários.
- Frequentemente apresentam altos teores de álcalis (K_2O ou $K_2O + Na_2O$) a baixos/médios teores de SiO_2 (Tabela 2.5.2).
- O conteúdo em H_2O, CO_2, S, P_2O_5 assim como de Ba e de alguns elementos raros é elevado quando comparado com outras rochas de composição similar. Consequentemente os lamprófiros são ricos em minerais hidratados (micas, anfibólios, cloritas, serpentinas, talco etc.), carbonatos (principalmente calcita), sulfetos, apatitas e zeólitas.

A classificação dos lamprófiros (Quadro 2.5.1) baseia-se na proporção entre os feldspatos presentes, na proporção entre feldspatos e feldspatoides e na natureza dos minerais máficos. São divididos em três grandes grupos: cálcio-alcalinos, alcalinos e melilitíticos. A sua localização no diagrama QAPF está representada na Figura 2.5.14 e suas análises constam da Tabela 2.5.2.

Quadro 2.5.1 – Classificação dos lamprófiros

Minerais félsicos		Minerais máficos			
Feldspatos	Feldspatoides	Bi, Di, Au, (Ol)	Hb, Di, Au, (Ol)	Anf(Bk,Ker) TiAu, Ol, Bi	Mel, Bi, (TiAu) (Ol), (Cc)
Or > Pl	---	Minette	Vogesito		
Pi > Or	---	Kersantito	Espessartito		
Or > Pl	Fd > Foid			Sannaito	
Pl > Or	Fd > Foid			Camptonito	
---	Vidro ou Foid			Monchiquito	Polzenito
---	---				Alnoito

Or = Feldspato alcalino
Pl = Plagioclásio
Fd = Feldspatos
Foid = Feldspatoide

Bi = Biotita
Di = Diopsídio
Au = Augita
Ol = Olivina
Cc = Calcita

Anf = Anfibólio
Bk = Barkevikita
Ker = Kersutita
Ti Au = Titanaugita
Mel = Melilita

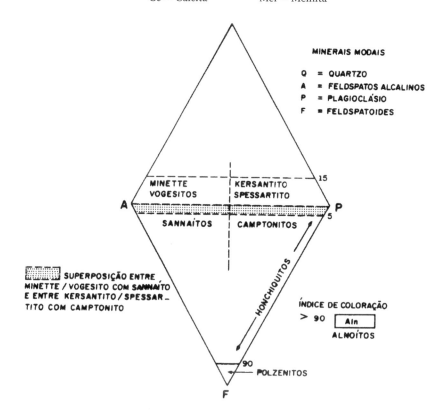

FIGURA 2.5.14 – Posição dos principais lamprófiros no diagrama QAPF. Segundo Streckeisen, 1978.

Tabela 2.5.2 – Análises químicas de lamprófiros cálcio-alcalinos e alcalinos. Segundo Metais & Chayes, 1963

Lamprófiros	Cálcio-alcalinos				Alcalinos	
	Minette	Vogesito	Kersantito	Spessartito	Camptonito	Monchiquito
SiO_2	51.17	51.13	51.80	52.37	44.67	40.68
Al_2O_3	13.87	14.35	14.84	15.44	14.35	13.20
Fe_2O_3	3.27	3.63	3.03	3.27	4.50	4.87
FeO	4.16	4.74	5.32	5.35	7.19	6.47
MgO	6.91	6.84	6.29	6.27	7.02	9.17
CaO	6.58	7.05	6.24	7.36	9.45	11.02
Na_2O	2.12	3.00	2.98	3.30	2.99	3.06
K_2O	5.49	3.81	3.68	2.54	1.91	2.16
TiO_2	1.36	1.44	1.32	1.31	2.46	2.34
CO_2	1.30	0.74	1.14	0.41	1.58	1.38
H_2O (total)	2.42	2.62	2.56	2.36	3.12	3.52
N° de análises	64	30	95	45	78	61

Lamprófiros cálcio-alcalinos

Apresentam índice de coloração **M'** > 35. Seus principais representantes são os minettes, vogesitos, kersantitos e spessartitos. Ocorrem frequentemente associados a granitos tardios (pós-orogênicos).

Minettes

Contêm feldspato alcalino (K > Na), biotita e augita diopsídica como minerais principais ao lado de ± plagioclásio, hornblenda, olivina, quartzo, apatita, minerais opacos, calcita etc.

Vogesitos

Feldspato alcalino (K > Na), hornblenda (verde ou castanha) e augita diopsídica são minerais essenciais ao lado de ± plagioclásio, biotita, olivina, quartzo, apatita, minerais opacos, calcita etc.

Kersantitos

Plagioclásio (oligoclásio, andesina), biotita e augita são minerais essenciais além de ± feldspato alcalino, hornblenda, olivina, quartzo, apatita, minerais opacos, calcita etc. Kersantitos mostram um certo recobrimento composicional com vogesitos e sannaítos.

Spessartitos

Plagioclásio (andesina), hornblenda (verde e castanha) e augita diopsídica são minerais essenciais além de ± feldspato alcalino, biotita, olivina, quartzo, apatita, calcita etc. Spessartitos mostram certa superposição composicional com minettes e camptonitos.

Lamprófiros alcalinos

Seu quimismo aproxima-se ao dos basaltos alcalinos e basanitos e, em alguns casos, dos nefelinitos, mas sempre são mais enriquecidos em voláteis. Apresentam índice de coloração M' > 40. Ocorrem associados a complexos alcalinos (nefelina sienitos) e carbonatitos. Este grupo compreende principalmente os camptonitos, sannaítos e monchiquitos.

Camptonitos

Anfibólio (barkevikita, kaersutita), titanoaugita, olivina e/ou biotita ocorrem inseridos numa matriz de labradorita, anfibólio, piroxênio, subordinado feldspato alcalino e feldspatoides ± apatita, minerais opacos, calcita, zeólitas etc. Camptonitos mostram certa superposição composicional com kersantitos e spessartitos através de transições graduais.

Sannaítos

São semelhantes aos camptonitos mas com feldspato alcalino no lugar do plagioclásio. Sannaítos mostram certa superposição composicional com minettes e vogesitos através de transições graduais.

Monchiquitos

Titanoaugita, anfibólio (barkevikita, kaersutita), ± biotita e olivina ocorrem numa matriz vítrea (de composição normativa plagioclásio + nefelina) ou densa de nefelina ou analcita e rica em microlitos de piroxênio, anfibólio, minerais opacos, apatita, calcita, zeólitas etc.

Lamprófiros melilitíticos

São rochas com índice de coloração M' > 70, contendo quantidades apreciáveis de melilita que ocorrem associados a complexos alcalinos ou carbonatitos. Este grupo reúne principalmente os alnoitos, polzenitos e suas variedades.

Alnoitos

São compostos essencialmente por melilita e biotita e quantidades variáveis de clinopiroxênio, olivina, calcita, apatita, perovskita, minerais opacos, nefelina etc. São rochas ultramáficas com **M'** > 90 que não contêm feldspatos.

Polzenitos

Melilita, biotita e feldspatoides (nefelina, haüyna etc.) são minerais essenciais aos quais se associam quantidades variáveis de olivina, titanaugita, calcita, apatita, perovskita, minerais opacos etc. Não contêm feldspatos e seu **M'** se situa geralmente entre 70 e 90.

Rochas ricas em melilitas

Muitas rochas do campo 15 (plutônico) e 12 (vulcânico) do triângulo FAP são portadoras de variáveis quantidades de melilitas (akermanita, gehlenita), uma mistura de piroxênios e plagioclásios insaturados. Rochas com mais de 10% de melilitas, em volume, são classificadas de acordo com o diagrama triangular Melilita : Olivina : Clinopiroxênio (Figura 2.5.15).

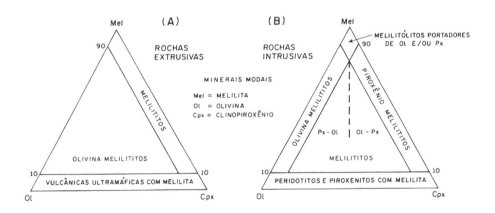

FIGURA 2.5.15 – Classificação das rochas tendo melilitas como minerais essenciais no diagrama Melilita : Olivina : Clinopiroxênio. (A) Rochas extrusivas; (B) Rochas intrusivas. Segundo Streckeisen, 1978.

Rochas contendo melilitas como constituintes essenciais podem ser ultramáficas (**M'** > 90) ou não (**M'** < 90). As rochas ultramáficas extrusivas são denominadas de melilititos e as intrusivas de melilitolitos. A nomenclatura específica destas rochas deve incluir não só o tipo de melilita presente (gehlenita ou akermanita) mas também os minerais máficos mais característicos.

Entre as rochas ultramáficas plutônicas contendo melilitas como constituintes essenciais destacam-se as seguintes variedades:

Uncompahgrito = piroxênio melilitolito
Kugdito = olivina melilitolito
Olivina uncompahgrito = olivina-piroxênio melilitolito
Alnoito = biotita melilitolito.

Rochas ricas em melilitas e **M'** < 90 incorporam a presença deste mineral como prefixo, caso de melilita ijolitos, melilita nefelinitos etc. Rochas com menos de 10% de melilita podem ter essa feição expressa sob forma de sufixo (exemplos: piroxenito à melilita, nefelinito à melilita etc.).

Carbonatitos

Os carbonatitos são rochas ígneas intrusivas e extrusivas contendo mais de 50% em volume de minerais carbonáticos. De acordo com a composição do carbonato dominante são reconhecidos quatro grupos principais:

Carbonatitos calcíticos

São rochas compostas essencialmente por calcita. Seus principais representantes são os sovitos, de granulação média a grossa e os alvikitos (ou alviquitos), de granulação média a fina.

Carbonatitos dolomíticos

São compostos essencialmente por dolomita. Representante típico desta classe são os beforsitos.

Carbonatitos ferríferos

Contêm principalmente carbonatos ricos em ferro. Correspondem aos ferrocarbonatitos.

Carbonatitos alcalinos

São rochas constituídas essencialmente por um carbonato rico em sódio e potássio. Até agora só foram encontrados como lavas do vulcão Oldoinyo Legai, Norte da Tanzânia.

A classificação química dos três primeiros grupos de carbonatitos é feita no diagrama CaO : MgO : (FeO+Fe_2O_3+MnO) da Figura 2.5.16. A presença de diferentes carbonatos num carbonatito deve ser expressa por prefixos (exemplo: calcita-dolomita carbonatito), assim como outros minerais característicos (exemplos: apatita-pirocloro-calcita carbonatito, egirina-calcita carbonatito, magnetita-dolomita carbonatito). Em rochas contendo menos de 10% de carbonato essa feição pode ser expressa como adjetivo (exemplos: ijolito à calcita, peridotito à dolomita). Em rochas com 10-50% de carbonatos esta feição se manifesta como prefixo (exemplos: calcita ijolito, dolomita peridotito).

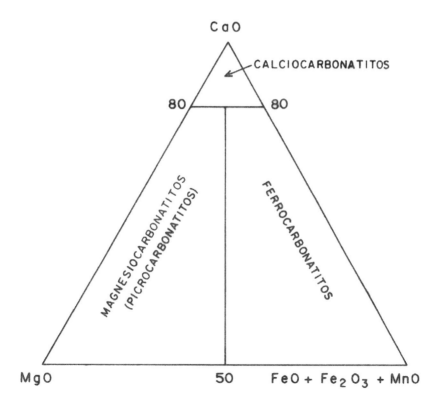

FIGURA 2.5.16 – Classificação química dos carbonatitos no diagrama CaO : MgO : (FeO+Fe_2O_3+MnO). Extraído de Le Maitre, 1989.

Rochas charnockíticas

Rochas charnockíticas (ou charnoquíticas) são rochas portadoras de ortopiroxênio, englobando tanto rochas plutônicas quanto vulcânicas. Em algumas rochas ricas em ferro, em vez de um Fe-ortopiroxênio ocorre a paragênese quartzo+faialita (olivina ferrífera), mais estável. É o caso da presença de olivina em granitos rapakivi caracterizados por alta relação Fe : Mg.

A Figura 2.5.17 compara no diagrama QAP a nomenclatura de rochas plutônicas portadoras de olivina ± clinopiroxênios ± hornblenda ± biotita com suas equivalentes em termos de minerais siálicos mas contendo hiperstênio ou quartzo+faialita.

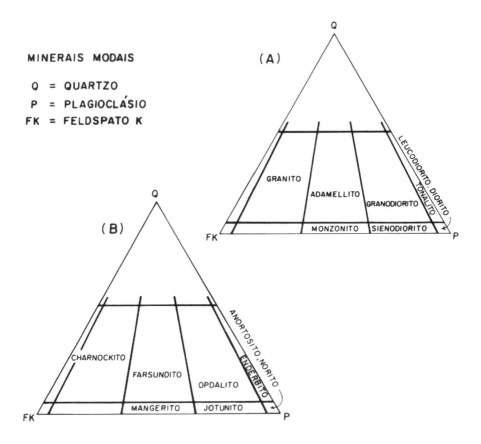

FIGURA 2.5.17 - Nomenclatura comparativa no diagrama QAP de rochas plutônicas portadoras de olivina ± clinopiroxênios ± hornblenda ± biotita (A) ou de hiperstênio ou faialita+quartzo (B). Segundo De Waard, 1969.

A classificação modal simplificada

Em muitos trabalhos geológicos preliminares ou em trabalhos parageológicos nem sempre existe a necessidade imediata de uma classificação muito detalhada das rochas examinadas. Para estas e numerosas outras finalidades a IUGS recomenda a classificação simplificada das rochas magmáticas da Figura 2.5.18.

A classificação simplificada abrange três diagramas. Um para rochas com **M'** < 90, outro para rochas ultramáficas e um para as rochas gabroicas. Uma das características da classificação simplificada é o emprego do qualificativo "oide" para muitos grupos de rochas (granitoides, dioritoides, sienitoides etc). Para a geração de nomes específicos valem as regras expostas anteriormente para a classificação mais detalhada. A classificação simplificada é de grande utilidade na classificação preliminar de uma rocha baseada num exame macroscópico inicial, muitas vezes superficial, e suas divisões são de emprego corrente em discussões geológicas coloquiais informais e na comunicação entre geólogos com biólogos, engenheiros, ecólogos etc.

Rochas magmáticas

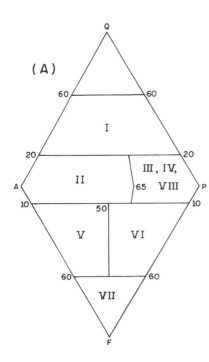

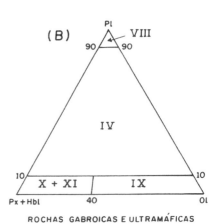

ROCHAS GABROICAS E ULTRAMÁFICAS

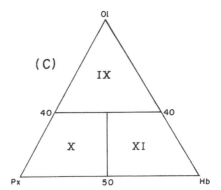

ROCHAS ULTRAMÁFICAS

I = GRANITOIDES
II = SIENITOIDES
III = DIORITOIDES
IV = GABROIDES
V = FOID-SIENITOIDES
VI = FOID-DIORITOIDES / GABROIDES
VII = FOIDOLITOS
VIII = ANORTOSITOS
IX = PERIDOTITOS
X = PIROXENITOS
XI = HORNBLENDITOS

MINERAIS MODAIS

Q = QUARTZO
A = FELDSPATOS ALCALINOS
P = PLAGIOCLÁSIO
Px = PIROXÊNIO
Ol = OLIVINA
Hb = HORNBLENDA

FIGURA 2.5.18 – Classificação modal simplificada. (A) Rochas com M' < 90. (B) Rochas gabroicas/ultramáficas. (C) Rochas ultramáficas. Segundo IUGS, 1973.

Limitações da classificação modal das rochas magmáticas

Entre as várias limitações apresentadas pela classificação modal IUGS cabe ressaltar as seguintes:

- Muitas das rochas efusivas são hipocristalinas a hipovítreas ou de granulação densa, muito fina ou fina, o que dificulta na maioria dos casos a sua determinação macroscópica (Figura 2.5.7) e, em vários casos, até mesmo sua classificação microscópica. Atualmente, a classificação dessas rochas assenta em critérios químicos, principalmente através do diagrama TAS (Figuras 1.2.1 e 3.5.3).
- A falta de uma separação entre os feldspatos potássicos e sódicos, conjuntamente reunidos sob o índice A, dificulta, nas rochas alcalinas, a distinção entre rochas potássicas e sódicas, ambas de natureza genética e evolutiva distintas. No caso das rochas granitoides, basta comparar as diferenças na classificação destas rochas no sistema QAP (Figura 2.5.3) e no sistema Or-Ab-An (Figura 1.5.7), bem como na sua caracterização serial (Figura 1.7.10).
- Para os avanços crescentes na petrologia, a classificação IUGS é bastante simplista. Para quase todas as famílias discriminadas no diagrama QAPF existem atualmente classificações específicas, muito complexas, necessárias para a caracterização dos variados tipos litológicos, produtos das diferentes etapas evolutivas de distintos processos genéticos.
- A tradução de muitos nomes genéricos da classificação IUGS para o português implica a utilização de anglicismos e/ou galicismos. É o caso, por exemplo, da tradução de termos tipo "alkali feldspar syenites" (álcali-feldspato sienito), "foid bearing gabbros" (gabros à foid, com foid, portadores de foid, foidíticos) etc.
- Como a geologia é uma ciência histórica e muitas vezes de cunho regional, o sistema IUGS, apesar de sua neutralidade, não conseguiu ainda eliminar nomes tradicionais consagrados, caso dos adamellitos (monzogranitos), dos quartzo pórfiros (riolitos com abundantes fenocristais de quartzo de alta temperatura) etc.
- Toda classificação padronizada, à semelhança de qualquer paradigma, determina *a priori*, linhas de raciocínio e de "verdades" que limitam o pensamento humano. Apesar da necessidade de uma linguagem que leve a um mínimo de consenso internacional, este processo não pode ser levado às últimas consequências. É importante, sob este aspecto, ressaltar que a classificação IUGS não é impositiva pois representa apenas uma recomendação para a comunidade geológica internacional.

Exercícios

1. Numerosos livros apresentam descrições genéricas mais ou menos detalhadas das principais famílias de rochas magmáticas. Faça uma caracterização mineralógica delas baseado nas obras de Williams, Turner Gilbert (1970), Hyndman (1972), Barker (1983), Middlemost (1985) e Best (1982).

2. Utilizando o trabalho de Streckeisen (1967) faça uma relação das subdivisões do diagrama QAPF propostas pelos numerosos autores citados nesta resenha. O autor cogitou também uma outra subdivisão do diagrama QAPF (a Figura 4c do citado trabalho). Qual é a vantagem desta subdivisão? Por que foi abandonada? Que autores propuseram uma subdivisão semelhante?

3. O diagrama QAPF não respeita o conceito de série magmática. Baseado na Figura 1.7.10, proponha uma subdivisão do triângulo QAP que leve em consideração este aspecto. Consulte Streckeisen (1967) para sugestões.

4. Qual são as principais vantagens da utilização do diagrama QAPF retangular (Figura 2.5.4) em relação ao diagrama QAPF triangular (Figura 2.5.3)?

5. Muitos livros são dedicados ao estudo de famílias de rochas específicas. É o caso, por exemplo, dos andesitos (Gill, 1981; Thorpe, 1982), komatiítos (Arndt & Nisbet, 1982), kimberlitos (Mitchell, 1986), trondhjemitos (Barker, 1979), carbonatitos (Heinrich, 1966; Souza Rodrigues & Santos Lima, 1984), granitos (Raguin, 1965; Marmo, 1971; Bonin, 1982; Clarke, 1992; Pitcher, 1993), das rochas alcalinas (Sørensen, 1974) e, entre estas, as portadoras de leucita (Gupta & Yagi, 1980); dos plagiogranitos (Coleman, 1977), meteoritos (Wasson, 1974), basaltos (Pecerillo et al., 1988), etc. Aumente a lista de referências acima e faça uma relação dos índices do maior número possível de livros específicos. Baseado neste estudo comparativo elabore um índice teórico para a descrição de uma dada família de rochas.

6. Middlemost (1975), Sørensen (1986) e Mitchell (1985) apresentam resenhas sobre as rochas basálticas, alcalinas e lamproíticas. Faça um resumo dos principais aspectos abordados pelos mencionados autores.

7. Consulte o livro editado por Le Maitre (1989) que contém as recomendações finais do sistema de classificação IUGS e detalhe as classificações modais aqui apresentadas.

3. Classificação química

A execução sistemática de análises químicas de rochas magmáticas começou em meados do século XIX, podendo considerar-se como marco histórico o trabalho de Von Bunsen em 1853 sobre os basaltos da Islândia. Com o desenvolvimento de novas metodologias e equipamentos, as análises químicas tornaram-se uma ferramenta corriqueira e indispensável no estudo de numerosas feições do magmatismo. Análises químicas são empregadas tanto na classificação de rochas afaníticas a subfaneríticas, holovítreas a hipovítreas e de granulação fina, muito fina ou densa, quanto em estudos comparativos entre rochas, na caracterização quali- e quantitativa de processos genéticos e evolutivos, na determinação de feições químicas específicas de rochas mineralizadas etc. Toda petrologia moderna assenta essencialmente em dados químicos e isotópicos quer ao nível da rocha global quer ao nível de seus minerais constituintes.

3.1 Análises químicas

Métodos analíticos

Não é objetivo do presente texto a descrição detalhada das diferentes metodologias e equipamentos utilizados para a obtenção de dados químicos e isotópicos de minerais e rochas, motivo pelo qual os diferentes métodos analíticos serão aqui apenas sistematizados e comentados de passagem.

De modo informal os diferentes métodos analíticos podem ser agrupados em três grandes categorias, a última comportando várias subdivisões:
- Métodos gravimétricos e volumétricos.
- Métodos eletroquímicos.
- Métodos espectroquímicos.

Métodos gravimétricos e volumétricos

É a clássica "química via úmida", complexa, trabalhosa e morosa e, atualmente, quase em desuso, a não ser para a análise de rochas de fácil solubilização, caso, por exemplo, de calcários, e na determinação da relação entre Fe^{+2} e Fe^{+3}, quando o ferro é obtido como ferro total sob forma de Fe^{+3} através de outras metodologias. Mesmo neste caso existe uma tendência crescente na supressão desta determinação por três maneiras distintas:
- emprego de um ábaco de correção.
- utilização de uma fórmula de correção.
- uso de relações padrões entre Fe_2O_3 e FeO.

Ábaco de correção

Corresponde ao diagrama TAS no qual constam as relações $FeO/(FeO+Fe_2O_3)$ para as rochas plutônicas e vulcânicas na dependência dos seus teores de sílica e álcalis (Figura 3.1.1).

Nesta figura observa-se que:
- para um dado valor de SiO_2 a relação $FeO/(FeO+Fe_2O_3)$ diminui com o aumento do teor de álcalis, o que implica um aumento relativo do teor de Fe_2O_3 com o incremento da alcalinidade;
- para um dado valor de álcalis a relação $FeO/(FeO+Fe_2O_3)$ diminui com o aumento do teor de sílica, o que implica um aumento relativo ao teor de Fe_2O_3 com o incremento da acidez da rocha;
- para rochas vulcânicas a variação da relação $FeO/(FeO+Fe_2O_3)$ com o aumento do teor de sílica é mais rápida que nas rochas plutônicas.

Estes três aspectos refletem os seguintes fatos:
- em rochas alcalinas os minerais máficos são mais ricos em Fe^{+3}, caso, por exemplo, da riebeckita, enigmatita (= cossirita) e da egirina;
- com a cristalização aumenta progressivamente o teor de água no magma residual, o que leva a um aumento na oxidação;
- rochas vulcânicas cristalizam sob condições subáreas, oxidantes.

Classificação química

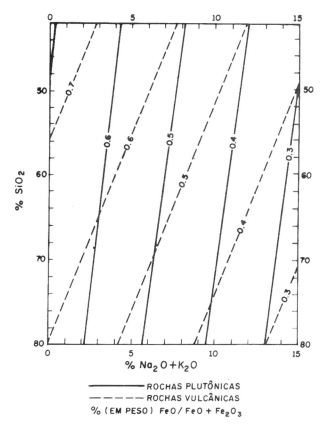

FIGURA 3.1.1 – Ábaco para o cálculo da relação Fe_2O_3/FeO em rochas plutônicas (linhas cheias) e vulcânicas (linhas pontilhadas) partindo-se do Fe_2O_{3T}, SiO_2 e $(Na_2O + K_2O)$ da análise. Os números sobre as linhas indicam a relação $FeO/FeO+Fe_2O_3$ (Segundo Le Maitre, 1976, modificado).

Fórmula de correção

É dada pela expressão:

$$\% Fe_2O_3 = \%TiO_2 + 1.5$$

Esta fórmula, de Irvine & Baragar (1971), aplica-se à maioria das rochas vulcânicas. Partindo-se de uma análise na qual o ferro é dado sob forma de ferro trivalente total (Fe_2O_{3T} ou $Fe_2O_3^*$) calcula-se pela fórmula acima inicialmente o Fe_2O_3 da rocha. Este valor é subtraído do $Fe_2O_3^*$ da análise e a sobra é transformada em FeO pela relação %FeO = 0.9 (exatamente 0,8998) ´ %F_2O_3.

Relações padrão FeO$_T$/FeO

Resultam de numerosas análises químicas realizadas em rochas magmáticas e cujos valores médios para os diferentes tipos litológicos são utilizados como relações padrão de referência. Para basaltos frescos a maioria dos autores tem adotados uma relação FeO$_T$/FeO = 0.85 a 0.90.

Métodos eletroquímicos

Um equipamento eletroquímico familiar é o pH-metro que mede a concentração do ion H$^+$ em soluções. Métodos eletroquímicos são raramente empregados na análise de minerais e rochas.

Métodos espectroquímicos

São de largo emprego na obtenção de dados químicos e baseiam-se em diferentes características do átomo. De acordo com a parte do átomo utilizado na determinação da concentração deste numa amostra, os métodos espectroquímicos são divididos em três categorias:

- Métodos baseados nos elétrons externos.
- Métodos baseados nos elétrons internos.
- Métodos baseados no núcleo.

Os métodos assentados nos elétrons externos baseiam-se na absorção ou emissão de energia eletromagnética ligada à mudança do nível energético dos elétrons quando excitados por uma fonte externa. Envolvem energias relativamente baixas e com grande comprimento de ondas detectadas na parte ultravioleta (UV), visível (VIS) e infravermelho (IV) do espectro eletromagnético. Os métodos baseados nos elétrons internos baseiam-se na emissão de raios X associada à mudança do nível energético dos elétrons quando excitados. Os raios X são mais energéticos e têm comprimento de onda muito pequeno em relação às ondas eletromagnéticas associadas aos elétrons externos. Os métodos baseados no núcleo aproveitam os raios γ e a expulsão de partículas α (= núcleo de He com 2 prótons e 2 elétrons) e β (essencialmente elétrons) ligados à desagregação espontânea ou induzida do núcleo (radioatividade). Raios γ têm características próximas às dos raios X.

Métodos baseados nos elétrons externos

Comportam dois conjuntos básicos de técnicas, assentados na absorção ou na emissão de energia eletromagnética pelos elétrons externos de átomos. O primeiro conjunto compreende a colorimetria e a espectrofotometria de absorção e o segundo, a fotometria de chama e diferentes formas de espectroscopia de emissão.

Métodos baseados na absorção de energia eletromagnética

Compreendem principalmente duas metodologias:

- Colorimetria.
- Espectrofotometria de absorção atômica.

Colorimetria

Neste método a amostra (rocha, mineral, minério) é transformada numa solução aquosa à qual são acrescidos reagentes (complexantes) que formam com cada elemento a ser analisado um íon complexo colorido. Cada íon complexo absorve energia com comprimento de onda específico. A solução complexada é colocada num recipiente transparente e atravessada por um feixe luminoso que é decomposto em numerosas luzes monocromáticas com diferentes comprimentos de onda por meio de vários filtros. A quantidade de energia absorvida pelos diferentes íons complexos é proporcional à intensidade da cor da solução que, por sua vez, é proporcional à concentração do elemento na solução. A quantidade de energia absorvida é medida por uma fotocélula colocada atrás do recipiente contendo a solução e que capta a quantidade de luz que consegue atravessá-la. A calibração do aparelho é feita por um conjunto de soluções padrão preparadas em laboratório. Existem diferentes tipos de colorímetros que se distinguem principalmente pelo emprego de um feixe simples ou de um feixe duplo de luz, recurso que aumenta a aplicabilidade do método.

Espectrofotometria de absorção atômica

É método designado pela sigla AA. A solução aquosa preparada a partir da amostra é aspirada para uma chama de acetileno com N_2O ou ar e que reduz todos os componentes (íons, complexos, compostos) da solução ao estado atômico. A chama é atravessada sucessivamente por feixes de luz monocromática com diferentes comprimentos de onda e cada elemento absorve uma luz com comprimento de onda específico. A quantidade de luz absorvida é proporcional à concentração do elemento na solução. A quantidade de luz que atravessa a chama é medida por uma fotocélula. Quanto maior a quantidade de luz absorvida pelo elemento na chama, menor a quantidade de luz captada pela fotocélula. O equipamento dispõe de várias lâmpadas monocromáticas com comprimentos de ondas específicos para os diferentes elementos que são analisados. Em variantes do equipamento a solução é volatilizada num forno de grafite. Essa técnica permite limites de detecção (concentração mínima de um elemento para que possa ser medido) mais baixos, mas é mais lenta e menos precisa que a técnica da chama. A absorção atômica é técnica de difundido emprego e o custo inicial do equipamento é relativamente baixo.

Métodos baseados na emissão de energia eletromagnética

Os elétrons externos são excitados por meio de uma fonte de energia aumentando assim seu nível energético. Com o retorno do elétron ao seu nível energético padrão ocorre a emissão de ondas eletromagnéticas proporcionais, em intensidade, à concentração do elemento na amostra, solubilizada ou não. Cada elemento excitado emite uma luz com comprimento de onda específico (a luz amarela de emissão do Na com $\lambda = 589$ nm pode ser facilmente observada vaporizando-se uma solução de sal de cozinha numa chama tipo bico de Bunsen). Devido a esta característica a luz emitida pela amostra excitada tem que ser decomposta nos diferentes comprimentos de ondas específicos para cada elemento, o que é feito através de uma rede de difração (à semelhança da decomposição da luz solar por um prisma de quartzo ou de vidro em várias luzes com diferentes comprimentos de onda). São assim produzidas linhas espectrais típicas para os diferentes elementos e sua intensidade é medida por tubos fotomultiplicadores. De acordo com o tipo e a intensidade da excitação da amostra são conhecidas três metodologias básicas:

- Fotometria de chama.
- Espectroscopia de emissão.
- Espectroscopia de emissão de plasma.

Fotometria de chama (FC)

A amostra, dada por uma solução aquosa, é vaporizada numa chama e excitada pelo calor (energia). É metodologia comum para a determinação dos álcalis.

Espectroscopia de emissão (EE)

A amostra pulverizada é colocada numa depressão no término de um eletrodo de grafite e excitada por um arco voltaico (corrente contínua) ou por faíscas elétricas (corrente alternada). A primeira técnica tem limites de detecção mais baixos e é mais precisa. Entretanto, como é difícil manter a temperatura do arco voltaico constante, a reprodutibilidade das análises não é muito boa.

Espectroscopia de emissão de plasma

É metodologia conhecida pela sigla ICP–AES ou simplesmente ICP (Inductively Coupled Plasma – Atomic Emission Spectrometry). A amostra, uma solução aquosa, é excitada num gerador de frequência de rádio transformando-se num plasma. É metodologia de largo emprego desde 1970 e de alta produção e sensibilidade para elementos maiores, menores e traços. Um equipamento de AA e um de Fluorescência de raio X, compõem o núcleo analítico dos laboratórios geoquímicos de padrão tecnológico médio a elevado, capaz de gerar centenas de análises químicas de grande precisão por mês.

Métodos baseados nos elétrons internos

Trabalham todos com raio X e empregam a Lei de Bragg

$$n \lambda = 2 d \operatorname{sen} \theta, \text{ onde}$$

λ = comprimento de onda do raio X;
θ = ângulo de incidência do raio X;
d = espaçamento reticular entre planos paralelos de uma estrutura cristalina;
n = número de ordem, dado sempre por um número inteiro, geralmente 1, 2 ou 3.

Basicamente existem três metodologias que utilizam os elétrons internos de um átomo:
- Difratometria de raio X.
- Fluorescência de raio X.
- Microssonda Eletrônica.

Difratometria de raio X

É metodologia caracterizada pela sigla XRD (X-Ray Difractometry). Neste método λ é mantido constante (é o λ do raio X produzido pelo tubo de raio X do equipamento) e, portanto, **d** é função de **θ**. A amostra pulverizada é bombardeada com raios X e os diferentes minerais presentes na amostra refratam os raios segundo a Lei de Bragg. Os raios refratados são transformados num difractograma no qual é possível reconhecer-se diversos conjuntos de espaçamentos com intensidade de refração característicos que retratam a estrutura cristalina particular de cada um dos diferentes minerais contidos na amostra. A determinação do mineral faz-se pela comparação do difractograma obtido com os de um banco de referência, tarefa atualmente executada por computador acoplado aos equipamentos. Dessa maneira a DRX serve primariamente para a determinação de minerais individuais. Secundariamente permite a análise química semiquantitativa de minerais, principalmente de soluções sólidas, por exemplo, dos plagioclásios. Neste caso compara-se o difractograma da amostra sob estudo com os difractogramas de vários plagioclásios padrão de composição variável e conhecida. Os minerais padrão podem ser naturais ou artificiais. Nesse caso sua composição é rigorosamente controlada e os minerais sintéticos podem ser adicionalmente "vacinados" com impurezas químicas específicas.

Fluorescência de raio X

Este método analítico é conhecido pela sigla XRF (X-Ray Fluorescence). A amostra pulverizada é excitada por raios X gerados num tubo do equipamento. Neste tubo os elétrons gerados num cátodo são acelerados ao longo de um grande gradiente de potencial elétrico (da ordem de 100.000 volts) e incidem sobre um ânodo metálico, o que resulta na emissão de raios X primários. A amostra excitada pelos raios X primários emite raios X secundários, um fenômeno denominado de fluorescência de raio X. Cada elemento emite uma fluorescência com comprimento de onda específico. A fluorescência global emitida pela amostra incide sobre um cristal analisador (com **d** constante e, portanto, λ função de θ). O cristal analisador refrata os diferentes comprimentos de onda dos raios X secundários com ângulos diferentes decompondo assim o total da fluorescência nas radiações específicas emitidas pelos diferentes elementos contidos na amostra. O cristal analisador faz, assim, o papel de uma grade de difração. Cada radiação específica isolada é quantificada num detector de radiação denominado de contador cintilométrico que fornece os resultados em número de contagens por segundo (cps), proporcional à concentração do elemento na amostra. A quantificação final se faz pela comparação dos cps de um elemento da amostra com os cps do mesmo elemento de uma amostra padrão de composição próxima a da amostra sob exame e cuja composição química foi determinada em laboratórios de alto nível por várias metodologias distintas. A semelhança composicional entre a amostra e o padrão visa minimizar o denominado "efeito matriz", uma interferência na fluorescência que depende, entre outros fatores, da composição global da amostra. Num equipamento de FRX dispõem-se de vários tubos para a geração de diferentes raios X primários e de vários cristais analisadores com distinto espaçamento reticular o que permite a determinação de um grande número de elementos maiores, menores e traços. FRX é uma metodologia de difundida aplicação, geralmente em conexão com a FC, ICP e AA. Existem basicamente dois equipamentos de FRX: o "wavelength dispersive" (WD) e o "energy dispersive" (ED), este de desenvolvimento mais recente.

Microssonda eletrônica

A amostra polida é excitada por um feixe de elétrons gerado num cátodo e modelado por um conjunto de eletroimãs que confere ao feixe um diâmetro muito pequeno, da ordem de 1 mícron. A amostra reage à excitação eletrônica com a liberação de raios X primários fazendo, assim, o papel de ânodo de um tubo de raio X. Esta radiação é decomposta e quantificada, à semelhança do método da FRX, com auxílio de cristais analisadores e contadores cintilométricos. A metodologia serve para a análise pontual de minerais e permite caracterizar as variações composicionais em cristais zonados. Entretanto, apresenta limitações quanto à precisão dos elementos traços analisados. O grande poder de resolução do ME permite a sua acoplagem a microscópios eletrônicos resultando num poderoso equipamento de crescente uso nos laboratórios mineralógicos, petrológicos e geoquímicos.

Métodos baseados no núcleo

Os métodos que assentam sobre o núcleo atômico do elemento a ser analisado medem tanto a radioatividade (espectrometria α, β e γ) quanto diferenças de massas entre os isótopos de um dado elemento (espectrometria de massa).

Espectrometria (α, β e γ)

Utilizam as emissões de partículas α, β e dos raios γ liberadas durante a decomposição do núcleo (radiação). Compreende principalmente dois procedimentos analíticos:
- Análise da radiação natural.
- Análise de neutrons ativados.

Análise da radiação natural

É normalmente medida apenas no Th e U (e seus numerosos elementos filhos radioativos) e no K, cujo isótopo radioativo ^{40}K se decompõe em ^{40}Ar. Quando se aplica a metodologia em análises de rochas, quase sempre é utilizada a espectrometria de raios γ.

Análise de nêutrons ativados

É mais conhecida pela sigla NAA (Neutron Activation Analysis). A amostra é colocada num reator e bombardeada com nêutrons que induz uma radioatividade artificial nos seus elementos constituintes. Um detector de radiações, algo semelhante ao contador cintilométrico da FRX, é utilizado na quantificação da radiação emitida pelos radioisótopos a serem analisados. A intensidade da radiação é proporcional à concentração do elemento na amostra. Vários elementos podem ser analisados simultaneamente e os níveis de detecção do método são extremamente baixos. Nos laboratórios modernos de alto padrão tecnológico numerosas análises químicas de excelente qualidade são obtidas pela conjugação de NAA com ICP.

Espectrometria de massa

É metodologia conhecida pela sigla ME (Mass Espectrometry). É o mais preciso de todos os métodos analíticos, sendo a principal técnica utilizada pela geocronologia onde dados extremamente exatos na determinação de isótopos são um pressuposto básico. O método envolve a separação e quantificação de isótopos tendo por base as suas diferenças de massa(soma dos prótons e nêutrons do núcleo). Íons da amostra ionizada são introduzidos em câmaras de alto vácuo e acelerados em campos com grande gradiente de potencial elétrico. A trajetória dos íons é curvada pela ação de poderosos ímãs. Os isótopos mais pesados (com número de massa maior) ocupam as posições externas da trajetória e os mais leves as posições internas. Assim é possível a coleta individual dos diferentes isótopos e sua quantificação em dispositivos especiais do tipo "copo de Faraday", utilizando-se como referências padrões isotópicos de composição conhecida ("spikes") que são adicionados à amostra (padrões internos). Os problemas principais da espectrometria de massa são os enormes custos iniciais dos equipamentos e a grande demora na preparação das amostras.

Classificação dos elementos quanto à sua concentração

Em termos de sua concentração ou abundância, os elementos químicos constituintes das rochas ígneas são classificados em três grandes grupos cujos limites são arbitrários, mas que contam com o reconhecimento tácito da maioria dos petrólogos e geoquímicos:

- Elementos maiores – seus óxidos perfazem mais de 1%, em peso, de uma rocha, mineral ou minério.
- Elementos menores – seus óxidos perfazem entre 1,0 e 0,1%, em peso, de uma rocha, mineral ou minérios.
- Elementos traços – perfazem menos de 0,1%, em peso, de uma rocha, mineral ou minério.

Elementos maiores e menores são expressos em % e elementos traços, em ppm (partes por milhão, 1% = 10^4 ppm).

A conceituação de elemento maior e menor é entretanto bastante subjetiva, MnO, P_2O_5 e TiO_2 são considerados elementos menores típicos, mesmo quando perfazem mais de 1% em algumas rochas; K_2O é um elemento maior, mesmo quando sua abundância em algumas rochas é inferior à 1% em peso, caso de algumas rochas ultramáficas (Tabela 1.2.1). É óbvio que o conceito de elemento maior, menor e traço também depende da forma de apresentação de uma análise. Consideremos uma análise química sob forma de porcentagem em peso de óxidos contendo 0,11% MnO, neste caso um elemento menor. A mesma análise, apresentada sob forma de porcentagem atômica em peso, terá 0,085% = 850 ppm de Mn que, portanto, passa a ser um elemento traço. Tendo em vista estes problemas, alguns autores incluem os elementos menores entre os maiores e reconhecem, assim, apenas duas categorias de elementos químicos: maiores e traços.

Apresentação de análises químicas

Análises químicas de rochas magmáticas (ver Tabela 1.2.1) são apresentadas sob forma de porcentagem em peso dos óxidos constituintes numa sequência bem definida (SiO_2, TiO_2, Al_2O_3, Fe_2O_3, FeO, MnO, MgO, CaO, Na_2O, K_2O, P_2O_5), seguido do conteúdo em água (H_2O^+, H_2O^-), dos elementos voláteis (CO_2, SO_2, F, B etc.) e pelos elementos traços (sob forma elementar, em ppm). As causas dessa forma de apresentação são várias:

- Quando se iniciou a análise sistemática de minerais e rochas os métodos analíticos eram exclusivamente gravimétricos e volumétricos. Daí a tradição da apresentação das análises sob forma de concentração em peso (%, ppm, ppb).
- As análises eram realizadas sob condições atmosféricas (condições oxidantes) e os silicatos eram considerados o produto da reação entre hidróxidos de metais com diferentes ácidos de silício (por exemplo: 2 Mg (OH)$_2$ + H$_2$SiO$_4$ = Mg$_2$SiO$_4$, forsterita, +2H$_2$O). Resultou, assim, a tradição da apresentação dos elementos maiores e menores sob forma de óxidos. Elementos traços só passaram a ser determinados com o desenvolvimento de novas técnicas analíticas no início do século XX, quando a sua representação sob forma de óxidos já não era mais justificável.
- A sequência da listagem dos óxidos corresponde a uma diminuição progressiva na valência dos cátions metálicos (Si^{+4}, Ti^{+4}, Al^{+3}, Fe^{+3}, Fe^{+2}, Mn^{+2}, Mg^{+2}, Ca^{+2}, Na^{+1}, K^{+1}, P^{+5}). A posição anômala do P$_2$O$_5$ que deveria anteceder o SiO$_2$ resulta da importância do SiO$_2$ na caracterização das rochas magmáticas que assim tradicionalmente encabeça as análises químicas.
- Os poucos óxidos listados resultam do fato de que apenas 14 elementos (H, C, O, Na, Mg, Al, Si, P, S, K, Ca, Ti, Mn e Fe em ordem crescente do número atômico) perfazem mais de 99% em peso de todas as rochas e minerais de ocorrência natural.
- H$_2$O$^+$ (água positiva) representa a água estrutural da rocha, isto é, a água contida na estrutura dos minerais hidratados (anfibólios, micas, zeólitas etc.) e H$_2$O$^-$ (água negativa) corresponde a água (umidade) absorvida pela rocha. Seu valor é determinado gravimetricamente (por diferença de peso) entre a amostra pulverizada antes e depois de sua secagem num forno a 200ºC. O H$_2$O$^+$ é determinado pela diferença de peso da amostra a 200ºC e 800ºC. Em muitos casos a análise química não exige a determinação individual dos voláteis (CO$_2$, SO$_2$, F, Cl, B etc.) e da água estrutural presentes na rocha. Nessas condições ambos são determinados conjuntamente a 800ºC e recebem a designação PF (perda ao fogo) ou LOI (loss of ignition). O valor de PF é, em realidade, um pouco menor que a soma dos voláteis e do H$_2$O$^+$ contido na rocha, pois durante o aquecimento parte do FeO da amostra é oxidada para Fe$_2$O$_3$, o que implica um pequeno ganho de peso. Toda vez que uma análise conter o valor de PF, os óxidos de ferro devem ser apresentados sob forma de Fe$_2$O$_{3T}$ (ou Fe$_2$O$_3^*$ ou Σ Fe$_2$O$_3$). Ocorrendo a apresentação separada de Fe$_2$O$_3$ e FeO deve constar no rodapé da análise como foi executada a determinação individual destes óxidos (geralmente uma determinação volumétrica por titulometria de reação de oxirredução).

Exercícios

1. Consulte o livro de Gomes (1984) *Técnicas analíticas instrumentais aplicadas à geologia* para aprofundar os conhecimentos sobre os principais métodos analíticos mencionados neste texto.

2. Consulte artigos da *Revista Brasileira de Geociências e dos Anais da Academia Brasileira de Ciência* dos últimos cinco anos que contenham análises químicas de rochas magmáticas. Faça um levantamento dos métodos analíticos mais utilizados na obtenção dos dados.

3. Utilizando a mesma bibliografia levantada na questão anterior, faça um inventário dos trabalhos nos quais as análises químicas contêm H_2O^+ e H_2O^- e as que foram feitas com perda total de água por PF (LOI).

4. Utilizando a Tabela 1.2.1 separe as rochas nas quais certos elementos são ora maiores ou menores.

5. Utilizando catálogos e outras fontes, faça um levantamento das principais firmas produtoras dos diversos equipamentos utilizados na obtenção de análises químicas e seus custos aproximados.

6. A Figura 3.1.1 foi modificada por Middlemost (1989) no âmbito de uma discussão sobre a influência do ferro no cálculo da norma e da consequência deste fato em classificações de rochas baseados na norma. Discuta a diferença entre as duas figuras.

3.2 Variabilidade química das rochas magmáticas

Um exame da Tabela 1.2.1 revela de imediato que os elementos maiores apresentam uma acentuada flutuação na sua concentração nas diferentes rochas magmáticas. Na Figura 3.2.1 consta a frequência e a variabilidade dos principais óxidos de elementos maiores (exceto SiO_2) nas rochas magmáticas. Consideremos nesta figura o exemplo do Na_2O. A sua concentração varia entre menos de 1 a mais de 14% em peso, mas na grande maioria das rochas seu teor flutua entre 2,5 e 4,5%.

As quebras que se observam nas curvas de frequência: teor de alguns óxidos (por exemplo K_2O e CaO) da Figura 3.2.1 resultam do fato de que as diferentes famílias de rochas ocorrem com frequência variável na natureza (Figura 3.2.2).

Rochas magmáticas

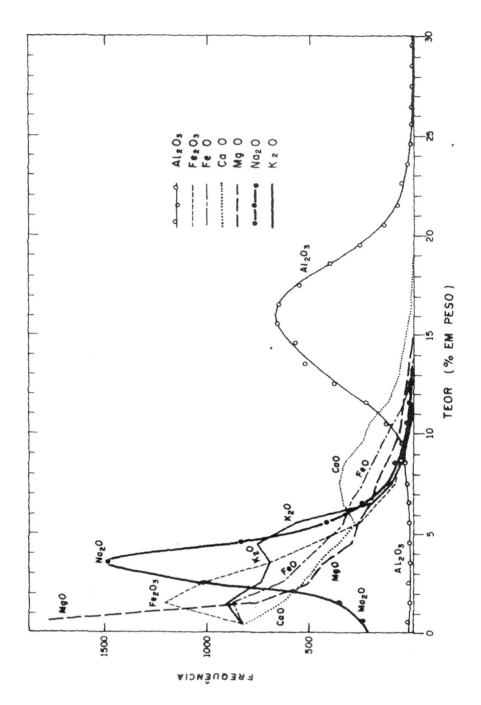

FIGURA 3.2.1 – Teores (em porcentagem de peso) e frequência dos óxidos de elementos maiores (exceto SiO$_2$) nas rochas magmáticas. Extraído de Mason, 1966.

Classificação química

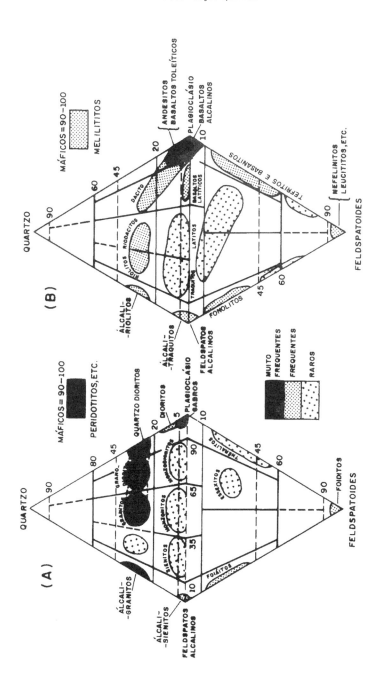

FIGURA 3.2.2 – Estimativa da abundância das rochas ígneas. (A) rochas faneríticas; (B) rochas afaníticas. Segundo Streckeisen, 1967.

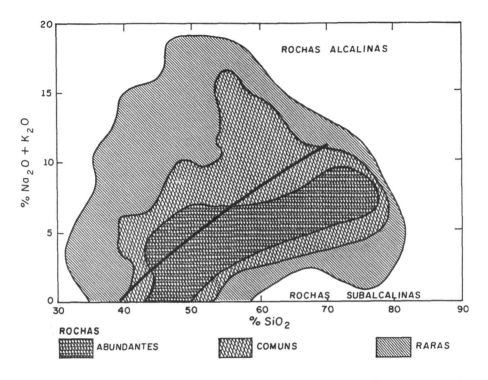

FIGURA 3.2.3 – Frequência relativa das rochas num diagrama TAS. Segundo Le Maitre, 1976, modificado.

Essa variação na frequência das diferentes famílias de rochas e das diversas séries magmáticas reflete-se em todos os diagramas químicos estatísticos, como no caso do diagrama TAS da Figura 3.2.3, que revela nitidamente o amplo domínio das rochas subalcalinas sobre as alcalinas.

Na Figura 3.2.4 consta a frequência dos diferentes teores de SiO_2 nas rochas magmáticas. A figura mostra que a sílica tem dois máximos de frequência, um a 52,5% e outro a 73,0%, que correspondem, respectivamente, aos basaltos e aos granitos. Indicam, assim, que estas rochas são as mais frequentes na crosta terrestre. A depressão observada na curva entre os dois máximos é conhecida como "Daly gap", segundo o famoso petrólogo Daly, que sucessivamente chamou a atenção para a escassez relativa das rochas intermediárias em relação às ácidas e básicas.

Classificação química

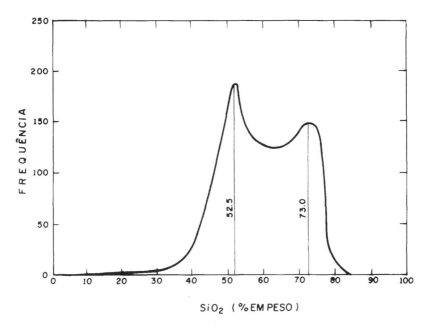

FIGURA 3.2.4 – Frequência dos teores de SiO_2 nas rochas magmáticas. Extraído de Mason, 1966.

Considerando-se a variação dos óxidos ao nível de uma série magmática em função do teor de SiO_2, verifica-se a existência de correlações positivas e negativas sob forma de curvas com variados formatos. A Figura 3.2.5 ilustra este comportamento para as séries cálcio-alcalina e toleítica.

Rochas magmáticas

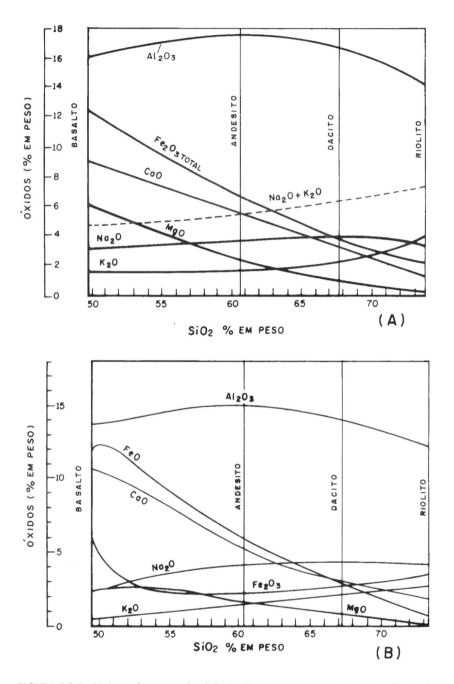

FIGURA 3.2.5 – Variação dos teores de Al_2O_3, Fe_2O_3, CaO, MgO, K_2O e Na_2O em função do teor de sílica para a série cálcio-alcalina (A) e toleítica (B). Segundo Barth, 1962, e Jakobsson, 1972, modificado.

Exercícios

1. Determine os teores máximo e mínimo dos diferentes óxidos das análises químicas da Tabela 1.2.1 listadas e cite as correspondentes rochas.

2. Ainda utilizando a Tabela 1.2.1, calcule a composição média das análises listadas. Quais rochas mais se aproximam desta média? Quais são as mais discrepantes?

3.3 Cálculos químicos

Em muitos casos os dados químicos originalmente dados em porcentagem de peso de óxidos necessitam ser transformados, como nos casos do cálculo da norma, do balanceamento de reações, da determinação da composição estrutural dos minerais silicáticos, da elaboração de certos diagramas etc. Entre as transformações e cálculos mais utilizados destacam-se:

Transformação de porcentagem em peso de óxidos em porcentagem em peso de elemento

Esta transformação é feita multiplicando-se a porcentagem em peso do óxido por um fator de conversão. Os fatores de conversão constam da Tabela 3.3.1, que lista também os fatores de conversão de alguns óxidos em outros (Fe_2O_3 e FeO), da água em oxidrila (H_2O, OH^-) e de óxidos em carbonatos (CO_2, Ca, CO_3). A operação inversa, isto é, a transformação de porcentagem em peso de elementos para porcentagem em peso de óxidos, faz-se pela divisão do primeiro valor pelo fator de conversão.

Exemplos:

Converter 75,5% em peso de SiO_2 em Si: Si = 75,5 x 0,4675 = 35,3% em peso

Converter 8,37% em peso de Al em Al_2O_3: Al_2O_3 = 8,37 / 0,5292 = 15,8% em peso

Tabela 3.3.1 – Fatores de conversão de porcentagem em peso de óxidos em porcentagem em peso de elementos

De	Para	Fator de conversão
SiO_2	SI	0.4675
TiO_2	Ti	0.5995
Al_2O_3	Al	0.5292
Fe_2O_3	Fe	0.6994
Fe_2O_3	FeO	0.8998
FeO	Fe	0.7773
FeO	Fe_2O_3	1.1113
MnO	Mn	0.7745
MgO	Mg	0.6031
CaO	Ca	0.7147
Na_2O	Na	0.7419
K_2O	K	0.8301
H_2O^+	H	0.1121
H_2O^+	OH^-	0.9445
P_2O_5	P	0.4364
CO_2	C	0.2729
CO_2	$CaCO_3$	2.2743

Cálculo de relações químicas

Em petrologia é comum o cálculo de relações tipo K/Rb, K/Ba, Ca/Sr, Ti/Y e Ti/Nb. Nas análises o numerador destas relações é dado em porcentagem em peso do óxido e o denominador em ppm em peso do elemento. Tendo em vista que porcentagem = 10^4 ppm, resulta:

ppm elemento = % óxido/10.000 x fator de conversão

Exemplos:

Dados   CaO = 12,23%
                  Sr = 328 ppm,
Calcular   Ca/Sr
                  Ca/Sr = 12,23 x 7.147/328 = 223.

Dados K_2O = 4,28%
                  Rb = 215 ppm,

Calcular   K/Rb
K/Rb = 4,28 x 8.301/215 = 165.

Quando se transforma uma análise química completa, dada em porcentagem em peso de óxidos, em porcentagem em peso dos elementos, pode-se facilmente calcular a porcentagem em peso do oxigênio contido na análise. Para isso basta subtrair de 100 a porcentagem em peso dos elementos. A Tabela 3.5.2 ilustra esta determinação numa análise de um basalto. Notar que a água não foi transformada em H (fator de conversão 0,1121) e sim em OH⁻ (fator de conversão 0.9445), pois a água estrutural está contida nos minerais hidratados essencialmente sob forma de (OH)⁻.

Tabela 3.3.2 – Determinação da porcentagem em peso do oxigênio contido num basalto. Extraído de Ragland, 1989

Óxidos	A	B	C	Átomos
SiO_2	48.7	0.4675	22.8	Si
TiO_2	1.29	0.5995	0.77	Ti
Al_2O_3	16.6	0.5292	8.78	Al
Fe_2O_3	2.05	0.6994	1.43	Fe^{+3}
FeO	8.29	0.7773	6.44	Fe^{+2}
MnO	0.16	0.7745	0.12	Mn
MgO	6.63	0.6031	4.00	Mg
CaO	10.7	0.7147	7.65	Ca
Na_2O	2.83	0.7419	2.10	Na
K_2O	0.47	0.8301	0.39	K
H_2O^+	0.81	0.9445	0.76	OH^-
P_2O_5	0.20	0.4364	0.09	P
CO_2	0.09	0.2729	0.02	C
Σ	99.49		55.35	
			44.14	O

A = porcentagem do óxido em peso
B = fator de conversão (Tabela 3.3.1)
C = A x B = porcentagem atômica em peso
Nota: a porcentagem de oxigênio em peso é obtida subtraindo-se do total dos óxidos em peso (Σ A) o total dos elementos em peso (Σ C).
Assim, 99,49 A – 55,35 C = 44,14% O.

Transformação de porcentagem em peso de óxidos em porcentagem molar de óxidos

O cálculo da porcentagem molar de óxidos é necessária para a determinação da norma, para a construção de alguns diagramas, para o balanceamento de reações (que em termos molares envolve geralmente números inteiros e simples mas que em termos de porcentagem em peso resulta em números bastante complicados), o cálculo de relações molares etc.

A referida transformação é muito simples (Tabela 3.3.3). Basta dividir a porcentagem em peso dos óxidos por seus respectivos pesos moleculares (PM) obtendo-se as proporções molares (pm) dos óxidos.

Em seguida cada proporção molar é multiplicada por 100 e dividida pela soma de todas as proporções molares, operação que resulta na porcentagem molar (moles em 100 moles).

Tabela 3.3.3 – Exemplo da transformação da análise química de um basalto, dada em porcentagem de peso dos óxidos, em porcentagem molar dos óxidos. Extraído de Ragland, 1989

Óxidos	A	B	C	D
SiO_2	48.7	60.1	0.8103	51.5
TiO_2	1.29	79.9	0.0161	1.02
Al_2O_3	16.6	102.0	0.1627	10.4
Fe_2O_3	2.05	159.6	0.0128	0.81
FeO	8.29	71.8	0.1155	7.34
MnO	0.16	70.9	0.0023	0.15
MgO	6.63	40.3	0.1645	10.4
CaO	10.7	56.1	0.1907	12.1
Na_2O_3	2.83	62.0	0.0456	2.90
K_2O	0.47	94.2	0.0050	0.32
H_2O^+	0.81	18.0	0.0450	2.86
P_2O_5	0.20	142.0	0.0014	0.09
CO_2	0.09	44.0	0.0020	0.13
Σ	99.49	1000.9	1.5739	100.02

A = porcentagem de óxido em peso
B = peso molecular do óxido (PM)
C = A/B = proporção molar do óxido (pm)
D = (Cx100)/Σ C = porcentagem molar do óxido (= porcentagem do óxido em moles)

Cálculo de razões molares

O cálculo de razões molares pode ser exemplificado através de dois índices:

- Mg* (ou número Mg ou M, ou valor M). É um índice útil na caracterização do grau de evolução de rochas basálticas, dado pela relação:

Mg* = 100 x razão molar MgO/(MgO + FeO)

Dados   MgO = 6,63%; PM (MgO) = 40.3
FeO = 8,29%; PM (FeO) = 71.8,   resulta

$$Mg^* = \frac{100(6.63/40.3)}{(6,63/40.3)+(8,29/71.8)} = 58.8$$

- A/CNK. É o índice de alumina-saturação de uma rocha, sendo dado pela expressão:

A/CNK = razão molar Al_2O_3/CaO + Na_2O + K_2O

Dados Al_2O_3 = 14.27% ; PM (Al_2O_3) = 102.0
CaO = 2.05% ; PM (CaO) = 56.1
Na_2O = 3.62% ; PM (Na_2O) = 62.0
K_2O = 4.41% ; PM (K_2O) = 94.4,   resulta

$$A/CNK = \frac{(14,27/102)}{(2,05/56.1)+(3,62/62)+(4,41/94.2)} = 0,99$$

Balanceamento de reações por meio de moles

Como exemplo de balanceamento consideremos a reação

$$Mg_2SiO_4 + SiO_2 = 2MgSiO_3$$

da qual resulta em termos molares:

1 Fo + 1 Q = 2 En.

Em termos de um balanceamento baseado na porcentagem em peso dos óxidos resulta:

140,7 Fo + 61,1 Q = 201,8 En

Nota-se de imediato a vantagem de se fazer o balanceamento de reações em termos molares em relação à utilização da porcentagem em peso dos óxidos.

Peso molecular e equivalente molecular

Assim como uma solução aquosa 1 molar (1 M) de um composto resulta da dissolução de 1 peso molecular, em gramas, do composto em 1 litro de água, uma solução aquosa 1 normal (1 N) resulta da dissolução de 1 equivalente molecular, em gramas, de um composto em 1 litro de água.

Um equivalente molecular é aqui definido, por simplicidade, como correspondendo ao peso molecular de um óxido dividido pelo número de cátions contidos em sua fórmula. Resulta que para SiO_2, TiO_2, FeO, MnO, MgO e CaO o peso molecular é igual ao equivalente molecular e que para Al_2O_3, Fe_2O_3, K_2O e Na_2O o equivalente molecular é a metade do peso molecular (Tabela 3.3.4).

Tabela 3.3.4 – Peso molecular e equivalente molecular dos principais óxidos das rochas magmáticas

Óxidos	Peso molecular	Equivalente molecular
SiO_2	60.1	60.1
TiO_2	79.9	79.9
Al_2O_3	102.0	51.0
Fe_2O_3	159.6	79.8
FeO	71.8	71.8
MnO	70.9	70.9
MgO	40.3	40.3
CaO	56.1	56.1
Na_2O	62.0	31.0
K_2O	94.2	47.1
H_2O^+	18.0	9.0
P_2O_5	142.0	71.0
CO_2	44.0	44.0

O equivalente molecular, muito difundido na petrologia por Niggli (1954) e Barth (1962), é útil em muitos cálculos petrológicos, tais como a determinação da porcentagem atômica e catiônica (esta usada em alguns diagramas de classificação, caso dos diagramas R_1 R_2 e Q : P), no balanceamento de reações e no cálculo da norma de Barth-Niggli, também conhecida como norma molecular.

Balanceamento de reações por meio de equivalentes moleculares

Consideremos o balanceamento da reação:

$$Mg_2SiO_4 + SiO_2 = 2MgSiO_3$$

que resulta, em termos de equivalentes moleculares, em

$$3\ Fo + 1Q = 4\ En$$

Este resultado é distinto de um balanceamento em termos molares ou de porcentagem de óxidos em peso.

Cálculo da porcentagem atômica e catiônica

Esta operação mostra-se exemplificada na Tabela 3.3.5. Inicialmente os óxidos da análise, dados em porcentagem de peso, são divididos por seus equivalentes moleculares obtendo-se a proporção molar iônica. Em seguida, calcula-se a proporção molar de oxigênio que é obtida multiplicando-se a proporção molar iônica pela relação entre os números de oxigênios e de cátions presente nos diferentes óxidos.

Óxidos	Nº de oxigênio (Nº O)	Nº de cátion (Nº C)	Nº O/Nº C
K_2O, Na_2O	1	2	0.5
FeO, MnO, MgO, CaO	1	1	1,0
Fe_2O_3, Al_2O_3	3	2	1.5
SiO_2, TiO_2	2	1	2.0
P_2O_5	5	2	2.5

A porcentagem atômica resulta da divisão de 100 vezes cada proporção molar iônica pela soma de todas as proporções molares iônicas mais a soma de todas as proporções molares de oxigênio, sendo expressa em moles/100 moles. A porcentagem catiônica resulta da divisão de 100 vezes cada proporção molar iônica pela soma de todas as proporções molares iônicas. Finalmente a porcentagem atômica de oxigênio resulta da divisão de 100 vezes cada proporção molar de oxigênio pela soma de todas as proporções molares de oxigênio mais a soma de todas as proporções molares iônicas.

Tabela 3.3.5 – Cálculo da porcentagem atômica, da porcentagem catiônica e da porcentagem atômica de oxigênio para um basalto partindo-se de sua análise dada por óxidos em porcentagem de peso. Extraído de Ragland, 1989, modificado

Óxido	A	B	C	D	E	I	J	Íon
SiO_2	48.7	60.1	0.8103	2.0	1.6206	17.94	46.13	Si
TiO_2	1.29	79.9	0.0161	2.0	0.0322	0.36	0.92	Ti
Al_2O_3	16.6	51.0	0.3255	1.5	0.4882	7.21	18.53	Al
Fe_2O_3	2.05	79.8	0.0257	1.5	0.0386	0.57	1.46	Fe^{+3}
FeO	8.29	71.8	0.1155	1.0	0.1155	2 56	6.57	Fe^{+2}
MnO	0.16	70.9	0.0023	1.0	0.0023	0.05	0.13	Mn
MgO	6.63	40.3	0.1645	1.0	0.1645	3.64	9.36	Mg
CaO	10.7	56.1	0.1907	1.0	0.1907	4.22	10.86	Ca
Na_2O	2.83	31.0	0.0913	0.5	0.0456	2.02	5.20	Na
K_2O	0.47	47.1	0.0100	0.5	0.0050	0.22	0.57	K
H_2O	0.81	9.0	0.0900	0.5	0.0450	1.99	---	OH
P_2O_5	0.20	71.0	0.0028	2.5	0.0070	0.06	0.16	P
CO_2	0.09	44.0	0.0020	0.5	0.004	0.04	0.11	C
						59.11 (K)*		O
Σ	99.49		1.8467		2.7592	99.99	100.0	

A = porcentagem do óxido em peso
B = equivalente molecular do óxido (Tabela 3.3.4)
C = A/B = proporção molar do íon ou proporção molar iônica
D = N° O/N° C = número de oxigênio do óxido/número de cátions do óxido
E = CxD = proporção molar de oxigênio
F = Σ E - proporção molar iônica de $(OH)^-$ da coluna C. Neste caso F = 2,77592 – 0,0900 = 2.6692
G = Σ C + F. Neste caso G = 1,8467 + 2,6692 = 4,5159
H = Σ C - proporção molar iônica de $(OH)^-$. Neste caso H = 1,8467 – 0,900 = 1,7567
I = (Cx100)/G = porcentagem atômica
J = (Cx100)/H = porcentagem catiônica
*K = (F x100)/G = porcentagem atômica de oxigênio. Neste caso 59,11%

Cálculo da fórmula estrutural de minerais

Como exemplo será considerado o cálculo da fórmula estrutural de uma olivina cuja composição química em porcentagem de óxidos em peso consta na coluna A da Tabela 3.3.6. Inicialmente, a porcentagem em peso dos óxidos é dividida pelo correspondente equivalente molecular obtendo-se a proporção molar catiônica. Em seguida é calculada a proporção molar de oxigênio em cada óxido e sua somatória. Este valor é dividido pelo número de oxigênios da fórmula estrutural básica da olivina $(ZO_4)^{-4}$, obtendo-se no caso do exemplo em pauta um fator N = 1.5092. Multiplicando-se a proporção molar catiônica por N obtém-se o número de cátions por quatro oxigênios, o que resulta na fórmula mineral $(Mg_{1.70}, Fe_{0.29}, Mn_{0.01}, Ca_{0.01}) Si_{0.99}O_4$.

Tabela 3.3.6 – Etapas do cálculo da fórmula mineral de uma olivina partindo-se de sua análise química dada em porcentagem de peso de óxidos. Extraído de Ragland, 1989, modificado

	A	B	C	D	E	G
SiO_2	39.6	60.1	0.6589	2.0	1.3178	0.99
TiO_2	0.02	79.9	0.0002	2.0	0.0004	0.00
FeO*	13.9	71.8	0.1936	1.0	0.1936	0.29
MnO	0.25	70.9	0.0035	1.0	0.0035	0.01
MgO	45.5	40.3	1.1290	1.0	1.1290	1.70
CaO	0.31	56.1	0.0055	1.0	0.0055	0.01
Na_2O	0.03	31.0	0.0010	0.5	0.0005	0.00
K_2O	0.01	47.1	0.0002	0.5	0.0001	0.00
Σ	99.62			0.9	2.5604	

A = porcentagem do óxido em peso
B = equivalente molecular (Tabela 3.3.4)
C = A/B = proporção molar catiônica
D = Nº O/Nº C = número de oxigênios do óxido/número de cátions do óxido
E = C x D = proporção molecular de oxigênio
F = Nº de oxigênios da formula estrutural básica/Σ E. Neste Caso F = 4/2.6504 = 1,5092
G = C x F = número de cátions por 4 íons de oxigênio

Fórmula mineral: $(Mg_{1.70}Fe_{0.29}Mn_{0.01}Ca_{0.01})Si_{0.99}O_4$

O cálculo da fórmula mineral é importante para a classificação dos minerais. No exemplo considerado a olivina é classificada como crisolita. Consideremos o caso dos anfibólios com a fórmula geral $(Ca, Na, K)_{2-3} (Mg, Fe^{+2},$

$Fe^{+3}, Al)_5 Si_6 (Si, Al)_2 O_{22} (OH)_2$. A sua subdivisão em anfibólios subcálcicos e cálcicos baseia-se no teor de Ca numa base de 24 (O, OH). Anfibólios subcálcicos contêm na fórmula mineral 1.0-1.5 cátions de Ca e os anfibólios cálcicos 1.5 a 2.0 cátions de Ca por 24 íons de (O, OH).

Atualmente o cálculo das fórmulas estruturais dos minerais é feito rapidamente com auxílio de computadores.

Exercícios

1. Escolha da Tabela 1.2.1 uma rocha ácida, uma intermediária e outra básica e aplique a elas todas as transformações e cálculos possíveis abordados no item 3.3.

3.4 Norma

A norma, à semelhança das expressões rochas duras, rochas moles, rochas ácidas, rochas básicas etc., é um termo com significado particular na petrologia. Indica uma composição mineralógica teórica calculada a partir da análise química utilizando-se minerais padrão com composição definida (Tabela 1.1.5). A norma CIPW, com os minerais normativos expressos em porcentagem de peso, foi introduzida em 1902-1903 pelos petrólogos americanos Cross, Iddings, Pirsson e Washington. Com o desenvolvimento do conceito de equivalente molecular, Niggli (1954) e Barth (1962) criaram a norma molecular (conhecida também como norma de Niggli, norma de Barth ou norma de Niggli-Barth) que expressa os minerais normativos em porcentagem molar. A norma CIPW original destinava-se a rochas cristalizadas sob pequenas pressões (rochas vulcânicas e intrusivas rasas), sendo denominada de epinorma, mas com o tempo surgiram também normas para rochas cristalizadas sob médias e elevadas pressões (meso- e catanorma). Igualmente foram e podem ser desenvolvidas normas moleculares para rochas específicas, caso dos eclogitos, muscovita granitos etc. A última grande revisão das normas é devida a Rittmann (1973). As normas são calculadas segundo um conjunto de regras que constam dos apêndices da maioria dos livros de petrologia. Trata-se de um processo moroso para o iniciante e bastante rápido para o experiente no assunto. Atualmente as normas são calculadas quase sempre via computador.

A norma tem as seguintes aplicações básicas:
- Determinação da composição mineralógica de rochas com granulação fina a densa e holovítreas a hipovítreas.
- comparar rochas de um modo geral.
- classificar rochas segundo sistemas que utilizam como base composições normativas.
- comparar rochas naturais com resultados petrológicos experimentais e diagramas de fases que são quase sempre expressos em termos de minerais normativos.

Correspondência entre norma e moda

Frequentemente ocorrem discrepâncias entre norma e moda, a composição mineralógica real de uma rocha. Estas diferenças são devidas a vários fatores, com destaque para os seguintes:

- A determinação da moda é muitas vezes deficiente dada a existência de minerais que ocorrem sob forma de pequenas inclusões em outros maiores e que não são respeitados durante as contagens modais. Outras vezes, ocorrem erros estatísticos na contagem em termos do número de pontos contados e no ajuste do espaçamento entre os pontos de contagens à granulação da rocha. Esses problemas são eliminados pelo uso de ábacos que correlacionam granulação, espaçamento entre os pontos, número de pontos contados e precisão do resultado.
- Os minerais da norma CIPW não incluem minerais reais comuns, caso da biotita, muscovita e hornblenda. Rochas portadoras de muscovita modal geralmente contêm C na norma CIPW (Tabela 1.3.6), embora o mineral corindon ocorra apenas raramente em rochas ígneas. Na norma molecular esse problema pode ser superado com a introdução de novos minerais normativos utilizando-se as numerosas reações de formação de minerais contidos em Niggli (1954). É o caso da epi- e da mesonorma.
- Erros nas análises químicas. Estes envolvem basicamente a relação Fe_2O_3/ FeO e o teor em álcalis, dois parâmetros com grande influência sobre a norma. A relação Fe_2O_3/FeO das análises químicas pode distanciar-se bastante da mesma relação na rocha original devido a problemas de intemperismo e alteração hidrotermal incipiente ou da oxidação da rocha durante a fase analítica. Também Na e K são elementos muito móveis nos processos de intemperismo e de alteração hidrotermal, mesmo que incipientes. O aumento da relação Fe_2O_3/FeO enriquece a norma em

magnetita e com isso menos sílica será utilizada no cálculo dos minerais ferromagnesianos contendo Fe^{+2} (caso principalmente da faialita e da ferrossilita que entram na composição da olivina e dos piroxênios normativos). Consequentemente, rochas supersaturadas são enriquecidas em quartzo normativo e em rochas insaturadas ocorre um aumento da relação piroxênio/olivina (Tabela 3.4.1). Variações nos teores dos álcalis são devidas, além de alterações intempéricas e hidrotermais incipientes, também a erros determinativos, bastante frequentes em laboratórios com pequena tradição analítica. Pequenas diferenças no teor dos álcalis têm grandes reflexos nos teores de quartzo ou corindon normativo. Quanto mais elevado o teor de Na e K, tanto mais SiO_2 e Al_2O_3 serão consumidos na formação de albita e feldspato potássico normativo e, consequentemente, menor será o teor de quartzo normativo. Por excesso de álcalis na análise química rochas modais supersaturadas podem transformar-se em rochas normativas insaturadas. Em rochas insaturadas o aumento em álcalis e cálcio eleva a relação entre olivina e piroxênio normativo ao ponto da norma passar a conter nefelina em vez de hiperstênio (Tabela 3.4.1).

As variações químicas aqui consideradas afetam tanto a norma CIPW quanto a norma molecular.

Tabela 3.4.1 – O efeito do aumento da relação Fe_2O_3/FeO e do teor de álcalis sobre a norma molecular do basalto. Dados químicos e porcentagem catiônica segundo a Tabela 3.3.5. Notar as variações de Mt, Hy, Ol e Q entre A e B e de Or, Ab, An, Di, Hy, Ol e Ne entre A e C. Dados segundo Ragland, 1989

	A	B	C
Si	46.1	46.1	46.1
Ti	0.92	0.92	0.92
Al	18.5	18.5	18.5
Fe^{+3}	1.46	3.21	1.46
Fe^{+2}	6.57	4.82	6.57
Mn	0.13	0.13	0.13
Mg	9.36	9.36	9.36
Ca	10.9	10.9	10.9
Na	5.20	5.20	6.24
K	0.57	0.57	0.68

Continuação

	A	B	C
P	0.16	0.16	0.16
C	0.11	0.11	0.11
Ap	0.40	0.40	0.40
Cc	0.22	0.22	0.22
Il	1.84	1.84	1.84
Mt	2.19	4.81	2.19
Or	2.85	2.85	3.40
Ab	26.0	26.0	30.1
An	31.9	31.9	29.0
Di	16.5	16.5	19.0
Hy	10.6	15.3	---
Ol	7.44	---	14.0
Q	---	0.11	---
Ne	---	---	0.65

A = porcentagem catiônica (coluna J) e norma molecular (coluna A) do basalto da Tabela 3.3.5
B = idêntico a A, mas com ferro mais oxidado (a relação Fe_2O_3/ FeO na amostra B é maior que na amostra A), mas o Fe_2O_3 total (ou FeO total) é praticamente o mesmo nas duas amostras
C = idêntico a A, mas com teores mais elevados em álcalis

Norma molecular

A norma molecular deve ser privilegiada em relação a norma CIPW pelos seguintes motivos:

- Normas moleculares, expressas em porcentagem molar, são mais fáceis de calcular que a norma CIPW, expressa em porcentagem de peso, se bem que este argumento perde importância em laboratórios informatizados.
- Normas moleculares são mais facilmente convertidas em normas CIPW que vice-versa. Cabe a mesma argumentação do item precedente.
- Normas moleculares estão recebendo crescente consideração em termos de sistemas de classificação de rochas ígneas e no tratamento de problemas petrológicos (Irvine & Baragar, 1971; Mc Birney, 1984).
- Normas moleculares são muito mais flexíveis para a introdução de novos minerais normativos (Niggli, 1954).
- Normas moleculares coincidem melhor com a moda que normas CIPW.

Na Tabela 3.4.2 constam as etapas do cálculo da norma molecular de um granito hololeucocrático (haplogranito). Inicialmente a porcentagem em peso dos óxidos é transformada em porcentagem catiônica conforme a Tabela 3.3.5. Em seguida Si, Al, Ca, Na e K são distribuídos entre os minerais normativos Or, Ab, An, C e Q. Como a fórmula do Or é $KAlSi_3O_8$, os cátions de K, Al e Si têm que ser reunidos na proporção 1 : 1 : 3 partindo-se da porcentagem catiônica de K.

O mesmo procedimento é aplicado a Ab ($NaAlSi_3O_8$, 1 : 1 : 3), partindo-se da porcentagem catiônica de Na, e a An ($CaAl_2Si_2O_8$, 1 : 2 : 2), partindo-se da porcentagem catiônica de Ca. O excesso de Al após estes cálculos [total de Al - (Al_{Or} + Al_{Ab} + Al_{An})] corresponde ao corindon normativo (C) e o excesso de Si [Si total - (Si_{Or} + Si_{Ab} + Si_{An})] corresponde ao quartzo normativo (Q).

Tabela 3.4.2 – Etapas de cálculos para a determinação da norma molecular de um haplogranito partindo-se da análise em porcentagem de peso de óxidos. Extraído de Ragland, 1989

	A	B	C	Or	Ab	An	C	Q
SiO_2	73	1.2146	67.98	17.82	16.26	4.00	---	29.90
Al_2O_3	17	0.3333	18.66	5.94	5.42	4.00	3.30	---
CaO	2	0.0357	2.00	---	---	2.00	---	---
Na_2O	3	0.0968	5.42	---	5.42	---	---	---
K_2O	5	0.1062	5.94	5.94	---	---	---	---
Total	100		100.00	29.70	27.10	10.00	3.30	29.90

A = porcentagem do óxido em peso
B = proporção molar do óxido
C = porcentagem catiônica
Or, Ab, An, C e Q = minerais normativos em porcentagem molecular

Transformação de norma molecular em norma CIPW

A transformação de uma norma molecular numa norma CIPW é bastante simples. Basta multiplicar minerais normativos moleculares por seus equivalentes moleculares e recalcular a soma dos resultados obtidos para 100. Para este cálculo os minerais normativos Hy, Di, Ol e Pl devem estar representados por seus membros finais (En+Fs), (Wo+En+Fs), (Fo+Fa) e (Ab+An) como na Tabela 3.4.3. Não dispondo-se destes valores eles podem ser calculados a partir do Di, Hy e da Ol, tendo em vista que a relação Mg/Fe+Mg é a mesma nestes três minerais numa norma molecular.

Tabela 3.4.3 – Etapas de cálculos para a transformação de uma norma molecular numa norma CIPW. Extraído de Ragland, 1989

Minerais normativos		A	B	C	D	Dados parciais
	Ap	0.43	62.8	27.00	0.48	
	Cc	0.22	50.0	11.00	0.20	
	Il	1.84	75.8	139.47	2.50	
	Mt	2.19	77.1	168.85	3.03	
	Or	2.85	55.7	158.75	2.85	
Pl	Ab	26.0	52.5	1365.00	24.50	56.30
	An	31.8	55.7	1771.26	31.80	
	Wo	8.32	58.1	483.39	8.67	16.98
Di	En	5.41	50.2	271.58	4.87	
	Fs	2.91	66.0	192.06	3.44	
Hy	En	6.80	50.2	341.36	6.12	10.38
	Fs	3.66	66.0	237.60	4.26	
Ol	Fo	2.89	46.9	229.34	4.11	7.32
	Fa	2.64	67.9	179.26	3.21	
Total		99.96		5575.92	100.04	

A = porcentagem molecular de mineral normativo
B = equivalente molecular do mineral normativo (= soma dos equivalentes moleculares dos seus óxidos constituintes segundo a Tabela 3.3.4)
C = AxB = proporção do mineral normativo em peso
D = (Cx100) / $\sum$ C = porcentagem do mineral normativo em peso

Introdução de novos minerais normativos

Consideremos que o haplogranito da Tabela 3.4.2 não seja um granito hololeucocrático portador de corindon e sim um muscovita granito. Neste caso seria necessário a introdução da muscovita (Mu) [$KAl_2AlSi_3O_{10}(OH)_2$] como novo mineral normativo por não constar da lista de minerais normativos correntes. Em termos de equivalentes químicos a muscovita resulta da reação dos minerais normativos corindon (C) e ortoclásio (Or) segundo a equação:

$$2\,C + 5\,Or + 2\,(OH)^- = 9\,Mu$$

No caso da Tabela 3.4.2 a muscovita normativa é obtida somando-se ao valor C da norma o valor 5/2 C de Or, o que resulta em 3.30 + 5/2 x 3.30 = 3.30 + 8.25 = 11,55% Mu, e o valor final de Or será (29.70 - 8.25 = 21,45% Or). Também pode partir-se da porcentagem catiônica se esta incluir (OH)⁻. Assumindo-se um teor de 1% de (OH)⁻ a norma terá 9% de Mu (2 OH⁻ + 2 C + 5 Or = 2 + 2 + 5 = 9%). Neste caso a muscovita irá coexistir com 1,30% (3.30 - 2.00) de C e com 24,70% (29.70 - 5.00) de Or na norma.

Exercícios

1. O cálculo da norma hoje é feito rapidamente via computador utilizando programa específico. Entretanto, é recomendável que o petrógrafo seja capaz de executar esta operação também manualmente. Muitos livros de petrografia, petrologia ou geoquímica explicam detalhadamente esta operação. De posse deste esquema calcule a norma do granito da Tabela 1.2.1 e compare o resultado com o listado.

2. Nos capítulos anteriores foram assinaladas discrepâncias entre paragêneses naturais e paragêneses normativas. Cite-as.

3. Lance no diagrama Or : Ab : An as normas CIPW e moleculares das rochas granitoides da Tabela 1.2.1. Discuta os resultados.

4. Na epi- e mesonorma aparecem minerais hidratados. Formule as reações de obtenção destes minerais. Consulte o livro de Rittmann (1973) *Stable Mineral Assemblages of Igneous Rocks: A Method of Calculation*.

3.5 Diagramas de classificação

Diagramas químicos de classificação (nomenclatura) utilizam como parâmetros tanto elementos maiores, menores ou traços, quanto relações entre elementos, porcentagens catiônicas, minerais normativos etc. Entre os principais diagramas de classificação destacam-se:

- Diagrama SiO_2 : (Na_2O+K_2O) ou diagrama TAS.
- Diagrama SiO_2 : Zr/TiO_2.
- Diagrama Zr/TiO_2 : Nb/Y.
- Diagrama QAP normativo (CIPW ou molecular).
- Diagrama Q' (F') : An normativo (molecular).
- Diagrama índice de coloração : plagioclásio normativo (molecular).
- O tetraedro granítico normativo (CIPW, molecular).
- O tetraedro basáltico normativo (CIPW, molecular).
- O tetraedro alcalino normativo (molecular).
- Diagrama R_1 : R_2.
- Diagramas catiônicos para rochas granitoides.

Diagrama SiO_2 : (Na_2O+K_2O) ou diagrama TAS

Este diagrama (Figura 1.1.2) constitui uma boa base para a classificação das rochas magmáticas tendo em vista o papel de destaque da sílica e dos álcalis em muitos conceitos básicos de classificação tais como acidez, sílica-saturação, alumina-saturação, alcalinidade, relação entre os feldspatos presentes etc.

Tendo em vista os conceitos de série magmática (item 1.5) e os processos de evolução magmática (item 1.8), em realidade o diagrama TAS é um diagrama multióxido, isto é, às variações de sílica e álcalis se associam também variações sistemáticas nos teores de outros óxidos ou nas relações entre certos óxidos, caso do CaO, MgO, $FeO+Fe_2O_3$, Al_2O_3, K_2O/Na_2O etc., conforme a Figura 3.5.1.

Dessa correlação entre sílica, álcalis e os demais óxidos das rochas magmáticas resulta que o diagrama TAS pode ser transformado num diagrama de classificação que utiliza simultaneamente três parâmetros caso, por exemplo, da sílica, dos álcalis e do magnésio (Figura 3.5.2).

Rochas magmáticas

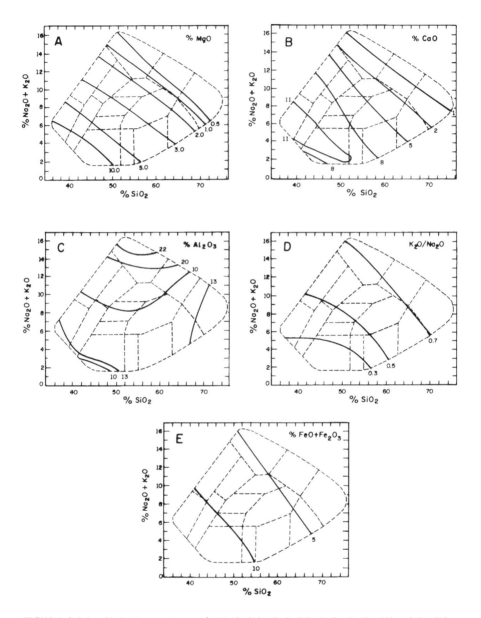

FIGURA 3.5.1 – Variação nos teores de MgO (A), CaO (B), FeO+Fe$_2$O$_3$ (C), Al$_2$O$_3$ (D), e K$_2$O/Na$_2$O (E) nas rochas magmáticas em função de seus teores de sílica e álcalis. Segundo Cox et al., 1979.

Classificação química

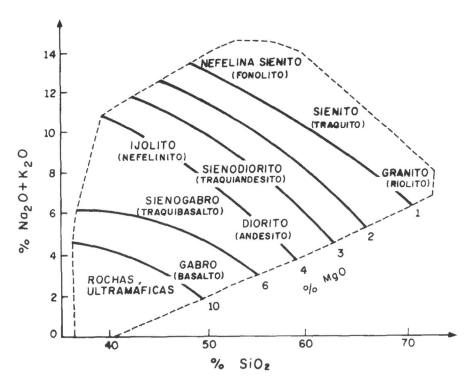

FIGURA 3.5.2 – Diagrama de classificação das rochas magmáticas pela utilização integrada de SiO$_2$, (NaO+K$_2$O) e MgO, todos óxidos em porcentagem em peso. Segundo Cox, 1980.

Os limites de classificação das diferentes famílias de rochas no diagrama TAS variam de autor para autor e revelam filosofias de abordagens distintas (Figura 3.5.3). Segundo Middlemost (1980) as diferentes famílias têm uma parcial superposição composicional indicando uma passagem gradual entre uma família de rocha para outra. Já o diagrama de Cox et al. (1979) indica a preocupação de uma classificação única para cada par de dados sílica-álcalis. A subdivisão segundo Kremenetzkiy et al. (1980) revela que estes autores dão, no diagrama TAS, mais ênfase à sílica que aos álcalis (as linhas de isoteores de SiO$_2$ atravessam todo o diagrama). A subdivisão de Le Bas et al. (1986) mostra nítida preocupação com o conceito de série magmática. A Figura 1.7.6 é um refinamento do diagrama de Le Bas et al. (1986) apresentado por Middlemost (1991).

O maior problema do diagrama TAS é a falta de concordância entre os limites das famílias de rochas classificadas em bases químicas e modais. A

Figura 3.5.4 retrata esta situação. Nela estão lançados simultaneamente os limites da classificação química das rochas vulcânicas de Middlemost, 1985, (Figura 3.5.3 A) e os limites da classificação modal das rochas plutônicas no diagrama QAPF (Figura 1.3.5).

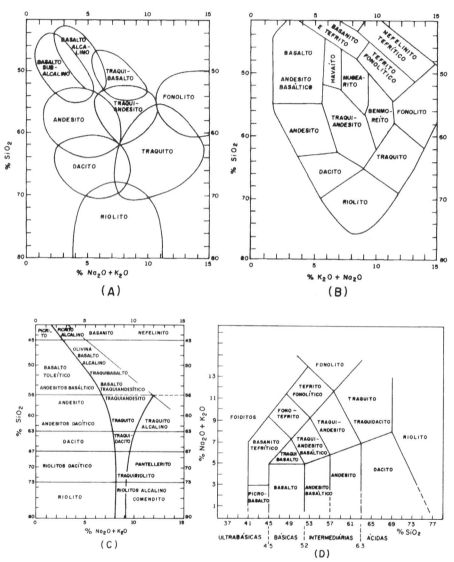

FIGURA 3.5.3 – Divisões internas no diagrama TAS segundo Middlemost, 1980 (A); Cox et al., 1979 (B); Kremenctzkiy et al., 1980 (C); Le Bas et al., 1986 (D).

Classificação química

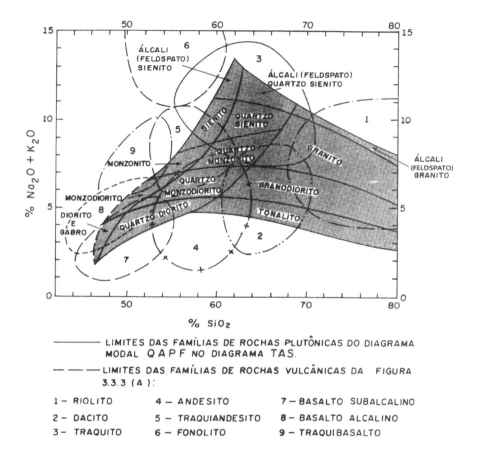

FIGURA 3.5.4 – Posição do diagrama QAPF modal no diagrama TAS. Os campos delimitados por linhas com várias simbologias representam os limites das famílias de rochas da Figura 3.5.3 A. Segundo Middlemost, 1985.

Este fato é ressaltado também na Figura 3.5.5, elaborada a partir de rochas vulcânicas para as quais estavam simultaneamente disponíveis dados químicos e modais. As rochas foram inicialmente classificadas em bases químicas (para a obtenção de seu nome) e depois lançadas no diagrama QAPF baseado na sua composição modal. As linhas tracejadas na figura representam os limites da classificação química e revelam de imediato que a nomenclatura em bases químicas não coincide com a nomenclatura em bases modais cujos limites são dados pelas linhas cheias.

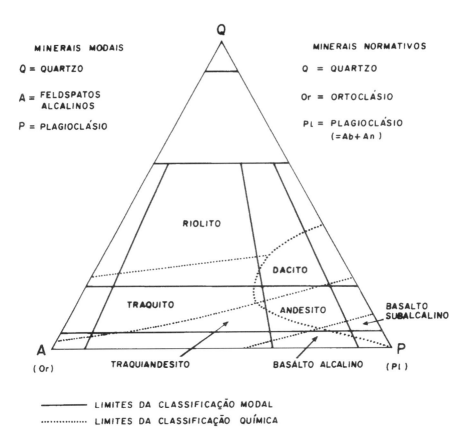

FIGURA 3.5.5 – Diagrama elaborado a partir de rochas vulcânicas com composição química e modal conhecida. Todas as rochas foram classificadas duas vezes, uma vez em bases químicas (Figura 3.5.2 A) e outra em termos modais (Figura 1.3.5). A figura mostra os campos ocupados pelas rochas vulcânicas definidas em termos químicos (linhas tracejadas) quando lançadas no diagrama QAP. Segundo Middlemost, 1985.

Diagrama SiO_2 : Zr/TiO_2

Este diagrama de Winchester & Floyd (1976, 1977) visava originalmente a classificação de rochas vulcânicas levemente alteradas ou metamorfoseadas pelo emprego de elementos geoquimicamente imóveis, tendo em vista que os álcalis (um dos parâmetros do diagrama TAS) apresentam grande mobilidade durante estes processos (Floyd & Winchester, 1975, 1978). Ti e Zr são elementos tipo HFS, um grupo de elementos de grande valência, essencialmente concentrados nos minerais acessórios e caracterizados por elevada imobilidade geoquímica. Hf, Ta, Nb e P também pertencem ao grupo dos elementos HFS.

O raciocínio básico que norteia a elaboração do diagrama SiO_2 : Zr/TiO_2 é o seguinte:

- Há longa data é conhecido o fato que a concentração dos diferentes elementos traços varia de maneira regular e previsível durante a diferenciação magmática, em parte explicada pelas leis da substituição química, em parte pelo coeficiente de distribuição dos elementos (K_D).
- Trabalhos conduzidos em rochas subalcalinas e alcalinas mostraram que as relações Zr/P_2O_5 : TiO_2 e Zr/P_2O_5 : Nb/Y são efetivas discriminantes entre estes dois grupos de rochas. Na Figura 3.5.6 consta a variação da relação Y/Nb em 17 séries de rochas toleíticas, transicionais e alcalinas de várias partes do mundo.
- Como o P é mais móvel que o Ti nos processos de intemperismo, Floyd & Winchester optaram pela razão Zr/TiO_2 em vez da relação Zr/P_2O_5.
- Dessa maneira no diagrama SiO_2 : Zr/TiO_2 a sílica faz o papel de índice de diferenciação e a relação Zr/TiO_2 representa um índice de alcalinidade (Figura 3.5.7). Para a elaboração deste gráfico de classificação de rochas vulcânicas seus autores dispuseram para as rochas subalcalinas de dados químicos para as séries toleítica e cálcio-alcalina, mas faltaram dados para a série shoshonítica entre as rochas alcalinas, de modo que estas compreendem apenas os basaltos alcalinos e seus produtos de diferenciação.

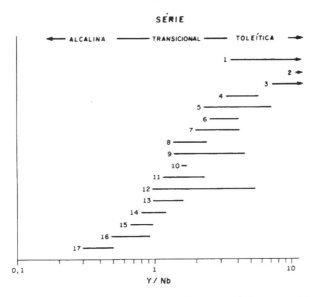

FIGURA 3.5.6 – Variação da relação Y/Nb em 17 séries de rochas toleíticas, transicionais e alcalinas de várias partes do mundo. Segundo Pearce & Cann, 1973.

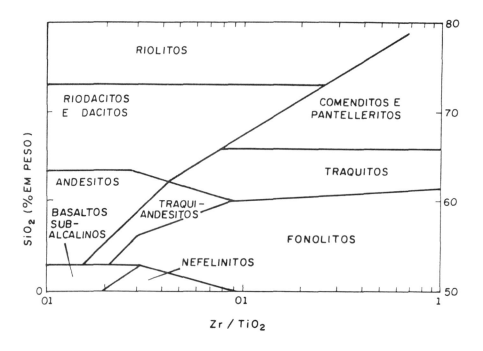

FIGURA 3.5.7 – O diagrama de classificação SiO_2 : Zr/TiO_2 para rochas vulcânicas, segundo Winchester & Floyd, 1977.

Diagrama Zr/TiO_2 : Nb/Y

A relação Nb/Y é conhecida há longa data como um bom índice de alcalinidade (Figura 3.5.6) e mostra apenas pequena variação durante o processo de diferenciação (Pearce & Cann, 1973; Winchester & Floyd, 1976). A relação Zr/TiO_2 também é um índice de alcalinidade mas seu valor varia muito durante a evolução magmática o que permite o seu emprego também como índice de diferenciação (notar que na Figura 3.5.7 a abcissa Zr/TiO_2 é em escala logarítmica). Baseados nestes fatos Winchester & Floyd (1977) elaboraram o diagrama de classificação Nb/Y : Zr/TiO_2 envolvendo apenas elementos geoquimicamente bastante imóveis (Figura 3.5.8).

Ao lado dos diagramas SiO_2 : Zr / TiO_2 e Zr / TiO_2 : Nb / Y, Winchester & Floyd (1977) apresentam também diagramas de classificação baseados nas relações SiO_2 : Nb / Y, Zr / TiO2 : Ce e Zr / TiO_2 : Ga.

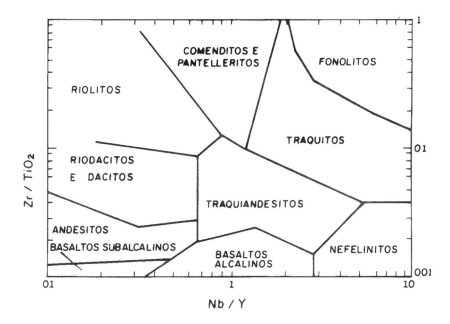

FIGURA 3.5.8 – Diagrama de classificação Nb/Y : Zr/TiO$_2$ para rochas vulcânicas. Segundo Winchester & Floyd, 1977.

Diagrama QAP normativo (CIPW ou molecular)

Como já mencionado, frequentemente ocorrem diferenças entre a norma e a moda nas rochas magmáticas. Essas divergências são, entretanto, relativamente pequenas para rochas magmáticas ácidas, principalmente quando a composição normativa é expressa em porcentagem molecular. Isso permite, com certas limitações, o emprego do diagrama QAP normativo para a classificação de rochas granitoides, conforme as Figuras 1.3.5 e 1.7.10, apesar do diagrama normativo An : Ab : Or (Figura 1.5.7) ser mais indicado para esta finalidade.

Diagrama Q' (F') : An normativo (molecular)

Tendo em vista a falta de correspondência entre classificações baseadas na norma e na moda, Streckeisen & Le Maitre (1979) desenvolveram o diagrama Q' (F') : An normativo molecular onde:

Q' = 100 Q/(Q+Or+An+Ab)
F' = 100 (Ne+Lc+Kp)/Ne+Lc+Kp+Or+Ab+An
An = 100 An/(Or+An)

No índice An é ignorada a albita normativa, uma das responsáveis pela discrepância entre a moda e a norma por formar, na moda, tanto solução sólida com o feldspato potássico quanto com a anortita (Figuras 1.5.2 e 1.5.3). As divisões internas do diagrama (Figura 3.5.9) foram ajustadas empiricamente até que ocorresse o máximo de coincidência entre a moda e a composição normativa molecular.

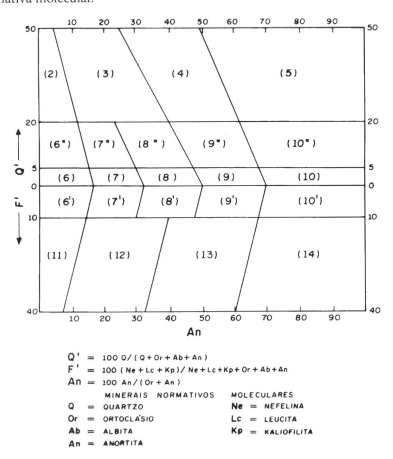

FIGURA 3.5.9 – Diagrama normativo molecular Q' (F') : An. Ver texto para definição dos parâmetros. Segundo Streckeisen & Le Maitre, 1979. Nomenclatura segundo a Figura 2.5.3 A.

Diagrama índice de coloração : plagioclásio normativo (molecular)

Este gráfico (Figura 1.2.6) foi desenvolvido por Irvine & Baragar (1971) no contexto de um completo sistema de classificação química das rochas vulcânicas que envolvem a aplicação sucessiva de vários diagramas. O gráfico correlaciona dois índices de evolução magmática tradicionais: o índice de coloração e a acidez do plagioclásio que, respectivamente, diminui e aumenta no decorrer da cristalização fracionada. No diagrama os dois parâmetros normativos moleculares considerados são:

IC_N (índice de coloração normativo) = Ol+Opx+Cpx+Mt+Il+Hm
Pl_N (plagioclásio normativo) = 100 An/An+Ab+3/5 Ne

Nunca é demais ressaltar que existem diagramas $IC_N : Pl_N$ para rochas subalcalinas incluindo as séries toleítica e cálcio-alcalina [associação vulcânica basalto - (islandito) - dacito - riolito], para a evolução da série alcalina sódica (associação vulcânica nefelinito-picrito-ankaramito-olivina basalto sódico--hawaito-mugearito-benmoreíto-traquito) e para a série alcalina potássica (associação vulcânica picrito-basalto potássico-traquibasaltotristanito-traquito). Portanto, antes do emprego do diagrama $IC_N : Pl_N$ para fins de classificação, as análises devem ser lançadas em outros gráficos para a caracterização da série à qual as amostras sob estudo pertencem.

O tetraedro granítico normativo (CIPW, molecular)

Utilizando a base Or-Ab-An do tetraedro granítico, O'Connor (1965) apresentou uma classificação das rochas granitoides (Figura 1.5.7) de larga aplicação principalmente no estudo da associação TTG (Tonalito-Trondhjemito-Granodiorito), muito frequente em terrenos arqueanos. É também muito útil na visualização da evolução de batólitos cálcio-alcalinos complexos. O tradicional nome adamellito utilizado nesta classificação corresponde aproximadamente ao termo monzogranito (ou granitos 3b) na classificação IUGS. A vantagem do diagrama normativo Or : Ab : An em relação à classificação normativa QAP é patente por esta reunir no índice A tanto os feldspatos sódicos quanto os potássicos.

O tetraedro basáltico normativo (CIPW, molecular)

O tetraedro basáltico normativo Di-Ol-Ne-Q (Figura 1.3.8) é fundamental para a classificação das rochas basálticas via dados normativos. O desdobramento do tetraedro pode ser feito de várias maneiras como representado nas Figuras 1.3.9 e 3.5.10. Nesta, os quartzo toleítos (QT), olivina toleítos (OT) e olivina basaltos alcalinos (OBA) estão representados no diagrama normativo molecular Ol : Ne : Q de Irvine & Baragar (1971) no qual:

Q = Q + 0.4 Ab + 0.25 Hy
Ne = Ne + 0.6 Ab
Ol = Ol + 0.75 Hy

Isto evita o problema de lançar no triângulo escaleno Ol-Hy-Ab rochas que contêm apenas esses minerais normativos.

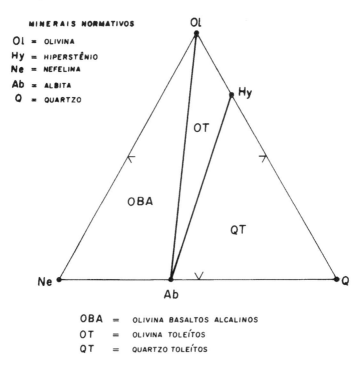

FIGURA 3.5.10 – Diagrama normativo molecular Ol : Ne : Q para a classificação de quartzo toleítos (QT), olivina toleítos (OT) e olivina basaltos alcalinos (OBA). Ver texto para a definição dos índices Ol, Ne e Q. Segundo Irvine & Baragar, 1971.

O tetraedro alcalino normativo (molecular)

O tetraedro alcalino Di-Ne-Kp-Q (Figura 3.5.11) tem como base o triângulo (Diagrama) Ne : Kp : Q (Figura 1.3.3) do qual se deriva o índice de diferenciação de Thornton-Tuttle (1960). Pela subdivisão interna do tetraedro são definidos quatro volumes (Sood, 1981):

- Volume Di-Ab-Or-Q que contém rochas subalcalinas e rochas alcalinas. Estas se situam próximas ao plano Di-Ab-Or.
- Volume Di-Ne-Lc-Kp que contém rochas alcalinas extremamente raras na natureza.
- Volume Di-Ab-Lc-Or que contém os leucititos, traquitos e sienitos. Estes, quando supersaturados, situam-se no volume Di-Ab-Or-Q junto ao plano Di-Ab-Or.
- Volume Di-Ab-Lc-Ne que contém os nefelinitos.

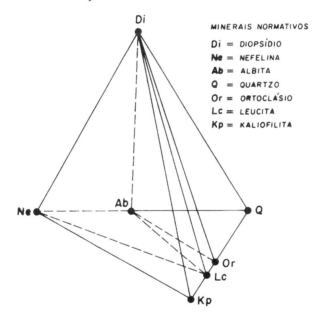

FIGURA 3.5.11 – O tetraedro alcalino normativo molecular Di-Q-Kp-Ne. Segundo Sood, 1981, modificado.

O emprego do tetraedro alcalino é bastante restrito devido a sua incompatibilidade com o cálculo das normas CIPW e molecular. Em ambas Lc e Ab não podem coexistir (Tabela 1.3.3), pois o cálculo da Lc a partir do Or

normativo só é iniciado após a transformação de toda Ab normativa em Ne. Sob aspecto lógico essas operações poderiam ser invertidas pois a leucita (KAlSi$_2$O$_6$) é menos deficiente em sílica que a nefelina (NaAlSiO$_4$). Dessa maneira a utilização mais ampla do tetraedro alcalino requer uma das seguintes opções:
- Mudança na maneira de calcular a norma, invertendo-se a sequência dos cálculos Ne→Lc para Lc→Ne. É operação simples de ser executada e, assim, é recomendada aos petrólogos no estudo sistemático das rochas alcalinas.
- Mudança na subdivisão do tetraedro passando-se da representação de Sood (1981), baseada em critérios petrográficos, para uma representação que se adapte ao cálculo tradicional da norma (isto é, com o cálculo da nefelina precedendo o da leucita). Neste caso a configuração da base do tetraedo alcalino será a da Figura 3.5.12 que elimina a incompatibilidade entre Lc e Ab normativa.

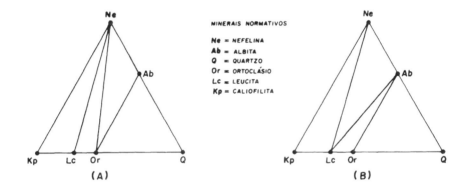

FIGURA 3.5.12 – Subdivisão da base Ne-Kp-Q do tetraedro alcalino. (A) Respeitando-se a maneira tradicional de cálculo da norma CIPW ou molecular. (B) Seguindo critérios petrográficos e modificando-se a maneira de calcular a norma. Segundo (A) não podem existir rochas com as parágeneses normativas Ne-Lc-Ab e Lc-Or-Ab e segundo (B) não existem rochas com parágenese modal dada apenas por Ne-Lc-Or como minerais siálicos. Segundo Sood, 1981.

Diagrama R$_1$: R$_2$

Boa parte da diferença entre a classificação de uma rocha baseada na norma e na moda é devida aos minerais máficos não computados no diagrama QAPF, mas incluídos na norma. Basta lembrar que mesmo rochas com

M = 89.9 são classificadas no diagrama QAPF considerando-se apenas os 10,1% de minerais siálicos presentes. Este fato explica, em parte, as diferenças obtidas entre a classificação modal e química de uma mesma rocha (Figuras 3.5.4 e 3.5.5). Para superar este problema, De la Roche et al. (1980) propuseram uma classificação das rochas vulcânicas e plutônicas baseada no diagrama $R_1 : R_2$ com os dois parâmetros expressos em porcentagem catiônica. Neste diagrama:

$R_1 = 4\ Si - 11\ (Na+K) - 2\ (Fe+Ti)$
$R_2 = 6\ Ca + 2\ Mg+Al$

Os índices, ao incorporarem todos os elementos maiores (e parte dos menores) de uma análise química, consideram tanto os minerais siálicos quanto os máficos.

O diagrama $R_1 : R_2$ assenta nos seguintes aspectos principais:

- Apresenta pontos de amarração internos dados pelos principais minerais presentes nas rochas magmáticas.
- Respeito ao conceito de sílica-saturação baseado no tetraedro basáltico que inclui os minerais críticos nefelina, diopsídio, enstatita e forsterita e que separa as rochas em supersaturadas, saturadas e insaturadas.
- Respeito às variações sistemáticas e mutuamente consistentes que se observam no fracionamento magmático, tais como o decréscimo do teor de An no plagioclásio, a cristalização sucessiva de clinopiroxênio, hornblenda e biotita, o aumento da relação (Ab+Or) : An, o aumento da relação Fe : (Fe+Mg) etc.
- Naturalidade estatística das divisões propostas. Na determinação dos limites que definem as diferentes famílias de rochas, foi utilizado um grande número de análises, reunidas nos arquivos RKFNSYS (Chayes, 1972), CLAIR (Le Maitre, 1976) e PETROS (Mutschler et al.,1976).

Entre as principais vantagens do sistema $R_1 : R_2$, destacam-se:

- O sistema considera os minerais máficos.
- O sistema emprega diretamente dados químicos não passando pelo cálculo da norma que contém implicitamente um modelo de cristalização magmática nem sempre aceito pelos diferentes autores. Basta lembrar as discrepâncias entre paragêneses naturais e normativas no sistema Q-Ne-Kp do tetraedro alcalino (Figura 3.5.12) e no sistema Fo-Fa-Q (Figura 1.3.4).

- O sistema permite o lançamento de dados modais. A impossibilidade de tal operação tem sido a maior objeção ao emprego de sistemas classificatórios baseados exclusivamente em dados químicos, caso do diagrama TAS.
- É mais rápido calcular os parâmetros R_1 e R_2 que a norma de uma rocha, se bem que este argumento é pouco importante nos atuais tempos de computadores.
- Não ocorre uma distribuição arbitrária do Fe entre óxidos e silicatos e da albita entre anortita e K-feldspatos como em alguns sistemas classificatórios normativos.

As bases do diagrama $R_1 : R_2$ são relativamente simples apesar da aparente complexidade dos índices, cujo significado é de difícil assimilação. Seu ponto de partida é o tetraedro basáltico (Figura 1.3.8) no qual os minerais normativos dos vértices Q, Fo, Di e Ne são considerados em termos dos parâmetros multicatiônicos **Q** (Q), **P**(Fo), **B** (Di) e **N** (Ne) sendo que:

$$Q = Si + 3\,Al/4 - (Mg+Fe+Ti)/2 - 3Ca/2 - 7(Na+K)/4$$
$$P = +3\,Al/4 - 3(Mg+Fe+Ti)/2 - 3Ca/2 - 3(Na+K)/4$$
$$B = -2\,Al \qquad\qquad\qquad\qquad +4Ca + 2(Na+K)$$
$$N = +3\,Al/2 \qquad\qquad\qquad\qquad\quad +3(Na+K)/2$$

A derivação destes parâmetros consta em De la Roche & Leterrier (1973). e Si, Al, Mg, Fe, Ti etc. são expressos em porcentagens catiônicas (milicâtions por 100 g de rocha ou mineral), calculados a partir da análise em porcentagem de óxidos segundo a Tabela 3.3.5. Neste cálculo o Fe corresponde ao ferro total sob forma de Fe_2O_3, ao qual é acrescido o Ti enquanto o K é somado ao Na. A composição dos demais minerais do tetraedro basáltico é obtida substituindo-se nas reações de sua formação os equivalentes moleculares de Q, Fo, Di e Ne pelos parâmetros **Q, P, B, e N**. Por exemplo, a albita (Ab) resulta da reação $Na\,AlSiO_4 + 2SiO_2 = NaAlSi_3O_8$ o que corresponde, em termos de equivalentes moleculares, à reação $3Ne+2Q = 5Ab$ e, portanto, a composição da albita será $3\mathbf{P}+2\mathbf{Q}$. A composição da enstatita (En) será $3\mathbf{B}+\mathbf{Q}$, a do Or será $3\mathbf{N}+2\mathbf{Q}$ (devido à equivalência entre Na e K), a do Di será $4\mathbf{B}$ etc.

No tetraedro basáltico assim quimicamente transposto o plano crítico de sílica-insaturação Di (Cpx)-Ab (Pl)-Fo (Ol) é dado pela função $F = 4\mathbf{Q}-8\mathbf{N}/3 = 0$. Para o volume Cpx-Pl-Ol-Ne essa função será negativa, aumentando seu valor com a aproximação em relação ao vértice Ne e no volume Cpx-Pl-Ol-Q a função será positiva, aumentando seu valor com a aproximação em relação ao vértice Q. No plano crítico de sílica-insaturação a função $F = 4Q - 8N/3$ assume a seguinte expressão catiônica equivalente:

F = 4 Si-Al-2 (Mg+Fe+Ti)-6 Ca-11 (Na+K) = 0

Esta função pode ser expressa através de dois parâmetros, R_1 e R_2, onde:

R_1 = 4 Si - 11 (Na+K) - 2 (Fe+Ti)
R_2 = Al + 2 Mg + 6 Ca

Na condição F = 0 resulta que R_1 - R_2 = 0 ou R_1 = R_2. Num gráfico ortogonal R_1 : R_2 a função F = 0 corresponde a sua bissetriz. Por outro lado, ao agrupar-se Mg com Ca e Al no parâmetro R_2 e Fe (+Ti) com Na, K e Si no parâmetro R_1, resulta a quase coincidência, sobre o plano crítico de sílica--insaturação (F = 0), entre Fo e An e entre Fa e Ab (ou Or). Na Figura 3.5.13 consta a localização no diagrama R_1 : R_2 de alguns dos principais minerais das rochas magmáticas cujas composições em termos destes parâmetros constam na Tabela 3.5.1.

Tabela 3.5.1 – Composição dos principais minerais das rochas magmáticas em termos dos parâmetros R_1 : R_2. Segundo De la Roche et al., 1980, simplificado

Mineral	R_1	R_2
Quartzo	+6666	0
Ortoclásio	+ 360	+ 360
Albita	+ 382	+ 382
Anortita	+2880	+2880
Nefelina	-4928	+ 704
Leucita	-1408	+ 464
Biotita	- 499	+ 750
Horblenda	+2220	+2099
Horblenda pargasítica	+1018	+2084
Riebeckita	- 433	+ 169
Enstatita	+3584	+1807
Ferro-hiperstênio	+2391	+ 801
Augita	+2906	+3010
Ferro-augita	+2319	+2276
Pigeonita	+2568	+1579
Egirina	-1775	+ 236
Forsterita	+2504	+2528
Faialita	+ 190	+ 121
Magnetita	-2357	+ 222
Ilmenita	-2519	+ 197

Lançados os minerais considerados é possível a representação no diagrama $R_1 : R_2$, tanto do tetraedro basáltico Ne-Di-Ab-Q quanto do diagrama QAPF, uma vez considerado o vértice F representado pela nefelina. Nesta construção o plano A-P do diagrama QAPF coincide com o plano crítico de sílica-insaturação Cpx (Di)-Pl (Ab-An)-Ol (Fo-Fa) e os dois sistemas de classificação têm em comum os vértices Q e F (Ne), conforme a Figura 3.5.13.

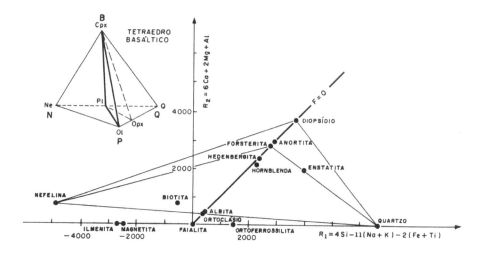

FIGURA 3.5.13 – Diagrama $R_1 : R_2$ mostrando a localização de vários minerais e a posição do tetraedro basáltico e do diagrama QAPF. Segundo De la Roche et al., 1980.

Sobre o plano crítico de sílica-insaturação o segmento Ab-An permite a representação das diferentes composições dos plagioclásios e as subdivisões do diagrama QAPF e do tetraedro Q-Di-Ab-Ne possibilitam uma clara delimitação das diferentes famílias de rochas vulcânicas conforme a Figura 3.5.14.

Os limites das famílias de rochas assim obtidos foram refinados baseados em dados estatísticos de variação composicional utilizando-se os arquivos RKFNSYS, CLAIR e PETROS. Resultou assim o diagrama final de classificação $R_1 : R_2$ da Figura 3.5.15.

Classificação química

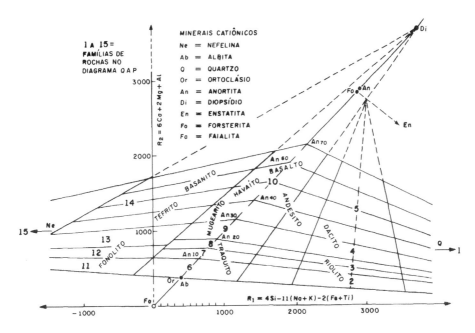

FIGURA 3.5.14 – O diagrama QAPF e suas subdivisões (famílias 1-15) no diagrama $R_1 : R_2$. Segundo De la Roche et al., 1980, simplificado.

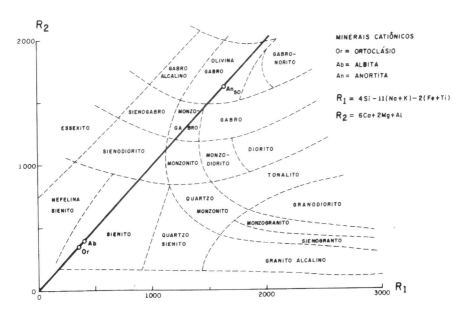

FIGURA 3.5.15 – O diagrama R1 : R2 para a classificação das rochas magmáticas. Segundo De la Roche et al., 1980.

Em relação a esta figura cabem os seguintes comentários:

- Dos ajustes estatísticos resultou que a nomenclatura de apenas 69% das rochas vulcânicas e 57% das rochas plutônicas do diagrama $R_1:R_2$ coincidem com as nomenclaturas originais dos arquivos CLAIR e PETROS utilizados na sua elaboração. Tal fato indica uma clara inconsistência na nomenclatura das rochas magmáticas ao nível mundial, a existência de classificações regionais e o emprego de um mesmo nome de rocha com distintos significados por diferentes petrógrafos. Decorre daí a importância de todos os petrógrafos utilizarem um mesmo sistema de classificação para evitar confusões e controvérsias sem significado real.
- Os limites das diferentes famílias de rochas no diagrama $R_1:R_2$ são dados por curvas e não por retas como no diagrama QAPF. Limites retilíneos indicam critérios de classificação baseados em razões entre minerais. Entretanto, a evolução das rochas magmáticas não se faz por razões entre minerais e sim pela cristalização sucessiva de diferentes fases minerais a partir de um magma. Consequentemente, sistemas de classificação baseados em limites retilíneos entram em conflito com a representação de processos evolutivos magmáticos pois a representação destes naqueles implica no cruzamento dos limites de classificação petrográfica baseadas em razões entre minerais. Um caso claro dessa constatação é a evolução das diferentes séries de rochas granitoides no diagrama QAP (Figura 1.7.10). Sob este aspecto o diagrama $R_1:R_2$ é bastante útil pois de modo geral as tendências evolutivas das diferentes séries magmáticas acompanham os limites das diferentes famílias de rochas que as integram. Dessa maneira o diagrama $R_1:R_2$ é de grande utilidade na representação de processos magmáticos evolutivos em geral, ainda mais por seus parâmetros multicatiônicos incorporarem todos os elementos químicos maiores. Na Figura 3.5.16 consta a evolução das séries toleítica, shoshonítica, cálcio-alcalina e alcalina no diagrama $R_1:R_2$.

Classificação química

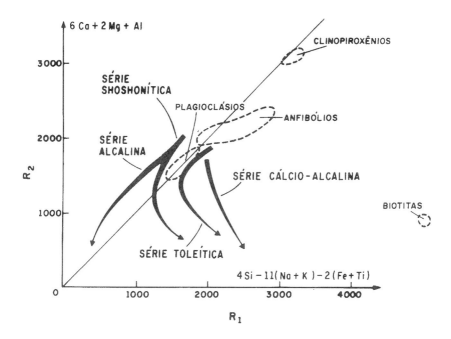

FIGURA 3.5.16 – Evolução das séries cálcio-alcalina, toleítica, shoshonítica e alcalina no diagrama $R_1 : R_2$. Segundo Pagel & Leterrier, 1980.

Diagramas catiônicos para rochas granitoides

É uma variante do sistema $R_1 : R_2$, desenvolvido por Debon & Le Fort (1983, 1984) e aplicado às rochas graníticas. A caracterização das rochas granitoides segundo este sistema envolve quatro etapas:

Diagrama Q : P

Neste diagrama

$Q = Si/3 - (K + Na + 2 Ca/3)$ e
$P = K - (Na + Ca)$,

representando o parâmetro **Q** aproximadamente a quantidade de quartzo livre presente na rochas e o parâmetro **P** aproximadamente o excesso (valores positivos) ou a deficiência (valores negativos) do feldspato potássico em relação ao plagioclásio. Os dois parâmetros são expressos em porcentagem catiônica. O diagrama que define o nome da rocha (Figura 3.5.17) baseia-se em 12 famílias, cada uma representada por uma amostra padrão (Tabela 3.5.2).

Rochas magmáticas

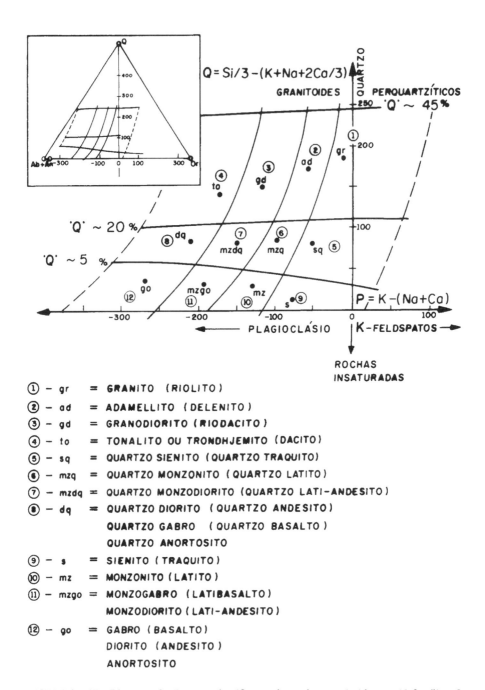

① – gr = GRANITO (RIOLITO)
② – ad = ADAMELLITO (DELENITO)
③ – gd = GRANODIORITO (RIODACITO)
④ – to = TONALITO OU TRONDHJEMITO (DACITO)
⑤ – sq = QUARTZO SIENITO (QUARTZO TRAQUITO)
⑥ – mzq = QUARTZO MONZONITO (QUARTZO LATITO)
⑦ – mzdq = QUARTZO MONZODIORITO (QUARTZO LATI-ANDESITO)
⑧ – dq = QUARTZO DIORITO (QUARTZO ANDESITO)
          QUARTZO GABRO (QUARTZO BASALTO)
          QUARTZO ANORTOSITO
⑨ – s = SIENITO (TRAQUITO)
⑩ – mz = MONZONITO (LATITO)
⑪ – mzgo = MONZOGABRO (LATIBASALTO)
          MONZODIORITO (LATI-ANDESITO)
⑫ – go = GABRO (BASALTO)
          DIORITO (ANDESITO)
          ANORTOSITO

FIGURA 3.5.17 – Diagrama Q : P com a classificação das rochas granitoides em 12 famílias. Os parâmetros **Q** e **P** são definidos no texto. Segundo Debon et al., 1988.

Tabela 3.5.2 – Caracterização do tipo padrão das 12 famílias de granitoides em termos do seu quimismo, dos parâmetros **Q, P, A, B, F, (Na+K), K/(Na+K)** e **Mg/(Mg+Fe)** e de sua composição mineralógica. Siglas das rochas segundo a Figura 3.5.17. Segundo Debon et al., 1988

Grupo petrográfico	gr	ad	gd	to	sq	mzq	mzdq	dq	s	mz	mzgo	go
Número na Figura 3.5.17	1	2	3	4	5	6	7	8	9	10	11	12
Nº de amostras	94	194	208	60	5	10	27	36	2	8	6	20
SiO_2	73.67	71.58	67.02	62.98	66.34	62.89	59.13	55.22	60.40	57.48	53.83	47.02
Al_2O_3	13.79	14.39	15.38	16.20	15.98	14.64	16.76	16.97	18.49	16.92	16.09	16.12
Fe_2O_{3T}	1.54	2.31	4.01	5.55	3.66	5.07	6.91	8.16	4.31	6.16	8.67	10.04
MnO	0.03	0.05	0.08	0.10	0.07	0.09	0.13	0.15	0.12	0.12	0.16	0.16
MgO	0.32	0.60	1.43	2.34	0.37	1.55	2.56	4.17	0.70	2.34	3.52	8.15
CaO	0.84	1.80	3.77	5.65	1.12	1.37	5.56	7.98	2.48	5.10	6.99	11.98
Na_2O	3.27	3.58	3.54	3.32	4.75	4.00	3.61	3.08	5.10	4.15	3.93	2.30
K_2O	5.13	4.23	2.99	1.67	5.73	4.44	3.04	1.39	6.10	4.49	2.74	0.06
TiO_2	0.21	0.19	0.50	0.57	0.46	0.75	0.83	0.94	0.46	0.86	1.26	1.26
P.F.	0.77	0.78	0.98	1.17	0.95	1.32	1.04	1.55	1.40	1.72	1.97	2.12
Total	99.57	99.61	99.70	99.55	99.43	99.32	99.57	99.61	99.56	99.34	99.16	99.66
Q	185	172	149	140	81	83	82	83	12	28	31	33
P	-11	-57	-117	-172	-51	-99	-150	-212	-79	-129	-194	-273
A	26	13	-10	-27	-2	-44	-50	-82	-20	-80	-120	195
B	30	48	92	135	61	111	160	218	78	147	212	346
F	340	335	314	280	413	361	313	254	465	380	312	176
(Na+K)	214	205	178	143	275	223	181	129	295	230	185	87
K/(Na+K)	0.51	0.44	0.36	0.25	0.44	0.42	0.36	0.23	0.44	0.42	0.31	0.15
Mg/(Fe+Mg)	0.30	0.34	0.42	0.46	0.16	0.38	9.43	0.50	0.25	0.43	0.45	0.62
% de quartzo (Q),	33.3	31.0	26.8	25.2	14.6	15.0	14.8	14.9	2.2	5.0	5.6	6.0
minerais escuros (B) e	5.4	8.6	16.6	24.3	11.0	20.0	28.8	39.3	14.1	26.5	38.2	62.3
feldspato + moscovita(F)	61.3	60.4	56.6	50.5	74.4	65.0	56.4	45.8	83.7	68.5	56.2	31.7

A utilização no gráfico Q : P de parâmetros que expressam apenas minerais siálicos visa minimizar as diferenças entre a classificação química e a classificação modal no diagrama QAP.

Diagrama A : B

Neste diagrama (Figura 1.4.6)

$A = Al - (K + Na + 2\ Ca/3)$ e
$B = Fe + Mg + Ti$,

exprimindo o parâmetro **A** diferentes graus de alumina-saturação e o parâmetro **B** a taxa de minerais máficos (= índice de coloração). Ambos os parâmetros são expressos em porcentagem catiônica. A Figura 3.5.18 mostra a localização dos tipos padrão das 12 famílias de granitoides no diagrama A : B. Segundo o valor de B os granitoides são classificados em leucocráticos (**B** = 0-38.8 = 0-7% de minerais máficos), subleucocráticos (**B** = 38.8 - 55.5 = 7-10% de minerais máficos) e mesocráticos (**B** > 55.5 => > 10% de minerais máficos). De acordo com o valor de **A** são caracterizadas rochas com excesso (**A** > 0) ou deficiência (**A** < 0) de alumínio variando o grau de cada feição com o valor absoluto do parâmetro.

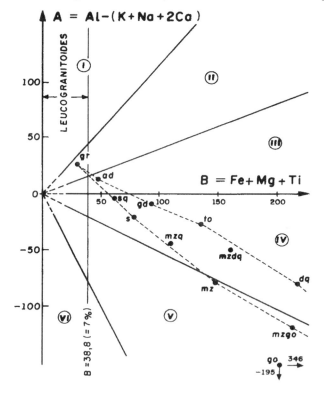

FIGURA 3.5.18 – Localização das amostras padrão das 12 famílias de granitoides no diagrama A : B. Os valores **B** = 38.8 e 55.5 marcam o limite entre rochas leucocráticas, subleucocráticas e mesocráticas. Valores positivos e negativos de **A** caracterizam, respectivamente, rochas com excesso (peraluminosas) e deficiência de alumínio. Segundo Debon et al., 1988.

Diagrama Q : B : F

Neste diagrama:

$Q = Si/3 - (K + Na + 2 Ca/3)$,
$B = Fe + Mg + Ti$ e
$F = 555 - (Q + B)$

onde o parâmetro **F** representa aproximadamente a taxa de feldspatos + muscovita presente na rocha. Após o cálculo dos parâmetros **Q**, **B** e **F** estes são recalculados para 100 e lançados no diagrama triangular da Figura 3.5.19. Pela comparação dos três parâmetros com os valores **Q**, **B** e **F** da amostra padrão da família determinada no diagrama Q : P é estabelecido se a amostra estudada é relativamente empobrecida ou enriquecida em quartzo, minerais escuros ou feldspato + muscovita.

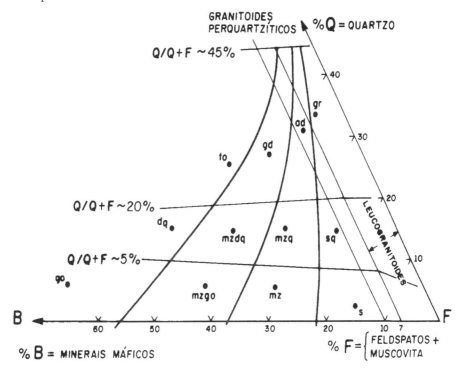

FIGURA 3.5.19 – Diagrama Q : F : B para determinação das relações (em porcentagem de peso) entre quartzo, minerais escuros e feldspato+muscovita em rochas granitoides. Segundo Debon et al., 1988.

Relação entre os álcalis

Esta relação, aqui denominada de **R**, é dada pela expressão R = K/ (Na+K) com os álcalis expressos em porcentagem catiônica. Segundo este critério os granitoides são divididos em associações sódicas (**R** < 0.45), sódio-potássicas (**R** entre 0.45 e 0.50) e potássicas (**R** > 0.50). A caracterização da relação entre os álcalis de uma associação é feita, via de regra, num diagrama que também contém os índices **Q** e **B** (Figura 3.5.20).

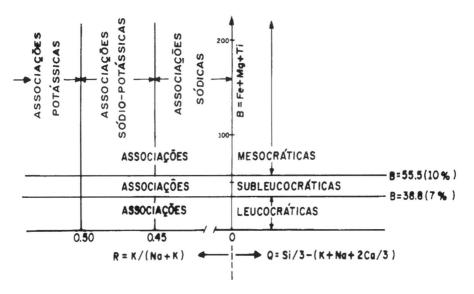

FIGURA 3.5.20 – Classificação das associações de granitoides em sódicas, sódio-potássicas e potássicas baseada no parâmetro R = K/(Na + K) com os álcalis expressos em porcentagens catiônicas. Caracterizações adicionais são dadas pelos parâmetros **Q** e **B**. Segundo Debon et al., 1988.

O cálculo dos parâmetros até agora mencionados está exemplificado na Tabela 3.5.3.

Tabela 3.5.3 – Cálculo dos parâmetros utilizados para a caracterização de rochas granitoides a partir de uma análise química de um granito peraluminoso. Segundo Debon & Le Fort (1983b) extraído de Debon et al., 1988, modificado

Óxido	A	B	C		Parâmetros		
SiO$_2$	74.16	60	1236	Si	Q=[Si/3-(K+Na+2Ca/3)]	=	178
Al$_2$O$_3$	14.89	51	292	Al	P =[K-(Na+Ca)]	=	-78
Fe$_2$O$_{3T}$	0.59	80	7	Fe	A =[Al-(K+Na+2Ca)]	=	41
MnO	0.10	71	1	Mn	B =(Fe+Mg+Ti)	=	12
MgO	0.16	40	4	Mg	F =[555-(Q+B)]	=	365
CaO	0.75	56	13	Ca	(Na+K)	=	225
Na$_2$O	4.49	31	145	Na	K/(Na+K)	=	0.36
K$_2$O	3.75	47	80	K	Mg/(Fe+Mg)	=	0.36
TiO$_2$	0.06	80	1	Ti	% de	=	
P.F.	0.59				Q (quartzo)	=	32.1
					B (minerais escuros)	=	2.2
Total	99.54				F (feldspato + muscovita)	=	65.7

A = Porcentagem em peso
B = Equivalente molecular
C = 1000 (A / B)

Associações granitoides

No sistema de Debon & Le Fort são reconhecidas três associações principais de rochas granitoides: cafêmicas, alumino-cafêmicas e aluminosas. As associações cafêmicas e alumino-cafêmicas compreendem vários subtipos: toleítico (ou gabro-trondhjemítico), trondhjemítico, cálcio-alcalino (ou granodiorítico), subalcalino (ou monzonítico) e alcalino/peralcalino. Alguns desses subtipos apresentam diferentes variantes. Entre o subtipo monzonítico destacam-se as variantes escura e clara e as variantes sódica e potássica. Já o subtipo alcalino compreende as variantes saturada (escura) e supersaturada (clara). As tendências evolutivas dos principais subtipos e variantes podem ser representadas em diferentes diagramas, caso dos gráficos A : B (Figura 3.5.21) e Q : B ; F (Figura 3.5.22).

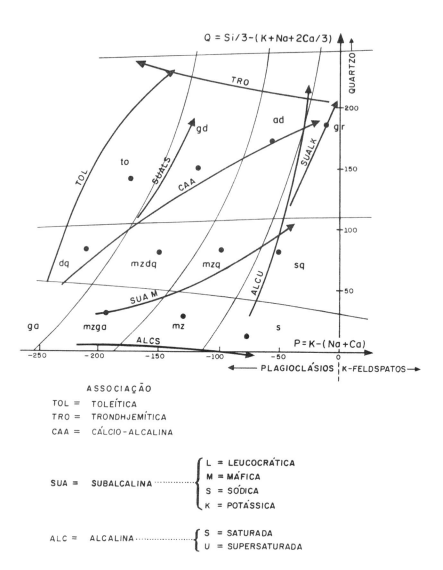

FIGURA 3.5.21 – Tendências evolutivas dos principais subtipos e suas variantes das associações de granitoides cafêmicas e alumino-cafêmicas no diagrama Q : P. Segundo Debon et al., 1988.

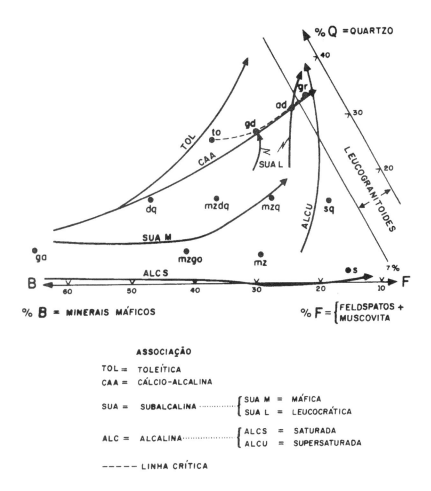

FIGURA 3.5.22 – Tendências evolutivas dos principais subtipos e suas variantes das associações de granitoides cafêmicas e alumino-cafêmicas no diagrama Q : F : B. Segundo Debon et al., 1988.

Também as associações aluminosas comportam várias subdivisões baseadas em numerosos critérios com destaque para:

- o teor em quartzo (parâmetro **Q**). Sob este aspecto são definidas associações ricas, normais e pobres em quartzo. No diagrama Q : F : B (Figura 3.5.22) as associações com teores normais de quartzo situam-se sobre ou próximo a "linha crítica" tonalito-granodiorito-adamellito-granito enquanto as associações enriquecidas ou empobrecidas em quartzo se localizam, respectivamente, acima e abaixo da "linha crítica".

- o índice de coloração (parâmetro **B**). Segundo este critério são reconhecidas associações leucocráticas, subleucocráticas e mesocráticas.
- razão entre álcalis (parâmetro **R**). Segundo este aspecto são caracterizadas associações potássicas, sódio-potássicas e sódicas.
- grau de alumina-saturação (parâmetro **A**). Segundo este critério são reconhecidas associações muito fortemente aluminosas, fortemente aluminosas, medianamente aluminosas, fracamente aluminosas e muito fracamente aluminosas.
- tipo de minerais máficos presentes (gráfico A : B).
- tendências evolutivas (gráficos R : B, A : B e Q : F : B). Sob este aspecto são caracterizadas associações com evolução sílico-potássica, sílico-sódica, silicosa, potássica, sódica, com quartzo crescente ou decrescente e sem evolução significativa.

Limitações das classificações químicas

A enorme gama de subdivisões de um só grupo de rochas (granitos aluminosos) previamente comentada pode ser também desenvolvida para qualquer outro grupo de rochas e numerosos são os exemplos na literatura especializada. O limite desses diagramas de classificação extremamente particularizados reside, entretanto, na sua alienação em relação aos processos naturais transformando a classificação das rochas magmáticas apenas num trabalho de construção de um grande armário com inúmeras gavetas muitas vezes com dimensões e formatos sem maiores significados. Talvez o exemplo mais marcante neste sentido tenha sido o das rochas alcalinas nas quais variações texturais e mineralógicas qualitativas e quantitativas mínimas levaram à criação de uma enxurrada de nomes de rochas que só nos últimos tempos tem passado por revisões e simplificações. Sob este aspecto nunca é demais refletir sobre o significado real dos tetraedros basáltico, granítico e alcalino e basear as classificações em suas diferentes faces, arestas, vértices e subdivisões internas decorrentes de planos críticos com significados petrológicos bem estabelecidos. Sob este aspecto tanto o diagrama modal QAPF quanto o diagrama químico TAS, bases da classificação das rochas magmáticas, sofrem de um mesmo problema: um reúne os feldspatos alcalinos e o outro os óxidos alcalinos sem distinção, fato que impede a classificação de muitas rochas e força o desenvolvimento de diagramas mineralógicos e químicos particulares. Nesse sentido o diagrama $R_1 : R_2$ parece ser a melhor solução ora disponível por permitir tanto uma classificação química quanto modal. Entretanto, a dificuldade de compreensão do significado desses dois parâmetros e de correlacionar a sua variação (por sua natureza multicatiônica) diretamente com a variação mineralógica de uma rocha tem dificultado a sua difusão e implementação. A prova dessa constatação está no emprego extremamente ocasional do diagrama $R_1 : R_2$ para a representação modal de rochas magmáticas apesar da clareza da Figura 3.5.13.

Exercícios

1. Utilizando as normas das rochas granitoides da Tabela 1.2.1, classifique-as no diagrama QAP (Figura 2.5.3), Or : Ab : An (Figura 1.5.7) e Q' : An (Figura 3.5.9). Discuta os resultados.

2. Utilizando as normas das rochas basálticas e gábricas da Tabela 1.2.1, classifique-as no diagrama Ol : Ne : Q (Figura 3.5.10).

3. Utilizando as normas das rochas alcalinas da Tabela 1.2.1, classifique-as no diagrama Di : Q : Kp : Ne (Figuras 3.5.11 e 3.5.12).

4. Utilizando a análise (% em peso) do granodiorito da Tabela 1.2.1, recalcule-a sob forma de % catiônica (Tabela 3.3.5) e calcule os índices R_1 e R_2. Lance os resultados no diagrama da Figura 3.5.15.

5. Ainda utilizando as mesmas porcentagens catiônicas, classifique a rocha em questão nos diagramas Q : P (Figura 3.5.17), A : B (Figura 3.5.18), Q : B : F (Figura 3.5.19) e quanto à relação entre os álcalis (Figura 3.5.20).

6. O livro de Fujimori (1990) *Composição Química de Rochas e suas Aplicações* contém muitos diagramas e gráficos de classificação. Faça uma relação daqueles não apresentados no presente texto e discuta as bases em que assentam.

7. Classifique os diagramas do programa IGPET quanto à natureza dos parâmetros utilizados (óxidos em peso, % catiônica, % em peso de minerais normativos, % molar de minerais normativos etc.) consultando a bibliografia listada no fim do programa que menciona a origem de cada diagrama.

8. Além das divisões do diagrama TAS, apresentados nas Figuras 1.7.6 e 3.5.3, existem outras na literatura. Caracterize a divisão proposta por Currie (1976).

4. A classificação termodinâmica

4.1 Noções básicas

Não é escopo do presente texto desenvolver com detalhes os conceitos básicos da termodinâmica que devem ser assimilados pelo leitor nas obras de Kern & Weisbrod (1967), Wood & Fraser (1976) e Powell (1978). Também o livro de Philpotts (1990) é um bom exemplo de uso intensivo da termodinâmica na abordagem de problemas magmáticos e metamórficos. Cabem aqui apenas algumas noções fundamentais que visam uma compreensão do raciocínio e da importância da termodinâmica na quantificação dos processos petrogenéticos e na classificação das rochas magmáticas.

Sistemas

Sistemas são porções isoladas do universo escolhidas em função da problemática a ser abordada. Como porção isolada, um sistema é envolvido por um meio circundante ou meio ambiente. No caso de um cristal que está crescendo num magma ser considerado um sistema, o magma será seu meio circundante. Um sistema pode ser um simples cristal (ou mesmo uma parte de um cristal), uma bolha gasosa numa câmara magmática (o meio circundante será o magma), um batólito (o meio circundante serão as rochas encaixantes) o planeta Terra sólido (o meio circundante será a atmosfera ou a hidrosfera), um cilindro de gás, um cadinho de reação etc.

Um sistema pode ser isolado, fechado ou aberto. Num sistema isolado não existe intercâmbio (troca) de energia e matéria com o meio ambiente. Não existem sistemas geológicos verdadeiramente isolados. Num sistema fechado ocorre troca de calor com o meio circundante. Uma lava (um sistema) durante sua consolidação troca (cede) calor com o meio ambiente (a atmosfera no caso de uma consolidação subaérea e a água no caso de uma consolidação subaquática). Pela troca de calor este sistema muda as suas características físicas (o estado do sistema) passando do estado líquido para o sólido sem mudar, entretanto, a sua composição química. Lavas de cristalização subaérea são sistemas fechados, ao contrário de lavas subaquáticas nas quais podem ocorrer reações entre a lava e a água do mar (sistema aberto). Muitas rochas metamórficas também são sistemas fechados que tiveram sua natureza física original (o estado inicial do sistema) modificada apenas pelo aporte de calor cedido pelo meio ambiente ao sistema pré-metamórfico. A lava que durante sua consolidação cedeu calor é um sistema exotérmico e as rochas que absorveram calor durante o metamorfismo são um sistema endotérmico. Os trabalhos petrológicos experimentais são conduzidos quase sempre em sistemas fechados que ora absorvem (sistemas frios que são aquecidos) ora cedem (sistemas quentes que são resfriados) calor. Conclui-se que a variação na energia interna (Q) de um sistema fechado por perda ou ganho de calor é a causa básica de sua evolução (mudança no estado do sistema).

Num sistema aberto ocorre troca de calor e de matéria entre o sistema e o meio circundante, o que implica numa mudança física e química durante sua evolução (mudança do estágio inicial para o final). Muitas rochas plutônicas são o resultado da evolução de sistemas magmáticos abertos que trocam calor (cessão de calor) e de matéria com seu meio ambiente (as rochas encaixantes). A troca de calor está configurada pelas auréolas de contatos (rochas encaixantes que pela absorção do calor cedido pelo magma se transformaram em rochas metamórficas) e a troca de matéria é retratada pela presença de escarnitos e jazidas minerais junto aos contatos de rochas plutônicas, pela assimilação de rochas encaixantes (xenólitos) pelo magma, por processos de alteração metassomática etc. Dessa maneira muitos trabalhos petrológicos (conduzidos em sistemas fechados) só podem ser extrapolados com cautelas para as rochas plutônicas e não surpreende que os petrólogos tenham predileção especial pelas rochas vulcânicas.

Fases e componentes de um sistema

Um sistema é composto por fases formadas por constituintes químicos denominados de componentes. Uma fase é uma parte restrita de um sistema capaz de ser separado do mesmo por processos mecânicos. Consideremos cristais de uma só espécie mineral e bolhas gasosas de uma só composição em equilíbrio com um líquido homogêneo num sistema magmático. Este terá três fases: uma sólida (os cristais), uma gasosa (as bolhas) e uma líquida (a fração magmática líquida). Se nas mesmas condições a fase sólida for representada por três espécies minerais distintas o sistema terá cinco fases (1 líquida, 1 gasosa e 3 fases cristalinas). Se, ainda no caso considerado, ocorrerem tanto bolhas ricas em CO_2 quanto em H_2O, o sistema terá seis fases (1 líquida, 2 gasosas e 3 cristalinas). E se a fase magmática líquida for dada por duas frações imiscíveis o sistema será formado por sete fases (2 líquidas, 2 gasosas e 3 cristalinas). Conclui-se que um dado estado do sistema é caracterizado por uma dada associação de fases deste sistema e que variações no estado do sistema são assinaladas por mudanças nas associações de fases.

Os componentes de um sistema são as unidades químicas mais simples comuns às várias fases do sistema. O sistema gelo+água+vapor d'água tem três fases mas apenas um componente (H_2O), assim como o sistema, quartzo β^+, tridimita+cristobalita (o componente é SiO_2).

O sistema quartzo+forsterita+enstatita tem três fases mas apenas dois componentes (SiO_2 e MgO) pois todas as fases são o produto da combinação de MgO e SiO_2. Os componentes de um sistema podem ser átomos (ou íons), íons complexos ou moléculas.

Parâmetros do estado

Tendo em vista que os sistemas evoluem (i. é, mudam o seu estado) há a necessidade da definição das características do sistema a cada estágio evolutivo através de parâmetros do estado. Consideremos o sistema "lava basáltica anidra" que ao atingir a superfície terrestre encontra-se em estado líquido (1 fase) e que por cristalização origina uma rocha constituída por seis fases cristalinas (olivina, piroxênio, plagioclásio, magnetita, apatita, zircão). Durante esta evolução obviamente variou a temperatura (um dos parâmetros do estado) do sistema (a cristalização ocorre por queda de temperatura) sob condições de pressão (outro parâmetro do estado) constantes (a lava cristalizou sobre a superfície terrestre). A composição (mais um parâmetro do estado) do sistema também não se alterou pois a soma do volume de cada uma das seis fases cristalinas por sua composição específica equivale à composição do líquido magmático homogêneo inicial. Os parâmetros que definem o estado de um sistema são agrupados em extensivos e intensivos. Os parâmetros intensivos dependem da quantidade ou dimensões do sistema ou de suas fases integrantes. O volume é um parâmetro que ilustra bem as características dos parâmetros intensivos e, no caso considerado, o seu valor diminuiu pois rochas têm um volume menor que as lavas a partir das quais se formam. As juntas de contração dos corpos magmáticos atestam este fato. Já os parâmetros intensivos independem da dimensão e da quantidade do sistema ou de suas fases constituintes. Exemplo clássico de parâmetro intensivo é a fração molar.

$$x_i = n_i / \Sigma n \quad \text{onde}$$

x_i é a fração molar do componente, dado pela razão entre o número de moles de i (n_i) e o número de moles dos demais componentes (Σn) presentes no sistema ou numa dada fase do sistema. Se uma fase é constituída por apenas dois componentes (**i** e **j**) então x_i é sempre $1 - x_j$. Consideremos a fase plagioclásio constituída pelos componentes albita (Ab) e anortita (An). Sempre $x_{Ab} = 1 - x_{An}$. Tal relação independe da fase plagioclásio perfazer 1 cm^3, 1 m^3 ou 1 km^3 do volume do sistema. Consideremos um sistema multicomponente de 1 km^3 contendo 2×10^{11} moles do componente **i** num total de 4×10^{11} moles de componentes i + j + k + l. Neste caso $x_i = 2 \times 10^{11} / 4 \times 10^{11} = 0.5$. Aumentando-se o volume do sistema sem modificar a sua composição, o valor $x_i = 0.5$ permanecerá constante.

Todos parâmetros extensivos se transformam em parâmetros intensivos quando expressos em frações molares. O volume de um sistema é um parâmetro extensivo, mas a fração do volume molar de um componente **i** do sistema é um parâmetro intensivo pois, para qualquer dimensão do sistema, $XV_i = V_i / V_n$ onde V_n é a soma do volume de todos os componentes do sistema.

Retornando ao caso da evolução do nosso sistema "lava basáltica anidra" de um estado inicial (E_i), dado por uma fase de um líquido magmático homogêneo, para um estado final (E_f), dado por seis fases cristalinas, podemos dizer que esta evolução ocorreu sob condições isobáricas ($P_f = P_i$; $\Delta P = 0$) e isoquímicas ($x_{i, j, k, l, m}$ final $= x_{i, j, k, l, n}$ inicial; $\Delta X = 0$) e que ΔT

($= T_f - T_i$) foi negativo pois a temperatura da lava é maior que a da rocha que resulta de sua cristalização. A variação de ΔT define vários estados intermediários do sistema entre o estado inicial (lava totalmente líquida) e final (lava totalmente cristalizada). Para crescentes valores negativos de ΔT teremos estados do sistema dados por um líquido e uma fase cristalina (a primeira espécie mineral a cristalizar), um líquido e duas fases cristalinas, um líquido e três fases cristalinas etc., de acordo com a Figura 1.8.2 e a Tabela 1.7.1.

Muitas evoluções de sistemas ocorrem mantendo um ou mais parâmetros do estado constante. É o caso de mudanças adiabáticas, onde ΔQ (energia interna do sistema) = 0, isotérmicas, onde ΔT (temperatura do sistema) = 0, isobáricas, onde ΔP (pressão do sistema) = 0; isoquímicas, onde ΔX (fração molar dos constituintes do sistema) = 0 e isovolumétricas, onde ΔV (a variação do volume do sistema) = 0.

Além de variações nulas, os parâmetros do estado podem apresentar variações grandes (finitas) expressas pelo símbolo Δ ou infinitamente pequenas, expressas pelo símbolo **d** do cálculo diferencial. Quando o estado de um sistema é caracterizado por dois parâmetros, um dos quais constante e outro sofrendo variação infinitamente pequena, utiliza-se o símbolo δ.

Entre os principais parâmetros do estado extensivo cabe destacar:

V (volume) — mede a dimensão tridimensional de um sistema ou de uma fase do sistema.
E (Energia interna) — mede a energia total de um sistema.
S (Entropia) — mede a desordem do sistema.
H (Entalpia) — mede o conteúdo de calor (expresso em energia térmica Q) armazenado num sistema.

Entre os parâmetros intensivos cabe destacar:

X (Fração molar) — corresponde a qualquer parâmetro intensivo em termos molares tais como volume molar (cm^3/mol), entropia molar (j/mol°C), fração molar de um componente (X_i) etc.
P (Pressão) — é a força aplicada por unidade de área.
T (Temperatura) — é a medida da energia térmica (calor ou Q) baseada numa escala arbitrária tendo como referência propriedades físicas tais como o ponto de fusão e de evaporação da água, a expansão térmica do mercúrio etc.

d (Densidade) — é a massa por unidade de volume.
c (Calor específico) — é a medida da capacidade de uma substância de armazenar calor por grama de substância.
C (Capacidade calorífica) — é a medida da capacidade de uma substância de armazenar calor por mol de substância. Enquanto **C** mede a capacidade de uma substância de armazenar calor, **H** (entalpia) mede o total de calor efetivamente armazenado no sistema e, como tal, depende da dimensão do sistema. Alternativamente, a capacidade calorífica corresponde à variação no calor (expresso pela energia térmica **Q**) devido a uma variação na temperatura (**C** = d**Q**/T).

Entre os parâmetros do estado listados, alguns merecem uma consideração especial:

- Energia interna (**E**). A primeira lei da termodinâmica diz que a energia interna de um sistema isolado é constante, o que implica que energia é indestrutível e que diferentes formas de energia são equivalentes. Num dado sistema uma variação na sua energia interna (d**E**) será a diferença entre o calor (uma forma de energia) adicionada ao sistema (d**Q**) e o trabalho (outra forma de energia) realizada pelo sistema (d**W**). Portanto, a expressão matemática da primeira lei da termodinâmica é:

$$dE = dQ - dW$$

Consideremos um sistema fechado dado por um balão de gás. Sob uma dada pressão **P** o balão terá um volume **V** que depende da temperatura **T** e da massa de gás contida no balão. Nessas condições teremos: **E** = pressão **P** multiplicado pelo volume **V** e proporcional à temperatura **T**. Se o balão for levemente aquecido, a energia interna do sistema aumentará, fato retratado pelo aumento do movimento termal dos átomos de gás no balão. Ao mesmo tempo o sistema sofrerá uma expansão devido ao impacto mais intenso dos átomos mais acelerados sobre a membrana do balão. A expansão do volume do balão implica na realização de um trabalho (pois a expansão implica no deslocamento de uma quantidade de ar circundante que atua sobre o balão). A quantidade de ar deslocado será igual à diferença do volume do balão depois e antes de sua expansão (d**V**). Resulta que o trabalho realizado pelo sistema é dado pela expressão d**W** = força x distância = pressão x área x distância. Logo, à pressão constante, d**W** = **P**d**V**. Dessa maneira o aumento da energia interna do sistema é proporcional ao calor adicionado, embora menor, uma vez que parte da energia introduzida foi transformada no trabalho de expansão. O mesmo se aplicada a situações geológicas: a energia adicionada sob forma de calor a um mineral é maior que o aumento de sua energia interna ante o trabalho realizado pela expansão térmica do mineral.

- Entropia. A segunda lei da termodinâmica relaciona a variação da energia térmica num sistema (à temperatura e pressão constante) com a variação do grau de desordem do sistema (d**S**). Basicamente a entropia **S** é uma medida do afastamento entre os átomos das fases de um sistema. Sob temperaturas muito baixas as vibrações térmicas dos átomos num cristal são muito tênues e a estrutura cristalina alcança o estado perfeitamente ordenado nas condições do zero absoluto (0°K = −273°C) quando a entropia dos cristais perfeitos é zero (terceira lei da termodinâmica). Sob temperaturas mais elevadas uma substância sólida tem entropia mais elevada, dada por um arranjo atômico mais confuso devido a maior vibração térmica dos íons e/ou átomos. Finalmente, com um aquecimento mais intenso, as vibrações térmicas dos átomos (ou íons) rompem a estrutura do cristal que se transforma num líquido. O contínuo aquecimento deste leva, finalmente, à sua vaporização o que aumenta ainda mais a entropia do sistema (no estado gasoso os átomos estão mais distanciados que no estado líquido). Resulta assim a expressão:

$$\frac{dQ}{T} = dS$$

Durante a fusão e a vaporização de um sistema o calor adicionado é consumido exclusivamente para aumentar a desordem (entropia) do sistema o que se reflete na natureza isotérmica desses fenômenos.

Importante, ainda, sob o aspecto matemático, é a caracterização de parâmetros do estado como diferenciais exatas e inexatas. Consideremos a variação da energia interna (Δ **E**) de um sistema em função dos parâmetros do estado pressão (**P**) e temperatura (**T**) na Figura 4.1.1 que mostra a evolução do sistema do estágio inicial 1 para o estágio final 3. Segundo a figura, o estágio final pode ser alcançado de duas maneiras. Na primeira, passa-se por um estágio intermediário 2 obtido pela variação da pressão sob condições isotérmicas e alcança-se o estágio final por meio de uma variação na temperatura sob condições isobáricas. Na segunda, passa-se diretamente do estágio inicial para o estágio final por uma variação simultânea da pressão e da temperatura. A variação da energia interna (ΔE) do sistema será igual nos dois casos, ou seja, independe do número e da natureza das etapas (estágios evolutivos) intermediárias para se chegar do estado inicial ao estado final. Em outras palavras, num ciclo fechado representado pelas etapas $E_{1-2} + E_{2-3} + E_{3-1}$ a variação da energia interna do sistema é nula ($\Delta E = 0$). Esta feição caracteriza **E** como uma diferencial exata.

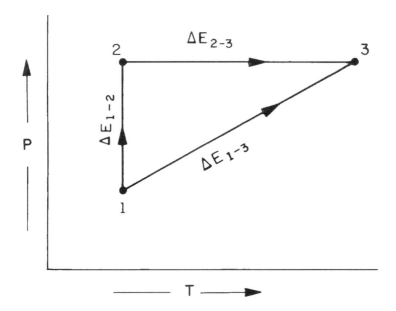

FIGURA 4.1.1 – Variação na energia interna (ΔE) na dependência da variação dos parâmetros do estado pressão (**P**) e temperatura (**T**). O estado final (3) pode ser obtido por duas maneiras: uma passando-se do estado inicial (1) via uma variação intermediária isotérmica (1 - 2) seguido de uma variação isobárica (2 - 3) e outra por uma variação única (1 - 3) dados por uma variação simultânea de **P** e **T**. Os estágios 1 - 2 - 3 formam, em conjunto, um ciclo fechado. A variação final da energia interna (ΔE) independe do número de variação dos parâmetros do estado para chegar-se do estágio inicial ao estágio final do sistema. Essa característica define a energia interna **E** como uma diferencial exata.

Também **P**, **V**, **S** e **H** são diferenciais exatas, mas **Q** e **W** são diferenciais inexatas pois seu valor final varia com o número e a natureza das variações dos parâmetros do estado para se chegar do estado inicial ao estado final. Isto implica que num ciclo completo ΔQ e $\Delta W \neq 0$. É nesta característica que se baseia os motores de compressão do ciclo Otto (motores a gasolina) e Daimler (motores a diesel).

Relembrando a expressão $dE = dQ - dW$, ressalta que a energia interna é uma diferencial exata cuja variação resulta da variação de duas diferenciais inexatas. Além disso a Figura 4.1.1 indica que **E** (um parâmetro de estado extensivo) é definido em termos de **P** e **T**, parâmetros de estado intensivos.

Tendo em vista que as várias formas de energia (térmica, mecânica, química, elétrica etc.) são equivalentes e que a energia é indestrutível, pode ser dito de maneira muito simplória que a termodinâmica procura correlacionar matematicamente os diversos parâmetros do estado visando o desenvolvimento de expressões que permitam quantificar diferentes processos naturais já que todos eles implicam na variação e na transformação de energia.

Regra de fases

A vinculação entre os componentes, as fases e os parâmetros do estado de um sistema é dada pela regra das fases expressa pela relação:

$$f = c - p + x \quad \text{onde}$$

f = grau de liberdade do sistema, isto é, o número de parâmetros do estado que podem ser variados arbitrariamente sem mudar as características (o estado) do sistema.

c = número de componentes do sistema que corresponde ao número mínimo de substâncias químicas necessário para a descrição da composição de todas as fases do sistema.

p = número de fases do sistema. As fases são partes homogêneas do sistema que podem dele ser separadas por processos mecânicos. Não há a necessidade da continuidade física de uma fase num sistema. Um sistema com água e 10 gotículas de óleo de mesma composição terá apenas duas fases (óleo e água) e não 11 (água e 10 gotículas de óleo). Um estado do sistema é definido pelas fases que o constituem.

x = parâmetros do estado do sistema, isto é, as condições que definem uma determinada associação de fases (estado) de um sistema. Pela variação dos parâmetros do estado podem surgir novas fases ou outras previamente existentes podem desaparecer. Caso clássico na petrologia é a cristalização de uma lava onde pela variação do parâmetro do estado intensivo temperatura (**T**), que indica uma cessão de energia térmica **Q** para o meio circundante, o sistema originalmente constituído por uma fase líquida homogênea (estado inicial do sistema) passa a ser composto por várias fases cristalinas cada uma com composição distinta (estado final do sistema).

Um caso fácil de compreensão da aplicação da regra das fases é o sistema H$_2$O (Figura 4.1.2), constituído por três fases (água, gelo e vapor) e um só componente (H$_2$O). A presença de 1, 2 ou 3 fases no sistema H$_2$O (que caracterizam diferentes estados do sistema) depende dos valores dos parâmetros do estado **T** e **P** que definem o sistema na Figura 4.1.2. Resulta assim:

$$f = c - p + x = 1 - 3 + 2 = 0$$

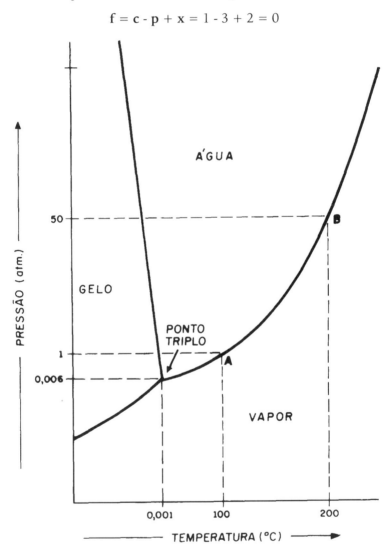

FIGURA 4.1.2 – O sistema H$_2$O composto por três fases (gelo, água e vapor d'água) e um componente (H$_2$O) na dependência dos parâmetros de estado intensivos pressão (**P**) e temperatura (**T**). Pontos A e B, ver texto.

O grau de liberdade 0 (zero) indica que para manter a coexistência do número máximo de fases (3) no sistema não pode ser variado nenhum dos parâmetros do estado, ou seja, só existe uma combinação de **P** e **T** na qual o estado do sistema é caracterizado pela coexistência das três fases. O equilíbrio do sistema é pontual, representado pelo ponto tríplice da Figura 4.1.2.

Se considerarmos, entretanto, estados do sistema caracterizados pela coexistência de apenas duas fases do sistema (**p** = 2) seu grau de liberdade será unitário (**f** = 1) e o equilíbrio será linear. Esta condição indica que para manter o estado do sistema (dado pela coexistência de duas fases) cada variação arbitrária de um dos parâmetros do estado deve ser acompanhada por uma variação obrigatória e quantitativamente definida do outro parâmetro do estado. Consideremos na Figura 4.1.2 a linha de equilíbrio água-vapor e que o estado inicial do sistema corresponda ao ponto A definido pelos parâmetros do estado **T** = 100°C e **P** = 1 atm. Se a temperatura for arbitrariamente mudada para 200°C (ponto B) a pressão deverá variar obrigatoriamente para 50 atmosferas para que seja mantido o estado do sistema. Finalmente, se considerarmos estados do sistema caracterizados pela presença de apenas uma fase resulta que **p** = 1 e **f** = 2 e o equilíbrio será areal. Isso indica que ambos os parâmetros do estado podem ser variados independentemente (dentro de certos limites) sem que ocorra uma mudança no estado do sistema. Consideremos uma panela com água sendo aquecida ao nível do mar. Nestas condições a pressão permanece constante (1 atmosfera) e a temperatura poderá ser variada arbitrariamente entre pouco mais de 0°C até quase 100°C sem que se altere o estado do sistema caracterizado pela presença de apenas uma fase líquida. Atingida a temperatura de 100°C o estado do sistema irá alterar-se pois a água passará a ferver e então coexistirão uma fase líquida (água) e uma gasosa (vapor). Repetindo-se a mesma experiência a grandes altitudes (digamos na cidade de La Paz) onde a pressão é inferior a uma atmosfera, a mudança do estado do sistema ocorrerá a menos de 100°C. Assim, mesmo fervendo, a água terá uma temperatura menor e demorará mais para cozinhar os alimentos. Na percepção desse processo baseia-se a panela de pressão que por ser hermeticamente fechada isola o sistema "panela" da pressão ambiente. Nessas condições a adição de energia térmica ao sistema aumenta a sua pressão o que implica no aumento da temperatura de vaporização da água. Com a água fervendo a temperaturas maiores, os alimentos irão cozinhar mais rapidamente.

Equilíbrio em sistemas

A termodinâmica clássica se ocupa com sistemas em equilíbrio mas não considera a velocidade das reações que neles ocorrem, objeto de estudo da termodinâmica cinética. Um estado de equilíbrio num sistema é alcançado quando a razão de reação entre os reagentes (que por convenção são os compostos do lado esquerdo de uma reação química) para a geração dos produtos (que por convenção são os compostos do lado direito de uma reação química) é igual a razão de reação entre os produtos para a geração dos reagentes. Este aspecto pode ser generalizado através da reação

$$aA + bB = cC + dD$$
$$\text{reagentes} = \text{produtos}$$

onde **A**, **B**, **C** e **D** são os componentes do sistema e **a**, **b**, **c** e **d** suas respectivas concentrações.

Quando a razão da reação progressiva dos reagentes for maior que a reversa dos produtos (ou vice-versa) a reação é irreversível, isto é, não existe equilíbrio no sistema (isto é, o sistema está em desequilíbrio). O desenvolvimento tanto da reação progressiva entre os reagentes quanto da reação reversa entre os produtos requer energia, denominada de energia livre de Gibbs (**G**) que pode ser visualizada como um excesso de energia do sistema (em termos de **Q** e **W**) utilizada no desenvolvimento da reação. Quando a energia de Gibbs, que permite a reação progressiva dos reagentes, for igual a energia que rege a reação inversa entre os produtos, resulta que a variação de **G** da reação será zero ($\Delta G = 0$) e o sistema estará em equilíbrio. A energia livre da reação progressiva e reversa para uma mesma reação varia com a pressão (**P**) e temperatura (**T**) e de maneira diferenciada para reagentes e produtos. Desse modo, sob certas combinações de **PT**, a energia da reação progressiva pode superar a da reação reversa, enquanto sob outras ocorre o contrário e sob condições de **P** e **T** particulares as duas se equivalem ($\Delta G = 0$). Como a tendência de qualquer sistema é sempre alcançar um conteúdo mínimo de energia livre fica claro que em condições de desequilíbrio sempre será estável a paragênese com menor energia livre.

A Figura 4.1.3 mostra a variação da energia livre dos reagentes e produtos da reação **aA + bB = cC + dD** durante a variação da temperatura sob condições isobáricas. Entretanto, o efeito da temperatura pode ser compensado por uma variação simultânea na pressão. A Figura 4.1.4 retrata esta situação na qual o equilíbrio ($\Delta G = 0$) da reação **aA + bB = cC + dD** é mantido por uma variação conjunta e acoplada da pressão e da temperatura.

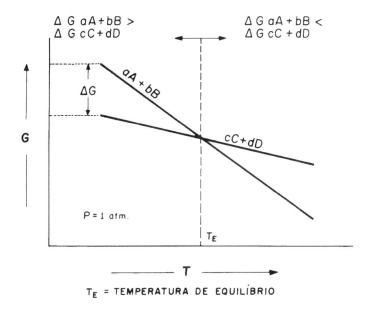

FIGURA 4.1.3 – Variação da energia livre (Δ G) na reação **aA** + **bB** = **cC** + **dD** para reagentes e produtos na dependência da temperatura sob condições isobáricas. A paragênese de desequilíbrio estável é aquela com menor energia livre. Abaixo da temperatura de equilíbrio T_e a associação **C** + **D** é estável e acima de T_e a associação **A** + **B**. Na temperatura Te coexistem **A** + **B** e **C** + **D** em equilíbrio.

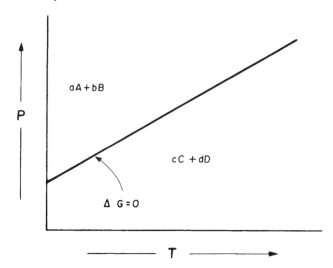

FIGURA 4.1.4 – Variação da energia livre (Δ G) da reação **aA** + **bB** = **cC** + **dD** na dependência da variação dos parâmetros de estado intensivos pressão (**P**) e temperatura (**T**). A condição Δ **G** = 0, que indica que o sistema está em equilíbrio, pode ser mantida por uma variação acoplada da pressão e da temperatura, caracterizando um equilíbrio linear.

Sob condições isotérmicas um aumento da pressão torna estável a paragênese de menor volume molar (a paragênese com as fases mais densas) e sob condições isobáricas um aumento da temperatura estabiliza a paragênese com menor capacidade calorífica. Isso significa que uma vez conhecidas a variação do volume molar e da capacidade calorífica das fases envolvidas numa reação em função da temperatura e da pressão será fácil calcular a associação de fases estável para diferentes valores de **P** e **T**.

Exercícios

1. Discuta conceitualmente a entropia do sanidina, ortoclásio e do microclínio baseado em sua triclinicidade. Estabeleça a estabilidade desses feldspatos em função de crescentes temperaturas.

2. Explique conceitualmente a formação de fumaça a partir de um cigarro aceso e a dispersão de folhas de uma pilha ordenada quando atingido por uma lufada de vento em termos de entropia.

3. Em processos geológicos o tipo mais frequente de trabalho realizado pelos sistemas magmáticos é o trabalho de expansão. Cite exemplos.

4. Utilizando os dados da Tabela 4.2.1 determine se as reações de saturação de minerais insaturados implicam ou não em aumento de volume. Discuta os resultados em função da Figura 4.1.4 e da ocorrência dos minerais saturados e insaturados em rochas vulcânicas e plutônicas.

5. Algumas considerações termodinâmicas extremamente simples e suas aplicações em reações constam no livro de Carvalho (1970) *Iniciação à físico-química moderna*. Consulte esta obra para recordar algumas noções básicas.

4.2 Cálculos termodinâmicos básicos

Como exposto previamente, a termodinâmica procura correlacionar matematicamente os diversos parâmetros do estado visando o desenvolvimento de expressões que permitam caracterizar quantitativamente os diferentes processos naturais uma vez que todos eles implicam na variação e na transformação de diferentes formas de energia. É objeto neste item apresentar algumas destas expressões matemáticas e o seu emprego numérico principalmente na reação $Mg_2SiO_4 + SiO_2 = 2\,MgSiO_3$, uma das reações básicas no desenvolvimento da classificação termodinâmica das rochas magmáticas e previamente tratada, sob aspecto da atividade química da sílica, no item 1.2 (ver Figura 1.3.11). A exemplificação numérica dos cálculos requer a existência de dados termodinâmicos que estão sendo acumulados de maneira crescente nos últimos anos sem que, entretanto, o total já disponível seja suficiente para a abordagem de todos os problemas petrológicos. A Tabela 4.2.1 reúne alguns desses dados e deverá ser consultada seguidamente durante o desenvolvimento deste texto.

Tabela 4.2.1 – Dados termodinâmicos básicos para alguns silicatos sob condições padrão de pressão e temperatura (STP) onde $T = 25°K\,(= 298°C)$; $P = 1\,b$; $S° =$ entropia (j/mol°K); $V° = cm^3/mol$; $H_f°$ = entalpia de formação (j/mol) e $G_f°$ = energia livre de formação (j/mol). Segundo Robie et al., 1979, e Helgeson et al., 1978, simplificado

Minerais	$S°_{298}$	$V°_{298}$	$\Delta H_f°$	$\Delta G_f°$
Albita (alta) $NaAlSi_3O_8$	226.40	100.43	-3924240	-3706507
Anortita $CaAl_2Si_2O_8$	199.30	100.79	-4229100	-4003326
Clinoenstatita $MgSiO_3$	67.86	31.47	-1547750	-1460883
Diopsídio $CaMgSi_2O_6$	143.09	66.09	-3210760	-3036554
Faialita Fe_2SiO_4	148.32	46.36	-1479360	-1379375
Forsterita Mg_2SiO_4	95.19	43.79	-2170370	-2051325
Ilmenita $FeTiO_3$	105.86	31.96	-1236622	-1159170
Jadeíta $NaAlSi_2O_6$	133.47	60.4	-3029400	-2850834
Caliofilita $KAlSiO_4$	133.26	59.89	-2121920	-2005975

Continuação

Minerais	S^o_{298}	V^o_{298}	ΔH^o_f	ΔG^o_f
Leucita $KAlSi_2O_6$	200.20	88.39	-3038650	-2875890
Magnetita Fe_3O_4	146.14	44.524	-1115726	-1012566
Muscovita $KAl_2(AlSi_3O_{10})(OH)_2$	334.6	140.71	-5976740	-5600671
Nefelina $NaAlSiO_4$	124.35	54.16	-2092110	-1977498
Piropo $Mg_3Al_2Si_3O_{12}$	260.76	113.27	-6284620	-5932412
Quartzo SiO_2	41.46	22.688	-910700	-856288
Sanidina $KAlSi_3O_8$	232.90	109.05	-3959560	-3739776
Espinélio $MgAl_2O_4$	80.63	39.71	-2299320	-2174860
Tremolita $Ca_2Mg_5(Si_8O_{11})(OH)_2$	548.90	272.92	-12355080	-11627910

Entalpia

A entalpia (**H**) mede o conteúdo de calor armazenado num dado sistema (energia térmica **Q**). A entalpia é um conceito importante pois da variação da entalpia molar deriva a noção do calor de formação e do calor de reação. O calor da formação (H_f, $H°$ ou H^o_f) corresponde ao calor cedido pelos componentes de um composto por ocasião de sua formação através de uma reação. Os calores de formação são medidos por calorimetria e tabulados segundo um estado padrão de referência **STP** (Standart **T** e **P** onde **P** = 1b e **T** = 25°K = 298°C) conforme a Tabela 4.2.1. Consideremos sob condições **STP** a reação

Si (metal) + O_2 (gás) = SiO_2 (silicato).

Nessa reação de formação da sílica é liberado um calor de formação de 910.7 kj/mol conforme a Tabela 4.2.1. Como a entalpia é uma integral exata, os valores de entalpia de formação dos diferentes silicatos da Tabela 4.2.1 podem ser recombinados para o cálculo dos valores de reação sob condições **STP** (ΔH^o_r) segundo a expressão

$$\Delta H_r^\circ = \Delta H_f^\circ \text{ dos produtos} - \Delta H_f^\circ \text{ dos reagentes}$$

Considerando a reação molar

Mg_2SiO_4 + SiO_2 = $2MgSiO_3$
Forsterita + Quartzo = Enstatita   segue que

$$\Delta H_r^\circ = 2 H_f^\circ En - H_f^\circ Q - H_f^\circ Fo.$$

Da Tabela 4.2.1 resulta que ΔH_r° = 2 (-1547.75) + 910.70 + 2170.37= -14.43 kj/mol, indicando o sinal negativo perda de energia do sistema para o meio circundante o que caracteriza a reação como exotérmica.

Entropia

A entropia (**S**) mede a desordem de um sistema e está vinculada aos parâmetros do estado **Q** (energia térmica) e **T** (temperatura) pela relação.

$$d\mathbf{S} = d\mathbf{Q}/\mathbf{T}$$

Para reações adiabáticas ($\Delta \mathbf{Q}$ = 0) resulta

$$\Delta \mathbf{S} = \int d\mathbf{Q}/\mathbf{T} = \int 0/\mathbf{T} = 0$$

Para reações isobáricas (**P** = 0) obtém-se a expressão

$$\Delta \mathbf{S} = \int d\mathbf{Q}/\mathbf{T} = \int d\mathbf{H}/\mathbf{T} = \int \mathbf{c}\, d\mathbf{T}/\mathbf{T} = \int \mathbf{c} \ln \mathbf{T}$$

Como a entropia é uma diferencial exata, os valores de entropia dos diferentes silicatos da Tabela 4.2.1 podem ser recombinados para o cálculo da entropia de reação sob condições **STP** ($\Delta \mathbf{S}_r^\circ$) segundo a expressão

$$\Delta \mathbf{S}_r^\circ = \Delta \mathbf{S}^\circ \text{ dos produtos} = \Delta \mathbf{S}^\circ \text{ dos reagentes}$$

Considerando a reação molar

Mg SiO$_4$ + SiO$_2$ = 2 MgSiO$_3$ segue que
Forsterita + Quartzo = Enstatita

$$\Delta \mathbf{S}_r^\circ = 2 \Delta \mathbf{S}^\circ En - \Delta \mathbf{S}^\circ Q - \Delta \mathbf{S}^\circ Fo$$

Da Tabela 4.2.1 resulta que $\Delta \mathbf{S}_r^\circ$ = 2(67.86) - 95.19 - 41.46 = -0.93 j/mol, onde o sinal negativo indica que nesta reação houve diminuição na entropia no sistema.

A determinação experimental da entropia é uma tarefa relativamente fácil. A entropia (**S**) de uma substância à temperatura **T** é dada pela expressão:

$$S_T = \int_0^T \frac{Cp}{T} dT \qquad \text{onde}$$

S$_T$ = a entropia do sistema à temperatura **T** sob condições isobáricas.
T = temperatura do sistema, expressa em °K.
Cp = capacidade calorífica da substância, sob condições isobáricas, por mol de substância.

Verifica-se pela fórmula acima que a entropia de uma substância está relacionada com sua capacidade calorífica (ou calor específico quando expresso em gramas de substância), uma propriedade física de fácil determinação por meio de experimentos de calorimetria.

Energia livre de Gibbs

A energia livre de Gibbs (**G**) representa um conceito termodinâmico muito importante pois é o único critério para a constatação se uma dada reação irá desenvolver-se espontaneamente ou não. **G** pode ser visualizada como uma "energia potencial química", porque numa reação a paragênese com menor energia livre é a associação estável (Figura 4.1.3). Consideremos a reação.

$$aA + bB = cC + dD$$

Se a reação progressiva tiver um Δ**G** negativo a associação mineral **C** + **D** se formará irreversivelmente (espontaneamente) à custa de **A** + **B**. Se a reação progressiva tem um Δ**G** positivo a reação reversa será espontânea e **A** + **B** serão os produtos estáveis.

Como a energia livre de Gibbs é diferencial exata resulta que os valores de energia livre dos diferentes silicatos da Tabela 4.2.1 podem ser recombinados para o cálculo do valor da energia livre de reação sob condições **STP** ($\Delta G_r^°$) segundo a expressão

$$\Delta G_r^° = \Delta G° \text{ dos produtos} - \Delta G° \text{ dos reagentes}$$

Na reação molar

$$Mg SiO_4 + SiO_2 = 2\ MgSiO_3 \qquad \text{segue que}$$

Forsterita + Quartzo = Enstatita

$$\Delta G_r^\circ = 2 \ \Delta G^\circ \text{ En } - \Delta G^\circ Q - \Delta G^\circ \text{Fo}$$

Da Tabela 4.2.1 resulta que $\Delta G_r^\circ = 2\,(-1460.883) + 2051.325 + 856.288 = -14.15$ kj/mol, onde o grande valor negativo de ΔG° confirma a incompatibilidade entre quartzo e forsterita em rochas ígneas e mostra que o piroxênio é a fase estável desta reação.

A energia livre de Gibbs também pode ser correlacionada com outros parâmetros de estado através da equação.

$$G = H - TS \qquad \text{da qual decorre}$$

$$dG = dH - TdS - SdT$$

Para mudanças finitas sob condições isotérmicas teremos

$$\Delta G_r = \Delta H - T\,\Delta S$$

e para condições **STP**, nas quais $T = 25°C = 298°K$, resulta

$$\Delta G_r^\circ = H^\circ - 298\,\Delta S^\circ \quad (\text{com } \Delta S^\circ \text{ expresso em j/mol °K})$$

Como H_r° (-14,43 kj/mol) e S_r° (- 0.93 kj/mol) já foram previamente calculados, segue que

$$\Delta G_r^\circ = -14.13 + 289\,(0.00093) = -14.15 \text{ kj/mol}$$

valor que confirma o resultado previamente calculado.

Outra importante feição é a relação entre a energia livre de Gibbs e a constante de equilíbrio químico. Consideremos novamente a reação **aA + bB = cC + dD** e na qual reagentes e produtos são gases ideais. A constante de equilíbrio K_E desta reação é dada pela expressão

$$K_E = \frac{P_C - P_D}{P_A - P_B} \qquad \text{onde}$$

$P_{A, B, C, D}$ – são as pressões parciais dos gases envolvidos na reação. As pressões parciais podem ser consideradas como as frações molares (X_i) de cada gás constituinte do sistema multiplicadas pela pressão total (**P**) do sistema (por exemplo: $P_i = X_i P$). Por relações termodinâmicas básicas pode ser provado que

$$\Delta G^\circ = RT \ln K_E \qquad \text{onde}$$

R é a constante dos gases ideais (8.3143 j/°K mol = 1.99872 cal/°K mol). Esta relação, conhecida como equação de reações isotérmicas de Van't Hoff, apesar de desenvolvida para gases ideais também tem grande aplicação em outras reações.

Uma variante de K_E de muita utilidade em petrologia é o coeficiente de distribuição K_D já mencionado por ocasião da definição de elementos compatíveis e incompatíveis. O K_D é a K_E de reações nas quais as fases envolvidas têm composições distintas mas apresentam íons em comum. Consideremos a reação:

$NaAlSi_3O_8$ + $KAlSiO_4$ = $KAlSi_3O_8$ + $NaAlSiO_4$
albita + caliofilita = ortoclásio + nefelina

Nesta reação o feldspato potássico e sódico formam uma solução sólida, assim como os feldspatoides caliofilita e nefelina. A reação pode ser considerada como um processo de substituição entre K e Na, na qual em função da variação da pressão (**P**) e da temperatura (**T**) os íons de Na^{+1} irão substituir os íons de K^{+1} até uma proporção de 1:1. Assim a reação pode ser reescrita sob a forma

$$Na^{FA} + K^{FD} = K^{FA} + Na^{FD}$$ onde

FA representa a solução sólida entre os feldspatos alcalinos
FD representa a solução sólida entre os feldspatoides.

A constante de equilíbrio (K_E) e o coeficiente de distribuição (K_D) para esta reação é dada pela expressão

$$K_E = K_D = \frac{xK^{FA} \cdot xNa^{FD}}{xNa^{FA} \cdot xK^{FD}}$$ onde

X é a fração molar dos componentes Na e K nas duas soluções sólidas (FA, FD) consideradas.

Para condições de equilíbrio ($\Delta G = 0$) a equação de Van't Hoff indica que o logaritmo de K_D é proporcional a $1/T$. Isto permite a elaboração do gráfico $1000/T$: log K_D (Figura 4.2.1) onde log K_D é calculado para várias temperaturas à pressão constante. A linha reta da Figura 4.2.1 é a base para determinações da temperatura (e da pressão, quando K_D é calculado para diferentes pressões à temperatura constante) da cristalização das rochas magmáticas. No caso da Figura 4.2.1 a determinação da composição química do feldspato alcalino e do feldspatoide coexistentes em termos de Na e K (por exemplo, num nefelina sienito) permite facilmente o cálculo do K_D destes elementos na rocha considerada. Este valor, lançado no gráfico em questão, permite a determinação da temperatura de cristalização do par feldspato alcalino-feldspatoide. Baseado neste princípio foram desenvolvidos vários termômetros e barômetros geológicos destacando-se para as rochas básicas o assentado no par coexistente ortopiroxênio-clinopiroxênio. A existência de um termômetro geológico baseado na coexistência entre feldspatos alcalinos e plagioclásio fica patente na Figura 1.5.4.

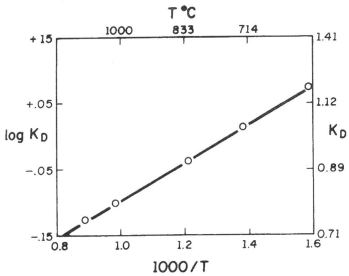

FIGURA 4.2.1 – Gráfico log K_D : 1000/T (escala Arrhenius) para reações nas quais reagentes e produtos formam soluções sólidas, caso da reação albita + caliofilita = ortoclásio + nefelina. O coeficiente de distribuição K_D do Na e K nas soluções sólidas feldspato alcalino (albitaortoclásio) e feldspatoides (caliofilita-nefelina), sob condições isobáricas, depende da temperatura. A análise dos teores de Na e K destas soluções sólidas em rochas nas quais ocorrem simultaneamente (caso de nefelina sienitos) permite a determinação do K_D que uma vez lançado no gráfico determina a temperatura de cristalização das duas soluções sólidas consideradas e, por extensão, a temperatura de cristalização da rocha.

Exercícios

1. Utilizando os dados da Tabela 4.2.1 calcule, para condições STP a variação na entalpia, entropia e energia livre para as reações caliofilita + sílica, leucita + sílica e nefelina + sílica. Discuta os resultados compativamente.

2. No livro de Kern & Weisbrod (1967) *Thermodynamics for Geologists,* páginas 108-24, é descrito didaticamente o cálculo termodinâmico da transformação polimórfica grafite-diamante (importante para a determinação das condições genéticas de magmas kimberlíticos) e quartzo α - quartzo β (importante para a determinação da temperatura de geração de rochas vulcânicas ácidas contendo quartzo de alta temperatura. Consulte-o para dominar os aspectos básicos dos cálculos termodinâmicos e de elaboração de diagramas de equilíbrio.

4.3 Gases e soluções ideais e reais

A relação entre os parâmetros do estado em sistemas de gases ideais é dada pela lei dos gases ideais

$$PV = n\,RT \quad \text{onde}$$

P = pressão do gás, expressa em pascal (Pa) ou em newton (N) por m^2
Pa = N/m^2

V = volume do gás, expresso em m^3

n = números de moles de gás

R = constante dos gases ideais (8,3144j/°K mol = 1,9872 cal/°K mol).
j = Nm = Pa m^3.

T = temperatura do gás, expressa em °K (°K = °C + 273).

Mantendo-se o número de moles do gás constante e sendo R também uma constante (isto é, n**R** = k), resulta

$$PV = kT \text{ e } P = kT/V$$

Esta relação indica que um aumento de **T** (a volume constante) acarreta um aumento proporcional de **P** e que um aumento de **V** (a temperatura constante) implica numa diminuição proporcional de **P**. Na natureza tal correspondência linear ocorre apenas a pressões baixas. Sob pressões maiores, a proporção linear entre **P** e T/V não se mantém e nestas condições os gases são ditos reais ou imperfeitos.

A pressão de um gás resulta da somatória das colisões de todas as moléculas constituintes do gás sobre as paredes de seu reservatório. Sob baixas pressões cada molécula atua independentemente das demais pois estão espaçadas o suficiente para que a energia cinética de cada molécula não seja influenciada pelas forças eletrostáticas comuns a todas elas. Estas forças serão tanto maiores quanto mais dipolar for a natureza da molécula. A molécula de H_2O é fortemente dipolar, com um formato alongado no qual em uma extremidade se concentram dois íons de H^{+1} e na outra um íon de O^{-2}. Dessa maneira a energia cinética das moléculas é influenciada pela atração eletrostática quando as extremidades de duas moléculas com cargas distintas se aproximam. Consequentemente, a pressão real do gás será diferente da pressão de um gás ideal. No caso do hélio, cujos átomos não são dipolares, seu comportamento pouco difere dos gases ideais. Se a somatória de todas as forças eletrostáticas das moléculas do gás for atrativa isso irá diminuir a sua energia cinética e consequentemente, a pressão do gás será menor que a de um gás ideal. Se a soma for repulsiva ocorrerá o contrário.

Na relação **V** = k**T**/**P** quanto mais o volume de 1 mol de gás se afastar da relação k**T**/**P** tanto mais real (ou imperfeito) será o gás. A quantificação desta característica "real" é dada pela expressão.

$$\alpha = (RT/P_{real}) - V_{ideal} \qquad \text{onde}$$

α é nulo para gases ideais, positivo quando a pressão real for menor que a pressão ideal e negativo no caso inverso. Valores negativos de α só ocorrem em pequenos volumes de gás sob elevadas pressões. De modo geral, um aumento na temperatura do sistema aproxima o comportamento de um gás real do de um gás ideal devido ao aumento da entropia (desordem) no sistema. Dessa maneira α tende a diminuir com o aumento de **T**.

Em cálculos termodinâmicos utiliza-se, sempre que possível, a pressão ideal (P_{ideal}). Na ausência desta emprega-se a pressão real (P_{real}) ou a fugacidade (**f**) do gás, que corresponde a sua pressão "efetiva" ou "termodinâmica". A relação entre P_{real} e **f** é dada pelo coeficiente de fugacidade γ_f segundo a expressão

$$\gamma_f = f/P_{real} \qquad \text{onde}$$

$$\gamma_f = 1 \qquad \text{para gases ideais.}$$

Entre as numerosas equações utilizadas para o cálculo da pressão real de um gás destaca-se a equação de Van der Waals dada pela expressão

$$[P_{real} + (a/V^2)] (V - b) = RT \qquad \text{onde}$$

a e **b** são as constantes de Van der Waals para gases reais expressos, respectivamente em atm l^2/mol^2 e l/mol. Se **a** = **b** = 0 o gás é ideal. As constantes **a** e **b** de alguns gases constam da Tabela 4.3.1.

Tabela 4.3.1 – As constantes de Van der Waals a (atm l²/mol₂) e b (l/mol) para os gases magmáticos mais comuns

	Constantes de Van der Waals	
GÁS	a (atm l²/mol²)	b (1/mol)
CO_2	3.59	0.0427
CO	1.49	0.0399
H_2	0.24	0.0266
HCl	3.67	0.0408
O_2	1.36	0.0318
SO_2	6.71	0.0564
H_2O	5.46	0.0305

Reagrupando-se a expressão acima resulta a equação

$$P_{real} = [RT/(V - b)] - (a/V^2)$$

Esta relação ressalta o efeito oposto das constantes **a** e **b**. Quanto maior o valor de **a** menor a pressão real e quanto maior o valor de **b** tanto mais elevada ela será. Na fórmula acima a pressão real calculada é expressa em atmosferas (1 atm = 1.01325 b = 10⁵ Pa) e o volume é dado em litros. Nestas condições **R** = 0.08206 l atm/mol °K.

Consideremos um exemplo numérico envolvendo 0.25 l de H_2O a 500°C:

a_{H_2O} = 5.46
b_{H_2O} = 0.0305
T = 773°K (500°C)
V_{H_2O} = 0.25 l

sendo [P_{real} + (a/V²)] (V - b) = RT,   resulta a 773°K (500°C):

[P_{real} + (5.46/0.25²)] ´ (0.25 - 0.0305) = 0.08206 ´ 773
P_{real} = 202 atm
$P_{ideal.}$ = RT/V = 0,08206 ´ 773/0,25 = 254 atm
α = (RT/P_{real}) - $V_{ideal.}$ = (0.08206 . 773/202) - 0.25 = 0.064 l.

Quantificada a pressão real (P_{real}), a fugacidade (f) é calculada pela expressão

$$\ln f = \ln [RT/(V - b)] + [b/(V - b)] - 2a/RTV$$

Resulta assim

$$\ln f = \ln [(0.08206 \cdot 773)/(0.25 - 0.0305)] + [0.0305/(0.25 - 0.0305)] - [2 \cdot 5.46/(0.08206 \cdot 773 \cdot 0.25)]$$

f = 167 atm.

$\gamma_f = f/P_{real} = 167/202 = 0.827$

Assim como os gases, também soluções líquidas e sólidas (plagioclásios, olivinas etc.) podem ser perfeitas (ideais) ou imperfeitas (reais). Nas soluções reais a concentração x_i está para a atividade química a_i que representa a sua concentração "efetiva" ou "termodinâmica" assim como a pressão está para a fugacidade dos gases reais. Em soluções ideais a concentração e a atividade química de um dado componente são iguais. A concentração é expressa pela fração molar do componente i no total dos moles dos diferentes componentes constituintes da solução, tratando-se, pois, de um parâmetro de estado intensivo. Por analogia com o coeficiente de fugacidade f existe um coeficiente de atividade química γ_a definido pela relação

$$\gamma_a = a_i/x_i \quad \text{ou} \quad a_i = \gamma_a x_i \qquad \text{onde}$$

γ_a = o coeficiente de atividade química e tem valor 1 nas soluções ideais.

a_i = atividade química da espécie química i na solução representando sua concentração "efetiva" ou "termodinâmica".

x_i = a fração molar (concentração) da espécie química i na solução.

A atividade química de um certo componente i numa solução aquosa pode ser medida facilmente. Por exemplo, a atividade química do H^+ numa solução pode ser medida com um pH-metro. Este equipamento tem um eletrodo iônico específico para o H^+ mas existem numerosos para outros elementos específicos. Com um deles pode ser medida a atividade química do Na^{+1} numa solução mas a concentração deste elemento na solução só pode ser obtida através de uma análise química.

Quando num gás a pressão parcial de um dos seus constituintes se aproxima de zero (0), seu γ_f se aproxima de 1. Analogamente, quando numa solução a concentração X de um de seus constituintes se aproxima de 0 (zero) seu γ_a se aproxima de 1. Resulta que elementos traços que substituem elementos maiores numa solução sólida (ver Tabela 2.4.4) se comportam mais como soluções ideais que os elementos maiores desta solução. Exceção são as olivinas e os ortopiroxênios que se comportam como soluções ideais em toda sua gama composicional, ou seja, $x_i = a_i$ para todas as proporções entre seus membros finais constituintes dados, no caso da olivina, pela forsterita (Mg_2SiO_4) e pela faialita (Fe_2SiO_4). Isso equivale a dizer que $\gamma_a = 1$ para todo intervalo composicional entre $x_i = 0$ e $x_i = 1$. Soluções com estas características obedecem a Lei de Raoult segundo a qual numa solução ideal $a_i = x_i$. Quando uma solução não segue a Lei de Raoult, mas **a** é uma constante, diz-se que estas obedecem a Lei de Henry (Figura 4.3.1).

Para um gás simultaneamente dissolvido num líquido e fazendo parte de uma fase gasosa em contato e em equilíbrio com este líquido os coeficientes de fugacidade (na fase gasosa) e de atividade química (na fase líquida) serão numericamente proporcionais (**f** = k **a**). Este caso, em geologia, é dado pela presença de bolhas de vapor d'água num magma que simultaneamente também contém água dissolvida. A atividade química da água dissolvida no magma será proporcional à fugacidade do H_2O na bolha de vapor.

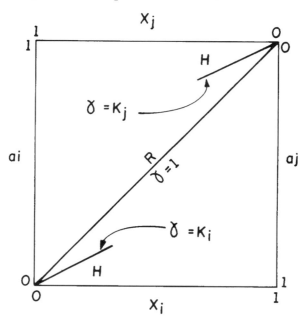

FIGURA 4.3.1 – Relação entre concentração em fração molar (x) e atividade química (a) numa solução sólida entre os componentes **i** e **j**. Ao longo da linha R ($\gamma_a = 1$) a solução sólida é ideal e obedece a Lei de Raoult. Nas linhas H, γ_a é uma constante (K_i, K_j) mas que difere de 1. Soluções com estas características seguem a Lei de Henry.

Exercícios

1. Na solução sólida dos ortopiroxênios e dos plagioclásios pode ser assumido com pequeno erro que a atividade química dos membros enstatita-ferrossilita e albita-anortita é igual ao valor de sua fração molar. Por que estas relações não valem de modo geral para os clinopiroxênios, anfibólios e micas?

2. No livro de Ernst (1969) *Minerais e rochas*, no Capítulo 2 ("Petroquímica"), são abordados de maneira qualitativa diagramas de equilíbrio do tipo das Figuras 1.3.1, 1.3.12 e 1.9.1. Consulte o texto para compreender a sua elaboração na dependência dos diferentes parâmetros de estado.

3. No livro de Kern & Weisbrod (1967), *Thermodynamics for Geologists*, no item *"Crystallization of a peridotitic magma"* (páginas 195-8), é demonstrado como se calcula o diagrama de equilíbrio da solução sólida das olivinas (Figura 1.9.1 A). Consulte-o para compreender este tipo de cálculo termodinâmico.

4.4 As bases da classificação termodinâmica das rochas magmáticas

Tendo em vista os conceitos básicos que norteiam a classificação das rochas magmáticas expostas nos capítulos 1 e 2, uma classificação termodinâmica deve basear-se simultaneamente:

- na atividade química da sílica determinada em reações tamponadas de sílica-saturação. Este conceito foi desenvolvido e quantificado no item 1.3 e representado na Figura 1.3.11.
- na atividade química da alumina determinada em reações tamponadas de alumina saturação. Como na maioria dos silicatos complexos o Al ocupa diversas posições estruturais (ver Tabela 2.4.5), ocorrendo tanto como cátion formador de estrutura quanto como íon modificador da estrutura, não existem dados termodinâmicos precisos que permitem o cálculo da a_{Al2O3}.
- na atividade química do sódio nos plagioclásios, pois a composição destes varia não só com o teor de sílica de uma rocha mas também com o índice de coloração desta (Quadro 1.1.4). Além disso é fator crítico para a distinção

entre importantes grupos de rochas (gabros/dioritos; dioritos/ granodioritos; hawaítos/mugearitos/benmoreitos etc.).

Atividade química da sílica

Apesar de já exposto no item 1.3, será aqui retomada, sob outro aspecto, a determinação da atividade química da sílica em magmas ácidos e básicos. Se um magma básico toleítico contém cristais de olivina em processo de reação com o líquido magmático para a formação de ortopiroxênio (Quadro 1.3.1 e Figura 1.8.4), esta feição pode ser representada pela reação

$$Mg_2SiO_4 + SiO_2 = 2\ MgSiO_3$$
$$\text{Olivina + sílica = enstatita}$$

A sílica nesta reação não é quartzo mas sim sílica fundida dissolvida (em solução) no magma. A forsterita faz parte da solução sólida das olivinas e a enstatita integra a solução sólida dos ortopiroxênios. A constante de equilíbrio K_E da reação pode ser expressa em termos da atividade química dos três componentes em suas respectivas soluções:

$$K_E = \frac{(a_{En}^{Opx})^2}{(a_{Fo}^{Ol})(a_{SiO_2}^{Liq})} \qquad \text{onde}$$

$a_{SiO_2}^{Liq}$ é a atividade química da sílica no magma;

a_{Fo}^{Ol} é a atividade química da forsterita na olivina;

a_{En}^{Opx} é a atividade química da enstatita no ortopiroxênio.

Em basaltos, as olivinas e piroxênios são bastante magnesianos e ambos os minerais formam soluções sólidas quase ideais. Assim a fração molar (**x**) de Mg_2SiO_4 na olivina, e de $MgSiO_3$, no ortopiroxênio, obtida a partir de análises destes minerais por microssonda, pode ser utilizada em lugar das correspondentes atividades químicas sem introduzir um erro considerável. Lembrando que

$$\Delta G = RT \ln K_E \qquad \text{resulta que}$$

$$\ln K_E = -\Delta G/RT \qquad \text{onde}$$

K_E = coeficiente de equilíbrio da reação em foco
ΔG = variação finita da entropia na reação considerada
R = constante dos gases
T = temperatura, expressa em °K.

Como a expressão anterior envolve logaritmos, o valor da K_E em termos da atividade química (assumida como igual à fração molar x) passa a ser

$$\ln K_E = 2 \ln x_{En}^{Opx} - \ln x_{Fo}^{Ol} - \ln x_{SiO_2}^{Liq}$$

Combinando-se as duas expressões de $\ln K_E$ resulta

$$-G/RT = 2 \ln x_{En}^{Opx} - \ln x_{Fo}^{Ol} - \ln x_{SiO_2}^{Liq} \qquad \text{e, finalmente}$$

$$\ln a_{SiO_2}^{Liq} = \frac{G}{RT} + 2 \ln x_{En}^{Opx} - \ln x_{Fo}^{Ol}$$

O valor de **G** é obtido na Tabela 4.2.1 e, uma vez conhecida a fração molar de forsterita e enstatita na olivina e no ortopiroxênio, a atividade química da sílica no magma basáltico pode ser facilmente calculada.

Nos magmas graníticos a atividade da sílica pode ser obtida, em rochas com fenocristais de quartzo que tamponam a atividade da sílica, através da relação

$$a_{SiO_2}^{quartzo} = a_{SiO_2}^{magma} \qquad \text{de que resulta}$$

$$\ln a_{SiO_2}^{Liq} = \frac{G}{RT} \qquad \text{onde o valor de } G \text{ é extraído da Tabela 4.2.1.}$$

Usando as duas equações consideradas Carmichael et al. (1970) mostraram que a atividade química da sílica aumenta de cerca de $10^{-0,15}$ em magmas basálticos a 1150°C para $10^{-0,10}$ em magmas graníticos a 850°C. Este pequeno aumento da atividade química da sílica destoa do grande aumento do teor de sílica (em porcentagem de peso) de cerca de 48% nos magmas básicos para cerca de 75% nos magmas graníticos. Tal fato é uma clara evidência de que magmas não se comportam como soluções ideais nas quais $a_i = x_i$.

Atividade química do sódio no plagioclásio

A determinação da atividade química do sódio a_{Na} é feita em reações nas quais os reagentes e produtos formam soluções sólidas. Este é o caso da reação

Na$_2$O + MgSiO$_3$ + 6 CaAl$_2$Si$_2$O$_8$ = 2 NaAlSi$_3$O$_8$ + CaMgSi$_2$O$_6$ + 5 CaAl$_2$SiO$_6$
magma + clinoenstatita + anortita = albita + diopsídio + tschermakita

na qual albita+anortita e clinoenstatita+diopsidio+tschermakita formam, respectivamente, a solução sólida de plagioclásios e dos piroxênios. A constante de equilíbrio K_E desta reação é dada pela expressão:

$$K_E = \frac{(a_{NaAlSi_3O_8}^{Plag})^2 \; (a_{CaMgSi_2O_6}^{Px}) \; (a_{CaAl_2SiO_6}^{Px})^5}{(a_{Na_2O}^{Liq}) \; (a_{MgSiO_3}^{Px}) \; (a_{CaAl_2Si_2O_8}^{Plag})^6}$$

Para plagioclásios de alta temperatura pode ser assumido, com um erro tolerável, que

$$a_{NaAlSi_3O_8}^{Plag} = x_{NaAlSi_3O_8}^{Plag} \quad \text{e que} \quad a_{CaAl_2Si_2O_8}^{Plag} = x_{CaAl_2Si_2O_8}^{Plag}$$

o que permite a determinação das atividades químicas (**a**) da albita e da anortita no plagioclásio por meio da proporção molar (**x**) obtida a partir de análises químicas do plagioclásio via microssonda.

Tendo em vista que o K_E da reação considerada é constante, isto implica (só considerando-se o plagioclásio) que crescentes teores de albita no numerador da reação (o que equivale a decrescentes teores de anortita no denominador, pois x_{an} = 1 - x_{ab}) resultam num aumento da a_{Na_2O}, ou seja, que a_{Na_2O} é proporcional à relação normativa An/An + Ab. Dessa maneira a_{Na_2O} aumenta para rochas cada vez mais ricas em feldspatos sódicos assim como a_{Na_2O} aumenta em rochas cada vez mais ricas em sílica.

O caso dos piroxênios é mais complexo. Consideremos apenas a coexistência entre enstatita e augita (contendo uma fração molar de enstatita). Em condições de equilíbrio a_{MgSiO_3} é igual nas duas fases e disso resulta que x_{MgSiO3} difere de a_{MgSiO_3} pois apenas na fase MgSiO$_3$ pura x_{MgSiO_3} = a_{MgSiO_3}. O mesmo é válido para o componente CaAl$_2$SiO$_6$ (a tschermakita). Devido a este fato foram propostas diferentes fórmulas para o cálculo da $a_{CaAl_2SiO_6}$ tais como $a = x^2 (2 - x)/x$ ou $a = x^2 (2 - x)$ onde x é a fração molar de CaAl$_2$SiO$_6$ no piroxênio. Entretanto, estas expressões são muito discutidas e contestadas por diferentes autores. Para superar este problema é aqui assumido que a_{MgSiO_3}, $a_{CaMgSi_2O_6}$ e $a_{CaAl_2SiO_6}$ correspondem a suas frações molares (**x**) obtidas a partir de análises químicas de dado piroxênio por microssonda. Apesar do erro envolvido nesta simplificação, o mesmo não invalida a tendência geral de uma classificação termodinâmica.

Análises químicas (via microssonda) de piroxênios (em termos das frações molares de $MgSiO_3$, $CaMgSi_2O_6$ e $CaAl_2SiO_6$) e plagioclásios coexistentes (em termos das frações molares de $NaAlSi_3O_8$ e $CaAl_2Si_2O_8$) de diferentes rochas magmáticas mostram que quanto mais magnesiano o piroxênio tanto mais cálcico o plagioclásio coexistente. Tal fato, retomando a reação em foco, confirma que a_{Na_2O} é função da relação An/An + Ab em valores normativos pois com a diminuição de $x_{CaAl_2Si_2O_8}$ no denominador também diminui x_{MgSiO_3} e com o aumento de $x_{NaAlSi_3O_8}$ no numerador aumenta também $x_{CaMgSi_2O_6}$ e $x_{CaAl_2SiO_6}$.

Reunindo-se os dados da Figura 1.3.11 com o fato de que a_{Na_2O} depende da composição do plagioclásio presente na rocha, aumentando com a acidez (teor em albita) deste, e respeitando-se as bases da classificação modal QAPF na sua representação retangular (Figura 2.5.4) pode ser montado um quadro geral de classificação termodinâmica das rochas vulcânicas conforme a Figura 4.4.1.

Neste quadro Carmichael et al., 1974, situaram apenas as famílias das rochas vulcânicas mais comuns e sem uma preocupação com sua definição precisa dado o caráter transicional entre muitas delas (Figura 3.5.3 A).

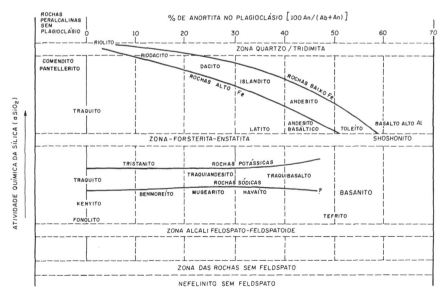

FIGURA 4.4.1 – Classificação termodinâmica das principais rochas magmáticas baseada na atividade química da sílica (a_{SiO_2}) e do sódio (a_{Na_2O}), esta expressa em termos do conteúdo de albita nos plagioclásios através da relação normativa [100Ab/(Ab + An)]. Segundo Carmichael et al., 1974.

Nota-se no diagrama duas grandes associações de rochas, uma dada pelas séries subalcalinas e outra representada pelos olivina basaltos alcalinos. Enquanto a primeira evolui para valores crescentes de atividade química da sílica, caso contrário ocorre na segunda associação. Na associação subalcalina distinguem-se dois ramos. O primeiro é dado por rochas enriquecidas em ferro, que reúne basaltos, islanditos (os equivalentes ricos em ferro dos andesitos), dacitos e riolitos da série toleítica contendo ferroaugita e olivinas ricas em faialita. O segundo reúne rochas mais pobres em ferro, caso dos basaltos, andesitos, dacitos e riolitos da série cálcio-alcalina. Este ramo tem como seu representante mais volumoso os andesitos (Figura 1.8.10) e suas rochas são portadoras de piroxênios mais magnesianos. Também a associação dos olivina basaltos alcalinos compreende dois ramos, um enriquecido em potássio que reúne traquibasaltos, traquiandesitos, tristanitos e traquitos, e outro, mais sódico, que abrange havaítos, mugearitos, benmoreitos e fonolitos.

A classificação termodinâmica reflete a baixa entropia de fusão da sílica e dos feldspatos sódicos (Tabela 1.1.1) motivo pelo qual quartzo e albita ao lado de feldspato potássico se acham concentrados nos líquidos residuais derivados da evolução de magmas por cristalização fracionada.

Exercícios

1. Na Figura 4.4.1 qual é a principal diferença mineralógica entre as rochas da série toleítica e cálcio-alcalina com mesmos valores de atividade química da sílica?

2. Ainda considerando a Figura 4.4.1 o que significa a constância dos valores de atividade química da sílica na série alcalina em contraste com a crescente atividade nas séries subalcalinas?

3. Descreva a diferença de posicionamento relativo das principais rochas no diagrama da Figura 4.4.1 em relação ao diagrama QAP da Figura 2.5.3. Discuta as causas. Construa neste diagrama uma malha de valores da atividade química da sílica e do sódio tendo por base a Figura 4.4.1 e a composição do plagioclásio nas diferentes famílias de rochas magmáticas.

4. Transfira para o diagrama QAP retangular da Figura 2.5.4 e para o diagrama $R_1 : R_2$ da Figura 3.5.15 as tendências evolutivas da Figura 4.4.1. Discuta comparativamente os resultados.

4.5 Basaltos e basaltoides

A Figura 4.4.1 tem importantes implicações sobre a classificação e caracterização dos basaltos e basaltoides, rochas máficas mais ou menos afaníticas, aparência escura, estrutura maciça, vesicular, amigdaloidal, escoriácea ou celular e com teores variáveis de fenocristais. São de longe as rochas vulcânicas mais importantes da crosta terrestre na qual constituem toda a parte superior da crosta oceânica ao lado de extensas províncias com milhares de quilômetros quadrados em áreas continentais. A caracterização dos diferentes tipos de basaltos e basaltoides leva em consideração principalmente três aspectos:

- alcalinidade;
- relação entre álcalis;
- teor de magnésio.

Alcalinidade

A alcalinidade dos basaltos pode ser avaliada através de seu grau de sílica-saturação. Tal relação assenta em dois aspectos principais:

- De modo geral existe uma correlação negativa entre os teores de álcalis e sílica nos diferentes grupos de basaltos.
- A desproporção, em peso, entre álcalis e sílica para a formação de minerais saturados. Para saturar 1% de Na_2O e 1% de K_2O sob forma de albita e ortoclásio são necessários, respectivamente, cerca de 6 e 4% de SiO_2. Consideremos que se queira saturar os álcalis de dois basaltos dos quais um contenha 1,5% de Na_2O e 1% de K_2O mais que o outro. Nestas condições, o basalto mais rico em álcalis terá que ter cerca de 13% a mais de sílica que o mais pobre em álcalis para que todo sódio e potássio possa ser saturado. Variações de 2 a 3% na soma dos álcalis são comuns entre os distintos grupos de basaltos, mas variações de sílica da ordem de 13% extrapolam o limite de variação das rochas básicas (45-52% de SiO_2) que englobam a maioria dos basaltos.

Reunindo-se os dois aspectos considerados, conclui-se que crescentes teores de sílica-insaturação em basaltos correspondem aproximadamente a um aumento progressivo na sua alcalinidade. Sob aspecto mineralógico crescentes teores de sílica-insaturação são expressos sucessivamente pelos seguintes aspectos:

- ausência de olivina na matriz da rocha;
- presença de olivina na matriz da rocha;
- presença da associação feldspatoides + feldspatos;
- ausência de feldspatos;
- presença de melilita associada com quantidades variáveis de feldspatoides (Figuras 1.3.11 e 4.4.1).

Rochas sem olivina na matriz

Correspondem aos basaltos toleíticos que reúnem quartzo toleítos, toleítos e parte dos olivina toleítos. Mineralogicamente a série toleítica é caracterizada pela reação precoce entre a olivina e o líquido magmático coexistente para a formação de piroxênio magnesiano, embora evidências texturais diretas desta reação (por exemplo, olivinas manteadas por piroxênio) podem faltar algumas vezes. Em todos os casos, entretanto, a matriz dessas rochas não contém olivinas, sendo constituída por plagioclásio e um (uma augita subcálcica) ou dois piroxênios (um rico e outro pobre em cálcio), além de uma mesóstase vítrea quartzo-normativa. Outra característica dos basaltos toleíticos é que seus piroxênios são Hy - normativos. Devido à ocorrência de olivina somente como fenocristais, a sua composição é restrita nos basaltos toleíticos (Fo_{90-70}) em oposição aos basaltos alcalinos nos quais a presença de olivina tanto como fenocristais quanto na matriz propicia um intervalo composicional mais amplo (Fo_{90-35}).

Rochas com olivina na matriz

Esta feição mineralógica textural caracteriza os basaltos alcalinos. Estes não contêm piroxênios ferromagnesianos nem na moda nem na norma. São compostos essencialmente por plagioclásio, augita (geralmente salitas cálcicas titaníferas) e olivina. Falta nefelina modal, mas pode ocorrer nefelina normativa. A causa dessa discrepância reside na presença de teores significativos de sódio nas augitas dos basaltos alcalinos. O componente de sódio é expresso como jadeíta ($Na\ Al\ Si_2O_6$) um equivalente insaturado da albita ($Na\ Al\ Si_3O_8$) detectado na norma como nefelina ($Na\ Al\ SiO_4$), também um equivalente insaturado da albita. Dessa maneira, a norma dos fenocristais ressalta uma insaturação que permanece mineralogicamente oculta na moda devido à solubilidade do componente jadeítico na augita. Fato semelhante ocorre nos piroxênios que contêm o componente tschermakita (Ca Al Si$_2$O$_8$), um equivalente insaturado da anortita. Basaltos alcalinos com nefelina na norma, mas sem nefelina na moda, são designados de basaltos transicionais. A presença de nefelina normativa em basaltos alcalinos portadores ou não de nefelina modal faz que estes também sejam designados de basaltos nefelina normativos (ou Ne-basaltos) em oposição aos basaltos toleíticos, denominados também de basaltos hiperstênio normativos (ou Hybasaltos).

Rochas com feldspatoides

Este aspecto caracteriza os basaltos e basaltoides alcalinos modalmente insaturados. A insaturação pode ser tanto incipiente com a presença de feldspatoides (nefelina, leucita, noseana, sodalita, analcita, haüyna etc.) como minerais acessórios quanto substanciais quando os feldspatoides integram a mineralogia essencial da rocha. É o caso dos tefritos e basanitos. Tefritos contêm essencialmente plagioclásio cálcico, clinopiroxênio e um ou mais feldspatoides. Adicionalmente, podem conter quantidades variáveis de feldspatos alcalinos, cujo incremento gradual implica uma transição entre tefritos, tefritos fonolíticos, fonolitos tefríticos e fonolitos. Minerais acessórios normais são óxidos de Fe e Ti e apatita, mas perovskita, anfibólios (geralmente sódicos) e biotita também podem ocorrer. O nome tefrito é derivado do grego tefra, significando cinza (vulcânica), devido a sua ocorrência em estratovulcões alcalinos, caso, por exemplo do Vesúvio, Itália. Tefritos ocorrem também em ilhas oceânicas, caso das ilhas Canárias, Taiti etc.

Basanitos contêm essencialmente plagioclásio cálcico, clinopiroxênio, olivina (mais de 10%) e um ou mais feldspatoides, dados por nefelina, leucita, sodalita, noseana, haüyna ou analcita. Os fenocristais de plagioclásio têm composição variando entre bytownita e labradorita e apresentam zoneamento; os da matriz são mais sódicos. O clinopiroxênio é geralmente titanaugita que ocorre tanto como fenocristais quanto na matriz. Alguns basanitos contêm anfibólios alcalinos e/ou biotita. Minerais acessórios usuais são apatita e óxidos de Fe e Ti; perovskita pode ocorrer. O nome basanito, derivado do grego, significa "rocha de toque", pois servia para testar a pureza das ligas de ouro e prata. O teste comparava a cor dos traços quando a liga era atritada sobre a rocha com a cor do traço de uma liga padrão. Esta técnica é utilizada até hoje na identificação de alguns minerais. Diagnóstico é a cor castanho-avermelhada (cor de sangue seco) do traço da hematita quando atritada sobre porcelana branca áspera.

Rochas sem feldspato modal

Corresponde aos foiditos, cujos representantes principais são os nefelinitos e leucititos. Nefelinitos são geralmente rochas finas, porfiríticas, verde-cinzentas a verde-escuras, extrusivas ou subvulcânicas. Os fenocristais incluem clinopiroxênio (uma associação entre Ti-augita e diopsídio zonado com anéis externos de egirinaugita), nefelina e óxidos de Fe-Ti inseridos numa matriz na qual recorre a mineralogia dos fenocristais ao lado de alguma olivina, titanita, apatita, analcita, perovskita, rara biotita flogopitica poiquilítica, calcita e material vítreo castanho. Nefelinitos muito ricos em olivina são denominados de ankaratritos. De acordo com o índice de coloração os nefelinitos são divididos em normais e melanefelinitos, nos quais os minerais máficos dominam sobre os feltspatoides. Equivalentes plutônicos dos nefelinitos e melanefelinitos são, respectivamente, os ijolitos e melteigitos. Uma das mais famosas ocorrências de nefelinitos do mundo é o extinto vulcão Kisingiri, distrito de Homa Bay, Quênia ocidental, onde ocorre uma sucessão de lavas e aglomerados de nefelinitos e melanefelinitos com 600 metros de espessura.

Os leucititos têm seu nome derivado das montanhas Leucite, Wyoming, EUA. São rochas finas, profiríticas, extrusivas ou subvulcânicas. Sua mineralogia essencial inclui quantidades aproximadamente iguais de leucita e clinopiroxênio, particularmente titanaugita, diopsídio e/ou egirinaugita. Feldspatos geralmente faltam. Os principais minerais acessórios são nefelina, apatita e óxidos de Fe-Ti, aos quais se associam, mais raramente, flogopita, K-richterita, haüyna, noseana, olivina, melilita, melanita, titanita, perovskita, calcita e zeólitas. A presença de quantidades maiores de olivina caracteriza os olivina leucititos. Significantes quantidades de melilita ocorre nos melilita leucititos como, por exemplo, na região de Villa Senni, Itália Central. Em alguns casos a leucita mostra-se parcialmente substituída por analcita. Outras vezes é integralmente substituida por um intercrescimento de feldspato potássico (sanidina ou ortoclásio) e nefelina ou coroado por zona externa com esta característica. Este intercrescimento, denominado de pseudoleucita, é mais característico para rochas subvulcânicas. Devido à instabilidade da leucita sob elevadas pressões, é mineral ausente nas rochas plutônicas e sua facilidade em alterar-se restringe a sua ocorrência, via de regra, a rochas cenozoicas e recentes.

Rochas com melilitas

Melilita é uma solução sólida entre os membros finais akermanita ($Ca_2 Mg Si_2 O_7$) e gehlenita ($Ca_2 Al_2 SiO_7$), mas nas rochas ígneas as melilitas também contêm o componente $Ca Na Al Si_2 O_7$. Dessa maneira, as melilitas podem ser consideradas uma mistura de diopsídio e plagioclásio insaturados. Tal interpretação é corroborada pela reação entre magmas basálticos e calcários que leva à formação de melilita substituindo plagioclásio e piroxênio. Trabalhos experimentais também mostraram que melilita e olivina de Ca e Mg (montecellita, $Ca Mg SiO_4$) cristalizam conjuntamente a partir de líquidos muito ricos em cálcio e sódio mas pobres em sílica. Outras vezes a montecellita pode resultar da reação subsólida olivina + melilita = augita + montecellita. Basaltoides contendo quantidades substanciais de melilitas são representados pelos melilititos. Estes são rochas raras, de granulação fina, porfiríticas, extrusivas ou subvulcânicas, e cuja mineralogia essencial reúne melilita e clinopiroxênio. A estes minerais se somam quantidades menores de olivina (que em maiores quantidades caracteriza os olivina melilititos), óxidos de Fe-Ti, perovskita, flogopita, apatita, zeólitas, calcita, montecillita, nefelina e leucita. Pelo incremento do teor de leucita os leucita milililitos passam para melilita leucititos e pelo incremento de nefelina, os nefelina melilititos gradacionam para os melilita nefelinitos. Melilita também ocorre nos alnoitos, lamprófiros alcalinos compostos, entre outros, por augita, olivina, biotita, melilita, perovskita, calcita e melanita, uma granada andradita rica em Ti, castanha-escura a preta.

Os alnoitos representam o termo intermediário entre carbonatitos e rochas basaltoides ultrabasásicas máficas ricas em potássio. Estas ocorrem nas famosas áreas vulcânicas a E e SE das montanhas Runwenzori, Uganda ocidental, bem como no vulcão Nyiragongo, Zaire. Compreendem os katungitos, ugandidos e mafuritos, caracterizados por uma mineralogia que compreende principalmente melilita, leucita, kalsilita, clinopiroxênio, olivina e flogopita em proporções variadas. A presença de kalsilita caracteriza rochas simultaneamente pobres em alumina (geralmente < 10%), teores muito elevados de K_2O e uma relação (em proporções molares) $K_2O / Al_2O_3 > 1$.

A variação na alcalinidade nos diferentes tipos de basaltos e basaltoides tem sido correlacionada principalmente com dois aspectos: as características do protolito submetido à fusão parcial e a taxa de fusão durante a anatexia. Os protolitos podem ser rochas tanto de manto exaurido (ou empobrecido) quanto do manto fértil, quer primário quer secundário (ou metassomatizado). Quanto à taxa de fusão, ela varia desde muito pequena (caso dos magmas que originam os basaltos alcalinos) até muito grande (caso dos magmas que originam os basaltos tipo MORB e rochas komatiíticas). As diversas hipóteses resultantes da combinação dos dois mencionados aspectos são modelados através dos elementos traços, relações isotópicas diversas e trabalhos experimentais de fusão de diferentes rochas-fontes em laboratórios sob condições controladas etc. Entretanto, várias outras variáveis interferem nestas modelagens, tais como o grau de hidratação da área fonte e a composição da fase fluida (em termos principalmente de H_2O, CO_2 e HF) durante a magmagênese, possíveis processos de mistura magmática (caso dos basaltos N, P eT), a operação de processos adicionais de "zone melting" durante a ascensão de diápiros mantélicos e magmas basaltoides, etc. Dessas incertezas e complicações resulta um número elevado de modelos magmagênicos na literatura, muitos deles conflitantes, já que a caraterização das feições químicas e físicas dos locais de geração de magmas mantélicos assenta essencialmente em dados indiretos.

Relação entre álcalis

O exame dos valores de K_2O e Na_2O em basaltos e basaltoides inclui tanto seus valores absolutos quanto a relação entre estes dois óxidos.

Os valores absolutos levam, em alguns casos, à caraterização de rochas com feições particulares, caso, por exemplo, dos lamproítos, um grupo de basaltoides ultrapotássicos. Nestas rochas, muito ricas em K_2O e pobres em Al_2O_3, a relação (em proporções molares) $K_2O > Al_2O_3$ propicia o surgimento de kalsilita na norma e algumas vezes também na moda. A grande riqueza em potássio reflete-se tanto nos minerais siálicos (leucita, kalsilita, sanidina) quanto máficos (flogopita, K-richterita, K-magnoforita) e acessórios (wadeita, priderita, jeppeíta, cherbakovita) que se associam com diopsídio, Ti-augita, olivina, melanita, melilita, perovskita etc.

A relação K_2O / Na_2O define basaltos desde potássicos até sódicos (Figura 1.6.9) e cada tipo evolui, por fracionamento, segundo suítes rochosas integradas por tipos litológicos distintos. A mineralogia de cada uma dessas séries evolutivas depende tanto das sílica-saturação (que se manifesta na presença de feldspatos alcalinos ou feldspatoides) quanto da alumina-saturação (que se manifesta na presença ou ausência de minerais máficos alcalinos). O caráter mais ou menos sódico ou potássico reflete também no feldspato alcalino presente, podendo ser dominantemente sódico (anortoclásio) ou potássico (sanidina).

Quanto à relação $SiO_2 : (Na_2O+K_2)$, as rochas basálticas são divididas em três grandes grupos (Figuras 1.7.3 e 1.7.4):

- subalcalinas
- transalcalinas ou transicionais
- alcalinas.

Quanto à relação $Na_2O : K_2O$, as rochas são divididas em quatro grandes grupos (Figura 1.6.9):

- potássicas
- potássio-sódicas
- sódio-potássicas
- sódicas

Para a subdivisão das rochas transicionais a IUGS recomenda os seguintes valores:

- variante sódica na qual ($Na_2O - 2 > K_2O$)
- variante potássica na qual ($Na_2O - 2 < K_2O$)

Quanto à relação $SiO_2 : Na_2O$, os basaltos são reunidos em dois grandes grupos (Figura 1.6.6):

- basaltos subalcalinos
- basaltos alcalinos

Quanto à relação $SiO_2 : K_2O$, os basaltos são divididos em quatro grandes grupos (Figura 1.6.7):

- basaltos baixo potássio (basaltos toleíticos)
- basaltos médio potássio (basaltos cálcio-alcalinos médio K)
- basaltos alto potássio (basaltos cálcio-alcalinos alto K)
- basaltos shoshoníticos (absarokitos)

A repetição de nomes em classificações baseados em parâmetros distintos constitui, ainda atualmente, um grande problema na caracterização química comparativa dos basaltos em termos do seu conteúdo total em álcalis, K_2O, Na_2O bem como da relação $K_2O : Na_2O$.

Basaltos subalcalinos

Segundo suas características químicas são rochas que ao nível de sua definição em termos de sílica (45-52 % em peso) apresentam teores de K_2O e Na_2O, respectivamente, interiores a 0,8 e 1,8% e 2,2 e 3,2% em peso. Reúnem os basaltos da série toleítica, cálcio-alcalina e shoshonítica.

Basaltos toleíticos

Nestas rochas os baixos teores de álcalis são incorporados no plagioclásio (Figuras 1.5.2 e 1.5.3) e sua diferenciação leva à suíte rochosa basalto → ferro-andesito → islandito → riolito (Figura 1.7.12). Os basaltos toleíticos são de caracterização mineralógica precisa que inclui, entre outros aspectos, fenocristais de olivina (mineral que falta na matriz), piroxênios ferromagnesianos e uma matriz intersticial quartzo-normativa. Em basaltos holocristalinos esta matriz resulta num intercrescimento granofírico entre quartzo e feldspato alcalino que em diabásios grosseiros se destacam na rocha escura sob forma de pequenas manchas claras micropegmatíticas quartzo-feldspáticos. Assim, os basaltos toleíticos holocristalinos não são rigorosamente desprovidos de uma fase mineral alcalina independente.

Basaltos cálcio-alcalinos

Estas rochas não dispõem de mineralogia diagnóstica precisa, fato que resulta numa posição intermediária entre os basaltos toleíticos e alcalinos no diagrama TAS (Figura 1.7.3), que reflete numa mineralogia transicional entre estes dois grupos de basaltos (Quadro 1.8.1). A subdivisão da série cálcio-alcalina em três subséries com baixos, médios e altos teores de K_2O (Figura 1.6.4) não tem reflexos diretos na sua mineralogia ao nível macroscópico. Os basaltos cálcio-alcalinos, por fracionamento, originam a suíte rochosa basalto → andesito basáltico → andesito → dacito → riolito.

A posição intermediária da série cálcio-alcalina entre as séries toleítica e alcalina torna a definição e a caracterização do termo cálcio-alcalina muito discutida. Segundo alguns autores correspondem a suítes típicas de áreas orogênicas que incluem andesitos *sensu stricto*. Outros preferem o critério da alumina-saturação, sendo cálcio-alcalinas as rochas metaluminosas portadoras, sob condições químicas compatíveis, de hornblenda comum. Vários autores ressaltam a sua tendência evolutiva Bowen no diagrama AFM, sua natureza subalcalina, saturada/supersaturada e seus maiores teores de alumina e álcalis em relação aos seus equivalentes da série toleítica. A caracterização da série cálcio-alcalina no diagrama de Peacock (Figura 1.6.3) encontra dificuldades. Muitas suítes contendo andesitos orogênicos *sensu stricto* são classificados nesse diagrama como sendo da série cálcica enquanto várias suítes toleíticas são caracterizadas como cálcio-alcalinas.

Basaltos shoshoníticos

Os absarokitos (ou absaroquitos) são os membros basálticos da série shoshonítica, caraterizada por uma razão $K_2O / Na_2O > 0.8$, mas seu conteúdo total em álcalis não os define como rochas alcalinas. Na sua definição original são rochas em cuja norma ocorre Ol e Hy na ausência de Ne ± Lc. Sua característica mineralógica mais marcante é a presença de sanidina (K-feldspato) ou anortoclásio (Na-feldspato) na matriz, muitas vezes manteando cristais de plagioclásio básico. Para alguns autores a definição de absarokitos é mais elástica, comportando também a presença de leucita modal. Plagioclásio cálcico, clinopiroxênio e olivina são os constituintes principais.

O fracionamento dos basaltos shoshoníticos origina a suíte rochosa absarokito → shoshonito → banakito, estes semelhantes aos latitos. Na classificação da IUGS, shoshonitos e latitos são considerados membros da suíte vulcânica alcalina transicional potássica.

Basaltos transalcalinos ou basaltos alcalinos transicionais

A conceituação de rochas transalcalinas comporta dois enfoques. No primeiro, correspondem simplesmente às rochas alcalinas no diagrama TAS sem nefelina modal (Figura 1.7.4). No segundo, são as rochas portadoras de Hy e Ol (que correspondem aos olivina toleítos) que ocupam o volume Di (clinopiroxênio)-Ab (plagioclásio)-En (ortopiroxênio)-Fo (olivina) do tetraedro basáltico (Figura 1.3.8). Muitos basaltos toleíticos das cadeias mesoceânicas (= Mid Ocean Ridge Basalts = MORB) e dos fundos dos oceanos são olivina toleítos assim como numerosos basaltos fracamente alcalinos no diagrama TAS. Tal fato justifica a designação de basaltos transicionais para os olivina toleítos.

No diagrama TAS (Figura 1.6.4), a linha empírica que separa os basaltos subalcalinos dos alcalinos corresponde, aproximadamente, à projeção, neste sistema, do plano crítico de sílica-insaturação Di-Fo-Ab do tetraedro basáltico. Este plano, sob baixas pressões, age como divisor térmico (à semelhança do plano Ab no sistema Ne-Q, Figura 1.3.12) que separa as rochas alcalinas (sem Hy) das subalcalinas (com Hy). Entretanto, no sistema Sílica-Clinopiroxênio-Olivina-Plagioclásio, mais complexo e realista, o divisor térmico Clinopiroxênio-Plagioclásio-Olivina não coincide com o plano Di-Ab-Fo, situando-se algo deslocado no sentido de valores mais elevados de sílica. Decorre que basaltos portadores de Hy podem ser tanto subalcalinos quanto levemente alcalinos, conforme seus teores de SiO_2 sejam um pouco maiores ou menores que os do plano térmico. Devido a essa ambiguidade houve a necessidade da separação entre basaltos subalcalinos e alcalinos no diagrama Ol : Di : Hy (Figura 1.3.10), base do volume Di-Ab-En-Fo do tetraedro basáltico. Por outro lado, transferindo-se os limites da Figura 1.3.2 para a Figura 1.7.5, verifica-se que as rochas alcalinas transicionais (ou transalcalinas) podem originar séries magmáticas evolutivas que tendem para produtos finais supersaturados, saturados ou insaturados.

Segundo recomendação da IUGS a série alcalina transicional evolui genericamente com a geração da suíte rochosa basalto transicional → traquibasalto → traquiandesito basáltico → traquiandesito → traquidacito (Q < 20%) → traquito (Q > 20%).

Ainda segundo a IUGS, esta linha evolutiva transicional tem duas variantes: uma sódica formada pela suíte rochosa basalto alcalino transicional sódico (BATS) → havaíto → mugearito → benmoreíto e uma potássica, que resulta, por evolução, na suíte rochosa basalto alcalino transicional potássico (BATP) → traquibasalto potássico (ou K-traquibasalto) → shoshonito → latito. A nomenclatura dessa série evolutiva potássica é, provavelmente, o aspecto mais lamentável e infeliz de todo o sistema classificatório da IUGS por reunir numa suíte rochosa tipos litológicos outrora definidos como pertencentes a distintas séries magmáticas cujas características mineralógicas /químicas/evolutivas foram consolidadas através de numerosos trabalhos clássicos.

Basaltos alcalinos transicionais apresentam teores variáveis de fenocristais de olivina, mineral também presente na matriz. Também plagioclásio ocorre tanto como megacristais (mas com menor frequência que nos basaltos toleíticos) quanto na matriz. Sua composição varia entre An85-50 dependendo de sua posição na sequência de cristalização que comporta tanto a sucessão Cr-espinélio → olivina → clinopiroxênio → plagioclásio → Timagnetita quanto a sequência Cr-espinélio → olivina → plagioclásio → clinopiroxênio → Ti-magnetita (Figura 2.2.12) com implicações texturais (Figura 2.2.11).

Sob condições de isoteores de An os plagioclásios dos basaltos alcalinos são mais ricos em K$_2$O que os equivalentes de basaltos toleíticos (Figura 1.7.16). O piroxênio é dado por uma augita, tipo salita cálcica rica em titânio, tipicamente pleocroica. Minerais hidratados (anfibólios, biotitas), que faltam nas suítes vulcânicas toleíticas, são relativamente frequentes nos basaltos alcalinos, particularmente o anfibólio kersutita que forma enclaves hornblendíticos em basaltos alcalinos. Olivina, Ca-clinopiroxênio, plagioclásio, anfibólio, magnetita e apatita são fenocristais conspícuos em rochas variando de basalto alcalino transicionais até traquitos. Feldspato alcalino se torna o fenocristal mais importante em rochas diferenciadas mais silicosas, ocorrendo associada com biotita. Os minerais de Fe-Mg tornam-se progressivamente mais ricos em ferro com o aumento do teor de SiO$_2$ e, adicionalmente, o clinopiroxênio é progressivamente mais sódico (egirinaugita) e apresenta típico pleocroismo esverdeado. Nefelina só ocorre como fenocristais em traquitos insaturados onde coexiste, ou não, com leucita.

Traquitos ocorrem como lavas ou rochas piroclásticas. As lavas são geralmente porfiríticas e tantos os fenocristais ripiformes de feldspatos alcalinos quanto seus microlitos na matriz apresentam frequentemente disposição subparalela, por fluxo, configurando textura traquítica. Comum é a textura eutaxítica na qual os sucessivos derrames, camadas de fluxos num mesmo derrame ou os leitos sucessivos em depósitos de tufos, púmices e ignimbritos apresentam cores de alteração e texturas distintas de tal modo que as sequências ígneas lembram, à primeira vista, depósitos sedimentares. A maior parte dos fenocristais de lavas, tufos e ignimbritos são de feldspato alcalino (sanidina ou anortoclásio) ao lado de subordinado plagioclásio (oligoclásio/andesina) e um ou mais minerais ferromagnesianos. Nos traquitos normais são representados por augita, Fe-augita, diopsídio, hornblenda e biotita, e nos traquitos peralcalinos por anfibólios sódicos da série riebeckita-arfvedsonita, piroxênios sódicos da série egirina-egirina augita, associados ou não com aenigmatita e kersutita. Polimorfos de sílica, geralmente quartzo β ou tridimita, ocorrem como pequenos cristais intersticiais na matriz de traquitos supersaturadas. Os termos ácidos supersaturados peralcalinos correspondem aos comenditos e pantelleritos. Nos termos insaturados ocorrem pequenos teores de leucita (principalmente nas rochas com sanidina) ou nefelina, sodalita, noseana ou haüyna (nas rochas ricas em anortoclásio). Acessórios comuns são óxidos de Fe-Ti, que podem se tornar minerais essenciais e constituir fenocristais, titanita, apatita e zircão.

O nome traquito é derivado do grego *"thrachys"*, que significa áspero, em alusão a esta característica da rocha, resultante de sua textura traquítica, e designava, originalmente, rochas vulcânicas com quantidades aproximadamente iguais de plagioclásio e feldspatos alcalinos, feição esta atualmente expressa pelos latitos. Traquitos sódicos (isto é, ricos em anortoclásio na presença ou ausência de nefelina) são rochas frequentes nas Ilhas Havaí e Canárias e traquitos potássicos (isto é, ricos em sanidina associada ou não com leucita) ocorrem no arquipélago Tristão da Cunha e nas Ilhas Gough, Santa Helena, Açores e Ascensão, entre outras.

Um aspecto interessante na evolução da série alcalina transicional com termos finais saturados é que ela evolui sobre o divisor térmico Or-Ab no sistema Ne-Ks-Q (Figura 1.3.14 e 1.7.6) não "escorregando" ao longo dos valores térmicos nem para o mínimo cotético do subsistema riolítico nem para o minimo eutético do subsistema fonolítico (Figuras 1.3.12, 1.3.14 e 1.3.15). Outra feição que ressalta é que tanto o ponto cotético no sistema riolítico, o eutético entre albita e ortoclásio no subsistema traquítico e o eutético do subsistema fonolítico situam-se todos praticamente sobre uma mesma reta traçada no sistema Ne-Ks-Q a partir do vértice Q rumo à base oposta Ne-Ks. Tal fato indica que riolitos, traquitos e fonolitos apesar de serem os resultados da evolução, por fracionamento, de basaltos com teores e proporções entre álcalis distintos apresentam relações $Na_2O : K_2O$ aproximadamente iguais.

Os diversos tipos litológicos da associação vulcânica basalto alcalino transicional sódico (= BATS) → haváito → mugearito → benmoreíto → traquito sódico são caracterizados na Tabela 4.5.1 baseado no seu índice de diferenciação, teor em sílica, composição do e total de feldspato normativo e do índice agpaítico.

Haváitos são basaltos ricos em feldspatos, geralmente com fenocristais de labradorita numa matriz com cristais ripiformes de andesina e anortoclásio intersticial. Os máficos são os típicos dos basaltos alcalinos transicionais. O nome é derivado das ilhas do Havaí. Nos mugearitos ocorrem maiores quantidades de anortoclásio e o plagioclásio presente é do tipo andesina/oligoclásio. Entre os principais máficos a olivina quase sempre domina sobre a augita. O nome da rocha é derivado da localidade de Mugeary, Ilha de Skye, costa ocidental da Escócia. Nos benmoreítos o anortoclásio associa-se com oligoclásio e o nome da rocha é derivada da localidade de Ben More, ilha Mull, costa ocidental da Escócia. Se bem que haváitos, mugearitos e benmoreítos foram definidos inicialmente como rochas saturadas, sem Ne e Q na norma, muitos autores incluem nessas litologias também variedades levemente insaturadas, portadoras de nefelina.

Tabela 4.5.1 – Caracterização dos tipos litológicos integrantes da suíte rochosa basalto alcalino transicional sódico-traquito sódico tendo por base o índice de diferenciação (ID), o teor em SiO_2 (em peso), a composição do e o teor de feldspato normativo e o índice agpaítico [Al_2O_3 / (Na_2O + K_2O)]

Rocha	ID	% SiO_2	Feldspato normativo Or + Ab + An = Total	Al_2O_3/ (Na_2O + K_2O)
BATS*	< 35	< 47		3.7
Havaíto	35 - 50	47 - 52	11.1 + 28.3 + 13.3 = 57.7	2.8
Mugearito	50 - 65	52 - 58	14.6 + 40.1 + 7.1 = 63.8	2.3
Benmoreíto	65 - 75	58 - 62	22.8 + 47.3 + 5.3 = 75.4	2.0
Traquito**	> 75	> 62	33.7 + 50.1 + 2.2 = 86.0	1.6

* Basalto alcalino transicional sódico
** Traquito sódico

A suíte basalto alcalino transicional potássica (=BATP) → traquiandesito potássico → shoshonito → latito da IUGS substitui com desvantagens a bem mais conhecida suíte vulcânica basalto alcalino transicional potássico (=BATP) → traquiandesito basáltico → traquiandesito → tristanito → traquito potássico, descrita em vários trabalhos clássicos. A evolução dessa associação pode terminar com rochas normais ou peralcalinas, ambas comportando variedades mais sódicas ou potássicas. A evolução peralcalina supersaturada inclui como termos litológicos finais os comenditos e pantelleritos.

As diferentes tendências evolutivas da associação vulcânica basalto alcalino transicional-traquito são controladas por dois fatores. Um é dado pelo "efeito plagioclásio", que retira dos magmas mais primitivos maiores quantidades de cálcio e alumínio, o que implica uma diminuição do índice agpaítico [Al_2O_3 / (Na_2O + K_2O)], ou seja, deixa os líquidos magmáticos coexistentes mais alcalinos. O outro é o denominado "efeito augita", que retira do magma essencialmente cálcio, fato que não implica a diminuição do índice agpaítico e, portanto, não aumenta a alcalinidade dos líquidos magmáticos coexistentes. Dessa maneira, a tendência evolutiva química da associação vulcânica depende basicamente da relação entre plagioclásio e piroxênio cálcico não aluminoso na paragênese fracionada.

Latitos são os correspondentes vulcânicos dos monzonitos. Nas rochas leuco- a mesocráticas a relação entre feldspatos alcalinos (sanidina, anortoclásio, Na-ortoclásio) e plagioclásio varia entre 65:35 e 35:65. Quartzo pode ocorrer em pequenas quantidades ou faltar. São rochas porfiríticas com fenocristais de plagioclásio (geralmente andesina ou, mais raramente, oligoclásio ou labradorita), em parte com muitas inclusões de vidro, raro feldspato alcalino (frequentemente corroído pela matriz), biotita, hornblenda e augita na presença ou ausência de hiperstênio. A matriz, geralmente com grande taxa de material vítreo, contém plagioclásio, feldspato alcalino, possivelmente algum quartzo, os máficos também presentes como fenocristais, titanomagnetita, apatita, titanita e zircão. Pequenas quantidades de feldspatoides ocorrem nos latitos insaturados. A devitrificação da matriz origina uma fina mistura de clorita, leucoxênio, epidoto, sericita, calcita e hematita.

Basaltos alcalinos

A principal associação vulcânica deste grupo de basaltos é dada pela sequência evolutiva picrobasaltos (ou basaltos picríticos ou Mg-basaltos), rochas com elevados teores de magnésio devido à presença de grandes quantidades de olivina modal, → basanito (ou tefrito) → basanito fonolíticos (ou tefrito fonolítico) → fonolito tefrítico → fonolito. Essa associação tem tanto uma variante sódica quanto uma potássica que inclui leucita basanitos, leucita tefritos e leucita fonolitos (= leucitófiros).

Basanitos contêm fenocristais de Cr-espinélio, óxidos de Fe-Ti, augita, olivina (Fo_{80-70}) e plagioclásio (An_{75-65}). Nos tefritos os fenocristais de Cr-espinélio são mais raros ou podem faltar, mas persistem augita, olivina (Fo_{80-65}), plagioclásio (An_{70-60}) e óxidos de Fe-Ti ao lado de ocasional anfibólio alcalino e biotita. Nos tefritos fonolíticos faltam fenocristais de Cr-espinélio, o clinopiroxênio é dado pela egirinaugita, o plagioclásio é algo mais ácido (An_{60-50}) e a presença de fenocristais de anfibólio alcalino e biotita é uma constante. A olivina torna-se mais rara e ferrífera (Fo_{60}) ou falta em alguns casos. Na matriz surge feldspato alcalino e nefelina, minerais que nos fonolitos ocorrem também como fenocristais.

Fonolitos são rochas extrusivas compostas essencialmente por feldspatos alcalinos (anortoclásio e/ou sanidina), um ou mais minerais máficos (piroxênios alcalinos, anfibólios alcalinos, augita, ferro-augita, biotita, olivina faialítica) e um ou mais feldspatoides do grupo da nefelina, leucita ou sodalita. As rochas contêm geralmente menos de 15% de minerais máficos e mais de 10% de feldspatoides. Seu nome provém do grego "phonos", som, em alusão a sua sonoridade quando golpeado. São caracterizados por fenocristais euhedrais de nefelina, algum feldspato alcalino tabular e cristais prismáticos zonados de aegirinaugita. Frequentemente os cristais de feldspato são alinhados por fluxo, configurando textura traquítica. Além de lavas ocorrem como rochas piroclásticas, depósitos de pumíces e cinzas vulcânicas, rochas vítreas e aglomerados vulcânicos. O complexo alcalino de Poços de Caldas (MG) contém todas essas variedades de jazimentos. Rochas vítreas são particularmente frequentes em Tenerife, Ilhas Canárias, também conhecidas por sua riqueza em haüyna fonolitos. Leucita fonolitos ocorrem tipicamente em províncias vulcânicas potássicas e contém aproximadamente o dobro de K_2O e teores signitivamente menores de Na_2O que os fonólitos normais, caracterizando, assim, sua natureza potássica. Ocorrência clássica é o vulcão Roccamonfino, da província potássica Romana. Itália central.

Um caso particular de basaltos alcalinos são as rochas muito pobres em feldspatos e muito ricas em feldspatoides, que recebem a designação informal de basaltoides alcalinos. Compreendem principalmente três grupos, afora os já mencionados lamproítos:

- Rochas com muito pouco feldspato modal. São representadas pelos foiditos fonolíticos e foiditos tefríticos
- Rochas praticamente desprovidas de feldspato modal. Correspondem aos foiditos
- Rochas portadoras de grandes quantidades de melilitas (uma mistura de piroxênios e plagioclásios insaturados). São representados pelos melilititos.

Devido à pobreza ou ausência de feldspatos, o caráter mais ou menos sódico ou potássico dessas rochas é sinalizado pelos feldspatoides presentes, como no caso dos nefelinitos, leucita nefelinitos, leucititos, nefelina leucititos, sadalititos etc.

Teor de magnésio

As rochas basálticas apresentam teores muito variáveis de magnésio (Figura 1.7.8). Sob este aspecto destaca-se particularmente um grupo de basaltos muito rico em MgO, que pode ser dividios em duas categorias:

- rochas cumuláticas que resultam da acumulação de minerais magnesianos fracionados durante a evolução magmática;
- rochas que resultam da cristalização direta de magmas básicos muito ricos em MgO. São representados pelos picritos, meimichitos (ou meimiquitos), boninitos e komatitos (ou komatiítos), reunidos sob a designação genérica de rochas picríticas. A sua caracterização química é dada na Figura 4.5.1.

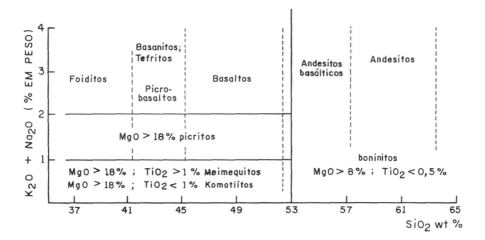

FIGURA 4.5.1 – Classificação das rochas vulcânicas ricas em MgO no diagrama SiO_2 : $(Na_2O + K_2O)$ ou diagrama TAS. Porcentagem dos óxidos em peso. Extraído de Le Maitre, 1989.

Rochas cumuláticas

O teor de MgO é uma medida aproximada do conteúdo de olivina e piroxênios magnesianos presente em basaltos e basaltoides. Como estas rochas inicialmente evoluem principalmente pelo fracionameto de olivina forsterítica e piroxênios magnesianos (Figura 1.8.9), o teor de magnésio é um indicador importante para a caracterização deste processo. Entre as principais feições indicativas do fracionamento de olivinas e piroxênios magnesianos destacam-se:

- A ocorrência de grandes quantidades de basaltos porfiríticos. Só nestas condições é possível o isolamento dos fenocristais já formados do líquido coexistente (representado pela matriz da rocha).

- A ocorrência em certos basaltos de enclaves ultramáficos enriquecidos em olivinas e/ou piroxênios com composição muito próximas aos minerais correspondentes dos basaltos encaixantes. Estes enclaves são considerados fragmentos de rochas cumuláticas geradas pelo fracionamento de olivina e piroxênios.
- A presença de lentes difusas de olivinitos (dunitos) e piroxenitos em certos derrames basálticos. Estes ultramafitos são considerados o produto da concentração de fenocristais por fluxo magmático.
- A presença de rochas máficas/ultramáficas enriquecidas em olivina e/ou piroxênios em intrusões subvulcânicas (diques, soleiras, lopolitos, lacólitos) fortemente fracionados.
- A ocorrência em complexos ofiolíticos, considerados fragmentos de crostas oceânicas lançados sobre áreas continentais por um processo denominado de obducção, de espessas camadas de rochas ultramáficas ricas em olivina e/ou piroxênios (camada 4 da crosta oceânica, Figura 5.2.25).

As rochas ultramáficas formadas nos exemplos citados são denominadas de cumuláticas e são principalmente de três tipos: oceanitos, muito enriquecidos em olivina forsterítica e ankaramitos, compostos essencialmente por piroxênio (augita) e picritos com texturas cumuláticas.

Para Kuno (1968), o fracionamento de minerais magnesianos explicaria a origem dos basaltos aluminosos a partir de olivina basaltos alcalinos ao considerá-los como membros intermediários da série evolutiva basaltos alcalinos → basaltos aluminosos → basaltos toleítico. Se o fracionamento de olivina nos basaltos leva à geração de basaltos picríticos cumuláticos, então as rochas empobrecidas em olivina estariam enriquecidas em plagioclásio, isto é, seriam os basaltos aluminosos. Daí a insistência deste autor em caracterizar as feições químicas e mineralógicas dos Al-basaltos como transicionais entre as dos olivina basaltos alcalinos e as dos basaltos toleíticos. Entretanto, o modelo de Kuno (1968) não se sustentou e, consequentemente, o conceito original dos basaltos aluminosos foi modificado com a atribuição de nova conotação serial (série cálcio-alcalina) e tectônica (ambiente orogênico).

Rochas picríticas

Ao lado das rochas cumuláticas, existem também rochas muito ricas em magnésio resultando da consolidação de magmas originalmente muito magnesianos. São reunidas sob a designação genérica de rochas picríticas e incluem os picritos, meimichitos (ou meimequitos), komatiítos e boninitos. A separação desses quatro grupos assenta em critérios químicos que incluem os teores de MgO, (Na$_2$O + K$_2$O), TiO$_2$ e SiO$_2$ (Figura 4.5.1). Picritos, meimichitos e komatiítos são todas rochas com mais de 18% de MgO e seus teores de sílica variam entre 37 e 53%, em peso. Picritos são separados dos meimechitos e komatiítos pelo teor de álcalis, entre 1 e 2% neste e menor que 1% naqueles. A separação entre separação entre meimichitos e komatiítos assenta no teor de TiO$_2$, que nestes é menor e naqueles maior que 1%. Em outras palvras, meimechitos são komatiítos algo mais ricos em titânio e picritos são meimechitos e komatiítos um pouco mais ricos em álcalis. Boninitos têm teores de MgO e TiO$_2$, respectivamente, maiores que 8% e menores que 0,5% e seu teor de sílica varia entre 53 e 63% (Figura 4.5.1).

Picritos

O nome destas rochas é derivado do grego *"picros"*, amargo, numa referência ao gosto típico de certos sais de magnésio. O termo designa rochas melanocráticas ricas em olivinas (Fo$_{85-70}$), clinopiroxênio (augita) e plagioclásio cálcico (An$_{82-70}$), ao lado de numerosos minerais acessórios. Seu índice de coloração é geralmente menor que 80. Composições modais variam entre 41 e 60% de olivina, 9 e 27% de piroxênio e 18 e 26% de plagioclásio e sua composição química, quando comparado com a de basaltos normais, mostra enriquecimento em MgO (21 a 31%, valor médio 24,8%) e empobrecimento em SiO$_2$, Al$_2$O$_3$, CaO e Na$_2$O. Picritos podem ser de dois tipos: rochas normais e cumuláticas. Neste caso ocorrem nas partes basais de corpos básicos intrusivos diferenciados, em complexos ofiolíticos ou como lentes e schlieren irregulares em derrames de olivina basaltos nos quais resultam de processos de diferênciação por fluxo (Figuras 1.9.6 e 1.9.9). Picritos não cumuláticos ocorrem em diques e nas bordas de resfriamento de corpos básicos/ultrabásicos diferenciados, caso do "Great Dike", Zimbábue, ou em complexos máficos/ultramáficos estratiformes, caso do complexo Bushveld, África do Sul. Também formam importantes derrames na província magmática Thule, Groelândia ocidental, a maior ocorrência mundial de basaltos picríticos, e na Ilha Baffin, Canadá.

Boninitos

Correspondem a andesitos e andesitos basalticos ricos em magnésio (mais de 8% de MgO) e pobres em titânio (menos que 0,5% de TiO_2). Foram descritos inicialmente no arco de Ilhas de Bonin. São rochas ricas em matriz vítrea na qual estão inseridos fenocristais de Mg-cromita e um ou dois tipos de piroxênios, boa parte com formas esqueléticas indicativas de um rápido crescimento.

Komatiítos

Seu nome é derivado da Rio Komati, região das montanhas Barberton, África do Sul. São rochas características das sequências vulcano-sedimentares do Arqueano e Proterozoico Inferior denominadas de *"greenstone belts"* (cinturões ou faixas de rochas verdes), designação informal usada por prospectores devido à associação entre estas rochas de cor esverdeada com ocorrências de ouro. Greenstone belts ocorrem em várias partes do mundo, caso da África do Sul, Austrália, Canadá e Brasil.

Segundo o diagrama catiônico de Jensen (Figura 1.7.8) os komatiítos são divididos em rochas basálticas e peridotíticas. Basaltos komatiíticos são rochas geralmente afetadas por incipiente metamorfismo que transforma partes variáveis das rochas (principalmente a matriz) numa mistura de talco, clorita, serpentina, tremolita e magnetita, acompanhada da lixiviação dos elementos litófilos de grande raio iônico (LIL), tais como K, Rb, Ba etc. Esse aspecto dificulta não só a identificação mineralógica das rochas mas também a sua caracterização química e torna pouco segura a separação entre komatiítos e meimichitos.

Típica é a textura spinifex, dada por um conjunto de lâminas alongadas esqueléticas divergentes de olivina. O nome desta textura provém da grama spinifex, semelhante a barba-de-bode brasileira. A textura desenvolve-se pelo resfriamento rápido de líquidos silicáticos muito quentes, não nucleados e ricos em magnésio (Löfgren, 1980).

Peridotitos komatiíticos, membros mais primitivos da série komatiítica, são os correspondentes extrusivos dos peridotitos. Reúnem rochas cumuláticas ou não. Nesta os teores de MgO podem atingir até 30% (em base anidra) e a relação Mg / (Mg+Fe) é geralmente alta quando comparada com a de rochas com mesmos teores de Al_2O_3 de outras séries magmáticas. Os teores de TiO_2 são baixos, quase sempre menores que 1%, mas o conteúdo de Ni e Cr é elevado, respectivamente maior que 100 e 140 ppm. A razão CaO/Al_2O_3 geralmente varia entre 0.8 e 1.1. A norma do peridotito komatiítico médio contém 54% de olivina, 24% de ortopiroxênio, 11,6% de clinopiroxênio, 9,4% de plagioclásio e 1,5% de óxidos de Fe-Ti.

Características são as texturas de fenocristais esqueléticas: spinifex em olivinas em rochas com mais de 20% de MgO e acicular em piroxênios de rochas com 12 a 20% de MgO. Entre as principais feições petrográficas destaca-se a presença de cristais maiores de olivina (Fo_{95-85}, valor médio Fo_{72}) esqueléticos ou equidimensionais. Apresentam altos teores de Cr_2O_3 (0.1 – 0,4%) e assemelham-se, assim, às olivinas que formam inclusões em diamantes e com as olivinas de xenólitos de granada lherzolitos em kimberlitos. As olivinas mostram-se parcialmente alteradas ao longo de fraturas e nas bordas dos cristais numa mistura de antigorita e magnetita. Outros fenocristais são representados por Cr-espinélio ou cromita, quase sempre coroada ou parcialmente substituída por magnetita, e clinopiroxênio esquelético. A composição deste varia entre salita e augita (valor médio $En_{42} Fs_{14} Wo_{44}$), mas alguns piroxênios aciculares apresentam núcleo de pigeonita e anel externo de augita. Todos os piroxênios têm elevados teores de Al_2O_3 (5 a 9%), aspecto que os tornam únicos entre todos os piroxênios das rochas magmáticas. A matriz, quase sempre devitrificada e alterada, contém cristais de olivina, piroxênio, ilmenita, sulfetos e cromita. Esta é pobre em alumínio (Al_2O_3 = 12 - 15%) e moderadamente rica em magnésio (MgO = 11-14%).

Exercícios

1. O livro de Middlemost (1985) *Magmas and Magmatic Rocks* traz uma descrição compacta mas precisa das principais rochas magmáticas. Utilizando este texto, detalhe as descrições das rochas mencionadas no presente subcapítulo. Inclua também a descrição dos basaltos lunares.

2. Consultando a *Revista Brasileira de Geociências* e os *Anais da Academia Brasileira de Ciências*, faça uma relação dos trabalhos que versam sobre rochas basálticas publicados nos últimos anos destacando os aspectos abordados.

3. Baseado no livro de Piccerillo et al. (1988) *Continental Flood Volcanism in the Parana Basin* (Brazil), faça uma síntese dos principais aspectos mineralógicos e químicos da associação vulcânica basalto-riolito da Província Basáltica do Paraná.

4. Descreva os diagramas de Windley & Naqvi (1978, páginas 87-107), Naldrett & Arndt (1975) e Arndt et al. (1977) para separar quimicamente rochas komatiíticas e toleíticas.

5. Classificação tectônica

Estudos combinados de geologia, geotectônica, petrologia e geoquímica levaram a várias constatações fundamentais entre as quais cabe destacar:

- A associação entre determinadas séries magmáticas com determinados ambientes geotectônicos e uma variação na frequência de rochas equivalentes em diferentes ambientes geotectônicos. Rochas cálcio-alcalinas ocorrem caracteristicamente em áreas orogênicas e rochas alcalinas são particularmente frequentes em rifts e grábens de áreas continentais e algumas ilhas vulcânicas oceânicas. Kimberlitos ocorrem em áreas continentais estáveis e basaltos toleíticos perfazem a quase totalidade dos fundos dos oceanos, mas são menos frequentes em áreas continentais.
- Uma variação na composição de rochas equivalentes de diferentes ambientes geotectônicos quer ao nível de elementos maiores, quer em termos de elementos menores e traços. Basaltos toleíticos de áreas continentais são algo mais ricos em sílica e álcalis que seus congêneres oceânicos. Granitos de arcos magmáticos são mais pobres em Rb que granitos de regiões de colisão continental, mas ambos são mais pobres em Y+Nb que granitos de ocorrência intraplaca.
- Uma sequenciação temporal e um zoneamento espacial do magmatismo em diferentes ambientes geotectônicos. A evolução de arcos de ilhas (regiões orogênicas oceânicas) é caracterizada por uma sucessão de magmatismo toleítico, cálcio-alcalino e alcalino ou shoshonítico de tal modo que as diferentes associações de séries magmáticas presentes nestes arcos vulcânicos são utilizadas para definir a sua maturidade (estágio evolutivo). Perpendicularmente às zonas de subducção, as rochas apresentam um zoneamento composicional dado por crescentes teores de K_2O. Em

rifts de longa história evolutiva o magmatismo toleítico sucede um magmatismo alcalino inicial que por sua vez tende a se deslocar lateralmente com o alargamento progressivo do rift.

Estes três aspectos quando combinados com as associações sedimentares e metamórficas presentes nos diferentes ambientes geotectônicos e as principais características destes, caso da estruturação da crosta, do fluxo de calor, da sismicidade etc., são a base para montagens de modelos magmagênicos que são em seguida testados e refinados através de trabalhos petrológicos experimentais, estudos geoquímicos e/ou isotópicos de detalhe etc.

5.1 Ambientes geotectônicos e séries magmáticas

Segundo a teoria da tectônica de placa a parte externa do nosso planeta é constituída por uma série de placas, denominadas de placas litosféricas, que apresenta movimentos horizontais relativos entre si. As placas têm áreas variáveis, sendo as menores denominadas de microplacas (Figura 5.1.1).

As velocidades de deslocamento das placas são medidas por numerosos métodos indiretos e diretos e se situam na faixa de alguns centímetros por ano (cm/a).

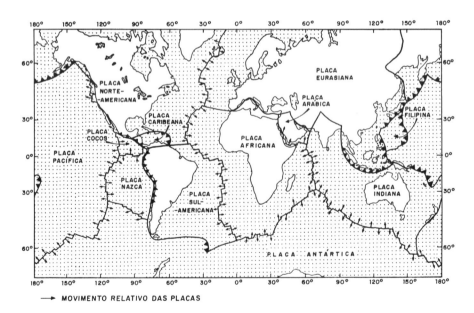

FIGURA 5.1.1 – As placas litosféricas e seus movimentos horizontais relativos. Segundo Forsyth & Uyeda, 1975.

Espessura e estruturação das placas litosféricas

A espessura das placas litosféricas é da ordem de 80 a 150 km e sua estruturação vertical compreende dois níveis, um superior e um inferior. O nível superior é dado pela crosta terrestre, continental ou oceânica. Enquanto a espessura da crosta oceânica é bastante constante, da ordem de 6-7 km, a da crosta continental é muito variável. A espessura média desta é de 35-40 km, mas é de mais de 80 km nas cadeias de montanhas jovens (Andes, Montanhas Rochosas, Urais, Himalaia) e de apenas alguns quilômetros nos grandes rifts intracontinentais. O nível inferior da placa corresponde à parte superior do manto, desde o seu contato com a crosta (dado pela descontinuidade de Mohorovicic ou, abreviadamente, descontinuidade de Moho) até a Zona de Baixa Velocidade sísmica (ZBV), que é a parte superior da astenosfera. A Zona de Baixa Velocidade é caracterizada por uma diminuição da velocidade das ondas sísmicas P (primárias ou compressionais) nesta parte da astenosfera devido ao seu estado mais dúctil. Abaixo da ZBV a velocidade das ondas P aumenta com a profundidade através de uma série de pequenos saltos. Após a astenosfera as ondas P penetram na mesosfera onde ocorre um aumento contínuo nas suas velocidades com o aumento da profundidade até ser alcançada a descontinuidade de Gutemberg que marca o contato entre o manto e o núcleo externo, líquido, enquanto o núcleo interno é sólido.

O limite superior do manto também tem forte expressão sísmica. Na crosta as velocidades das ondas sísmicas, de modo geral, aumentam gradualmente com a profundidade atingindo velocidades da ordem de 6.5-7.6 km/s nas suas partes mais basais. O limite com o manto é caracterizado por um súbito aumento dessas velocidades para 8.0-8.2 km/s.

A descontinuidade de Moho é mais marcante sob áreas continentais estáveis e oceânicas e mais difusa sob áreas orogênicas jovens e sob as cadeias mesoceânicas, ambientes geotectônicos, onde ocorrem intensas manifestações magmáticas, forte fluxo de calor e elevada atividade sísmica (Figura 5.1.2).

Dessa maneira as placas litosféricas são sistemas crosta/manto superior que deslizam sobre a astenosfera. As causas do deslocamento das placas são correntes de convecção que resultam da diferença da temperatura entre a base e o topo do manto. O surgimento de correntes de convecção e a constatação de sua capacidade de transportar matéria pode ser facilmente observada por meio de um simples experimento ao aquecer-se sobre uma chama um vasilhame contendo água e pequenas bolinhas de papel alumínio amassado (dos rolos de alumínio laminado de uso generalizado na cozinha ou o papel aluminizado de maços de cigarro) que se depositam no fundo do recipiente. Durante o aquecimento da água (que obviamente inicia-se no fundo do vasilhame em contato com a chama) surge um gradiente térmico entre as camadas basais e superficiais da água, o que leva ao desenvolvimento de correntes de convecção que arrastam as bolinhas de alumínio até a tona, de onde retornam novamente para o fundo do recipiente (que na experiência, por motivo de visualização, deve ser preferencialmente de vidro termorresistente). Existem vários modelos calculados a partir de diferentes pressupostos de viscosidade, características reológicas, temperatura e pressão para o número, dimensões e formato das correntes de convecção operando no manto (Figura 5.1.3). Vários aspectos geológicos (as feições lineares dos grandes rifts, das cadeias mesoceânicas e dos cinturões orogênicos) indicam que o formato das correntes de convecção é essencialmente cilíndrico.

Classificação tectônica

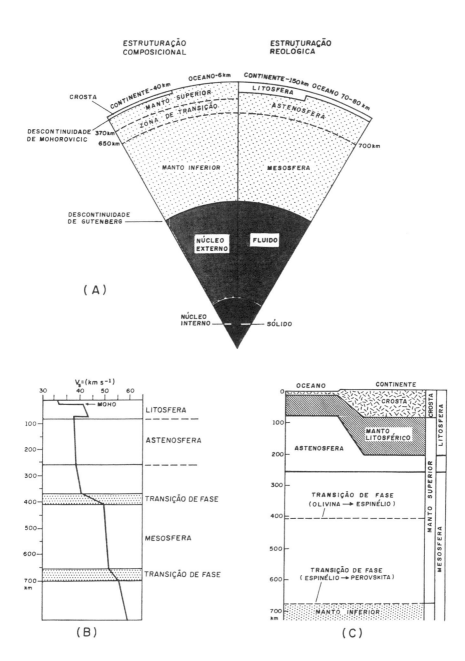

FIGURA 5.1.2 – Perfil sísmico e estruturação da Terra em crosta, manto e núcleo. (A) estruturação composicional e reológica, (B) perfil sísmico, (C) delimitação da placa litosférica. A zona de baixa velocidade sísmica, que corresponde ao nível superior da mesosfera, é o limite inferior das placas litosféricas. Segundo Hart et al., 1977, modificado.

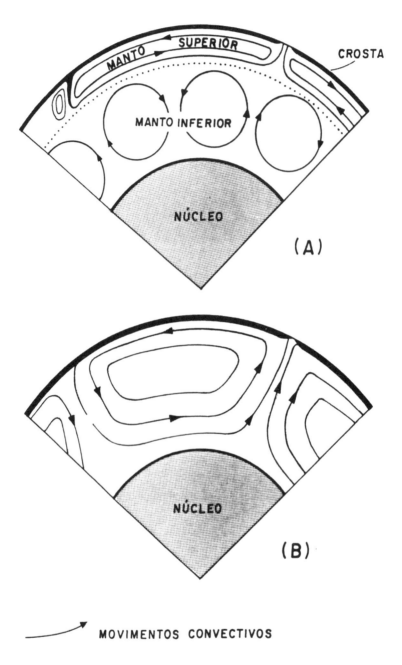

FIGURA 5.1.3 – Diferentes modelos para a disposição das correntes de convecção no manto terrestre. (A) modelo de duas camadas de correntes de convecção (uma no manto inferior e outra no manto superior); (B) modelo com um só sistema de correntes de convecção afetando todo o manto. Segundo BVSP, 1981.

Geração e destruição de oceanos

A crosta continental e a crosta oceânica se diferenciam sob vários aspectos que incluem, ao lado do aspecto composicional, também sua espessura, estrutura, atividade tectônica e magmática, e idade. Na crosta continental ocorrem rochas com quase 4 bilhões de anos (4 b.a. ou 4 Ga.) e sequências tipicamente marinhas atestando que em vários períodos geológicos áreas continentais foram parcialmente recobertas por águas oceânicas (o que logicamente só é possível pela existência de oceanos nessas ocasiões). Muitas dessas sequências são muito antigas como indicam suas datações fossilíferas (trilobitas, grapitolitos etc.). Em oposição, a datação de rochas basálticas do fundo dos oceanos por diferentes métodos (isotópicos, paleomagnéticos e fossilíferos nos sedimentos que recobrem os fundos dos oceanos) mostraram que suas idades não ultrapassam 200 milhões de anos (200 m.a ou 0.2 Ga.) e que sua idade diminui regularmente em direção às cadeias mesoceânicas. Como na teoria da tectônica de placa, o raio (diâmetro, volume, superfície) do planeta Terra é considerado constante durante os tempos geológicos (em oposição às teorias da expansão e da pulsação terrestre), as diferenças nas idades das crostas continentais e oceânicas indicam, entre outros, dois aspectos importantes:

- A crosta continental não é destruída durante o tempo geológico e, portanto, tende a ampliar-se cada vez mais pela acreção de novo material siálico. Tal fato é bem retratado pela "estrutura em cebola" de muitas áreas continentais nas quais núcleos mais antigos são circundados por faixas crustais siálicas cada vez mais jovens (Figura 5.1.4).
- Ao contrário da crosta continental, a crosta oceânica é sucessivamente criada e destruída no decorrer do tempo geológico. Em outras palavras, oceanos são sucessivamente abertos (crosta oceânica é criada) e fechados (crosta oceânica é destruída).

Rochas magmáticas

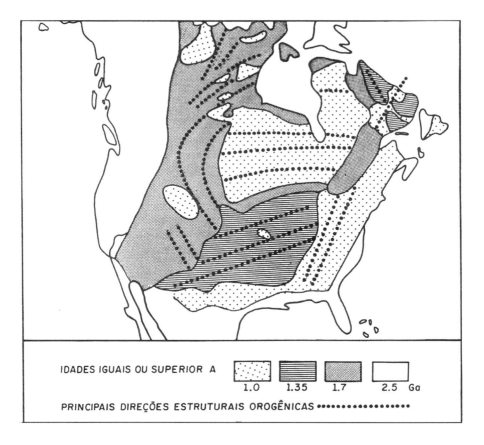

FIGURA 5.1.4 – Mapa geocronológico da América do Norte mostrando o crescimento contínuo da crosta continental com o decorrer do tempo geológico pela acreção de material siálico cada vez mais jovem em torno de crosta mais antiga, configurando uma "estrutura em cebola". Segundo Muehlberger et al., 1967, simplificado.

O completo processo de abertura (geração), expansão, contração e fechamento (desaparecimento) de um oceano é denominado de Ciclo de Wilson. Relembrando a constância da superfície terrestre, isto implica que enquanto em um local se abre um oceano (pela criação de crosta oceânica), forçosamente em outra parte ocorre a contração e o fechamento de outro (pela destruição da crosta oceânica). Este processo implica também a existência de movimentos divergentes (por ocasião da criação da crosta oceânica) e convergentes (por ocasião da destruição da crosta oceânica) entre as placas litosféricas. A constância da superfície terrestre implica, forçosamente, que durante a convergência entre placas ocorra um recobrimento parcial entre elas e que neste processo a placa cavalgada é forçada a reingressar no interior da Terra num processo denominado de subducção. Os dados geocronológicos indicam claramente que a porção da placa litosférica calvagada sempre tem uma crosta oceânica (Figura 5.1.5).

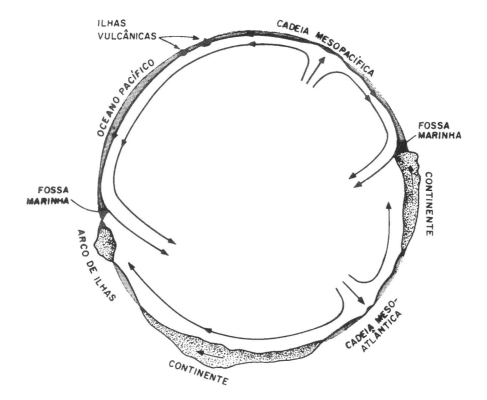

FIGURA 5.1.5 – Relação entre abertura e fechamento de oceanos. Enquanto em alguns locais (a partir de cadeias mesoceânicas) é criada nova crosta oceânica, simultaneamente em outros (zonas de subducção) ocorre a destruição de crosta oceânica mais antiga. Segundo Uyeda, 1978.

Limites de placa e magmatismo

Além de limites divergentes (ou passivos), ligados à criação da crosta oceânica, e convergentes (ou ativos) associados com sua destruição, as placas litosféricas também apresentam limites neutros dado por um tipo particular de falhas transcorrentes denominados de falhas transformantes. A sua origem está ligada ao desenvolvimento dos oceanos quando este processo é considerado em termos angulares sobre a Terra com forma aproximadamente esférica. Para a visualização deste aspecto, consideremos o caso do Oceano Atlântico, atualmente em plena expansão e que se estende praticamente desde o Polo Norte até o Polo Sul, passando pelo Equador. Uma dada expansão angular do oceano implica um crescimento areal diferenciado da crosta oceânica conforme a latitude considerada, sendo maior no Equador e diminuindo progressivamente com o aumento da latitude, à semelhança da variação da espessura de um gomo de laranja. Este crescimento diferencial implica esforços entre segmentos oceânicos justapostos de diferentes latitudes e que se manifestam através do desenvolvimento de grandes falhas transcorrentes ao longo das quais segmentos oceânicos são deslocados para a reconstituição do equilíbrio geométrico esférico. Ao longo dessas falhas as placas litosféricas não divergem nem convergem, causa de sua designação de limites de placas neutros (Figura 5.1.6).

Por questões geométricas, as maiores falhas transformantes têm formato curvilíneo e disposição paralela o que permite a determinação da posição do eixo de expansão do oceano. As maiores falhas transformantes dos principais oceanos recebem nomes próprios e algumas mais possantes não só cortam a crosta oceânica mas chegam a afetar também as áreas continentais das placas divergentes. As manifestações magmáticas ao longo dos limites neutros de placas são bastante discretas, representadas principalmente por intrusão de piroxênitos, peridotitos, dunitos, serpentinitos e rochas alcalinas. Tal fato contrasta com os limites divergentes e convergentes das placas litosféricas que são sítios de intenso magmatismo. Nos limites divergentes ocorre a criação de nova crosta oceânica de natureza essencialmente basáltica/diabásica/gábrica toleítica que resulta da acreção de gigantescas massas de magmas basálticos gerados pela fusão parcial de rochas do manto (os oceanos perfazem mais de 2/3, em área, da crosta terrestre). Nos limites convergentes (zonas de subducção) ocorre a geração de gigantescos volumes de magmas cálcio-alcalinos, que formam os arcos magmáticos que se associam com cinturões metamórficos em áreas orogênicas. Dessa maneira as áreas próximas aos limites divergentes e convergentes são os sítios da atividade magmática mais intensa nas placas litosféricas (Figura 5.1.7).

Classificação tectônica

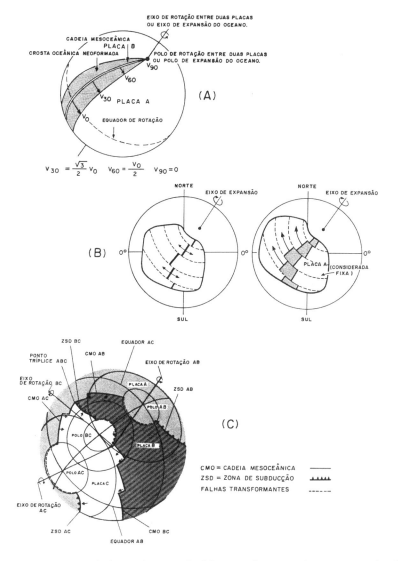

FIGURA 5.1.6 – Esquema do desenvolvimento das falhas transformantes, limites neutros das placas litosféricas, pela variação das áreas de crescimento dos oceanos, conforme diferentes latitudes, uma vez considerada sua expansão em termos angulares em relação a um eixo de expansão de referência. (A) variação da velocidade de crescimento dos fundos dos oceanos com a variação de latitude em relação ao polo de rotação entre as placas divergentes A e B. (B) desenvolvimento de falhas transformantes curvilíneas devido à diferença na velocidade de expansão dos fundos dos oceanos em função da latitude em relação ao eixo de expansão. As falhas transformantes representam os paralelos da esfera de expansão e permitem, assim, a determinação do polo de expansão. (C) relações geométricas entre os polos de rotação de três pares de placas. Os três polos situam-se sobre um círculo máximo. O ponto tríplice ABC corresponde ao ponto de contato entre as três placas, cada uma contendo simultaneamente limites divergentes, convergentes e neutros. Segundo Morgan, 1968, e Dewey, 1972.

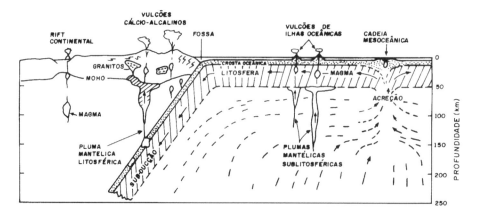

FIGURA 5.1.7 – Esquema ilustrando que os limites divergentes (cadeias mesoceânicas) e convergentes (áreas orogênicas) das placas litosféricas são sítios de grandes atividades magmáticas. Segundo Ringwood, 1969.

Áreas orogênicas, cinturões metamórficos e arcos magmáticos

Os limites de placas convergentes (zonas de subducção) são áreas orogênicas onde se desenvolvem cinturões metamórficos e magmáticos, estes denominados de arcos magmáticos, arcos plutônicos (quando predominam rochas intrusivas) ou de arcos vulcânicos (quando predominam rochas efusivas). As áreas de subducção representam regiões com características particulares dadas por uma duplicação de placas litosféricas (pelo recobrimento entre elas), a existência de grandes esforços compressivos e por um grande fluxo de calor. Nessas condições rochas preexistentes sofrem recristalização e transformações mineralógicas (por reações endotérmicas) devido ao elevado fluxo de calor e simultaneamente são submetidas a grandes deformações (dobramentos acompanhados do desenvolvimento de xistosidade, gnaissificação e foliação metamórfica) devido aos esforços compressivos. São, assim, transformadas nas rochas metamórficas que constituem os cinturões metamórficos. Ao mesmo tempo durante sua progressiva subducção a placa cavalgada alcança níveis cada vez mais profundos do interior da Terra o que implica um gradual aumento da pressão e da temperatura que sobre ela atua. Em resposta, a placa sofre um progressivo metamorfismo para rochas das fácies dos xisto verde, do anfibolito e do granulito. Esse processo implica uma progressiva desidratação da placa ao longo da zona de subducção e na sua fusão parcial. Os fluidos e líquidos magmáticos assim liberados, percolam a cunha mantélica sobreposta à zona de subducção

Classificação tectônica

hidratando-as, fato que acarreta uma dramática queda da temperatura de fusão das rochas ali presentes (diferentes tipos de peridotitos) com consequente geração de um intenso magmatismo cálcio-alcalino, que em seu conjunto formam o arco magmático que se associa ao cinturão metamórfico (Figura 5.1.8). A associação entre um cinturão metamórfico e um arco magmático morfologicamente alçado é uma das várias feições geológicas típicas de áreas ou faixas orogênicas.

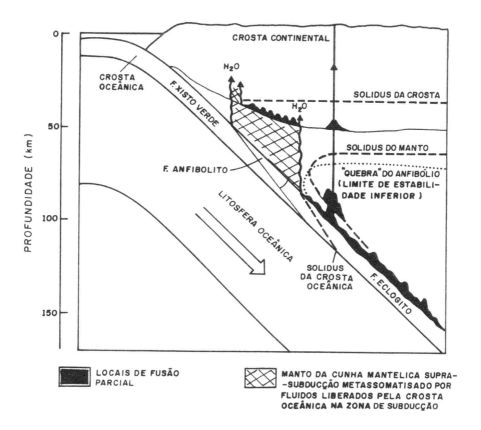

FIGURA 5.1.8 – Metamorfismo da placa subductada ao longo de uma zona de subducção com sua transformação progressiva em rochas do fácies xisto verde, fácies anfibolito e fácies granulito num processo que implica a desidratação progressiva da placa subductada. Os fluidos liberados percolam a cunha mantélica sobrejacente diminuindo o ponto de fusão e modificando a composição (metassomatismo mantélico) das rochas peridotíticas ali presentes. Segundo Wyllie, 1984.

A forma alongada e arqueada dos cinturões orogênicos e arcos magmáticos resulta simplesmente do cavalgamento de uma placa sobre a outra numa terra com o formato quase esférico. A Figura 5.1.9 ilustra o arco magmático formado essencialmente por rochas granitoides cálcio-alcalinas que se associa ao Cinturão Metamórfico Andino.

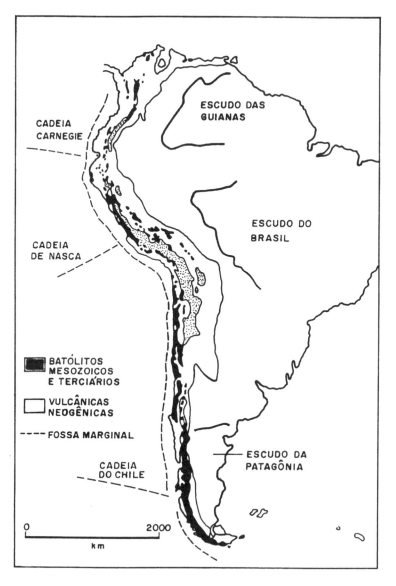

FIGURA 5.1.9 – O arco magmático plutônico granitoide associado ao Cinturão Metamórfico Andino. Segundo Gansser, 1973.

De acordo com a natureza da crosta das placas, em áreas de subducção são distinguidos dois tipos básicos de áreas orogênicas:

- A zona de subducção envolve duas placas com crosta oceânica. Resultam os arcos de ilhas (ou arcos vulcânicos) associados com cinturões orogênicos intraoceânicos do tipo pacífico.
- A zona de subducção envolve uma placa com crosta oceânica (a placa cavalgada) e uma placa com crosta continental (a placa cavalgante). Resultam arcos magmáticos associados com cinturões orogênicos pericontinentais ou tipo andino (Figura 5.1.5).

Como mostra a Figura 5.1.1, as placas maiores contêm tanto áreas com crosta oceânica quanto com crosta continental. Dessa maneira, é possível ocorrer uma zona de subducção, nas quais as crostas das duas placas envolvidas são oceânicas e que a zona de subducção se situe nas proximidades de uma área com crosta continental na placa cavalgante. Pela formação do arco de ilha (cinturão tipo pacífico) na zona de subducção ocorre o isolamento de uma porção relativamente pequena de oceano entre o arco de ilha e a área continental próxima. Estes pequenos pedaços de oceanos isolados são denominados de bacias marginais. Bacias marginais são muito frequentes entre os numerosos arcos de ilhas do oeste do Oceano Pacífico e o continente asiático (Figura 5.1.10).

As bacias marginais recebem sedimentação tanto da área continental quanto do arco de ilha e são basicamente de dois tipos: passivas e ativas. No primeiro caso são essencialmente os receptáculos da mencionada sedimentação, acumulando sequências com milhares de metros de espessura. Já nas bacias marginais ativas, além da sedimentação também ocorre a geração de nova crosta oceânica toleítica o que implica sua expansão progressiva (Figura 5.1.10).

Rochas magmáticas

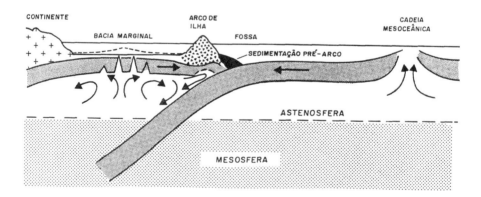

FIGURA 5.1.10 – (A) bacias marginais do oeste do oceano Pacífico. Nas bacias ativas as flechas indicam a direção da expansão do fundo do oceano. (B) esquema do desenvolvimento de nova crosta oceânica numa bacia marginal ativa. Segundo Karig, 1974, e Wilson, 1989.

Classificação tectônica

Além dos cinturões metamórficos tipo pacífico e andino, cabe, também, enfatizar os cinturões tipo himalaio ou intracontinentais ou de colisão. Consideremos uma subducção pericontinental na qual a placa subductada (com crosta oceânica) contém, também, a certa distância, áreas com crosta continental. Com o desenvolvimento da subducção (e geração de um cinturão orogênico tipo andino) as áreas continentais da placa cavalgante e da placa subductada vão se aproximar gradualmente até ocorrer a sua colisão, processo que gera os cinturões orogênicos tipo himalaio (Figura 5.1.11).

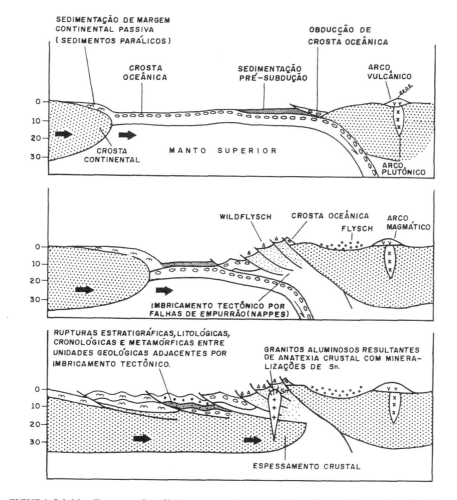

FIGURA 5.1.11 – Esquema da colisão entre continentes originando um cinturão tipo himalaio. Da colisão resulta um complexo imbricamento tectônico entre as duas crostas continentais, um espessamento crustal e a geração de granitos aluminosos pela fusão parcial da crosta espessada. Segundo Mitchell, 1974, simplificado.

A colisão continental pode levar ao destacamento de parte do nível crustal de uma placa litosférica (Figuras 5.1.11 e 5.1.12). Quando o destacamento ocorre ao longo da descontinuidade de Moho, o processo é denominado de delaminação e implica a imersão do nível mantélico da placa litosférica na astenosfera menos densa.

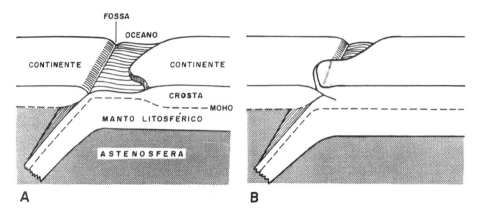

FIGURA 5.1.12 – Destacamento parcial (delaminação) da crosta continental de uma placa subductada durante o processo de colisão continental. O lançamento de cunhas rochosas da placa subductada sobre a placa cavalgante denomina-se obducção e implica um intenso imbricamento tectônico entre litologias das duas placas junto à zona de subducção. (A) situação imediatamente anterior à colisão continental. (B) obducção de material siálico da placa subductada sobre a placa cavalgante por ocasião da colisão entre as áreas continentais das duas placas. Segundo Oxburgh, 1972.

Durante a colisão ocorre um intenso imbricamento tectônico entre as massas continentais que por sua menor densidade em relação às placas oceânicas não sofrem o fenômeno de subducção. Do imbricamento resulta um espessamento da crosta continental e sua fusão parcial com a formação de granitos de anatexia crustal aluminosos. A Figura 5.1.13 mostra este magmatismo aluminoso na região central do Himalaia cuja configuração final resultou da colisão de áreas continentais da placa da Índia com áreas continentais da placa da Eurásia no estágio final da subducção da primeira sob a segunda. O estágio da subducção pericontinental pré-colisão está preservado nos grandes batólitos cálcio-alcalinos enquanto os granitos aluminosos retratam o estágio final de colisão.

É claro que não ocorre apenas a colisão entre cinturões andinos e áreas continentais passivas. Também podem colidir cinturões andinos com cinturões andinos, cinturões andinos com arcos de ilhas ou ainda arcos de ilhas com arcos de ilhas e arcos de ilhas com margens continentais passivas etc., num complexo jogo de variação de situações geológicas.

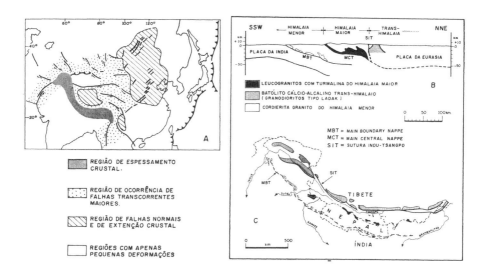

FIGURA 5.1.13 – Magmatismo da região central do Himalaia. Os grandes complexos cálcio-alcalinos foram gerados no estágio de subducção pericontinental e os granitos aluminosos (cordierita granitos e turmalina granitos) no estágio de colisão continental. Segundo Molnar & Tapponier, 1978, Le Fort, 1973, 1975, Le Fort et al., 1980, e Gansser, 1976, modificado.

Cabe ainda explicar a associação entre arcos magmáticos e cinturões de rochas metamórficas nas áreas orogênicas. Sítios de sedimentação espessa, com depósitos clásticos, químicos e vulcânicos, com milhares de metros de espessura, são bastante limitados. Restringem-se aos limites de placas continentais divergentes (margens continentais passivas ou tipo atlântico), bacias marginais, arcos de ilhas e zonas de subducção pericontinentais de placas convergentes (margens continentais ativas ou tipo andino), conforme a Figura 5.1.14.

Desses sítios de intensa sedimentação os arcos de ilhas e as zonas de subducção pericontinentais são áreas orogênicas. A espessa sedimentação de margens continentais passivas será transformada num cinturão metamórfico quando o oceano passar de um estágio de expansão para um estágio de contração (Figura 5.1.15) e a expressiva sedimentação das bacias marginais pode ser transformada num cinturão metamórfico por vários processos como no caso de uma colisão entre o arco de ilhas e o continente que confinam a bacia marginal (Figura 5.1.16).

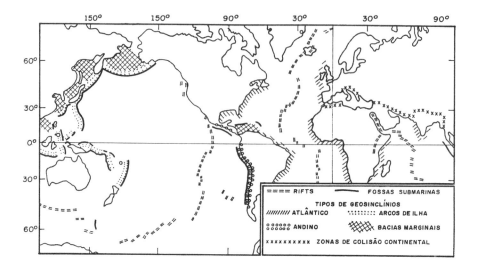

FIGURA 5.1.14 – Os principais sítios de sedimentação expressiva em função de feições morfológicas definidas em termos da teoria da tectônica de placas: margens continentais ativas, margens continentais passivas, arcos de ilhas e bacias marginais. Segundo Mitchell & Reading, 1969.

Classificação tectônica

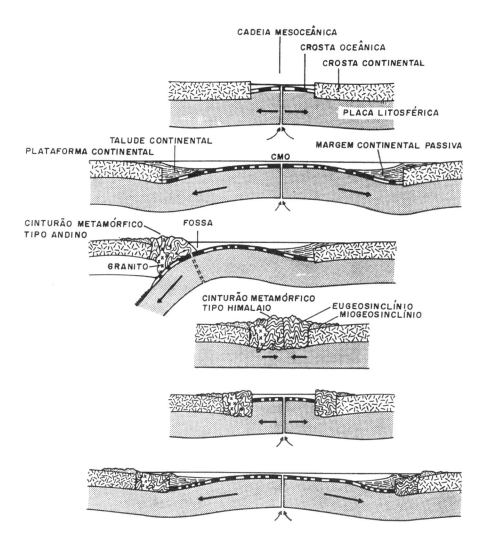

FIGURA 5.1.15 – Transformação da espessa sedimentação de margem continental passiva (margem continental tipo atlântico) num cinturão metamórfico pericontinental tipo andino e posteriormente num cinturão intracontinental tipo himalaio pela mudança do estágio de expansão oceânica para um estágio de contração do oceano. A figura mostra que o processo de abertura e fechamento de um oceano pode repetir-se seguidas vezes. Segundo Dietz, 1972, simplificado.

Rochas magmáticas

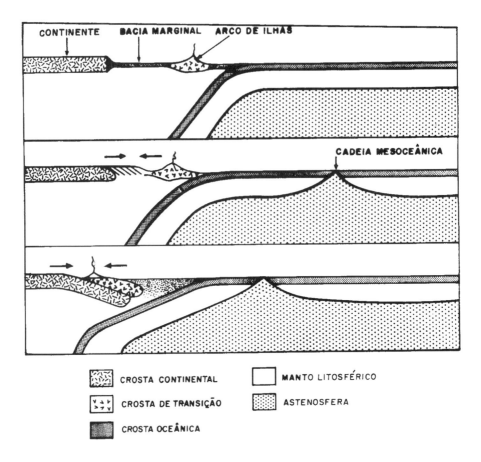

FIGURA 5.1.16 – Transformação da espessa sedimentação de uma bacia marginal num cinturão metamórfico pela colisão de um arco de ilhas com uma margem continental passiva. Segundo Dewey, 1980, modificado.

Natureza e frequência do magmatismo nos distintos ambientes geotectônicos

Como exposto, o magmatismo das placas litosféricas concentra-se principalmente nos seus limites divergentes e convergentes, tanto pela criação da crosta oceânica toleítica quanto pela geração de arcos magmáticos cálcio-alcalinos associados com cinturões metamórficos de áreas orogênicas. Em oposição, o magmatismo intraplaca e o associado aos limites neutros das placas é bastante restrito. Nas áreas intraplacas oceânicas o magmatismo é representado por vulcões submarinos (ou ilhas oceânicas quando seus cumes são subaéreos) e cadeias vulcânicas. Assim o magmatismo intraplaca tem caráter puntual e sua origem está ligada a focos térmicos muito profundos situados abaixo do limite inferior das placas litosféricas como atestam as ocorrências de rochas alcalinas (produtos da fusão de um manto fértil) e de kimberlitos (que com seus diamantes atestam condições genéticas sob pressões muito elevadas). Esses focos térmicos muito profundos, fixos e de longa atividade são denominados de plumas mantélicas e sua origem é ainda muito discutida. Uma placa litosférica movimentando-se sobre uma pluma provoca geração de cadeias de vulcões conforme a Figura 5.1.17. Estas cadeias de vulcões alinhados, uma vez datados por métodos geocronológicos, permitem determinar a velocidade e a direção do deslocamento da placa. Uma manifestação magmática ligada a uma pluma mantélica constitui um "ponto quente" (*hot spot*). Os principais pontos quentes intraplaca oceânicos e continentais constam na Figura 5.1.18.

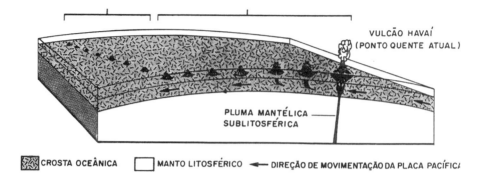

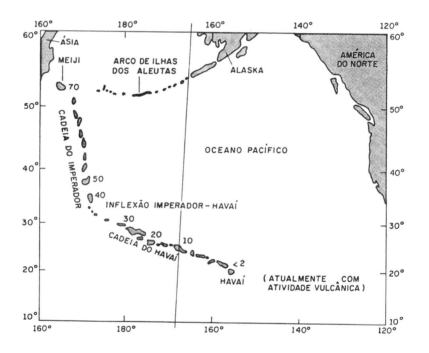

FIGURA 5.1.17 – (A) esquema mostrando a geração de uma cadeia de vulcões submarinos pelo deslocamento de uma placa litosférica sobre uma pluma mantélica de posição estacionária e localizada abaixo do limite inferior da placa. Cada novo vulcão da cadeia tem idade mais nova que seu antecedente. (B) disposição espacial e idade dos vulcões da cadeia Imperador – Havaí. A idade dos vulcões sucessivos e a disposição da cadeia permitem determinar a velocidade e a direção de deslocamento da placa do Pacífico nos últimos 70 m.a. Cerca de 35 m.a. atrás a placa mudou repentinamente a sua direção de deslocamento. Segundo Williams & Mc Birney, 1979, e Clague & Dalrymple, 1987.

Classificação tectônica

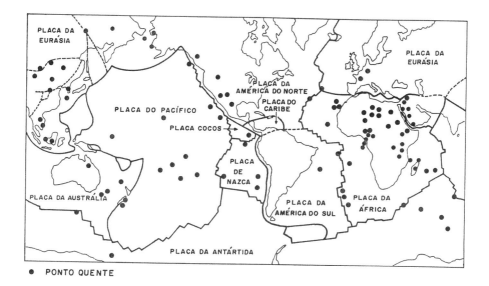

• PONTO QUENTE

FIGURA 5.1.18 – Localização dos principais pontos quentes intraplacas continentais e oceânicos. Segundo Burke & Wilson, 1976.

As considerações anteriormente expostas podem ser assim reunidas:
- As placas litosféricas têm limites passivos, ativos e neutros.
- O magmatismo se concentra junto às margens divergentes através da criação de crosta oceânica e nas margens convergentes por meio da geração de arcos magmáticos associados com cinturões metamórficos em áreas orogênicas. Nos limites neutros e no domínio intraplaca o magmatismo é restrito.
- Entre o magmatismo dominam duas séries: a toleítica, ligada às áreas de geração de fundo do oceano e a cálcio-alcalina, ligada às áreas de destruição de fundo de oceano. Magmatismo alcalino ocorre nos domínios intraplaca e ao longo dos limites neutros das placas litosféricas (Quadro 5.1.1).
- Em termos da teoria da tectônica de placas são definidos nove ambientes tectonomagmáticos, listados no Quadro 5.1.2.
- Nos diferentes ambientes tectônicos previamente listados as principais rochas magmáticas ocorrem com frequência variada, como retratado no Quadro 5.1.3.

Quadro 5.1.1 – Séries magmáticas associadas com os diferentes ambientes geotectônicos dos limites e do interior das placas litosféricas. Segundo Girod, 1978 b, modificado

Limites de placa					Domínios intraplaca	
Divergentes		Convergentes		Neutros	Oceânicos	Continentais	
Bacias Marginais	Dorsais Oceânicas Ativas	Margens Continentais Ativas	Arcos Insulares	Falhas Transformantes	Ilhas Oceânicas	Arqueamentos e Rifts	Margens Continentais Passivas
Série magmática							
Toleítica	Toleítica	Toleítica	Toleítica	Toleítica	Toleítica	Toleítica	Toleítica
		Cálcio-alcalina	Cálcio-alcalina				
		Alcalina	Alcalina	Alcalina	Alcalina	Alcalina	

Quadro 5.1.2 – Os principais nove ambientes tectonomagmáticos definidos em termos da teoria da tectônica de placas. Segundo Barker, 1983, modificado

A - Em áreas de limites divergentes de placas

    1- Magmatismo das dorsais oceânicas

    2- Magmatismo das bacias marginais ativas

    3- Magmatismo de rifts continentais

B - Em áreas paralelas à limites convergentes entre placas

    4- Magmatismo de cinturões orogênicos tipo pacífico (colisão oceano-oceano)

    5- Magmatismo de cinturões orogênicos tipo andino (colisão oceano-continente)

    6- Magmatismo de cinturões orogênicos tipo himalaio (colisão continente-continente)

C - Em áreas de limites neutros de placas (falhas transformantes)

    7- Vulcões sobre fraturas oceânicas

D - Em áreas intraplacas

    8- Magmatismo de ilhas oceânicas e vulcões submarinos

    9- Magmatismo intracratônico

Quadro 5.1.3 – Frequência de algumas rochas magmáticas nos nove ambientes tectonomagmáticos do Quadro 5.1.2. Frequência: X = alta em todos os casos; ⊙ = alta em alguns casos; ☐ baixa. Segundo Barker, 1983, modificado

Rochas	Regimes tectônomagmáticos								
	1	2	3	4	5	6	7	8	9
Basaltos Q-normativos	x	x	x	☐	☐			x	x
Basaltos Ol+Hy normativos	☐	☐	x	⊙	⊙		x	x	x
Basaltos Ne-normativos			x	⊙	⊙		x	x	x
Nefelinitos			x					x	x
Fonolitos			x		⊙			⊙	x
Riolitos peralcalinos			x		⊙			⊙	x
Granitos cálcio-alcalinos					☐				
Granitos aluminosos				☐	☐	☐			⊙
Rochas com leucita			⊙	⊙	⊙			⊙	⊙
Kimberlitos								⊙	⊙
Carbonatitos		⊙						⊙	⊙

Exercícios

Entre os vários livros básicos sobre a tectônica de placa cabe destacar:

Wyllie (1976) *The Way the Earth Works*: An Introduction to the New Global Geology and its Revolutionary Development.
Uyeda (1978) *The New View of the Earth* - Moving Continents and Moving Oceans.
Boilot (1981) *Geology of the Continental Margins*.
Condie (1982) *Plate Tectonics & Crustal Evolution*.
Park (1988) *Geological Structures and Moving Plates*.
Allègre (1988) *The Behaviour of the Earth*. Continental and Seafloor Mobility.
Kearey & Vine (1990) *Global Tectonics*.
Fowler (1990) *The Solid Earth*. An Introduction to Global Tectonics.

Consultando estes livros faça uma coleção de mapas, figuras e esquemas que retratem aspectos ligados à teoria da tectônica de placas não considerados no presente texto.

5.2 O ciclo de Wilson e associações magmáticas

Um ciclo completo de Wilson pode ser subdividido arbitrariamente em cinco estágios:

- Estágio de rompimento litosférico ou estágio de rift.
- Estágio do Mar Vermelho.
- Estágio da cadeia mesoceânica ou de margem continental passiva.
- Estágio da contração oceânica ou de subducção oceânica.
- Estágio de fechamento do oceano ou de colisão.

Esses estágios estão representados na Figura 5.2.1, tendo como referências áreas continentais e na Figura 5.2.2, que representa um corte transglobal passando pela América do Sul e África.

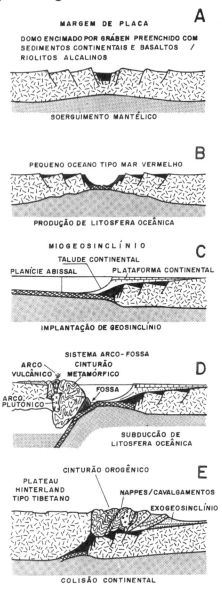

FIGURA 5.2.1 – O ciclo de Wilson tendo como referência áreas continentais de placas litosféricas. (A) estágio de rift; (B) estágio do Mar Vermelho; (C) estágio da cadeia mesoceânica (margem continental passiva ou tipo atlântico); (D) estágio de contração do oceano (margem continental ativa ou tipo andino); (E) estágio de fechamento do oceano (colisão continental). Segundo Hoffmann et al., 1974, modificado.

Classificação tectônica

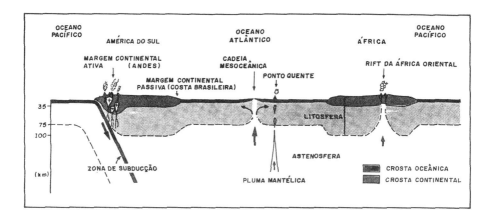

FIGURA 5.2.2 – Alguns estágios do ciclo de Wilson num perfil Oceano Pacífico – América do Sul – Oceano Atlântico – África – Oceano Índico. Estágio de rift na África Oriental (A) Estágio da cadeia mesoceânica (B) e de margem continental passiva (C) Estágio de contração oceânica com zona de subducção (D) e margem continental ativa (E) a qual se associa uma fossa (F) e um cinturão metamórfico contendo um arco magmático (G) Também estão representados vulcões intraplacas (*hot spots*) ligadas a plumas mantélicas sublitosféricas (H). Segundo Frisch & Loeschke, 1986.

Estágio de rompimento litosférico ou estágio de rift

O rompimento da placa litosférica resulta de um conjunto de rifts (longos vales tectônicos com um perfil transversal em degraus dados por uma sucessão de blocos tectônicos abatidos) que resultam da evolução de domos térmicos que se instalam ao longo da zona de convergência de duas células de convecção cilíndricas adjacentes. Os domos térmicos são dados por grandes arqueamentos regionais caracterizados por um adelgaçamento crustal e um alçamento do manto que pode ser detectado por diferentes métodos sísmicos (Figura 5.2.3) e gravimétricos (Figura 5.2.4).

Durante seu estágio evolutivo final os domos térmicos sofrem um rompimento tectônico através de falhas dispostas a 120 graus entre si e que se irradiam a partir de um ponto central denominado de junção tríplice (Figura 5.2.5).

Ao longo destas falhas ocorrem abatimentos tectônicos com a implantação de grábens e rifts aos quais se associam manifestações vulcânicas e plutônicas alcalinas. O conjunto de rifts e grábens da África Oriental ilustra bem esta organização geométrica (Figuras 5.2.4 B, 5.2.15 e 5.2.16).

Rochas magmáticas

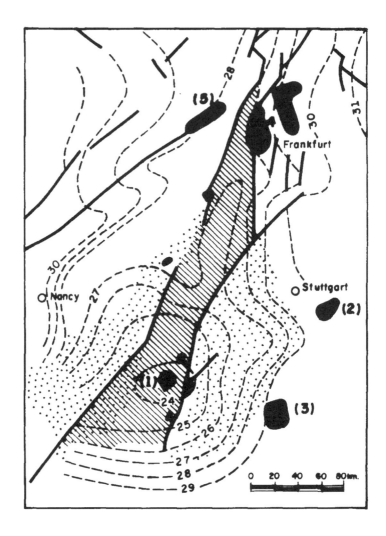

FIGURA 5.2.3 – Rift do Reno, parte central do rift Transeuropeu, mostrando o alçamento da descontinuidade de Moho, cuja profundidade é dada em km ao longo das linhas tracejadas. As linhas fortes são falhas do rift. A área pontilhada é a região de alçamento morfológico do domo térmico e as manchas pretas indicam manifestações de rochas vulcânicas alcalinas. Segundo Illies, 1977, 1978 e 1981, simplificado.

Classificação tectônica

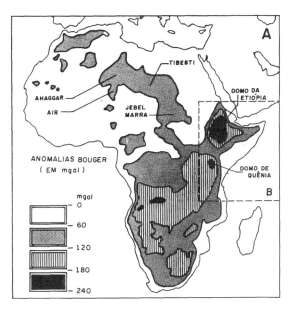

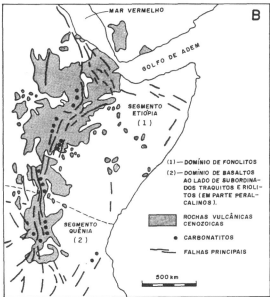

FIGURA 5.2.4 – Mapa de anomalias gravimétricas Bouger da África, ressaltando os domos da Etiópia e do Quênia (A) aos quais se associam estruturas de rift e um intenso vulcanismo (B). No segmento da Etiópia dominam os fonolitos e no segmento do Quênia os basaltos associados com quantidades menores de traquitos e riolitos, em parte peralcalinos. Segundo Fairhead, 1979, e Baker et al., 1971, simplificado.

Rochas magmáticas

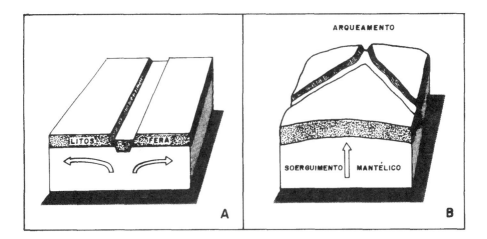

FIGURA 5.2.5 – Diferenças na geração de rifts por simples tração (A) ou por tensão resultante de arqueamento (B). No primeiro caso é gerado um só vale tectônico retilíneo e no segundo três grábens formando 120 graus entre si. Segundo Heather, 1979.

A história evolutiva de um rift é muito longa, com sucessivas fases de arqueamentos, abatimentos e magmatismo que provocam o seu alongamento e o alargamento gradual no decorrer de dezenas a centenas de milhões de anos. A Figura 5.2.6 mostra esquematicamente a evolução de um rift da África Oriental.

Classificação tectônica

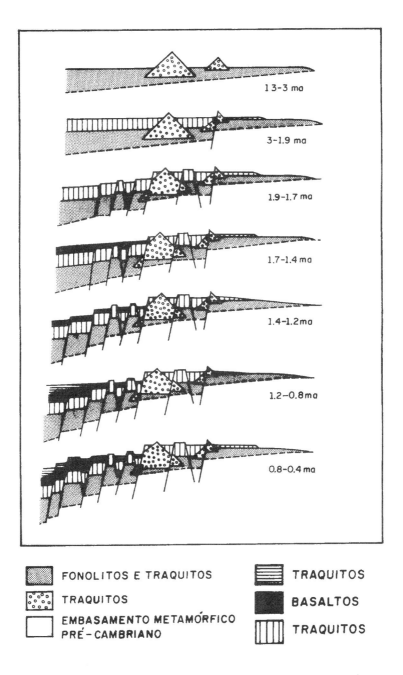

FIGURA 5.2.6 – Esquema da evolução da margem oriental dos rifts do Quênia (África Oriental) nos últimos 13 m.a. mostrando a retomada sucessiva de fases de abatimento tectônico e de vulcanismo basáltico, traquítico e fonolítico. Segundo Baker & Mitchel, 1976, simplificado.

Principais feições magmáticas de rifts

Entre as principais feições do magmatismo que se associa aos rifts cabe destacar:

Caráter plutono-vulcânico

O caráter plutônico-vulcânico dos rifts é muito variável, dominando ora um ora outro. As províncias magmáticas que se associam aos rifts do norte da África Oriental são dominantemente vulcânicas. Um caso clássico de associação plutono-vulcânica é o gráben de Oslo (Noruega), porção norte do rift Transeuropeu (Figura 5.2.7), nas quais os vulcanitos são representados por basaltos alcalinos, traquibasaltos, traquitos, riolitos e suas manifestações explosivas e as rochas plutônicas por essexitos, larvikitos (e outros monzonitos), nefelina monzonitos e nefelina sienitos, sienitos e nordmakitos, equiritos e outros granitos peralcalinos, ao lado de biotita granitos.

Outros exemplos de associação vulcano-plutônica são os chamados "granitos jovens" do norte da Nigéria composta dominantemente por rochas plutônicas ao lado de quantidades menores de rochas vulcânicas. As primeiras são dadas por biotita granitos, riebeckita granitos e faialita-anfibólios granitos e as segundas essencialmente por riolitos. Embora as rochas peralcalinas perfaçam quantidades menores nesta província, ela é considerada como a maior ocorrência de riebeckita granitos do mundo.

Composição do magmatismo

O magmatismo de rift é muito variável incluindo desde rochas alcalinas potássicas até sódicas ao lado de raros carbonatitos e kimberlitos. As rochas são ultrabásicas até ácidas e apresentam variável grau de sílica-saturação. A província ultrapotássica mais famosa do mundo associa-se à parte ocidental dos rifts da África oriental, mas, também bem conhecida, é a província Romana (Itália) e as rochas pliopleistocênicas do sul da Espanha. Essas províncias compreendem numerosas variedades de rochas, muitas delas apenas curiosidades petrográficas (mafuritos, ugranditos, katungitos, fitzroyitos, jumillitos, wyomingitos etc.), ao lado de leucititos, nefelina leucititos, leucita basanitos que se associam, raramente, a lavas e tufos de carbonatitos. Na Tabela 1.2.4 constam as análises químicas de algumas rochas ultrapotássicas e na Tabela 5.2.1 análises de carbonatitos e kimberlitos.

Classificação tectônica

Atualmente as rochas ultrapotássicas são reunidas sob a designação genérica de lamproítos e os nomes antigos foram atualizados e adaptados à sua mineralogia característica (Tabela 2.5.3).

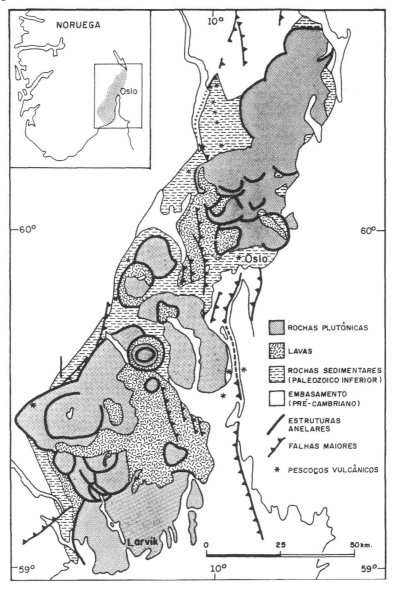

FIGURA 5.2.7 – Esquema simplificado do gráben de Oslo (Noruega), parte norte do rift Transeuropeu, mostrando a associação entre rochas vulcânicas e plutônicas mais ou menos alcalinas, muitas vezes constituindo complexos anelares. Segundo Petersen, 1978, modificado.

Tabela 5.2.1 – Análises químicas de carbonatitos e kimberlitos

%	1	2	3	4	5	6	7	8	9	10
SiO_2	27.64	33.21	33.2	36.12	36.36	10.29	2.22	0.88	0.58	6.12
TiO_2	1.65	1.97	2.41	1.45	0.98	0.73	0.15	0.18	0.10	0.68
Al_2O_3	3.17	4.45	3.97	4.38	5.13	3.39	2.01	3.29	0.10	1.31
Fe_2O_3	5.40	6.78	9.36*	6.80	7.71	3.46	1.99	3.81	0.29	7.09
FeO	2.75	3.43	---	2.68	---	3.60	6.23	0.36	---	---
MnO	0.13	0.17	0.16	0.22	0.16	0.68	0.90	0.65	0.14	0.75
MgO	24.31	22.78	23.56	22.82	17.43	5.79	9.40	0.38	1.17	12.75
CaO	14.13	9.36	9.82	8.33	11.16	36.10	30.24	50.83	15.54	29.03
Na_2O	0.23	0.19	0.48	0.29	0.42	0.42	0.26	0.48	29.56	0.14
K_2O	0.79	0.79	1.87	5.04	1.52	1.36	0.31	0.04	7.14	0.79
H_2O^+	7.89	8.04	---	4.89	---	1.44	0.15	1.24	5.15	1.08
H_2O^-	---	2.66	---	1.28	---	---	0.11	---	---	---
CO_2	10.84	4.58	5.16	3.80	---	28.52	35.96	37.57	31.7	37.03
P_2O_5	0.55	0.65	1.68	1.46	0.55	2.09	1.00	1.02	0.95	2.66
F	---	---	---	---	---	0.81	0.15	---	2.26	0.09
Cl	---	---	---	---	---	---	---	---	2.90	---
SO_3	---	---	---	---	---	---	2.86	---	2.48	0.89
SrO	---	---	---	---	---	0.46	---	---	2.09	0.01
BaO	---	---	---	---	---	0.40	5.47	---	1.04	0.11

*Ferro total como Fe_2O_3

Kimberlitos
1 - Composição média de 623 kimberlitos do Yakutian
2 - Composição média de 25 kimberlitos de Lesotho
3 - Composição média de 14 autólitos kimberlíticos da mina de Wesselton, África do Sul
4 - Kimberlito micáceo
5 - Composição média de 80 kimberlitos da África do Sul

Carbonatitos
6 - Composição média dos carbonatitos segundo Heinrich, 1966
7 - Composição média de 16 ankerita carbonatito
8 - Composição média de 12 calcita carbonatitos (alvikitos) do Kenya Oriental
9 - Composição média de 4 carbonatitos sódicos do Oldoinyo Lengai, Tanzânia
10 - Composição de magnesita carbonatito (apatita beforsito), Alnö, Suécia

Assim como as rochas potássicas, também as sódicas constituem séries com variável grau de alcalinidade, exemplificado pelas associações vulcânicas do rift do Quênia, África Oriental. Ocorre, ali, a associação de três séries que, com decrescente alcalinidade, são representadas pela associação basanito-fonolito (incluindo tefritos e fonolitos tefríticos), a associação basaltos alcalinos-traquitos (incluindo havaítos, mugearitos e benmoreítos) e pela associação basalto transicional-riolitos (incluindo traquiandesitos e traquitos). Na Tabela 5.2.2 constam análises químicas de amostras selecionadas das três associações, na Figura 5.2.8, a representação destas em diagramas TAS e na Figura 5.2.9, a sua mineralogia.

Tabela 5.2.2 – Análises químicas selecionadas de membros das associações basanito-fonolito (A), basaltos alcalinos-traquitos (B) e basaltos transicionais-riolitos (C). Segundo Baker et al., 1977; Price et al., 1985, e Barberi et al., 1975

(A)

%	Basanito	Mugearito	Benmoreíto	Traquito	Fonolito
SiO_2	41.43	50.07	58.28	65.04	55.74
TiO_2	3.64	2.23	0.81	0.22	0.85
Al_2O_3	11.87	16.37	15.99	15.77	18.26
Fe_2O_3	2.74	1.63	1.69	0.90	1.51
FeO	11.55	9.32	7.11	2.84	4.63
MnO	0.23	0.25	0.31	0.17	0.25
MgO	10.52	2.93	0.74	0.15	1.01
CaO	11.10	5.96	2.79	0.99	2.57
Na_2O	2.33	5.71	6.69	6.98	8.53
K_2O	1.48	2.74	4.16	5.57	4.82
P_2O_5	0.94	1.18	0.51	0.10	0.41
H_2O	0.87	0.28	0.27	0.49	0.36
CO_2	0.07	0.89	0.01	0.07	0.02
S	0.01	0.05	0.05	0.04	0.04
F	---	---	0.12	0.36	0.15

(B)

%	Basalto	Ferrobasalto	Benmoreíto	Traquito
SiO$_2$	74.93	47.48	58.48	63.65
TiO$_2$	2.11	3.09	1.57	0.94
Al$_2$O$_3$	15.01	14.31	16.16	14.12
Fe$_2$O$_3$	2.99	3.40	1.59	2.01
FeO	8.96	10.21	4.78	6.03
MnO	0.20	0.25	0.21	0.27
MgO	6.94	5.43	2.14	0.04
CaO	12.05	10.83	4.61	1.31
Na$_2$O	2.69	3.07	5.53	6.34
K$_2$O	0.80	1.29	4.04	5.22
P$_2$O$_5$	0.32	0.64	0.39	0.07

(C)

%	Basaltos		Traquiandesitos		Riolitos	
SiO$_2$	46.75	7.2	56.81	65.02	72.11	75.2
TiO$_2$	2.30	1.95	1.76	0.36	0.38	0.17
Al$_2$O$_3$	13.93	15.83	13.88	14.88	9.35	12.11
Fe$_2$O$_3$	3.20	1.60	0.70	1.75	2.36	0.83
FeO	8.08	9.61	9.37	3.48	3.80	1.06
MnO	0.19	0.20	0.29	0.13	0.21	0.04
MgO	9.75	7.34	2.13	0.04	<0.01	0.07
CaO	10.08	12.27	5.04	1.34	0.34	0.44
Na$_2$O	2.70	2.62	5.00	5.74	5.74	4.59
K$_2$O	0.80	0.48	2.15	4.30	4.40	4.73
P$_2$O$_5$	0.35	0.24	0.72	0.04	0.01	---
H$_2$O	---	0.12	---	---	---	0.06

Zoneamento magmático temporal e espacial

Com a evolução do rift o magmatismo alcalino inicial é seguido por um magmatismo toleítico cujo volume tende a crescer com o grau de evolução (grau de maturidade) do rift. Durante este processo o magmatismo alcalino desloca-se progressivamente para as bordas do rift cuja largura vai aumentando gradualmente. O rift da Islândia (Figura 2.5.10) mostra bem este zoneamento litológico serial com as rochas toleíticas concentrando-se na porção central do rift e as rochas alcalinas nas suas porções marginais.

Classificação tectônica

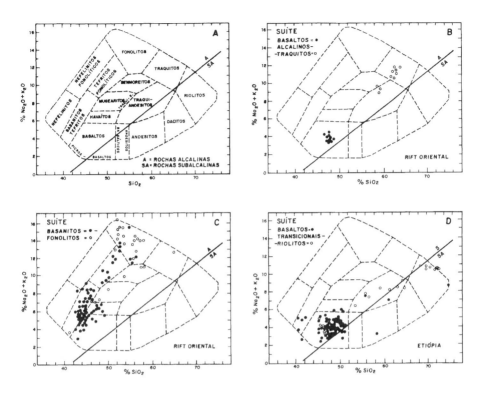

FIGURA 5.2.8 – Representação em diagramas TAS (A) de membros das associações basanitos-
-fonolitos, (B) basaltos alcalinos-traquitos (C) e basaltos transicionais-riolitos (D). Segundo
Wilson, 1989.

Rochas magmáticas

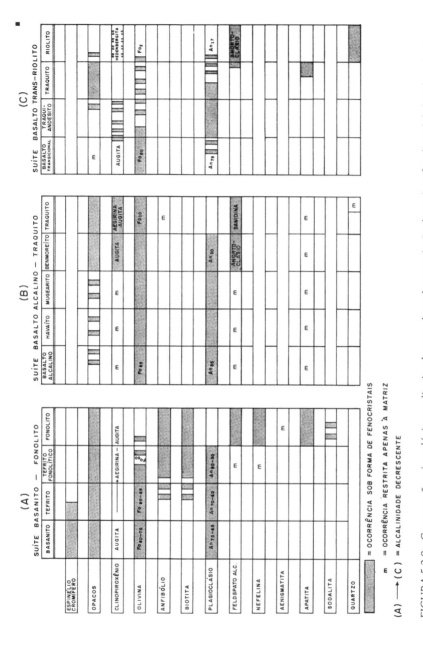

FIGURA 5.2.9 – Comparação mineralógica qualitativa dos membros das associações basanitos-fonolitos (A), basaltos alcalinos-traquitos (B) e basaltos transicionais-riolitos (C). Fenocristais são representados pelas áreas sombreadas; minerais presentes exclusivamente na matriz são designados pela letra "M". Segundo Wilson, 1989, modificado.

Classificação tectônica

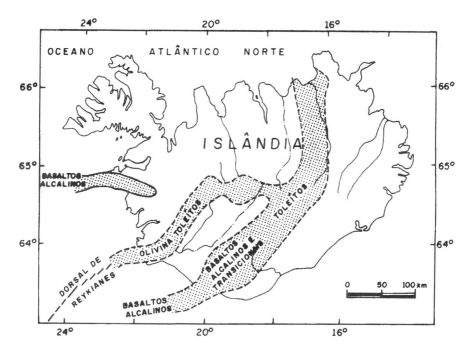

FIGURA 5.2.10 – Zoneamento magmático do rift da Islândia (Atlântico Norte) com as rochas toleíticas concentradas na sua porção central e as rochas alcalinas nas suas porções marginais. Segundo Jakobsson, 1972.

Intensidade do magmatismo

A atividade vulcânica varia muito nos diferentes rifts e sob este aspecto são reconhecidos rifts de baixa e alta produtividade vulcânica. Esses dois tipos de rifts se distinguem por variações nas proporções relativas entre rochas básicas, intermediárias e ácidas conforme a Figura 5.2.11.

Geração de magma

A sucessão dos magmatismos alcalino e toleítico indicam mudanças nas condições magmagênicas durante a evolução dos rifts. Por sua clareza didática para explicar esta mudança é aqui utilizado o modelo magmagênico de Green (1971) resultante de trabalhos experimentais envolvendo a fusão parcial de rochas mantélicas contendo 0,1% de H_2O sob variáveis condições de pressão (Figura 5.2.12). A referida figura indica os seguintes aspectos relevantes:

Rochas magmáticas

- Para uma mesma taxa de fusão um aumento da pressão (maiores profundidades no manto) implica um aumento da alcalinidade do magma gerado e uma diminuição de sua acidez expressa pelo aumento do teor de olivina normativa no magma.
- Para uma dada pressão o aumento da taxa de fusão gera magmas progressivamente mais pobres em sílica (i.e. aumenta a taxa de olivina normativa), fato retratado, por exemplo, na sequência quartzo toleíto→toleíto→olivina toleíto gerada sob baixas pressões.
- Para uma dada pressão de fusão o aumento da taxa de fusão diminui a alcalinidade do magma. É o caso, por exemplo, da passagem dos picritos alcalinos para picritos toleíticos com o aumento da taxa de fusão.

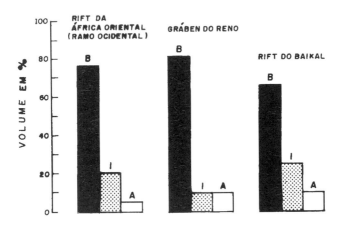

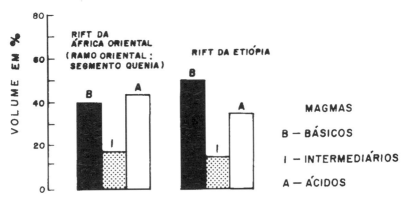

FIGURA 5.2.11 – Relação entre rochas básicas, intermediárias e ácidas em rifts de baixa (A) e alta (B) produção vulcânica. Segundo Barberi et al., 1982.

Classificação tectônica

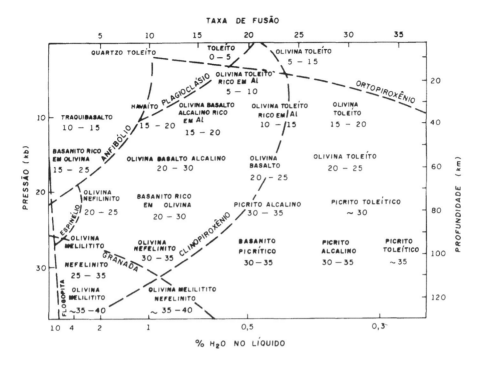

FIGURA 5.2.12 – Grade petrogenética de geração de diferentes magmas pela fusão parcial de rochas peridotíticas mantélicas contendo 0,1% de água. A figura reúne a taxa de fusão, a porcentagem de água contida no magma, a pressão (profundidade), a natureza dos magmas gerados e sua acidez (expressa pela porcentagem de olivina normativa contida) além das curvas de estabilidade dos diferentes minerais das rochas originais submetidas à fusão parcial. Segundo Green, 1971.

- A natureza do magma resultante da fusão parcial é controlada pelos minerais que resistem (são refratários) à fusão sob as diferentes temperaturas, pressões e taxas de fusão a que foram submetidas às rochas mantélicas durante os experimentos. A estabilidade desses minerais está representada na Figura 5.2.12 através de linhas tracejadas.
- A quantidade de água dissolvida no magma diminui com o aumento da taxa de fusão. Isso implica que o vulcanismo alcalino resultante de pequenas taxas de fusão sob elevadas pressões é mais explosivo que o vulcanismo toleítico (no qual dominam olivina toleítos) gerados sob baixas pressões e envolvendo taxas de fusão maiores.

Dessa maneira a evolução magmática de rifts indica que com o decorrer de sua evolução os focos magmagênicos migram de profundidades maiores para profundidades menores e que esse processo é acompanhado por crescentes taxas de fusão das rochas do manto. Esses aspectos podem ser visualizados como o resultado de um gradual alçamento das partes mais quentes das correntes de convecção que, uma vez atingindo os níveis superiores da astenosfera e por seus movimentos divergentes, serão agora capazes de separar a placa litosférica rompida com a geração, entre elas, de crosta oceânica de natureza toleítica.

As rochas alcalinas que se associam ao início do rifteamento, geradas a profundidades maiores, também são mais ricas em elementos incompatíveis que as rochas toleíticas geradas num estágio mais tardio e a menores profundidades. Isto indica que existe um zoneamento vertical no manto em termos de riqueza em elementos incompatíveis.

O manto ainda rico em elementos incompatíveis é denominado de manto fértil e o exaurido nestes elementos de manto empobrecido. O manto fértil pode ser primário ou secundário. No primeiro caso ele é fértil devido aos restritos processos magmagênicos que nele operam e aos quais se associa a extração dos elementos incompatíveis. Este é o caso do manto profundo em geral, tendo em vista a raridade de rochas alcalinas, lamproítos, kimberlitos e carbonatitos. Um manto fértil secundário se desenvolve nas cunhas mantélicas superpostas às zonas de subducção onde os fluidos liberados durante o metamorfismo da placa subductada percolam o manto sobrejacente empobrecido enriquecendo-o em elementos incompatíveis (Figura 5.1.7). Este processo é denominado de metassomatismo mantélico. Um esquema da distribuição do manto empobrecido, fértil primário e fértil secundário (ou metassomático) bem como o zoneamento vertical dos diferentes tipos de peridotitos consta da Figura 5.2.13. Os contatos entre o manto fértil e empobrecido são transicionais erráticos e o limite entre ambos não é estanque, pois ocorrem todas as transições entre basaltos oceânicos N (derivados de um manto empobrecido) e basaltos P (derivados de um manto mais fértil) como mostra a Figura 1.9.22.

A mineralogia dos peridotitos (lherzolitos) mantélicos, submetidos à fusão parcial, varia com a profundidade onde ocorre a magmagênese. A fase aluminosa estável nos peridotitos sob baixas pressões é o plagioclásio e sob médias e altas pressões, respectivamente, o espinélio e a granada (Figura 5.2.14). Análises químicas e modais de espinélio e granada peridotitos constam da Tabela 5.2.3.

Classificação tectônica

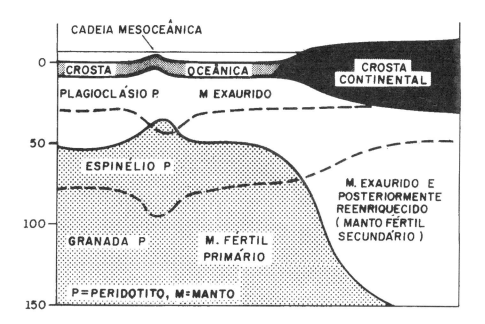

FIGURA 5.2.13 – Esquema da distribuição do manto empobrecido, fértil primário e fértil secundário (manto metassomático) bem como dos plagioclásios, espinélios e granada peridotitos. Segundo Brown & Mussett, 1981, modificado.

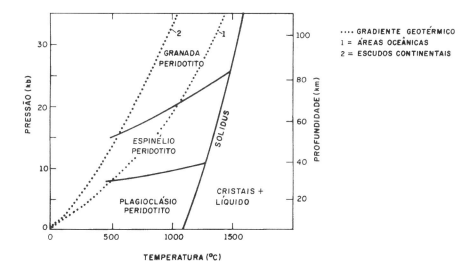

FIGURA 5.2.14 – Ocorrência de diferentes peridotitos mantélicos na dependência da profundidade (pressão), expressa pela estabilidade dos minerais aluminosos: plagioclásio, espinélio e granada. Segundo Wyllie, 1981.

Tabela 5.2.3 – Composição química (A) e modal, (B) média de espinélio e granada peridotitos. Segundo Maaloe & Aoki, 1977

(A)

%	Média de granada lherzolitos	Média de espinélio lherzolitos
SiO_2	45.89	44.2
TiO_2	0.09	0.13
Al_2O_3	1.57	2.05
Cr_2O_3	0.32	0.44
FeO	6.91	8.29
MnO	0.11	0.13
NiO	0.29	0.28
MgO	43.46	42.21
CaO	1.16	1.92
Na_2O	0.16	0.27
K_2O	0.12	0.06
P_2O_5	0.04	0.03

(B)

Média de granada lherzolitos	Minerais	Média de espinélio lhezolitos
63	Olivina	66
30	Ortoproxênio	24
2	Clinopiroxênio	8
---	Espinélio	2
5	Granada	---

O espinélio dos espinélios peridotitos (lherzolitos) mostram ampla variação composicional em termos de $MgAl_2O_4$-$MgCr_2O_4$-$FeAl_2O_4$-$FeCr_2O_4$. Baseado nesse aspecto os espinélios peridotitos são classificados em Alespinélio peridotitos, Cr-espinélio peridotitos e cromita peridotitos que, nessa sequência, caracterizam-se por decrescentes teores de Al_2O_3 (Tabela 5.2.4).

Tabela 5.2.4 – Composições médias de diferentes tipos de espinélio lherzolitos. Segundo Carswell, 1980

%	Al-espinélio lherzolito	Cr-espinélio lherzolito	Cromita lherzolito
SiO_2	44.48	42.30	45.31
TiO_2	0.18	tr	0.11
Al_2O_3	1.80	1.21	0.43
Cr_2O_3	0.42	0.35	0.25
FeO	8.90	6.89	6.52
MnO	0.14	0.17	0.09
NiO	---	0.18	0.34
MgO	41.77	48.26	46.03
CaO	2.34	0.44	0.56
Na_2O	0.13	0.10	0.13
K_2O	0.04	0.04	0.17
P_2O_5	< 0.01	0.06	0.04
100Mg/(Mg+Fe)	89.3	92.6	92.6
100Cr/(Cr+Al)	13.5	16.2	28.1

Anortositos, charnockitos e granitos rapakivi

Característica para alguns rifts intracontinentais é a associacão entre gabros, anortositos, charnokitos e granitos rapakivi (granitos com megacristais de K-feldspato manteados por albita/anortoclásio).

Anortositos são compostos por mais de 90% de plagioclásio (geralmente An_{45-55}), em geral compreendem variedades gabroicas, noríticas e troctolíticas. São rochas maciças, homogêneas, que constituem corpos tabulares (sub-horizontais a inclinados) mais ou menos regulares com áreas de exposição entre 100 e 10.000 km² e espessura de até quase 5 km. São considerados como produtos da diferenciação de magmas básicos que se alojam sob a crosta adelgaçada de áreas arqueadas. A composição dos anortositos é característica (Tabela 5.2.5) e as rochas não pertencem nem a série toleítica, nem a cálcio-alcalina ou alcalina.

Aos anortositos, gabros e basaltos associa-se uma grande variedade de rochas graníticas incluindo charnockitos, enderbitos e mangeritos, rochas portadoras de ortopiroxênios, ao lado de sienogranitos e monzogranitos. Estas rochas ocorrem tanto como intrusões isoladas quanto apresentando contatos gradacionais entre si. Geralmente circundam os anortositos ou são intrusivos nestes, se bem que localmente anortositos e granitoides possam ocorrer interdigitados.

Tabela 5.2.5 – Análises selecionadas de anortositos. Extraído de Middlemost, 1985

%	1	2	3	4
SiO_2	50.28	45.87	44.35	47.41
TiO_2	0.64	0.22	0.05	0.16
Al_2O_3	25.86	28.62	31.34	29.84
Fe_2O_3	0.96	1.05	1.06	0.84
FeO	2.07	2.65	0.82	1.60
MnO	0.05	0.06	0.02	0.07
MgO	2.12	3.36	1.12	1.54
CaO	12.48	14.43	18.18	15.07
Na_2O	3.15	1.80	1.22	2.21
K_2O	0.65	0.39	0.05	0.36
H_2O^+	1.17	0.48	0.62	0.82
H_2O^-	0.14	0.05	0.10	---
P_2O_5	0.09	0.02	0.01	0.08
CO_2	0.14	---	0.20	---
Total	99.80	99.00	99.14	100.00
Nº de análises	104	3	3	21

1 - Composição média de 104 anortositos (Le Maitre, 1976)
2 - Composição média de 3 anortositos arqueanos do complexo Fiskenaesset, Groelândia ocidental (Windley, 1973)
3 - Composição média de 3 anortositos arqueanos do complexo Sittampundi, Estado de Madras, Índia (Subramaniam, 1956)
4 - Composição média de 21 anortositos de complexo estratiformes (Kempe, 1965)

Granitos rapakivi são ricos em potássio, ferro e fluor, aspectos estes expressos por seus grandes teores em feldspato potássico, máficos ricos em ferro (ferro-hastingsita, ferroedenita, faialita) e fluorita. Sua composição varia entre monzogranito e sienogranito (ou quartzo sienito). Localmente gradacionam para seus equivalentes charnockíticos. As rochas plutônicas podem associar-se com vulcanitos e ignimbritos com as mesmas características químicas fundamentais e que composicionalmente variam de traquitos até riolitos. Os granitos cortam as vulcânicas, ou, no caso de corpos subvulcânicos mostram contatos transicionais com as rochas extrusivas. Frequentemente os granitos rapakivi formam complexos anelares e coexistem espacialmente com biotitas granitos aluminosos e granitos alcalinos. Muitos granitos rapakivi contêm expressivas mineralizações de estanho. Análises químicas de granitos rapakivi constam na Tabela 5.2.6.

Tabela 5.2.6 – Análises selecionadas de granitos rapakivi e seus equivalentes subvulcânicos e efusivos. Extraído de Haapala & Rämö, 1990

%	1	2	3	4	5	6	7	8	9
SiO_2	72.58	70.29	73.15	74.55	73.59	75.08	73.40	75.6	73.2
TiO_2	0.00	0.53	0.34	0.06	0.02	0.09	0.00	0.14	0.05
Al_2O_3	13.32	13.27	12.35	13.60	15.04	11.52	14.20	12.8	13.5
Fe_2O_3	0.76	1.23	1.19	0.84	0.52	0.68	0.39	1.12	1.29
FeO	2.14	3.17	2.28	0.53	0.14	1.32	0.57	---	---
MnO	0.04	0.05	0.06	0.04	0.02	0.03	0.02	0.06	0.06
MgO	0.25	0.40	0.49	0.02	0.00	0.04	0.00	0.15	0.11
CaO	1.17	2.00	1.06	0.85	0.38	1.17	0.73	0.83	0.61
Na_2O	2.65	2.78	2.76	3.26	4.80	2.81	4.15	3.73	3.95
K_2O	5.63	5.31	5.36	4.85	4.13	5.65	4.91	5.04	4.86
P_2O_5	0.07	0.14	0.08	0.06	0.11	0.02	0.02	0.00	0.00
F	0.38	---	0.06	1.04	0.30	0.77	1.45	0.23	1.14
CO_2	0.02	0.02	0.11	0.00	0.00	0.00	0.00	0.00	---
H_2O^+	0.65	0.57	0.55	0.50	0.57	0.60	0.37	---	---
H_2O^-	0.06	0.10	0.14	0.06	0.09	0.14	0.03	---	---
Total	100.07	99.50	99.98	100.26	99.82	99.93	100.24	99.70	98.77

1 - Composição média de 52 granitos rapakivi do batólito Laitila, Finlândia (Vorma, 1976).
2 - Composição média de 37 granitos rapakivi do batólito Wiborg, Finlândia (Haapala, 1983).
3 - Composição média de 20 granitos rapakivi do batólito de Aland, Suécia (Bergman, 1981).
4 - Composição média de 4 granitos com topásio da intrusão Eurajoki, Finlândia (Haapala, 1977a).
5 - Quartzo pórfiro com topásio, dique na intrusão Eurajoki, Finlândia (Haapala, 1977a).
6 - Granito porfirítico com topásio, intrusão Kymi, Finlândia (Haapala, 1983).
7 - Granito equigranular com topásio, intrusão Kymi, Finlândia (Haapala, 1983).
8 - Composição média de 14 riolítos com topázio, Thomas Range, Utha. EUA (Christiansen et al., 1984).
9 - Composição média de 11 riolitos com topázio, Spor Moutains, Utha, EUA (Christiansen et al., 1984).

Dados químicos e isotópicos bem como a íntima associação entre gabros, anortositos e biotita granitos são altamente sugestivos para uma origem crustal dos granitos rapakivi pela fusão da base dos blocos abatidos da porção central dos rifts pelo calor aportado por magmas básicos subjacentes que atingem a base da crosta por ocasião do seu arqueamento.

Estágio do Mar Vermelho

Rompida a placa litosférica por um extenso conjunto de rifts (Figura 5.2.15) inicia-se a separação das margens continentais pela ação das correntes de convecção num processo acompanhado pela geração de crosta oceânica através de um profuso magmatismo básico toleítico. A geração inicial de uma incipiente e estreita faixa de crosta oceânica no rift é denominada no ciclo de Wilson de estágio do Mar Vermelho numa referência ao local onde este fenômeno pode ser atualmente observado (Figura 5.2.16).

Províncias basálticas continentais perioceânicas

Na medida em que o intenso magmatismo toleítico que gera a nova crosta oceânica também se derramar sobre a crosta continental da placa litosférica rompida e em divergência progressiva são formadas as províncias basálticas toleíticas continentais perioceânicas cujos representantes mais expressivos são as províncias do Paraná, do Karoo, do Deccan e do Atlântico Norte gerados com a abertura dos Oceanos Atlântico e Índico (Figura 5.2.17).

Essas províncias são constituídas essencialmente por basaltos aos quais se associam menores quantidades de islanditos e riolitos e, excepcionalmente, alguns carbonatitos e nefelinitos, que representam heranças do Estágio de Rift precedente ao estágio do Mar Vermelho. As rochas ocorrem sob formas de numerosos e extensos derrames, separados ou não pelos produtos de uma sedimentação sinvulcânica, soleiras, "sheets", diques, lopólitos e lacólitos. A sedimentação sinvulcânica é dominantemente eólica, pois o alçamento progressivo das isotermas com a evolução do rift, leva à implantação gradual de condições cada vez mais áridas. Algumas províncias toleíticas continentais recobrem áreas muito amplas e resultam da cristalização de um impressionante volume de lavas e magmas. Na província do Paraná lavas e corpos intrusivos recobrem cerca de 1.000.000 de km^2 e seu volume é da ordem de 800.000 km^3 e a espessura de sucessivos derrames superpostos ultrapassa localmente 1.500 m.

Classificação tectônica

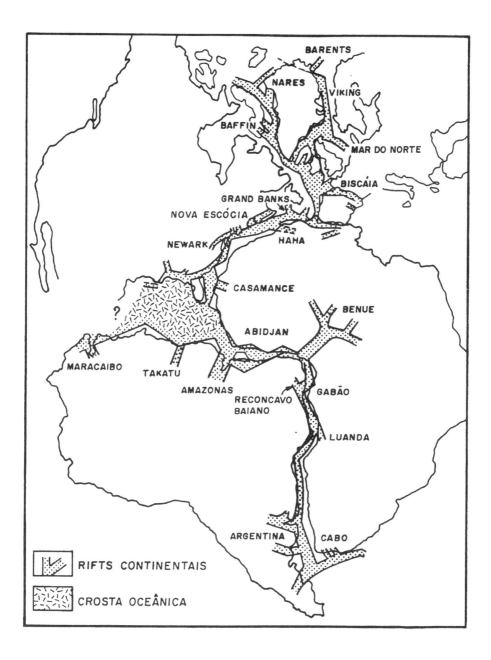

FIGURA 5.2.15 – Rompimento do supercontinente Gondwana por um conjunto de rifts para a abertura do Oceano Atlântico. A separação entre a América do Sul e a África iniciou-se pelo sul. Segundo Burke, 1976.

Rochas magmáticas

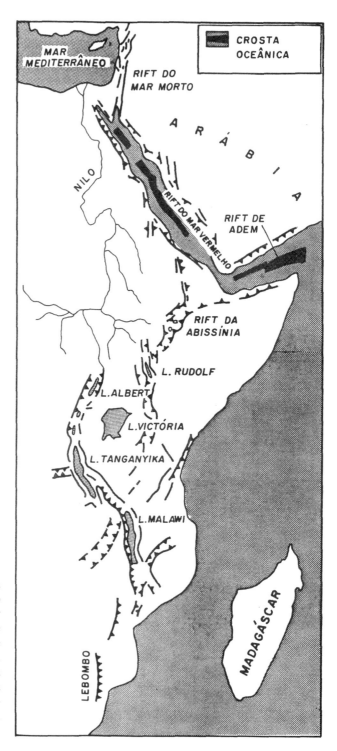

FIGURA 5.2.16 – Mapa esquemático da junção tríplice entre o Mar Vermelho, o Golfo de Aden e o sistema de rifts da África oriental com a indicação da ocorrência de crosta oceânica jovem. Segundo Hughes, 1982, modificado.

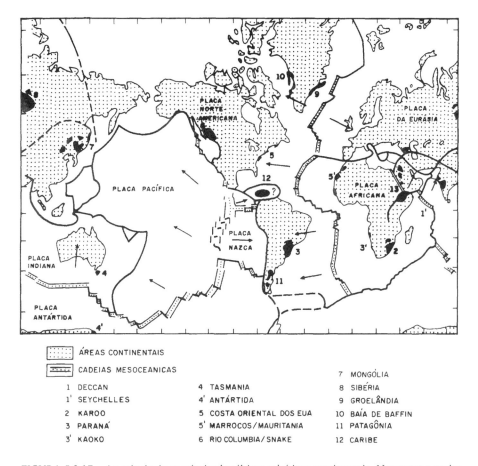

FIGURA 5.2.17 – As principais províncias basálticas toleíticas continentais. Notar que a maior parte se situa junto às margens continentais inativas. Segundo Girod, 1978a, simplificado.

Em muitas províncias de basaltos toleíticos continentais observam-se subprovíncias ora enriquecidas ora empobrecidas em TiO_2 definindo assim BAT (Basaltos Alto Titânio) e BBT (Basaltos Baixo Titânio), conforme a Tabela 5.2.7. Na província basáltica do Paraná, que compreende as subprovíncias Norte, Central e Sul, basaltos BBT dominam na subprovíncia Norte e basaltos BAT na subprovíncia Sul apresentando a subprovíncia Central um caráter transicional pela coexistência de BAT e BBT. A província Karoo, na parte sul-oriental da África, é dividida nas subprovíncias Norte (na altura do Rio Zambesi) de BBT, Central (na região de Zimbábue e Moçambique) de BAT e Sul (no Transvaal), novamente de BBT. Estas variações em ambas as províncias são indicativas da existência de heterogeneidades composicionais no manto litosférico subcontinental.

Tabela 5.2.7 – Análises químicas (em base anidra) e composições normativas médias de basaltos, andesitos e riolitos da província toleítica continental da Bacia do Paraná. Entre parênteses consta o número de amostras integrantes de cada média. (A) Subprovíncia Norte; (B) Subprovíncia Sul. Segundo Piccirillo et al., 1988

(A)

%	N6 (2)	N7 (37)	S10 (3)	N3 (10)	N4 (6)	N8 (51)	N5 (22)	S11 (7)	N9 (5)	NCAV (21)
SiO_2	48.55	50.27	50.62	50.71	51.19	51.74	51.92	52.55	54.53	67.15
TiO_2	3.39	3.51	2.20	2.33	2.65	3.47	2.71	3.55	3.01	1.14
Al_2O_3	14.15	13.79	14.46	14.15	14.20	13.63	14.34	13.75	14.25	13.35
Fe_2O_3	3.37	4.71	4.54	4.81	4.09	4.28	4.02	4.28	3.44	4.59
FeO	10.60	9.49	8.61	8.94	9.70	9.81	9.79	7.73	8.36	1.65
MnO	0.17	0.19	0.18	0.21	0.20	0.20	0.19	0.15	0.18	0.13
MgO	6.00	4.61	5.67	5.53	4.53	3.60	3.73	4.43	3.04	1.19
CaO	9.42	8.85	9.89	9.53	9.16	8.25	8.75	8.37	7.28	2.61
Na_2O	2.72	2.80	2.58	2.46	2.68	2.89	2.86	2.65	3.23	3.41
K_2O	1.18	1.27	0.94	1.02	1.19	1.54	1.22	1.89	2.02	4.43
P_2O_5	0.45	0.51	0.31	0.31	0.41	0.59	0.47	0.65	0.66	0.36
ppm										
Q	--	1.92	0.75	1.63	2.67	4.46	4.10	5.50	6.87	21.33
Or	6.97	7.50	5.55	9.10	7.03	9.10	7.20	11.16	11.93	26.18
Ab	23.01	23.69	21.83	20.81	22.67	24.45	24.20	22.42	27.33	28.85
An	22.91	21.30	25.10	24.55	23.20	19.67	22.68	20.04	18.41	8.03
Di	17.27	16.08	18.21	17.23	16.37	14.64	14.87	14.28	11.26	2.16
Hy	13.66	18.70	20.91	21.74	19.24	16.81	17.88	15.81	14.53	8.92
Ol	5.87	---	2.43	---	---	---	---	2.21	---	---
Mt	2.56	2.62	4.17	2.53	2.56	2.62	2.56	6.74	2.18	1.10
Ilm	6.43	6.66	0.73	4.42	5.03	6.59	5.14	1.53	5.71	2.16
Ap	1.06	1.20	---	0.73	0.97	1.39	1.11	---	1.56	0.85

(B)

%	N1 (12)	S3 (9)	S4 (24)	S5 (43)	S7 (40)	S8 (35)	S9 (13)	SPAV (65)
SiO_2	50.72	51.75	52.20	53.00	55.35	57.00	60.06	68.82
TiO_2	1.72	1.10	1.25	1.55	1.65	1.67	1.65	0.93
Al_2O_3	15.06	15.47	15.62	15.17	14.29	13.80	13.28	12.89
Fe_2O_3	4.67	4.61	4.48	4.57	4.88	5.27	5.06	4.24
FeO	8.09	6.37	6.91	7.58	7.77	7.15	6.38	1.64
MnO	0.21	0.18	0.18	0.18	0.19	0.17	0.15	0.10
MgO	5.80	6.56	5.61	4.62	3.26	2.84	2.17	1.25
CaO	10.27	10.65	9.91	9.15	7.59	6.72	5.53	2.80
Na_2O	2.42	2.25	2.48	2.69	2.94	2.89	2.89	3.05
K_2O	0.80	0.90	1.16	1.24	1.81	2.21	2.55	4.03
P_2O_5	0.24	0.16	0.20	0.25	0.27	0.28	0.28	0.25
ppm								
Q	0.92	1.33	1.84	3.71	7.01	9.70	14.93	25.93
Or	4.72	5.31	6.85	7.32	10.69	13.06	15.06	23.81
Ab	20.47	19.03	20.98	22.76	24.87	24.45	24.45	25.80
An	27.86	29.45	28.06	25.65	20.45	18.15	15.73	9.57
Di	17.86	18.39	16.39	15.11	13.06	11.32	8.41	2.26
Hy	21.64	21.65	20.59	19.33	17.47	16.80	15.13	8.84
Mt	2.36	2.01	2.10	2.24	2.33	2.27	2.10	1.04
Ilm	3.26	2.08	2.37	2.94	3.13	3.17	3.13	1.76
Ap	0.56	0.37	0.47	0.59	0.63	0.66	0.66	0.59

Feições mineralógicas da série toleítica

Do ponto de vista mineralógico o aspecto mais característico da série toleítica é a presença de pigeonita (um clinopiroxênio pobre em cálcio, Figura 2.4.4) de tal modo que alguns autores denominaram a série toleítica de série pigeonítica (Kuno, 1968). Sob aspecto químico, a feição mais típica é o enriquecimento da série em ferro com a progressiva diferenciação até as rochas de composição intermediária (tendência Fenner) conforme a Figura 1.7.12. Basaltos toleíticos também são chamados de ferro-basaltos e os islanditos de ferro-andesitos.

A variação e evolução mineralógica nos termos básicos, intermediários e ácidos da série toleítica estão representadas na Figura 5.2.18 e quantificadas na Figura 5.2.19, tendo por base o gigantesco lopólito diferenciado de Skaergaard que da base (Zona Inferior) para o topo (Zona Superior) torna-se cada vez mais ácido.

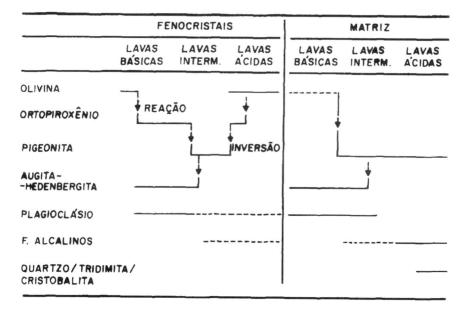

FIGURA 5.2.18 – Variação e evolução mineralógica (reação entre olivina e líquido magmático e a inversão da pigeonita monoclínica em ortopiroxênio magnesiano) de fenocristais e matriz nos membros básicos, intermediários e ácidos da série toleítica. Segundo Kuno, 1968.

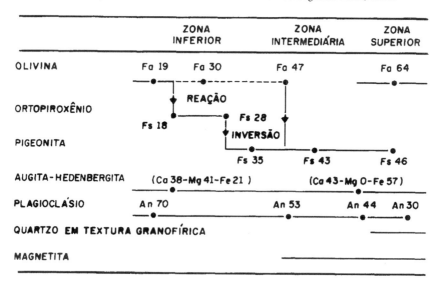

FIGURA 5.2.19 – Evolução qualitativa da mineralogia no lopólito diferenciado de Skaergaard na sua zona inferior, intermediária e superior. Segundo Wager & Brown, 1967.

Nos basaltos toleíticos a olivina, desde que presente, ocorre essencialmente como fenocristais e em algumas rochas (picritos) chega a ser o mineral mais frequente (Tabela 5.2.8). Num certo estágio da evolução magmática a olivina reage com o líquido coexistente enriquecido em sílica e se transforma em ortopiroxênio, que por sua vez se inverte em pigeonita. Os processos de inversão e de resfriamento magmático são acompanhados de exsoluções, algumas delas representadas nas Figuras 2.4.5, 2.4.6 e 2.4.7. Ausente nas rochas intermediárias, a olivina pode reaparecer nas rochas ácidas sob forma de faialita. A evolução dos piroxênios ricos em cálcio e do ortopiroxênio é marcado por um enriquecimento progressivo em ferro (Figura 2.4.8).

Tabela 5.2.8 – Análises selecionadas de picritos. Extraídas de Middlemost, 1985

%	1	2	3	4	5
SiO_2	44.97	46.59	44.32	41.60	40.62
TiO_2	1.48	2.83	0.78	0.70	0.82
Al_2O_3	5.74	5.89	10.29	5.50	8.93
Fe_2O_3	3.45	3.54	1.88	3.20	0.57
FeO	10.18	8.31	8.93	8.00	12.61
MnO	0.18	0.16	0.11	0.17	0.39
MgO	24.15	21.00	22.07	30.60	26.31
CaO	6.26	5.79	8.06	5.10	5.64
Na_2O	0.91	1.37	0.94	0.60	1.32
K_2O	0.75	1.97	0.10	0.18	0.13
P_2O_5	0.23	0.46	0.12	0.09	0.15
H_2O^+	0.87	1.76	1.41	3.24*	2.19
H_2O^-	0.29	0.10	0.92	---	0.61
CO_2	0.50	---	0.15	---	0.03
Total	99.96	99.77	100.08	98.98	100.32

1 - Picrito de Shamandali Hills, distrito Malibangwe, Zimbábue (Cox et al., 1965)
2 - Picrito alcalino, Nuanetsi (Cox et al., 1965)
3 - Picrito de base da intrusão Igdlorssuit, Ilha Ubekendt, Groelândia Ocidental (Drever & Johnton, 1967 b)
4 - Picrito do derrame de Simiútap Kûa, Svartnhuk HalvØ Groelândia Ocidental (Clarke & Pedersen, 1976)
5 - Picrito da base da soleira de Garbh Eilean, Ihas Shiant, Escócia (Walker, 1930)

O tipo e a quantidade dos diferentes piroxênios presentes nas rochas toleíticas podem ser avaliados a partir do "Indicador de Razão" (IR) de Coombs (1963), dado pela expressão normativa.

$$IR = Hy + 2Q/Hy + 2(Q + Di)$$ como segue:

Indicador de Razão (IR)	Piroxênios presentes na rocha
0.85-0.65	Hiperstênio + Clinopiroxênio
0.65-0.50	Hiperstênio (menos abundante) + Clinopiroxênio + Pigeonita (rara)
0.50-0.39	Clinopiroxênio + Pigeonita (rara)

Quartzo e feldspato alcalino são evidentemente os minerais mais importantes nas lavas toleíticas ácidas (riolitos toleíticos), mas ocorrem também sob forma de textura granofirítica em alguns gabros e diabásios diferenciados. Para uma revisão dos principais aspectos mineralógicos, químicos e texturais dos basaltos toleíticos devem ser consultados as numerosas figuras, quadros e tabelas pertinentes dos capítulos precedentes.

Estágio da cadeia mesoceânica

Após o rompimento da placa litosférica com crosta continental (Estágio de rift) e a separação incipiente das áreas continentais rompidas (Estágio do Mar Vermelho), com a ampliação dos processos de divergência litosférica (e de criação de crosta oceânica) o rift intracontinental passa para um rift intraoceânico constituindo a porção central das cadeias mesoceânicas (Figura 5.2.20) que representa o limite das placas divergentes (Figura 5.1.1). Esta fase evolutiva é denominada de Estágio das Cadeias Mesoceânicas, Estágio Oceano Atlântico, Estágio da Expansão Oceânica ou Estágio de Margens Continentais Passivas.

Crescimento dos fundos dos oceanos

As cadeias mesoceânicas são as expressões morfológicas mais importantes das áreas oceânicas (Figura 5.2.21) e a partir de seu centro ocorre o crescimento simétrico da crosta oceânica pelo aporte sucessivo de novos impulsos magmáticos ao longo da zona de contato entre duas células de convecção com movimentos divergentes (Figura 5.2.22).

Classificação tectônica

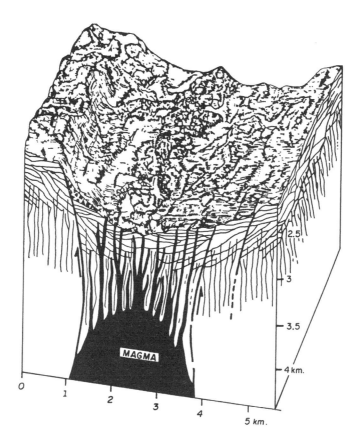

FIGURA 5.2.20 – Configuração do rift central de uma cadeia mesoceânica. Segundo Hekinian et al., 1976.

O crescimento da crosta oceânica simetricamente a partir do rift central das cadeias mesoceânicas é retratado pelas seguintes feições:

- A morfologia simétrica das cadeias mesoceânicas.
- A associação do rift central com uma linha de terremotos com hipocentros rasos (Figura 5.2.21 e 5.2.23).
- Um decréscimo simétrico do fluxo de calor a partir de um pico térmico situado sobre o rift central da cadeia mesoceânica (Figura 5.2.24).
- Um aumento simétrico da idade dos fundos dos oceanos a partir do rift central. As datações se baseiam tanto em determinações radiométricas e paleomagnéticas (pelo padrão zebrado) quanto no conteúdo fossilífero dos sedimentos que recobrem as cadeias mesoceânicas (Figura 5.2.24).

Rochas magmáticas

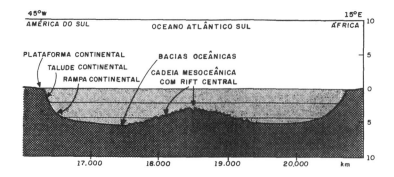

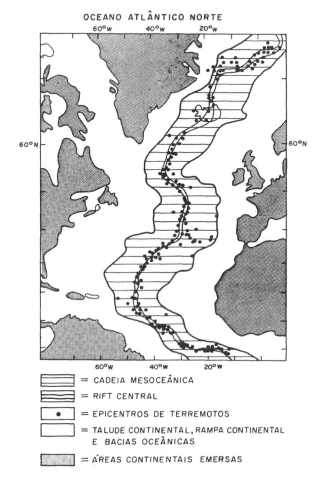

FIGURA 5.2.21 – As cadeias mesoceânicas como expressões morfológicas mais importantes dos oceanos. (A) em perfil; (B) em planta. Pontos indicam a localização de epicentros de terremotos. Segundo Heezen, 1962, e Wyllie, 1976.

Classificação tectônica

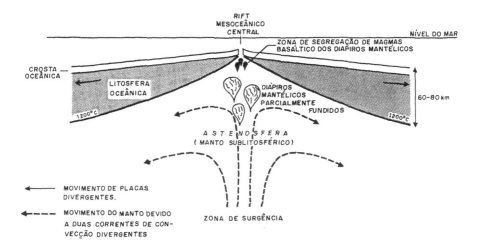

FIGURA 5.2.22 – Crescimento da crosta oceânica pela acreção de massas magmáticas ao longo da zona de contato entre duas células de convecção com movimentos divergentes. Segundo Wilson, 1989.

Rochas magmáticas

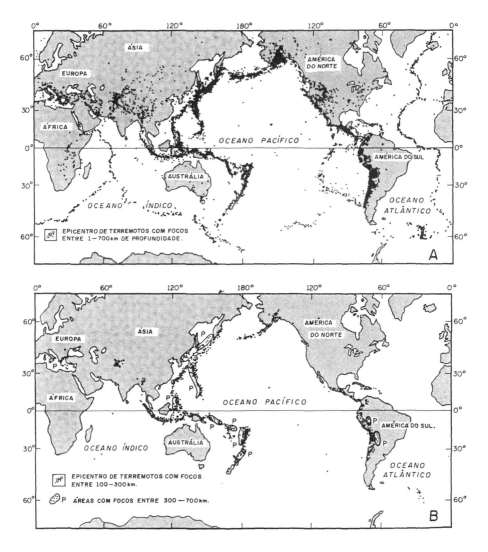

FIGURA 5.2.23 – Sismicidade sobre a superfície terrestre. (A) Todos os epicentros; (B) Epicentros de terremotos com hipocentros situados entre 100 e 700 km. Nota-se claramente que nas cadeias mesoceânicas ocorrem apenas terremotos com hipocentros rasos. Segundo Barazangi & Dorman, 1969.

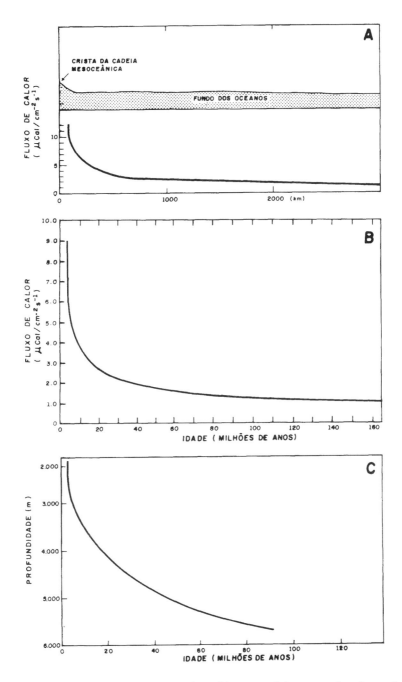

FIGURA 5.2.24 – Algumas feições simétricas das cadeias mesoceânicas que variam sistematicamente em função da distância em relação ao rift central. (A) fluxo de calor; (B) idade dos basaltos dos fundos dos oceanos; (C) profundidades dos fundos oceânicos em relação ao nível do mar. Segundo Lee & Uyeda, 1965, Sclater & Francheteau, 1970, e Sclater et al., 1971.

- Um aumento progressivo da profundidade do fundo oceânico a partir do seu rift central (Figura 5.2.24). Tal incremento pode ser debitado, em parte, ao aumento gradual da densidade da crosta oceânica devido ao seu contínuo resfriamento com seu progressivo distanciamento em relação ao rift central. A região entre o sopé da cadeia mesoceânica e a rampa continental corresponde às bacias oceânicas (Figura 5.2.21).

Estrutura da crosta oceânica

A estrutura da crosta oceânica, com espessura da ordem de 6-7 km, é dada por quatro camadas (Figura 5.2.25):

- Camada 1, superior, composta por lavas basálticas almofadadas e sedimentos oceânicos (argilas abissais, carbonatos, vazas de radiolários, nódulos de manganês etc.).
- Camada 2, compreendendo inúmeros diques, sills e "sheets" de diabásio constituindo, em conjunto, o complexo diqueforme ("sheet-dike complex").
- Camada 3, de gabros maciços. É a camada mais espessa da crosta oceânica e os gabros que a constituem têm composições mineralógicas variáveis (Figura 5.2.26).
- Camada 4, de rochas ultramáficas incluindo cromititos, dunitos, peridotitos e piroxenitos.

Dessa maneira a crosta oceânica pode ser visualizada como o produto do resfriamento de uma câmara magmática de magma basáltico que em parte libera uma fração de seu conteúdo sob forma de lavas (das quais o complexo diqueforme representa seus condutos de ascensão) enquanto a outra parte cristaliza *in situ* originando os gabros. Durante a cristalização destes os minerais inicialmente formados (opacos, olivinas, piroxênios) são segregados por gravidade para a base da câmara magmática constituindo a camada ultramáfica inferior da crosta oceânica (Figura 5.2.26).

Diferenciação de magmas toleíticos oceânicos

A diferenciação dos magmas toleíticos oceânicos não se restringe à segregação de olivinas, piroxênios e minerais opacos que integram as diversas litologias da camada 4 da crosta oceânica. Também entre gabros, diabásios e basaltos das camadas 3, 2 e 1 existem variações composicionais que definem uma sequência diferenciada na qual os gabros são os membros mais primitivos e as lavas almofadadas as frações mais evoluídas (Figura 5.2.27).

Classificação tectônica

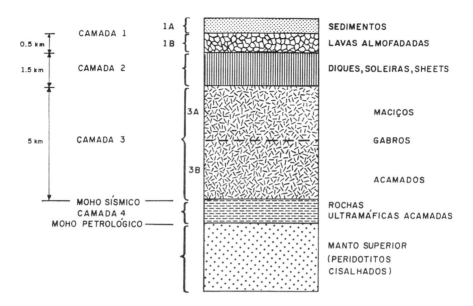

FIGURA 5.2.25 – Esquema da estrutura da crosta oceânica mostrando as lavas almofadadas e sedimentos associados (camada 1A e 1B), o complexo diqueforme (camada 2), os gabros maciços (camada 3) e as rochas ultramáficas (camada 4). Segundo Cann, 1974, modificado.

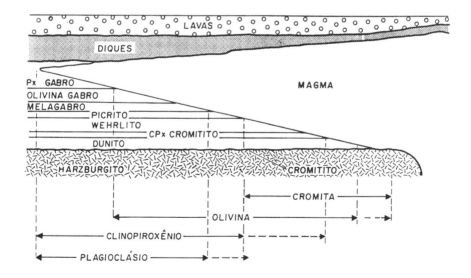

FIGURA 5.2.26 – Esquema da sequência de cristalização de magmas toleíticos e suas implicações nos tipos de rochas constituintes das camadas 3 e 4 (gabros e rochas ultramáficas) da crosta oceânica. Segundo Greenbaum, 1972.

553

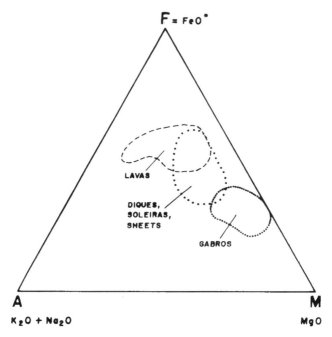

FIGURA 5.2.27 – Gabros (camada 3), diabásios (camada 2) e basaltos (camada 1) oceânicos num diagrama AFM mostrando uma diferenciação gradual no sentido vertical da crosta oceânica. Segundo Strong & Malpas, 1975, simplificado.

Em alguns casos a diferenciação de magmas basálticos toleíticos oceânicos pode ser bastante expressiva originando dioritos, tonalitos, trondhjemitos e albita granitos e seus correspondentes extrusivos. Estas rochas, reunidas sob a designação genérica de plagiogranitos, são meso- a leucocráticas, ricas em plagioclásios e cujos minerais fêmicos são hornblenda e piroxênios. Perfazem menos de 2% da crosta oceânica. Os plagiogranitos ocorrem como lentes e bolsões com dimensões variáveis quer nas imediações da interface gabros-rochas ultramáficas quer no interior dos gabros ou junto a interface gabros maciços-complexo diqueforme. Os correspondentes hipoabissais e extrusivos dos trondhjemitos oceânicos, denominados de keratófiros (ou queratófiros), ocorrem como pequenas intrusões e diques no complexo diqueforme ou capeando algumas lavas almofadadas sob forma de finos e erráticos derrames. Análises de plagiogranitos e keratófiros constam da Tabela 5.2.9 na qual se destaca o conteúdo extremamente baixo em potássio. Consequentemente os plagiogranitos se situam exatamente sobre o lado QP do diagrama QAP.

Tabela 5.2.9 – Análises químicas e composição normativa de plagiogranitos (trondhjemitos oceânicos), albita granitos e keratófiros. Extraídas de Coleman, 1977

%	1	2	3	4	5	6	7	8
SiO_2	65.2	65.4	69.4	57.5	72.6	72.5	73.6	75.8
Al_2O_3	13.5	14.5	14.0	14.5	14.4	14.0	12.3	12.9
Fe_2O_3	3.5	3.4	3.2	1.7	1.5	0.77	3.7	1.6
FeO	4.1	2.4	2.9	5.3	0.60	3.3	1.6	2.0
MgO	2.6	1.7	0.54	3.3	0.40	1.0	0.44	0.39
CaO	2.6	7.6	4.6	5.5	1.2	2.5	2.1	0.79
Na_2O	2.4	2.0	3.8	5.2	5.2	3.7	4.1	5.8
K_2O	0.64	0.30	0.07	0.20	1.1	0.33	0.33	0.20
H_2O^+	3.0	1.1	0.56	2.6	1.4	1.5	1.0	1.0
H_2O^-	1.4	0.52	0.12	0.28	0.46	0.08	0.35	
TiO_2	0.77	0.84	0.56	0.61	0.20	0.21	0.33	0.14
P_2O_5	0.11	0.10	0.15	0.06	0.03	0.06	0.08	0.04
MnO	0.06	0.04	0.06	0.08	---	0.06	0.03	0.06
CO_2	<0.05	<0.05	<0.05	3.5	0.02	---	<0.05	0.28
Total	99.9	100.0	100.0	100.0	99.1	100.0	100.0	101.0
ppm								
Q*	35.9	32.4	32.9	14.6	34.6	40.4	40.4	36.5
C	4.6	---	---	4.1	2.6	3.2	1.6	1.8
Cr	4.0	1.8	0.4	1.2	6.7	2.0	2.0	1.2
Ab	21.3	17.3	32.5	45.2	45.3	31.8	35.3	49.3
An	12.8	30.0	21.2	4.9	5.9	12.2	10.1	3.7
Ne	---	---	---	--	---	---	---	---
Di	---	6.4	0.80	---	---	---	---	---
Hy	19.5	10.0	10.8	20.5	4.4	9.7	9.8	7.2
Ol	---	---	---	---	---	---	---	---
Cm	---	---	---	---	---	---	---	---
Il	1.5	1.6	1.1	1.2	0.39	0.4	0.6	0.27
Ap	0.27	0.24	0.36	0.15	0.07	0.14	0.19	0.10

* Normas calculadas após a conversão do Fe_2O_3 em FeO e o recálculo das análises químicas após o descarte de H_2O e CO_2
1 - Plagiogranito, complexo de Troodos, Chipre. (Coleman & Peterman, 1975)
2 - Plagiogranito, complexo de Troodos, Chipre. (Coleman & Peterman, 1975)
3 - Plagiogranito, complexo de Troodos, Chipre. (Coleman & Peterman, 1975)
4 - Keratófiro, Ofiolito Point Sal, Califórnia, EUA. (Bailey & Blake, 1974)
5 - Keratófiro, Ofiolito Quinto Creek, Califórnia, EUA. (Bailey & Blake, 1974)
6 - Keratófiro, Ofiolito Quinto Creek, Califórnia, EUA. (Bailey & Blake, 1974)
7 - Keratófiro, complexo de Troodos, Chipre. (Coleman & Peterman, 1975)
8 - Albita granito, Ofilito Canyon Mountains, Oregon, EUA. (Thayer & Himmelberg, 1968)

Metamorfismo hidrotermal oceânico

Devido ao elevado fluxo de calor nas cadeias mesoceânicas, através das quais são eliminados cerca de 15% de todo calor terrestre dissipado, a crosta oceânica sofre um metamorfismo denominado de metamorfismo dos fundos oceânicos ou metamorfismo hidrotermal oceânico. O fenômeno, muito errático, é acompanhado de metassomatismo alcalino (espilitização) e, restringe-se, de modo geral, aos 3 km superiores da crosta oceânica. Sua intensidade (em termos da temperatura do metamorfismo) aumenta com a profundidade. Assim a camada das lavas almofadadas está na fácies das zeólitas, a do complexo diqueforme, na fácies dos xistos verdes e a parte superior da camada dos gabros, na fácies do anfibolito (Figura 5.2.28). Através do seu deslocamento lateral durante o crescimento do fundo do oceano, rochas metamórficas geradas sob condições térmicas mais intensas no rift central sofrem retrometamorfismo mais ou menos patente ao atingirem locais de menor fluxo de calor nas porções laterais das cadeias mesoceânicas.

O metamorfismo dos fundos dos oceanos se associa à circulação de águas que penetram na crosta ao longo de fraturas e falhas, são transformadas em soluções hidrotermais por aquecimento em profundidade, e voltam a emergir na superfície dos fundos oceânicos. Neste processo as rochas percoladas são metamorfoseadas e parcialmente lixiviadas de tal modo que à ressurgência das soluções hidrotermais se associam algumas vezes importantes depósitos minerais, principalmente óxidos de ferro e manganês ao lado de sulfetos de metais básicos, cujos metais são extraídos durante a alteração das rochas.

Resulta que a parte superior da crosta oceânica (da ordem de 40-50% de sua espessura total) é em parte constituída por rochas hidratadas e quimicamente, alteradas, um fato que deve ser levado em consideração por ocasião da modelagem dos processos magmagênicos em zonas de subducção.

Fragmentos de crosta oceânica lançados sobre áreas continentais em zonas de subducção ou em áreas de colisão de placas continentais (obducção oceânica) são denominados de complexos ofiolíticos (Figura 5.2.29). Um dos mais espetaculares exemplos de crosta oceânica exposta é o complexo de Troodos da Ilha de Chipre situada na extremidade oriental do mar Mediterrâneo. Os complexos ofiolíticos são os principais objetos para o estudo da estrutura, composição e evolução da crosta oceânica.

Classificação tectônica

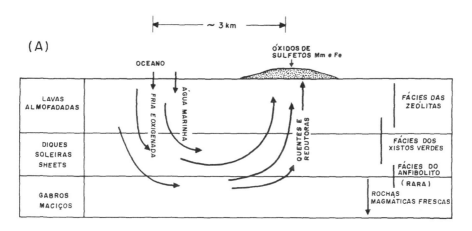

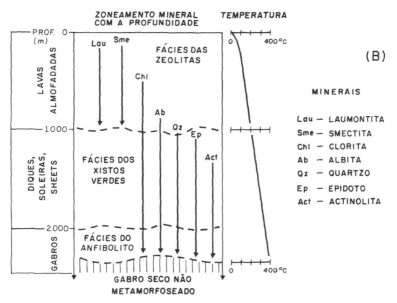

FIGURA 5.2.28 – Distribuição das fácies metamórficas na crosta oceânica (A) e mineralogia de suas rochas (B). Notar que o metamorfismo se restringe a uma profundidade equivalente à da circulação de soluções hidrotermais. Segundo Elthon, 1981, e Best, 1982.

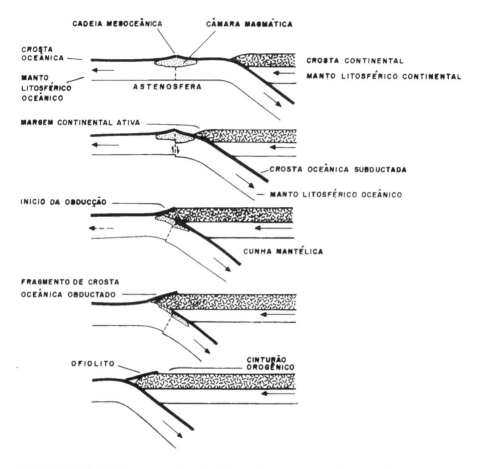

FIGURA 5.2.29 – Estágios progressivos de obducção de crosta oceânica de uma cadeia mesoceânica sobre uma crosta continental. Segundo Christensen & Salisbury, 1975, simplificado.

Basaltos oceânicos: tipos e gênese

Os basaltos das cadeias mesoceânicas são conhecidos sob a designação genérica de MORB (Mid Ocean Ridge Basalts) ou pela designação da cadeia mesoceânica de sua procedência (MAR = Mid Atlantic Ridge; MPR = Mid Pacific Ridge etc.). São divididos basicamente em três tipos: N, T e P. Basaltos N (de normal) são gerados no manto superior, um manto empobrecido em elementos de terras raras leves (ETRL) e elementos incompatíveis. São caracterizados por elevadas razões K/Ba, K/Rb, Zr/Nb e apresentam baixa relação Sr^{87}/Sr^{86}. O empobrecimento em elementos de terras raras leves e em elementos incompatíveis resulta da extração a partir do manto superior de imensas massas de magmas basálticos desde o Arqueano que, como indica sua natureza toleítica, são gerados sob baixas pressões ou pequenas profundidades (Figuras 5.2.12 e 5.2.13). Basaltos P (de pluma mantélica) são basaltos formados a partir de lavas produzidas no manto profundo fértil em focos térmicos locais denominados de plumas. Consequentemente são de ocorrências puntual e apresentam razões K/Ba, K/Rb, Zr/Nb mais baixas que as dos basaltos N. Também são mais ricos em ETRL e apresentam maior relação Sr^{87}/Sr^{86}. Entre basaltos N e P existem todas transições (basaltos T) cuja origem é atribuída a uma mistura em proporções variáveis entre magmas N e P (Figura 1.9.22) segundo o esquema da Figura 5.2.30. Na Tabela 5.2.10 constam análises selecionadas de basaltos N, P e T.

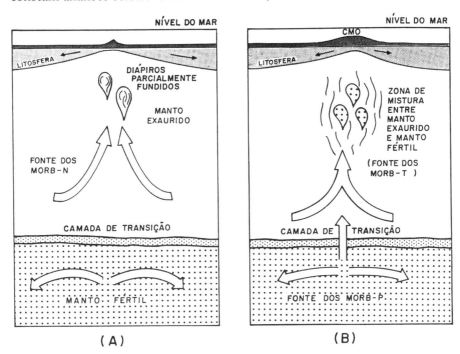

FIGURA 5.2.30 – Geração dos basaltos MORB tipo N, P e T. Basaltos N resultam da fusão parcial do manto superior empobrecido em elementos incompatíveis (A) e basaltos P da fusão de um manto mais profundo, mais rico nestes elementos. A ascensão dos dois tipos de magmas ao longo da zona térmica central de cadeias mesoceânicas pode levar à sua mistura originando os basaltos T (B). Segundo Zindler et al., 1984, modificado.

Tabela 5.2.10 – Análises químicas de dois basaltos tipo MORB N (Normal), P (Pluma) e T (Transicional). Segundo Schilling et al., 1983

MORB	Normal (N)		Pluma (P)		Transicional (T)	
% peso	Cadeia Mesoatlântica		Açores	Islândia	Cadeia Mesoatlântica	
SiO_2	48.77	50.55	49.72	47.74	50.30	49.29
Al_2O_3	15.90	16.38	15.81	15.12	15.31	14.69
Fe_2O_3	1.33	1.27	1.66	2.31	1.69	1.84
FeO	8.62	7.76	7.62	9.74	8.23	9.11
MgO	9.67	7.80	7.90	8.99	7.79	9.09
CaO	11.16	11.62	11.84	11.61	12.12	12.17
Na_2O	2.43	2.79	2.35	2.04	2.24	1.93
K_2O	0.08	0.09	0.50	0.19	0.20	0.09
TiO_2	1.15	1.31	1.46	1.59	1.21	1.08
P_2O_5	0.09	0.13	0.22	0.18	0.14	0.12
MnO	0.17	0.16	0.16	0.20	0.17	0.19
H_2O	0.30	0.29	0.42	0.42	0.26	0.31
Valor M	66.50	64.1	64.9	62.2	62.80	63.90
ppm						
La	2.10	2.73	13.39	6.55	5.37	2.91
Sm	2.74	3.23	3.93	3.02	3.02	2.36
Eu	1.06	1.12	1.30	1.29	1.70	0.92
Yb	3.20	3.01	2.37	2.31	2.91	2.33
K	691	822	4443	1179	1559	572
Rb	0.56	0.96	9.57	2.35	3.50	1.02
Cs	0.007	0.012	0.123	0.025	0.042	0.013
Sr	88.7	106.4	243.6	152.5	95.9	86.0
Ba	4.2	10.7	149.6	36.0	39.8	14.3
Sc	40.02	36.47	36.15	39.49	42.59	41.04
V	262	257	250	320	281	309
Cr	528	278	318	330	383	374
Co	49.78	40.97	44.78	57.73	45.70	54.94
Ni	214	132	104	143	94	146
$(La/Sm)_N$	0.50	0.60	2.29	1.28	1.27	0.85
K/Rb	1547	869	475	498	465	560

A gênese dos basaltos toleíticos dos fundos dos oceanos é retratada na Figura 5.2.31 que reúne as informações das Figuras 5.2.12, 5.2.14 e 5.2.24.

A figura mostra que a curva Temperatura : Profundidade (gradiente geotérmico) para as cristas das cadeias mesoceânicas intercepta a temperatura de fusão de rochas do manto superior a profundidades inferiores a 100 km, indicando, assim, a geração de magma toleítico a partir de rochas de um manto exaurido. A pequena profundidade genética dos MORB é confirmada pela ocorrência de numerosos terremotos com hipocentros rasos nos rifts centrais das cadeias mesoceânicas (Figura 5.2.31).

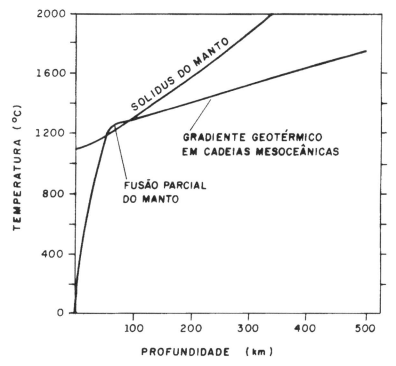

FIGURA 5.2.31 – Diagrama mostrando que a curva Temperatura : Profundidade (gradiente geotérmico) das cristas de cadeias mesoceânicas intercepta a curva solidus das rochas do manto a pequenas profundidades indicando a geração de magmas toleíticos a partir de um manto exaurido. Segundo Condie, 1982, simplificado.

A gênese dos magmas basálticos toleíticos continentais é essencialmente a mesma que a dos magmas basálticos toleíticos oceânicos. Como aqueles, entretanto, tem que percolar uma espessa crosta siálica, estão sujeitas a processos de contaminação o que implica maiores teores de K_2O e SiO_2 nos basaltos toleíticos continentais (Tabela 5.2.7) em relação aos basaltos toleíticos oceânicos (Tabela 5.2.11).

Tabela 5.2.11 – Análises químicas e composições normativas de basaltos toleíticos de fundos de oceanos. Extraídos de Hughes, 1982

%	1	2	3	4
SiO_2	49.34	49.13	49.11	49.5
Al_2O_3	17.04	16.31	5.85	15.9
Fe_2O_3	1.99	2.41	---	3.0
FeO	6.82	7.85	11.38*1	8.0
MnO	0.17	0.20	0.18	0.17
MgO	7.19	7.82	7.76	6.6
CaO	11.72	10.84	11.21	10.0
Na_2O	2.73	2.92	2.73	2.7
K_2O	0.16	0.21	0.22	1.0
TiO_2	1.49	1.61	1.42	1.9
P_2O_5	0.16	0.07	0.14	0.33
H_2O^+	0.69	0.56	---	0.9
H_2O^-	0.58	0.32	---	---
Total	100.08	100.25	100.0	100.0
ppm				
Or	1.0	1.3	1.3	6.0
Ab	23.4	24.9	23.1	23.1
An	34.2	31.0	30.1	28.6
Di	19.2	18.5	19.9	15.8
Hy	11.9	8.8	9.5	15.0
Ol	4.6	9.4	9.6	3.9
Mt	2.6*2	3.0*2	3.4*2	3.2*2
Il	2.9	3.1	2.7	3.6
Ap	0.4	0.2	0.3	0.8
Valor M	59.3	57.7	54.5	52.0

*1 - Ferro total como FeO
*2 - $Fe_2O_3 / (FeO + Fe_2O_3)$ recalculado para 0.2
1 - Composição média de toleítos oceânicos (Engels et al., 1965)
2 - Composição média de 5 toleítos oceânicos da cadeia Carlsberg, 5°30'N (Cann, 1.971)
3 - Composição média de 94 análises selecionadas de basaltos oceânico, recalculados para base anidra (Cann, 1971)
4 - Composição média de basaltos (Mason, 1.969)

Estágio da contração oceânica

Este estágio evolutivo dos oceanos é também denominado de Estágio Oceano Pacífico ou Estágio de Subducção Oceânica, que, como indica este nome, caracteriza-se pela destruição de crosta oceânica ao longo de zonas de subducção. A contração oceânica resultante deste processo é fruto da abertura em algum outro lugar da litosfera de um novo oceano. Isto só é possível se as forças divergentes entre duas placas que delimitam o novo oceano forem maiores que aquelas entre as duas placas do oceano que agora iniciam sua contração. A subducção representa o cavalgamento de duas placas litosféricas na qual a cavalgada sempre tem, na zona de subducção, crosta oceânica. O início do cavalgamento indica, assim, uma reversão no movimento relativo das placas que de divergente passa para convergente.

Cinturões orogênicos tipo pacífico e andino

A placa subductada pode ser cavalgada por uma placa com crosta oceânica ou com crosta continental. No primeiro caso resulta um arco vulcano-plutônico associado com um cinturão metamórfico tipo pacífico, intraoceânico e, no segundo, um arco plutono-vulcânico associado a um cinturão metamórfico tipo andino, pericontinental. Cinturões orogênicos tipo pacífico são também denominados de arcos de ilhas e as áreas continentais nas imediações de zona de subducção pericontinentais são chamadas de margens continentais ativas em oposição às margens continentais passivas de placas divergentes (Figuras 5.1.5 e 5.2.1).

Os principais arcos de ilhas atualmente ativos constam da Figura 5.2.32 e as principais margens continentais ativas da Figura 5.2.33.

É escopo deste texto ater-se apenas sucintamente às principais características dos arcos magmáticos dos cinturões orogênicos tipo pacífico e andino, bem como destacar as suas diferenças que decorrem fundamentalmente da natureza da crosta da placa cavalgante, continental nestes e oceânica naqueles. É importante, sob este aspecto, relembrar que a crosta oceânica tem espessura média da ordem de 6-7 km e que a espessura total das placas litosféricas oceânicas varia entre 70-80 km. Já nas margens continentais ativas a crosta continental pode atingir espessuras de até 80 km numa placa com espessura total da ordem de 100 a 150 km (Figura 5.1.2). Dessa maneira, em arcos de ilhas, a área de recobrimento entre a placa cavalgada e a cavalgante é formada por um espesso pacote de rochas crustais oceânicas e mantélicas, enquanto nas margens continentais ativas, a área de recobrimento é constituída por um pacote inferior de rochas crustais oceânicas e mantélicas superposta por uma expressiva zona de material crustal. Isto implica que fenômenos de contaminação crustal representam certamente um fator importante nos processos magmagênicos que levam à formação de arcos magmáticos de cinturões tipo andino. Tal fato é reforçado pela ausência de uma nítida descontinuidade de Moho por debaixo de cadeias de montanhas jovens, fato que pode refletir, entre outras possibilidades, a existência de uma zona transicional entre a crosta e o manto ou, no mínimo, a ausência de diferenças reológicas marcantes entre a crosta inferior e o manto superior. Isso implica a possibilidade de uma interação entre rochas crustais e rochas mantélicas com a geração de magmas híbridos resultantes da mistura de magmas mantélicos e crustais.

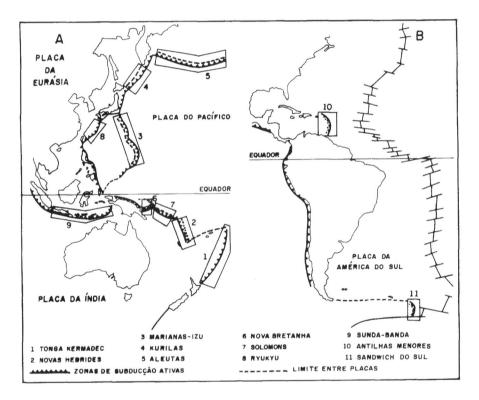

FIGURA 5.2.32 – Principais arcos de ilhas ativos dos Oceanos Pacífico (A) e Atlântico (B). Segundo Wilson & Davidson, 1984.

Classificação tectônica

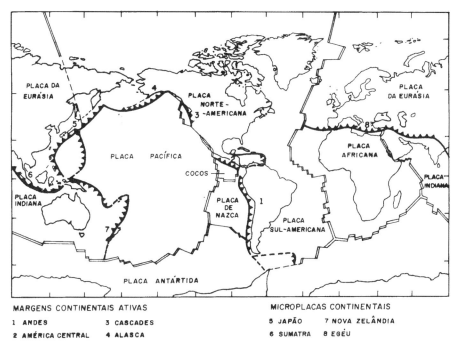

FIGURA 5.2.33 – Localização das maiores margens continentais ativas associadas com zonas de subducção pericontinentais e das zonas de subducção envolvendo microplacas continentais. Segundo Wilson, 1989.

Magmagênese em zonas de subducção

Durante seu reingresso no manto ao longo da zona de subducção, cuja expressão morfológica superficial são as fossas marinhas e cujo trajeto é assinalado pelo plano sísmico de Benioff, a placa subductada é submetida a pressões e temperaturas crescentes. Como resultado a placa sofre um metamorfismo progressivo que, com o aumento da profundidade, é dada pela sucessão das fácies do xisto verde, do anfibolito e do eclogito (ou granulito). O metamorfismo crescente é acompanhado por uma desidratação progressiva da placa subductada dada inicialmente pelo escape dos fluidos da crosta oceânica alterada pelo metamorfismo hidrotermal oceânico e, posteriormente, pela liberação dos fluidos dos minerais hidratados que são decompostos durante as reações metamórficas (Figura 5.1.8). Os fluidos liberados percolam a cunha mantélica sobreposta à zona de subducção modificando a composição de suas rochas (essencialmente lherzolitos) num processo denominado de metassomatismo mantélico e diminuem, por hidratação, substancialmente seu ponto de fusão (Figura 1.8.1).

A composição dos fluidos liberados varia ao longo da zona de subducção pela variação dos minerais envolvidos nas progressivas reações metamórficas, assim como varia a composição dos peridotitos mantélicos da cunha mantélica com a profundidade (Figura 5.2.14).

Dessa maneira, ao longo de uma zona de subducção existem as seguintes fontes potenciais de geração de magma:

- fusão parcial de anfibolitos da placa subductada na presença ou ausência de fluidos;
- fusão parcial de eclogitos da placa subductada na presença ou ausência de fluido;
- fusão parcial de lherzolitos mais ou menos metassomatizados e hidratados da cunha mantélica;
- fusão parcial de lherzolitos da cunha mantélica modificados por sua reação com magmas silicosos hidratados resultantes da fusão parcial de anfibolitos e eclogitos da placa subductada.

A Figura 5.2.34 fornece uma visão destes focos potenciais de geração de magma num arco de ilha e a Figura 5.1.7 numa margem continental ativa.

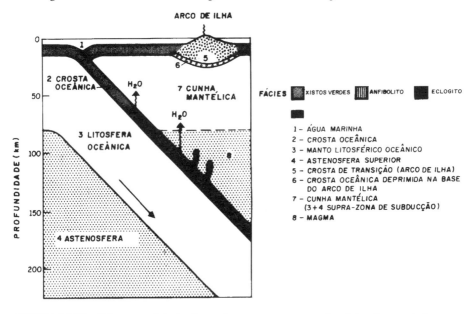

FIGURA 5.2.34 – Sítios potenciais de gênese de magma numa zona de subducção associada a um arco de ilha. 1. fusão parcial de anfibolitos da placa subductada; 2. fusão parcial de eclogitos da placa subductada; 3. fusão parcial de lherzolitos da cunha mantélica mais ou menos metassomatizados por fluidos liberados pela placa subductada; 4. fusão parcial de lherzolitos da cunha mantélica modificados por magmas silicosos hidratados gerados pela fusão parcial de anfibolitos e eclogitos da placa subductada. Segundo Wyllie, 1982.

Uma das características do magmatismo de cinturões orogênicos é um aumento regular de sua alcalinidade (em termos de K_2O para rochas normalizadas para 50% de SiO_2) com o aumento da distância perpendicular à zona de subducção o que equivale a um aumento progressivo da altura acima da zona de subducção (Figura 5.2.35).

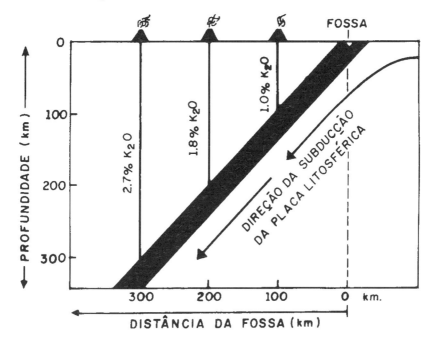

FIGURA 5.2.35 – Aumento do teor em K_2O em basaltos na dependência de sua altura acima da zona de subducção. Segundo Wright, 1971.

Séries magmáticas de áreas de subducção

Como a placa subductada avança progressivamente para regiões mais profundas, tal fato tem duas implicações principais:

- a existência de um zoneamento magmático espacial com a sucessão, já mencionada, de rochas cada vez mais potássica perpendicularmente à zona de subducção;
- existência de um zoneamento magmático temporal no qual as rochas cada vez mais potássicas são também cada vez as mais jovens.

Dessa maneira, em arcos de ilhas são reconhecidas quatro séries magmáticas (Figura 1.6.7):

- Série toleítica de baixo K ou série toleítica de arcos de ilha.
- Série cálcio-alcalina com teores normais de K ou série cálcio-alcalina médio K.
- Série cálcio-alcalina com altos teores de K ou série cálcio-alcalina alto K.
- Série shoshonítica ou série alcalina.

A sucessão espacial e temporal das séries toleítica, cálcio-alcalina e shoshonítica/alcalina em arcos de ilha constam da Figura 5.2.36.

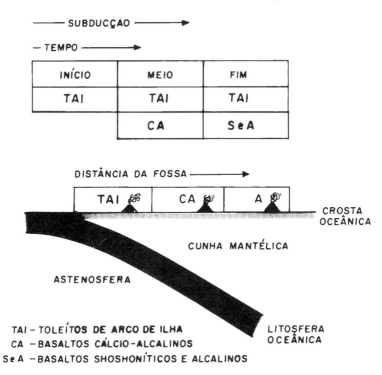

FIGURA 5.2.36 – Zoneamento magmático espacial e temporal das séries magmáticas de arcos de ilha. Segundo Wilson, 1989.

Os magmas basálticos de cada uma dessas quatro séries magmáticas sofrem maior ou menor diferenciação formando suítes integradas por basaltos, andesitos basálticos, andesitos, dacitos e riolitos. A frequência de cada um desses tipos litológicos varia de série para série conforme a Figura 5.2.37. A Figura 5.2.38 fornece um quadro comparativo da composição mineralógica das suítes das séries magmáticas consideradas, cujas composições químicas constam na Tabela 5.2.12.

Classificação tectônica

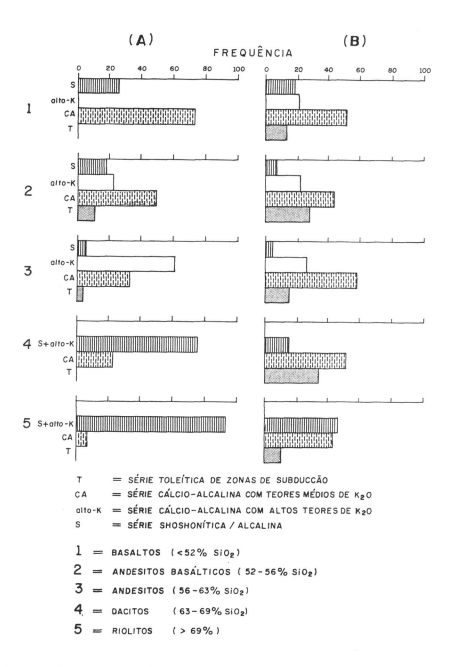

FIGURA 5.2.37 – Frequência relativa de basaltos, andesitos basálticos, andesitos, dacitos e riolitos nas séries toleítica, cálcio-alcalina médio potássio, cálcio-alcalina alto potássio e shoshonítica/alcalina do arco magmático Andino (A) e de arcos de ilha do SW do Oceano Pacífico (B). Segundo Ewart, 1982.

Rochas magmáticas

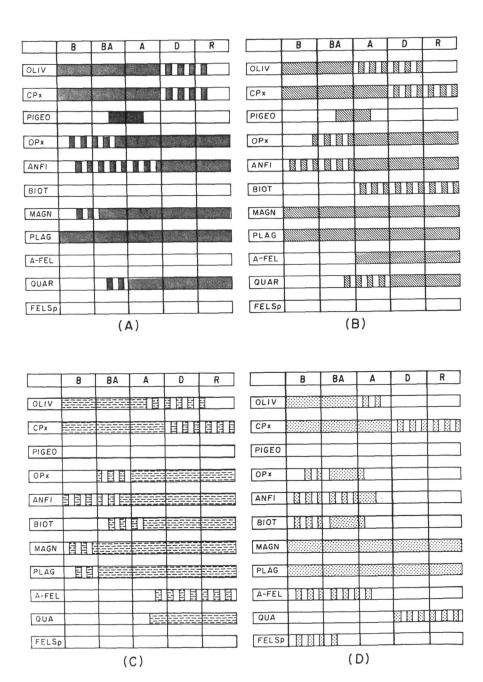

FIGURA 5.2.38 – Composição mineralógica de basaltos (B), basaltos andesíticos (BA), andesitos (A), dacitos (D) e riolitos (R) das séries toleítica (A), cálcio-alcalina médio K, (B) cálcio-alcalina alto K (C) e shoshonítica (D) de arcos de ilha. FELDSp = feldspatoides, demais siglas autoexplicativas. Segundo Wilson, 1989.

Tabela 5.2.12 – Análises parciais comparativas entre diferentes rochas da série toleítica, (A) cálcio-alcalina médio potássio (B), cálcio-alcalina alto potássio (C) e shoshonítica (D) de arcos de ilha. Extraído de Jakes & White, 1972; Luff, 1982; Foden, 1983; e Le Maitre, 1976

(A)

%	Basaltos		Andesito basáltico	Andesito	Dacito
SiO_2	45.80	50.49	57.10	62.39	64.81
TiO_2	0.17	0.70	0.92	1.00	0.91
Al_2O_3	20.05	19.44	16.15	14.12	13.92
Fe_2O_3	8.53	9.83	10.15	9.76	9.06
MnO	0.16	0.17	0.18	0.18	0.18
MgO	10.49	4.26	3.38	2.13	1.62
CaO	13.44	11.46	8.47	6.16	5.42
Na_2O	0.98	2.53	3.56	4.06	4.38
K_2O	0.04	0.14	0.32	0.44	0.49
P_2O_5	0.10	0.11	0.15	0.17	0.17
ppm					
Rb	1	2	8	9	9
Sr	101	121	116	110	107
Ba	7	36	66	103	115
Cr	177	55	51	37	30
Ni	27	5	2	0	0
Y	3	14	27	35	38
Zr	10	21	51	71	83

(B)

%	Basalto	Andesito	Dacito
SiO_2	49.24	60.23	66.29
TiO_2	0.55	1.12	0.67
Al_2O_3	20.16	14.13	13.46
Fe_2O_3	9.39	11.71	8.71
MnO	0.17	0.22	0.17
MgO	4.80	2.13	1.00
CaO	11.61	6.12	4.18
Na_2O	2.71	3.78	4.26
K_2O	0.27	1.18	1.66
P_2O_5	0.31	0.26	0.23
ppm			

Rochas magmáticas

Continuação

%	Basalto	Andesito	Dacito
Rb	4	29	39
Sr	198	137	122
Ba	58	243	332
Cr	54	28	26
Ni	11	3	2
Y	14	39	50
Zr	23	126	178

(C)

%	Basaltos		Andesito basáltico	Andesito	Dacito
SiO_2	48.32	50.20	55.49	61.69	66.22
TiO_2	0.69	1.13	0.91	0.86	0.56
Al_2O_3	10.53	18.11	18.45	16.85	16.86
Fe_2O_3	1.53	1.62	1.39	0.96	0.53
FeO	7.81	8.28	7.07	4.88	2.69
MnO	0.17	0.18	0.16	0.17	0.10
MgO	14.02	5.63	3.10	1.90	1.14
CaO	14.38	9.71	7.47	4.42	2.52
Na_2O	1.50	3.67	4.09	4.82	4.96
K_2O	0.90	1.21	1.60	3.00	4.26
P_2O_5	0.15	0.25	0.28	0.47	0.15
ppm					
Rb	21	20	35	69	113
Sr	452	452	433	405	216
Ba	---	---	---	---	---
Cr	510	219	27	27	12
Ni	151	71	2	1	2
Y	13	20	30	45	40
Zr	53	82	134	244	310

(D)

%	Absarokitos		Shoshonitos		Banakito	Latito
SiO_2	49.80	50.64	53.74	55.04	59.27	61.30
TiO_2	0.68	1.01	1.05	0.80	0.56	0.81
Al_2O_3	17.59	16.28	15.84	16.30	15.90	16.00
Fe_2O_3	5.69	3.92	3.25	3.69	2.22	3.30
FeO	2.96	4.57	4.85	3.74	3.19	2.10
MnO	0.18	0.14	0.11	0.14	0.10	0.09
MgO	4.90	5.85	6.36	4.33	5.45	2.20

Continuação

%	Absarokitos		Shoshonitos		Banakito	Latito
CaO	9.39	10.55	7.90	7.67	5.90	4.30
Na$_2$O	2.43	2.84	2.38	3.33	2.67	3.70
K$_2$O	3.81	2.74	2.57	3.77	2.68	3.90
H$_2$O	1.92	---	1.09	0.61	1.44	1.10
P$_2$O$_5$	0.47	0.68	0.54	0.39	0.41	0.33
Total	99.82	99.22	99.68	99.81	99.79	99.73

As quatro séries magmáticas presentes nos arcos de ilhas também ocorrem nos arcos magmáticos de margens continentais ativas nos quais, entretanto, a frequência relativa dos basaltos, andesitos basálticos, andesitos, dacitos e riolitos é algo diferente com um predomínio de rochas ácidas, mas com a manutenção dos andesitos como tipo litológico mais frequente na série cálcio--alcalina (Figura 5.2.37). Adicionalmente ainda ocorrem rochas alcalinas associadas a grábens que se implantam em áreas tensionais que se associam ao arco magmático principal no sentido do interior da área continental (Figura 5.1.8).

Devido à contaminação crustal do magmatismo de margens continentais ativas as lavas e seus correspondentes plutônicos são mais ricos em Si, K, Sr, Rb, Ba, Zr, Ti e U e apresentam maiores relações K/Rb e Fe/Mg e maior variabilidade na relação Sr^{87}/Sr^{86} que seus congêneres de arcos de ilha. Na série cálcio-alcalina dos Andes as rochas plutônicas são representadas por 16% (em volume) de gabros e dioritos, 58% de tonalitos e granodioritos, 25,5% de monzogranitos e apenas 0,5% de sienogranitos. A mineralogia destas rochas consta na Figura 5.2.39 e suas composições médias, na Tabela 5.2.13. Análises médias comparativas entre basaltos, andesitos basálticos e andesitos cálcio-alcalinos dos Andes e de arcos de ilhas do SW do Pacífico são dadas na Tabela 5.2.14.

Tabela 5.2.13 – Composição química média de gabros, dioritos, granodioritos e granitos cálcio-alcalinos do batólito granitoide do Peru. Segundo Pitcher et al., 1985

%	Gabro	Diorito	Granodiorito	Granito
SiO$_2$	49.84	58.65	69.04	75.58
TiO$_2$	0.94	0.81	0.42	0.22
Al$_2$O$_3$	24.92	16.84	15.03	13.35
Fe$_2$O$_3$	1.27	2.76	1.37	0.90
FeO	4.03	4.63	1.77	0.43
MnO	0.13	0.15	0.07	0.05

Continuação

%	Gabro	Diorito	Granodiorito	Granito
MgO	2.65	3.66	1.21	0.69
CaO	10.58	6.01	2.85	1.41
Na$_2$O	2.73	2.85	3.49	3.96
K$_2$O	0.64	2.16	4.07	3.90
P$_2$O$_5$	0.12	0.17	0.10	0.03
ppm				
Ba	259	564	741	595
Ce	28	37	38	34
Co	15	20	8	3
Cr	11	16	6	3
Hf	---	---	---	---
La	7	14	18	14
Nd	17	19	19	15
Ni	7	10	7	14
Pb	9	15	14	12
Rb	19	70	159	144
Sc	26	25	10	5
Sr	431	352	237	104
Th	1	8	21	16
V	163	196	65	18
Y	15	25	22	21
Zn	48	83	28	24
Zr	27	120	191	85

Tabela 5.2.14 – Média de análises químicas de basaltos, andesitos basálticos e andesitos cálcio-alcalinos de margens continentais ativas (Andes) e de arcos de ilhas (Sudoeste do Pacífico). Segundo Ewart, 1982

%	Basaltos		Andesitos basálticos		Andesitos	
	Andes	AI SWP *	Andes	AI SWP	Andes	AI SWP
SiO$_2$	51.05	50.07	53.90	54.19	59.89	59.09
TiO$_2$	1.14	0.85	1.27	0.83	0.95	0.73
Al$_2$O$_3$	18.57	16.23	17.50	17.07	17.07	16.83
Fe$_2$O$_3$	3.42	3.23	3.13	3.25	3.31	2.82
FeO	5.48	6.75	5.39	5.68	3.00	4.16
MnO	0.16	0.18	0.15	0.16	0.12	0.13
MgO	5.54	7.84	5.35	5.24	3.25	3.83
CaO	8.87	10.82	7.68	9.08	5.67	7.05
Na$_2$O	3.98	2.51	3.67	2.92	3.95	3.41

Classificação tectônica

Continuação

%	Basaltos		Andesitos basálticos		Andesitos	
K_2O	1.42	1.24	1.62	1.30	2.47	1.70
P_2O_5	0.38	0.28	0.35	0.26	0.31	0.23
ppm						
Rb	49.9	29.1	45.4	30.3	75.4	41.2
Ba	345	364	676	402	886	479
Sr	608	628	644	561	648	516
Zr	162	69.7	179	105	195	138
La	16.3	11.6	24.6	20.2	38.0	25.4
Ce	41.6	25.9	51.3	36.4	66.8	44.0
Y	31.0	19.7	25.4	23.3	12.2	24.7
Yb	2.29	1.54	2.32	1.57	1.94	1.94
Cu	30.0	121	49.6	105	40.0	51.8
Ni	57.9	104	67.4	44.9	38.6	34.4
Co	29.6	43.0	30.5	29.7	18.6	21.3
Cr	67.9	273	202	110	48.4	87.4
V	187	300	220	235	125	154
Nb	---	5.3	12.5	6.5	---	6.3
Pb	---	7.2	---	8.0	---	9.9
Hf	2.9	1.3	3.67	1.75	5.46	2.7

* AISWP = Arcos de Ilhas do Sudoeste do Pacífico

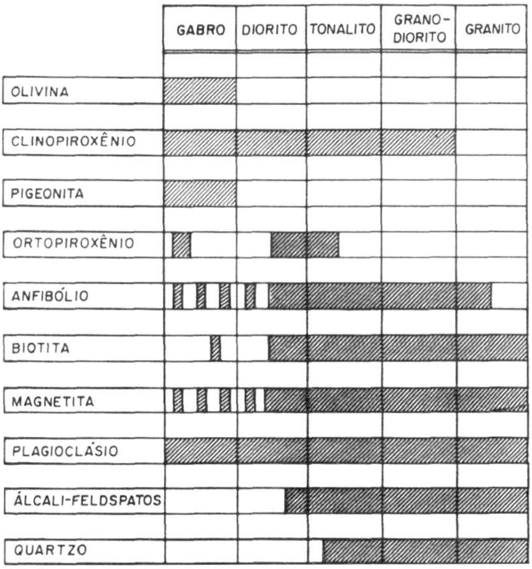

FIGURA 5.2.39 – Composição mineralógica de gabros, dioritos, tonalitos, granodioritos e granitos cálcio-alcalinos. Segundo Mason, 1985.

Estágio de fechamento do oceano

Quando a placa cavalgante recobre uma cadeia mesoceânica (caso da placa da América do Norte que está cavalgando a Cadeia Mesopacífica, Figura 5.1.1), cessa a geração de nova crosta oceânica. Oceanos sem uma cadeia mesoceânica são denominados de oceanos tipo Mar Mediterrâneo e representam uma etapa inicial do fechamento de um oceano que se completa com a consumação total da crosta oceânica. Esse processo implica a convergência entre áreas continentais com áreas continentais, áreas continentais com arcos de ilhas ou arcos de ilhas com arcos de ilhas, podendo resultar numa colisão entre estas unidades geotectônicas. Das várias possibilidades de colisão citadas será aqui mencionada sucintamente apenas a colisão entre áreas continentais que origina os cinturões orogênicos tipo himalaio (Figuras 5.1.11, 5.1.13 e 5.2.1 E).

Cinturões orogênicos tipo himalaio

Os cinturões tipo himalaio podem ser simples quando resultam da colisão entre uma margem passiva da placa subductada com uma margem continental ativa (Figuras 5.1.11 e 5.2.1) ou complexos quando resultam da colisão entre duas margens continentais ativas. Este caso ocorre quando a contração do oceano se dá através de subducções pericontinentais simultâneas nas duas bordas oceânicas em relação à cadeia mesoceânica (Figura 5.1.15). Ao fim do seu desenvolvimento um cinturão himalaio tem, portanto, uma posição intracontinental, caso dos Urais, dos Alpes e do Himalaia. Tal fato influenciou decididamente as diferenças entre as ideias geotectônicas dos geólogos europeus e norte-americanos. Enquanto estes trabalhavam essencialmente com dois cinturões orogênicos pericontinentais (Montanhas Rochosas e Apalaches) aqueles tinham como exemplo típico de cinturão orogênico os Alpes e os Urais. As diferenças fundamentais entre ambas as escolas de pensamento só cessaram com o paradigma da tectônica de placas.

Dada a configuração irregular das margens das massas continentais que colidem, restos de crosta oceânica podem ficar preservados entre as placas convergentes (Figura 5.1.12). É, por exemplo, o caso do Mar Mediterrâneo, uma pequena fração oceânica ainda preservada no processo de colisão entre as placas da África e da Eurásia. Nos limites de colisão as bordas das placas se fragmentam originando várias microplacas com movimentos independentes. Se a colisão for oblíqua também ocorre o desenvolvimento de extensas falhas transcorrentes.

Magmatismo em áreas de colisão

Durante uma colisão continental ocorre um intenso imbricamento entre as crostas convergentes com o desenvolvimento de extensas zonas de falhas transcorrentes e de cavalgamento. Do imbricamento tectônico resulta um espessamento crustal acompanhado de um rápido e intenso soerguimento orogênico e de uma fusão crustal com a geração de granitos aluminosos (Figuras 5.1.11 e 5.1.13; Tabela 5.2.15); seguidos de um magmatismo rapakivi e alcalino no estágio de relaxamento litosférico pós-colisão. Enquanto o magmatismo granitoide rapakivi é um magmatismo crustal profundo, o magmatismo alcalino é debitado ao aporte de nova e quente astenosfera, ocupando o lugar do antigo manto litosférico subcontinental, que durante a colisão e espessamento crustal é separado da crosta continental e afunda na astenosfera (Figura 5.2.40).

MAGMATISMO CÁLCIO-ALCALINO BAIXO K

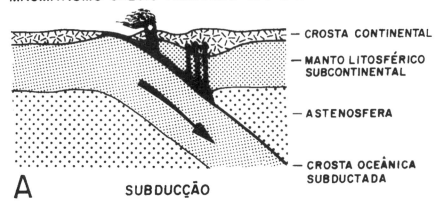

A   SUBDUCÇÃO

MAGMATISMO CÁLCIO-ALCALINO ALTO K

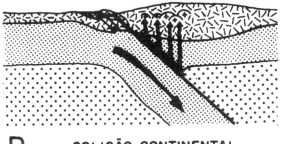

B   COLISÃO CONTINENTAL

MAGMATISMO ALCALINO

C   SOERGUIMENTO, DISTENÇÃO E MOVIMENTOS TRANSCORRENTES

FIGURA 5.2.40 – Evolução do magmatismo granitoide em áreas de colisão continental. Durante a fase de subducção é gerado um magmatismo cálcio-alcalino que com o término da subducção se torna mais potássico. Após a colisão a placa subductada quebra, propiciando a penetração de novo material astenosférico fértil que origina o magmatismo alcalino pós-orogênico. Segundo Bonin, 1987, modificado.

Tabela 5.2.15 – Análises químicas selecionadas de granitos crustais sincolisionais do Himalaia. Segundo Harris et al., 1986

%	1	2	3	4	5	6	7	8	9
SiO_2	65.3	67.8	67.9	69.5	70.2	72.2	72.6	73.6	75.6
TiO_2	0.69	0.62	0.39	0.43	0.01	0.26	0.12	0.09	0.03
Al_2O_3	17.0	18.4	15.5	15.0	15.5	14.3	14.9	15.0	13.9
Fe_2O_3	5.96	5.14	3.37	3.55	2.82	1.99	1.24	1.75	0.49
MnO	0.11	0.24	0.06	0.08	0.78	0.03	0.04	0.08	0.01
MgO	2.08	1.50	1.72	1.34	0.2	0.66	0.41	0.48	0.16
CaO	0.52	0.38	2.61	1.43	0.86	1.10	0.75	0.78	0.36
K_2O	4.51	3.05	4.36	4.31	4.45	5.24	4.59	5.19	3.96
Na_2O	1.57	1.49	3.01	2.94	4.59	3.10	4.11	1.82	4.39
P_2O_5	0.12	0.05	0.13	0.17	0.14	0.17	0.29	0.13	0.12
LOI	2.08	1.00	1.00	1.23	0.23	0.85	1.00	1.00	0.77
Total	100.0	99.7	100.1	100.0	99.9	100.0	100.0	100.0	99.8
ppm									
Cr	32	22	10	5	0	0	0	0	0
Ni	30	10	15	9	3	3	1	0	0
Zn	82	68	37	56	10	31	41	24	27
Pb	24	21	39	32	49	52	56	47	66
Cu	15	40	2	18	12	7	6	9	5
Rb	391	132	249	290	232	248	380	214	278
Sr	68	66	120	75	55	90	36	58	30
Ba	520	823	523	460	204	513	176	164	68
U	4	0	8	2	0	4	18	6	8
Th	17	20	29	22	3	31	13	16	2
Zr	173	196	130	131	33	112	49	15	8
Y	38	48	23	31	17	34	22	17	10
Nb	16	18	14	16	2	11	16	14	8
Ga	19	20	16	17	9	15	16	15	14
V	102	76	57	52	6	23	10	5	3
La	28	37	25	20	1.9	25	3.2	1.6	1
Ce	68	89	65	50	4.4	59	80.6	4.5	2
Nd	26	39	27	21	1.9	23	4.7	1.9	0.6
Sm	3.8	6.3	4.7	3.1	0.7	3.7	1.9	0.7	0.3
Eu	0.9	1.7	1.0	1.2	0.2	0.8	0.5	0.4	0.2
Cd	3.8	7.6	3.3	3.6	1.0	4.0	1.8	1.2	0.4
Dy	3.1	6.3	3.4	3.9	2.0	3.2	2.5	2.2	0.4
Br	1.5	3.8	1.5	2.0	0.7	0.9	0.8	1.0	0.2
Yb	0.8	3.0	0.6	1.4	0.6	0.9	0.5	0.6	< 0.2

1 - Biotita - muscovita granito
2 - Granada - turmalina - muscovita - cianita granito
3 - Biotita granito
4 - Biotita - muscovita granito
5 - Granada - turmalina - muscovita granito
6 - Biotita - muscovita granito
7 - Biotita - muscovita leucogranito
8 - Granada - turmalina - muscovita leucogranito
9 - Turmalina - muscovita leucogranito

A fase de intenso imbricamento tectônico sincolisional é igualmente propícia à obducção de fragmentos oceânicos que lançados sobre áreas continentais constituem os complexos ofiolíticos (Figura 5.2.30).

Ilhas oceânicas

Independentemente das associações magmáticas que resultam do ciclo de Wilson ocorrem ainda nos domínios intraplacas, tanto oceânicos quanto continentais, suítes de rochas cuja gênese está ligada a focos térmicos pontuais e persistentes situados abaixo do limite inferior das placas litosféricas. Estes focos térmicos, de origem muito discutida, são denominados de plumas mantélicas. Em áreas continentais provocam arqueamentos mais ou menos amplos ("high spots") que quando acompanhadas de manifestações magmáticas são denominados de pontos quentes ("hot spots"). A localização dos principais "hot spots" continentais e oceânicos consta da Figura 5.1.18. Como estão situados em níveis muito profundos, no manto fértil, às plumas levam à geração de magmas alcalinos (sódicos ou potássicos), carbonatíticos e kimberlíticos. Estes ocorrem tanto em arqueamento quanto em grábens e falhas profundas de áreas estáveis. A maior expressão no domínio intraplaca oceânico deste magmatismo são as ilhas oceânicas e as cadeias de ilhas oceânicas (Figura 5.1.17). Estas compreendem tanto um vulcanismo alcalino quanto uma associação entre magmatismo toleítico e alcalino. Também os basaltos MORB tipo P das cadeias mesoceânicas se associam com plumas mantélicas. O magmatismo das ilhas oceânicas pode ser tanto alcalino sódico (exemplo: os vulcões da cadeia do Havaí) quanto alcalino potássico (exemplo: o arquipélago de Tristão da Cunha) e varia desde básico/ultrabásico até ácido e de insaturado até supersaturado incluindo nefelinitos, ankaratritos (= olivina nefelinitos), melilita nefelinitos, leucititos, melilititos, traquiandesitos, traquitos, havaitos, mugearitos, benmoreítos, fonolitos, comenditos e pantelleritos. No Quadro 5.2.1 constam as associações vulcânicas de algumas ilhas oceânicas mais famosas sob aspecto petrológico. A Tabela 5.2.16 reúne as composições médias de rochas fortemente alcalinas ultrabásicas da Ilha do Havaí; a Tabela 5.2.17 contém análises selecionadas de lavas da série alcalina potássica da Ilha de Tristão do arquipélogo Tristão da Cunha e na Tabela 5.2.18 constam análises representativas dos principais membros da suíte basaltos alcalinostraquitos-comenditos da Ilha de Terceira do arquipélago dos Açores.

Quadro 5.2.1 – Associações vulcânicas de algumas ilhas oceânicas

Ilha	Associação rochosa
Ascensão	Olivina toleítos (dominantes) +Havaítos + Traquitos (raros) + Pantelleritos(raros)
Açores	Olivina basaltos + Havaítos + Traquitos
Fernando de Noronha	Basaltos alcalinos + Nefilinitos + Traquitos (raros) + Fonolitos (raros)
Santa Helena	Basaltos alcalinos + Mugearitos + Havaítos + Traquitos + Fonolitos (raros)
Trindade	Nefelinitos + Fonolitos (dominantes)
Tristão da Cunha	Basaltos alcalinos + Ankaramitos + Traquibasaltos (dominante) + Traquitos (raros)
Gough	Basaltos alcalinos + Olivina toleítos + Havaítos + Traquitos
Reunião	Olivina toleítos (dominante) + Mugearitos + Traquitos alcalinos
Maurício	Olivina basaltos alcalinos (dominante) +Mugearitos +Traquitos fonolíticos
Havaí	Toleítos (dominantes) + Basaltos alcalinos + Mugearitos + Havaítos + Traquitos
Taití	Basaltos alcalinos + Taititos (dominantes) + Fonolitos + Traquitos
Galápagos	Basaltos toleíticos + Basaltos alcalinos + Islanditos (raros) + Quartzo traquitos (raros)
Jan Mayen	Basaltos alcalinos (dominantes) + Traquitos

Tabela 5.2.16 – Análises químicas em base anidra e composições normativas de lavas ultrabásicas fortemente alcalinas (sódicas) da Ilha do Havaí. Segundo Macdonald, 1968

%	1	2	3
SiO_2	39.7	39.4	36.6
Al_2O_3	11.4	10.2	10.8
Fe_2O_3	5.3	6.5	5.7
FeO	8.2	7.0	8.9
MnO	0.2	0.1	0.1

Continuação

%	1	2	3
MgO	12.1	14.1	12.6
CaO	12.8	12.3	13.6
Na₂O	3.8	2.7	4.1
K₂O	1.2	1.2	1.0
TiO₂	2.8	3.3	2.8
P₂O₅	0.9	0.8	1.1
Total	98.4	97.6	97.3
ppm			
Or	---	3.2	---
Ab	---	---	---
An	10.8	12.5	8.7
Ne	17.8	12.7	20.1
Lc	5.7	3.2	5.0
DI	34.5	35.1	23.3
Hy	---	---	---
Ol	15.8	15.4	25.7
Mt	7.9	9.7	8.8
Il	5.4	6.4	5.7
Ap	2.1	1.9	2.7
Valor M	62	66	61

1 - Composição média de 10 nefelinitos
2 - Composição média de ankaratritos (olivina nefelinitos)
3 - Composição média de 7 melilita nefelinitos

Tabela 5.2.17 – Análises químicas em base anidra e composições normativa de membros da série alcalina alto K da Ilha de Tristão, arquipélago Tristão da Cunha. Segundo Baker et al., 1964

%	1	2	3	4	5
SiO₂	42.78	45.98	49.44	54.57	60.23
Al₂O₃	14.27	17.05	18.46	19.47	20.15
Fe₂O₃	5.89	3.70	2.87	2.83	2.20
FeO	8.55	7.12	5.37	2.87	0.91
MnO	0.17	0.17	0.16	0.18	0.14
MgO	6.76	4.61	3.31	1.50	0.49
CaO	12.01	10.20	7.47	5.65	2.15
Na₂O	2.79	3.99	4.95	5.82	6.58
K₂O	2.06	3.02	3.68	4.85	6.23

Classificação tectônica

Continuação

%	1	2	3	4	5
TiO_2	4.14	3.41	3.19	1.75	0.80
P_2O_5	0.58	0.75	1.10	0.51	0.11
Total	100.0	100.0	100.0	100.0	100.0
ppm					
Or	12.2	17.9	21.8	28.7	36.8
Ab	3.2	9.5	22.8	28.8	42.0
An	20.4	19.7	17.3	12.7	7.1
Ne	11.1	13.2	10.4	11.1	7.5
Di	29.1	21.4	10.4	10.1	2.3
Hy	---	---	---	---	---
Ol	10.6	7.0	6.4	2.5	0.3
Mt	4.1*	3.1*	2.4*	1.6*	2.3*
Il	7.9	6.5	6.1	3.3	1.5
Ap	1.4	1.8	2.6	1.2	0.3
Valor M	46.2	43.6	42.1	32.3	22.4

* $Fe_2O_3 / (Fe_2O_3 + FeO)$ recalculada para 0.2
1 - Olivina basalto
2 - Composição média de 13 traquibasaltos com SiO_2 menor que 48%
3 - Composição média de 3 traquibasaltos com SiO_2 maior que 48%
4 - Composição média de 9 traquiandesitos
5 - Composição média de 5 traquitos

Tabela 5.2.18 – Análises químicas em base anidra e composições normativas de membros representativos da suíte basaltos alcalinos-traquitoscomenditos da Ilha de Terceira, arquipélago dos Açores. Segundo Self & Gunn, 1976

%	1	2	3	4	5	6	7
SiO_2	46.76	46.61	48.11	54.15	64.36	64.83	67.43
Al_2O_3	13.99	13.84	16.13	15.62	16.71	13.98	3.88
Fe_2O_3	12.17	13.20	12.03	0.37	8.61	6.05	5.25
MnO	0.18	0.21	0.18	0.20	0.16	0.27	0.21
MgO	7.39	5.91	4.06	2.77	2.71	0.41	0.13
CaO	11.71	11.10	10.14	6.40	5.48	0.98	0.71
Na_2O	3.37	3.76	3.97	4.97	5.17	8.01	7.13
K_2O	0.87	1.18	1.22	2.19	2.38	5.00	4.91
TiO_2	2.90	3.42	3.56	2.40	1.43	0.44	0.34
P_2O_5	0.66	0.76	0.59	0.91	---	0.04	---
Total	100.00	99.99	99.99	99.98	100.01	100.01	99.99

Continuação

%	1	2	3	4	5	6	7
ppm							
Q	---	---	---	3.9	4.3	5.5	10.7
Or	5.2	7.1	7.3	13.0	14.1	29.6	29.1
Ab	20.8	21.8	29.1	42.3	43.9	44.2	44.2
An	20.7	17.6	22.8	13.9	15.4	---	---
Ne	4.3	5.6	2.6	---	---	---	---
Ns	---	---	---	---	---	3.2	1.8
Ac	---	---	---	---	---	8.8	7.6
Di	27.3	27.1	19.9	9.5	9.4	4.0	3.1
Hy	---	---	---	3.2	3.8	1.7	2.9
Ol	11.3	9.0	6.9	---	---	---	---
Mt	3.3*	3.6*	3.2*	7.6*	6.3*	---	---
Il	5.6	6.6	6.8	4.6	2.7	0.8	0.7
Ap	1.6	1.8	1.4	2.1	n.d.	0.1	n.d.
Valor M	54.2	46.6	39.7	34.1	37.9	11.3	4.5

* $Fe_2O_3 / (Fe_2O_3+FeO)$ recalculada para 0.2
n.d. = não determinado
1 - Olivina basalto alcalino
2 - Olivina basalto alcalino
3 - Havaíto
4 - Mugearito
5 - Benmoreíto
6 - Traquito pantellerítico
7 - Comendito

A variabilidade composicional dos basaltos aqui abordados em termos dos diferentes estágios do ciclo de Wilson pode ser retratada, sob aspectos genéticos, resumidamente através da Figura 5.2.41. Os basaltos toleíticos oceânicos sendo dominantemente do tipo N indicam uma origem a partir de um manto empobrecido enquanto os raros tipos T e P revelam contribuições variáveis de um manto fértil. Os basaltos toleíticos continentais por sua subdivisão em basaltos ricos e pobres em TiO_2 indicam origem tanto a partir de um manto litosférico subcontinental empobrecido ou enriquecido quanto diferentes graus de fusão de um mesmo protolito. Os basaltos de ilhas oceânicas indicam predominantemente uma origem a partir de um manto fértil com contribuições subordinadas de manto empobrecido (Quadro 5.2.2). Os basaltos de arcos magmáticos de zonas de subducção, incluindo magmas toleíticos, cálcio-alcalinos e alcalinos indicam a participação de um manto empobrecido, de um manto metassomático (Figura 5.2.13) e de um manto fértil primário que também é a fonte dos basaltos alcalinos que se associam aos rifts peri-orogênicos (Figura 5.1.8). Como em muitos casos existem sinais de misturas magmáticas (caso dos basaltos T) e levando-se em consideração as dificuldades de se distinguir um manto fértil primário de um secundário (metassomático) a figura em foco ressalta os problemas inerentes ao desenvolvimento e a comprovação de modelos magmagênicos.

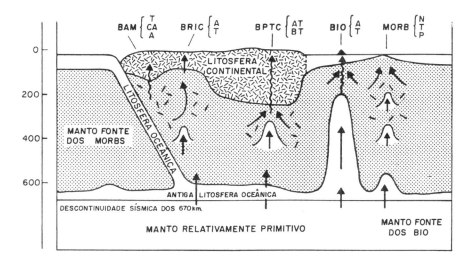

```
MORB  — BASALTOS DE CADEIAS MESOCEÂNICAS
N     — TIPO NORMAL
T     — TIPO TRANSICIONAL
P     — TIPO PLUMA
BPTC  — BASALTOS DE PROVINCIAS TOLEÍTICAS CONTINENTAIS
AT    — TIPO ALTO TITÂNIO
BT    — TIPO BAIXO TITÂNIO
BIO   — BASALTOS DE ILHAS OCEÂNICAS
T     — TOLEÍTICOS
A     — ALCALINOS
BAM   — BASALTOS DE ARCOS MAGMÁTICOS
T     — TOLEÍTICOS
CA    — CÁLCIO-ALCALINOS
A     — ALCALINOS / SHOSHONÍTICOS
BRIC  — BASALTOS DE RIFTS INTRACONTINENTAIS
T     — TOLEÍTICOS
A     — ALCALINOS / SHOSHONÍTICOS
```

FIGURA 5.2.41 – Esquema mostrando possíveis fontes (manto empobrecido, manto fértil e manto metassomático) para a geração de basaltos de diferentes ambientes geotectônicos. Segundo Wilson, 1989, modificado.

Exercícios

1. O livro de Wilson (1989) *Igneous Petrogenesis*: a Global Tectonic Approach aborda as associações magmáticas em termos descritivos e genéticos tendo por base os diferentes ambientes tectônicos definidos no âmbito da teoria da tectônica de placa. Consulte-o para aprofundar os aspectos tratados neste subcapítulo.

2. Consulte o livro de Neumann e Ramberg (1978) *Petrology and Geochemestry of Continental Rifts* e o de Toksöz, Uyeda & Francheteau (1980) *Oceanic Ridges and Arcs*: Geodynamic Processes para aprofundar seus conhecimentos sobre rifts continentais e oceânicos.

3. Alguns aspectos da estruturação, composição e evolução da crosta continental são abordados nas seguintes obras:

Tarling (1978) *Evolution of the Earth's Crust*.
McElhinny (1979) *The Earth, Its Origin, Structure and Evolution*.
Ramberg (1981) *Gravity, Deformation and the Earth Crust*. In Theory, Experiments and Geological Applications.
Meissner (1986) *The Continental Crust*. A Geophysical Approach.
Fowler (1990) *The Solid Earth*. An Introduction to Global Geophysics.

Consulte-os para aprofundar seus conhecimentos sobre estes assuntos.

4. Consultando a obra de Coward & Ries (1986) *Collision Tectonics*, aprofunde seus conhecimentos geológicos, estruturais e petrográficos sobre cinturões orogênicos tipo himalaio.

5. Harris et al. (1986) dividem os produtos do magmatismo de colisão em três grupos. Descreva-os. Para que serve o diagrama Rb/10 : Hf : 3Ta utilizado pelos autores?

6. Baseado no trabalho de Searle & Fryer (1986), descreva os tipos de granitos peraluminosos do Himalaia.

5.3 Ambientes geotectônicos e variação composicional das rochas magmáticas

De acordo com o exposto no item 1.7., séries magmáticas são associações rochosas plutono-vulcânicas que recorrem no espaço e no tempo e apresentam características mineralógicas, químicas e tendências evolutivas características. Decorre que as diferentes séries magmáticas podem ser identificadas tanto através de critérios mineralógicos (exemplo: Quadro 1.3.2) quanto por meio de diagramas discriminantes específicos (exemplo: Figura 1.7.12) ou aspectos evolutivos (exemplo: Figura 1.8.7).

Cada série magmática compreende vários tipos litológicos cuja nomenclatura assenta em sua mineralogia essencial (Quadro 1.2.2, Figuras 1.2.2 e 2.5.1). Como mesmos tipos litológicos fazem parte de séries magmáticas distintas, resulta que existem granitos e granitos, basaltos e basaltos etc., e que o simples nome da rocha não caracteriza a série magmática à qual pertence. Para sanar este problema existem, basicamente, cinco soluções:

- Atribuir nomes distintos às rochas equivalentes (sob aspecto da mineralogia essencial) das diversas séries magmáticas. Assim, as rochas equivalentes aos basaltos da série cálcio-alcalina são denominados de ferrobasaltos na série toleítica e as equivalentes aos andesitos de ferro-andesitos ou islanditos, nomes que refletem a maior riqueza em ferro da série toleítica em relação à série cálcio-alcalina (Figura 1.7.12). Também os basaltos e andesitos da série shoshonítica têm nomes específicos, sendo designados, respectivamente, de absaroquitos (ou absarokitos) e banaquitos (ou banakitos), conforme a Figura 1.6.7. Os riolitos da série toleítica e cálcio-alcalina são denominados na série alcalina (Figura 1.7.3) de comenditos e pantelleritos, nomes que ressaltam sutis diferenças mineralógicas e químicas (Figura 1.4.7).
- Ressaltar alguns aspectos químicos da série magmática à qual a rocha considerada pertence. Como a série cálcio-alcalina é mais rica em alumina que a série toleítica (Figura 1.7.16), os basaltos cálcio-alcalinos são também chamados de basaltos aluminosos e grafados como Al-basaltos. A Figura 1.6.7 ressalta a nescessidade da introdução dos qualificativos "baixo K", "médio K' e "alto K" para os basaltos, basaltos andesíticos, andesitos, dacitos e riolitos da série cálcio-alcalina.
- Utilizar o nome genérico da rocha, seguido de adjetivo referente à sua série magmática. É o caso das designações "basalto toleítico", "andesito cálcio-alcalino", "riolito alcalino", "basalto komatiítico" etc.

- Empregar o nome genérico da rocha, seguido da caracterização geotectônica de sua proviniência, associada ou não com seu caráter serial. Basalto de fundo de oceano, basalto de cadeia mesoceânica (ou basalto MORB), basalto toleítico continental, andesito orogênico e basalto de ilha oceânica são exemplos desse tipo de nomenclatura.
- Utilizar sufixos que caracterizam composições resultantes da geração de magmas a partir de protolitos específicos ou através de processos genéticos particulares. É o caso dos basaltos N cujo magma é gerado à pequenas profundidades a partir da fusão parcial do manto exaurido; dos basaltos P cujo magma é gerado pela ação de plumas no manto profundo, sublitosférico, fértil e dos basaltos T, cuja gênese é atribuída à cristalização de magmas resultantes da mistura entre magmas tipo N e P (Figuras 1.9.22, 5.2.30 e 5.2.41).

Consideremos novamente a expressão "existem granitos e granitos". Granitos, no sentido lato, são constituídos essencialmente por feldspatos alcalinos, plagioclásio ácido e quartzo. Entre os diversos tipos de granitos (sob o aspecto serial) destacam-se os granitos alcalinos que resultam da evolução de magmas gerados num manto fértil e que ocorrem em rifts, gráben e arqueamentos de domínios intraplaca continentais. Granitos toleíticos (ou plagiogranitos ou granitos oceânicos) ocorrem nas cadeias mesoceânicas, em fundos de bacias oceânicas, em bacias marginais e em complexos ofiolíticos (Figuras 5.2.21 e 5.2.29) e são o resultado da diferenciação extrema de magmas básicos gerados pela fusão parcial de um manto exaurido (Figuras 5.2.12 e 5.2.31). Granitos cálcio-alcalinos ocorrem em arcos de ilhas, em margens continentais ativas e em faixas orogênicas de colisão (Figuras 5.1.9, 5.1.10 e 5.1.13) e resultam de complexos processos magmatogênicos ligados a subducção (Figura 5.1.8 e 5.2.34). Granitos aluminosos ocorrem principalmente em faixas orogênicas tipo himalaio e, subordinadamente, nos cinturões metamórficos de alta temperatura e baixa pressão de faixas orogênicas tipo pacífico e andino. São gerados pela fusão parcial (anatexia) de rochas crustais orto- e parametamórficas (Figura 5.1.11). As mesmas considerações são válidas para a expressão "existem basaltos e basaltos" (ver Figura 5.2.41). Dessa maneira, a expressão "existem granitos e granitos, basaltos e basaltos etc." encerra dois conceitos básicos:

- As diversas séries magmáticas são mais ou menos características para diferentes ambientes geotectônicos (Quadros 5.1.1 e 5.1.3). Resulta que a caracterização serial das rochas magmáticas leva à uma definição mais ou menos precisa dos ambientes geotectônicos de sua ocorrência. Assim, a definição de uma dada suíte magmática como cálcio-alcalina (por exemplo, a partir das análises químicas vias as Figuras 1.7.7, 1.7.12, 1.7.15 etc.) implica a sua vinculação com um ambiente orogênico que pode ser tanto do tipo pacífico, andino ou himalaio.

- As diferentes séries magmáticas resultam de processos genéticos que atuam sob condições físicas (P, T, P_{O_2}, P_{H_2O}, P_{CO_2} etc.) particulares sobre rochas fonte (protolitos) específicas. Resulta que as diferentes séries magmáticas apresentam aspectos químicos típicos, fato que permite a sua distinção em vários diagramas químicos (por exemplo, Figuras 1.6.4, 1.6.7, 1.7.3, 1.7.4, 1.7.14 etc.).

A combinação desses dois conceitos leva a uma correlação entre quimismo particular e ambiente geotectônico específico, base dos diagramas tectonomagmáticos, também designados genericamente de diagramas tectônicos discriminantes ou, simplesmente, diagramas discriminantes. A Tabela 5.3.1 ressalta esta correlação ao comparar (em termos de valores médios de vários elementos traços) basaltos de distintos ambientes geotectônicos e pertencentes a diferentes séries magmáticas.

A Tabela 5.3.1 ressalta que a comparação química entre rochas de diferentes ambientes tectônicos e séries magmáticas deve envolver mesmos tipos litológicos (basaltos, andesitos, granitos etc.). Tal fato decorre das acentuadas mudanças composicionais dos magmas durante os processos evolutivos e são caracterizadas por um incremento em elementos compatíveis e um decréscimo em elementos compatíveis. Assim, basaltos não podem ser comparados com andesitos, sienitos com granitos, gabros com ultramafitos etc.

A elaboração de diagramas tectonomagmáticos é relativamente simples. Numa primeira etapa são escolhidos na literatura dados de rochas de localidades consideradas "clássicas" (áreas muito bem conhecidas em termos geológicos e cujas rochas foram estudadas detalhadamente sob aspectos petrográfico, mineralógico, químico e isotópico, a ponto de constituírem um padrão de referência internacional) e representativas dos diferentes ambientes geotectônicos. Numa segunda etapa são comparadas estatisticamente as análises químicas das rochas consideradas. Numa terceira etapa, entre as principais diferenças constatadas, são escolhidas aquelas que indicam alguma feição petrológica importante caso, por exemplo, da derivação do magma a partir de fontes crustais ou mantélicas férteis ou exauridas, anatexia incipiente ou intensa, contaminação por material crustal, presença de mineralogia diagnóstica específica etc. Finalmente, numa última etapa são elaborados os diagramas finais com a utilização dos parâmetros mais diagnósticos selecionados na etapa precedente.

Tabela 5.3.1 – Elementos traços (médias) de basaltos de diferentes séries magmáticas e de distintos ambientes geotectônicos. Segundo Sun, 1980; Pearce, 1982 e Hawkesworth et al.,1977

	Basaltos MORB-N	Basaltos MORB-P	Basaltos toleíticos intraplaca	Basaltos toleíticos de bacias marginais	Basaltos toleítos de arcos de ilhas	Basaltos cálcio-alcalinos de arcos de ilhas	Basaltos alcalinos intraplaca
Rb	1.0	3.9	7.5	6	4.6	14	22
Ba	12	68	100	77	110	300	380
K	1060	1920	4151	3569	3240	8640	9600
Nb	3.1	8.1	13	8	0.7	1.4	53
La	3.0	6.3	9	7.83	1.3	10	35
Ce	9.0	15.0	31.3	19.0	3.7	23	72
Sr	124	180	290	212	200	550	800
Nd	7.7	9.0	19	13.1	3.4	13	35
Zr	85	75	149	130	22	40	220
Sm	2.8	2.5	5.35	3.94	1.2	2.9	13
Ti	9300	8060	13369	8753	3000	4650	20000
Y	29	22	26	30	12	15	30
Th	0.20	0.55	---	---	0.25	1.1	3.4
U	0.10	0.18	---	---	0.10	0.36	1.1

Consideremos os basaltos toleíticos oceânicos e continentais. Estes, durante sua ascensão, sofrem pequena contaminação pela assimilação de frações da espessa crosta continental que atravessam. Dessa maneira, elementos caracteristicamente concentrados na crosta continental (U, K, Rb, etc.) são encontrados em maiores quantidades nos toleítos continentais em relação aos oceânicos e podem ser utilizados na elaboração de um diagrama tectonomagmático que visa à distinção entre os basaltos destes dois ambientes.

A precisão e a reprodutibilidade de um diagrama tectonomagmático depende da qualidade das análises utilizadas em sua elaboração, da quantidade de dados considerados no universo dos dados disponíveis, do número de dados por ambiente geotectônico considerado, do significado petrológico dos parâmetros utilizados, da qualidade dos dados químicos do usuário do diagrama etc.

Quanto à natureza dos parâmetros utilizados, os diagramas tectonomagmáticos são basicamente de três tipos:

- Diagramas que se assentam dominantemente em elementos maiores.
- Diagramas que utilizam principalmente elementos traços.
- Diagramas fundamentados em relações isotópicas (Figura 1.9.2). Não serão tratados neste texto.

Quanto ao número de parâmetros utilizados, os diagramas discriminantes são de três tipos:

- Diagramas binários.
- Diagramas ternários.
- Diagramas baseados em mais de três parâmetros. Entre estes destacam-se os diagramas de elementos de terras raras (diagramas de ETR ou espectros de ETR) e os diagramas elementais (ou spiderdiagramas ou diagramas aranhas).

Diagramas tectonomagmáticos baseados em elementos maiores

Entre os principais diagramas tectonomagmáticos baseados essencialmente em elementos maiores, cabe destacar:

Diagramas de caracterização de séries magmáticas e de tipos litológicos específicos

Genericamente, todos os diagramas de caracterização de séries magmáticas e de tipos litológicos específicos podem ser considerados diagramas tectonomagmáticos mais ou menos precisos devido à vinculação entre séries magmáticas e tipos litológicos específicos com particulares ambientes geotectônicos (Quadros 5.1.1 e 5.1.3). Por exemplo, a caracterização de basaltos no diagrama catiônico de Jensen (Figura 1.7.8) como sendo komatiíticos, muito provavelmente implica a vinculação das rochas consideradas com um ambiente tipo "greenstone belt". Já a definição de rochas como sendo kimberlíticas implica ambientes continentais estáveis.

O sistema discriminante de Maniar & Piccoli

O sistema discriminante de Maniar & Piccoli (1989), à semelhança do sistema de classificação das rochas magmáticas de Irvine & Baragar (1971), utiliza um conjunto de diagramas aplicados sucessivamente às rochas estudadas. No sistema são considerados sete grupos de granitos associados com ambientes geotectônicos específicos e reunidos em duas categorias principais: granitos orogênicos e anorogênicos.

Granitos orogênicos

São aqueles que apresentam vinculação temporal, espacial e genética com a evolução de cinturões orogênicos. Estes são caracterizados pela combinação de processos de deformação plástica, metamorfismo e magmatismo. Seu processo genético termina tanto pela colisão entre arcos de ilhas ou entre arcos de ilhas com massas continentais quanto pelo choque entre margens continentais ou pela mudança da direção de movimentação da placa litosférica. Os granitos orogênicos compreendem quatro grupos principais:

Granitos de arcos de ilhas (GAI)

Os granitos de arcos de ilhas são rochas integrantes do arco magmático formado durante a subducção de uma placa oceânica por debaixo de outra placa oceânica. São granitos cálcio-alcalinos.

Granitos de margens continentais ativas (GMA)

São rochas que integram os arcos magmáticos formados pela subducção de uma placa oceânica por debaixo de uma placa continental. Casos clássicos são os granitos dos cinturões orogênicos dos Andes e das Montanhas Rochosas. São granitos cálcio-alcalinos (Figuras 5.1.8 e 5.1.9).

Granitos de áreas de colisão continental (GCC)

Correspondem aos granitos produzidos em cinturões orogênicos por ocasião da colisão entre placas continentais o que implica imbricamento, espessamento e fusão parcial da crosta continental com a geração de magmas aluminosos. Áreas clássicas de ocorrência de granitos de colisão continental é o cinturão Himalaia, na Ásia e o cinturão Herciniano da França (Figuras 5.1.11 e 5.1.13).

Granitos pós-orogênicos (GPO)
São intrusivos no cinturão orogênico na sua fase final de evolução, geralmente após o término da deformação regional. Apesar de sua colocação tardia, estão associados com a orogenia, tanto no espaço quanto no tempo. Representam um estágio de transição entre a fase orogênica principal e a subsequente fase de estabilização da crosta continental. Granitos pós-orogênicos são geralmente rochas cálcio-alcalinas ricas em K_2O e seus exemplos clássicos ocorrem nas ilhas britânicas associados ao cinturão Caledoniano.

Granitos anorogênicos

A palavra anorogênico implica que estes granitos não estão vinculados à formação de cinturões orogênicos e como tais se associam principalmente à rifts continentais, área de intenso soerguimento epirogênico continental e aos fundos dos oceanos. Compreendem três grupos principais:

Granitos associados com Rifts (GR)
O rifteamento envolve três estágios principais, dados sucessivamente pelo arqueamento crustal, a implantação do rift e a formação de uma bacia oceânica (estágio do Mar Vermelho no ciclo de Wilson). Os granitos aqui considerados são os associados ao estágio de rifteamento da crosta continental. Uma das áreas clássicas de granitos associados com rifts é o gráben de Oslo, na Noruega (Figura 5.2.7). Granitos associados com rifts são rochas com tendências alcalinas mais ou menos acentuadas.

Granitos associados com soerguimentos continentais epirogênicos (GE)
Ocorrem em áreas de forte arqueamento crustal mas nas quais não ocorre o subsequente desenvolvimento de rifts. Os arqueamentos estão ligados a focos térmicos locais profundos e persistentes (plumas mantélicas) e a associação entre um arqueamento e magmatismo define um ponto quente (*"hot spot"*). Exemplos clássicos desse grupo são os "jovens granitos" da Nigéria, caracteristicamente alcalinos.

Granitos de fundos de oceanos (GO)
Correspondem aos plagiogranitos presentes nas cadeias mesoceânicas, fundos de oceanos (Figura 5.2.21), ilhas oceânicas e em ofiolitos onde se associam com abundantes rochas máficas/ultramáficas (Figura 5.2.29). Também existem plagiogranitos continentais, produtos finais da diferenciação de espessas soleiras, diques, lopólitos e lacólitos de diabásios e gabros mas que não são incluídos neste grupo. Plagiogranitos oceânicos são rochas toleíticas muito pobres em K_2O (Tabela 5.2.9).

A Figura 5.3.1 representa as variações composicionais modais dos sete grupos de granitos de Maniar & Piccoli (1989) no diagrama QAP. A figura mostra não só estas variações mas também revela que a designação "granito" é aqui considerada na sua forma mais ampla incluindo álcali-feldspatos granitos, sienogranitos, monzogranitos, granodioritos, trondhjemitos, quartzo dioritos, tonalitos, quartzo monzonitos etc.

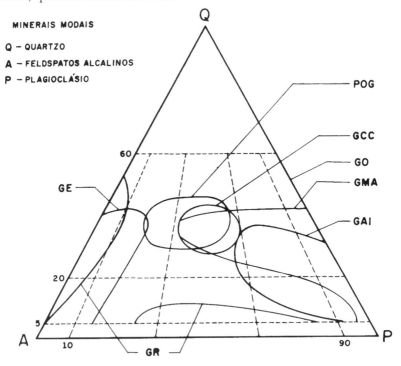

FIGURA 5.3.1 – Variabilidade composicional modal dos sete grupos de granitos de Maniar & Piccoli (1989) no diagrama QAP.

A sequência GAI → GMA → GCC → GPO → GR → GE é caracterizada por crescentes índices de alcalinidade de Peacock. GAI são granitos cálcicos/cálcio-alcalinos, GMA são cálcio-alcalinos, GCC são cálcio-alcalinos/alcalinos-cálcicos, GPO são alcalinos-cálcicos e GR e GE são granitos alcalinos. A mesma sequência de granitos também mostra variações sistemáticas no índice de alumina-saturação (Figura 1.4.2). GAI são dominantemente metaluminosos, os GMA são metaluminosos/peraluminosos e os GCC são caracteristicamente peraluminosos. GPO, GR e GE são tanto peraluminosos quanto metaluminosos e peralcalinos mas, entre os GPO as rochas peralcalinas são relativamente subordinadas assim como as rochas peraluminosas entre os granitos GR e GE (Figura 5.3.2).

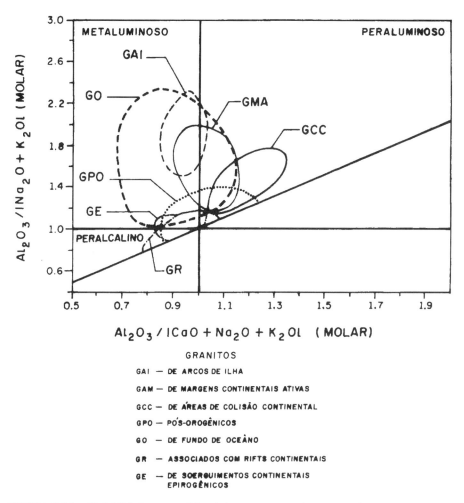

FIGURA 5.3.2 – Variabilidade composicional dos sete grupos de granitos de Maniar & Piccoli (1989) no diagrama de Shand.

A caracterização de cada um dos sete grupos de granitos considerados é feita pela aplicação sucessiva dos gráficos:

- $K_2O : SiO_2$ (A)
- $Al_2O_3 : SiO_2$ (B)
- $[FeO^* / (FeO^* + MgO)] : SiO_2$ (C)
- $FeO^* : MgO$ (D)

- (FeO* + MgO) : CaO   (E)
- razão molar $Al_2O_3/CaO + Na_2O + K_2O$ (F)
- $TiO_2 : SiO_2$ (G), representados na Figura 5.3.3.

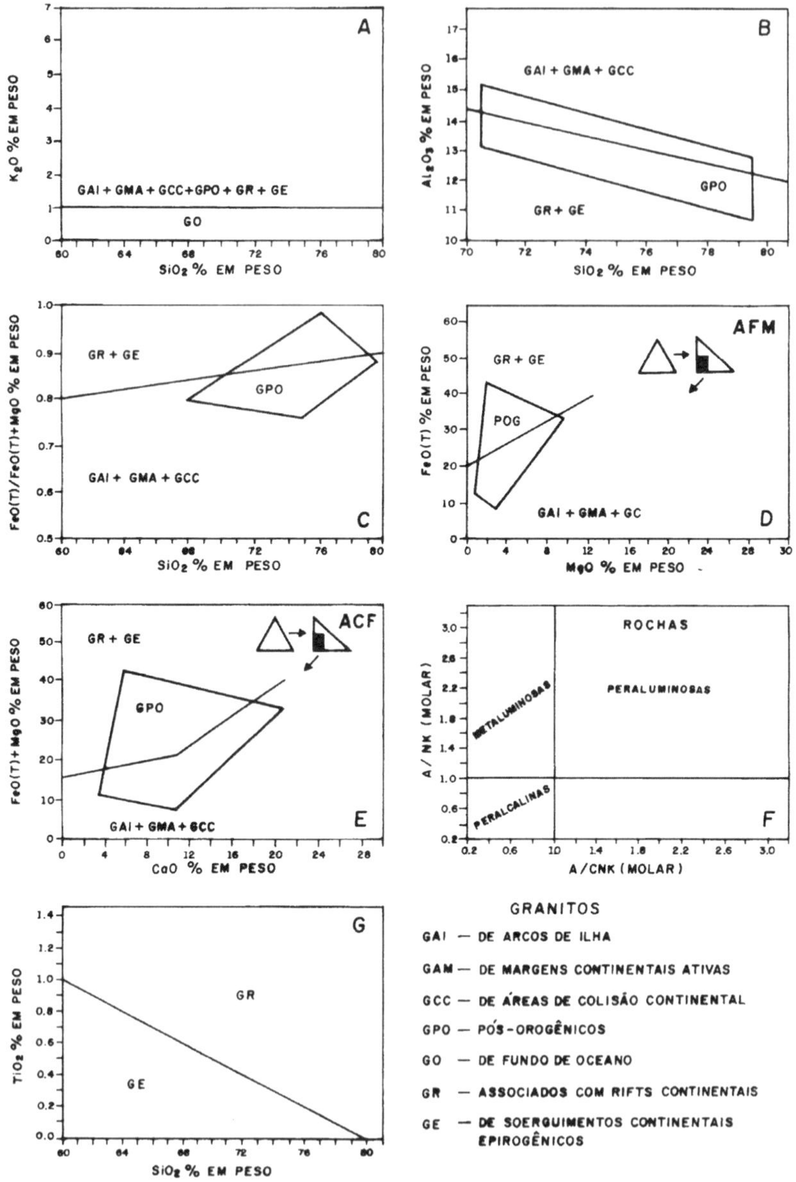

FIGURA 5.3.3 – Os sete diagramas discriminantes (A-G) utilizados para a caracterização de granitos GAI, GMA, GCC, GPO, GR, GE e GO. Siglas de acordo com a Figura 5.3.1. Segundo Maniar & Piccoli, 1989.

O gráfico A separa de imediato os granitos GO dos demais grupos, devido ao seu conteúdo muito baixo em K_2O (Tabela 5.2.9). Os gráficos B, C, D e E servem para dividir os seis grupos restantes em três conjuntos: os granitos orogênicos GAI+GMA+GCC, os granitos pós-orogênicos GPO e os granitos anorogênicos GR+GE, ocupando os granitos GPO sistematicamente uma posição intermediária entre os granitos orogênicos e os granitos anorogênicos (Figura 5.3.1).

Para a elaboração do gráfico FeO* : MgO (gráfico D), os valores de FeO*, MgO e $(K_2O + Na_2O)$, em porcentagem peso, da análise química são recalculados para 100 no âmbito do diagrama AFM (Figura 1.7.11), descartando-se, em seguida, o valor de $(K_2O + Na_2O)$. No caso do gráfico (FeO* + MgO) : CaO (gráfico E) os valores de CaO, (FeO* + MgO) e $[Al_2O_3 (K_2O + Na_2O)]$, em porcentagem de peso, da análise são recalculados para 100 no contexto de um diagrama ACF (Figura 1.4.4), descartando-se, em seguida, o valor de $[Al_2O_3 - (K_2O + Na_2O)]$.

Uma vez separados os granitos GPO, a distinção entre os granitos orogênicos GAI, GMA e GCC, é feita pelo gráfico F. Granitos GAI apresentam uma relação molar A/CNK menor que 1.05 e os GCC têm índice de alumina saturação maior que 1.15.

A separação entre granitos GR e GE é feita através do diagrama G dada a maior riqueza dos GR em TiO_2 em relação aos GE. Entretanto, como existe uma superposição parcial dos valores, o limite traçado na Figura 5.3.3 é bastante subjetivo.

O diagrama $R_1 : R_2$

Também de uso frequente na discriminação de granitos de diferentes ambientes geotectônicos é o diagrama $R_1 : R_2$ (Figura 5.3.4) onde os índices R_1 e R_2 são os mesmos utilizados na classificação das rochas magmáticas (Figura 3.5.15). Neste diagrama ocorre a distinção entre plagiogranitos (estágio de expansão dos oceanos), granitos cálcio-alcalinos de margens continentais ativas (estágio da contração dos oceanos), granitos crustais aluminosos (estágio de fechamento dos oceanos através da colisão continental), granitos cálcio-alcalinos de alto K ligados ao estágio de alçamento orogênico pós-colisão, granitos subalcalinos ligados aos estágios orogênicos tardios, granitos alcalinos/peralcalinos pós-orogênicos e granitos anorogênicos associados com rifts e grábens.

Rochas magmáticas

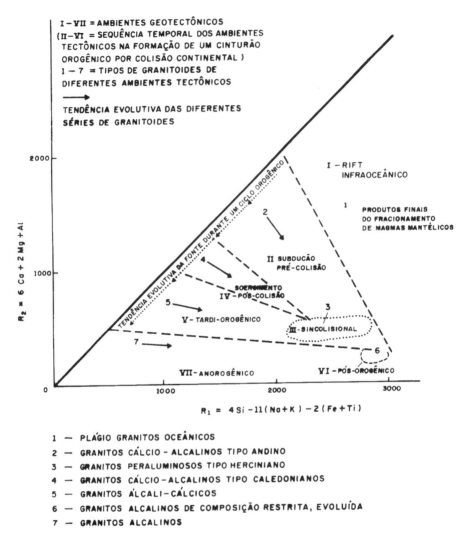

FIGURA 5.3.4 – Discriminação de granitos de diferentes ambientes geotectônicos definidos em termos dos estágios do ciclo de Wilson e dos estágios evolutivos de cadeias orogênicas de margens continentais ativas no diagrama $R_1 : R_2$. Segundo Batchelor & Bowden, 1985.

A linha bissetriz do gráfico $R_1 : R_2$ indica a mudança gradual na composição das fontes magmáticas durante um ciclo orogênico e as flechas, as tendências evolutivas de cada série granitoide dos diferentes ambientes tectônicos. As flechas faltam nos campos dos plagiogranitos, granitos sincolisionais e nos granitos pós-orogênicos por sua composição química restrita.

As sete séries ou grupos de granitos considerados por Batchelor & Bowden (1985) no seu diagrama $R_1 : R_2$ são as mesmas representadas no gráfico QAP da Figura 1.7.10 e correspondem também aos tipos de granitos definidos na classificação tectônica de Pitcher (1983) do Quadro 5.3.1. Também a classificação dos granitos de Maniar & Piccoli (1989) pode ser correlacionada com este quadro através da equivalência, respectivamente, entre os granitos GAI, GMA, GCC, GPO e GR+GE com os granitos P (Pacíficos) ou M (Mantélicos), I-cordilheiranos (cálcio-alcalinos precoces), S (Hercinianos ou crustais), I-caledonianos (alcalino-cálcicos tardios) e A (alcalinos).

Quadro 5.3.1 – Principais características dos granitos M, I - cordilheiranos, I - caledonianos, S e A. Segundo Pitcher, 1983

Principais características	Granitos "M" ou tipo pacífico	Granitos "I" ou tipo cordilheirano	Granitos "I" ou tipo caledoniano	Granitos "S" ou tipo herciniano	Granitos "A" ou tipo intraplaca
Litologia	Plagiogranitos associados com abundantes gabros	Ampla variação composicional entre dioritos e monzogranitos com predomínio de tonalitos frequentemente associados com gabros	Granodioritos-granitos associados em passagens gradacionadas com corpos menores de hornblenda dioritos e gabros	Granitos composicionalmente restritos e ricos em sílica. Dominam leucomonzo-granitos, mas granitoides ricos em biotita são localmente litologias importantes	Biotita granitos em associação com granitos alcalinos e sienitos. Contrastante bimodalismo acidobásico
Mineralogia	Hornblenda e biotita; piroxênio	Hornblenda, biotita, magnetita, titanita,	Biotita é o máfico dominante; magnetita e ilmenita	Muscovita e biotita vermelha; ilmenita, monazita, granada, cordierita	Biotita verde, anfibólios e piroxênios sódicos em granitos alcalinos; astrofilita
Aspectos texturais e estruturais do feldspato potássico	Feldspato K intersticial ou micrográfico	Feldspato K xenomórfico intersticial	Feldspato K geralmente intersticial e penetrante, frequentemente rico em quartzo	Feldspato K frequentemente em fenocristais com longa história evolutiva; sinais de auto-metassomatismo	Feldspato K pertítico

Continuação

Principais características	Granitos "M" ou tipo pacífico	Granitos "I" ou tipo cordilheirano	Granitos "I" ou tipo caledoniano	Granitos "S" ou tipo herciniano	Granitos "A" ou tipo intraplaca
Enclaves	Ígneos básicos	Enclaves dioríticos podem representar restitos	Enclaves de variada natureza	Dominam xenólitos de rochas metassedimentares	Enclaves cognatos; gotas de magma básico congelado
Razão inicial Sr^{87}/Sr^{86}	Tipicamente < 0.704	< 0.706	> 0.705 < 0.709	> 0.708	Muito variável, entre 0.703 e 0.712
Relação Al: (Na+K+Ca/2)	< 1.0	< 1.1, mais frequentemente < 1.0	~ 1	> 1.05	Rochas peralcalinas relativamente ricas em F
Estruturas dos corpos magmáticos	Corpos pequenos e compostos de quartzo dioritos-gabros	Grandes batólitos lineares, múltiplos e compostos, aos quais se superpõem estruturas de subsidência	Complexos isolados e dispersos de plútons múltiplos e "sheets"	Batólitos múltiplos, plútons e "sheets", menos volumosos e frequentemente mais diapíricos em relação aos granitos "I"	Complexos de subsidência múltiplos e centrados de volumes relativamente pequenos
Vulcanismo associado	Tipo arco de ilhas	Grandes volumes de andesitos e dacitos	Algumas vezes associados com lavas de basaltos e andesitos toleíticos continentais tipo "plateau"	Podem associar-se com lavas contendo cordierita, mas característica é a ausência de grandes volumes de lavas com posicionalmente equivalentes	Associados com lavas alcalinas de caldeiras centradas
Características do vulcanismo	Contínuo, de curta duração	Episódico, de longa duração	Contínuo, de curta duração; pós-cinemático	Contínuo, de moderada duração sin- e pós-cinemático	Curta duração
Ambiente Geotectônico	Arco de ilhas oceânicas	Margens continentais ativas tipo andinas	Regiões de soerguimento pós-colisão tipo caledonianas	Áreas de colisão continental tipo hercinianas; cinturões de cisalhamento intracratônicos	Áreas pós-orogênicas e anorogênicas

Continuação

Principais características	Granitos "M" ou tipo pacífico	Granitos "I" ou tipo cordilheirano	Granitos "I" ou tipo caledoniano	Granitos "S" ou tipo herciniano	Granitos "A" ou tipo intraplaca
Estilo de dobramento e tipo de metamorfismo das encaixantes regionais; falhamentos	Dobramentos abertos. Metamorfismo de carga	Movimentos verticais; pequeno encurtamento lateral. Metamorfismo de carga	Falhamentos transcorrentes "dip-slip" e "strike-slip". Retrometamorfismo	Expressivo encurtamento crustal. Metamorfismo de baixa pressão de ardósias	Arqueamentos e rifts
Pricipais mineralizações associadas	Mineralizações tipo Cu e Au pórfiros	Mineralizações tipo Cu e Mo pórfiros	Raramente apresentam expressivas mineralizações	Sn e W em greisen e veios	Columbita, cassiterita, fluorita

Diagramas tectonomagmáticos baseados em elementos traços

Ao lado dos elementos maiores utilizam-se também, e com maior frequência, os elementos traços na distinção entre rochas de mesma classificação petrográfica de diferentes ambientes geotectônicos e pertencentes à distintas séries magmáticas. Os elementos usados nestes diagramas discriminantes são, via de regra, de seis tipos:

- Elementos que indicam contaminação através da assimilação de material da crosta continental. Servem para distinguir rochas de fundo de oceanos de rochas de margens continentais ativas ou de domínios intraplaca continentais. É o caso, entre outros, do Rb, que se associa ao potássio nos feldspatos alcalinos da crosta continental.
- Elementos que expressam a variável alcalinidade das diferentes séries magmáticas. É o caso, entre outros, da relação Y/Nb (Figura 3.5.6).
- Elementos que apresentam comportamento geoquímico distinto nas diferentes séries magmáticas. A concentração de todos os elementos incompatíveis de grande raio iônico (elementos LIL ou LFS), tais como Rb, Ba, Cs etc., aumenta em todas as séries magmáticas nos líquidos residuais com o andamento da cristalização. Já os elementos de alta valência (elementos HFS), tais como o Zr, Hf, Ta, Ti, P e Nb, só se comportam claramente como elementos incompatíveis nas séries toleítica e alcalina mas não na série cálcio-alcalina onde sua evolução é mais errática. No caso do Zr o seu teor aumenta sistematicamente até valores de 60-65% de SiO_2 para em seguida declinar com o aumento da acidez do magma residual.

- Elementos que permitem o rastreamento de certas fases minerais. É o caso do Ni e do Cr, ambos substituindo o Mg. Entretanto, o Ni substitui preferencialmente o Mg nas olivinas e o Cr o Mg nos piroxênios.
- Elementos que indicam maiores ou menores taxa de fusão parcial da rocha fonte por ocasião da geração de magmas. São os elementos traços incompatíveis.
- Elementos que indicam as rochas fontes (protolitos) da geração de magmas (rochas crustais, manto fértil primário ou secundário, manto exaurido, rochas com mineralogias específicas).
- Elementos caracteristicamente retidos nos restitos nos processos de anatexia.
- Elementos que se comportam ora como compatíveis ora como incompatíveis em distintos ambientes dependentes da pressão (profundidade). Consideremos um plagioclásio peridotito, rocha estável a pequenas profundidades no manto superior (Figura 5.2.14). Nestas condições, o Sr será um elemento compatível por substituir facilmente o Ca do plagioclásio. A níveis mais profundos, onde a fase aluminosa estável nos peridotitos é o espinélio (mineral sem Ca), o Sr se torna um elemento incompatível. K, Rb, Cs e Ba, elementos geralmente fortemente incompatíveis, tornam-se compatíveis se a mica flogopita for uma fase mineral estável na rocha.

Diagramas binários

Como indica o nome são diagramas discriminantes baseados na correlação entre dois elementos traços ou agrupamentos de elementos traços.

Diagrama Ti : Cr

A relação Ti : Cr é utilizada na distinção entre basaltos de fundos oceânicos (BFO) e toleítos de arcos insulares (TAI), estes mais pobres em Cr (Figura 5.3.5).

Classificação tectônica

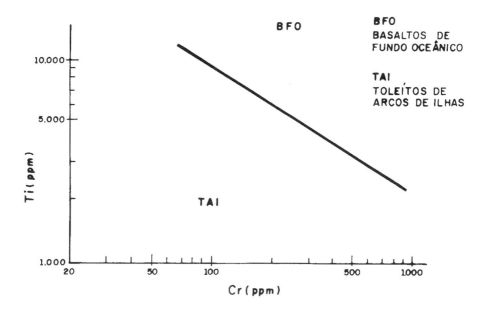

FIGURA 5.3.5 – Diagrama discriminante Ti : Cr (em ppm) para distinção entre basaltos de fundos oceânicos (BFO) e toleítos de arcos de ilha (TAI). Segundo Pearce, 1975.

Diagrama Ti : Zr

Através da relação Ti : Zr é possível, em parte, discriminar basaltos (toleítos) de fundos oceânicos (BFO) de basaltos toleíticos baixo potássio de arcos de ilhas (TBK) e basaltos cálcio-alcalinos (BCA), estes mais enriquecidos em Ti (Figura 5.3.6). Entretanto, o diagrama só permite uma separação incipiente entre BFO e basaltos cálcio-alcalinos de arcos de ilha (BCA).

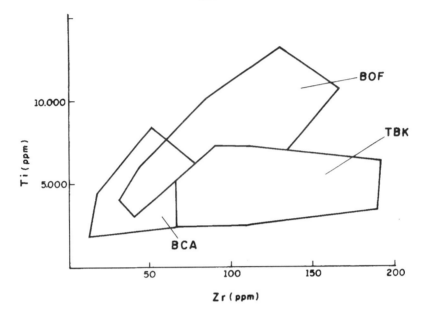

FIGURA 5.3.6 – Diagrama discriminante Ti : Zr (em ppm) para separação de basaltos (toleítos) de fundos oceânicos (BFO), basaltos toleíticos baixo potássio de arcos de ilhas (TBK) e basaltos cálcio-alcalinos de arcos insulares (BCA). Segundo Pearce & Cann, 1973.

Diagramas Nb : Y , Ta : Yb , Rb : (Y+Nb) e Rb : (Yb+Ta)

Nb, Ta, Yb, Rb e Y são utilizados na distinção entre granitos de arcos magmáticos, de áreas de colisão continental, de cadeias mesoceânicas e de domínio intraplaca que correspondem, respectivamente, a granitos cálcio-alcalinos, granitos crustais aluminosos, plagiogranitos toleíticos e granitos alcalinos (Figura 5.3.7).

Diagramas ternários

Diagramas binários do tipo das Figuras 5.3.5 e 5.3.6 podem ser combinados para a composição de diagramas ternários discriminantes de basaltos. É o caso da Figura 5.3.8, que reúne quatro destes diagramas baseados em combinações entre Ti, Zr, Mn, P, Nb, Hf, Th e Ti.

Classificação tectônica

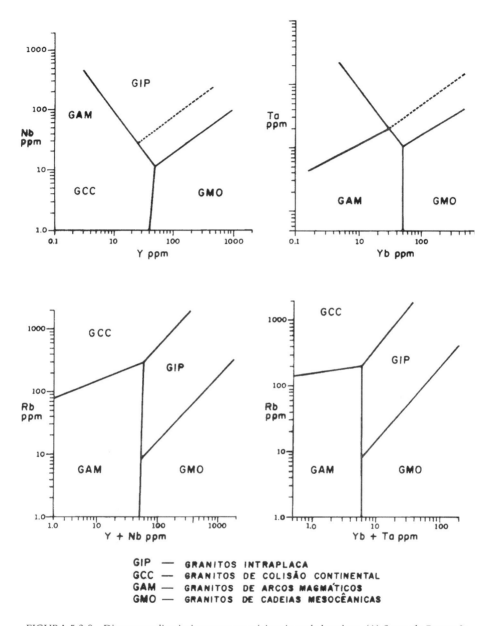

FIGURA 5.3.8 – Diagramas discriminantes para vários tipos de basaltos. (A) Segundo Pearce & Cann, 1973. (B) Segundo Mullen, 1983. (C) Segundo Meschede, 1986. (D) Segundo Wood et al. 1979.

Também os diagramas discriminantes binários para rochas graníticas (Figura 5.3.7) podem ser agrupados em diagramas ternários com a inclusão de novos elementos. É o caso dos digramas Rb/10 : Hf : 3Ta e Rb/30 : Hf : 3Ta de Harris et al. (1986).

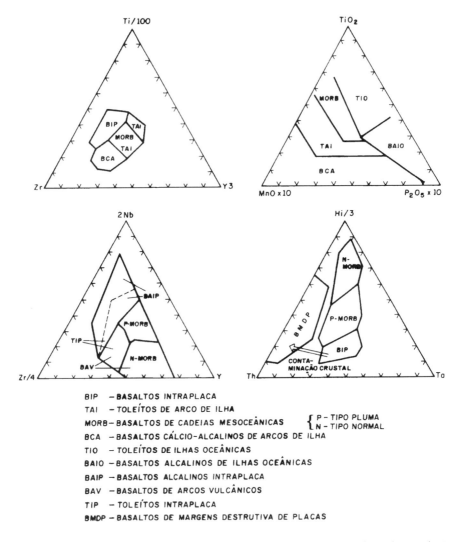

FIGURA 5.3.7 – Distinção entre granitos de diferentes ambientes tectônicos, baseada nas relações entre Nb e Y, Ta e Yb, Rb e (Y + Nb) e entre Rb e (Yb + Ta). Segundo Pearce et al., 1984.

O número de diagramas discriminantes baseados em elementos traços existentes na literatura é muito grande e são tratados detalhadamente em vários compêndios de petrologia e geoquímica (ver, por exemplo, a relação dos principais diagramas discriminantes para basaltos na Tabela 1.5 de Rollinson, 1993). Os diagramas servem principalmente para duas linhas de abordagem:

- Uma vez desenvolvido um modelo petrogenético para determinado tipo de rocha de um ambiente tectônico específico, testá-lo pela comparação de certos elementos traços que o caracterizam com os mesmos elementos de rochas equivalentes de outros ambientes geotectônicos, onde os magmas são gerados por processos ou a partir de protolitos distintos.
- Pela comparação de rochas equivalentes de diferentes ambientes tectônicos, descobrir relações entre certos elementos traços características para cada ambiente e, a partir delas, desenvolver modelos magmagênicos.

Consideremos, por exemplo, as rochas cálcio-alcalinas que ocorrem tipicamente em ambientes orogênicos. São caracterizadas por relações entre elementos LIL e elementos HFS maiores que as de seus equivalentes toleíticos e alcalinos. Esta feição química pode ser devida a uma ou mais das seguintes alternativas:

- A evolução da série cálcio-alcalina se faz pelo fracionamento de minerais ricos em HFS, caso da ilmenita (Ti), rutilo (Ti), titanita (Ti), zircão (Zr) e apatita (P). Isto implica que em complexos granitoides cálcio-alcalinos diferenciados devem correr rochas cumuláticas enriquecidas nestes minerais.
- Durante a desidratação da placa subductada os fluidos liberados são ricos em LIL e migram para o local da gênese do magma cálcio-alcalino enriquecendo o protolito nesses elementos. Isto implica que a gênese dos magmas cálcio-alcalinos ocorre na cunha mantélica acima da zona de subducção (Figuras 5.1.8 e 5.2.34).
- Durante a fusão parcial do protolito, os minerais ricos em elementos HFS permanecem estáveis, concentrando-se na fração refratária (restito) do protolito parcialmente fundido. Isto implica que as variações na composição da série cálcio-alcalina são devidas muito mais a variações na taxa de fusão do protolito do que a processos de cristalização fracionada.

Cada um desses três modelos deve ser testado por meio de outros dados químicos, geológicos, isotópicos, mineralógicos, etc. até reduzi-los a dois ou, excepcionalmente, um único modelo. Infelizmente, nem sempre esses dados estão disponíveis conjuntamente e seus significados frequentemente não são inequívocos. Resulta que para a maioria das rochas existem, na literatura, pelo menos dois ou três modelos genéticos/evolutivos alternativos.

Spiderdiagramas

É óbvio que a combinação de diagramas discriminantes binários para a geração de diagramas ternários desembocaria no desenvolvimento de diagramas discriminantes multielementais conhecidos como "spiderdiagramas", "diagramas aranha", "aranhogramas" ou "espectros". Estes são basicamente de três tipos:

- spiderdiagramas ou espectros de elementos de terras raras (ETR).
- spiderdiagrama de elementos maiores e traços reunindo elementos LIL, LFS e HFS.
- spiderdiagramas ou espectros multielementais (ou simplesmente elementais) que resultam da soma dos dois anteriores.

Espectros de elementos de terras raras (ETR)

Espectros de ETR são hoje importantes ferramentas na caracterização e no estudo da evolução de rochas magmáticas. A Figura 5.3.9 mostra os padrões de ETR de basaltos toleíticos, cálcio-alcalinos normais e cálcio-alcalinos alto potássio de arcos de ilhas. Neste diagrama os ETR estão dispostos segundo crescentes números atômicos (La = 57; Lu = 71) o que permite a sua divisão em ETR leves (ETRL), representados pela sequência La-Sm e em ETR pesados (ETRP) dados pela sequência Gd-Lu. Outros autores preferem subdividir os ETR em três grupos: leves (ETRL), dados pela sequência La-Nd; médios (ETRM), dados pela sequência Pm-Ho e pesados (ETRP), dados pela sequência Er-Lu. Os valores analíticos dos ETR estão normalizados em relação aos ETR dos meteoritos condríticos, o material rochoso mais primitivo que se conhece, e representados em escala logarítmica. Esta normalização e representação visa tanto eliminar o padrão original zigue-zague dos ETR, cuja frequência cósmica varia de acordo com o valor e a natureza par ou ímpar do seu número atômico (Lei de Oddo-Harkins) quanto avaliar o desvio do padrão de ETR de uma certa rocha em relação ao material condrítico. Conforme a problemática enfocada podem ser utilizados outros padrões de normalização caso do padrão "manto primitivo", "MORB", "plagiogranito oceânico" etc.

Classificação tectônica

Os espectros de ETR têm principalmente duas finalidades:

- caracterizar os processos evolutivos em suítes magmáticas.
- caracterizar a rocha fonte (protolito) e a intensidade de sua anatexia durante a magmagênese.

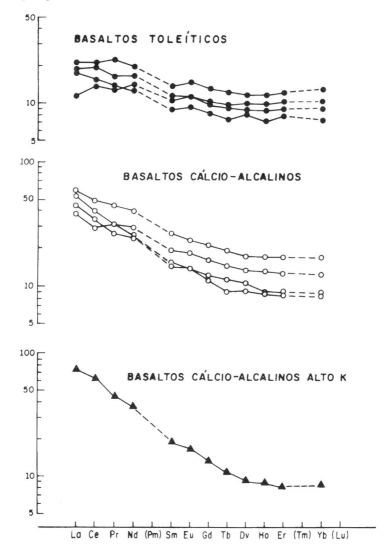

FIGURA 5.3.9 – Padrões de elementos de terras raras (ETR) para basaltos toleíticos, basaltos cálcio-alcalinos normais e basaltos cálcio-alcalinos alto potássio de arcos insulares. Valores analíticos normalizados contra o padrão condrito. Segundo Wilson, 1989, modificado.

Em ambos os casos são considerados tanto as feições do espectro de ETR da rocha ou suíte de rochas estudadas quanto as características dos espectros de ETR dos principais minerais constituintes tanto das rochas quanto dos possíveis protolitos (Figura 5.3.10)

Consideremos inicialmente a evolução de uma dada suíte magmática. Cada um dos minerais integrantes das rochas magmáticas apresenta um padrão de ETR específico, muitas vezes marcante (Figura 5.3.10). Por exemplo, o zircão é um mineral muito rico em ETR e, particularmente, em ETRP. O plagioclásio é um mineral globalmente pobre em ETR, mas muito enriquecido em Eu. Dessa maneira a comparação de padrões de ETR de uma suíte de rochas diferenciadas permite rastrear, em certos casos, os minerais que foram sucessivamente fracionados. Consideremos uma suíte de rochas granitoides diferenciada na qual os crescentes teores de SiO_2 são acompanhados por decrescentes valores normalizados de ETR e em cujos espectros se observa um decréscimo mais acentuado nos valores ETRP que nos ETRL. Este aspecto é sugestivo de um fracionamento de zircão. Consequentemente, no batólito onde a suíte estudada foi coletada devem ocorrer enclaves ou schlieren de rochas enriquecidas em zircão e as rochas devem ter alta relação entre elementos LIL e HFS. Numa outra suíte, na qual os incrementos nos teores de SiO_2 são acompanhados por um aumento nos teores normalizados de ETR e pelo desenvolvimento progressivo de uma anomalia negativa de Eu, este aspecto sugere o fracionamento de plagioclásio ou feldspato alcalino (Figura 5.3.11). Os resultados obtidos pela interpretação dos espectros de ETR devem ser sempre comparados com o comportamento dos elementos traços característicos das fases minerais fracionadas (Figura 5.3.12).

Classificação tectônica

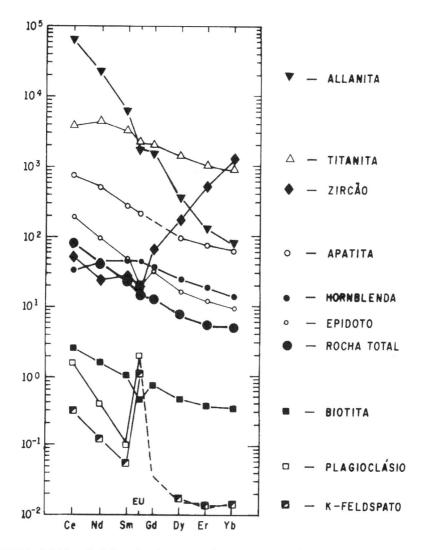

FIGURA 5.3.10 – Padrões de elementos de terras raras (ETR) normalizados contra condritos de alguns minerais de rochas graníticas. Segundo Gromet & Silver, 1983.

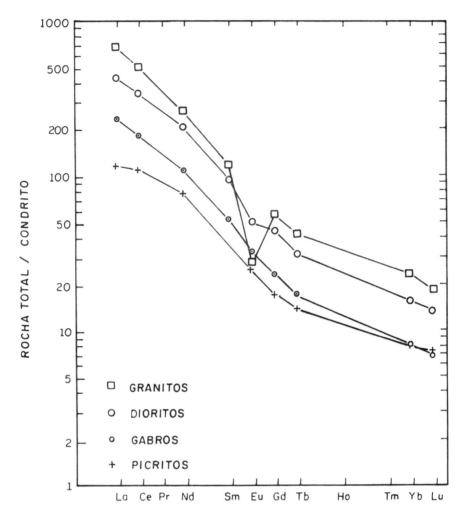

FIGURA 5.3.11 – Desenvolvimento progressivo de uma anomalia negativa de Eu nos espectros de ETR (média de várias análises) de uma suíte magmática diferenciada desde picritos até granitos. A anomalia de Eu indica a importância do fracionamento de plagioclásio no processo evolutivo final da suíte magmática. Segundo Tarney & Saunders, 1979.

O mesmo tipo de raciocínio pode ser aplicado na análise da natureza de rochas fontes de magma. Consideremos uma rocha rica em plagioclásio sofrendo fusão parcial. A maior parte do Eu deste protolito está fixado no plagioclásio. Se durante a fusão parcial apenas uma pequena fração do plagioclásio for liquefeita, permanecendo a maior parte no restito, o magma resultante é empobrecido em Eu, fato retratado por uma anomalia negativa deste elemento. Não ocorrendo este aspecto, pode ser dito que o magma foi gerado a partir de uma rocha fonte sem plagioclásio. Este é o caso dos espectros dos basaltos cálcio-alcalinos da Figura 5.3.9 que indicam uma gênese por fusão parcial de um peridotito sem plagioclásio. Por outro lado, a pobreza em ETRP é indicativa da fusão parcial de uma granada peridotito com a permanência de boa parte da granada no restito já que este mineral é fortemente enriquecido em ETRP (Figura 5.3.10). Essa interpretação permite localizar a rocha fonte do magma basáltico cálcio-alcalino em termos das Figuras 5.2.13 e 5.2.14.

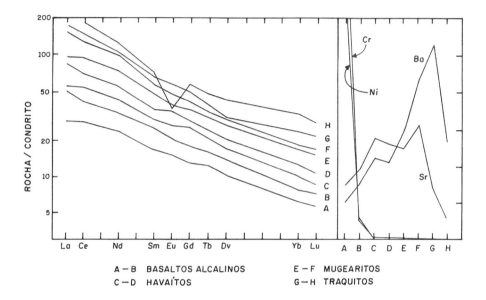

FIGURA 5.3.12 – Aumento do teor de ETR e o desenvolvimento de uma anomalia negativa de Eu numa suíte diferenciada desde basaltos alcalinos até traquitos. Os elementos traços Ni e Cr indicam a importância inicial do fracionamento de olivina e piroxênio e o Sr indica o fracionamento de plagioclásio a partir dos mugearitos. A queda brusca dos teores de Ba nos traquitos indica o fracionamento conjunto de plagioclásio ácido e feldspato alcalino que resulta na anomalia negativa de Eu no espectro de ETR do traquito mais evoluído. Segundo Cox et al., 1979.

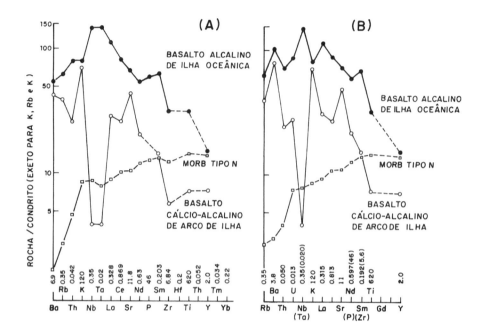

FIGURA 5.3.13 – Spiderdiagramas de basaltos toleíticos de cadeia mesoceânica (MORB tipo N), alcalinos de ilha oceânica e cálcio-alcalinos de arco de ilhas. Valores analíticos normalizados contra o padrão condrito. Sequência dos elementos e constantes de normalização: (A) segundo Thompson et al., 1984; (B) segundo Sun, 1980. Extraído de Wilson, 1989.

Classificação tectônica

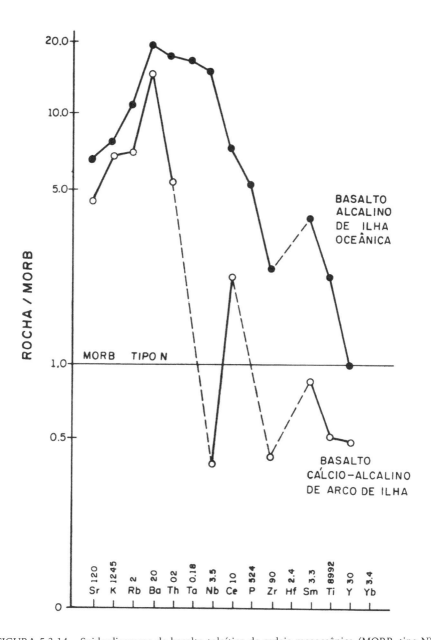

FIGURA 5.3.14 – Spiderdiagrama de basalto toleítico de cadeia mesoceânica (MORB, tipo N), basalto alcalino de ilha oceânica e cálcio-alcalino de arco de ilhas com os valores analíticos normalizados contra o padrão MORB tipo N. Constantes de normalização segundo Pearce (1982). A sequência dos elementos na abcissa baseia-se em sua relativa mobilidade química em soluções aquosas com o Sr, K, Rb e Ba representando os elementos móveis e os demais os elementos imóveis. Extraído de Wilson, 1989.

Os padrões de ETR sempre devem ser analisados sob vários aspectos e as possibilidades são sempre múltiplas. Consideremos um espectro de uma rocha muito enriquecida em ETRL. Em termos de evolução isso significa que a rocha é o resultado do fracionamento de um mineral enriquecido em ETRP e cujos teores absolutos em ETRL são inferiores aos do magma. Geneticamente pode indicar que o magma foi gerado a partir de um protolito enriquecido em ETRL, caso de uma cunha mantélica metassomatizada (Figura 5.2.34) ou que o magma foi gerado a partir de uma fonte rochosa por fusão parcial incipiente tendo em vista que os pequenos K_D dos ETRL indicam uma grande concentração destes nas pequenas frações magmáticas iniciais produzidas durante a anatexia.

Espectros elementais

A análise conjunta de ETR e elementos traços (Figura 5.3.12) levou ao desenvolvimento dos espectros elementais que reúnem tanto elementos de terras raras quanto elementos maiores, menores e traços de grande importância petrogenética. A sucessão destes elementos na abcissa dos diagramas não obedece a uma norma rígida, optando alguns autores por crescente compatibilidade geoquímica e outros por decrescente mobilidade geoquímica em fluidos aquosos ou, ainda, por uma sequência entre elementos LIL (de grande raio iônico) e elementos HFS (de grande carga). A primeira opção corresponde à sucessão dos elementos na abcissa dos espectros da Figura 5.3.13 no qual estão representados um basalto toleítico de cadeia mesoceânica (MORB), um basalto alcalino de ilha oceânica e um basalto cálcio-alcalino de arco de ilhas. Os elementos podem ser normalizados usando-se como padrão o condrito (Figura 5.3.13), o manto primitivo, basalto MORB (Figura 5.3.14) etc.

A Figura 5.3.13 ressalta a importância da comparação de rochas equivalentes de distintos ambientes geotectônicos na elucidação da rocha fonte do magma. Como os basaltos de cadeia mesoceânicas são o produto da fusão substancial de peridotitos mantélicos, o seu padrão de elementos traços na Figura 5.3.13 reflete aproximadamente o padrão de elementos traços de seu protolito. Isso indica que a rocha fonte dos magmas toleíticos de cadeias mesoceânicas são rochas peridotíticas empobrecidas em elementos incompatíveis (ou seja, um manto exaurido, Figuras 5.2.13, 5.2.30 e 5.2.41). Para basaltos alcalinos e cálcio-alcalinos o forte enriquecimento em elementos incompatíveis sugere tanto uma fusão apenas incipiente do protolito quanto uma origem a partir de um manto mais fértil, primário ou secundário. O espectro do basalto cálcio-alcalino também ressalta a já mencionada alta relação entre elementos LIL (por exemplo, K) e elementos HFS (por exemplo, Ti).

O gráfico da Figura 5.3.14 (com normalização pelo padrão MORB tipo N) não altera as diferenças fundamentais entre os spiderdiagramas do basalto cálcio-alcalino de arco de ilhas (BCAAI) e do basalto alcalino de ilha oceânica (BAIO) da Figura 5.3.13 (com normalização pelo padrão condrito). Enquanto o espectro do BAIO é mais ou menos suave, convexo para cima, o do BCAAI é caracterizado por um zigue-zague dado por uma sucessão de picos e depressões (anomalias positivas e negativas). Usando-se o espectro do basalto alcalino, derivado de um manto fértil, como referência, os picos (anomalias positivas) observados no espectro do basalto cálcio-alcalino podem ser interpretados como correspondendo à adição de elementos à cunha mantélica nos processos de fertilização secundários através dos fluidos liberados ao longo das zonas de subducção (Figura 5.2.34).

Diagramas discriminantes em geotectônica

Diagramas discriminantes são usados por geotectonistas com finalidade completamente distinta da que norteia sua utilização pelos petrólogos. Nesse procedimento, rochas (muitas vezes metamórficas) são analisadas e simplesmente lançadas em diagramas discriminantes para a determinação do seu ambiente geotectônico. Tal técnica é de alto risco tendo em vista:

- Os contatos retos que nos diagramas tectonomagmáticos delimitam os diversos campos correspondentes aos diferentes ambientes geotectônicos indicam que ocorrem, de fato, superposições parciais entre estes, representando os contatos apenas uma separação a um certo nível de confidência arbitrariamente escolhido pelo autor do diagrama. Outras vezes esses limites são traçados baseados em critérios puramente visuais;
- Os diagramas são elaborados através de dados selecionados do universo de dados disponíveis, fato que certamente influi na configuração final dos diagramas. Esta seleção, quer em termos de áreas geográficas quer de números de análises utilizadas e da participação relativa de análises referentes aos diferentes ambientes geotectônicos envolvidos, faz que em numerosos casos não ocorra reprodutibilidade dos resultados quando os diagramas são testados por meio de um conjunto de dados não utilizados

na sua elaboração. Esta é, sem dúvida, a mais forte crítica que atualmente sofrem os diagramas tectonomagmáticos;
- Todos os diagramas assentam em pré-requisitos e apresentam restrições que são discutidas por seus autores. Por exemplo, os diagramas da Figura 5.3.8 não são válidos para granitos porfiríticos, nem para rochas de complexos granitoides que contenham rochas cumuláticas. Muitos diagramas discriminantes de basaltos só são válidos para rochas com composições muito restritas quanto, aos teores de sílica, óxidos básicos e óxidos alcalinos. O desconhecimento desses pré-requisitos e restrições leva frequentemente a erros na utilização de diagramas discriminantes para finalidades geotectônicas. Esses erros tendem a crescer cada vez mais com a reunião dos principais diagramas de largo emprego em programas de computador, o que leva à sua utilização rotineira sem maiores preocupações com o exame dos trabalhos originais nos quais os diagramas foram apresentados. A Tabela 5.3.2 enfatiza particularmente a importância do conjunto de dados utilizados para a elaboração de diagramas tectonomagmáticos ao ressaltar a variação de alguns elementos traços nos diferentes tipos de gabros da intrusão de Skaergaard, um lopólito toleítico diferenciado que compreende desde gabros em sua base até granófiros no seu topo. Alguns elementos acham-se substancialmente enriquecidos (caso do Ba) ou empobrecidos (caso do Co e do V) nos gabros mais evoluídos (ferrogabros) em relação aos mais primitivos (gabros picríticos). O mesmo vale para os diagramas tectonomagmáticos de basaltos da Figura 5.3.7 que empregam o titânio. Esses diagramas não respeitam a moderna divisão dos basaltos toleíticos continentais em basaltos alto (BAT) e baixo (BBT) titânio (Tabela 5.2.7);
- O emprego de rochas metamórficas (principalmente anfibolitos), cujas análises são utilizadas em diagramas discriminantes de basaltos, requer que o metamorfismo tenha sido rigorosamente isoquímico em relação aos elementos traços considerados. Entretanto, não existem critérios objetivos que possam garantir que este pré-requisito tenha realmente ocorrido;
- A maioria dos diagramas discriminantes assenta em análises químicas de rochas fanerozoicas, dominantemente mesozoicas ou mais jovens. A extrapolação desses diagramas para rochas muito antigas, pré-cambrianas, é no mínimo questionável tendo em vista a diferenciação geoquímica progressiva e irreversível do planeta Terra no decorrer do tempo geológico. Esta evolução gradual está retratada pelo domínio, no Arqueano, de um

magmatismo basáltico komatiítico (rico em MgO) e granítico trondhjemítico (rico em Na$_2$O), muito restrito em tempos geológicos fanerozoicos. Dessa maneira áreas com crosta siálica primitiva são constituídas dominantemente por biotita-plagioclásio gnaisses que resultam do metamorfismo dos granitoides trondhjemíticos em oposição aos gnaisses mais potássicos que dominam em crostas siálicas mais jovens. Consequentemente, os processos de contaminação crustal de magmas em margens continentais ativas têm feições geoquímicas distintas quando ocorrem em áreas com crosta continental antiga ou em áreas com crosta continental jovem. Essas diferenças não são consideradas nos diagramas tectonomagmáticos discriminantes correntes.

Tabela 5.3.2 – Variação na concentração (ppm em peso) de alguns elementos traços na intrusão diferenciada Skaergaard. A composição do magma inicial resulta da média ponderada da composição química das diferentes litologias por sua frequência em porcentagem de volume. Segundo Wager & Brown, 1968, simplificado

Elemento Traço	Magma inicial	Gabro picrítico	Olivina gabro	Gabro	Ferro-gabro	Hedenbergita granófiro	Granófiro
Rb	---	---	---	---	---	30	200
Ba	40	25	25	45	100	450	1.700
Sr	300	200	700	450	575	500	300
La	---	---	---	---	---	25	150
Y	---	---	---	---	125	175	200
Zr	40	40	35	25	60	500	700
Sc	15	7	20	15	10	---	---
Cu	130	70	80	175	300	500	20
Co	50	80	55	40	22	10	4
Ni	200	600	135	40	---	5	5
Li	3	3	2	3	9	25	12
V	150	170	225	400	15	---	12
Cr	300	700	175	---	---	---	3
Ga	15	12	23	15	20	40	30
% Vol. *		65	14	10	15	0,5	0,5

* Porcentagem em volume no total da intrusão.

Exercícios

1. Aplique o esquema de classificação tectônica de Maniar & Piccoli, (1989) e de Batchelor & Bowden, (1985) para as análises das Tabelas 1.4.3, 5.2.6, 5.2.9 e 5.2.15. Discuta os resultados.

2. Lance, desde que possível, nos gráficos das Figuras 5.3.5, 5.3.6 e 5.3.7 os dados da Tabela 5.3.1. Discuta os resultados.

3. Wang & Glover III (1992) criticam severamente os diagramas tectonomagmáticos discriminantes mostrando a sua pequena reprodutibilidade quando são usados dados geoquímicos distintos daqueles empregados na sua elaboração. Justifique a conclusão dos autores em termos dos basaltos da Bacia do Paraná, baseado na Figura 5.3.7 e na Tabela 5.2.7.

4. Eby (1992), baseado nos elementos traços Nb, Y, Ce e Ga, divide os granitos tipo A nos subtipos A_1 e A_2. Consultando este trabalho decida se os dados utilizados invalidam o diagrama tectonomagmático da Figura 5.3.7.

5. Compare o diagrama Rb/10 : Hf : 3Ta de Harris et al. (1986) com os diagramas da Figura 5.3.7. Ressalte as semelhanças e diferenças entre os parâmetros utilizados e as finalidades dos diagramas.

6. Ao lado dos plagiogranitos resultantes do fracionamento de basaltos toleíticos oceânicos existem rochas de composição semelhante (trondhjemitos e granófiros) em áreas continentais. Que diagramas Coleman & Peterman (1975) usaram para distinguir estes três tipos de rochas? Compare o significado deste gráfico com o diagrama TiO_2 : K_2O : P_2O_5 de Pearce et al., 1975.

7. Qual é o diagrama utilizado por Rogers & Greenberg (1981) para separar os granitos cálcio-alcalinos (orogênicos) dos alcalinos (pós-orogênicos)?

8. Qual é o diagrama utilizado por Miyashiro (1975) para distinguir entre rochas toleíticas do fundo oceânico e rochas vulcânicas de arcos de ilhas e de margens continentais ativas? O que indica o gráfico?

9. Pearce et al. (1984) utilizaram o diagrama SiO_2 : Nb para separar granitos de arcos vulcânicos e de ambiente intra-placa. O que indica este gráfico?

10. Pearce et al. (1977), à semelhança de Maniar & Piccoli (1989), usaram elementos maiores para discriminar rochas de diferentes ambientes tectônicos. Quais são as feições representadas no seu diagrama FeO_T : MgO : Al_2O_3? A que tipos de rochas este diagrama pode ser aplicado?

11. Quais são as principais diferenças entre o Quadro 5.1.3 deste texto e a Figura 9.6.1 de Middlemost (1985)?

12. Diagramas discriminantes para andesitos são relativamente raros na literatura, pois muitos gráficos desenvolvidos para basaltos são suficientemente elásticos para acomodar parte dos andesitos. Um diagrama específico para estas rochas é o gráfico La / Y : Sc / Ni de Bailey (1981). Que diagramas para rochas basálticas e graníticas incorporam estes elementos? Faça uma interpretação comparativa do seu significado.

13. Rollinson (1993) no seu livro *"Using Geochemical Data"* apresenta uma boa discussão do emprego dos ETR. Consulte-o, para aprofundar os seus conhecimentos.

Referências bibliográficas

ALLÈGRE, C. *The Behaviour of the Earth*. Continental and Seafloor Mobility. Trad. D. K. Dam. London: Harvard University Press, 1988. 272p.

ALMEIDA, F. F. M. de. *Geologia e petrologia do Arquipélago de Fernando de Noronha*. Dep. Nac. Prod. Min. (Divisão de Geologia e Mineralogia), 1955. 181p. Monografia 13.

ARNDT, N. T., NISBET, E. G. (Ed.) *Komatiites*. London: George Allen & Unwin, 1982. 526p.

ARNDT, N. T. et al. Komatiitic and ironrich tholeiitic lavas from Munro Township, northeast Ontario. *J. Petrol.*, v.18, n.3, p.319-69, 1977.

BAILEY, D. K. Experimental petrology relating to oversaturated peralkaline volcanics: a review. *Bull. Volc.*, v.38, p.637-52, 1974.

BAILEY, J. C. Geochemical criteria for a refined tectonic discrimination of orogenic andesites. *Chem. Geol.*, v.32, p.139-54, 1981.

BAILEY, R. A. et al. Volcanism, structure and geochronology of Long Valley Caldera, Mono County, California. *J. Geophys. Res.*, v.81, p.725-44, 1976.

BAKER, B. H., MITCHELL, J. G. Volcanic stratigraphy an geochronology of the Kedong--Olorgesailie area and the evolution of the South Kenya rift valley. *J. Geol. Soc. (London)*, n.132, p.467-84, 1976.

BAKER, B. H. et al. Geology of the Eastern Rift System of Africa. *Geol. Soc. Am. Spec. Publ.*, n.186, 67p., 1971.

_____. Geochemistry and petrogenesis of a basalt-benmoreite-trachyte suite from the southern part of the Gregory rift, Kenya. *Contrib. Mineral. Petrol.*, v.64, p.303-82, 1977.

BAKER, I. Petrology of the volcanic rocks of Saint Helena Island, South Atlantic. *Bull. Geol. Soc. Am.*, v.80, p.1283-1310, 1969.

BAKER, P. E. Comparative volcanology and petrology of the Atlantic island-arcs. *Bull. Volc.*, v.32, p.189-206, 1968.

BAKER, P. E. Volcanism at destructive plate margins. *J. Earth Sci. (Leeds)*, v.8, p.183-95, 1973.

BAKER, P. E. et al. The volcanological report of the Royal Societe expedition to Tristan da Cunha, 1962. *Phil. Trans. R. Soc. (London)*, n.256ᴬ, p.433-575, 1964.

BARAZANGI, M., DORMAN, J. World seismicity maps compiled from ESSA, Coast and Geodetic Survey, epicenter data. *Bull. Seism. Soc. Am.*, v.59, p.369-80, 1969.

BARBERI, F. et al. A transitional basalt-pantellerite sequence of fractional crystallisation, the Boina Centre (Afar Rift, Ethiopia). *J. Petrol.*, v.16, p.22-56, 1975.

_____. Chemical aspects of rift magmatism. In: PALMASON, G. (Ed.) *Continental and Oceanic Rifts*. Washington D.C.: American Geophysical Union, 1982. p.223-58.

BARD, J. P. *Microtextures of Igneous and Metamorphic Rocks*. Translated from the french by M. Marechal. Boston: D. Reidl Publishing Company, 1986. 264p.

BARKER, D. S. *Igneous Rocks*. New Jersey: Prentice Hall, Inc., Englewood Cliffs, 1983. 417p.

BARKER, F. *Trondhjemites, Dacites and Related Rocks*. New York: Elsevier Scientific Publishing Company, 1979. 659p.

BARKER, F., ARTH, J. G. Generation of trondhjemitic-tonalitic liquids and Archean bimodal trondhjemite-basalt suites. *Geology*, v.4, p.596-600, 1976.

BARRIÈRI, M. Sur la distinction des granites hypoalumineus, alumineus et hyperalumineux C. R. *Acad. Sci. (Paris)*, v.274, p.2416-8, 1972.

BARTH, T. F. W. *Theoretical Petrology*. New York: John Wiley & Sons, Inc., 1962. 416p.

BATCHELOR, R. A., BOWDEN, P. Petrogenetic interpretation of granitoid rocks series using multicationic parameters. *Chem. Geol.*, v.48, p.43-55, 1985.

BECKINSALE, R. D. Granite Magmatism in the tin belt of south-east Asia. In: ATHERTON, M. P., TARNEY, J. (Ed.) *Origin of Granite Batholit*. Geochemical Evidences. Cheshire, U.K.: Shiva Publishing Limited, 1979. p.34-44.

BERGMAN, S. C. Lamproites and other potassium-rich igneous rocks: a review of their occurrence, mineralogy and cheochemistry. In: FITTON, J. G., UPTON, B. G. J. (Ed.) *Alkaline Igneous Rocks*. Geol. Soc. Am., Spec. Publ., v.30, p.103-9, 1987.

BEST, M. G. *Igneous and Metamorphic Petrology*. San Francisco: W. H. Freeman and Company, 1982. 630p.

BIONDI, J. C. Pipes e diques de brechas – um novo modelo de origem (implosão-fluidização). *Rev. Bras. Geoc.*, v.9, p.198-217, 1979.

BLUNDY, J. D., SHIMUZU, N. Trace element evidence for plagioclase recycling in calc-alkaline magmas Earth Planet. *Sci. Letters*, v.102, p.178-97, 1991.

BOILOT, G. *Geology of the Continental Margins*. Trad. A. Scarth. London: Longman Group Limited, 1981. 115p.

BONIN, B. *Les granites des Complexes Annulaires*. Orléans: Bureau des Recherches Géologiques et Minières (BRGM), 1982. 183p. (Série "Manuels et Méthodes", n.4).

_____. From orogenic to anorogenic magmatism: a petrological model for the transition calc-alkaline-alkaline complexes. *Rev. Bras. Geoc.*, v.17, p.366-71, 1987.

BOWEN, N. L. *The Evolution of the Igneous Rocks*. Princeton, New Jersey: Princeton University Press, 1928. 334p. (Copyright desde 1956 com Dover Publications Inc., New York)

_____. The binary system: $Na_2Al_2Si_2O_8$ (nephelite, carnegieite) – $CaAl_2Si_2O_8$ (anorthite). *Am. J. Sci.*, v.33, p.551-73, 1912.

BOWEN, N. L., SCHAIRER, J. F. The system MgO-FeO-SiO_2. *Am. J. Sci.* (5th. serie), v.29, p.151-217, 1935.

BOWEN, N. L., TUTTLE, O. F. The system $NaAlSi_3O_8$ - $KAlSi_3O_8$ - H_2O. *J. Geol.*, v.58, p.489-511, 1950.

BRANDEIS, G., JAUPART, C. Crystal size in intrusions of different dimensions: constraints on the cooling regime and the crystallization kinetics. In: MYSEN, B. O. (Ed.) *Magmatic Processes: Physico-Chemical Principles*. Geochem. Soc. Spec. Publ., v.1, p.307-18, 1987.

BROWN, G. C. Calc-alkaline intrusive rocks: their diversity, evolution and relation to volcanic arcs. In: THORPE, R. S. (Ed.) *Andesites: Brogenic Andesites and Related Rocks*. New York: John Wiley & Sons Ltd., 1982. p.437-64.

BROWN, G. C., MUSSETT, A. E. *The Inaccessible Earth*. London: Allen & Unwin, 1981. 325p.

BROWN, G. M. Mineralogy of basaltic rocks. In: HESS, H. H., POLDERVAART, A. (Ed.) *Basalts: The Poldervaart Treatise on Rocks of Basaltic Composition*. New York: Wiley Interscience, 1967. v.I, p.103-62.

BURKE, K. Development of graben associated with the initial ruptures of the Atlantic Ocean. *Tectonophysics*, v.36, p.93-112, 1976.

BURKE, K. C. A., WILSON, J. T. Hot spots on the Earth's surface. In: DECKER, R., DECKER, B. (Ed.) *Volcanoes and the Earth's Interior*. New York: W. H. Freeman and Company, 1976. p.31-42.

BURNHAM, C. W., DAVIS, N. F. The rate of H_2O in silicate melts: II. Thermodynamic and phase relations in the system $Na_2AlSi_3O_8$ - H_2O to 10 kilobars, 700° to 1100°C. *Am. J. Sci.*, v.274, p.902-40, 1974.

BVSP – Basaltic Volcanism on the Terrestial Planets. New York: Pergamon Press, 1981. 1286p.

CAMPBELL, I. H., TURNER, J. S. The influence of viscosity on fountains in magma chambers. *J. Petrol.*, v.27, p.1-30, 1986.

CANN, J. R. A model for oceanic crustal structure developed. *Geophys. J. Royal Astron, Soc.*, v.39, p.169-87, 1974.

CARLSWELL, D. A. Mantle derived lherzolite nodules associated with kimberlite, carbonatite and basaltic magmatism: a review. *Lithos*, v.13, p.121-38, 1980.

CARMICHAEL, I. S. E. et al. *Igneous Petrology*. New York: McGraw-Hill Book Company Inc., 1974. 739p.

_____. Silica activity in igneous rocks. *Amer. Mineral.*, v.55, p.246-63, 1970.

CARVALHO, G. C. de. *Iniciação à físico-química moderna*. São Paulo: Livraria Nobel S.A., 1970. 297p.

CASTRO, A. On granitoid emplacement and related structures: a review. *Geol. Rdsch.*, v.76, n.1, p.101-24, 1987.

CASTRO, A. et al. H-type (hybrid) granitoids: a proposed revision of the granite – type classification and nomenclature. *Earth Sci. Rev.*, v.31, p.237-53, 1991.

CHAPPELL, B. W., WHITE, A. J. R. Two contrasting granite types. *Pac. Geol.*, v.8, p.173-4, 1974.

_____. I-type and S-type granites in the Lachland Fold Belt. *Trans. Roy. Soc. Edimburgh: Earth Sci*, v.83, p.1-26, 1992.

CHAYES, F. Alkaline and subalkaline basalts. *Am. J. Sci.*, v.264, p.128-45, 1966.

_____. *RKFNSYS version 3 of the users guide to the rock information system*. Washington, D.C.: Rep. Canegie Inst., 1972.

CHRISTENSEN, N. I., SALISBURY, M. H. Structure and constitution of the lower oceanic crust. *Rev. Geophys. Space Physics*, v.13, p.57-86, 1975.

CLAGUE, D. A., DALRYMPLE, G. B. The Hawaiian – Emperor volcanic chain. In: DECKER, R. W. et al. (Ed.) *Volcanism in Hawaii. U.S. Geol. Surv., Prof. Pap.*, 1350, p.5-54, 1987.

CLARKE, D. B. *Granitoid Rocks*. New York: Chapman & Hall, 1992. 265p.

COLEMAN, R. G., PETERMAN, Z. E. Oceanic plagiogranites. *J. Geophis. Res.*, v.80, n.8, p.1099-1108, 1975.

_____. *Ophiolites*: Ancient Oceanic Lithosphere. Berlin: Springer Verlag, 1977. 229p.

CONDIE, K. C. *Plate Tectonics & Crustal Evolution*. 2.ed. New York: Pergamon Press Inc., 1982. 310p.

COOMBS, D. S. Trends and affinities of basaltic magmas and pyroxenes as illustrated on the diopside-olivine-silica diagram. *Mineral. Soc. Am., Spec. Pap.*, v.1, p.227-50, 1963.

CORTINI, M., HERMES, O. D. Sr isotopic evidence for a multi-source origin of the potassic magmas in the Neapolitan area (S. Italy). *Contrib. Mineral. Petrol.*, v.77, p.47-55, 1981.

COX, K. G. A model of flood basalt vulcanism. *J. Petrol.*, v.21, p.629-50, 1980.

COX, K. G. et al. *The Interpretation of Igneous Rocks*. London: George Allen & Unwin Publisher Ltd., 1979. 450p. (4.ª impr., 1984).

COWARD, M. P., RIES, A. C. (Ed.) *Collision Tectonics*. London: Blackwell Scientific Publications, 1986. 415p. (Geol. Soc. Spec. Publ., 19).

CROSS, W. et al. A quantitative chemico-mineralogical classification and nomenclature of igneous rocks. *J. Geol.*, v.10, p.555-690, 1902.

CROSS, W. et al. *Quantitative Classification of Igneous Rocks*. Chicago, Ill.: University of Chicago Press, 1903. 348p.

CURRIE, K. L. The alkaline rocks of Canada. *Geol. Survey Canada, Bull.*, n.239, p.1227, 1976.

DANA, J. D., HURLBUT JR., C. S. *Manual de mineralogia*. Trad. Rui Ribeiro Franco. Rio de Janeiro: Livros Técnicos e Científicos Editora S.A., 1976. v.1, p.1-354; v.2, p.355-642.

DE LA ROCHE, H., LETERRIER, J. Transposition du tetraèdre minéralogique de Yoder et Tilley dans un diagramme chimique de classification des roches basaltiques. *C. R. Acad. Sci. (Paris)*, Sér. D, n.276, p.3115-8, 1973.

DE LA ROCHE, H. de et al. A classification of volcanic and plutonic rocks using R1 R2-diagram and major – element analysis – its relationships with current nomenclature. *Chem. Geol.*, v.29, p.183-210, 1980.

DE WAARD, D. The anorthosite problem: the problem of the anorthositecharnockite suite of rocks. *N. Y. State Mus. Sci. Serv. Mem.*, v.18, p.71-90, 1969.

_____. Chemical-mineralogical classification of plutonic rocks associations. Examples from Southern Asia belts. *Proceed. Symp. on Geology of Granites and their Metallogenetic Relations*, 1984, China. Beijing: Science Press, 1984. p.293-311.

DEBON, F., LE FORT, P. A chemical-mineralogical classification of common plutonic rocks and associations. *Trans. Roy. Soc. Edimburgh: Earth Sci.*, v.73, p.135-49, 1983.

DEBON, F. et al. Uma classificação química-mineralógica das rochas plutônicas comuns, e suas associações, método e aplicações. *Rev. Bras. Geoc.*, v.18, n.2, p.122-33, 1988.

DEER, W. A. et al. *Rock Forming Minerals*. Framework Silicates. London: Longmans, Green and Co., Ltd., 1963. v. 4, 435p.

_____. *An Introduction to the Rock* – Forming Minerals. 2.impr. London: Longmans, Green and Co. Ltd. 1967. 528p.

DESBOROUGH, G. A., CAMERON, E. N. Composition and structural state of plagioclases from the lower part of the eastern Bushveld Complex, South Africa. *Am. Mineral.*, v.53, p.116-22., 1968.

DEWEY, J .F. Plate tectonics. In: *Planet Earth. Scientific American*, 1974. San Francisco: W. H., Freeman and Company, 1972. p.124-35.

_____. Episodicity, sequence and style at convergent plate boundaries. *Geol. Ass. Can. Spec. Paper*, v.20, p.553-74, 1980.

DIDIER, J. *Granites and their Enclaves* – The Bearing of Enclaves on the Origin of Granites. New York: Elsevier Scientific Publication Company, 1973. 393p.

DIETRICH, R. V., SKINNER, B. J. *Rocks and Rocks Minerals*. New York: John Wiley & Sons, 1979. 319p.

DIETZ, R. S. Geosynclines, mountains and continent building. *Scientific American*, v.226, p.30-3, 1972.

DIXON, J. M. Finite strain and progressive deformation in models of diapiric structures. *Tectonophysics*, v.28, p.89-124, 1975.

DORADO, A. C. *Petrografia básica*: texturas, clasificación y nomenclatura de rocas. Madrid: Editorial Paraninfo S.A., 1989. 143p.

DUNCAN, A. M. The trachybasaltic volcanics of the Adrano area, Mount Etna, Sicily. *Geol. Mag.*, v.115, p.273-85, 1978.

EBY, G. N. Chemical subdivision of the A-type granitoids: petrogenetic and tectonic implications. *Geology*, v.20, p.641-4, 1992.

EHLERS, E. G., BLATT, H. *Petrology. Igneous, Sedimentary and Metamorphic*. San Francisco: W. H. Freeman and Company, 1982. 732p.

EICHELBERGER, J. C. Vesiculation of mafic magma during replenishment of silicic magma reservoirs. *Nature*, v.288, p.446-50, 1980.

EL BOUSEILY, A. M., EL SOKKARY, A. A. The relation between Rb, Sr e Ba in granitic rocks. *Chem. Geol.*, v.16, n.3, p.207-19, 1975.

ELDER, J. *The Bowels of the Earth*. New York: Oxford University Press, 1976. 222p.

ELLERT, R. Contribuição à geologia do maciço alcalino de Poços de Caldas. *Bol. Fac. Fil. Ciênc. e Letras da USP*, n.237, 1959. 63p. (Geologia 18).

ELTHON, D. Metamorphism in oceanic spreading centres. In: EMILIANI, C. (Ed.) *The Oceanic Lithosphere, The Sea 7*. New York: John Wiley & Sons, Inc. 1981. p.285-303.

ERNST, W. G. *Minerais e rochas*. Trad. E. Ribeiro Filho. São Paulo: Edgard Blücher Ltda., Editora Universidade de São Paulo, 1969. 63p.

ESKOLA, P. On the relations between the chemical and mineralogical composition in the metamorphic rocks of the Orijarvi region. *Bulletin de la Commission Geologique de Finlande*, n.44, 1915, 82p.

EWART, A. The mineralogy and petrology of Tertiary-Recent volcanic rocks with special reference to the andesitic-basaltic compositional range. In: THORPE, R. S. (Ed.) *Andesites: Orogenic Andesites and Related Rocks*. Chichester: John Wiley & Sons, Inc., 1982. p.26-87.

FAIRHEAD, J. D. The gravity link between the domally uplifted Cainozoic volcanic centres of North Africa and its similarity to the East African Rift System anomaly. *Earth Planet. Sci. Lett.*, v.42, p.109-13, 1979.

FERREIRA, V. P. et al. Imiscibilidade de líquidos como principal processo magmático na formação de sienitos peralcalinos ultrapotássicos e piroxenitos associados, no Precambriano do Nordeste do Brasil. *An. Acad. Bras. Cienc.*, v.64, n.4, p.368-82, 1992.

FLOYD, P. A., WINCHESTER, J. A. Magma type and tectonic setting discrimination using immobile elements. *Earth Planet. Sci. Lett.*, v.27, p.211-8, 1975.

_____. Identification and discrimination of altered and metamorphosed volcanic rocks using immobile elements. *Chem. Geol.*, v.21, p.291-306, 1978.

FODEN, J. D. The petrology of the calcalkaline lavas of Rindjani volcano, East Sunda arc: a model for island are petrogenesis. *J. Petrol.*, v.24, p.98-130, 1983.

FOLEY, S. F. et al. The ultrapotassic rocks: characteristics, classification and constraints for petrogenetic models. *Earth Sci. Rev.*, v.24, p.81-134, 1987.

FORSYTH, D. W., UYEDA, S. On the relative importance of the driving forces of plate motion. *Geophys J. R. Astr. Soc.*, v.43, p.163-200, 1975.

FOWLER, C. M. R. *The Solid Earth*. An Introduction to Global Tectonics. Cambridge: Cambridge University Press, 1990. 472p.

FRISCH, W., LOESCHKE, J. *Plattentektonik. Erträge der Forschung*. Darmstadt: Wissenschaftliche Buchgesellschaft, 1986. Band 236, 190p.

FUJIMORI, S. *Composição química de rochas e suas aplicações*. Salvador: Centro Editorial e Didático da Universidade Federal da Bahia, 1990. 301p.

FUJIMORI, S., FERREIRA, Y. A. *Introdução ao uso do microscópio petrográfico*. 2.ed. Salvador: Centro Editorial e Didático da Universidade Federal da Bahia, 1979. 202p.

GALEMBECK, T. M. B. et al. Estruturação, faciologia e petrografia da intrusão Cabreúva, complexo rapakivi Itu, SP. SIMPÓSIO REGIONAL DE GEOLOGIA DO SUDESTE, 2, 1991, São Paulo. *Atas...* São Paulo: SBG, 1991. p.113-20.

GANSSER, A. Facts and theories on the Andes. *J. Geol. Soc. (London)*, v.129, p.93-131, 1973.

_____. Structural map of Himalaya and South Tibet. *Colloq. Int. "Ecologie et Géologie de Himalaya"*, 268. Paris: Cent. Natl. Rech. Sci, 1976. (Vol. Sci. de la Terre).

GILL, J. *Orogenic Andesites and Plate Tectonics*. Berlin: Springer Verlag, 1981. 389p.

GIROD, M. Les séries magmatiques. In: GIROD, M. et al. (Ed.) *Les roches volcaniques – Pétrologie et cadre structural*. Paris: Doin Editeurs, 1978a. p.7-30.

_____. Séries volcaniques et tectonique des plaques. In: GIROD, M. et al. (Ed.) *Les roches volcaniques – Pétrologie et cadre structural*. Paris: Doin Editeurs, 1978b. p.74-96.

GOMES, C. B. Mineralogia do dique de Toninhas, Ubatuba, litoral do Estado de São Paulo: feldspatos. *Rev. Bras. Geoc.*, v.4, n.2, p.80-7, 1974.

GOMES, C. B. et al. (Coord.) *Técnicas analíticas instrumentais aplicadas à geologia*. São Paulo: Editora Edgard Blücher Ltda, 1984. 218p.

GREEN, D. H. Composition of basaltic magmas as indicators of conditions of origin: application to oceanic volcanism. *Phil. Trans. Roy Soc. (London)*, v.269[A], p.707-25, 1971.

GREENBAUM, D. Magmatic processes at ocean ridges, evidences from the Troodos Massif, Cyprus. *Nature*, v.238, p.18-21, 1972.

GRIEG, J. W., BARTH, T. F. W. The system $Na_2O.Al_2O_3.2SiO_2$ (nepheline, carnegieite) – $Na_2O.Al_2O_3.6SiO_2$ (albite). *Am. J. Sci.* (5th serie), v.35[A], p.94-112, 1938.

GROMET, L. P., SILVER, L. T. Rare earth element distribution among minerals in a granodiorite and their petrogenetic implications. *Geochim. Cosmochim. Acta*, v.47, p.925-39, 1983.

GROUT, F. F. *Petrography and Petrology – A Textbook*. New York: McGraw-Hill Book Company, Inc., 1932. 522p.

GUINEBERTEAU, B. et al. The Mortagne granite pluton (France) emplaced by pull-apart along a shear zone: structural and gravimetric arguments and regional implication. *Bull. Geol. Soc. Am.*, v.99, p.763-70, 1987.

GUPTA, A. K., YAGI, K. *Petrology and Genesis of Leucite – Bearing Rocks*. Berlin: Springer Verlag, 1980. 252p.

HAAPALA, I., RÄMÖ, O. T. Petrogenesis of the Proterozoic rapakivi granites of Finland. *Geol. Soc. Am. Spec. Paper*, v.246, p.275-86, 1990.

HALL, A. *Igneous Petrology. Longman Scientific and Technical.* New York: John Wiley & Sons, Inc., 1987. 573 p.

HAMILTON, D. L., MACKENZIE, W. S. Phase equilibrium studies in the system NaAlSiO$_4$ (nepheline) – KAlSiO$_4$ (kalsilite) – SiO$_2$ – H$_2$O. *Mineral. Mag.*, v.34, p.214-31, 1965

HARKER, A. *Petrology for Students.* An Introduction to the Study of Rocks under the Microscope. 8.ed. rev. Cambridge: Cambridge University Press., 1956. 283p.

HARRIS, N. B. W.; PEARCE, J. A., TINDLE, A. G. Geochemical characteristics of colision-zone magmatism. In: COWARD, M. P., RIES, A. C. (Ed.) *Collision Tectonics.* London: Blackwell Scientific Publication. 1986. p.67-82. (Geol. Soc. Spec. Pub. 19).

HART, R. S., ANDERSON, D. L., KANAMORI, M. The effect of alternation on gross earth models. *J. Geophys. Res.*, v.82, p.1647-54, 1977.

HASUI, Y. Sobre o granito turmalinífero Perus, São Paulo, SP. *Bol. Soc. Bras. Geol.*, v.12, n.1/2, p.87-108, 1963.

HATCH, F. H., WELLS, A. K., WELLS, M. K. *Textbook of Petrology.* Petrology of the Igneous Rocks. 13.ed. rev. London: Thomas Murby & Co, 1975. v.1, 551p.

HAWKESWORTH, C. J., O'NION, R. K., PANKHURST, R. J., HAMILTON, P. J., EVENSEN, N. M. A geochemical study of island arc and back-arc tholeiites from the Scotia Sea. *Earth Planet. Sci. Lett.*, v.36, p.253-62, 1977.

HAWTHORNE, F. C. Crystal chemistry of the anphiboles. *Min. Soc. Am. Rev. Mineral.*, v.9A, p.1-102, 1982

HEATHER, D. C. *Plate Tectonics.* London: Edward Arnold, 1979. 80 p.

HEEZEN, B. C. The deep-sea floor. In: RUNCORN, S. K. (Ed.) *Continental Drift.* New York: Academic Press, 1962. p.235-88.

HEINRICH, E. W. *The Geology of Carbonatites.* Chicago, Ill.: Rand McNally & Company, 1966. 555p.

HEKINIAN, R., MOORE, J. G., BRYAN, W. B. Volcanic rocks and processes of the Mid-Atlantic Rift Valley near 36°49'N. *Contrib. Mineral. Petrol.*, v.58, p.83-110, 1976.

HELGESON, H. C., DELANY, J. M.; NESBITT, H. W., BIRD, D. K. Summary and critique of the thermodynamic properties of rock-forming minerals. *Am. J. Sci.*, v.278A, p.1-229, 1978.

HIBBARD, M. J. The magma mixing origin of mantled feldspars. *Contrib. Mineral. Petrol.*, v.76, p.158-70, 1981.

HIETANEN, A. Anorthosites and Assoc. Rocks in the Boehls Butte Quadrangle and Vicinity, Idaho. U.S. Geol. Surv., *Prof. Paper*, 334B, 1963a. 78p.

HIETANEN, A. Idaho Batholith near Pierce and Bungalow, Clearwater County, Idaho. U.S. Geol. Surv., *Prof. Paper*, 344D, 1963b. 42p.

HILDRETH, W. Gradients in silicic magma chambers: implications for lithospheric magmatism. *J. Geophys. Res.*, v.86, p.10153-92, 1981.

HILDRETH, W., CHRISTIANSEN, R. L., O'NEIL, J. R. Catastrophic isotopic modification of rhyolitic magma at times of caldera subsidence, Yellowstone Plateau volcanic field. *J. Geophys. Res.*, v.89, p.8339-69, 1984.

HOFFMANN, P. F., BURKE, K. C. A., DEWEY, J. F. Aulacogens and their genetic relation to geosynclines, with a Proterozoic example from Great Slave Lake, Canada. In: DOTT, R. H., SHAVER, R. H. (Ed.) Modern and Ancient Geosyncline Sedimentation. *S.E.P.M. Spec. Pub.* v.19, p.38-55, 1974.

HUGHES, C. J. *Igneous Petrology.* New York: Elsevier, 1982. 551p.

HYNDMAN, D. W. *Petrology of Igneous and Metamorphic Rocks.* New York: McGraw-Hill Book Company, 1972. 533p.

ILLIES, J. H. Ancient and recent rifting in the Rhinegraben. *Geol. Mijnb.*, v.56, p.329-50, 1977.

_____. Two stage Rhinegraben rifting. In: NEUMANN, E. R., RAMBERG, I. B. (Ed.) *Tectonics and Geophysics of Continental Rifts.* Dordrecht: D. Reidel, 1978. p.63-71.

_____. (Ed.) *Mechanism of Graben Formation.* Tectonophysics, 1981. p.73.

IRVINE, T. N., BARAGAR, W. R. A. A guide to the chemical classification of the common volcanic rocks. *Can. J. Earth Sci.*, v.8, p.523-48, 1971.

IRVINE, T. N., KEITH, D. W., TODD, S. G. The J-M Platinum Palladium reef of the Stillwater complex, Montana. II. Origin by double diffusive convective magma mixing and implications for the Bushveld complex. *Econ. Geol.*, v.78, p.1287-334, 1983.

ISHIHARA, S. The granitoid series and mineralization. *Econ. Geol.*, 75th Aniversary Volume, p.458-84, 1981.

ISHIHARA, S., SAWATA, H., ARPORNSUWA, A., BUSARACOME, P., BUNG-BRAKEARTI, N. The magnetite-series and ilmenite series granitoids and their bearing on tin mineralization, particulary of the Malay Peninsula region. *Geol. Soc. Malaysia Bull.*, v.11, p.103-10, 1979.

INTERNATIONAL UNION OF GEOLOGICAL SCIENCE (IUGS). Plutonic rocks and nomenclature recomended by the IUGS Subcomission of the Systematics of Igneous Rocks. *Geotimes*, v.18, p.26-30, 1973.

JACKSON, M. P. A., TALBOT, C. J. Anatomy of a mushroom-shaped diapir. *J. Structural Geol.*, v.11, n.1/2, p.211-30, 1989.

JAKES, P., WHITE, A. J. R. Composition of island arcs and continental growth. *Earth Planet. Sci. Letters*, v.9, p.17-28, 1971.

_____. Major and trace element abundances in volcanic rocks of orogenic areas. *Bull. Geol. Soc. Am.*, v.83, p.29-40, 1972.

JAKOBSSON, S. P. Chemistry and distribution pattern of recent basaltic rocks in Iceland. *Lithos*, v.5, p.365-86, 1972.

JENSEN, L. S. A new method of classifying subalkaline volcanic rocks. Ontario Division of Mines. *Misc. Paper*, 66, 1976a

_____. A new cationic plot for classifying subalkaline volcanic rocks. Ontario Division of Mines. *Report 103*, 1976b.

JOHANNSEN, A. *A Discriptive Petrography of the Igneous Rocks*. Chicago, Ill.: University of Chicago Press, 1931-1938. v.1-4, 267, 428, 360 e 523p.

_____. *Descriptive Petrography of the Igneous Rocks*. Introduction, Textures, Classification and Glossary. 6.reimpr. Chicago, Ill.: The University of Chicago Press, 1958, v.I, 318p.

KARIG, D. E. Evolution of arc systems in the western Pacific. *Ann. Rev. Earth Planet. Sci.*, v.2, p.51-75, 1974.

KEAREY, P., VINE, F. J. *Global Tectonics*. London: Blackwell Scientific Publications, 1990. 302p.

KERN, R., WEISBROD, A. *Thermodynamic for Geologists*. San Francisco: Freeman, Cooper and Company, 1967. 304p.

KJARSGAARD, B. A., HAMILTON, D. L. Liquid immiscibility and origin of alkali-pure carbonatites. *Mineral. Mag.*, v.52, p.43-55, 1988.

KOUCHI, A., SUNAGAWA, Y. A model for mixing basaltic and dacitic magmas as deduced from experimental data. *Contrib. Mineral. Petrol.*, v.89, p.17-23, 1985.

KREMENETZKIY, A. A., YUSHKO, N. A., BUDYANSKIY, D. D. Chemistry of the rare alkalis in sediments and effusives. *Geochem. Int.*, v.178, p.54-72, 1980.

KUNO, H. Origin of Cenozoic petrographic provinces of Japan and surrounding areas. *Bull. Volcan.*, v.20, p.37-76, 1959.

_____. High-alumina basalts. *J. Petrol.*, v.1, p.121-45, 1960.

_____. Differentiation of basaltic magma. In: HESS, H. H., POLDERVAART, A. (Ed.) *Basalts*. New York: Interscience Publisher, 1968. v.2, p.623-88.

LAGARDE, J. L., OMAR, S. A., RODDAZ, B. Structural characteristics of plutons emplaced during weak regional deformation: examples from late carboniferous plutons, Moroco. *J. Structural Geol.*, v.12, n.7, p. 805-21, 1990.

LAMEYRE, J., BOWDEN, P. Plutonic rock types series: discrimination of various granitoid series and related rocks. *J. Volc. Geoth. Res.*, v.14, p.169-86, 1982.

LARSEN, E. S. Some new variation diagrams for groups of igneous rocks. *J. Geol.*, v.46, p.505-20, 1938.

LE BAS, M. J., LE MAITRE, R. W., STRECKEISEN, A., ZANETTIN, B. A chemical classification of volcanic rocks based on the total alkali-silica diagram. *J. Petrol.*, v.27, p.745-50, 1986.

LE FORT, P., DEBON, F., SONET, J. The "lesser Himalayan" cordierite granite belt. Typology and age of the pluton of Manserak (Pakistan). In: TAHIRKHELI, R. A. K., JAN, M. Q., MAJID, M. (Ed.) Proc. Int. Geodynamic Conf., Peshawar, Nov.-Dec., 1979. *Geol. Bull. Univ. Peshawar* (Pakistan), v.13, p.51-61, 1980.

LE FORT, P. Les leucogranites à tourmaline de l'Himalaya sur l'exemple du granit du Manaslu (Nepal Central). *Bull. Soc. Géol. (France)*, v.15, p.555-61, 1973.

_____. Himalaya: the collided range. Present knowledge of the continental arc. *Am. J. Sci.*, v.275A, p.1-44, 1975.

LE MAITRE, R. W. The chemical variability of some common igneous rocks. *J. Petrol.*, v.17, n.4, p.589-637, 1976.

LE MAITRE, R. W. (Ed.) *A Classification of Igneous Rocks and Glossary of Terms – Recommendations of the IUGS Subcommission on Systematic of Igneous Rocks.* Oxford: Blackwell, 1989. 193p.

LE ROEX, A. P., DICK, H. J. D., ERLANK, A. J., REID, A. M., FREY, F. A., HART, S. R. Geochemistry, mineralogy and petrogenesis of lavas erupted along the southwest Indian Ridge between the Bouvet triple junction and 11 degrees. *East. J. Petrol.*, v.24, p.267-318, 1983.

LEAKE, B. E. Nomenclature of anphiboles. *Can. Mineral.*, v.16, p.501-20, 1978.

LEAKE, B. E., GARDA, G. M., ATENCIO, D. Nomenclatura de anfibólios. *Rev. Bras. Geoc.*, v.21, n.3, p.285-97, 1991.

LEE, M. H. K., UYEDA, S. Review of heat flow data. In: LEE, W. H. K. (Ed.) Terrestrial Heat Flow. *Geophys. Monograph 8*, p.37-62, 1965. (American Geophysical Union, Washington D.C.).

LEINZ, V., CAMPOS, J. E. de S. *Guia para determinação de minerais.* 7.ed. Rio de Janeiro: Companhia Editora Nacional, 1977, 149p.

LINDSLEY, D. H. Pyroxene thermometry. *Am. Mineral*, v.68, p.477-93, 1983.

LOFGREN, G. An experimental study of plagioclase morphology. *Am. J. Sci.*, v.274, p.243-73, 1974.

LOOMIS, T. P., WELBER, P. W. Crystallisation processes in the rocky Hill Granodiorite Pluton, California: an interaction based on compositional zoning of plagioclase. *Contrib. Mineral. Petrol.*, v.81, p.230-9, 1982

LUFF, I. W. *Petrogenesis of the island arc tholeiite series of the south Sandwich Islands.* England, 1982. PhD (Tesis) – Leeds University.

MAALOE, S., AOKI, K. The major element composition of the upper mantle estimated from the composition of lherzolites. *Contrib. Mineral. Petrol.*, v.63, p.161-73, 1977.

MACDONALD, G. A. Composition and origin of Hawaiian lavas. *Geol. Soc. Am. Mem.*, v.116, p.477-522, 1968.

MACDONALD, G. A., KATSURA, T. Chemical composition of Hawaiian lavas. *J. Petrol.*, v.5, p.82-133, 1964.

MACDONALD, R. Nomenclature and petrochemistry of the peralkaline oversaturated extrusive rocks. *Bull. Volc.*, v.38, p.498-516, 1974.

MACKENZIE, W. S., DONALDSON, C. H., GUILFORD, C. *Atlas of Igneous Rocks and their Textures.* Harlow Essex, England: Longman Group Ltd., 1982. 148p.

MACKENZIE, W. S., GUILFORD, C. *Atlas of Rock – Forming Minerals in Thin Section.* London: Longman Group, Limited, 1980. 98p.

MANIAR, P. D., PICCOLI, P. M. Tectonic discrimination of granitoids. *Bull Geol. Soc. Am.*, v.101, p. 635-43, 1989.

MARMO, V. *Granite Petrology and the Granite Problem.* London: Elsevier Publishing Company, 1971. 244p.

MARSH, B. D., MAXEY, M. R. On the distribution and separation of crystals in convecting magmas. *J. Volc. Geoth. Res.*, v.24, p.95-150, 1985.

MARTIN, R. F., BONIN, B. Water and magma genesis: the association hypersolvus granite-subsolvus granite. *Can. Mineral.*, v.14, p. 228-37, 1976

MASON, B. *Principles of Geochemistry*. 3.ed. (2.ª revised). New York: John Wiley & Sons, Inc., 1966. 329 pp.

MASON, R. Ophiolites. *Geology Today*, v.1, p.136-40, 1985.

MCBIRNEY, A. R. *Igneous Petrology*. San Francisco: Freeman & Cooper, 1984. 412p.

____. Constitutional zone refining of layered intrusions. In: PARSONS, I. (Ed.) *Origin of Igneous Layering*. Dordrecht: Reidel, 1987. p.437-52.

MCCOURT, W. J. The geochemistry and petrography of the coastal batholith of Peru, Lima segment. *J. Geol. Soc. (London)*, p.138, p.407-20, 1981

MCELHINNY, M. W. *The Earth. Its Origin, Structure and Evolution*. New York: Academic Press, 1979. 597p.

MEHNERT, K. R. *Migmatites and the origin of Granitic Rocks*. Amsterdam: Elsevier Publishing Company, 1968. 393p.

MEISSNER, R. *The Continental Crust*. New York: Academic Press, Inc., 1986. 426p. (A Geophysical Approach. International Geophysics Series, 34).

MESCHEDE, M. A method of discriminating between different types of mid-ocean ridge basalts and continental tholeiites with the Nb – Zr – Y diagram. *Chem. Geol.*, v.56, p.207-18, 1986.

METAIS, D., CHAYES, F. Varieties of lamprophyre. *Carnegie Inst. Wash. Yearb.*, v.62, p.156-7, 1963.

MIDDLEMOST, E. A. K. The basalt clan. *Earth Sci. Rev.*, v.11, p.337-64, 1975.

____. A contribution to the nomenclature and classification of volcanic rocks. *Geol. Mag.*, v.117, p.51-7, 1980.

____. *Magmas and Magmatic Rocks*. An Introduction to Igneous Petrology. London: Longman Group Limited, 1985. 266p.

____. Iron oxidation ratios, norms and the classification of volcanic rocks. *Chem. Geol.*, v.77, p.19-26, 1989.

____. Towards a comprehensive classification of igneous rocks and magmas. *Earth Sci. Rev.*, v.31, p.73-87, 1991.

MITCHELL, A. H. G. Southwest England Granites: magmatism and tin mineralization in a post-collision – related setting. *Trans. Intern. Min. Metall.*, v.83B, p.95-7, 1974.

MITCHELL, A. H. G., READING, H. G. Continental margins, geosynclines and ocean floor spreading. *J. Geol.*, v.77, p.629-46, 1969.

MITCHELL, R. H. A review of the mineralogy of lamproites. *Trans. Geol. Soc. S. Afr.*, v.88, p.411-37, 1985.

____. *Kimberlites – Mineralogy, Geochemistry and Petrology*. New York: Plenum Press, 1986, p.442p.

MIYASHIRO, A. Classification, characteristics and origin of ophiolites. *J. Geol.*, v.83, n.2, p.249-81, 1975.

MOLNAR, P., TAPPONIER, P. Active tectonics of Tibet. *J. Geophys. Res.*, v.83/B11, p.5361-75, 1978.
MORGAN, W. J. Rises, trenches, great faults and crustal blocks. *J. Geophys. Res.*, v.73, p.1959-82, 1968.
MORSE, S. A. Syenites Carnegie Inst. *Washington Yearbook*, v.67, p.112-20, 1969.
MUEHLBERGER, W. R., DENISON, R. E., LIDIAK, E. G. Basement Rocks in continental interior of United States. *Bull. Am. Assoc. Petrol. Geol.*, v.51, p.2351-80, 1967.
MUIR, I. D., TILLEY, C. E., SCOON, J. H. Contributions to the petrology of Hawaiian basalts. I. The picrite-basalts of Kilauea. *Am. J. Sci.*, v.255, p.241-53, 1957.
MULLEN, E. D. $MnO/TiO_2/P_2O_5$: a minor element discriminant for basaltic rocks of oceanic enviroments and its implications for petrogenesis. *Earth Planet. Sci. Lett.*, v.62, p.53-62, 1983.
MURASE, T., MCBIRNEY, A. R. Properties of some common igneous rocks and their melts at high temperatures. *Bull. Geol. Soc. Am.*, v.84, p.3563-92, 1973.
MURATA, K. J., RICHTER, D. H. Chemistry of the lavas of the 1959-60 eruption of Kilauea volcano, Hawaii. *U.S. Geol. Surv., Prof. Pap.*, v.537A, 26p., 1966.
MUTSCHLER, F. E., ROUGON, D. J., LAVIN, O. R. PETROS, a data bank of major element chemical analyses of igneous rocks for research and teaching. *Comput. Geosc.*, v.2, p.51-7, 1976.
MYERS, J. S. Cauldron subsidence and fluidisation: mechanisms of intrusion of the coastal Batholith of Peru into its own volcanic efecta. *Bull. Geol. Soc. Am.*, v.86, p.1209-20, 1975.
NALDRETT, A. J., ARNDT, N. T. Volcanogenic nickel deposits with some guide for exploration. *Trans. Amer. Inst. Min. Met. Petr. Engr.*, v.260, p.13-5, 1975.
NEUMANN, E. R., RAMBERG, I. B. (Ed.) *Petrology and Geochemistry of Continental Rifts*. (Advanced Study Institutes Series. Serie C – Mathematical and Physical Series). Boston: D. Reide Publishing Company, 1978, 296p.
NICKEL, E. H., ATENCIO, D. Soluções sólidas na nomenclatura mineralógica. *Rev. Bras. Geoc.*, v.21, n.4, p.387-9, 1991.
NIGGLI, P. *Rocks and Mineral Deposits*. San Francisco: W. H. Freeman, 1954, 392p.
NOCKOLDS, S. R. Average chemical compositions of some igneous rocks. *Bull. Geol. Soc. Am.*, v.65, p.1007-32, 1954.
NOCKOLDS, S. R., ALLEN, R. The geochemistry of some igneous rocks series. *Geochim. Cosmochim. Acta*, v.5, p.245-85, 1954.
O'CONNOR, J. T. A classification of quartz-rich igneous rocks based on feldspar ratios. *U.S. Geol. Prof. Paper*, 525-B, p.79-84, 1965.
OSBORN, E. F. The reaction principle. In: YODER JR., H. S. (Ed.) *The Evolution of Igneous Rocks*. Princeton: Princeton University Press, N.J., 1979. p.133-70.
OXBURGH, E. R. Flake tectonics and continental collision. *Nature*, n.239, p.202-4, 1972.
PAGEL, M., LETERRIER, J. The subalkaline potassic magmatism of the Ballons massif (Southern Vosges, France): shoshonitic affinity. *Lithos*, v.13, p.1-10, 1980.

PARK, R. G. *Geological Structures and Moving Plates*. London: Blackie, 1988. 337p.

PEACOCK, M. A. Classification of igneous rock series. *J. Geol.*, v.39, p.54-67, 1931.

PEARCE, J. A. Basalt geochemistry used to investigate past tectonic enviroments on Cyprus. *Tectonophysics*, v.25, p.41-67, 1975.

PEARCE, J. A. Trace element characteristics of lavas from distructive plate boundaries. In: THORPE, R. S. (Ed.) *Andesites: Orogenic Andesites and Related Rocks*. Chichester: Wiley, 1982. p.525-48.

PEARCE, J. A., CANN, J. R. Tectonic setting of basic volcanic rocks determined using trace element analisys. *Earth Planet. Sci. Lett.*, v.19, p.290-300, 1973.

PEARCE, J. A., HARRIS N. B. W., TINDLE, A. C. Trace element discrimination diagrams for the tectonic interpretation of granitic rocks. *J. Petrol.*, v.25, p.956-83, 1984.

PEARCE, T. H. A contribution to the theory of variation diagramas *Contrib. Mineral. Petrol.*, v.19, p.142-57, 1968.

____. Chemical variations in the Palisade Sill. *J. Petrol.*, v.11, p.15-32, 1970.

____. The identification and assessment of spurious trends in Pearce – type ratio diagrams: a discussion of some statistical arguments. *Contrib. Mineral. Petrol.*, v.97, p.529-34, 1977.

____. Olivine fractionation equation for basaltic and ultrabasic liquids. *Nature*, v.276, p.771-4, 1978.

PEARCE, T. H., GORMAN, B. E., BIRKETT, T. C. The TiO_2-K_2O-P_2O_5 diagram: a method of discriminating between oceanic and non-oceanic basalts. *Earth Planet. Sci. Lett.*, v.24, p. 419-26, 1975.

____. O The relationships between major element chemistry and tectonic environment of basic and intermediated volcanic rocks. *Earth Planet. Sci. Lett.*, v.36, n.1. p.121-32,1977.

PECCERILLO, A., TAYLOR, S. R. Geochemistry of Eocene calc-alkaline volcanic rocks from the Kastamonu area, northern Turkey. *Contrib. Mineral. Petrol.*, v.58, p.63-81, 1976.

PECK, D. L., WHRIGHT, T. L., MOORE, J. G. Crystallization of tholeiitic basalt of Alae lava lake, Hawaii. *Bull. Volc.*, v.29, p.629-56, 1966.

PETERSEN, J. S. Structure of the larvikite-lardalite complex, Oslo region, Norway, and its evolution. *Geol. Rdsch.*, v.67, p.330-342, 1978.

PHILPOTTS, A. R. Compositions of immiscible liquids in volcanic rocks. *Contrib. Mineral. Petrol.*, v.80, p.201-18, 1982.

____. *Principles of Igneous and Metamorphic Petrology*. New Jersey: Prentice-Hall, Englewood Cliffs, 1990. 498p.

PICCERILLO, E. M., MELFI, A. J., COMIN-CHIARAMONTI, P., BELLIENI, G., ERNESTO, M., MARQUES, L. S., NARDY, A. J. R., PACCA, I. G., ROISENBERG, A., STOLFA, D. Continental flood volcanism from the Paraná Basin (Brazil). In: MACDOUGALL, J. D. (Ed.) *Continental Flood Basalts*. London: Kluwer Academic Publisher, 1988. p.195-238.

PITCHER, W. S. The anatomy of a batholith. *J. Geol. Soc. (London)*, v.135, p.157-82, 1978.

_____. Granite type and tectonic enviroment. In: HSÜ, K. (Ed.) *Mountain Building Processes*. London: Academic Press, 1983. p.19-40.

_____. *The Nature and the Origin of Granite*. New York: Chapman & Hall, 1993. 265p.

PITCHER, W. S., ATHERTON, M. P., COBBING, E. J., BECKINSALE, R. D. *Magmatism at a Plate Edge*. The Peruvian Andes. London: Blackie, 1985. 328p.

POWELL, R. *Equilibrium Thermodynamics in Petrology*. London: Harper & Row, 1978. 249p.

PRICE, R. C., JOHNSON, R. W., GRAY, C. M., FREY, F. A. Geochemistry of phonolites and trachytes from the summit region of Mt. Kenya. *Contrib. Mineral. Petrol.*, v.89, p.394-409, 1985.

RAGLAND, P. C. *Basic Analitical Petrology*. Oxford: Oxford University Press Inc., 1989. 369p.

RAGUIN, E. *Geology of Granites*. London: Interscience Publishing Company, 1965. 327p.

RAMBERG, H. *Gravity, Deformation and the Earth Crust*. Theory, Experiments and Geological Applications. 2.ed. New York: Academic Press, 1981. 452p.

RIBEIRO FILHO, E. Geologia e petrografia dos maciços alcalinos Itatiaia e Passa Quatro (Sudeste do Brasil). *Bol. Fac. Fil. Ciências e Letras USP (São Paulo)*, v.302, p.5-93, 1967. (Geologia 22).

RICE, A. The mechanism of the Mt. Sta. Helens eruption and speculations regarding Soret effects in planetary dynamics. *Geophys. Surv.*, v.7, p. 303-84, 1985.

RICKWOOD, P. C. Boundary lines within petrologic diagrams which use oxides of major and minor elements. *Lithos*, v.22, p.247-63, 1989.

RINGWOOD, A. E. Composition and evolution of the upper mantle. In: HART, P. J. (Ed.) *The Earth Crust and Upper Mantle*. Washington, D.C.: Am. Geophys. Union, 1969. p.79-93. (Geophysics Monograph, 13).

RITTMANN, A. *Volcanoes and their Activity*. New York: John Wiley & Sons Ltd., 1962. 305p.

_____. *Stable Mineral Assemblages of Igneous Rocks*: A Method of Calculation. Heidelberg: Springer Verlag, 1973. 279p.

ROBIE, R.A., HEMINGWAY, B. S., FISHER, J. Thermodynamic properties of minerals and related substances at 298,15 K and 1 bar (10^5 pascals) pressure and at higher temperatures. *U.S. Geol. Surv. Bul.*, v.1013, 1979. 456p.

ROEDDER, E. Silicate liquid immiscibility. In: YODER JR, H. S. (Ed.) *The Evolution of the Igneous Rocks – Fiftieth Anniversary Perspectives*. Princeton, N.J.: Princeton University Press, 1979. p.15-57.

ROGERS, J. J. W., GREENBERG, J. K. Trace elements in continental-margin magmatism. Part II. Alkali-granites and their relationship to cratonization. *Geol. Soc. Am. Bull.*, v.92, part I, p. 6-9; part II, p.57-93, 1981.

ROGERS, J. J. W., GREENBERG, J. K. Late-orogenic, post-orogenic, and anorogenic granites: distinction by major-element and trace-element chemistry and possible origins. *J. Geol.*, v.98, n.3, p.291-309, 1990.

ROLLINSON, H. *Using Geochemical Data.* Essex, England: Longman Scientific & Technical, New York: John Willey & Sons, Inc., 1993. 352p.

SAGGERSON, E. P., WILLIAMS, L. A. J. Ngurumanite from southern Kenya and its bearing on the origin of rocks in the northern Tanganyika alkaline district. *J. Petrol.*, v.5, p.40-81, 1964.

SAKUYAMA, M. Petrological study of the Myoko and Kurohime volcanoes, Japan: crystallisation sequence and evidence of magma mixing. *J. Petrol.*, v.22, n.4, p.553-83, 1981.

SCHAIRER, J. F. The alkali feldspar join in the system $NaAlSiO_4$-$KAlSiO_4$-SiO_2. *J. Geol.*, v.58, p.512-7, 1950.

SCHILLING, J. G., ZAJAC, M., EVANS, R., JOHNSTON, T., WHITE, W., DEVINE, J. D., KINGSLEY, R. Petrologic and geochemical variations along the Mid-Atlantic Ridge from 27°N to 73°N. *Am. J. Sci.*, v.283, p.510-86, 1983.

SCHWARZER, R. R., ROGERS, J. W. A worldwide comparison of alkali olivine basalts and their differentiation trends. *Earth Planet. Sci. Letters*, v.23, p.286-96, 1974.

SCLATER, J. G., FRANCHETEAU, J. The implication of terrestrial heat flow observation on current tectonic and geochemical models of the crust and upper mantle of the Earth. *Geophys. J. R. Astr. Soc.*, v.20, p.509-42, 1970.

SCLATER, J. G., ANDERSON, R. N., BELL, M. L. Elevation of ridges and evolution of the Central Eastern Pacific. *J. Geophys. Res.*, v.76, p.7888-915, 1971.

SEARLE, M. P., FRYER, B. J. Garnet, tourmaline and muscovite-bearing leucogranites, gneisses and migmatites of the Higher Himalayas from Zanskar, Kulu, Lahoul and Kashmir. In: COWARD, M. P., RIES, A. C. (Ed.) *Collision Tectonics.* London: Blackwell Scientific Publicatios, 1986. p.185-202.

SELF, S., GUNN, B. M. Petrology, volume and age relations of alkaline and saturated peralkaline volcanics from Terceira, Azores. *Contrib. Mineral. Petrol.*, v.54, p.293-313, 1976.

SHAND, S. J. *Eruptive Rocks.* London: Thomas Murby, 1927. 488p.

_____. *Eruptive Rocks*. Their Genesis, Composition, Classification and their Relation to Ore-Deposits. With a chapter on Meteorites. 4.ed. London: Thomas Murby & Co., New York: John Wiley & Sons, Inc. (3.ed. rev.), 1950. 488p.

SHAW, H. R. Comments on viscosity, crystal settling, and convection in granitic magmas. *Am. J. Sci.*, v.263, p.120-52, 1965.

SHELLEY, D. *Igneous and Metamorphic Rocks under the Microscope.* Classification, Textures, Microstrutures and Mineral Prefered Orientations. New York: Chapman & Hall, 1993. 445p.

SHIRLEY, D. N. Differentiation and compaction in the Palisade Sill, New Jersey. *J. Petrol.*, v.28, p.835-65, 1987.

SIAL, A. N., MCREATH, I. *Petrologia ígnea*. V.1 – Os fundamentos e as ferramentas de estudo. Salvador: Sociedade Brasileira de Geologia, Conselho Nacional de Desenvolvimento Científico e Tecnológico, Bureau Gráfica e Editora Ltda, 1984. 181p.

SIMKIN, T. Flow differentiation in the picritic sills of North-Skye. In: WYLLIE, P. J. (Ed.) *Ultramaphic and Related Rocks*. New York: John Wiley & Sons, Inc. 1967. p.64-9.

SIMPSON, E. S. W. On the graphical representation of differentiation trends in igneous rocks. *Geol. Mag.*, v.91, n.3, p.238-44, 1954.

SIZE, W. B. Petrology of the Red Hill syenitic complex. *Bull. Geol. Soc. Am. (New Hampshire)*, v.83, p.3747-60, 1972.

SMITH, D. Stability of the assemblage iron-rich orthopyroxene-olivine-quartz. *Am. J. Sci.*, v.271, p. 370-82, 1971.

SMITH, J. V., GAY, P. The powder patterns and lattice parameters of plagioclase feldspars. *Mineral. Mag.*, v.31, p.744-62, 1958.

SOOD, M. K. *Modern Igneous Petrology*. New York: John Wiley & Sons, 1981. 244p.

SORENSEN, H. (Ed.) *The Alkaline Rocks*. London: John Wiley & Sons, Inc., 1974. 622p.

_____. The alkaline rocks – a review. *Fortschr. Miner.*, v.64, p.63-86, 1986.

SOUZA RODRIGUES, C. de, SANTOS LIMA, P. R. A. dos. *Complexos carbonatíticos do Brasil*: geologia. Araxá: Companhia Brasileira de Mineralogia e Mineração, 1984. 44p.

SPARKS, R. S. J., HUPPERT, H. E., TURNER, J. S. The fluid dynamics of evolving magma chambers. *Philos. Trans. Roy. Soc. (London)*, v.310A, p. 511-34, 1984.

SPERA, F. J., YUEN, D. A., KIRSCHVINK, S. J. Thermal boundary layer convection in silicic magma chambers: effect of temperature – dependent rheology and implications for thermogravitational chemical fractionation. *J. Geophys. Res.*, v.87, p.8755-67, 1982.

STOLPER, E., WALKER, D. Melt density and average composition of basalts. *Contrib. Mineral. Petrol.*, v.74, p.7-12, 1980.

STRECKEISEN, A. L. Classification and nomenclature of igneous rocks. *N. Jb. Min. Abh.*, v.107, n.2/3, p.144-240, 1967. (Final report of an inquiry).

_____. To each plutonic rock its proper name. *Earth Sci. Rev.*, v.12, p.1-33, 1976.

_____. Classification and nomenclature of volcanic rocks, lamprophyres, carbonatites and melilitic rocks. *N. Jb. Min. Abh.*, v.134, p.1-14, 1978.

STRECKEISEN, A. L., LE MAITRE, R. W. A chemical approximation to the modal QAPF classification of the igneous rocks. *N. Jb. Min. Abh.*, v.136, p.169-206, 1979.

STRONG, D. F. Petrology of island of Moheli, western Indian Ocean. *Bull. Geol. Soc. Am.*, v.83, p. 389-406, 1972.

STRONG, D. F., MALPAS, J. G. The sheeted dike layer of the Betts Cove ophiolite complex does not represent spreading: further discussion. *Can. J. Earth Sci.*, v.12, p.894-6, 1975.

SUN, S. S. Lead isotopic study of young volcanic rocks from mid-ocean ridges, ocean islands and island arcs. *Phil. Trans. R. Soc. (London)*, v.297A, p.409-45, 1980.
SUN, S. S., NESBITT, R. W., SHARASKIN, A. Ya. Geochemical characteristics of mid--ocean ridge basalts. *Earth Planet. Sci. Letters*, v.44, p.119-38, 1979.
SWANSON, S. E. Relation of nucleation and crystal growth rate to the development of granitic textures. *Am. Mineral.*, v.62, p.966-78, 1977.
TARLING, D. H. (Ed.) *Evolution of the Earth's Crust*. New York: Academic Press, 1978. 443p.
TARNEY, J., SAUNDERS, A. D. Trace element constraints on the origin of Cordilleran batholiths. In: ATHERTON, M. P., TARNEY J. (Ed.) *Origin of Granite Batholiths. Geochemical Evidences*. Cheshire: Shiva Publishing Limited, 1979. p.90-115.
TAYLOR, S. R. Trace element chemistry of andesites and associated calc-alkaline rocks. In: MCBIRNEY, A. R. (Ed.) Proceeding of the Andesite Conference. *Bull. Oreg. Dep. Geol. Miner. Ind.*, v.65, p.43-64. 1969.
TAYLOR, S. R., ARCULUS, R., PERFIT, M. R., JOHNSON, R. Island arc basalts. In: *Basaltic Volcanism on the Terrestrial Planets* (Basaltic Volcanism Study Project). New York: Pergamon Press, 1981. p.193-213.
THOMPSON, R. N., MORRISON, M. A., HENDRY, G. L., PARRY, S. J. An assessment of the relative roles of crust and mantle in magma genesis: an elemental approach. *Phil. Trans. R. Soc. (London)*, v.310a^a, p.549-90, 1984.
THORARINSSON, S., SIGVALDASON, G. E. The Hekla eruption of 1970. *Bull. Volc.*, v.36, p.269-88, 1973.
THORNTON, C. P., TUTTLE, O. F. Chemistry of igneous rocks: I. Differentiation index. *Am. J. Sci.*, v.258, p.664-84, 1960.
THORPE, R. S. *Andesites: Orogenic Andesites and Related Rocks*. New York: John Wiley & Sons, 1982. 724p.
THORPE, R., BROWN, G. *The Field Description of Igneous Rocks*. New York: Open University Press, Milton Keynes and Halsted Press, John Wiley & Sons, 1985. 154 p. (Geol. Soc. of London: Handbook Series).
TOKSÖZ, M. N., UYEDA, S., FRANCHETEAU, J. *Oceanic Ridges and Arcs. Geodynamic Processes*. New York: Elsevier Scientific Publishing Company, 1980. 538p. (Developments in Geotectonics, 14).
TURCOTTE, D. L., SCHUBERT, G. *Geodynamics Applications of Continuum Physics to Geological Problems*. New York: John Wiley & Sons, Inc., 1982. 450p.
TUREKIAN, K. K., WEDEPOHL, K. H. Distribution of the elements in some major units of the Earth's crust. *Bull. Geol. Soc. Am.*, v.72, p.175-91, 1961.
TURNER, J. S. *Buoyance Effects in Fluids*. Cambridge: Cambridge University Press, 1973. 368p.
TUTTLE, O. F., BOWEN, N. Origin of granite in the light of experimental studies in the system $NaAlSi_3O_8$-$KAlSi_3O_8$-SiO_2-H_2O Geol. *Soc. Am. Mem.*, v.74, 153p., 1958.

TYRRELL, G. W. *The Principles of Petrology* – An Introduction to the Science of Rocks. 13.ed. London: Methuen & Co, Ltd., 1956. 349p.

UPTON, B. G. J. The alkaline province of south-east Greenland. In: SORENSEN, H. (Ed.) *The Alkaline Rocks*. London: John Wiley, 1974. 622p.

UYEDA, S. *The New View of the Earth*. Moving Continents and Moving Oceans. Trad. Masako Ohnuki. San Francisco: W. H. Freeman and Company, 1978. 217p.

VERNON, R. H., ETHERIDGE, M. A., WALL, V. J. Shape and microstructure of microgranitoid enclaves: indicator of magma mingling and flow. *Lithos*, v.22, p.111, 1988.

WAGER, L. R. The mechanism of adcumulus growth in the layered series of the Skaergaard intrusion. *Min. Soc. Am., Spec. Paper*, v.1, p.1-9, 1963.

WAGER, L. R., DEER, W. A. Geological investigations in East Greenland. III: The petrology of the Skaergaard intrusion, kangerdlugssuak. *East Greenland Medd. om Greenland*, v.105, n.4, p.103-48, 1939.

WAGER, L. R., BROWN, G. M. *Layered Igneous Rocks*. San Francisco: W. H. Freeman and Company, 1967. 588p.

_____. *Layered Igneous Rocks*. Edinburgh: Oliver & Boyd, 1968. 588p.

WAGER, L. R., BROWN, G. M., WADSWORTH, W. J. Types of igneous cumulates. *J. Petrol.*, v.1, p.73-85, 1960.

WALKER, D., DE LONG, S. E. Soret separation of mid-ocean ridge basalt magma. *Contrib. Mineral. Petrol.*, v.79, p.231-40, 1982.

WALSH, J. N., BECKINSALE, R. D., SKELHORN, R. R., THORPE, R. S. Geochemestry and petrogenesis of Tertiary granitic rocks from the island of Mull, northwest Scotland. *Contrib. Mineral. Petrol.*, v.71, p.99-116, 1979.

WANG, P., GLOVER III, L. A tectonic test of the most commonly used geochemical discriminant diagrams and patterns. *Earth Sci. Rev.*, v.33, p.111-31, 1992.

WASSON, J. T. *Meteorites*. Berlin: Springer-Verlag, 1974. 316p.

WERNICK, E., HÖRMANN, P., ARTUR, A. C., EULERT, H. Aspectos petrológicos do complexo granítico Socorro (SP/MG): dados analíticos e discussão preliminar. *Rev. Bras. Geoc.*, v.14, n.1, p.23-9, 1984.

WERNICK, E. Enclaves e seu significado geológico. *Rev. Geociências (São Paulo)*, v.2, p.17-36, 1983a.

WERNICK, E. Granitos na região da Grande São Paulo. In: SIMPÓSIO REGIONAL DE GEOLOGIA, 4, 1983b, São Paulo. *Guia da Excursão n.1*. São Paulo: SBG, 1983b. 21p.

_____. Granitos calco-alcalinos: características e tentativa de um modelo genético. In: AN. XXXIII CONGRESSO BRASILEIRO DE GEOLOGIA, 6, 1984, Rio de Janeiro. *Anais...* Rio de Janeiro, 1984. p.2738-56.

WERNICK, E., FERREIRA, C. J. Um expressivo dique de enclaves no granito Itaqui, arredores da cidade de São Paulo, SP. SIMPÓSIO REGIONAL DE GEOLOIA, 6, São Paulo. *Atas...* São Paulo: SBG, 1987. v.1, p.135-48.

WHITE, A. J. R. Granite handbook: description, genesis, some associated ore deposits. CONGRESSO BRASILEIRO DE GEOLOGIA, 37, 1992, São Paulo. *Short Course*. São Paulo: SBG, 1992. 109p.

WHITE, A. J. R., CHAPELL, B. W. Granitoid types and their distribution in the Lachlan Fold Belt, southeastern Australia. In: RODDICK, J. A. (Ed.) *Circum-Pacific Terranes. Geol. Soc. Am. Inc., Boulder* (Colorado, Mem.), v.159, p.21-34, 1983.

WHITE, R. W. Ultramaphic inclusions in basaltic rocks from Hawaii. *Contrib. Mineral. Petrol.*, v.12, p.165-200, 1966.

WHITNEY, J. A. The origin of granite: The role and source of water in the evolution of granitic magmas. *Bull. Geol. Soc. Am.*, v.100, p.1886-97, 1988.

WHRIGHT, J. B. A simple alkalinity ratio and its application to questions of non-orogenic granite genesis. *Geol. Mag.*, v.106, p.370-84, 1969.

WHRIGHT, T. L. X-ray and optical study of alkali feldspar: II. An X-ray method for determining the composition and structural state from measurement of 2 θ values for three reflections. *Am. Mineral.*, v.53, n.1/2, p.88-104, 1968.

WHRIGHT, T. L., KINOSHITA, W. T., PECK, D. L. March 1965 eruption of Kilauea volcano and the formation of Makaopuhi lake. *J. Geophys. Res.*, v.73, p.3181-3205, 1968.

WILLIAMS, H., TURNER, F. J., GILBERT, C. M. *Petrografia*. Trad. R. R. Franco. São Paulo: Editora da Universidade de São Paulo, Polígono, 1970. 445p.

WILLIAMS, N., MCBIRNEY, A. R. *Volcanology*. San Francisco: W. H. Freeman and Company, 1979. 397p.

WILSON, J. R., LARSEN, S. B. Two-dimensional study of a layered intrusion. *Norway. Geol. Mag.*, v.122, p.97-124, 1985. (The Hyllingen Series).

WILSON, M. *Igneous Petrogenesis*. A Global Tectonic Approach. London: Unwin Hyman, 1989. 466p.

WILSON, M., DAVIDSON, J. P. The relative roles of crust and upper mantle in the generation of oceanic island arc magmas. *Phil. Trans. R. Soc. (London)*, v.310A, p.661-74, 1984.

WIMMENAUER, W. *Petrographie der Magmatischen und Metamorphen Gesteine*. Stuttgart: Ferdinand Enke Verlag, 1985. 382p.

WINCHESTER, J. A., FLOYD, P. A. Geochemical magma type discrimination: application to altered and metamorphosed basic igneous rocks. *Earth Planet. Sci. Lett.*, v.28, p.459-69, 1976.

_____. Geochemical discrimination of different magma series and their differentiation products using immobile elements. *Chem. Geol.*, v.20, p.325-43, 1977.

WINDLEY, B. F., NAQVI, S. (Ed.) *Archaean Geochemistry*. Amsterdam: Elsevier, 1978. 412p. (Development in Precambrian Geology 1).

WOOD, B. J., FRASER, D. G. *Elementary Thermodynamics for Geologists*. Oxford: Oxford University Press, 1976. 347p.

WOOD, D. A., JORON, J. L., TREUIL, M. A re-appraisal of the use of trace elements to classify and discriminate between magmas series erupted in different tectonic setting. *Earth Planet. Sci. Lett.*, v.45, p.326-36, 1979.

WRIGHT, T. L. Chemistry of Kilauea and Mauna Loa lava in space and time. U.S. Geol. Surv. *Prof. Pap.*, v.735, 1971. 40p.

WYLLIE, P. J. *The way the Earth Works*: An Introduction to the New Global Geology and its Revolutionary Development. New York: John Wiley & Sons, Inc., 1976. 296p.

____. Plate tectonics and magma genesis. *Geol. Rdsch.*, v.70, p.128-53, 1981.

____. Subduction products according to experimental prediction. *Bull. Geol. Soc. Am.*, v.93, p.468-76, 1982.

____. Constraints imposed by experimental petrology on possible and impossible magma sources and products. *Phil. Trans. R. Soc. (London)*, v.310A, p.439-56, 1984.

YELLUR, D. D., NAIR, R. S. Assigning a magmatically defined tectonic environment to Chitragurda metabasalts. *Precambrian Res.*, v.7, n.3, p.259-81, 1978.

YODER JR., H. S. (Ed.) *The evolution of Igneous Rocks*. Princeton, N.J.: Princeton University Press 1979. 588p. (Fiftieth Anniversary Perspectives).

YODER JR., H. S., TILLEY, C. E. Origin of basalt magmas: an experimental study of natural and synthetic rocks systems. *J. Petrol.*, v.3, p.342-532, 1962.

ZEN, E-an. Aluminium enrichment in silicate melts by fractional crystallisation: some mineralogical and petrographic constraints. *J. Petrol.*, v.27, p.1095-117, 1986.

ZINDLER, A., STAUDIGEL, H., BATIZA, R. Isotope and trace element geochemistry of young Pacific seamounts: implications for the scale of upper mantle heterogeneity. *Earth Planet. Sci. Lett.*, v.70, p.175-95, 1984.

ZORPI, M. J., COULON, C., ORSINI, J. B., COCIRTA, C. Magma mingling, zoning and emplacement in calc-alkaline granitoid plutons. *Tectonophysics*, v.157, p.315-29, 1989.

Índice de definições

absorção atômica 375
ação pneumatolítica 211
ácida 33
acidez 27
acidez de minerais 36
acidez dos minerais máficos 38
acidez dos plagioclásios 37
acmita 90
adamellitos 340
adiabáticas 441
adularia 110
aenigmatita 87
afanítica 267
agpaíticas 100
akermanita 72
alasquito 106
albita 37
álcali-feldspato granitos 104
álcali-feldspato sienitos 61
alcalinas 33
alcalinidade 105
alnoitos 359
Alpes 576
alteração hidrotermal 43
alumina-saturação 26
alvikitos 364
analcimitos 347
analcita 101
anatexia 235

andesina 37
andesinitos 345
andesitos 137
andesitos basálticos 151
andradita 473
anfibólio 33
anfibólios alcalinos 313
anfibólios cálcicos 313
anfibólios magnesianos 313
ankaratritos 101
annita 87
anortita 37
anortoclásio 112
anortositos 106
antipertita 115
antofilita 313
apatita 42
aplitos 271
arco de ilhas 487
arco magmático 501
arco plutônico 500
arco vulcânico 490
áreas orogênicas 67
arfvedsonita 87
armalcolita 356
arqueamento 517
ascensão magmática 168
assimilação 219
associação magmática 165

astenosfera 491
astrofilita 314
atividade química 25
augita 44
augita subcálcica 191
auréolas de contato 246
Bacia do Paraná 143
bacia marginal 508
bacia marginal ativa 504
bacia marginal passiva 210
bacias oceânicas 552
balooning 226
banaquitos 587
barkevikita 314
basalto 24
basaltos alcalinos 65
basaltos alto Fe 214
basaltos alto titânio (BAT) 541
basaltos aluminosos 67
basaltos baixo titânio (BBT) 541
basaltos cálcio-alcalinos 68
basaltos N 223
basaltos P 532
basaltos shoshoníticos 68
basaltos T 559
basaltos toleíticos 65
basaltos toleíticos alto Mg 153
basanitos 67
básica 33
batólitos 246
beforsitos 364
benmoreítos 151
biotita 43
biotita granitos 96
biotita monzogranito 224
blocky lavas 286
boninitos 484
Bono 224
bordas de resfriamento 289
bossas 245
Bottida 224
brechas de derrame 286
bronzititos *Não foi encontrado*
Buddoso 224
Burgos 224

Bushveld 222
Bytownita 340
cadeias mesoceânicas 491
caldeiras 242
caliofilita 51
calor específico 442
calorimetria 70
calsilita 51
cataforita 87
camadas de múltipla difusão 209
câmara magmática 172
camptonitos 362
cancrinita 101
caulim 43
caulinização 44
capacidade calorífica 70
carbonatitos 42
carnegieíta 76
catazona 240
celsiana 110
células de convecção 204
charnockitos 106
cherbahovita – *Não foi encontrado*
chert 344
ciclo de Wilson 496
ciclossilicatos 39
cinturão metamórfico 501
cinturão orogênico de colisão 505
cinturão orogênico intraoceânico 503
cinturão orogênico intracontinental 509
cinturão orogênico pericontinental 503
cinturão orogênico tipo andino 505
cinturão orogênico tipo himalaio 505
cinturão orogênico tipo pacífico 503
classificação termodinâmica 74
clinopiroxenitos 66
clorita 43
coeficiente de distribuição 169
coeficiente de fugacidade 71
comenditos 107
complexos ofiolíticos 345
componentes do sistema 440
composição modal 95
concentração 71
condições isotérmicas 222

Índice de definições

conduto magmático 197
conjunto alcalino 144
conjunto subalcalino 144
constante de equilíbrio 71
constante dos gases ideais 72
contato entre os cristais 265
contração oceânica 516
corindon 51
corpos catazonais 240
corpos epizonais 240
corpos mesozonais 240
correntes de convecção 195
criptopertitas 117
cristal 257
cristalização 26
cristobalita 60
crosta 26
crosta continental 491
crosta oceânica 469
crosta terrestre 37
crustal 165
cummingtonita 313
cumulus 278
dacitos 151
damjernitos 355
deformações elásticas 239
deformações plásticas 221
delaminação 506
dendrítico 260
densidade 194
derrames 101
descontinuidade de Gutemberg 491
descontinuidade de Moho 491
diabásio 245
diagrama $(IC_N) \times (Pl_N)$ 48
diagrama A x B 98
diagrama AFM 157
diagrama Al_2O_3 x Plagioclásio$_N$ 162
diagrama Al_2O_3:CaO:(Na_2O+K_2O) 93
diagrama CaO:Na_2O:K_2O 152
diagrama de Jensen 350
diagrama de Miyashiro 620
diagrama de Pearce 187

diagrama de Shand 92
diagrama Di-An-Ac-C-X 97
diagrama IAS_T e IAS_P 84
diagrama $Na_2O \times K_2O$ 138
diagrama Or-Ab-Na 110
diagrama Q' (F') x Na 413
diagrama QAP 413
diagrama QAPF 60
diagrama QBF 429
diagrama QP 425
diagrama $R_1 \times R_2$ 405
diagrama $SiO_2 \times (Na_2O+K_2O)$ 33
diagrama $SiO_2 \times FeO^*/MgO$ 161
diagrama $SiO_2 \times K_2O$ 137
diagrama $SiO_2 \times Zr/TiO_2$ 410
diagrama SiO_2:CaO:(Na_2O+K_2O) 128
diagrama TAS 405
diagrama $Zr/TiO_2 \times Nb/Y$ 412
diagramas aranhas 291
diagramas de Harker 128
diallagitos 353
diápiro 200
diatrema 243
diferencial exata 444
diferencial inexata 444
difratometria de raio X 377
difusão química 207
difusão térmica 202
diopsídio 64
diopsiditos 353
dioritos 37
diques 165
diques anelares 245
diques em cone 245
diques radiais 245
dissipação de calor 255
domínio intraplaca 513
drusa 287
dúctil 239
dunitos 37
eastonita 323
eckermannita 313

edenita 313
edifícios vulcânicos 238
efeito Soret 207
egirina 87
egirinaugita 312
elementos compatíveis 170
elementos de terras raras 223
elementos incompatíveis 170
elementos maiores 297
elementos menores 297
elementos traços 186
Emauru 224
Enclaves 218
energia de Gibbs 448
energia interna 438
energia livre 72
energia térmica 255
enigmatita 87
enstatita 65
enstatitos 353
entalpia 258
entalpia de cristalização 258
entropia 26
enxame de diques 245
epidoto 42
epizona 105
equação de Van der Waals 459
equação de Van't Hoff 456
equeritos 78
equigranulares 263
equivalente molecular 97
escala Arrhenius 457
escala granulométrica 268
escapolita 340
esferulítico 260
espectrometria 379
espectros de ETR 591
espectroscopia de emissão 376
espessamento crustal 577
espilitização 556
espinélio 42
espinélio peridotitos 534
espodumênio 211
essexitos 101
estado do sistema 438

estágio de rift 516
estrutura 26
estrutura acamada 287
estrutura almofadada 289
estrutura amigdaloidal 287
estrutura celular 287
estrutura convoluta 287
estrutura cordada 286
estrutura escoriácea 288
estrutura fluidal 285
estrutura maciça 291
estrutura miarolítica 288
estrutura orbiculoide 290
estrutura roppy 286
estrutura schlieren 286
estrutura vesicular 287
estrutura xenolítica 285
etinditos 328
ETR 211
Eutético 79
evolução magmática 27
exsolução 113
facólito 244
faialita 51
faialita granitos 89
falhas 180
falhas transformantes 497
fanerítica 266
fase fluída 102
fases do sistema 71
feldspato alcalino 63
feldspato potássico 43
feldspatoides 33
feldspatos 26
feldspatos cálcicos 110
feldspatos sódicos 110
fenocristais 69
fergusitos 346
ferroactinolita 313
ferroedenita 313
ferrocarbonatitos 364
ferrogedrita 313
ferrohastingsita 313
ferrorichterita 314
ferrossilita 182

ferrotschermakita 313
fersunditos 115
filossilicatos 39
filtragem por compressão 194
flinstone 344
flogopita 74
fluorescência de raio X 377
fluxo magmático 197
fluxo plástico 239
foiditos 76
fonobasanitos 347
fonofoiditos 347
fonolito 80
fonolito tefrítico 347
fonotefrito 347
forma dos cristais 269
fórmula estrutural 301
forsterita 51
fotometria de chama 375
fração molar 440
fracionamento 106
fraturas 180
fugacidade 71
fundo dos oceanos 495
fusão parcial 25
gabronorito 351
gabros 37
Gadar 82
gases ideais 71
gases imperfeitos 70
gases reais 459
gedrita 313
gehlenita 74
geodo 287
germe de cristalização 256
glaucofânio 313
glóbulos vítreos 214
gráben 273
gradiente geotérmico 261
gradiente térmico 207
gradientes composicionais 207
gráfico de Brown 131
granada 74
granada peridotitos 532
granitoides 84

granitos 37
granitos alcalinos 206
granitos anorogênicos 593
granitos cálcio-alcalinos 87
granitos híbridos 223
granitos hipersolvus 117
granitos orogênicos 592
granitos peraluminosos 90
granitos rapakivi 58
granitos subsolvus 117
granitos transolvus 117
granodioritos 37
granulação da rocha 265
grau de cristalinidade 265
grau de liberdade 445
grau de sílica-saturação 56
grau de visibilidade 265
grunerita 313
hábito dos cristais 265
harzburgitos 353
haüyna 51
Havaí 67
Havaítos 151
Hedenbergita 105
Hematita 103
Himalaia 491
hiperstênio basaltos 65
hiperstenitos 353
hipoabissal 326
hipocristalina 266
hipovítrea 266
holocristalina 266
hololeucocráticas 45
holovítrea 266
hornblenda 43
hornblenda basáltica 313
hornblenda comum 313
hornblenda granitos 115
hornblenditos 224
ijolitos 66
ilha Santa Helena 149
ilhas Sanduíche do Sul 147
ilmenita 42
ilmenita granitos 124
imiscibilidade magmática 206

impulsos magmáticos 190
incrustações de cristais 205
indicador de razão 546
índice de alcalinidade 128
índice de alcalinidade S 133
índice de alumina-saturação 84
índice de coloração 28
índice de coloração normativo 28
índice de diferenciação 182
índice de diferenciação modificado 182
índice de Larsen 183
índice de Nockolds e Allen 184
índice de Peacock 182
índice de Rittmann 133
índice de solidificação 183
índice de Whrigt 135
índice félsico 185
índice máfico 185
inequigranulares 268
inossilicatos duplos 39
inossilicatos simples 39
instabilidade gravitacional 204
intercumulus 278
intervalo de cristalização 250
intrusões circulares 245
isobáricas 70
isoquímicas 440
isotérmicas 222
isovolumétrica 441
italitos 101
Itatiaia 206
Jacupirangitos 315
Jeppeíta 356
junção tríplice 517
juntas 172
kaersutita 313
katungitos 74
keratófiros 106
kersutita 109
kimberlitos 165
komatiítos basálticos 350
komatiítos peridotíticos 350
komatitos 350
konatiítos 350
kugdito 364

labradorita 37
lacólito 244
lâminas de fluxo 194
lamprófiros 315
lamproítos 102
lardalitos 78
larviquitos 78
latitos 101
lava 25
lavas a-a 286
lavas almofadadas 552
lei de Henry 462
lei de Raoult 462
lei dos gases ideais 458
lepidolita 211
leucita 51
leucititos 60
leuco 66
leuco nefelinitos 66
leuco-ijolitos 66
leucocráticas 45
leucomonzogranitos 224
lherzolitos 67 l
limites convergentes 498
limites divergentes 497
limites neutros 497
liparito 346
liquidus 250
lopólito 244
macropertitas 117
mafuritos 74
magma 25
magma parental 141
magma primário 141
magmas basálticos 195
magmas carbonáticos 212
magmas derivados 141
magmas graníticos 207
magnesiocataforita 314
magnetita granitos 124
mangeritos 106
mantélico 223
manto 26
manto exaurido 473
manto fértil 330

Índice de definições

manto fértil primário 585
manto fértil secundário 532
manto metassomático 584
mapuditos 74
Mar Vermelho 516
margens continentais ativas 507
margens continentais passivas 507
material vítreo 255
matriz 69
megacristais 107
meimequitos 486
mela 104
melanita 74
melilita 301
melilititos 144
melilitolitos 364
melteigitos 66
mesocráticas 109
mesopertitas 115
mesosfera 491
mesozona 240
metaluminosa 86
metamorfismo 239
metamorfismo hidrotermal 556
metassomatismo mantélico 532
miasquíticas 100
micas 33
micas comuns 323
micas dioctaédricas 323
micas quebradiças 323
micas trioctaédricas 324
microclínio 110
micropertitas 117
microssonda eletrônica 123
migmatitos 235
minerais acessórios 27
minerais anedrais 269
minerais cumuláticos 200
minerais deutéricos 43
minerais essenciais 33
minerais euedrais 269
minerais fêmicos 36
minerais insaturados 51
minerais máficos 36
minerais manteados 173

minerais normativos 28
minerais saturados 51
minerais secundários 43
minerais siálicos 36
minerais subedrais 269
minettes 356
missouritos 101
mistura magmática 215
moda 47
monchiquitos 362
montecellita 357
monzodioritos 345
monzogabros 345
monzogranito 37
monzonitos 37
monzosienito 342
MORB 195
Morfologia 260
Mugearitos 151
Muscovita 86
Natrolita 326
Necks 243
Nefelina 48
nefelina-olivina basalto 52
nefelinitos 52
nesossilicatos 39
nordmaquitos 78
noritos 66
norma 47
norma CIPW 54
norma molecular 395
noseana 51
núcleo de cristalização 256
número de Rayleigh 204
número de Reynolds 215
número Mg 183
obducção 485
ofiolitos 593
oligoclásio 37
oligoclasitos 345
olivina basalto 52
olivina gabros 322
olivina nefelinitos 66
olivina toleítos 65
olivinas 33

olivinitos 353
ondas P 491
opdalitos 115
ordem de cristalização 168
orenditos 87
ortoclásio 72
ortopiroxenitos 66
Paragênese 31
Paragonita 326
parâmetros do estado 439
parâmetros extensivos 440
parâmetros intensivos 440
pargasita 313
pegmatitos 78
peralcalinas 84
peraluminosas 86
peridotitos 37
perovskita 42
pertita 60
pertita de agulhas 116
pertitas de filmes 115
pertitas de manchas 115
pertitas de veios 115
pescoço vulcânico 245
peso molecular 47
picritos 66
pigeonita 68
pipes 243
pirita 43
piroxênios 33
piroxenitos 37
placa litosférica 497
plagioclásio normativo 28
plagioclásio peridotitos 35
plagioclásios 27
plagioclasitos 354
plagiofoiaítos 61
plagiogranitos 106
plagiosienitos 345
plano crítico de sílica-insaturação 65
plano sísmico de Benioff 565
plano de sílica-saturação 65
Plugs 245
Plumas 223
plumas mantélicas 223

plútons 245
poder de flutuação 221
polimorfos de SiO_2 51
polzenitos 359
porcentagem catiônica 85
porcentagem molar 85
porfirítica hiatal 267
porfirítica serial 267
porfiríticas 263
pórfiros 266
pós-cumulus 278
prehnita 328
priderita 102
proporção molar 84
proporção molar catiônica 85
protolito 473
província basáltica Paraná 143
província geológica 165
província granitoide São Roque 143
provincia Itu 143
província Jequitinhonha 143
província magmática 143
província Piracaia 143
pseudoleucita 101
púmices 218
quartzo 33
quartzo anortositos 66
quartzo basalto 52
quartzo dioritos 104
quartzo gabros 66
quartzo sienitos 104
quartzolitos 61
quebradiças 239
queratófiros 106
raio X 117
rampa continental 552
razão molar 393
recarregamento de câmaras magmáticas 215
relação Ab/(Ab+An) 179
relações isotópicas 223
resfriamento 101
richterita 313
riebeckita 87
rift 67

Índice de definições

rift transeuropeu 522
riodacitos 29
riolitos 80
riolitos alcalinos 107
rochas cumuláticas 197
rochas efusivas 254
rochas encaixantes 190
rochas hipoabissais 103
rochas insaturadas 52
rochas intrusivas 45
rochas monominerálicas 271
rochas plutônicas 35
rochas potássicas 101
rochas saturadas 54
rochas sódicas 100
rochas subvulcânicas 101
rochas supersaturadas 54
rochas ultra-alcalinas 312
rochas vulcânicas 45
rutilo 42
sanidina 69
sannaítos 361
Sardenha 224
Saturação 26
Saussuritização 44
scheelita 211
semidúctil 239
semiquebradiças 239
separação gravimétrica 194
sequência de cristalização 330
sericita 43
série alcalina 137
série alcalina potássica 137
série alcalina sódica 145
série cálcica 477
série cálcio-alcalina 137
série cúbica 329
série de granitos 155
série de reação 171
série de reação contínua 171
série de reação descontínua 171
série dos espinélios 329
série estrutural dos feldspatos 121
série foidítica 151
série fortemente alcalina 144

série fracamente alcalina 145
série ilmenita-hematita 329
série komatiítica 487
série magmática 27
série medianamente alcalina 144
série residual 171
série romboédrica 329
série shoshonítica 101
série silícica 151
série subalcalina 156
série toleítica 145
série transalcalina 151
série transicional 145
série trondhjemítica 152
séries alcalina-cálcicas 130
serpentina 43
sheet 244
shorlomita 87
shoshonitos 101
siderofilita 87
sienitos 37
sienogranitos 63
silexitos 344
sílica 27
sílica-saturação 26
sill 244
Sistema 26
sistema Ab-Or 57
sistema aberto 158
sistema de diques 245
sistema Di-Ne-Fo-Q 64
sistema faialita-leucita-sílica 213
sistema fechado 158
sistema isolado 438
sistema IUGS 335
sistema Q-Ab-Or 57
sistema Q-Fo-Fa 58
sistema Q-Ne-Kp 57
sistema $SiO_2 : NaAlSiO_4$ 76
sistema $SiO_2 : NaAlSiO_4 : KAlSiO_4$ 79
sistemas magmáticos abertos 215
sistemas magmáticos fechados 190
Skaergaard 159
Socorro 128

Sodalita 51
Soleiras 165
Solidus 250
solução ideal 462
solução líquida 71
solução real 462
solução sólida 37
soluções hidrotermais 43
sorossilicatos 39
sovitos 364
spessartitos 361
spiderdiagramas 291
Stillwater 222
Stishovita 330
Stocks 245
Subaluminosas 86
Subducção 223
Subfanerítica 266
Sub-resfriamento 256
Substituição 41
Subvulcânico 104
suíte magmática 128
super-resfriamento 256
supersaturação 56
suspensões magmáticas 190
tabular 204
tamanho dos cristais 258
taxa de nucleação 256
tectossilicatos 39
tefrifoiditos 347
tefrito 66
tefrito fonolítico 482
tendência evolutiva Bowen 182
tendência evolutiva Fenner 182
teschenitos 328
tetraedro alcalino normativo 417
tetraedro basáltico 64
tetraedro basáltico normativo 416
tetraedro granítico normativo 415
tetraedro normativo Ab-An-Di-Hy 282
Tefrifonolito 347
Textura 37
textura adcumulática 279
textura aplítica 275
textura cataclástica 277

textura cumulática 278
textura de argamassa ou mortar 277
textura de calçamento 275
textura de fluxo 280
textura de intercrescimento 276
textura de reação 277
textura em feltro 274
textura equigranular 275
textura pilotáxica ou traquítica 280
textura flaser, ocelar ou augen 278
textura glomeroporfirítica 273
textura gráfica 277
textura granítica 103
textura granofírica 276
textura hialopilítica 280
textura idiomórfica 280
textura intergranular 274
textura intersertal 274
textura intersticial 274
textura maculada 276
textura mesocumulática 279
textura mirmequítica 276
textura ofítica 275
textura ortocumulática 279
textura pegmatítica 277
textura poiquilítica 275
textura porfirítica 275
textura porfiroclástica 278
textura rapakivi 276
textura sal e pimenta 275
textura serial 265
textura sienítica 274
textura spinifex 276
textura subidiomórfica 271
textura subofítica 274
textura xenomórfica 271
theralitos 101
thomsonita 326
toleítos insaturados 65
toleítos saturados 65
toleítos supersaturados 65
tonalitos 106
trama dos cristais 265
traquiandesitos 150
traquibasaltos 101

Índice de definições

traquitos 80
tremolita 313
triclinicidade 119
tridimita 60
troctolitos 66
trondhjemito 106
tschermakita 72
uganditos 74
ultramáficas 46
ultramafitos 349
ultramelanocráticas 45
uncompahgrito 364
Urais 491
Uralita 314
Uralitização 44
Uranita 211
Urtitos 66
velocidade de crescimento 258
velocidade de difusão 256
vesiculação 216
vidro 168

vidros vulcânicos 45
viscosidade 180
vishnevita 326
vitrófiros 266
vogesitos 361
vulcânico 45
vulcão Hekla 218
vulcão Kilauea 141
vulcão Vesúvio 219
vulcões 242
wadeíta 102
websteritos 66
wherlitos 353
wustita 321
wyomingitos 74
xenólitos 220
zeólitas 172
zinnwaldita 323
zircão 42
zona de baixa velocidade (ZBV) 491
zone melting 222

SOBRE O LIVRO

Formato: 16 x 23 cm
Mancha: 28,6 x 50 paicas
Tipologia: Iowan Old Style 10/14
Papel: Off-set 75 g/m² (miolo)
Cartão Supremo 250 g/m² (capa)
1ª edição: 2004
5ª reimpressão: 2015

EQUIPE DE REALIZAÇÃO

Coordenação Geral
Sidnei Simonelli

Produção Gráfica
Anderson Nobara

Edição de Texto
Fábio Gonçalves (Revisão)
Casa de Ideias (Atualização Ortográfica)

Editoração Eletrônica
Casa de Ideias (Diagramação)

Impresso por :

Graphium
gráfica e editora
Tel.:11 2769-9056